Phillip Knightley

Die Geschichte der Spionage im 20. Jahrhundert

Aufbau und Organisation,
Erfolge und Niederlagen der
großen Geheimdienste

Aus dem Englischen von
Jürgen Bavendam

Verlag Volk und Welt
Berlin

ISBN 3-353-00767-9

1. Auflage
Lizenzausgabe des Verlages Volk und Welt, Berlin 1990
für die Deutsche Demokratische Republik
mit Genehmigung des Scherz Verlages, Bern, München, Wien
L. N. 302
Originalausgabe: The Second Oldest Profession; Copyright © 1986
by Phillip Knightley
Gesamtdeutsche Rechte beim Scherz Verlag, Bern, München, Wien
Printed in the German Democratic Republic
Schutzumschlag von Graupner & Partner unter Verwendung eines Fotos
von Hubertus Mall, Stuttgart
Fotomechanischer Nachdruck
Druck und Einband: Graphischer Großbetrieb Pößneck GmbH
LSV 7322
Bestell-Nr. 649 255 7

Inhalt

Einführung

Der Spion ist so alt wie die Geschichte, aber die Geheimdienste sind neu. Delila war eine Agentin der Philister, aber sie mußte sich weder zu Geheimhaltung verpflichten noch schwören, ihre Memoiren keinesfalls ohne die Erlaubnis des Direktors zu veröffentlichen. Das Alte Testament nennt die Namen der zwölf Spione, die Moses auf eine Mission nach Kanaan entsandte, aber sie waren Amateure. Der angelsächsische König Alfred der Große interessierte sich zeit seines Lebens für die Dänengefahr; als er ihr wirkliches Ausmaß abschätzen wollte, begab er sich, als Barde verkleidet, selbst ins feindliche Lager.

Könige – besonders die, deren Thron wackelte – benutzten zu allen Zeiten Spione, doch ihnen ging es mehr um die innere Sicherheit als um Informationen aus anderen Ländern. Akhbar, der Mogulkaiser von Indien, beschäftigte 4000 Agenten, die ihm über einen «Nationalen Sicherheitsrat» allabendlich Bericht erstatteten. Sir Francis Walsingham leitete einen Sicherheitsdienst, eine frühe Version von FBI oder MI 5, um das Reich Königin Elisabeths I. vor den Papisten zu schützen. Er schickte sogar Spione ins Ausland, um Informationen über die spanische Armada zu sammeln, aber das war ein Privatunternehmen, das er selbst finanzierte.

In Kriegszeiten brauchte man Spione, um militärische Informationen zu beschaffen, doch mit Friedensschluß wurden sie gewöhnlich arbeitslos. Sie hatten zum Beispiel im amerikanischen Unabhängigkeitskrieg mehr als genug zu tun – ein amerikanischer Agent, der zugleich für die Briten arbeitete, stahl Benjamin Franklins Geheimnisse aus der amerikanischen Botschaft in Paris –, aber zu Beginn des Bürgerkriegs mußte Abraham Lincoln feststellen, daß er keinen Nachrichtendienst besaß. Um die Lücke zu füllen, sah er sich gezwungen, Alan

Pinkertons Detektivbüro mit der Informationsbeschaffung zu beauftragen.

Wilhelm Stieber, der den preußischen Spionagedienst als Autodidakt organisiert hatte, beschäftigte angeblich 40 000 Agenten. Aber er war ein Aufschneider, und die von seinen Spionen beschafften militärischen Informationen dienten ebenfalls der inneren Sicherheit.

Der erste amtliche britische Geheimdienst wurde erst 1909 ins Leben gerufen. Er war eine Regierungsbehörde, wurde mit öffentlichen Geldern finanziert und bestand weitgehend aus Zivilisten, die die Aufgabe hatten, Geheimnisse anderer Länder zu stehlen und die des eigenen Landes zu schützen, nicht nur in Kriegszeiten, sondern auch im Frieden. Einmal geschaffen, entwickelte er sich rasch zu einem Paradies für Bürokraten.

Als das eine Land dann einen Geheimdienst hatte, mußten alle einen haben. Deutschland folgte 1913, Rußland 1917, Frankreich erst 1935 und die Vereinigten Staaten noch später, 1947. Heute fühlt sich selbst das ärmste Land der Dritten Welt erst dann souverän, wenn es einen eigenen Geheimdienst besitzt. Nach den bescheidenen Anfängen 1909 – ein Zimmer und ein Budget von 7000 Pfund im Jahr – wurde die Geheimdienstbranche eine der größten Wachstumsindustrien des 20. Jahrhunderts. Heute kann niemand – nicht einmal die Regierungen, die sie finanzieren – genau sagen, was Geheimdienste kosten oder wie viele Leute sie beschäftigen.

Ein Grund dafür ist, daß die Dienste mit Buchhaltungsmethoden arbeiten, die in der Privatwirtschaft postwendend den Staatsanwalt auf den Plan rufen würden. Ein anderer Grund liegt darin, daß sie mit befreundeten Geheimdiensten zusammenarbeiten, also auch deren Mitarbeiter benutzen, was eine exakte Berechnung der Personalstärke unmöglich macht.

Die Central Intelligence Agency (CIA) gibt wenigstens 1,5 Milliarden Dollar im Jahr aus, eine Summe, die den Staatshaushalt mancher Entwicklungsländer übertrifft. Aber sie ist nur der bekannteste US-Nachrichtendienst. Die National Security Agency (NSA), die für die technologischen Aspekte der US-Spionage zuständig ist, braucht wahrscheinlich 3,5 Milliarden Dollar jährlich. Wenn man auch die militärischen Nachrichtendienste und die Nachrichtendienste anderer Washingtoner Regierungsbehörden berücksichtigt, geben die Vereinigten Staaten ganz sicher über 7,5 Milliarden Dollar im Jahr für all das aus, was in die Kategorie «Spionage» fällt.

Das Budget des sowjetischen KGB ist Staatsgeheimnis, wird jedoch auf 1,65 Milliarden Dollar jährlich geschätzt.* Wenn wir die militärischen Geheimdienste und die KGB-Verwaltungen für innere Sicherheit mit berücksichtigen, müssen die Sowjetbürger wenigstens ebensoviel Geld für Spionage aufwenden wie die US-Bürger.

Großbritannien gibt offiziellen Angaben zufolge jedes Jahr 92 Millionen Pfund für den Secret Intelligence Service (SIS) und den Sicherheitsdienst MI 5 aus. Inoffizielle Schätzungen belaufen sich dagegen auf 300 Millionen Pfund. Wenn man die Kosten des Government Communications Headquarters (GCHQ) und der verschiedenen Ausschüsse, denen die Dienste Bericht erstatten, hinzurechnet, muß die Jahresrechnung für Englands Nachrichtenbeschaffung wenigstens 600 Millionen Pfund betragen.

Wie viele Menschen arbeiten für all diese Dienste? Das ist schwer zu sagen. Sollen wir nur die 20 000 unmittelbaren Angestellten der NSA berücksichtigen oder auch die 100 000 Angehörigen der US-Streitkräfte, die rund um den Globus für die Behörde arbeiten? Kommen nur die KGB-Leute in Frage, die sich mit dem Sammeln von Auslandsinformationen beschäftigen, oder auch die Beamten der Verwaltungen und Hauptverwaltungen für innere Sicherheit? Und was ist mit den vom KGB kontrollierten osteuropäischen Geheimdiensten? Wenn wir *alle* mitrechnen, die für Nachrichten-, Geheim- und Sicherheitsdienste arbeiten, zählt die amerikanische Sicherheitsgemeinde wenigstens 150 000 Menschen, die sowjetische eine knappe Million und die britische etwa 25 000.

Die internationale Sicherheitsgemeinde ist also mindestens 1,25 Millionen Männer und Frauen stark und kostete Mitte der achtziger Jahre mindestens 52 Milliarden Mark jährlich. Für Leser, die Schwierigkeiten haben, in solchen Zahlen zu denken: 1,25 Millionen entsprechen etwa der Einwohnerzahl von Hamburg, und 52 Milliarden Mark ist die Summe, die der britische Gesundheitsdienst pro Jahr kostet.

Jede globale Gruppe dieser Größe muß sehr mächtig sein, und sie muß, wie alle Spezialistengemeinschaften, sehr um ihr eigenes Überleben besorgt sein. Da es ihr in Zeiten internationaler Spannungen am besten geht, fühlt sie sich von Entspannung bedroht. Besonders dann wird ihren normalerweise feindseligen oder wenigstens konkurrierenden Diensten bewußt, daß sie wahrscheinlich mehr miteinander gemein ha-

---

* Der russische Nachrichtendienst hatte viele Namen – Tscheka, GPU, OGPU, NKWD und andere. Er wird hier der Einfachheit halber als Tscheka (während der Oktoberrevolution und unmittelbar danach) und KGB bezeichnet.

ben als mit den Regierungen, von denen sie angeblich kontrolliert werden. Die CIA braucht den KGB als Daseinsgrund, und wie würde es dem KGB wohl ohne die CIA-Bedrohung ergehen?

Deshalb hat die Geheimdienstwelt eine neue Art von Spion hervorgebracht, einen, der *jedermann* bespitzelt, den Freund ebenso wie den Feind. Er arbeitet mit Spitzentechnologie, um wie ein gigantischer Staubsauger das gesamte elektromagnetische Spektrum zu beackern, und saugt jeden erdenklichen Informationsfetzen auf, der irgendwo, irgendwann irgend jemandem nützlich sein könnte: ein Telefongespräch in Moskau, ein Fernschreiben in Washington, ein Foto von einem Raketensilo oder einem Schiff auf See, das Protokoll einer OPEC-Sitzung in Wien, eine Bankenkrise in Lateinamerika . . .

Edward J. Epstein lernte einige dieser neuartigen Spione 1984 bei einer Konferenz in den Vereinigten Staaten kennen. Sie waren Amerikaner, doch eines der spezifischen Merkmale von Nachrichtendiensten besteht darin, daß sie einander zunehmend gleichen, und deshalb hätten es auch Russen gewesen sein können. Epstein staunte über ihre Einstellung: «Sie interessieren sich gar nicht für Spionage als Handwerk. Sie interessieren sich nicht für die Sowjetunion [USA]. Sie interessieren sich nicht für Kommunismus [Kapitalismus]. Sie sind keine Kalten Krieger. Sie sind Systemanalytiker. Sie sind Technokraten. Sie sind Bürokraten. Sie sind gut darin, zu kompilieren und für eine Organisation zu arbeiten, die bürokratisch sehr effizient ist.» Wie konnte ein Einzimmerdienst von 1909 zu diesem Monster heranwachsen, ohne daß wir es bemerkten?

Für den Nutzen von Geheimdiensten in Kriegszeiten spricht einiges, obgleich selbst ihr diesbezügliches Erfolgsregister recht dürftig ist. Einmal ins Leben gerufen, waren Geheimdienste kaum mehr aus der Welt zu schaffen: So gelang es der amerikanischen Regierung 1945 nicht, das Office of Strategic Services (OSS), den Vorläufer der CIA, aufzulösen, und die Briten versuchten mehrmals vergeblich, den SIS in Friedenszeiten zu verringern oder ganz loszuwerden.

Die Dienste rechtfertigen ihre Existenz im Frieden damit, daß sie rechtzeitig vor einer Bedrohung der nationalen Sicherheit warnen werden. Ob diese Bedrohung real oder eingebildet ist, schert sie wenig, und sie haben oft genug bewiesen, daß sie, wenn keine Bedrohung existiert, sehr gut imstande sind, eine zu erfinden. Es spielt auch keine Rolle, ob ein Dienst rechtzeitig warnt oder nicht. Die Geheimdienste haben ihren Regierungen im Lauf der Jahre drei Prämissen eingebleut, die ihr Überleben und Wachstum garantieren. Die erste lautet, daß es in der Welt der Geheimdienste oft unmöglich ist, Erfolg von Mißerfolg zu unterscheiden. Eine rechtzeitige Warnung vor dem Angriff erlaubt dem Opfer, sich vorzubereiten. Das wiederum veranlaßt den Aggressor, seine Meinung zu ändern, und die Warnung scheint grundlos gewesen zu sein.

Die zweite Prämisse lautet, daß ein Mißerfolg auf einer falschen Bewertung der richtigen Informationen des Geheimdienstes beruhen kann – die Warnung war da, aber die Regierung hat sich nicht danach gerichtet. Das war übrigens die Erklärung der britischen Dienste für das Falkland-Debakel.

Die dritte Prämisse schließlich heißt, daß der Geheimdienst rechtzeitig hätte warnen können, wenn er nur genügend Mittel gehabt hätte. Miteinander kombiniert, kann man die drei Prämissen hervorragend benutzen, um jede zutreffende Analyse der Leistung eines Dienstes zu widerlegen und jeden Mißerfolg in eine Rechtfertigung für immer mehr finanzielle und personelle Hilfsmittel umzumünzen.

Diese bürokratischen Spitzfindigkeiten könnten bei jedem, der seine fünf Sinne beisammen hat, negative Reaktionen auslösen, aber davor haben die Nachrichtendienste sich geschützt, indem sie einen Wall der Geheimhaltung errichteten. Er ermöglichte ihnen, Kritiker mit dem folgenden simplen und unwiderleglichem Argument in die Schranken zu weisen: «Sie irren sich, weil Sie gar nicht wissen, was wirklich passiert ist, aber wir können es Ihnen leider nicht sagen, weil es geheim ist!» Die Möglichkeit, daß jemand aus den eigenen Reihen aufmuckt, wird durch die rigorose Anwendung des Official Secrets Act von 1911 (Großbritannien), des Spionagegesetzes von 1917 bzw. des CIA-Dienstvertrags (USA) und durch Inhaftierung (Sowjetunion) gering gehalten.

Wenn die Geheimdienste sich durch kritische Regierungen oder einen Wandel in der internationalen Atmosphäre bedroht fühlen, lüften sie den Schleier der Geheimhaltung manchmal ein wenig, um die Medien zu beeinflussen und die öffentliche Meinung in ihrem Sinn zu manipulieren. Der Leiter des OSS, William J. («Wild Bill») Donovan, zeigte zusammen mit Allen Dulles, der später Direktor der CIA werden sollte, wie wirksam diese Manipulierung sein konnte, als er den Präsidentenbeschluß, daß der Geheimdienst in Friedenszeiten aufgelöst werden solle, durch Mobilisierung der Medien rückgängig machte.

Man kann sogar belegen, daß Nachrichtendienste jeder Couleur bei nachlassenden internationalen Spannungen besonders gern an die Öffentlichkeit gehen. Die Welt der Geheimdienstler ist unmittelbar an der Fortsetzung des Kalten Kriegs interessiert. Karrieren, Beförderungen,

Pensionen, Reisen, Spesen und ein alles in allem sehr angenehmes und abwechslungsreiches Leben hängen davon ab. Wenn all das von der Entspannung bedroht wird, öffnen die Dienste ihre Türen, um dem Mann auf der Straße zu demonstrieren, daß die Bedrohung nach wie vor existiert und daß der tüchtige, zuverlässige und patriotische Nachrichtendienst Gewehr bei Fuß steht, um der Nation zu dienen.

Da die Dienste jedoch selbst bestimmen, welche Informationen sie freigeben, und da sie für deren unkritische Verbreitung durch ihre eigenen Leute sorgen, sollte man alle Spionagegeschichten mit äußerster Vorsicht genießen. Selbst die «Jetzt kann es ja gesagt werden»-Sorte, bei der Spione nach 40jährigem Schweigen endlich die Triumphe ihrer Dienstbehörde an die große Glocke hängen, erweist sich bei näherem Betrachten oft bestenfalls als Übertreibung und schlimmstenfalls als Mythos oder Legende.

Es gibt jedoch Hoffnung. Vielleicht hat sich die Geheimdienstwelt allzu sehr aufgebläht. Sie hat sich nicht nur der Kontrolle der eigenen Regierung, sondern auch ihrer *eigenen* Kontrolle entzogen. Sie produziert heute so viele Informationen, eine so unübersehbare Flut von Worten, Bildern und elektronischen Daten, daß die Zahl der Nachrichtendienstler, die all das verstehen und übersehen können, rasch abnimmt. Womöglich ertrinken auch sie bald in der Flut ihres eigenen Materials. Nicht einmal der Computer ist imstande, die Aufgabe zu übernehmen. Die NSA hat schon heute Schwierigkeiten, das Material abzufragen, das ihre «Kunden» in der Regierung haben wollen, und es ihnen zu liefern.

Ein kluger CIA-Mann sah das bereits vor 20 Jahren kommen. Thomas W. Braden, der für die Agency gearbeitet hatte, als sie noch klein gewesen war, schrieb damals: «Die (Nachrichten-)Branche ist zu einer Riesenindustrie herangewachsen, die rund 2,5 Milliarden Dollar im Jahr ausgibt, über 60 000 Menschen beschäftigt und einen Berg von Papier produziert, den selbst der liebe Gott kaum durchsehen und verarbeiten könnte, wenn er nicht bereits wüßte, was der Russe vorhat . . . Und wie können wir garantieren, daß alle diese Leute und all dieses Papier sicher sind? Indem wir mehr Leute einstellen, um über das Papier und die Leute zu wachen.»[1]

Braden war nicht in der Lage, etwas dagegen zu tun. Seit 1909 hat es übrigens *niemanden* gegeben, der den Bluff der Nachrichtendienste erfolgreich angeprangert hätte. Verschiedene US–Präsidenten glaubten bei ihrem Amtsantritt nicht recht an den Wert der Dienste, ließen sich aber schnell eines Besseren belehren. Einige Sowjetführer versuchten ohne Erfolg, den KGB in die Schranken zu weisen. Als Harold Wilson britischer Premierminister war, legte er sich mit seinem Geheimdienst an und verlor – er ging, der Dienst blieb.

Das Problem liegt darin, daß Nachrichtendienste in unserer Gesellschaft Quellen der Macht geworden sind, Geheimclubs für die Elite und die Privilegierten. Sie wissen diese Macht nicht nur geschickt zu gebrauchen, sondern profitieren darüber hinaus von der Faszination, die der Geheimdienst auf führende Politiker wie Winston Churchill und John F. Kennedy ausgeübt hat und die nicht zuletzt in den vielen Thrillern wurzelt, in denen der Spion als ein Held unseres Zeitalters dargestellt wird.

Das Unvermögen, zwischen Fiktion und Wirklichkeit in der Spionagewelt zu unterscheiden, ist eine bezeichnende Ironie. Denn mit Fiktion hat alles begonnen.

I Regierungen, Spione und Märchen

Dienstag, den 30. März 1909, tagte in London ein Unterausschuß des britischen Verteidigungskomitees in geheimer Sitzung, um das Problem der ausländischen Spionage in Großbritannien zu erörtern.[1] Die Liste seiner Mitglieder war beeindruckend und zeigte, wie ernst die Regierung die Sache nahm. Der Vorsitzende war Kriegsminister R. B. Haldane, und zu den anderen Anwesenden gehörten der Erste Lord der Admiralität, der Innenminister, der Generalpostmeister, der Commissioner der Polizei, der Direktor für Militäroperationen und der Direktor der Nachrichtenabteilung der Flotte.

Als erster Zeuge wurde Colonel James Edmonds aufgerufen, der «Leiter der Generalstabssektion, die sich unter dem Direktor für Militäroperationen mit Geheimdienst beschäftigt». Diese Bezeichnung war einigermaßen irreführend, denn sie ließ Edmonds viel wichtiger erscheinen, als er wirklich war. Sein offizieller Titel lautete Leiter von MO 5 – Militärische Spionageabwehr –, und seine Aufgabe bestand darin, ausländische Spione in Großbritannien zu enttarnen. In Wirklichkeit tat Edmonds nichts dergleichen, nicht etwa aus Mangel an Willen oder Können, sondern aus Mangel an Geld und anderen Hilfsmitteln: Er hatte ein winziges Budget von 200 Pfund im Jahr und nur zwei Helfer.

Es war ein wichtiger Augenblick für Edmonds. Der Unterausschuß war auf Anweisung des Kabinetts eingesetzt worden, und Premierminister H. H. Asquith interessierte sich persönlich für seine Arbeit. Die Zukunft von Edmonds' Dienststelle und seine eigene Karriere konnten sehr wohl davon abhängen, ob es ihm gelingen würde, die einflußreichen Ausschußmitglieder von der Gefahr zu überzeugen, die England seiner Ansicht nach von deutschen Agenten drohte.

Edmonds schilderte zunächst, was ihn für seine Arbeit prädestinierte:

Er hatte die deutsche Armee praktisch sein Leben lang studiert und war persönlich mit einem deutschen Offizier bekannt, einem «Major von X», der den deutschen Geheimdienst leitete. Aus den Ergebnissen seiner eigenen Arbeit, den Äußerungen des Majors und all den Dingen, die er gelesen hatte, setzte Edmonds dann ein Mosaik des deutschen Spionagesystems in England zusammen. Die Deutschen hätten Großbritannien in Bezirke aufgeteilt, für die jeweils ein Nachrichtenoffizier zuständig sei, der eine Reihe von Agenten führe, von denen einige «stationär» seien, also im Land arbeiteten oder studierten, andere dagegen «mobil», also nicht ortsgebunden. Sie hätten die Aufgabe, Erkenntnisse zu sammeln, mit deren Hilfe man Karten ergänzen, Militärberichte zusammenstellen, Geheiminformationen kaufen und all die Kaianlagen, Brücken, Telegraphenleitungen, Magazine und Eisenbahnlinien auskundschaften könne, die bei Ausbruch eines Kriegs sabotiert werden könnten.

Die Deutschen seien gute Spione, sagte Edmonds, weil die deutsche Armee sich der Rolle der Spionage als einer wesentlichen und ehrenwerten Kriegswaffe bewußt sei und kein Hehl aus ihrer Überzeugung mache. Während er dem Unterausschuß dann vortrug, was in Frankreich geschehen war, dachte er zweifellos an sein eigenes mageres Budget. Vor 1870 hatte Paris keinen Geheimdienst gehabt, weil das Geld dafür fehlte. Zwei Tage nach dem Ausbruch des Kriegs mit Preußen bewilligte die Regierung eine Million Franc für ein Spionagesystem. Aber – so Edmonds – Oberst Rollin, der Offizier, dem diese Aufgabe anvertraut wurde, erklärte: «Es war zu spät. Ein solcher Dienst kann nicht über Nacht geschaffen werden. Man muß ihn in Friedenszeiten aufbauen, wenn man genug Muße dafür hat.»

Eben das hätten die Deutschen getan, berichtete Edmonds. Die Belege, die er für die deutsche Spionage in England vorbringen konnte, waren jedoch ausgesprochen mager. Vieles davon war nicht mehr als Hörensagen und Gerüchte. So hatte ein gewisser J. M. Heath 1907 – zwei Jahre vorher – in einem Brief an die *Morning Post* behauptet, in Großbritannien gäbe es 90 000 deutsche Reservisten, 209 000 Schuß Mauser-Munition, Waffendepots und Uniformverstecke in Lagerhäusern und Banktresoren. Außerdem hätten die Deutschen Pläne zur Zerstörung von Eisenbahnlinien und Telegraphenleitungen ausgearbeitet. Einer von Edmonds' Kameraden bei der Spionageabwehr hatte den Brief aus der Zeitung ausgeschnitten und an seinen Vorgesetzten, Oberst A. E. W. Gleichen, mit der Bemerkung weitergereicht: «Wie Sie wissen, ist an all dem eine Menge Wahrheit. Ich habe gestern abend von einem Deutschen gehört, der wiederholt zwischen Brentwood und der Themse bei Tilbury beim Zeichnen und Fotografieren gesehen wurde. Ich könnte vielleicht mehr Einzelheiten in Erfahrung bringen, aber wozu?»[2]

Edmonds hatte versucht, weitere Fälle von verdächtigen Deutschen zu dokumentieren, die bei Zeichen- und Fotografierausflügen beobachtet worden waren, doch wie er dem Unterausschuß nun erklärte, gab es in Britannien kein System und keine Organisation, um solche Fälle aufzudecken und zur Anzeige zu bringen. Die Polizei habe ihm nichts gemeldet, die Post wisse nichts, und Zivilisten verhielten sich in dieser Sache sonderbar gleichgültig.

Sir E. R. Henry, der Commissioner der Polizei, bestätigte die Aussage, daß seine Behörde Colonel Edmonds nichts gemeldet habe, aber der Grund sei ganz einfach, daß es nichts zu melden gegeben habe. Wenn seine Leute angebliche Spionagefälle untersucht hätten, sei nichts dabei herausgekommen: Man habe festgestellt, daß ein Ausländer namens Boyen in der Werft von Devonport arbeitete, aber er habe sich nicht verdächtig gemacht; bei Nothe Fort in Weymouth sei ein fremdländisch aussehender Mann mit einer Kamera entdeckt worden, doch wie sich herausgestellt habe, sei er ein Missionar aus Ostafrika gewesen; in Harwich habe man gar nichts beobachtet; aber in Chichester habe eine Miss Gordon-Lennox deutsche Offiziere als zahlende Gäste aufgenommen «und ist sich angeblich bewußt, welche Ziele sie haben» – was immer die Ziele gewesen sein mögen! Einmal jedoch schien die Polizei einem richtigen Spion auf die Spur gekommen zu sein: Der Verdächtige hieß Alleyne und hatte sich ein Bein gebrochen, worauf er ins Krankenhaus eingeliefert worden war, so daß die Beamten sein Hotelzimmer durchsuchen konnten. Sie fanden unter seinen Papieren Beschreibungen von Granaten und Sprengstoffen, die einem Experten der Regierung unterbreitet wurden. Dieser erklärte jedoch, sie hätten keinerlei Wert für irgendeine ausländische Regierung.

Der Unterausschuß wollte sich gern von der Gefahr überzeugen lassen, die dem Land von deutschen Spionen drohte, wartete aber immer noch auf unwiderlegliche Beweise. Haldane schloß die erste Sitzung mit den Worten, es liege auf der Hand, daß Britannien von Deutschen ausgespäht werde und daß Geheimagenten wahrscheinlich Informationen zu Sabotagezwecken sammelten, aber es sei schwierig, genaue Einzelheiten in Erfahrung zu bringen. Vielleicht könnten die Polizeichefs der Küstengrafschaften sagen, ob ihnen etwas Verdächtiges begegnet sei?

Dieser Vorschlag dürfte Edmonds gar nicht gefallen haben, denn er bedeutete, daß die Polizei wieder zuständig werden sollte, während er eine Vergrößerung seiner Dienststelle anstrebte, um den Kampf gegen eine Bedrohung aufzunehmen, die er für real und unmittelbar hielt. Wenn er den Unterausschuß bei der nächsten Sitzung in drei Wochen veranlassen wollte, entsprechende Maßnahmen zu beschließen, müßte er, wie ihm jetzt klar wurde, eine ausführliche Liste deutscher Spione vorlegen, die in England Erkenntnisse sammelten. Er hatte sie natürlich noch nicht. Aber Hilfe winkte von einer unwahrscheinlichen Seite, und zwar von einem gewissen William Tufnell Le Queux, Amateurspion, Reisender, Vortragsredner, Kriegskorrespondent, Kriminologe, Funkamateur und Raritätensammler, der mit seinen Romanen sehr erfolgreich war – sie waren die Lieblingslektüre Königin Alexandras.

Wir neigen heute zu der Annahme, die Beliebtheit von Spionagebüchern, die den Geheimagenten zu einem Helden der zeitgenössischen Literatur gemacht hat, datiere aus den sechziger Jahren. Doch Le Queux beschäftigte sich schon vor über siebzig Jahren mit dem Zwittergenre von Spionageliteratur und Belletristik, dem sich später einige der meistgelesenen Autoren unserer Zeit widmeten: John Buchan, Somerset Maugham, Rudyard Kipling, T. E. Lawrence, Compton Mackenzie und Graham Greene waren einige der Verfasser, die sich irgendwann in ihrem Leben sogar selbst als Agenten betätigten. Als Schriftsteller war Le Queux seinen Kollegen nur zeitlich voraus. Er spielte jedoch eine so wichtige Rolle bei der Gründung und Entwicklung des ersten offiziellen britischen Geheimdienstes, daß sein schillernder Werdegang eine nähere Betrachtung lohnt.

Er wurde 1864 als Sohn eines französischen Vaters und einer englischen Mutter in London geboren. Sein Name ist normannischen Ursprungs und bedeutet «Der oberste Koch des Königs». Er ging in England und auf dem Kontinent zur Schule und sprach bald ebensogut Französisch, Italienisch und Spanisch wie Englisch. Nach einem kurzen Zwischenspiel als Kunststudent in Paris wandte er sich dem Journalismus zu, wurde Auslandsredakteur des *Globe* und Kriegskorrespondent der *Daily Mail*. Auf seinen Reisen entwickelte er im Lauf der Jahre ein zunehmendes Interesse für Spionage und spionierte selbst nebenher ein bißchen. Er wurde ein ausgezeichneter Pistolenschütze, machte einen Telegraphielehrgang und erweiterte seinen eindrucksvollen Bekanntenkreis; er behauptete, alle Leute zu kennen, die in Europa zählten, von Sarah Bernhardt bis zum Leiter der italienischen Geheimpolizei, von Kardinal Manning bis Madame Zola.

Leider war er zutiefst überzeugt, daß alle europäischen Länder, zumal das Deutsche Reich, die Briten um ihre Lebensart beneideten und nach dem Reichtum des britischen Empire gierten. Zu seinem großen Kummer war das von Gentlemen und ihren treuen Dienern bevölkerte Britannien aber weder bereit, das Schlimmste über seine Nachbarn auf dem Kontinent zu denken, noch sich für den nicht mehr fernen Tag zu rüsten, an dem seine Feinde einmarschieren würden. Dieses Los war nur von einem harten Kern von Amateuragenten zu verhindern, «den bemerkenswertesten Männern, die Scharfsinn, Takt, List und Kühnheit besaßen und einen der stärksten und wichtigsten Stützpfeiler der britischen Vorherrschaft bildeten».

Le Queux benutzte diese Worte in einem seiner Romane, doch es besteht kein Zweifel, daß er auch sich selbst zu diesen «bemerkenswertesten Männern» zählte. Aber das Foreign Office und das Kriegsministerium, die er mit Berichten, Beschwerden und Vorschlägen bombardierte, weigerten sich, ihn ernst zu nehmen. Bald war er so sehr von der «deutschen Gefahr» besessen, daß er den unwahrscheinlichsten Geschichten bereitwillig Glauben schenkte und sie sogar abänderte, wenn er fand, daß sie nicht authentisch genug klangen.

Offensichtlich war er bald nicht mehr in der Lage, zwischen Wirklichkeit und Phantasie zu unterscheiden. 1905 behauptete er zum Beispiel, einer seiner Freunde in Berlin, «der stellvertretende Direktor des kaiserlichen Spionagebüros», habe beschlossen, ihm die Existenz eines umfassenden deutschen Agentennetzes in Großbritannien zu offenbaren. Diese Behauptung stieß schnell auf Skepsis. Was für Motive hatte der Mann? Le Queux sagte, zum einen grolle er seinem Vorgesetzten, der ihn laufend übergehe, und zum anderen sei er mit einer Engländerin verheiratet. Dieser deutsche Spion, den Le Queux «Herr N.» nennen mußte, weil er ihm versprochen hatte, seinen Namen nicht einmal nach seinem Tod preiszugeben, verabredete sich zweimal mit ihm im Hotel Dolder in Zürich, um ihm Dokumente zu übergeben. Das erste war die Mitschrift einer geheimen Rede, die der Kaiser einen Monat vorher in Potsdam vor seinen Heeres- und Flottenbefehlshabern gehalten hatte.

Wilhelm II. hatte seinen Vortrag offenbar mit Karten, Schaubildern und Modellen von neuen Luftfahrzeugen und Hochleistungskanonen illustriert. Es gibt keine anderen Belege für diese Ansprache, und Le Queux' Protokoll wurde seinen eigenen Angaben zufolge später von deutschen Spionen aus den Büroräumen seines Verlegers gestohlen. Sein Tonfall und Inhalt schmeckten nach Le Queux' eigener Obsession, und es besteht jeder Grund zu der Annahme, daß er es selbst geschrieben hatte.

Le Queux schickte eine Abschrift des Protokolls an das Kriegsministerium und zeigte es jedem hohen Offizier der Army und Navy, der bereit war, es zu lesen. Aber, so klagte er, er wurde ignoriert – wie üblich. Nach der zweiten Begegnung mit Herrn N. überraschte ihn das nicht mehr. Das zweite Dokument, das dieser ihm anvertraut hatte, war nämlich eine Liste von britischen Verrätern, Mitgliedern eines Geheimbunds namens «Verborgene Hand», die für Deutschland arbeiteten. «Ich erschauerte beim Anblick dieser Liste. Ich saß starr vor Schrecken da. Es war widerwärtig, daß Leute, die als aufrechte Patrioten galten . . ., in die heimtückischen Fangarme des großen deutschen Kraken geraten sein sollten.» Die Liste, erklärte Le Queux, enthalte Parlamentsmitglieder, zwei bekannte Schriftsteller und Beamte des Foreign Office, des Innenministeriums, des Indienministeriums, der Admiralität und des Kriegsministeriums. Eine der Hauptaufgaben der «Verborgenen Hand» bestehe darin, seine Bemühungen, Britannien auf die deutsche Gefahr aufmerksam zu machen, zu vereiteln, und die Tatsache, daß die britische Regierung seine Eingaben ignoriere, beweise ihren Erfolg.

Die Wahrheit war, daß Le Queux in England einfach nicht ernst genommen wurde. Das hatte zwei Gründe. Erstens klangen seine Berichte zu naiv, und zweitens war er nicht einmal nach seinem großen Erfolg als Romancier von der guten Gesellschaft akzeptiert worden. Er war zur Hälfte Ausländer, hatte nicht die richtigen Schulen besucht, gehörte zu keinem feinen Club, sprach zu viele Sprachen zu gut, trug mit seinem Patriotismus zu dick auf und nervte jedermann mit seinen Schauergeschichten über Deutschland. Anfang 1906 gelang es Le Queux jedoch, alle zu verblüffen. Er verbündete sich mit dem unzufriedenen alten Feldmarschall Lord Roberts, der ganz ähnlich von der deutschen Gefahr besessen war wie er. Gemeinsam verfaßten sie einen fiktiven Bericht über eine deutsche Invasion Großbritanniens, die in vier Jahren stattfinden würde, und überredeten den Pressemagnaten Lord Northcliffe, ihn in der *Daily Mail* abzudrucken.

Es war eine gründlich geplante Operation. Northcliffe sorgte für das Geld, und drei Experten – Colonel Cyril Field und Major Matson von der Army und H. W. Wilson von der Navy – übernahmen die fachliche Beratung. Sie reisten auf der Suche nach einer wahrscheinlichen Invasionsroute durch East Anglia, und dann versetzte Roberts sich in einen deutschen General und plante einen Marsch auf London, der unter möglichst geringem Widerstand zur Einnahme der Hauptstadt führen würde. Le Queux verbrachte ein Jahr damit, das Material zu einer aufregenden Geschichte zu verarbeiten, die er Northcliffe dann voll Stolz präsentierte.

Seine Lordschaft war nicht sehr erbaut, denn die Marschroute der Invasionsarmee führte durch Landesteile, in denen die *Daily Mail* kaum Leser hatte. Der Zeitungszar leitete den Vorstoß so um, daß die «Hunnen» all die Städte brandschatzten, wo die Chancen auf eine Auflagensteigerung seines Blatts am größten waren. Dann warb er für die Serie, indem er in der *Times*, im *Daily Telegraph*, in der *Morning Post*, dem *Daily Chronicle* und der *Daily Mail* selbst eine Liste der Orte annoncierte, wo die Hunnen am nächsten Morgen zuschlagen würden.

Als «Der Tag» gekommen war, gingen die Plakatträger der *Daily Mail* mit Pickelhauben und preußischblauen Uniformen in den Straßen Londons auf und ab. Premierminister Sir H. Campbell-Bannerman heizte die öffentliche Erregung an, indem er im Unterhaus erklärte, Le Queux sei «ein gemeingefährlicher Bangemacher», und seine Geschichte sei dafür «kalkuliert, die öffentliche Meinung im Ausland zu beeinflussen und den unwissenderen Engländer in Angst und Schrecken zu versetzen». Für Northcliffe war die Sache jedoch ein ungeheurer Erfolg. Die Auflage der *Daily Mail* stieg enorm. Die Buchausgabe der *Invasion of 1910* wurde in mehr als einer Million Exemplaren verkauft. Es gab andere, bedeutsamere Ergebnisse. Le Queux sah, daß er einen Treffer gelandet hatte. Er hatte einen Weg gefunden, Britannien auf die deutsche Gefahr aufmerksam zu machen und gleichzeitig eine Menge Geld zu verdienen. Von diesem Moment an verbanden sich die beiden Motive – Patriotismus und Profit – untrennbar in seinem Geist, und das hatte Konsequenzen, die er nicht voraussehen konnte.

Lord Roberts und Le Queux riefen nun einen privaten Geheimdienst ins Leben. «Ein halbes Dutzend patriotischer Männer in Tarnung tat sich zusammen», schrieb Le Queux später. «Jeder kam für seine eigenen Unkosten auf, und sie begannen, in Deutschland und anderswo Informationen zu sammeln, die unserem Land im Bedarfsfall nützlich sein konnten. Mir wurden Italien und der Nahe Osten zugeteilt, aber meine Reisen führten mich auch nach Rußland, Deutschland und Österreich.» Le Queux gab all seine Autorentantiemen von *The Invasion of 1910* für diese Privatspionage aus:

«Ich trennte mich leichten Herzens von meinem Geld und führte ein unbeschwertes Leben mit dem einzigen Ziel, Informationen zu bekommen, die Großbritannien helfen konnten. Ich war der einzige Engländer, der je die Erhardtsche Kanonenfabrik in Düsseldorf betrat, wo damals große Geschütze gebaut wurden. Der Abstecher kostete mich eine erhebliche Summe Schmiergeld. Ich brachte das Resultat meines Abenteuers in kurzer Frist zu Papier, versah es mit kurzen Inhaltsangaben und schickte es an die staubigen Taubenschläge im Foreign Office.»[3]

Wenn er gerade nicht im Ausland spionierte, verbrachte Le Queux seine Zeit mit Spionageabwehr in Britannien und überschwemmte das Kriegsministerium mit Berichten über «deutsche Offiziere in Zivil», die sicherheitsrelevante Objekte fotografierten, über Hotels an der Ostküste, die Deutschen gehörten, über 42 Fälle von Deutschen, die ein oder zwei Häuser neben einem Telegraphenamt wohnten und sich «bereithielten, am ‹Tag› zuzuschlagen und sich der Apparate zu bemächtigen oder sie zu zerstören». Aber, sagte Le Queux, seine Berichte wurden wieder ignoriert. Er führte diese Gleichgültigkeit auf die Apathie der Behörden oder eher auf die Tätigkeit der in der «Verborgenen Hand» organisierten kaiserhörigen Briten zurück.

Von der Regierung belächelt, wandte Le Queux sich wieder dem Massenpublikum zu. Mit finanzieller Unterstützung des schottischen Großverlegers D. C. Thompson reiste er auf der Suche nach deutschen Spionen durch Schottland und veröffentlichte die Ergebnisse in Thompsons *Weekly News*, um sie dann zu einem Buch auszuwalzen. Er bezeichnete die Serie der *Weekly News* später als «Artikel», aber das Buch – *Spies of the Kaiser: Plotting the Downfall of England* – erschien als ein Roman, «der auf ernstzunehmenden Fakten aus meiner eigenen Erfahrung beruht», als Resultat einer zwölfmonatigen Reise durch England, «bei der ich persönlich über die Anwesenheit und Arbeit der 5000 hier tätigen Spione ermittelte».

Man könnte all das als harmlosen Unsinn, als Spannungslektüre für Fünfzehnjährige abtun, wenn es nicht so nachhaltig auf die Ergebnisse von Haldanes Unterausschuß abgefärbt hätte. Diese wiederum bestimmten die Zukunft der Geheimdienstarbeit in Großbritannien und, da der britische Dienst das Vorbild für die CIA wurde, den Vereinigten Staaten.

Zweifellos waren beide, Edmonds und Le Queux, davon überzeugt, daß England vom deutschen Weltmachtstreben eine tödliche Gefahr drohte, und glaubten allen Ernstes, die Deutschen unterhielten bereits ein Agentennetz, das die ganze Insel umfaßte. Natürlich hatte keiner von ihnen einen konkreten Beweis dafür. Aber die beiden hatten nicht nur ein gemeinsames Ziel, sondern sie waren auch miteinander befreundet, und es ist so gut wie sicher, daß sie ihre Gedanken austauschten, obgleich dies niemals öffentlich zugegeben wurde.

Man vergleiche zum Beispiel Le Queux' Schilderung der Arbeitsweise der deutschen Spione in England (in der Einführung zu *Spies for the Kaiser*) mit der Aussage, die Edmonds vor dem Unterausschuß zum selben Punkt machte. Le Queux schrieb eine ganze Weile, ehe der Unterausschuß gebildet worden war: «Die Zahl der Agenten, die die deutsche Geheimpolizei augenblicklich für die Berliner Nachrichtenabteilung in unserer Mitte arbeiten läßt, wird auf mehr als 5000 geschätzt. Jeder ‹fest stationierte› Agent hat die Aufgabe, ein Geheimnis auszuspähen . . . Dieser ‹fest stationierte Agent› wiederum wird von einem ‹reisenden Agenten› geführt, der ihn regelmäßig besucht . . .»

Es dürfte klar sein, daß Edmonds einfach Le Queux paraphrasierte, als er dem Unterausschuß berichtete, die deutschen Spione in Britannien seien in «stationäre Agenten» und «mobile Agenten» unterteilt – die ähnliche Terminologie kann kein Zufall sein.

Wie wir schon sahen, fühlten Colonel Edmonds und seine Kollegen sich in ihrer Arbeit gegen deutsche Spione dadurch behindert, daß es kein Gesetz gab, das die strafrechtliche Verfolgung der Bösewichter zuließ. In Le Queux' Buch zeigt Jacox die gleiche Sorge. Er beschwert sich bei Raymond: «England ist das Paradies des Spions und wird es so lange bleiben, bis wir Druck ausüben können, der zur Verabschiedung neuer Gesetze gegen ihn veranlaßt.»

Dies hätte von Edmonds stammen können, so deutlich sprachen Le Queux' fiktive Personen aus, was der Colonel und seine Mitarbeiter dachten. Wer wen beeinflußte, läßt sich heute nicht mehr entscheiden, spielt aber auch keine Rolle, denn von nun an wurde Le Queux die dominierende Figur, und Edmonds fungierte praktisch als Werkzeug. *Spies of the Kaiser* erschien Anfang 1909 und wurde über Nacht ein Bestseller, und wie sich bald zeigte, hielten seine vielen tausend Leser es für einen Tatsachenbericht – was in Anbetracht der irreführenden Präsentation als Fakten in Romanform oder «Docu-Thriller» nur zu verständlich war.

Das Land wurde vom Agentenfieber erfaßt. Wenn es damals *wirklich* deutsche Spione in Britannien gab – eine Möglichkeit, die wir später untersuchen werden –, dann sicher nicht genug, um all die Agentenjäger zufriedenzustellen, die nun in Jacox' Fußstapfen ausschwärmten, um sie zur Strecke zu bringen. Le Queux' Leser mußten also auf ihre eigene Phantasie zurückgreifen, und der Autor wurde bald mit Briefen überschwemmt, die von verdächtigen deutschen Reisenden, Offizieren, Barbieren und Kellnern berichteten. Diese Fälle waren fast Spiegelbilder derjenigen, die er in seinem Roman geschildert hatte, doch statt ihn mißtrauisch zu machen, bestätigten sie ihn nur in seiner Meinung: Wenn

Tausende von patriotischen Engländern jetzt das gleiche verdächtige Benehmen beobachteten wie er, mußte das riesige deutsche Spionagenetz existieren!

Le Queux beeilte sich, Colonel Edmonds seine neuen «Beweise» zukommen zu lassen. Sie erreichten ihn genau rechtzeitig – als er versuchte, den Unterausschuß von der Existenz und vom Ausmaß der Agentenbedrohung zu überzeugen. Er kompilierte rasch ein Verzeichnis der «Fälle mutmaßlicher deutscher Spionage», das dem Unterausschuß bei seiner zweiten Sitzung am 20. April 1909 vorgelegt wurde.[4]

Die aufgelisteten Fälle waren ebenso lächerlich oder absurd wie die Vorkommnisse, die Le Queux in *Spies for the Kaiser* beschrieben hatte – eine Mischung von bösartigem Klatsch, Phantasie, Neid, Antisemitismus und Ausländerhaß. Sie waren offensichtlich samt und sonders wertlos. Ein Friedensrichter aus Lincolnshire berichtete, daß ein Mann, der sich als «Colonel Gibson» ausgebe, aber zweifellos ein Ausländer sei, den Sommer in Sutton-on-Sea verbringe, sich sehr für die Küste interessiere und im Ort als «der deutsche Spion» bekannt sei. Ein Redaktionsangestellter einer Provinzzeitung meldete, in der Wellesley Road in Clacton-on-Sea wohne ein Deutscher namens Cobletz, der nicht arbeite, Geldüberweisungen aus dem Ausland bekomme und «sich bemüht, mit jedermann auf freundlichem Fuße zu stehen». Ein Kapitän der Royal Navy teilte mit, ein Deutscher namens Schneider besitze in Portsmouth ein Barbiergeschäft, das er zu einer Art Club umfunktioniert habe, «der häufig von U-Boot-Leutnants aufgesucht wird». Ein «Soldat in Ruhe» wußte zu sagen, daß die Postvorsteherin in Old Charlton, Grafschaft Kent, einen Deutschen namens Kerweder geheiratet habe, «der im Postamt wohnt» . . .

Der Ausschußvorsitzende Haldane versuchte zunächst, eine rationale Note in die Erörterungen zu bringen. Er war kürzlich von einem Deutschlandbesuch zurückgekehrt und erklärte dem Unterausschuß, er habe ganz gewiß nicht den Eindruck gewonnen, daß die Berliner Regierung in Großbritannien Informationen sammeln lasse, um es demnächst zu besetzen. Aber bald wurde auch er von der Agentenmanie gepackt. Den Ausschlag gab offenbar ein Dokument, das zufällig in den Besitz des Kriegsministeriums gelangt war. Dieses Papier, sein Inhalt und die Art, wie es das Ministerium erreichte, haben alle Ingredienzen eines Spionagethrillers von Le Queux, doch weil sich in britischen Regierungsarchiven kein Hinweis auf die Angelegenheit findet, können wir hier nur Haldanes Version wiedergeben und überlassen dem Leser die Entscheidung, wie glaubwürdig die Sache ist.

«In der letzten Woche», berichtete Haldane, «bekam das Kriegsministerium ein Dokument aus dem Ausland, das einiges Licht auf die gegenwärtigen Geschehnisse wirft. Das Dokument stammt von einem französischen Geschäftsreisenden, der von Hamburg nach Spa fuhr. In seinem Abteil saß ein Deutscher, dessen Reisetasche der seinen ähnelte. Als dieser ausstieg, nahm er die falsche Tasche mit, und als sein Mitreisender es entdeckte, öffnete er die zurückgelassene Tasche und fand darin detaillierte Pläne für eine Invasion Englands. Er schrieb so viel von diesen Plänen ab, wie er konnte, ehe er gebeten wurde, die Tasche herauszugeben, über deren Verlust der Eigentümer den Vorsteher des nächsten Bahnhofes, an dem der Zug hielt, telegraphisch unterrichtet hatte.»[5]

Haldane gab zu, daß er zunächst geneigt war, die Pläne als Fälschungen zu betrachten, die womöglich von der französischen Regierung stammten und England aufrütteln und auf seine militärischen Versäumnisse hinweisen sollten. Aber, fuhr Haldane fort, der Direktor für Militäroperationen, General J. S. Ewart, und der Direktor für Militärausbildung, General A. J. Murray, die beide im Unterausschuß saßen, seien sicher, daß die Pläne nicht das Werk von Amateuren seien, sondern eine große Kenntnis der strategisch verwundbaren Punkte des Landes bewiesen und zeigten, daß es bestimmte Örtlichkeiten gebe, wo deutsche Agenten stationiert seien, die bei Ausbruch eines Kriegs oder in einer Periode gespannter Beziehungen bestimmte Aktionen durchführen sollten.

Die ganze Geschichte hat einen starken Beigeschmack von Le Queux. Die beiden ähnlichen Reisetaschen; die Tatsache, daß die Tasche des Deutschen trotz der brisanten Geheimnisse, die sie enthielt, nicht verschlossen war; die Tatsache, daß der Franzose sofort «detaillierte Pläne für eine Invasion Englands» erkannte; der Zeitraum, der ihm blieb, um die wichtigen Teile abzuschreiben; die Geschwindigkeit, mit der seine Abschrift dann England erreichte. Aber was sollte Haldane machen, wenn hohe Offiziere, die im Unterausschuß saßen, ihm versicherten, daß die Pläne «nicht das Werk von Amateuren seien»?

Er kapitulierte. Die Deutschen ließen zweifellos überall in England spionieren, sagte er, um die Ressourcen und die Topographie Großbritanniens auszukundschaften. Dann gab der Unterausschuß vier Hauptempfehlungen, um dieser Gefahr zu begegnen: Einführung von Kontrollen, um die Bewegungsfreiheit von Ausländern zu beschränken; Sicherheitsvorkehrungen, um lebenswichtige Anlagen und Einrichtungen vor Sabotage zu schützen; eine Verschärfung des Official Secrets

Act mit dem Ziel, der Polizei größere Vollmachten gegen Spione zu geben; und – hier unser wichtigstes Anliegen – die Gründung eines ständigen Geheimdienstes.⁶

Ein solcher war zuerst von General Ewart vorgeschlagen worden. Edmonds hatte sich eine erhebliche Vergrößerung seiner eigenen Dienststelle – MO 5 – erhofft, um die Aktivitäten der realen oder vermeintlichen deutschen Agenten in Großbritannien zu unterbinden. Ewart schwebte etwas anderes vor: Er wollte den deutschen Spionen mit britischen Spionen begegnen; er wollte einige Agenten einstellen, ohne die Schmach zu riskieren, irgendwie mit ihnen in Verbindung gebracht zu werden. Schon in jenen frühen Tagen des britischen Nachrichtendienstes gab es also jenes Gefühl, das noch heute in der herrschenden Schicht Englands anzutreffen ist: Spionage gilt als ein schmutziges Geschäft, das sich mehr für Fremde als für Engländer eignet, doch weil Großbritannien von den Umständen gezwungen wird, sich in dieselben Niederungen zu begeben wie andere Staaten, soll wenigstens so spioniert werden, daß die Briten im Fall einer Enttarnung ihrer Agenten schwören können, sie hätten nichts mit ihnen zu tun.

Das Foreign Office war besonders erpicht, Distanz zu allem zu wahren, was nach Spionage roch. (Nur ein Jahr zuvor hatte der britische Konsul in Cherbourg nicht ohne eine gewisse Befriedigung berichtet, er habe einem Spion, der ihm für 1000 Franc Baupläne französischer U-Boote angeboten habe, kurzerhand die Tür gewiesen.)⁷ Wenn das Foreign Office aber nicht Bescheid wissen wollte und wenn der Spion im Fall einer Enttarnung «dementierbar» sein sollte, könne man doch ein paar Ausländer anwerben, argumentierte das Kriegsministerium.

Da viele Spione ein enges Verhältnis zum Alkohol haben, war es nur passend, daß der erste Mitarbeiter einer bald üppig wuchernden Spionagebürokratie ein Angestellter der Londoner Brauerei Courage & Company war. Das Kriegsministerium wandte sich diskret an den geschäftsführenden Direktor von Courage, G. N. Hardinge, und dieser machte seinem Hamburger Vertreter deutlich, daß seine Chancen auf eine langjährige Mitarbeit größer wären, wenn er sich bereit erklärte, nebenher ein bißchen zu spionieren. Der Mann, der nur als Rué bekannt ist, meldete nichts von Belang, begeisterte sich aber so sehr für seine neue Beschäftigung, daß er 1914 nicht nur für Großbritannien, sondern auch für das Deutsche Reich arbeitete.⁸

Ewart wollte auf diesem unsicheren Fundament weiterbauen. Um die anderen Ausschußmitglieder jedoch zu überzeugen, betonte er den Beitrag, den seine Agenten zur Verhinderung von Spionage in Britannien leisten würden. «Wir benötigen Informationen über Spionage in unserem Land», sagte er. «Wir wollen außerdem mit Ausländern Kontakt halten, um festzustellen, ob man etwas über irgendwelche ausländischen Waffen oder Sprengstoffe herausfinden kann, die bei uns versteckt sind.» Er erklärte, daß solche Kontakte über einen Mittelsmann laufen würden, damit der Generalstab «davor geschützt ist, beim Umgang mit Spionen bloßgestellt zu werden». Später betonte auch Haldane das Bedürfnis nach einem Mittelsmann, der bei Bedarf fallengelassen werden könne: «Wir haben die Frage erwogen, wie man ein Geheimdienstbüro gründen könne, um mit der Spionage bei uns fertig zu werden, unsere eigenen ausländischen Agenten im Ausland zu führen *und als ein Schirm* zwischen der Admiralität und dem Kriegsministerium einerseits und den Mitarbeitern oder Zuträgern des Geheimdienstes andererseits zu dienen.»

Als der Unterausschuß seinen Abschlußbericht schrieb, war der Gedanke, ein nachrichtendienstliches System zu haben, das offiziell nicht existierte, der wichtigste Grund für die Schaffung eines Geheimdienstbüros geworden. Deshalb empfahlen seine Mitglieder, das Büro weder dem Innenministerium noch dem Kriegsministerium oder der Admiralität anzugliedern, sondern es zu einer Schaltstelle zwischen diesen Behörden und den Agenten zu machen, «die wir in fremden Ländern einsetzen». Der nächste Abschnitt des Berichts bestimmte weitgehend die Zukunft des britischen Geheimdienstes: «Dieses Geheimdienstbüro würde unsere Marine- und Militärattachés und Regierungsbeamte nicht nur von der Notwendigkeit befreien, mit Spionen umzugehen, sondern auch verhindern, daß man uns irgendeinen Umgang mit ihnen beweisen könnte.»

Als man sich darauf geeinigt hatte, die Regierung vor dem schmutzigen Spionagegeschäft zu schützen, indem man einen nicht existierenden Nachrichtendienst gründete, war der nächste Schritt beinahe zwangsläufig: Der nicht existierende Dienst und seine Entstehung mußten ein Staatsgeheimnis bleiben, weil das ganze Unternehmen sonst keinen Sinn hätte. So begann unverzüglich jene besondere Art von Geheimhaltung, die die Geschichte des britischen Geheimdienstes wie ein roter Faden durchziehen sollte. Der am 24. Juli 1909 fertiggestellte Abschlußbericht des Unterausschusses enthielt dieses Fazit: «Die detaillierten Empfehlungen des Unterausschusses zur Gründung des Geheimdienstbüros sind so geheimer Natur, daß es für wünschenswert gehalten wird, sie nicht zu drucken oder bei den Mitgliedern zirkulieren zu lassen. Der Unterausschuß hat diese Empfehlungen erwogen und aus dem obigen

Grund nur eine Kopie mit Schreibmaschine fertigen lassen, die der Obhut des Direktors für Militäroperationen anvertraut worden ist.»

Etwas für geheim zu erklären, ist eine Sache, doch Sorge zu tragen, daß das Geheimnis nicht preisgegeben wird, ist etwas ganz anderes. Der Unterausschuß empfahl nun, den Official Secrets Act auf eine Weise zu verschärfen, die einen Teil der Regierungsarbeit in Großbritannien noch heute hinter einem undurchdringlichen Schleier verbirgt. Der erste Official Secrets Act war 1889 verabschiedet worden, um die Enthüllung sicherheitsrelevanter Informationen durch Regierungsbeamte zu stoppen. 1908 hatte man versucht, ein neues Gesetz durchzubringen, das Zeitungen an der Veröffentlichung sicherheitsrelevanter Informationen über die Flotte und das Heer hindern sollte, aber der Aufschrei der Presse war so laut gewesen, daß die Regierung den Entwurf zurückzog. Der Unterausschuß sprach sich für ein neues Gesetz aus; es sollte nicht nur dafür sorgen, daß Geheimnisse in Großbritannien tatsächlich geheim blieben, sondern auch die strafrechtliche Verfolgung von Spionen ermöglichen, die für die Sicherheit des Staates relevante Informationen «bekannt gemacht» (also auch: an einen anderen Agenten weitergegeben) hatten. Als die Regierungsjuristen die Ausschußempfehlungen zu einem Gesetzestext verarbeitet hatten, stand fest, daß man irgendeinen Trick finden mußte, um die Vorlage durchs Parlament zu bringen, weil ihre Bestimmungen allzu drakonisch waren. Danach konnte ein Verdächtiger schon dann als Agent verurteilt werden, wenn die «moralische Gewißheit» bestand, daß er spioniert hatte! Der Anklagevertreter brauchte nur zu zeigen, daß die Umstände des Falls, die Persönlichkeit des Angeklagten oder sein allgemeines Verhalten es «wahrscheinlich» machten, daß er ein Spion war.

Der Unterausschuß hatte zu Beginn gemeint, das neue Gesetz würde «auf geringen Widerstand» treffen, wenn es mit der Begründung, es sei eine «sehr wichtige Vorsichtsmaßnahme zum Schutz nationaler Interessen», vom Kriegsministerium eingebracht würde und nicht vom Innenministerium. Die Regierung ging weiter. Das Gesetz wurde im Juni 1919 formuliert und so schnell durch das Unterhaus gepeitscht, daß fast niemand merkte, worum es überhaupt ging. Es wurde an einem späten Freitagnachmittag – dem inoffiziellen Beginn des geheiligten britischen Wochenendes – vorgelegt, als nur 117 Parlamentsmitglieder anwesend waren. Die Regierung behauptete einfach, es richte sich gegen niemand Besonderen und würde niemandes Freiheiten beschneiden. Nur zwei Liberale äußerten leise Vorbehalte, und einer von ihnen schloß nach den beruhigenden Worten des Vertreters der Regierung: «Obgleich mir einiges davon nicht gefällt, sehe ich ein, daß es notwendig ist.» Wie unzutreffend die Behauptungen der Regierung waren, zeigt ein kurzer Blick auf zwei Fälle, die kurz darauf nach den neuen Bestimmungen verhandelt wurden: einer im nächsten Jahr und der zweite Anfang 1914.

Im November 1911 wurde der Journalist Max Schultz, der in einem Hausboot bei Exeter wohnte und kein Geheimnis daraus machte, daß er Deutscher war – er hatte sogar die deutsche Flagge aufgezogen – mit der Begründung verhaftet, er habe versucht, Informationen über die Kriegsbereitschaft der britischen Flotte zu beschaffen. Schultz glaubte eine hieb- und stichfeste Verteidigung zu haben: Wie er zeigte, waren die diesbezüglichen Informationen so wenig geheim, daß sie sogar in der Lokalpresse standen. Die Jury brauchte nur vier Minuten, um ihn schuldig zu sprechen.[9]

Im April 1914 bot der 18jährige Robert Blackburn aus Liverpool der deutschen Botschaft in London brieflich seine Dienste als Spion an. Um seine Tüchtigkeit zu beweisen, legte er Proben der Informationen bei, die er beschaffen konnte. Sie waren wertlos und konnten keinerlei Schaden anrichten, und Blackburn gab später zu, daß er sie lokalen Zeitungen und einer schriftlichen Anfrage bei der Handelskammer von Liverpool verdankte. Er gestand auch, daß er nach der Lektüre von Büchern – wie Le Queux' Roman über deutsche Agentennetze in Britannien – auf die Idee gekommen sei, sich den Deutschen als Spion anzudienen. Die Polizei fing seine Post ab und beschuldigte ihn der Spionage. Auch er wurde schuldig gesprochen und kam ins Gefängnis.[10]

Die Agenten des Geheimdienstbüros betätigten sich in Deutschland inzwischen auf ganz ähnliche Weise: Sie häuften große Mengen von «Erkenntnissen» an, die zum überwiegenden Teil in Büchern, Zeitungen und anderen Publikationen standen. Selbst wenn dann und wann ein Körnchen Wahrheit daran war, erwies es sich als wertlos, weil die Auswerter es gewöhnlich als falsch aussonderten. So legte die Admiralität eine Meldung zu den Akten, aus der hervorging, daß die Zielgenauigkeit der deutschen Schiffsgeschütze mit großer Reichweite erstaunlich gut sei; solche Resultate, so die Beamten, seien unmöglich, und der Agent müsse einer Täuschung aufgesessen sein.[11] Wie gut die deutschen Geschütze waren, sollte die Admiralität dann im Skagerrak feststellen.

Die Fragen, die das Geheimdienstbüro ihnen stellte, und die Reaktion auf ihre Antworten zeigten den Agenten schnell, was ihr Arbeitgeber von ihnen erwartete: Wenn eine Information besagte, daß Deutschland sich auf eine Invasion Englands vorbereitete und es als ersten Schritt mit Spionen und Saboteuren überschwemmt hatte, war er hocherfreut und bat um weitere diesbezügliche Erkenntnisse. Hatte die deutsche Agentendrohung aber ein reales Fundament?

Das Deutsche Reich besaß genau wie Großbritannien, Frankreich, das zaristische Rußland und die meisten anderen europäischen Mächte einen militärischen Informationsdienst, den Geheimen Nachrichtendienst des Heeres (der unter dem Kürzel ND oder, später und innerhalb des Heeres, Sektion IIIb lief), aber er war nur im Kriegsfall voll einsatzfähig. In Friedenszeiten mußte er sich aus Geldmangel weitgehend auf normale Nachrichtenquellen – Militärattachés, Diplomaten, Konsuln und dann und wann einen Journalisten – verlassen. Nach dem Russisch-Japanischen Krieg von 1904–1905 versuchte Berlin, mehr Informationen über Rußland und das mit ihm verbündete Frankreich zu bekommen. Eine russische Abteilung wurde eingerichtet, doch ihr Leiter, Major Walther Nicolai, stellte fest, daß der ganze Nachrichtendienst ein Jahresbudget von nicht mehr als umgerechnet 300 000 Mark hatte und daß die Rußlandabteilung mit vier Agenten auskommen sollte. Diese Agenten betrachteten Spionage erstens und vor allem als Einkommensquelle, und es war ihnen mehr oder weniger gleichgültig, ob sie nun für Deutschland oder für das Zarenreich arbeiteten. Nicolai war so entmutigt, daß er die Leitung niederlegte, doch im April 1913 wurde er zurückgerufen und zum Leiter des gesamten Nachrichtendienstes gemacht, ein Posten, den er während des Ersten Weltkrieges beibehielt.

Er schuf in nur einem Jahr eine sehr effiziente Organisation, die aber ausnahmslos gegen Rußland und Frankreich gerichtet war. England wurde als Bedrohung zur See betrachtet, so daß es theoretisch dem Nachrichtendienst der Kriegsmarine oblag, dort zu spionieren. Der deutsche Marinenachrichtendienst hatte jedoch noch weniger Mittel als der ND, und außerdem war Spionieren sowieso gegen die Marinetradition. Deshalb traf Nicolai am Vorabend des Kriegs Anstalten, Britannien seiner Zuständigkeit einzugliedern. Später, 1924, sagte er dann: «Das hätte in der Tat der nächste Schritt in der Organisation unseres Geheimdienstes sein sollen, wurde aber vom Kriegsausbruch verhindert. Es wurde nicht einmal über einen Dienst gesprochen, der sich um Amerika kümmern sollte.[12]

Akten des britischen Innenministeriums stützen diese Aussage. Am 4. August 1914, dem Datum der britischen Kriegserklärung an das Deutsche Reich, behauptete das Home Office, die Behörden hätten 21 deutsche Spione festgesetzt, was sich kaum als umfangreiches Agentennetz qualifizieren ließ und auch die von Le Queux genannte Zahl von 5000 deutschen Agenten nicht ganz erreichte. Doch nur *einem* der 21 Verdächtigen wurde je der Prozeß gemacht, ein bemerkenswert schlechtes Leistungszeugnis, falls sie wirklich Spione waren. Das Innenministerium nannte zwei Gründe für dieses Scheitern. Im Oktober 1914 erklärte es, es könne die Spione nicht vor Gericht bringen, weil öffentlich vorgebrachte Beweismittel zeigen würden, wie die britische Spionageabwehr arbeite. Im weiteren Verlauf des Kriegs behauptete es dann wiederholt, es habe die Aufmerksamkeit der Deutschen nicht auf die Tatsache lenken wollen, daß ihr Spionagering aufgeflogen sei.

Keine der beiden Behauptungen hält einer Nachprüfung stand. In einer Verlautbarung, die kurz nach den Festnahmen herausgegeben wurde, hatte das Home Office bereits gezeigt, wie die britische Spionageabwehr arbeitete – durch das Abfangen von Telegrammen und Briefen aus dem Ausland.[13] (Und wenn es tatsächlich fürchtete, bei den Prozessen könnten wichtige Geheimnisse publik werden, hätte es anordnen können, sie in nichtöffentlicher Sitzung abzuhalten.) Wenn die 21 Deutschen *wirklich* Spione waren, wurde ihr Führungsoffizier binnen Stunden über ihre Festnahme informiert, weil die *Times* am Morgen danach alle ihre Namen veröffentlichte. Die 20 restlichen «Spione» wurden nur deshalb nicht gerichtlich verfolgt, sondern ohne Prozeß interniert, weil die britischen Behörden keine Beweise hatten, um eine Anklage zu stützen. Die Furcht vor deutschen Spionen, die Britannien in den Jahren vor dem Ersten Weltkrieg heimsuchte, entbehrte also jeder faktischen Grundlage. Warum ließen sich so viele von ihr anstekken?

Die Spionagegeschichten Le Queux', Childers' und Buchans hatten ein gemeinsames Grundmotiv, das fast so alt ist wie der Mensch selbst – den Sieg über das Ungeheuer. Die Geschichte, wie der Held als einziger die Gefahr erkennt, die dem Stamm vom Ungeheuer droht, wie er sich auf den Kampf vorbereitet, wie er das Geheimnis des Ungeheuers lüftet und dieses schließlich tötet, diente seit Jahrhunderten in allen Zivilisationen als Gleichnis für den Kampf des Menschen gegen das Böse.

Aber Le Queux, eine gestörte Persönlichkeit, projizierte seine Version des Mythos auf die wirkliche Welt und schuf ein spezifisches Ungeheuer: Kaiserdeutschland. Die Behörden lehnten Le Queux selbst ab, erkannten jedoch, welch ein nationalistisches Potential er freigelegt hatte, und benutzten dieses für ihre eigenen Zwecke. «Jackie» Fisher, Erster Seelord und einer der wenigen, die nicht an die deutsche Gefahr glaubten, sagte selbst, das Heer der 1909 in die Welt gesetzten (realen und eingebildeten) deutschen Spione «diente dem doppelten Zweck,

31

falsche Informationen zu liefern, die die Aufrüstung förderten, und die bereits geschürten Ressentiments zwischen England und Deutschland zu vergrößern».[14]

Die Folgen waren enorm: Man richtete den ersten bürokratisch organisierten Geheimdienst ein, der ein Beispiel für alle späteren wurde, und die Leute, die ihn leiteten, begriffen bald, daß er in einem Klima internationaler Spannung und äußerer Bedrohung am besten gedeihen würde.

Die Legenden wuchern

«Ihrer Majestät Geheimdienstbüro», wie man das Kind von Haldanes Unterausschuß taufte, wurde in zwei Hauptabteilungen gegliedert – Inland und Ausland. Die Inlandsabteilung sollte sich mit dem Enttarnen ausländischer Spione in England, also mit Spionageabwehr, befassen und war der Vorläufer des heutigen MI 5 oder Sicherheitsdienstes. Die Auslandsabteilung sollte Erkenntnisse aus anderen Staaten sammeln und wurde schließlich zum MI 6 oder Geheimen Nachrichtendienst (SIS).* Diese Aufgabenteilung führte von Anfang an zu Reibereien zwischen den beiden Organisationen, die sich nie gänzlich gelegt haben. Spionefangen ist im wesentlichen Polizeiarbeit, und die MI 5-Beamten neigten dazu, das Gesetz zu achten wie ein Polizist – und die Gesetzesbrecher entsprechend zu verachten. Der berühmte MI 5-Mann William Skardon sagte einmal über den SIS: «Für diese Arbeit muß man schon ein bißchen von einem Schurken haben.»[1]

Nachdem sie das Geheimdienstbüro eingerichtet hatte, versuchte die Regierung, es auf Sparflamme zu halten. MI 5 bekam ein einziges Zimmer im Kriegsministerium und ein Budget von nur 7000 Pfund im Jahr. Die Summe, die der SIS bekam, ist nicht aktenkundig, aber sie reichte gerade, um Agenten nach Deutschland zu schicken. Über 50 Jahre vergingen, bis der Dienst eine regelrechte Finanzstruktur bekam, und in der Zwischenzeit wurde es für die Leiter beider Abteilungen zur Gewohnheit, in die eigene Tasche zu greifen, wenn das Bargeld ausgegangen war. Deshalb war die Nachrichtenarbeit keine Karriere, die junge, ehrgeizige Offiziere anlockte. Die Männer, die die beiden Abteilungen zuerst leiteten, legten rasch das Muster fest.

* Der Einfachheit halber werden wir von nun an die Kürzel MI 5 und SIS benutzen, um die beiden Abteilungen zu bezeichnen.

Der Leiter von MI 5 war Captain Vernon Kell. Seine Qualifikation war nicht eindrucksvoll: ein wenig Jagen und Schießen und eine gewisse Erfahrung als Nachrichtenoffizier beim Boxeraufstand in Schanghai, wo er sich gleichzeitig als Auslandskorrespondent des *Daily Telegraph* betätigte. Kell hatte jedoch das Talent, die Bürokratie zu vergrößern. MI 5, das 1909 noch in einem einzigen Raum untergebracht war, zählte 1914 immerhin schon 14 Beschäftigte und wuchs gegen Kriegsende auf 700 an.

MI-1c, wie der SIS bis in die dreißiger Jahre hieß, wurde von Captain Mansfield Smith-Cumming geleitet, der sogar nach den Begriffen der Royal Navy ein echter Exzentriker war. Es fällt schwer, über ihn, den ersten «C» (oder Commander), wie der Leiter des Dienstes noch heute genannt wird, zu schreiben, ohne in den Ton der Satire zu verfallen. Er trug ein goldgerändertes Monokel, schrieb nur mit grüner Tinte und pflegte, nachdem er bei einem Unfall ein Bein verloren hatte, mit einem Kinderroller die Korridore entlangzufahren, wobei er auf seinem neuen Holzbein stand und sich mit dem gesunden Bein abstieß. Er schüchterte Besucher gern ein, indem er ein Federmesser in seine Prothese stieß, um seinen Worten Nachdruck zu verleihen. Sein Journal, ein abgegriffenes Marinelogbuch, zeigt Einträge wie «heute bei Clarkson eine neue Verkleidung gekauft.»

Da die Regierung im Bedarfsfall dementieren wollte, daß es den SIS gab, konnte Cummings Abteilung schlecht im Kriegsministerium untergebracht werden. Sie bekam deshalb einen Teil des Liberator Building in Whitehall und außerdem einige Räume im Watergate House in der Nähe des Strand. Cumming verbrachte die meiste Zeit in einem kleinen Zimmer im östlichen Turm des Liberator Building. Einer seiner Agenten, Major Stephan Alley, hat beschrieben, wie es dort zuging: «Ein Besucher, der zu Cumming wollte, mußte eine Treppe hinaufgehen und warten, während eine Sekretärin einen geheimen Klingelknopf drückte, worauf Cumming ein System von Hebeln und Pedalen betätigte, das eine Ziegelmauer bewegte, die weitere Stufen freigab.» Im Büro selbst stand links auf einem mit Papieren übersäten großen Schreibtisch ein halbes Dutzend Telefone. Auf einem anderen Tisch sah man Karten, Zeichnungen und Modelle von Schiffen und Unterseebooten. Alley erinnerte sich: «Diese sonderbare und geheimnisvolle Atmosphäre wurde sehr durch die Tatsache beeinträchtigt, daß Cummings Sekretärin fortwährend durch eine Luke im Fußboden nach oben kam.»[2]

Die ersten Agenten, die Cumming anwarb, waren Engländer, die in Deutschland lebten. Er ging davon aus, diese Männer könnten frühzeitig vor einer möglichen Invasion warnen, indem sie auf ungewöhnliche Konzentrationen von Truppen und Schiffen achteten und sie ihm meldeten. Im Mai 1910 schickte der SIS dann zwei Offiziere der Royal Navy, Captain Brandon und Lieutenant Trench, über den Kanal, um an der deutschen Küste zu rekognoszieren. Sie wurden festgenommen und zu vier Jahren Haft verurteilt, von denen sie 30 Monate absaßen. Dieser Zwischenfall bewies, wie nützlich es war, einen Geheimdienst zu haben, der offiziell nicht existierte. Als Deutschland den Fall Brandon und Trench bei Reginald McKenna, dem Ersten Lord der Admiralität, zur Sprache brachte, leugnete dieser einfach, etwas über die beiden Männer zu wissen. Als Brandon und Trench nach England zurückkehrten und nicht gerade einen triumphalen Empfang, aber doch ein wenig Verständnis erhofften, erfuhren sie, daß die Regierung den Standpunkt vertrat, sie hätten eine private Urlaubsreise nach Deutschland gemacht und seien selbst verantwortlich für das, was ihnen zugestoßen war. So begründete Whitehall die Tradition der Geheimdienste, daß ein Spion, der sich erwischen läßt, allein auf weiter Flur steht.

Cummings Hauptproblem, das auch seinen Nachfolgern stets zu schaffen machen sollte, lag darin, daß die Leute, die es zur Spionage zog, selten stark genug waren, den Versuchungen zu widerstehen, die mit ihr einhergingen. Die erste dieser Versuchungen war, Meldungen zu erfinden, um die eigene Existenz zu rechtfertigen. Die zweite bestand darin, die großen Geldsummen, über die ein Agent verfügen konnte, zu veruntreuen. Da die Personen, die einem Agenten Informationen verkauften, schwerlich Quittungen über das erhaltene Geld ausstellten, hatte der SIS keine andere Wahl, als sich darauf zu verlassen, daß seine Agenten ehrlich waren. Dies Vertrauen war nicht selten ungerechtfertigt. Ein Agent in Ungarn täuschte Selbstmord vor und setzte sich mit sämtlichen SIS-Mitteln, deren er habhaft werden konnte, in die Vereinigten Staaten ab. Ein anderer erschoß sich, nachdem er gefragt worden war, was er mit den 28 000 Pfund gemacht habe, die man ihm kürzlich geschickt hatte. Captain Sigismund Payne Best, ein Nachrichtenoffizier der Army, hielt ebensowenig vom neuen SIS wie viele andere Außenseiter. «C arbeitete immer mit Spitzbuben», schrieb er, «und seine Leute waren immer bereit, mich gemein zu behandeln.»[3] (Man muß freilich hinzufügen, daß diese Bemerkungen im Licht späterer Ereignisse – siehe Kapitel 7 – ein klassischer Fall vom Glashaus sind, aus dem mit Steinen geworfen wird.)

Das verbreitete Mißtrauen führte zweifellos mit dazu, daß die britischen Geheimdienste vor und nach Ausbruch des Ersten Weltkriegs so stark anwuchsen. Lord Fisher, Erster Seelord von 1904 bis 1910, bildete seinen eigenen Nachrichtendienst mit Zentrum in der Schweiz und machte offenbar recht gute Erfahrungen damit: «Ich erhielt alle verschlüsselten Nachrichten, die von den verschiedenen ausländischen Botschaften, Legationen und Konsulaten abgingen . . ., und ich erhielt die Code fürs Entschlüsseln.»[4]

Die Royal Navy hatte bereits einen eigenen Nachrichtendienst, ehe Haldane die Einrichtung eines Geheimdienstbüros empfahl, und ihr Leiter, Admiral Sir Reginald Hall, von seinen Mitarbeitern «Blinzler» genannt, beriet die Regierung über die Organisation der neuen Behörde.

Die Army schuf ihren Nachrichtendienst innerhalb der Britischen Expeditionstruppen, und außerdem gab es im Kriegsministerium eine Abteilung namens Special Intelligence, die von General G. K. Dockerill geleitet wurde. Außerdem existierte eine «Geheimdienstabteilung Indien», die ein Büro in der Nähe der Sloane Street hatte und sich mit der Wühlarbeit der Deutschen auf dem indischen Subkontinent befaßte.

Die meisten dieser Gruppen sammelten jedoch Erkenntnisse, die sich bestenfalls für taktische Zwecke eigneten. Es waren keine sicherheitsrelevanten Informationen im allgemeinen Sinn. Um langfristig planen zu können, mußten die Briten wissen, wie es um die deutsche Moral bestellt war; ob die Wirtschaftsblockade weh tat; wie lange der Krieg nach Meinung des deutschen Bürgers schlimmstenfalls dauern würde; ob dieser Durchschnittsbürger immer noch glaubte, das Deutsche Reich werde den Krieg gewinnen; wie beliebt der Kaiser noch war; ob es politische Gruppierungen gab, die auf einen schnellen Frieden drängten; ob es stimmte, daß Leute wegen revolutionärer Umtriebe verhaftet worden waren; welche Rohstoffe Mangelware waren; wieviel Konterbande Deutschland über neutrale Länder erhielt; und wie die Beziehungen zwischen dem Deutschen Reich, der Donaumonarchie und dem Osmanischen Reich waren.

Um solche Fragen zu beantworten, bildete Cumming eine umfangreiche Organisation im neutralen Holland. Sie beschäftigte über 300 Personen und war in vier Abteilungen gegliedert: Eine konzentrierte sich auf Informationen über das deutsche Heer, die zweite auf die Marine, die dritte auf Propaganda und Desinformation, und die vierte war für die logistische Unterstützung (falsche Ausweispapiere, Codes und andere Kommunikationsmethoden) zuständig.

Der holländische SIS-Ableger warb Agenten an und schickte sie nach Deutschland, infiltrierte Kriegskorrespondenten neutraler Länder und versuchte, sie anzuwerben oder wenigstens auszuhorchen, und arbeitete mit deutschen Deserteuren, die nach Holland geflohen waren. Wie sich herausstellte, war es relativ leicht, Leute zu finden, die bereit waren, für England zu spionieren. Zu den vom SIS angeworbenen Agenten gehörte auch Leonhard Kooyper, ein Kriegskorrespondent der Tageszeitung *Nieuwe Rotterdamsche Courant*, der vier Reisen nach Deutschland machte und dort Informationen sammelte, die er großenteils unmittelbar nach London weiterleitete. Der SIS konnte auch die Internierungslager infiltrieren, in denen die niederländischen Behörden die Deserteure aus Deutschland festhielten. Seine Agenten freundeten sich mit diesen Leuten an und versuchten, militärische Informationen aus ihnen herauszubekommen. Sie bemühten sich auch, freilich mit geringem Erfolg, geeignete Deutsche auf die britische Seite zu ziehen, um sie dann zwecks Spionage in ihre Heimat zurückzuschicken.

Die Franzosen vergrößerten ihren Nachrichtendienst bei Kriegsausbruch ebenfalls, indem sie zielstrebig Agenten anwarben. Um gute Spione zu bekommen, zahlten sie die höchsten Honorare in Europa – bis die Amerikaner auf den Plan traten.

Die Russen hatten vor dem Krieg so wenig Hehl aus ihrer Spionagetätigkeit gemacht, daß diese in vielen Kreisen gewissermaßen als Witz gehandelt wurde. Man ging allgemein davon aus, daß ein russischer Heeresoffizier einen Teil seiner Laufbahn mit Spionagemissionen im Ausland verbringen mußte. Die Russen glaubten, das sei bei allen Streitkräften üblich, und gerieten manchmal außer sich, wenn der Brauch im übrigen Europa nicht so toleriert wurde wie bei ihnen. Russische Offiziere, die vor dem Krieg im Deutschen Reich spionierten, entrüsteten sich, wenn sie merkten, daß sie von Kriminalbeamten in Zivil verfolgt wurden; manche von ihnen gingen so weit, sich bei uniformierten Polizisten darüber zu beschweren, daß Fremde sie beschatteten. Als dann aber Krieg war, hatten die Russen so schlechte Erfahrungen mit Agenten gemacht, die für beide Seiten arbeiteten, daß sie die Spionage gleich ganz einstellten.

Was machten indes die Deutschen, die immerhin von britischen, französischen und dann auch von amerikanischen Diensten ausgespäht wurden? Sie hatten sich vor dem Krieg weitgehend darauf verlassen, ganz offen Informationen zu sammeln, das heißt, die Erkenntnisse ihrer Militärattachés, ihrer diplomatischen und konsularischen Vertreter und der Auslandskorrespondenten deutscher Zeitungen auszuwerten. Nachdem 1910 einige britische Agenten enttarnt worden waren, erschien ein «deutscher Le Queux» auf der Bühne.

Anfang 1912 veröffentlichte General F. von Bernhardi ein Buch mit dem Titel *Deutschland und der nächste Krieg*. Der General sah das Reich ganz so, wie Le Queux Großbritannien gesehen hatte: als eine aufrichtige, aber arglose Nation, die von hinterhältigen und mächtigen Gegnern, in diesem Fall England, Frankreich und Rußland, bedrängt wurde. Einer der alarmierendsten Beweise dafür sei «die kürzlich tatkräftig praktizierte Spionage der Briten an den deutschen Küsten». Das Buch hatte die erwünschte Wirkung. Als ein Geschwader der Royal Navy im Sommer 1914 Kiel besuchte, war das Spionagefieber in Deutschland so sehr angestiegen, daß ein britischer Offizier bei einem Spaziergang in einem Teil des Hafens, der nicht auf dem offiziellen Besuchsprogramm stand, festgenommen wurde. Der angebliche Freundschaftsbesuch endete in einem Klima gegenseitiger Feindseligkeit.

Die Deutschen sahen sich kaum minder bedroht von Agenten und Saboteuren als die Briten. Die unwahrscheinlichsten Gerüchte wurden in Umlauf gesetzt – und geglaubt. Die Briten hätten angeblich Brieftauben mit einer winzigen Kamera zwischen den Schwanzfedern, die zu einem von einem Uhrwerk bestimmten Zeitpunkt Aufnahmen machte. Spione in deutschen Städten sollten die Tauben losschicken, und da eine der Flugrouten dem Lauf des Rheins und eine andere der Eisenbahnstrecke von Thorn nach Amsterdam folgte, könnten die Briten die Luftbilder zu einem umfassenden Mosaik aller militärischer Aktivitäten im Reich zusammensetzen. Die Agenten würden mit Gold bezahlt, das Automobile über die Grenze brächten. Dieses Gerücht führte dazu, daß viele größere Autos in Grenznähe angehalten und durchsucht wurden, und einigen Fahrern, die sich weigerten zu halten, pfiffen sogar Kugeln um die Ohren.

Das deutsche Heer, das den Wert der Spionagearbeit zurückhaltend beurteilte, widerstand den von der allgemeinen Phobie genährten Forderungen, seine Sektion III b zu erweitern. Als der Krieg jedoch näher rückte, sahen die Verantwortlichen im Heer, daß sie ein besseres System brauchten, um Informationen über die potentiellen Gegner, besonders Frankreich und Rußland, zu sammeln und auszuwerten. Der ND übernahm diese Aufgabe und delegierte Offiziere, gewöhnlich Oberleutnants und Hauptmänner, in die grenznahen Korpshauptquartiere. 1914 gab es im Westen des Reichs – Münster, Koblenz, Metz, Saarbrücken, Karlsruhe und Straßburg – sechs von diesen Offizieren, die meist von ihrer Wohnung aus arbeiteten, und in Königsberg, Allenstein, Danzig,

Posen und Breslau leiteten fünf andere die Beschaffung von Informationen über Rußland.

Entgegen der britischen Annahme, das Vereinigte Königreich sei von deutschen Spionen überschwemmt, hatte der ND am Vorabend des Kriegs einzig und allein die Absicht, sogenannte «Spannungsreisende» für Spionagezwecke einzusetzen. Dies waren Freiwillige – Reserveoffiziere, Geschäftsleute und Urlauber –, die bei den ersten Anzeichen politischer Spannungen aufbrechen und innerhalb der französischen oder russischen Grenzen ihrer «normalen» Beschäftigung nachgehen sollten, um stets und überall die Augen offen zu halten und alles zu melden, was ihnen auffiel. Großbritannien blieb ausgeklammert, weil die Fahrt über den Kanal und zurück zu lange dauerte und weil es traditionell in die Zuständigkeit der kaiserlichen Flotte fiel.

Bei Kriegsausbruch wurden dem neuen Leiter des ND, Major Walther von Nicolai, unbegrenzte Mittel zur Verfügung gestellt. Er hielt jedoch fest, daß diese Maßnahme nicht die Vernachlässigung der Nachrichtenarbeit in den Vorkriegsjahren wettmachen konnte, weil er zu wenig erfahrene Männer und zu wenig Operationsbasen im Ausland hatte. Ein gutes Beispiel dafür waren die Vereinigten Staaten.

Während der Kriegsvorbereitungen hatten die Deutschen auch die US-Streitkräfte und ihre Entwicklung im Auge behalten. Der deutsche Militärattaché in Washington meldete, was er konnte, und man wertete Fachpublikationen und die Tagespresse aus. Als sich jedoch die konkrete Möglichkeit abzeichnete, daß die USA auf der Seite der Alliierten in den Krieg eintreten würden, brauchte der ND aktuelle Informationen, um beurteilen zu können, wie stark die amerikanischen Streitkräfte seien und wie viele Truppen Washington wohl nach Europa schicken würde.

Die Schwierigkeiten zeigten sich rasch. Der ND hatte kein Mittel, Agenten in die USA einzuschleusen. Im Westen wurde der Weg von England, Frankreich und Italien versperrt, im Osten von Rußland und Japan. Die Royal Navy kontrollierte die Weltmeere, und die Überwachung war so gründlich, daß man es nicht einmal riskieren konnte, Agenten auf neutralen Schiffen nach Amerika zu schicken. Vor dem Kriegseintritt der Vereinigten Staaten boten einige prodeutsch eingestellte US-Offiziere dem ND ihre Dienste an, wurden aber nicht gezielt als Spione eingesetzt. Da der ND nicht in der Lage war, sie auf Herz und Nieren zu prüfen, konnte er auch nicht ausschließen, daß sie in Wahrheit Agenten der Alliierten waren und den Auftrag hatten, ihn zu desinformieren. Jedenfalls fand er das Risiko zu groß. Nicolai erklärte nach dem Krieg: «Von allen Kriegführenden waren die Vereinigten Staaten auf eigenem Boden am wenigsten von deutscher Spionage gefährdet.»

Das mag in Widerspruch zu damaligen Berichten und später erschienenen Büchern über die umfassende Tätigkeit deutscher Agenten in den USA stehen.[5] Aber diese «Agenten» waren keine ND-Leute, sondern prodeutsche Amerikaner, die oft auf eigene Faust handelten. Nicolai sagt über sie: «Ihre aufopferungsvollen Bemühungen waren von relativ geringem Nutzen für Deutschland und bargen von Anfang an all die Gefahren, die Ziellosigkeit und mangelnde Planung beinhalten.»[6]

In den Vereinigten Staaten wurden zwar Tausende wegen Verstoßes gegen das «Spionage- und Aufwiegelungsgesetz» verhaftet und abgeurteilt, aber es handelte sich in den meisten Fällen um Leute, die kein Hehl aus ihrer Sympathie für die Deutschen gemacht hatten, und es war kein einziger aktiver Spion darunter.[7]

In Europa zeigte sich derweil, daß die Deutschen keine großen Schwierigkeiten hatten, an der Front Informationen zu sammeln. Auch sie befragten Kriegsgefangene und Deserteure und warben in besetzten Gebieten prodeutsche Einheimische an, die mit Verwandten und Freunden hinter den alliierten Linien in Verbindung standen. Sie benutzten auch zum erstenmal Luftaufklärung. Sie war manchmal nützlich, warf aber in vielen Fällen Auswertungsprobleme auf. Luftaufnahmen konnten die Position des Gegners zeigen, die jedoch im Schützengrabenkrieg ohnehin meist bekannt war. Sie konnten Marschsäulen, fahrende Züge, Ortschaften, Dörfer und rauchende Fabrikschlote zeigen, aber was genau hatte all das zu bedeuten? Sie zeigten die Absicht des Feindes gewöhnlich erst dann, wenn dieser begonnen hatte, sie auszuführen, und dann war es meist zu spät, etwas dagegen zu unternehmen.

Aber der ND wollte, genau wie seine britischen Kollegen vom SIS, unbedingt wissen, was weiter hinter den Linien geschah. Wie standen britische Zivilisten zum Krieg? Wie sah die Kriegsproduktion aus? Gab es auf der politischen Bühne eine Gruppe, die für Frieden eintrat? Um solche Informationen zu bekommen, warb der ND Agenten an, die nach England geschickt wurden, um an Ort und Stelle zu beobachten, was passierte.

Um die Tätigkeit deutscher Spione in England sollten sich bald Legenden ranken. Die meisten von ihnen lassen sich zu zwei Männern zurückverfolgen: den unglaublichen William Le Queux, dessen Agentenbesessenheit keine Grenzen mehr kannte, als der Ausbruch des Kriegs alle seine früheren Prophezeiungen über die deutsche Gefahr zu bestätigen schien, und Dr. Armgaard Karl Graves, einen selbsternannten ND-Agenten, der seine Vorkriegsstrafe wegen Spionage mit einer vielgekauften Beichte in Buchform zu Geld machte.

Als der Krieg begonnen hatte und Le Queux klar war, daß MI 5 ihn nicht für voll nahm – «man nahm [meine Berichte] lediglich mit einer *gedruckten Empfangsbestätigung* zur Kenntnis» –, zog er selbst los, um deutsche Spione zu fangen. Als Italiener verkleidet, besuchte er «gewisse deutsche Viertel in London, vor allem dubiose ausländische Restaurants in der Gegend der Tottenham Court Road»; zusammen mit einem Offizier der Navy fuhr er durch Surrey, um «einem grellen weißen Licht» auf den Grund zu gehen, «das im Fenster eines Landhauses aufblitzte»; er entdeckte in so entfernten Orten wie Herne Bay, Sidmouth und Ilfracombe andere Lichter, die allesamt im Morse-Alphabet die Buchstaben «SM» blitzten; er listete verdächtige Annoncen in der *Times* auf («M-Darling. Treffen wie vereinbart. Brief ausgezeichnet. Soll ich ebenfalls schreiben? Bis dann – Kismet. Vilpar.»).

Le Queux vermutete bald, daß deutsche Spione höchste Positionen in der britischen Regierung erschlichen hatten – warum sonst beherzigten die Behörden seine Warnungen nicht? Er verarbeitete all das in einem Buch mit dem Titel *Britain's Deadly Peril: Are We Told the Truth* («Britanniens tödliche Gefahr: Sagt man uns die Wahrheit?»), das im Herbst 1915 erschien. Es wurde sofort ein Bestseller und bestätigte die Leser in den Befürchtungen, die Dr. Graves mit seinem ein Jahr vorher veröffentlichten *The Secrets of the German War Office* («Die Geheimnisse des deutschen Kriegsministeriums») geweckt hatte. Von diesem Werk wurden 50 000 Exemplare verkauft.

Man hatte Graves am 22. Juli 1912 in Edinburgh zu achtzehn Monaten Gefängnis verurteilt. Er kam im Dezember frei und ging in die USA, wo er seine Memoiren veröffentlichte. In dem wahrhaft verblüffenden Buch schildert Graves, wie er von einem Major Freiherr von Reitzenstein im Burenkrieg in Südafrika, wo er als Arzt und Reitzenstein als Kriegsbeobachter für das Deutsche Reich diente, angeworben und zum Spion ausgebildet wurde. Als solcher, behauptete Graves, wurde er dann fünfmal verwundet und einmal – auf dem Balkan – vor ein Erschießungspeloton gezerrt, wo in dem Augenblick, als die Männer auf ihn anlegten, seine Begnadigung eintraf. Er habe in Singapur und Südafrika, im Osmanenreich, in Holland, Großbritannien und Marokko spioniert. Außerdem versicherte er, er habe mit Wilhelm II. gesprochen, zwei Spioninnen enttarnt und sei zuletzt nach England geschickt worden, «um die Bewegungen britischer Kriegsschiffe vor der schottischen

Küste zu beobachten und die Nachrichtenabteilung der deutschen Kriegsmarine telegraphisch darüber zu informieren».

In Wahrheit war Graves ein Abenteurer, Hochstapler und Schwindler. Er mag in Schottland ein wenig auf eigene Faust spioniert haben, tat es aber so dilettantisch, daß man ihn in Edinburgh und Glasgow auslachte und für einen exzentrischen Schaumschläger hielt. Ein Schotte, mit dem er in einem Hotel in Glasgow Bekanntschaft geschlossen hatte, stellte ihn Kollegen als «mein Freund, den deutschen Spion», vor. In seinem Buch behauptete er, er sei nur deshalb so früh aus dem Gefängnis entlassen worden, weil die Briten ihn gegen die Deutschen einsetzen wollten. Wahrscheinlicher ist, daß seine Untersuchungshaft auf die zu erwartende Gesamtstrafe angerechnet wurde, so daß er ohnehin für bedingten Straferlaß in Frage kam. Das vergleichsweise milde Urteil läßt auch vermuten, daß die britische Justiz, obgleich sie ein Exempel statuieren wollte, seine Aktivitäten nicht allzu ernst genommen hat. Sein Buch jedenfalls wurde ein Bestseller. Darin wob er sehr geschickt eine Aura des Geheimnisvollen – «Es gibt nur drei lebende Personen, die wissen, wer ich bin. Eine der drei ist der größte Herrscher der Welt. Keiner der drei ... dürfte meine Identität jemals offenbaren» –, und die erfundenen, aber überzeugend klingenden Einzelheiten, mit denen er deutsche Spionageoperationen ausschmückte, bestätigten die britische Öffentlichkeit in der Annahme, ihr Land sei praktisch von Meisterspionen überrannt worden.

Vergleichen wir den Mythos mit der Realität. In Großbritannien wurden zwischen 1914 und 1918 insgesamt 30 deutsche Spione verhaftet. Zwölf wurden hingerichtet, einer verübte Selbstmord, und die anderen kamen ins Gefängnis.[8] Der bekannteste von diesen 30 war Carl Hans Lody, ein Reserveleutnant der deutschen Kriegsmarine. Lody hatte als Reiseführer für die Hamburg–Amerika-Linie gearbeitet, sprach also gut Englisch mit amerikanischem Akzent. Im September 1914 tauchte er mit einem amerikanischen Paß, den die Deutschen einem US-Touristen namens Charles A. Inglis in Berlin gestohlen hatten, in Edinburgh auf. Er stellte Verbindung mit seinem Führungsoffizier her, indem er ein Telegramm an einen Adolf Burchard in Stockholm aufgab, aber er beging den Fehler, darin über kürzliche militärische Niederlagen der Deutschen zu jubeln. Die Zensur fand es sonderbar, daß ein Bürger eines neutralen Landes die hohen Telegrammgebühren ausgab, um dem Bürger eines anderen neutralen Landes solche Gefühle zur Kenntnis zu bringen, und beschloß, alle an Burchard adressierte Post überwachen zu lassen. MI 5 begann Lody zu beschatten.

Im Oktober hatte man genügend Beweise, die für eine Verhaftung ausreichten, und am 30. Oktober 1914 wurde Lody von einem Kriegsgericht in London verurteilt. Die Vertretung der Anklage legte seine Briefe und Telegramme vor (nur eines hatte abgehen dürfen, weil es ein Gerücht enthielt, das der SIS unbedingt in Deutschland verbreiten wollte: russische Truppen seien auf dem Weg zur Westfront durch Schottland gekommen) und betonte deren «akkurate Beobachtung und klaren Ausdruck». Lody verteidigte sich nur damit, er habe aus patriotischen Beweggründen gehandelt. Er wurde schuldig gesprochen und am Morgen des 6. November im Tower erschossen.

Lodys Fall ist der bekannteste, aber er ist nicht typisch. Die meisten deutschen Spione in Britannien waren keine deutschen Staatsangehörigen. Der ND sah schnell, daß es große Nachteile hatte, einen Deutschen zu schicken, selbst wenn er so gut Englisch sprach wie Lody: Man mußte eine falsche Identität für ihn schaffen, es gab die strengen Meldevorschriften des britischen Ausländergesetzes und das Zensurproblem – und nachdem alle Zeitungen von Lodys Ende berichtet hatten, gab es nicht genug Freiwillige. Es gab jedoch genug Bürger neutraler Staaten, die bereit waren, gegen Bezahlung für die Deutschen zu arbeiten, und vor allem einige britische Staatsangehörige – allerdings oft mit zweifelhaftem Hintergrund –, die mit ein bißchen Druck dazu gebracht werden konnten, für den ND zu spionieren. Die ND-Agenten waren übrigens eine merkwürdige und in mancher Hinsicht bemitleidenswerte Schar – Leute wie Kurt de Rysbach, ein Tänzer und ehemaliger Soldat einer in Singapur stationierten Einheit des britischen Heeres; Eva de Bournonville, eine Schwedin, die sechs Sprachen beherrschte; Leopold Vieyra, ein Holländer, der vor dem Krieg als Filmagent zwischen seiner Heimat und England hin und her gereist war; Leon van der Goten, ein Belgier, der für den Geheimdienst seines Landes gearbeitet hatte; Adolfo Guerrero, ein Spanier, der als Zeitungskorrespondent getarnt nach England geschickt wurde, oder Frank Lauritz Greite, ein amerikanischer Matrose, der bei einem Treff mit einem deutschen Agenten in Rotterdam festgenommen wurde.

Die geheimen Berichte über die Verfahren gegen diese deutschen Spione, ihre Gesuche um Erlaß oder Herabsetzung der Strafe und die Stellungnahmen, die MI 5 zu diesen Gesuchen abgab, erlauben wichtige Schlüsse über die Spione selbst, über ihre Effektivität, ihre Einstellung zu ihrem Tun und über die Haltung, die die britischen Sicherheitsbehörden zu ihnen einnahmen.[9]

Egal, wie gefährlich diese Leute hätten sein können, ihr Nutzen für

Deutschland war praktisch gleich Null. Selbst Lody, dessen militärischer Pflichteifer die Bewunderung aller britischen Offiziere erregte, die mit ihm zu tun bekamen, hatte außer einem Gerücht, das sich als falsch erwies, nichts nach Deutschland berichten können. Die anderen deutschen Spione konnten als gescheiterte Existenzen, als Kriminelle, Abenteurer, Vagabunden oder Romantiker klassifiziert werden, die spionierten, weil man damit leicht Geld verdienen oder seine Phantasie ausleben konnte.

Die Haltung der britischen Behörden zu den unzulänglichen Agenten war weitgehend von der Notwendigkeit diktiert, potentielle Spione abzuschrecken und dem ND, was das Anwerben weiterer Informanten betraf, möglichst viele Steine in den Weg zu legen. «Das sichere und unzweifelhafte Wissen, daß ihre hiesige Enttarnung eine schwere Bestrafung ohne die Wahrscheinlichkeit einer Strafminderung zur Folge hätte, ist fraglos eine starke Abschreckung für Personen, die Spionage erwägen», schrieb MI 5. «Im übrigen steht so gut wie fest, daß der vergleichsweise hohe Preis, den die Deutschen letztlich für Spionage im Vereinigten Königreich zahlen mußten (mehr als das Dreifache dessen, was für ähnliche Arbeit in Frankreich gezahlt wurde), auf die schweren Strafen zurückging, die den Schuldsprüchen folgten.»[10]

Berlin konnte sich immerhin damit trösten, daß britische Spione in Deutschland auch nicht mehr Erfolg hatten. Die Mehrheit der im Reich gefaßten Spione, nämlich 235 Personen, waren deutsche Bürger. Die Franzosen bildeten eine 46 Mann starke Gruppe, und die Briten standen mit nur drei Mann ganz unten auf der Liste, vor dem einsamen Peruaner, der das Schlußlicht bildete. Die Deutschen erklärten, daß die Zahl der enttarnten und angeklagten Spione nur ein kleiner Teil der im Reich tätigen ausländischen Agenten sei, aber es ist schwer zu glauben, daß es dem SIS unter Cumming jemals gelang, wichtige Erkenntnisse von britischen Agenten in Deutschland zu erhalten. Brigadegeneral W. H. H. Waters, ein britischer Militärattaché mit langjährigen und umfassenden Erfahrungen, schrieb jedenfalls nach dem Krieg: «Ich war immer der Ansicht – und die Erfahrung hat es gewöhnlich bestätigt –, daß die Resultate eines Geheimdienstes meist unbedeutend sind.»[11]

War die Spionage im Ersten Weltkrieg also ein Fehlschlag auf der ganzen Linie? Nur mit Einschränkungen. Der ND hatte am Vorabend des Kriegs einigen Erfolg mit seinen «Spannungsreisenden», besonders mit dem Amerikaner Wilbert E. Stratton, der als Angestellter der Pyrene Company in London oft auf dem Kontinent reiste und gute Informationen lieferte. Stratton hatte sich dem ND als Zuträger angedient, nachdem er mehrmals in Rußland gewesen war, und da er sich gerade in Deutschland aufhielt, als im Juli 1914 die politische Spannung stieg, schickte der ND ihn nach St. Petersburg, um zu sehen, was er dort feststellen könne. In mehreren verschlüsselten Telegrammen, die er unterwegs auf Bahnhöfen aufgab, meldete Stratton Anzeichen dessen, was er für eine allgemeine Mobilmachung hielt. Einige der Telegramme erreichten Berlin nicht schnell genug, um von großem Nutzen zu sein, doch andere trugen dazu bei, daß man sich in Berlin frühzeitig ein Bild von den militärischen Vorbereitungen im Zarenreich machen konnte. Erfreut über Strattons Arbeit, schickte der ND ihn zu einer Mission nach Stockholm und dann noch einmal nach Rußland. Nachdem er Anfang 1915 von seiner Firma nach London zurückgerufen worden war, versuchte der ND ihn natürlich zu überreden, seine Agententätigkeit dort fortzusetzen, aber Stratton weigerte sich standhaft.[12]

Der französische Geheimdienst bekam die Einzelheiten des Schlieffenplans – des deutschen Kriegsplans, der einen Vormarsch des linken Flügels über Belgien vorsah – von einem Offizier des deutschen Generalstabs, der sich als *Le Vengeur* («Der Rächer») bezeichnete und in einem Brief aus Lüttich «Dokumente von allergrößter Bedeutung» anbot. Der Deutsche, dessen Kopf in einem dicken Verband steckte, als sei er kürzlich operiert worden, traf sich dreimal – in Paris, Brüssel und Nizza – mit einem französischen Agenten, einem Hauptmann Lambling. Er erklärte diesem: «Ich bin mir der Schändlichkeit meines Tuns vollauf bewußt, aber sie haben mich noch schändlicher behandelt, und ich räche mich.» Dann übergab er den Schlieffenplan samt einer Karte, auf der alle Aufmarschzonen eingezeichnet waren.

Die Franzosen erhielten noch verschiedene andere Informationen, die im großen und ganzen bestätigten, daß «Der Rächer» ihnen authentische Dokumente geliefert hatte, darunter Einzelheiten über den umfangreichen Ausbau von Eisenbahnstrecken im westlichen Rheinland und «Notizen» des Oberkommandos über die Prinzipien, die das deutsche Heer im Fall eines Kriegs gegen Frankreich beflügeln sollten. Aber der französische Generalstab wollte bis zuletzt nicht glauben, daß der Schlieffenplan echt war, und neigte zu der Ansicht, «Der Rächer» sei ein Doppelagent, der sie von dem wahren Angriffsgebiet ablenken solle. Die Generäle irrten; die Deutschen schlugen 1914 genau die Route ein, die «Der Rächer» vorausgesagt hatte. Als Marschall Pétain nach dem Krieg eine Untersuchung einleitete, stellte er fest, daß sämtliche Dokumente, die «Der Rächer» geliefert hatte, im August 1914 verbrannt worden waren.[13]

Der Schlieffenplan war übrigens praktisch ein offenes Geheimnis, seit die *Deutsche Revue* im Januar 1909 einen anonymen Beitrag veröffentlicht hatte, dessen Autor, offensichtlich Schlieffen selbst, gegen die vom Oberkommando veranlaßten Planänderungen protestierte. Um das zu tun, hatte er den Plan natürlich in groben Zügen skizzieren müssen. Ein Student der Stabshochschule der britischen Armee wies seinen Kommandanten, Sir Henry Wilson, der später britischer Generalstabschef wurde, auf den Artikel hin. Wilson hätte sehen müssen, daß die britischen Expeditionstruppen in einem solchen Fall gefährdet waren, begnügte sich aber damit, ihn mit dem Vermerk «sehr interessant» zurückzureichen.[14]

Der ND bekam von einem französischen Kriegsgefangenen den alliierten Plan für die Schlacht an der Somme und von einem britischen Gefangenen Informationen über einen der ersten Panzer. Der Franzose lieferte so viele Einzelheiten und trug sie so nachdrücklich vor, daß die Deutschen meinten, ein Offizier in seinem Rang könne unmöglich Zugang zu so brisanten Dingen haben; sie taten ihn als Scharlatan ab. Der britische Kriegsgefangene war unverletzt aus einem Panzer entkommen, der explodiert war, und erzählte dem ND-Offizier schwer geschockt über seine Arbeit in einer Panzerfabrik, berichtete Einzelheiten über Konstruktion und Bau und sagte auch, wie schnell die neuen Kriegsmaschinen hergestellt würden. Seine Informationen waren so umfassend, daß ein Ingenieur mit ihrer Hilfe das Modell eines Panzers hätte bauen können, aber der ND bezweifelte die ganze Geschichte, bis sie dann auf dem Schlachtfeld bestätigt wurde – aber da nützten sie nichts mehr.[15]

Der russische Geheimdienst beschaffte sich Einzelheiten über die deutschen Befestigungen im Osten und Karten mit dem gesamten militärischen Straßen- und Eisenbahnnetz in Ostdeutschland, konnte aber wenig damit anfangen. Wie Nicolai nach dem Krieg schrieb, war es für einen guten Nachrichtendienst nicht weiter schwer, den Standort und die Zusammensetzung der gegnerischen Truppen herauszufinden und in Erfahrung zu bringen, auf welcher Route und nach welchen taktischen Prinzipien sie vorrücken würden. Das Problem war, die *Absicht* des Gegners festzustellen, und das schaffte auch ein Spion nicht.

Das Lob für die wenigen großen Spionagetreffer jener Zeit gebührt statt dessen den Bürokraten in den für Kommunikation zuständigen Abteilungen der Nachrichtendienste, die vor dem Krieg nicht zuletzt deshalb unterschätzt worden waren, weil Briten und Amerikaner fanden, es gehöre sich nicht, daß ein Gentleman fremde Post öffne und lese oder die Telegramme anderer Leute abfange und entschlüssele. Zwei kriegführende Staaten, Frankreich und Österreich-Ungarn, hatten vor dem Krieg Entschlüsselungsdienste eingerichtet, doch anderswo hielt man solche Organisationen für überflüssig, und viele Länder machten sich nicht einmal die Mühe, ihren militärischen Funk- oder Schriftverkehr zu chiffrieren. Die Folgen dieser Naivität zeigten sich in der letzten Augustwoche 1914 bei der Schlacht von Tannenberg, als die Deutschen Funksprüche auffingen, die die Russen im Klartext sendeten, und die darin enthaltenen Informationen benutzten, um den Truppen des Zaren eine vernichtende Niederlage beizubringen. Es war einer der größten Erfolge der Funkspionage überhaupt.

Die Briten, die unmittelbar nach Kriegsausbruch begonnen hatten, Briefe zu öffnen, fingen auch bald Funksprüche ab und bemühten sich, Geheimcodes des Gegners zu knacken (die dafür zuständige Abteilung beschäftigte im November 1918 rund 4000 Angestellte, darunter Linguisten, Chemiker und Entschlüsselungsexperten). Die Codebrecher, die in Zimmer 40 des «Alten Blocks» der Admiralität arbeiteten, konnten zwei Monate nach Ausbruch der Feindseligkeiten ihren ersten wichtigen Erfolg feiern: Die Russen lieferten ihnen den Schlüssel für die Geheimnisse des deutschen Marinecodes, das berühmte Funkbuch der *Magdeburg*, das Angehörige der russischen Kriegsmarine bei einem deutschen Unteroffizier gefunden hatten, der am 26. August 1914 nach einem Angriff zweier russischer Kreuzer auf den Hilfskreuzer *Magdeburg* aus dem Wasser gefischt worden war.

Mit dem Funkbuch der *Magdeburg*, dem bei Kriegsbeginn auf einem deutschen Handelsschiff in Australien erbeuteten «Handelsverkehrsbuch» und dem «Verkehrsbuch», das man im zurückgelassenen Gepäck des deutschen Diplomaten Wilhelm Waßmuss entdeckt hatte, der Anfang 1915 in Persien vor einem britischen Festnahmekommando geflohen war, konnte Zimmer 40 bald so gut wie jede Nachricht lesen, die die deutschen Behörden ihrer Flotte, ihrer Handelsmarine, ihren Konsulaten, Botschaften, Unterseebooten und Zeppelinen schickten.* Die Experten von Zimmer 40 entschlüsselten während des Kriegs etwa 20 000 deutsche Mitteilungen, von denen einige enorm wichtig waren.

---

* In Deutschland wurde nach dem Krieg verbreitet, britische Agenten hätten einen Österreicher namens Alexander Szek, der bei einer Funkempfangsstation des deutschen Heeres in Belgien arbeitete, dafür bezahlt, das Codebuch abzuschreiben und ihnen zu übergeben. Um zu erklären, warum kein Mensch je etwas von Szek gehört hatte, fügte man hinzu, die Briten hätten ihn umgebracht, damit er nicht ausplaudere, daß die Gegenseite die deutschen Codes kenne.

Winston Churchill, damals Erster Lord der Admiralität, fand die ganze Operation so wichtig, daß er leider beschloß, sie streng geheimzuhalten. Die übertriebene Geheimhaltung bewirkte, daß die Entschlüsselungsexperten oft für nichts und wieder nichts arbeiteten: Einige Dienststellen der Royal Navy bekamen nie etwas von Zimmer 40 zu hören; diejenigen, die seine Arbeit kannten und bereit waren, sie in Anspruch zu nehmen, bekamen aus Sicherheitsgründen keinen Zugang zu ihnen. Als dann der Augenblick kam, die erhaltenen Informationen für einen großen Seesieg zu benutzen, wurde die Chance durch bürokratische Schnitzer vertan. Das geschah im Mai 1916 im Skagerrak. Der abgehörte Funkverkehr der deutschen Hochseeflotte hätte der britischen Grand Fleet unter Admiral Jellicoe einen glänzenden Sieg verschaffen können. Die Sicherheitsmaßnahmen für das Weiterleiten der Informationen von Zimmer 40 zu Jellicoe führten jedoch zu einer Reihe von Mißverständnissen, die den Deutschen die Flucht ermöglichten und Jellicoes Glauben an Nachrichtendienste für immer zerstörten.[16]

Abgesehen von den begrenzten Erfolgen der Funkspionage scheinen die Geheimdienste im Ersten Weltkrieg nicht sehr gut abgeschnitten zu haben, und die einzelnen Agenten hatten noch weniger Erfolg. Wie konnte es da zu den hartnäckigen Legenden über Spionage-Helden und -Heldinnen wie Mata Hari kommen, die schöne «javanische Tempeltänzerin», die, von den Deutschen als Top-Agentin in Frankreich eingesetzt, die Geliebte eines französischen Ministers wurde und im Kugelhagel eines französischen Hinrichtungskommandos starb – oder wie Oberst Alfred Redl, den Leiter der österreichisch-ungarischen Abwehr, der für das zaristische Rußland spionierte? Die Antwort ist, daß es sich in der Tat um nichts weiter als Legenden handelt, um romanhaften Mumpitz, der seinen Nährboden im Zwielicht der Welt der Nachrichtendienste findet – kurz um «Geheimdienstfolklore», mit denen der Nachwuchs gespeist wird.

Mata Hari wurde im Lauf der Jahre zur Verkörperung der Spionin aus Leidenschaft, des schönen Mädchens, das seinen Liebhabern wichtigste Staatsgeheimnisse entlockte, weil es so spannend war und so viel Geld einbrachte: «Die faszinierendste, schönste, verblüffendste und gewissenloseste Spionin, die es je gab», heißt es in einer typischen Schilderung. Ihre Geschichte weist wohl all die Elemente auf, die von altersher mit Spionieren verbunden werden – Täuschung, Spannung, Luxusleben, Sex, Macht, Geld und am Ende große Tapferkeit. Selbst die Berichte, in denen eingestanden wird, daß sie nicht allein eine begabte

Tänzerin, sondern auch eine «Halbweltdame» und «Kurtisane» war, die «die Herzen der Männer wie ihre Taschen heimsuchte», enthalten den Hinweis, daß sie, während sie ihren Freiern alles zu geben schien, das Wichtigste zurückhielt – sie hatte ein geheimes Leben, denn sie war eine Spionin; nicht die Männer benutzten sie, sondern umgekehrt. Als sie den Preis zahlen mußte, trat sie dem Erschießungskommando der Legende zufolge mutig und gefaßt entgegen. In einer Schilderung steht, daß sie in ihrer Zelle für ihre Kerkermeister tanzte; eine andere besagt, daß sie ihren Henkern mit ihren Handschuhen zuwinkte; nach einer dritten entblößte sie ihren Busen in der Überzeugung, die französischen Soldaten würden dann nicht zielen können; in einer vierten wird behauptet, man habe ihr versprochen, daß die Soldaten Platzpatronen benutzen würden und daß man sie anschließend aus Frankreich hinausschmuggeln werde.

Die wahre Geschichte ist entschieden trüber.

Mata Hari hieß in Wirklichkeit Margareta Gertruda Zelle und wurde 1876 in Leeuwarden in Holland geboren. Nach einer unglücklichen Ehe mit einem Offizier der holländischen Kolonialtruppen, in deren Verlauf sie sechs Jahre auf Java lebte, ging sie 1905 nach Paris, nannte sich dort Mata Hari oder «Auge des Morgens» und führte erotische indische Tänze vor, mitunter nackt. Sie hatte Erfolg und trat vor dem Krieg in Paris, Berlin, London und Rom auf. Höhepunkte waren ihre Darbietungen bei privaten Festen. Die berühmte amerikanische Lesbierin Natalie Barney bezahlte sie einmal dafür, bei einem ihrer Gartenfeste in der Rue Jacob in Paris nackt auf einem Schimmel zu reiten. Sie war eine Luxuskokotte und verkaufte den vielen hochgestellten Bürgern, die an die Tür ihrer Garderobe klopften, ihre Gunst für große Summen, obgleich sie nicht unbedingt schön war und an die 40 ging. Sie war bei Kriegsausbruch in Berlin und konnte später als Bürgerin eines neutralen Staats ungehindert in Deutschland, England, Frankreich, Italien und Spanien reisen. Die Nachrichtendienste Deutschlands, Frankreichs und Großbritanniens verdächtigten sie allesamt, eine Spionin zu sein, hatten aber, abgesehen davon, daß sie mit deutschen Offizieren und wenigstens einem französischen Minister schlief, keine Beweise gegen sie. Zermürbt von einer längeren Befragung durch Sir Basil Thomson, dem Leiter von Scotland Yard, hatte sie immerhin zugegeben, sie sei nach England gekommen, um zu spionieren – für die Franzosen! Man verhaftete sie 1917 in Paris und stellte sie vor ein Kriegsgericht; der zweitägige Prozeß begann am 24. Juli. Das Hauptbelastungsstück war eine Liste mit Zahlungen, die sie 1916 und 1917 von Deutschen bekommen hatte, von denen einige zum ND gehörten. Die Summen standen in Telegrammen, die der deutsche Militärattaché in Madrid nach Berlin geschickt hatte und die von der französischen Polizei abgefangen worden waren. Welche Erklärung sie für diese Zahlungen habe?

Mata Hari sagte, die Zahlungen vom Militärattaché selbst seien Geschenke – sie war seine Geliebte –, und wenn er sie aus dem Spionagehaushalt der Regierung in Berlin zurückgefordert habe, sei er nicht der Kavalier, für den sie ihn gehalten habe. Sie gab zu, im November 1916 und im Januar 1917 je eine Zahlung vom Comptoir d'Escomptes, einer Bank in Paris, abgeholt zu haben. Wenn die französische Polizei den Ursprung dieser Anweisungen nach Deutschland zurückverfolgen könne, würde sie nicht widersprechen, aber sie nehme an, daß sie von Baron van der Capellen, ihrem Liebhaber in Holland, gekommen seien, der nichts mit dem ND zu tun habe. Sie habe im Mai 1916 tatsächlich 20 000 Franc von dem deutschen Konsul in Amsterdam erhalten, und er habe ihr – wie sie offen zugab – gesagt, dies sei eine Anzahlung dafür, daß sie den Deutschen bei ihrem nächsten Aufenthalt in Paris Informationen liefern werde. Aber sie habe nicht die Absicht gehabt, den Deutschen irgend etwas zu liefern, und betrachte das Geld als Entschädigung für ihre Pelze, die die Deutschen bei ihrem Berliner Aufenthalt 1914 beschlagnahmt hätten.

Bezeichnenderweise wurde das Gericht nicht aufgefordert, diese Angabe bei der Beweiswürdigung zu berücksichtigen. Statt dessen sollte es die Absichten der Angeklagten und ihre Beziehungen zu verschiedenen Deutschen bewerten: War sie nach Paris gekommen, um Dokumente oder Informationen für die Deutschen zu beschaffen? Hatte sie geheimdienstliche Kontakte zu dem deutschen Militärattaché in Madrid und dem deutschen Konsul in Amsterdam unterhalten?[17] Das war das Beste, was der Vertreter der Anklage tun konnte, denn er hatte nicht den Schatten eines Beweises, daß Mata Hari den Deutschen jemals irgendwelche Informationen geliefert hatte, eine Tatsache, die die Franzosen 1932 schließlich zugeben sollten. Damals ging Oberst Lacroix, der Vorsitzende des Kriegsrats, die Akte durch und erklärte, sie enthalte «keinen konkreten, greifbaren, absoluten, unwiderleglichen Beweis».

Außerdem war Mata Hari Bürgerin eines neutralen Landes. In ihrer eindrucksvollen Schlußerklärung sagte sie dem Gericht: «Bedenken Sie bitte, daß ich nicht Französin bin und mir das Recht vorbehalte, die Bekanntschaften zu pflegen, die mir passen. Der Krieg ist für mich kein hinreichender Grund, nicht länger kosmopolitisch zu denken. Ich bin die Bürgerin eines neutralen Staates, aber meine Sympathien sind bei

Frankreich. Wenn Ihnen das nicht genügt, machen Sie, was Ihnen beliebt.» Das Gericht sprach sie schuldig und verurteilte sie zum Tode. Sie wurde am 15. Oktober 1917 – mit auf den Rücken gefesselten Händen und ohne Augenbinde – in Vincennes von einem Peloton erschossen. Ein Militärarzt gab ihr mit einem Revolver den Gnadenschuß ins Ohr.

Nach dem Krieg herrschte einige Betroffenheit über ihr Schicksal. Der französische Historiker Paul Allard schrieb 1933: «Ich habe alles gelesen, was über die berühmte tanzende Spionin geschrieben wurde, und bin nicht weiter als vorher. Ich weiß immer noch nicht, was Mata Hari getan hat. Man frage den durchschnittlichen Franzosen oder sogar den intelligenteren Franzosen, was Mata Haris Verbrechen war, und man wird feststellen, daß er es nicht weiß.»[18] Warum klärten die Deutschen die Angelegenheit nicht ein für allemal? Generalmajor Gempp, der im Krieg beim ND gedient hatte, schrieb 1929 für deutsche Zeitungen über den Fall Mata Hari. Am 31. Januar 1929 sagte er in der *Kölner Zeitung:* «Mata Hari hat gar nichts für den deutschen Nachrichtendienst geleistet. Ihr Fall ist über die Maßen aufgebauscht worden.» 1941 widersprach ihm jedoch ein anderer ND-Offizier, Major von Röpell. Mata Hari, schrieb er, sei von Baron von Mirbach, einem Ritter des Johanniterordens, angeworben und dann in Frankfurt ausgebildet worden; sie habe «zweifelsfrei für Deutschland spioniert».[19] Offenbar tappte der deutsche Geheimdienst über Mata Haris wahre Tätigkeit genauso im Dunkeln wie alle anderen.

Nach den beim Prozeß vorgebrachten Beweisen hatte sie sich schlimmstenfalls der Fraternisierung mit Frankreichs Gegnern schuldig gemacht. In Großbritannien hätte man sie vielleicht der «Vorbereitung zum Sammeln von Informationen, die einem Gegner nützlich sein könnten» (ein Gummiparagraph, der angewendet wurde, wenn nichts Belastenderes vorlag), vor Gericht gestellt und zu maximal zehn Jahren Gefängnis verurteilt. Aber Frankreich wurde seinerzeit von Kriegsmüdigkeit und Defätismus heimgesucht, und an der Front gab es Meutereien, die mit Exekutionen unterdrückt werden mußten. Mata Haris Fall sollte den Franzosen vor Augen führen, wie gefährlich Subversion von innen her war, und ihre Hinrichtung hatte nicht zuletzt den Zweck, andere potentielle Spione abzuschrecken. Der Fall hatte auch eine politische Komponente. Die Tänzerin hatte in ihrem Tagebuch eine Affäre mit einem französischen Minister erwähnt, den sie «M.» nannte. Man folgerte, es handele sich um Innenminister Malvy, und zwang ihn später zum Rücktritt. General Messimy, der

1914 Kriegsminister gewesen war, gab 1926 zu, wahrscheinlich sei er mit «M.» gemeint, betonte jedoch, er habe allen Verführungskünsten der Tänzerin widerstanden.[20]

Das Fazit mußte lauten, daß Mata Hari nicht etwa erschossen wurde, weil sie eine gefährliche Spionin war, sondern weil es militärisch und politisch zweckdienlich war, sie zu erschießen – und weil sie das war, was sie war.

Es gibt viele Versionen der Geschichte des k. u. k. Obersten Redl. Ohne einen Abriß seiner Laufbahn als Doppelagent ist keine Spionageanthologie vollständig. «Er enttarnte einige der gerissensten Spione Europas», heißt es in einer Version. «Er fand viele der größten Geheimnisse verschiedener europäischer Mächte heraus. Er schien den Erfolg gepachtet zu haben. Doch während der Hälfte seiner Amtszeit betätigte er sich als Spion für Rußland.» Die allgemein akzeptierte Version beginnt 1905, als Redl in die Planungsabteilung des k. u. k. Generalstabs berufen wurde. Sein Nachfolger, der nicht hinter Redls Ruhm als Agentenjäger verblassen wollte, gründete eine geheime Dienststelle zum Abfangen von Postsendungen, das sogenannte Schwarze Büro. Am 2. März öffnete das Büro zwei Briefe, die an «Opernball 13, postlagernd, Hauptpostamt, Wien» adressiert waren. Sie enthielten Geld: einer 6000 Kronen, der andere 8000 Kronen (damals etwa 5000 bzw. 6500 Mark). Keiner der beiden Umschläge enthielt eine schriftliche Mitteilung. Das und die Tatsache, daß die Briefe in Eydtkuhnen an der deutsch-russischen Grenze abgestempelt waren, machte die österreichische Spionageabwehr mißtrauisch. Und sie paßte auf, wer die Briefe abholen würde.

Die Agenten pfuschten offenbar und trafen zu spät in der Hauptpost ein, um den Mann festzunehmen, der die Briefe in Empfang genommen hatte. Sie kamen jedoch rechtzeitig, um ihn in ein Taxi steigen und davonfahren zu sehen. Während sie noch auf dem Trottoir standen und beratschlagten, was sie tun sollten, hatten sie schier unglaubliches Glück. Dasselbe Taxi fuhr – wenn auch ohne den Fahrgast – an ihnen vorbei. Sie winkten es her und erfuhren, daß der Unbekannte zum Restaurant *Kaiser* gefahren sei, wo er ein anderes Taxi zum Hotel *Klomser* genommen habe. Die Agenten durchsuchten den Wagen rasch und fanden auf dem Rücksitz eine Taschenmesserhülle aus Wildleder. Sie gaben sie dem Portier des Hotels *Klomser* als Köder, und Oberst Redl reklamierte sie als sein Eigentum. Als er das Hotel verließ, folgten sie ihm, aber so ungeschickt, daß er sie entdeckte. Eine Version lautet: «Da Redl nicht entfliehen konnte, zog er einige Papiere aus der Tasche. Er warf keinen Blick darauf, um zu sehen, worum es sich handelte; es war jetzt nicht mehr wichtig. Er riß sie in Fetzen und warf sie fort. Die Männer würden gewiß stehenbleiben, um die Fetzen aufzusammeln.» Einer tat es, aber der andere folgte Redl bis zum Hotel.

Im Büro der Abwehr wurden die Papierfetzen zusammengesetzt, und es stellte sich heraus, daß es drei Quittungen für eingeschriebene Briefe nach Brüssel, Warschau und Lausanne waren. Die Brüsseler Adresse war das gemeinsame Büro des russischen und französischen Geheimdienstes, und die Warschauer Adresse war das russische Geheimdienstbüro. Das war, wie es in der obigen Version heißt, der Beweis, den die österreichische Abwehr brauchte. Ihr Leiter unterrichtete umgehend Generalstabschef Conrad von Hötzendorf, und dieser sagte:
«Der Schurke muß festgesetzt werden.» . . . «Und dann» – eine Minute Pause – «dann muß er sterben.» Wieder schwieg der General. «Niemand darf den Grund seines Todes erfahren. Habe ich mich verständlich gemacht?»
«Absolut.»
«Redl! Und noch dazu vom Achten Korps. Genau der Punkt, wo Verrat so tödlich sein kann. Mein Gott! Wenn Plan Drei hin ist . . .»[21]

Vier Offiziere suchten Redl in seinem Hotelzimmer auf. Er saß am Schreibtisch und schrieb Abschiedsbriefe. Er sagte, er wisse, weshalb sie gekommen seien, und bat um eine Möglichkeit, sein «Leben zu beenden». Sie gaben ihm einen Browning-Revolver, und um fünf Uhr morgens schaute einer von ihnen nach und fand ihn tot – Kopfschuß. Auf einem halben Bogen Notizpapier standen die Worte: «Leichtsinn und Leidenschaft haben mich zerstört. Ich zahle mit meinem Leben für meine Sünden. – Alfred.» Österreichische Geheimdienstoffiziere stellten bei ihren Nachforschungen fest, daß Redl ein Homosexueller mit einer Neigung zum Luxus gewesen war. Er besaß ein Haus in Prag und eines in Wien, einen Besitz auf dem Land, vier teure Automobile und einen Weinkeller, in dem unter anderem 1920 Flaschen besten Champagners lagerten. Dokumente offenbarten, daß die Russen ihm rund 48 000 Mark im Jahr – das Zehnfache seines Oberstengehalts – gezahlt hatten und daß er in erster Linie den Auftrag gehabt hatte, ihnen die österreichisch-ungarischen Agenten zu nennen, die in Rußland arbeiteten. Angeblich hatte er ihnen auch Plan Drei verraten, das vollständige Verzeichnis aller militärischen Operationen, die im Fall eines Kriegs gegen Serbien geplant waren.

Das schien bestätigt zu werden, als die Feindseligkeiten ausbrachen und die österreichisch-ungarischen Truppen in Aktion traten. Das serbische Heer fügte ihnen schwere Verluste zu und schlug drei Angriffe zurück. Nur dank ihrer zahlenmäßigen Überlegenheit und des serbischen Nachschubmangels hatten die Österreicher beim vierten Versuch Erfolg. Der Bericht schließt: «Redl war unmittelbar oder mittelbar für 20 bis 30 Prozent davon verantwortlich.»

Oberst Redl, der erste Doppelagent von einiger Bedeutung, ist für die Spionagegeschichte so wichtig geworden, daß man unwillkürlich zögert, Zweifel anzumelden. Vieles an dem Fall klingt jedoch äußerst unwahrscheinlich. Redl existierte zweifellos, und alles spricht dafür, daß er ein russischer Spion war. Aber die allgemein akzeptierte Version über seine Enttarnung, seine Festsetzung, seinen Tod und das Ausmaß seines Verrats, das heißt, seine Bedeutung als Spion, liest sich ganz so, als sei sie geschrieben worden, um die Schlagkraft der österreichischen Spionageabwehr herauszustreichen und die demütigenden Niederlagen der Donaumonarchie zu Beginn des Kriegs zu beschönigen.

Schauen wir uns die Umstände genauer an. Redl holt die postlagernden Briefe im Postamt ab und quittiert ihren Empfang. (In den verschiedenen Versionen der Geschichte steht nicht, mit welchem Namen er unterschrieb.) In diesem Stadium gibt es keinerlei Beweis gegen ihn: Er hätte die Briefe ebensogut für einen Freund abholen können. Dann verschwindet er mit einem Taxi, aber ein glücklicher Zufall will, daß dasselbe Taxi einige Minuten später an den Agenten vorbeifährt. Sie haben doppeltes Glück, denn Redl hat sein Taschenmesseretui im Wagen vergessen, und alle Berichte betonen, daß die Agenten ihn damit zweifelsfrei identifizieren können und ihm nach Verlassen des Hotels *Klomser* folgen. Aber er ist mißtrauisch, und um sie aufzuhalten, holt er einige Papiere aus der Tasche. *«Er warf keinen Blick darauf... Er riß sie in Fetzen und warf sie fort»* (Hervorhebung des Autors). Der Leser soll nicht nur glauben, daß ein so erfahrener Mann wie Redl Papiere fortwarf, ohne sich zu vergewissern, was sie betrafen, sondern auch, daß eben diese Papiere die Beweisstücke waren, die ihn überführten: Quittungen für Einschreibbriefe, die er an seine Auftraggeber geschickt hatte. Würde ein Spion so belastende Dokumente bei sich tragen? Würde er sie überhaupt behalten?

Redl litt bekanntlich unter depressiven Schüben und hatte wegen «psychologischer Störungen» einen Arzt konsultiert. Wahrscheinlicher ist, daß er bei einem dieser Schübe Selbstmord verübte (die Abschiedsmitteilung erlaubt viele Interpretationen), daß sein Verrat entdeckt wurde, während man seinen Nachlaß regelte – sein unerklärter Wohlstand dürfte den ersten Verdacht geweckt haben – und daß die österreichische Abwehr dann die Geschichte von seiner Enttarnung und seinem Ende erdichtete, um einer peinlichen Affäre einen besseren Anstrich zu geben, und dafür sorgte, daß Prager und Berliner Zeitungen Wind davon bekamen. Was Redls Bedeutung betrifft, so fühlte der Leiter des österreichischen Militärnachrichtendienstes, General August Urbanski von Ostrymiecz, sich später zu der Erklärung veranlaßt, die Niederlagen der Doppelmonarchie kurz nach Beginn des Kriegs seien auf militärische Schwächen und nicht auf Verrat zurückzuführen.

Redl scheint für seine russischen Auftraggeber eher eine Belastung als ein Aktivposten gewesen zu sein. Laut Professor A. Swetschin von der sowjetischen Generalstabsakademie in Moskau, der im Ersten Weltkrieg zum Oberkommando des russischen Heeres gehörte, waren die Informationen, die Redl dem zaristischen Geheimdienst lieferte, zu Kriegsbeginn bereits veraltet. Swetschin schließt: «Die Arbeit des Geheimdienstes war der russischen Führung eher hinderlich als hilfreich.»[22]

Am Ende des Ersten Weltkriegs, als die bürokratisch gelenkte Spionage noch in den Kinderschuhen steckte, lagen alle Elemente ihres Scheiterns auf der Hand. In Großbritannien hatte das neugeschaffene Geheimdienstbüro Männer von geringem Verdienst angezogen, und ihre Leiter waren, milde ausgedrückt, verschroben und unfähig. Man hatte ihre Arbeit mit einem Schleier der Geheimhaltung zugedeckt, der einer geheimdienstlichen Tätigkeit, die ihren Wert bewiesen hatte – dem Abfangen und Entschlüsseln gefunkter oder geschriebener Nachrichten – beinahe in der Wiege den Garaus machte. Diese Geheimhaltung und die aufgebauschten Berichte über die Arbeit von Agenten wie der bedauernswerten Mata Hari verleiteten die Öffentlichkeit zu dem Irrglauben, der Meisterspion sei der neue romantische Held, der den Kriegsverlauf außerordentlich beeinflußt habe. In der kleinen Welt der Geheimdienste gab es jedoch einige Leute, die nur zu deutlich sahen, wie wertlos der einzelne Spion in Wirklichkeit gewesen war.

Zermalmt den Roten Terror

Am Ende des Ersten Weltkriegs steckte der britische Geheimdienst in einer Krise. Trotz der Erfolge seiner Codebrecher waren die Oberbefehlshaber der Teilstreitkräfte nicht sehr zufrieden mit dem, was der SIS oder ihre eigenen Nachrichtenabteilungen ihnen geliefert hatten, und die Regierung mußte zudem davon überzeugt werden, daß die steigende Aufwendungen für einen Nachrichtendienst in Friedenszeiten gerechtfertigt waren.

Der SIS glaubte mit den Chefs der Teilstreitkräfte fertig werden zu können: Er mußte ihnen nur einreden, daß die militärischen Befehlshaber ebenso sehr am Mißerfolg des Geheimdienstwesens schuld waren wie die Dienste selbst. Es gab viele Vorkommnisse, die diese These stützten. General J. V. Charteris, der Adjutant Feldmarschall Haigs, über den alle nachrichtendienstlichen Informationen liefen, hatte beispielsweise alle die Erkenntnisse unterdrückt, die seinen Vorgesetzten deprimieren mochten. Captain Payne Best erinnerte sich, daß er konkrete Anhaltspunkte für einen Gegenangriff geliefert hatte, den die Deutschen nach dem britischen Erfolg in Cambrai, der ersten echten Panzerschlacht der Kriegsgeschichte, im November 1917 führen wollten. Charteris legte Haig die Meldung nicht vor, und die Alliierten verloren 50 000 Mann. Als Best den Adjutanten später auf die Sache ansprach, erwiderte Charteris angeblich: «Ich wollte den guten alten Feldmarschall nicht beunruhigen.»[1]

Wie sich außerdem herausstellte, hatten die beiden Nachrichtenabteilungen des Heeres während des Kriegs nicht nur miteinander, sondern auch mit Cummings SIS konkurriert, und in manchen Fällen hatten alle drei ein und denselben Agenten für ein und dieselbe – oft falsche – Information bezahlt. Eine allzu genaue Untersuchung der Dinge, die schiefgelaufen waren, lag in niemandes Interesse, und der SIS rechnete ganz fest damit, die Oberbefehlshaber der Teilstreitkräfte für seine Zukunftspläne gewinnen zu können. Anders stand es mit der Regierung. Bei den Nachkriegsbemühungen um Sparsamkeit war der Geheimdienst ein offensichtliches Ziel. SIS und MI 5 hatten beide unter der Kontrolle des Kriegsministeriums gestanden. Nun kam der SIS zum Außenministerium, und mit ihm die Code-Abteilung, die absichtlich die irreführende Bezeichnung «Code- und Chiffrierschule der Regierung» erhielt. Die Navy zahlte weiterhin für sie, aber der Jahreshaushalt des SIS wurde 1919 von 240 000 auf 125 000 Pfund und der von MI 5 von 80 000 auf 35 000 Pfund reduziert.[2]

Das war ein schwerer Schlag für den SIS, der soeben begonnen hatte, einen harten Kern von hauptberuflichen Agenten zu bilden, die großenteils unter Angehörigen der Streitkräfte und der indischen Zivilverwaltung angeworben wurden. Die Kandidaten wurden mehr oder weniger auf gut Glück ausgewählt. Einer der älteren Agenten erinnerte sich einfach, der Großvater eines Kandidaten habe «in den achtziger Jahren des letzten Jahrhunderts Kalkutta unsicher gemacht», und einem anderen fiel ein, daß er zusammen mit dem Vater des jungen Mannes die Schulbank gedrückt hatte, und diesen Beziehungen zwischen der damaligen Mittelschicht und Oberschicht des Empire entsprang dann ein neuer britischer Spion. Die Personalpolitik des SIS schuf eine Atmosphäre, die der inzwischen verstorbene Henry Kerby, damals Agent, so beschrieb: «Kein Mensch dachte an Verstöße gegen die Sicherheitsbestimmungen, keiner wußte, was Verrat bedeutete, und ganz gewiß hätte sich nie jemand träumen lassen, ein Buch zu schreiben.»[3]

Aber sie kämpften, um ihren Dienst am Leben zu halten, und sie fanden in Winston Churchill einen Verbündeten. Churchill hatte eine hohe Meinung von Geheimdienstarbeit – und war von ihr fasziniert. Als das Schatzamt 1920 vorschlug, das Budget des SIS auf 65 000 Pfund zu vermindern, und klar wurde, daß das Foreign Office keine Neigung hatte, die ihm aufgezwungene Abteilung zu verteidigen, trat Churchill für das ungeliebte Kind ein, indem er einen «streng geheimen» Brief an Premierminister Lloyd George schrieb: «In Anbetracht der extremen Unruhe und der wechselnden Freundschaften und Animositäten, die heute in der Welt herschen, und angesichts unserer erheblich verminderten und schwachen Militärkraft ist es für uns wichtiger denn je, gute und rechtzeitige Informationen zu haben.» Er sagte, es würde fünf bis zehn Jahre dauern, um den SIS aufzubauen, und «es wäre meines Erachtens äußerst unklug, unsere Arbeit zu dem gegenwärtigen, sehr kritischen Zeitpunkt zu beenden».[4]

Wie zu erwarten, rangierte Deutschland nach wie vor ganz oben auf der Liste der SIS-Prioritäten. Cumming hatte je einen Agenten in Berlin und Hamburg (sie bekamen 2000 Pfund im Jahr) und Männer an jeder Staatsgrenze zu Deutschland. Ein Netz von Agenten, die in Holland stationiert waren und einzig und allein die Aufgabe hatten, Erkenntnisse über Deutschland zu sammeln, kostete 23 000 Pfund im Jahr, und es gab Agenten in Wien, Prag, Warschau, Bukarest und Kopenhagen. Cumming hatte große Dinge mit Fernost vor, «die im Fall Japan von großem Wert wären», doch weil sie 15 000 Pfund jährlich kosten würden, «wird man sie fallenlassen müssen, so daß von diesem Augenblick an nur noch wenige Informationen aus jenem Teil der Welt kommen werden». Die Spionage in Italien, Spanien und Portugal, die insgesamt 2500 Pfund im Jahr gekostet hatte, müßte ebenfalls eingestellt werden, falls die geplanten Haushaltskürzungen durchgingen. Überraschenderweise hatte der SIS 9000 Pfund jährlich für Spionage in den Vereinigten Staaten ausgegeben, die seit etwa einem Jahr der hochgeschätzte Verbündete Britanniens waren. Die Denkschrift enthält eine Andeutung über den Zweck dieser Übung: Falls das Budget gekürzt werden sollte, «wird es unmöglich sein, in irgendwelchen Ländern außer Deutschland den Stand der Vorbereitungen für chemische Kriegführung zu beobachten. Dem Generalstab ist sehr an diesbezüglichen Informationen über Amerika gelegen.»[5]

In seinem Begleitbrief trat Churchill dafür ein, das Budget im kommenden Haushaltsjahr nicht zu kürzen. In dieser Zeit könnte es möglich sein, Einsparungen vorzunehmen, indem man die drei «getrennten und äußerst geheimen Organisationen, die im Augenblick bestehen, miteinander vereinigt: Sir Basil Thomsons zivilen Dienst (die Special Branch der Polizei), Colonel Sir Vernon Kells Spionageabwehrdienst (MI 5) und ‹C's› Geheimdienst (SIS).» Er blieb ungehört. Man beschloß die Kürzungen, und ab 1921 mußte der SIS mit 65 000 und MI 5 mit 25 000 Pfund im Jahr auskommen. 1927 belief sich das Gesamtbudget der Dienste aber auf 180 000 Pfund, die höchste Summe, die sie seit Kriegsende bekommen hatten, und ein Rekord für Friedenszeiten. Was war geschehen?

Admiral Hall, der «Blinzler», hatte sich als Unterhausmitglied gegen die vom Schatzamt vorgeschlagenen Kürzungen gewehrt und sie als Sparmaßnahmen bezeichnet, «die nur zum Untergang führen», weil er schon damals, 1918, den Weg sah, den der britische Geheimdienst einschlagen würde. In seiner Abschiedsansprache vor Kollegen des Marinenachrichtendienstes hatte er gesagt: «Ich möchte ein warnendes Wort aussprechen. Der Kampf mag schwer und erbittert gewesen sein, aber wir haben es mit einem ungleich gefährlicheren Gegner zu tun. Einem Gegner, der sein Hydrahaupt überall auf der Welt erheben wird. Dieser Gegner ist die Sowjetunion.»[6] Es war eine rasche Neueinschätzung des Mannes, der vielleicht der hellsichtigste Oberspion des Landes war. Die meisten britischen Nachrichtenchefs hatten nämlich nicht mit der Oktoberrevolution gerechnet und waren deshalb von der Machtübernahme der Kommunisten überrascht worden.

Zwar hatte der SIS Agenten in Rußland – von ihnen wird noch die Rede sein –, aber ihre Hauptaufgabe hatte darin bestanden, den Kampfwillen der zaristischen Truppen zu stärken und zu verhindern, daß deutsche Agenten den Russen einen Separatfrieden schmackhaft machten. Als Lenin und seine Anhänger die Macht übernahmen, befand sich Robert Wilton, der *Times*-Korrespondent in Petrograd, der zugleich auf der Gehaltsliste des SIS stand, gerade auf Urlaub in London, und er hatte seinem Chefredakteur und auch Cumming erklärt, die Bolschewiken brauchten nicht ernst genommen zu werden. Alle Meldungen, die Cumming von seinen anderen Agenten in Rußland erhielt, bestätigten diese Ansicht.

Nach der Ermordung des Zaren und seiner Familie und nach dem totalen Zusammenbruch der Ostfront, als Millionen russischer Soldaten ihre Waffen hinwarfen und nach Haus gingen, mußte Cumming die Lage jedoch neu einschätzen. Nun trafen Agentenmeldungen ein, die vor der Bolschewikengefahr warnten. Im Januar 1919 schickte Walter Long, der Erste Lord der Admiralität, Lloyd George einen langen Bericht von einem ehemaligen SIS-Agenten. Dieser Mann hegte die Befürchtung, es werde nicht genug getan, um zu verhindern, daß eine kommunistische Revolution auf England übergriff. Sein Bericht war eine Mischung von Antisemitismus, hysterischer Schwarzmalerei und politischem Extremismus, schien aber die Meinung der meisten britischen Nachrichtendienstler widerzuspiegeln, die sich inzwischen mit den Agentenmeldungen über das neue Regime in Moskau beschäftigt hatten.[7] Einzelheiten über Lenins neue Ordnung alarmierten die herrschende Klasse in England und Frankreich. Daß die Bolschewiken das Zarenregime hinweggefegt hatten, war schlimm genug, aber daß sie jetzt davon sprachen, ihr unerhörtes politisches Dogma in Europa und dem Rest der Welt durchzusetzen, war furchterregend. Der Bericht wurde an gleichgesinnte Minister weitergeleitet, weil man hoffte, sie wiederum würden den Premier mit dem nötigen Nachdruck auf die Gefahr aufmerksam machen. Einige taten es. Der Erste Lord der Admiralität fügte einen Kommentar hinzu: «Ich bin überzeugt, daß die Gefahr real ist. Ich schlage vor, einem Ihrer erfahrensten Minister unverzüglich die Oberaufsicht über den Geheimdienst zu übertragen und ihm die notwendigen Befugnisse zum Handeln zu geben. Selbstverständlich sollte er Ihnen direkt unterstehen.»

Ein solcher Schritt hätte dem SIS keineswegs gefallen, denn ein Politiker als Aufseher hätte die Geheimhaltung gefährdet. Obgleich Lloyd keine Notwendigkeit sah, den Rat des Ersten Lords zu befolgen (er fand, einige seiner Minister liefen Gefahr, einen «Bolschewikentick» zu bekommen), hielt der SIS es für klug, seine Tätigkeit in Rußland zu intensivieren. Der Grund lag nur teilweise darin, daß er die kommunistische Drohung für real hielt; die Maßnahme sollte auch alle Versuche vereiteln, ihm die antibolschewistischen Operationen aus der Hand zu nehmen. Bis Anfang der dreißiger Jahre, als Hitlers Aufstieg zeigte, daß Großbritannien nicht nur von links, sondern auch von rechts bedroht sein könnte, blieben die Bolschewiken und ihre Pläne für eine Weltrevolution die vorrangige Sorge des SIS. Der größte Einzelposten seines Budgets war der Sowjetunion vorbehalten: 1920 gab er 20 000 Pfund für Agenten in Helsinki aus, die allein für Nordrußland zuständig waren, während Berlin ihm nur 2000 Pfund wert war. Er schickte seine besten Agenten, Männer, die fließend Russisch sprachen und gründliche Kenntnisse von Land und Leuten hatten, nach Moskau und Petrograd und gab ihnen praktisch freie Hand, Agentennetze zu knüpfen, Konterrevolutionäre zu finanzieren und alles in ihrer Macht Stehende zu tun, um die kommunistische Gefahr in diesem frühen Stadium zu bannen: Sie scheiterten, aber ihre Taten wurden der Stoff für Legenden, und sie wurden die Helden des SIS und beschäftigten – nachdem ihre Memoiren und Biographien veröffentlicht worden waren – als «Meisterspione» und «Spionageasse» die Phantasie des Mannes auf der Straße. Sie wurden bekannt als unfaßlich tapfere und einfallsreiche Männer, die «im Angesicht des Todes lachten», Gefahren brauchten wie eine Droge und den nach ihrem Blut dürstenden Bolschewiken jedesmal in letzter Sekunde entwischten. Verdienen sie diesen Ruf?

Die wichtigsten SIS-Agenten in Rußland waren Sidney Reilly, George Hill, der Schriftsteller Somerset Maugham (der auch für die Amerikaner arbeitete) und Paul Dukes. Wir werden hier auch von Robert Bruce Lockhart sprechen, dem britischen Bevollmächtigten in Moskau, der zwar nicht zum SIS gehörte, aber in dessen Operationen verwickelt war.

Sidney Reilly war zweifellos der schillerndste der vier erstgenannten Männer. Er behauptete, er habe 1874 als Sohn eines irischen Kapitäns und einer russisch-jüdischen Mutter in Rußland das Licht der Welt erblickt. Er ging als Hauptbevollmächtigter der Compagnie Est-Asiatique nach Port Arthur in China, kehrte nach Petrograd zurück, wo er als Schiffslieferant arbeitete, half bei den Verhandlungen über die Rückführung russischer Kriegsgefangener nach dem Russisch-Japanischen Krieg von 1904–1905 und verdiente mit der Provision, die er von einem deutschen Unternehmen für Verträge über den Wiederaufbau der russischen Flotte bekam, ein großes Vermögen. Er schrieb und sprach nicht nur Russisch, sondern auch Englisch, Deutsch und Französisch, aber alles nicht einwandfrei. Irgendwann in seiner Laufbahn als Geschäftsmann wurde er vom SIS (wo er den Codenamen ST 1 hatte) angeworben. Er war während der Oktoberrevolution in Rußland und wurde sowjetischer Regierungsangestellter mit Zugang zu Dokumenten aus Trotzkis Büro im Außenministerium.

Er organisierte das sogenannte Lettische Komplott, die Erhebung von Truppen aus der baltischen Provinz Lettland, die den führenden Männern des neuen Regimes als Leibwächter dienten. Die lettischen Soldaten sollten Lenin und Trotzki festsetzen, und anschließend wollten Reilly und seine Gefolgsleute eine antibolschewistische provisorische Regierung bilden, «um die Anarchie zu unterdrücken, die beinahe zwangsläufig auf eine solche Revolution folgen würde». Es gab ein Nebenkomplott, das vorsah, Lenin bei passender Gelegenheit von der fanatischen Sozialistin Dora Kaplan erschießen zu lassen. Die Gelegenheit bot sich, aber Dora Kaplan schoß zu früh, und das ganze Komplott scheiterte. Reilly mußte unter einem seiner vielen Decknamen – unter anderem Genosse Relinski von der russischen Polizei, Georg Bergmann, deutscher Kaufmann, und Herr Massimo, Geschäftsmann aus der Türkei – aus dem Land fliehen.

In Großbritannien versuchte er, den SIS und verschiedene Minister vor der Gefahr des Kommunismus zu warnen. Dann begann er, in der weißrussischen Politik mitzumischen, beteiligte sich an den vielen Komplotten, die Anfang der zwanziger Jahre in Europa geschmiedet wurden, um die sowjetische Regierung zu stürzen, und reiste, um Geld dafür aufzutreiben, zwischen den Vereinigten Staaten, England und Frankreich hin und her. Da er glaubte, eine russische Untergrundbewegung namens «Vertrauen» habe die größten Erfolgsaussichten, ging er dann über die finnische Grenze zurück in die UdSSR, obgleich dort nach dem Lettischen Komplott ein Todesurteil auf ihn wartete. Einer

Version zufolge wurde er festgenommen und erschossen. Nach einer anderen ging er in den Untergrund und fuhr fort, gegen die Bolschewiken zu kämpfen, bis er in hohem Alter starb.

Dies ist, wie fast alles über Reilly, ein Gemisch von Dichtung und Wahrheit. Er wurde in Odessa geboren, und seine Eltern waren Russen – die Geschichte von dem irischen Kapitän war genauso erfunden wie der Name Reilly. Er verdiente im Ersten Weltkrieg eine Menge Geld mit der Vermittlung von Waffengeschäften. Wahrscheinlich hatten seine vielfältigen Kontakte und seine Sprachbegabung in den Jahren unmittelbar vor dem Krieg die Aufmerksamkeit des SIS erregt, aber es gibt noch eine andere Möglichkeit – daß das britische Außenministerium ihn als Informanten benutzt hatte und daß Reilly sich, nachdem es den SIS übernommen hatte, als Geheimdienstler wiederfand. Er war zweifellos während oder unmittelbar nach der Revolution in Moskau, wo er mit einem Colt-Revolver in der Gesäßtasche ein Agentennetz zu knüpfen begann. Sein fanatischer Haß auf die Bolschewiken, aus dem er in seinen (von seiner Frau zu Ende geschriebenen) Memoiren kein Hehl machte, hätte den SIS davor warnen sollen, ihn in Rußland einzusetzen.[8] Er vernebelte seine Urteilskraft und machte ihn allzu optimistisch, was die Aussichten einer Gegenrevolution betraf. Der Geheimdienst schickte ihn in die Sowjetunion, damit er die Stärke der verschiedenen antikommunistischen Bewegungen einschätzte und feststellte, welche von ihnen die Unterstützung der Alliierten verdienten. Aber Reilly, der leidenschaftlich alles sammelte, was mit Napoleon zusammenhing, sah sich statt dessen als neuen Korsen: «Ein korsischer Artillerieleutnant trat die Glut der französischen Revolution aus. Ein britischer Spionageagent, der so viele Faktoren auf seiner Seite hat, könnte sich gewiß zum neuen Herrscher von Moskau machen.» Als alles schiefgegangen war, zürnte er dem Schicksal und schloß nach Aufzählung aller «Wenn»: «Ich wäre um ein Haar der Herr Rußlands geworden.»[9]

George Hill hatte als Abenteurer und Intrigant nicht ganz die Klasse von Reilly, aber er begleitete ihn als Adlatus bei manchen Missionen und guckte seinem Mentor manches ab. Er beriet Trotzki beim Aufbau einer neuen Luftwaffe, verkehrte mit vielen führenden Bolschewiken und krempelte in den frühen Tagen der Revolution auch selbst die Ärmel hoch, um zu helfen, Ordnung in das Chaos zu bringen. Er hatte den Auftrag, dafür zu sorgen, daß Rußland im Krieg blieb, und wenn er zu diesem Zweck mit den Kommunisten zusammenarbeiten mußte, war er durchaus dazu bereit. Er vergaß jedoch nie, daß er zuerst und vor allem ein britischer Geheimdienstler war. Als er dem neuen Oberkommando bei der Organisation seines ersten militärischen Nachrichtenwesens half und in den von Deutschland besetzten westlichen Landesteilen Agenten anwarb, sorgte er dafür, daß London Abschriften von allem bekam, was sie meldeten. Und als er der neuen Regierung bei der Organisation einer Spionageabwehr half, die deutsche Agenten in Rußland enttarnen, abgefangene Mitteilungen entschlüsseln und Post der deutschen Mission öffnen sollte, richtete er es ebenfalls so ein, daß London alles mitbekam, was die Kommunisten herausgefunden hatten.

Parallel zu dieser Operation knüpfte Hill sein eigenes Netz von Agenten, die vor allem gegen die Deutschen arbeiteten. Ein Teil dieses Netzes bestand übrigens aus einem Kurierdienst, mit dem er seine Meldungen nach London beförderte, weil er es für zu riskant hielt, den Telegraphendienst der Sowjets zu benutzen. Hill war auch bereit, jeder russischen Vereinigung, die Partisanenoperationen hinter den deutschen Linien plante, Waffen, Geld und falsche Papiere zu liefern, denn auf diese Weise lernte er einige der interessanteren politischen Gruppen kennen, die nach der Revolution überall in Rußland entstanden, und konnte sie aus erster Hand einschätzen.

Somerset Maugham hatte bereits in Italien, der Schweiz und den Vereinigten Staaten als britischer Nachrichtenoffizier gedient, als Sir William Wiseman, der britische Nachrichtenverbindungsoffizier in den USA, ihn Mitte 1917 bat, nach Rußland zu gehen. Wiseman wollte, daß Maugham sowohl dem SIS als auch dem US-Außenministerium berichtete. Maugham schien ein idealer Kandidat zu sein, weil er Russisch sprach, Geheimdiensterfahrung hatte und ein bekannter Schriftsteller war – eine ideale Tarnung für einen Spion, erlaubte sie doch, unter dem Vorwand, Material für ein neues Buch zu sammeln, Informationen aller Art zusammenzutragen.

Maugham reiste zu Schiff nach Japan und von dort nach Wladiwostok, wo er die Transsibirische Eisenbahn nahm. In Petrograd quartierte er sich im Hotel *Europa* ein und verschaffte sich dank seines literarischen Rufs schnell Zugang zu literarischen Zirkeln. Er lernte den Menschewiken-Führer Alexander Kerenski kennen, schloß Bekanntschaft mit mehreren prominenten Bolschewiken und schickte umfangreiche Berichte an Wiseman, der sie an das State Department weiterleitete.

Die Machthaber verdächtigten Maugham schon kurz nach seiner Ankunft, taten aber nichts, um seine Arbeit zu behindern. Womöglich ließen sie ihn deshalb gewähren, weil er in seinen Meldungen durchgehend die wachsende Kraft der kommunistischen Bewegung betonte.

Maughams Berichte waren alles in allem zutreffender als die meisten anderen Informationen, die den Westen erreichten – so wies er frühzeitig auf Kerenskis abnehmenden Einfluß hin –, aber er schätzte, vielleicht weil er Schriftsteller war, die Möglichkeiten der Propaganda allzu hoch ein. Um die Bolschewiken zu schwächen und den Kampfeswillen der Russen zu stärken, schlug er dem State Department unter anderem vor, Wochenschauberichte zu produzieren, die «das Leben der Arbeiterklasse in Amerika, Bilder von Washington und New York und einige Bilder vom deutschen Militarismus und seinen Folgen» zeigten.

Die Oktoberrevolution beendete Maughams Agententätigkeit. Er hatte den Eindruck, er sei nunmehr als Spion gebrandmarkt, und seine Arbeit sei umsonst gewesen. Außerdem war er an Tuberkulose erkrankt, litt unter Depressionen und war zutiefst betroffen über den Verlauf der Ereignisse. Er verließ Rußland auf einem unauffälligen Weg und kehrte nach Britannien zurück.[10]

Der erfolgreichste britische Rußlandagent war wohl Paul Dukes. Er hatte England vor dem Krieg verlassen, um in St. Petersburg Musik zu studieren, und hatte sich dort «vom ersten Augenblick an zu Hause gefühlt». Als 1915 die Anglo-Russische Kommission gebildet wurde, um die britischen Nachschublieferungen für Rußland zu organisieren, bekam er zunächst den Auftrag, eine Untersuchung über die russische Presse zu schreiben, und kehrte 1917 nach London zurück, um als Vertreter der Kommission im Foreign Office zu arbeiten. Nach der Oktoberrevolution schickte man ihn wieder nach Rußland, um festzustellen, welche Hilfsmaßnahmen in dem Chaos nach dem Zusammenbruch der russischen Armeen erforderlich wären. Das war bis zu einem gewissen Grad ein Tarnauftrag, denn Dukes wurde gleichzeitig aufgefordert, alles Interessante zu melden, was er bei seinen Reisen sah und hörte. Als er nach einem halben Jahr bewiesen hatte, daß er zu all dem fähig war, wurde er nach London zurückgerufen und vom SIS angeworben. Cumming wies ihn persönlich ein und erklärte, Rußland könne seine Grenzen bald für Ausländer schließen, und er brauche dort jemanden, der ihn über die Entwicklung auf dem laufenden halte. Er stellte klar, daß der SIS im Fall seiner Enttarnung leugnen würde, etwas von seiner Existenz zu wissen, und nichts tun würde, um ihm zu helfen. Dukes bekam die Identität eines Joseph Iljitsch Afirenko aus der Ukraine, Büroangestellter der Tscheka (der Vorläuferorganisation des KGB), ging schwarz über die finnische Grenze und fuhr dann mit der Eisenbahn nach Petrograd.

Auf den ersten Blick scheint es tollkühn, daß Dukes sich als Mitarbeiter der Tscheka tarnte, aber er erinnerte sich an ein altes, auch in Rußland bekanntes Sprichwort: «Wenn man unter Wölfen lebt, muß man mit ihnen heulen.» Er wurde während seiner Tätigkeit in der jungen Sowjetunion noch kühner und hatte bis zu 20 verschiedene Identitäten, darunter die eines Soldaten der Roten Armee. Unter einem seiner Decknamen wurde er Mitglied der Kommunistischen Partei und schreckte nicht einmal davor zurück, als Delegierter an Plenarsitzungen des Petrograder Sowjets teilzunehmen. Er opferte viel Zeit – und viel SIS-Geld – für diverse Bemühungen, antibolschewistische Führer aus dem Gefängnis zu holen. Um einem etwaigen Verrat immer einen Schritt voraus zu sein, machte er sich zur Regel, jede Nacht in einem anderen Haus zu schlafen und nie zweimal denselben Namen anzugeben.

Die ganze Zeit sammelte er Informationen – er hörte Gerüchte, achtete darauf, was die Leute auf der Straße sagten, belauschte Gespräche in Restaurants, und manchmal lieferte ihm eine antikommunistische Quelle etwas, sei es für Geld oder aus Idealismus. Ein früherer General des Heeres gab ihm einen Bericht über die Maßnahmen, die Trotzki gegen Admiral Koltschak, den weißrussischen Befehlshaber in Sibirien, ergreifen wollte. Ein ehemaliger Journalist berichtete ihm, daß Matrosen verschiedener Schiffe der Ostseeflotte im Hafen von Kronstadt meuterten.

Sein Leben als Spion war nicht leicht. Er hatte oft nicht genug zu essen und hauste unter mangelhaften hygienischen Bedingungen. In den Wintermonaten fror er erbärmlich. Wenn es im Sommer zu riskant war, eine seiner Stammadressen aufzusuchen, schlief er auf freiem Feld oder in einem ausgehobenen Grab, das er auf einem stillgelegten Friedhof gefunden hatte. Die Tscheka wußte, daß er in Rußland war, und suchte ihn, so daß er seine Verkleidung, seine Identität, seinen Namen und seine Gewohnheiten mit entnervender Häufigkeit ändern mußte und seinen Freunden von gestern oft nicht mehr trauen konnte. Einer seiner ersten Kontakte in Petrograd, ein Mann, dem er Tausende Rubel dafür zahlte, einen führenden Antikommunisten aus dem Gefängnis zu holen, stellte sich als Agent der Geheimpolizei heraus; entweder hatte er sich mit Dukes eingelassen, um andere Agenten aufzuspüren, oder er wollte möglichst viel Geld aus ihm herausschinden, ehe er ihn ans Messer lieferte.

Welchen Lohn bekam Dukes für all die Entbehrungen, Strapazen und Belastungen? Der SIS schickte ihm reichlich Geld (das sich in einem Fall jedoch als gefälscht erwies), aber Dukes selbst befriedigte die Arbeit als solche und die Anerkennung seiner Vorgesetzten. «Alles in allem war ich zufrieden, und das nicht ohne Grund», schrieb er später. «Mir war die bemerkenswerte Erfahrung zuteil geworden, das größte gesellschaftliche Experiment der Geschichte aus einem einzigartigen Blickwinkel mitzuerleben. Und wie man mir versichert hat, wurde meine Arbeit sehr gewürdigt.»[11]

Das stimmte fraglos. Die Meldungen, die Dukes dem SIS in winziger Handschrift auf schäbigem Toilettenpapier zukommen ließ, hatten nicht zuletzt den Vorzug, von fanatischem Antikommunismus à la Reilly frei zu sein. Sie waren objektiv, faktenreich, kurz und mit Quellenangaben versehen. Der Bericht vom 30. April 1919 war typisch. Er schildert zunächst Fabrikarbeiterstreiks, die im März stattgefunden hatten, und die Wirkung der Agitation der Sozialrevolutionären Partei. Es folgen Informationen über Meutereien auf Schiffen der Ostseeflotte und über die Mobilisierung von KP-Mitgliedern, die Koltschaks kürzliche Vorstöße zurückschlagen sollten. Ein wirtschaftlicher Teil verzeichnet die Preise auf dem Ostermarkt, Löhne und Gehälter, Mangel an Bargeld und Probleme bei der Verteilung von Nahrungsmitteln auf dem Schienenweg. Dann kommt ein Abschnitt über Krankheiten und Sterblichkeit, sanitäre Bedingungen und die Bevölkerungszahl Petrograds. Zum Schluß wird die allgemeine Stimmung der Osterspaziergänger auf dem sonnenbeschienenen Newski-Prospekt geschildert.

Der SIS hätte Dukes gern möglichst lange in Petrograd gelassen, doch im September 1919, nach mehr als einem Jahr auf der Flucht vor der Tscheka, fand Dukes, daß es höchste Zeit sei, das Land zu verlassen. Die Geheimpolizei war ihm dicht auf den Fersen, und er würde seine gegenwärtige Tarnung als Fahrer der Roten Armee nicht viel länger benutzen können – sein Kompaniechef hatte ihm mitgeteilt, sie sollten demnächst an die lettische Front verlegt werden. So machte er zusammen mit drei Weißrussen die letzte gefährliche Reise, die ihn durch die Kampflinien nach Riga führte. Von dort fuhr er zurück nach London. Cumming empfing ihn herzlich, und er hatte eine lange Unterredung mit Churchill, der einer seiner einflußreichsten Bewunderer geworden war. Churchill versuchte, den Premierminister zu einem Gespräch mit Dukes zu bewegen – «Er wird Sie außerordentlich interessieren», schrieb er –, aber Lloyd George wollte nicht Gefahr laufen, persönlich mit einem SIS-Agenten in Verbindung zu treten. Falls Dukes darüber enttäuscht war, tröstete Cumming ihn mit einer Audienz bei Georg V. Der König erklärte ihm bei dieser Begegnung, er halte den Spion für den größten aller Soldaten, und wenn er vom Gegner am meisten verabscheut würde, dann nur, weil er am gefürchtetsten sei.

Letzterem hätten die Bolschewiken sicher zugestimmt. Mit britischen Soldaten in Archangelsk, mit weißrussischen Armeen, die von Sibirien, Polen, der Ukraine und Estland vorrückten, mit Dukes, Reilly, Hill und diversen britischen Agenten kleineren Kalibers, die im allgemeinen Chaos der ersten Zeit nach der Revolution operierten, fühlten sie sich von allen Seiten umzingelt und sahen überall Feinde. Ehe wir jedoch untersuchen, wie sie reagierten und wie wichtig diese Reaktion für die Entwicklung der Geheimdienstwelt war, sollten wir einen kurzen Blick auf einen anderen britischen Agenten werfen, dem die Kommunisten vorwarfen, er habe um ein Haar die Revolution zunichte gemacht: Robert Bruce Lockhart.

Lockhart, ein Schotte, ging 1911 als britischer Vizekonsul nach Moskau. Dort spielte er in der ruhmreichen Motosowsti-Fußballmannschaft, lernte fließend Russisch und wurde im Krieg trotz seiner Jugend (die Amerikaner nannten ihn den «Botschafterjüngling») interimistischer Generalkonsul. Als die britische Regierung nach der Revolution die diplomatischen Beziehungen zu Rußland abbrach, amtierte Lockhart als Bevollmächtigter, eine halboffizielle Funktion, die beide Seiten akzeptierten, wenn kein Botschafter akkreditiert war. Sie kam Lockhart zupaß – denn es besteht kaum ein Zweifel, daß er nebenher ein wenig für die SIS spionierte.

Er kannte Trotzki und Stalin und empfand zuerst eine gewisse Sympathie für die Bolschewiken und ihre Ziele. «Ich konnte nicht umhin, instinktiv zu begreifen, daß hinter dem Friedensprogramm und dem fanatischen Wirtschaftsprogramm des Bolschewismus ein Ideal stand, das ihn weit über die Bedeutung einer von deutschen Agenten angeführten Bewegung des Pöbels hinaushob», schrieb er. «Ich hatte monatelang Seite an Seite mit Männern gelebt, die 18 Stunden täglich arbeiteten und offensichtlich vom gleichen Geist von Selbstaufopferung und Verzicht auf weltliche Freuden inspiriert waren wie die Puritaner und die frühen Jesuiten.»[12] Als loyaler Diener seines Landes drängte er seine persönliche Meinung jedoch beiseite und versuchte, seine Regierung über die besten Mittel zur Durchsetzung ihrer Politik zu beraten. Als sie eine Intervention erwog, sprach er sich dagegen aus, fügte aber hinzu, daß Großbritannien erhebliche Truppen einsetzen müßte, wenn es dennoch eingriffe.

Sein Rat wurde allerdings nicht beherzigt. «Es war ein Fehler, überhaupt interveniert zu haben», schrieb Lockhart. «Und mit hoffnungslos unzureichenden Kräften interveniert zu haben, war ein Beispiel für törichte halbe Maßnahmen, die in Anbetracht der Umstände auf ein Verbrechen hinausliefen.» Einen Teil der Schuld gab er SIS-Geheimdienstlern in Rußland, von denen er eine sehr schlechte Meinung hatte: «Der Geldwert von Informationen verleitet zum Fabrizieren von Nachrichten. Doch selbst fabrizierte Nachrichten sind nicht so gefährlich wie die ehrlichen Berichte von Männern, die ungeachtet ihres Mutes und ihrer Sprachkenntnisse unfähig sind, ein verläßliches politisches Urteil zu fällen.» Lockhart klagte vor allem darüber, daß SIS-Agenten wie Sidney Reilly ihre Vorgesetzten in London überzeugt hätten, man brauche, um die Bolschewiken zu stürzen, nur etwas Geld und eine Handvoll britischer Soldaten, und sobald beides zur Verfügung stünde, würden die Bürger sich gegen ihre Herrscher erheben, und die Konterrevolution würde über Nacht siegreich sein. In seinen eigenen Berichten versuchte Lockhart durchblicken zu lassen, daß dieser Optimismus naiv sei, aber damit machte er sich nur Feinde im Foreign Office, und seine Frau mußte ihn aus London warnen, daß seine Karriere gefährdet sei.

Er geriet jedenfalls in das Durcheinander von Verschwörungen und Gegenverschwörungen, die jene Periode kennzeichneten, auch in Reillys Lettisches Komplott. Reilly behauptete zwar, Lockhart habe nichts davon gewußt, aber es ist äußerst unwahrscheinlich, daß er sich auf ein so wichtiges Unternehmen eingelassen hätte, ohne Londons Erlaubnis oder zumindest die Erlaubnis des Londoner Vertreters in Moskau, eben Lockhart, zu haben. Dieser räumte Jahre später selbst ein, er hätte mehr von Reillys Plänen gewußt, als er anfangs zugegeben habe.

Die Sache ging schief. Die in Petrograd mobilisierten und mit Hunderttausenden von Rubeln bezahlten Konterrevolutionäre warteten nicht auf das vereinbarte Zeichen zum Losschlagen – die Festnahme Trotzkis und Stalins durch ihre lettischen Leibwächter – und ermordeten den örtlichen Tscheka-Leiter am 30. August 1918 in seinem Büro. Am nächsten Abend schoß die junge Sozialrevolutionärin Dora Kaplan zweimal aus nächster Nähe auf Lenin, als dieser eine Versammlung von Fabrikarbeitern in Moskau verließ. Eine Kugel durchschlug seine Lunge, die zweite blieb nahe der Hauptschlagader in seinem Hals stecken, und seine Überlebenschancen wurden zunächst sehr gering eingeschätzt. (Er genas, aber seine Gesundheit blieb angegriffen. Er starb 1924.) Die Bolschewiken schlugen sofort zurück. Eine Abteilung von Tscheka-Agenten stürmte die britische Botschaft in Petrograd. Captain

Cromie, der Marineattaché, stellte sich ihr in den Weg, erschoß einen Kommissar und wurde daraufhin selbst erschossen. Alle britischen Beamten wurden festgenommen, die Letten erhoben sich entgegen der Vereinbarung nicht, die 60 000 weißrussischen Offiziere, die angeblich in Moskau darauf warteten, in Aktion zu treten, rührten sich ebensowenig, und Reilly mußte, nachdem ein Preis auf seinen Kopf ausgesetzt worden war, außer Landes fliehen.

Das neue Regime nahm furchtbare Rache. Es erließ Befehl, alle konterrevolutionären Aktivitäten im Keim zu ersticken – was zum Roten Terror führte –, und erlaubte der Tscheka, Verdächtige nach Belieben einzusperren oder zu exekutieren. Lockhart, der verhaftet worden war, sah zu, wie drei ehemalige zaristische Minister aus ihren Zellen gezerrt und erschossen wurden, nicht für etwas, das sie getan oder gesagt hatten, sondern einzig und allein, weil sie Klassenfeinde waren und weil ihr Tod als Vergeltungsmaßnahme und Warnung betrachtet werden sollte. Niemand weiß, wie viele Menschen damals umgebracht wurden. Lockhart spricht von mehreren hundert, andere dagegen von vielen tausend. Die britischen Agenten in Rußland entkamen, einige allerdings nur vorübergehend. Lockhart wurde dann gegen Maxim Litwinow, einen sowjetischen Agenten in London und späteren Außenminister, ausgetauscht.

Reilly fiel wahrscheinlich dem langen Arm und dem Elefantengedächtnis der Tscheka zum Opfer, als er nach Rußland zurückgekehrt war. Lockhart litt lange Zeit unter Schuldgefühlen. Er erwog eine Zeitlang, in Rußland zu bleiben; der Tscheka-Offizier, der ihn vernahm, wies ihn darauf hin, daß er dort glücklich gewesen sei, daß er eine russische Geliebte habe, daß seine britische Karriere unter den Geschehnissen leiden würde und daß er, falls er bliebe, eine interessante Tätigkeit bekommen würde. Aber er ging nach England zurück, arbeitete bis 1928 weiter für das Foreign Office, wurde dann Journalist und Schriftsteller, um im Zweiten Weltkrieg als Leiter der Abteilung für Politische Kriegführung zu dienen. Bis zu seinem Tod im Jahr 1970 schrieb er Biographien berühmter Persönlichkeiten. Aus seinen postum veröffentlichten Tagebüchern geht hervor, daß er die meiste Zeit seines Lebens mit einem Alkoholproblem gekämpft hatte.[13]

Hill wurde vom SIS fallengelassen und schlug sich in den zwanziger und dreißiger Jahren mit verschiedenen Jobs durch. Er bekam einen Nervenzusammenbruch, überwand ihn jedoch und diente im Zweiten Weltkrieg wieder in der Sowjetunion.

Dukes wurde 1920 für seine Leistungen geadelt und blieb beim SIS, bis er pensioniert wurde und die Erlaubnis bekam, einen Bericht über seine

Erlebnisse zu schreiben, der niemanden, schon gar nicht den britischen Geheimdienst, kompromittieren konnte. Er hielt viele Vorträge über Rußland und veröffentlichte seine Meinung zu internationalen Fragen in Zeitungen und Zeitschriften. Er starb 1967.

Welches konkrete Ergebnis hatten die erheblichen SIS-Bemühungen im kommunistischen Rußland? Auf der Habenseite steht, daß sich der Nachrichtendienst aufgrund der russischen Erfahrungen gezwungen sah, Agentenmeldungen nach Zuverlässigkeit und Glaubwürdigkeit zu bewerten. Wie es dazu kam, war allerdings recht demütigend.

Die Code-Abteilung hatte den Funkverkehr zwischen der russischen Regierung und ihren Vertretern in London abgehört und die Nachrichten entschlüsselt. 1920 änderten die Russen jedoch ihre Codes. Der SIS versuchte zu retten, was zu retten war, indem er auf die Dienste eines Agenten mit der Tarnbezeichnung BP 11 zurückgriff, der in Reval (Tallinn) arbeitete und angeblich einen direkten oder indirekten Zugang zum Büro Maxim Litwinows hatte. Er konnte London Zusammenfassungen von 200 Telegrammen zwischen Litwinow und Moskau liefern. Die interessantesten davon zeigten angeblich, daß die Bolschewiken die Sinn-Fein-Rebellion in Irland unterstützten.

Der SIS bekam auch eine ganze Reihe von Dokumenten in die Hand, die angeblich aus dem Büro des sowjetischen Vertreters in Berlin entwendet worden waren und die subversive Tätigkeit der Bolschewiken an den indischen Grenzen bewiesen. Der britische Außenminister Lord Curzon zürnte über das vermeintliche Doppelspiel der Russen und schickte eine scharfe Protestnote nach Moskau. Aber seine Entrüstung verwandelte sich schnell in größte Verlegenheit.

Das Material von BP 11 wurde besonders von Sir Basil Thomson von Scotland Yard widerlegt. Er fand keinerlei Beweise dafür, daß russisches Geld nach Irland gelangte, und erklärte, man wisse lediglich, daß die Sinn Fein in ernsthaften finanziellen Schwierigkeiten sei. Als der SIS den Agenten in Reval bat, die Originale der Telegramme zu beschaffen, um seine Resümees zu erhärten, antwortete er ausweichend und wurde dann auf Eis gelegt.

Die Sowjets antworteten auf Curzons Protestnote, die Berliner Dokumente seien Fälschungen und die in ihnen enthaltenen Behauptungen stammten aus den *Ostinformationen*, einer Publikation, die von einer anonymen Gruppe in Deutschland herausgegeben und an konterrevolutionäre Organisationen verschickt werde. Als das Foreign Office der Sache nachging, stellte es fest, daß diese Angaben zutrafen.

Curzon explodierte: «Ich bin absolut entsetzt . . . Ich betrachte die Situation mit größter Besorgnis.»[14] Seine Antwort an Moskau ließ trotz aller Ausflüchte und Großsprecherei erkennen, wie peinlich ihm die Angelegenheit war. Der SIS bekam sofort Anweisung, seine Prozeduren unter die Lupe zu nehmen, und beschloß daraufhin, alle Meldungen sorgfältig «auf ihre Zuverlässigkeit und ihren Wert» zu prüfen. Sie sollten in drei Kategorien eingeteilt werden: A1, A2 und B. Um die Note A1 zu bekommen, mußte eine Meldung nicht nur von «größter Wichtigkeit» sein, sondern auch auf Originaldokumenten beruhen, die im Besitz des SIS waren oder von einem Agenten eingesehen werden konnten bzw. von einem außergewöhnlich zuverlässigen Agenten stammten. Die Bewertung A2 galt für Meldungen, die nicht als A1 klassifiziert werden konnten, aber hinsichtlich ihres Inhalts und ihrer Glaubwürdigkeit bedeutsam waren. Meldungen von untergeordneter Bedeutung, die jedoch interessant und zuverlässig genug waren, um berücksichtigt zu werden, sollen ein B bekommen.

Auf der Debetseite waren die Schlußfolgerungen offensichtlich. Von Agenten wie Reilly zu der irrigen Annahme verleitet, eine Gegenrevolution stehe unmittelbar bevor,* erklärte der SIS der Regierung, Bemühungen um reguläre Beziehungen zu der kommunistischen Regierung seien Zeitverschwendung, weil sie bald abgelöst werden würde. Der SIS selbst fürchtete sich vor kommunistischer Unterwanderung und steckte mehrere führende Mitglieder der Regierung mit seiner Hysterie an.

Die sogenannten Beweise für eine solche Unterwanderung Großbritanniens kommen uns rückblickend lächerlich dürftig vor. Da war beispielsweise der angebliche Verkauf von Diamanten der Zarenfamilie, mit dessen Erlös die Labour-Zeitung *Daily Herald* finanziert werden sollte. Nach den heute geltenden Kriterien ist dieses Blatt unbedingt seriös, doch nach Dr. Andrew, dem Herausgeber des *Historical Journal*, waren die Leiter des Geheimdienstes, die Stabschefs und die meisten Kabinettsmitglieder überzeugt, daß «Leute, die den *Daily Herald* unterstützen, vor nichts zurückschrecken». Die leitenden Beamten des SIS gründeten sogar einen geselligen Zirkel, der als «Roten-Liquidierungsclub» bekannt war.[16] Wer der allgemeinen Paranoia widerstand, geriet rasch selbst in den Kreis der Verdächtigen. So wurde Lloyd George, der sich bemühte, in der aufgeladenen antikommunistischen Atmosphäre ringsum einen kühlen Kopf zu bewahren, vor Sir Henry Wilson, dem

---

* Noch im August 1921 schrieb Reilly in Berichten für den SIS, nächsten Monat werde ein allgemeiner Aufstand gegen die Bolschewiken stattfinden.[15]

Vorsitzenden des Imperialen Generalstabs, als «ein Verräter» bezeichnet.

Andere Folgen der SIS-Tätigkeit in Rußland waren weniger offensichtlich, dürften jedoch ungleich wichtiger gewesen sein. Man könnte zum Beispiel argumentieren, daß die Umtriebe des Geheimdienstes eine der Ursachen des Roten Terrors waren, eine mögliche Entspannung zwischen Großbritannien und der Sowjetunion verhinderten und zur Gründung und späteren Zielrichtung des KGB beitrugen. Zum Roten Terror wäre es vielleicht in jedem Fall gekommen, aber Lockhart berichtet, daß die Bolschewiken in den frühen Tagen der Revolution überraschend tolerant waren und ihr Bestes taten, um die Hitzköpfe in der KP unter Kontrolle zu halten. Reillys fehlgeschlagene Verschwörung und der Anschlag auf Lenin gaben den extremen Kräften der Partei den Vorwand, den sie brauchten, um den Terror zu rechtfertigen. Lockhart schrieb: «Die ganze Lage erschien hoffnungslos, bis Lenin imstande war, in den Gang der Dinge einzugreifen. Als er das Bewußtsein wiedererlangt hatte, sagte er angeblich als erstes: ‹Macht Schluß mit dem Terror.›»[17]

Die Tscheka, die Vorläuferin des KGB, wurde am 20. Dezember 1917 vom Rat der Volkskommissare gebildet. Der Name besteht aus den Anfangsbuchstaben ihrer russischen Bezeichnung, die ihre Funktion verdeutlicht: Allrussische Außerordentliche Kommission zur Bekämpfung von Konterrevolution, Spekulation und Sabotage. Ihr erster Leiter war Felix Dserschinski, ein gebürtiger Pole, und ihr erstes Hauptquartier war in Petrograd. Dserschinski verlegte es dann in das Lubjanka-Gebäude, Moskau, das früher die Allrussische Versicherungsgesellschaft beherbergt hatte. (In den achtziger Jahren bezog der KGB noch andere Gebäude.) Ursprünglich sollte die Tscheka nur ein Fahndungsapparat sein, und die Strafverfolgung und Bestrafung sollten den Volksgerichten obliegen, aber das änderte sich während des Roten Terrors.

Die Tscheka begann sich zu fragen, ob sie mit den Klassenfeinden in ihren mannigfachen Verkleidungen fertig werden könnte. Viele ihrer Offiziere kamen von der Ochrana, der Geheimpolizei des Zaren, weil es anderswo nicht genug erfahrene Männer gab. Die Ochrana hatte die Subversion bekämpft, indem sie jede verdächtige Organisation infiltrieren ließ, und die Tscheka übernahm diese Methode. Die Tatsache, daß Reillys Plan so weit gedieh, beunruhigte sie jedoch über die Maßen.

Bei der Bewertung der Rolle, die Reilly und in einem geringeren Grad auch Dukes in Rußland gespielt hatten, staunten Dserschinski und seine

Leute sicher nicht nur über die Tatsache, daß diese Spione imstande gewesen waren, in der Bevölkerung unterzutauchen, sondern mehr noch darüber, daß sich beide verschiedentlich als Mitarbeiter der Tscheka getarnt hatten. Offenbar hatten Ausländer ausgerechnet die Organisation infiltriert, die als Hüterin der bolschewistischen Reinheit fungieren sollte! Wie sollte die Tscheka reagieren? Was konnte sie tun, um die westlichen Pläne gegen Rußland herauszubekommen und die Agenten des Westens zu identifizieren und unschädlich zu machen, ehe sie eine Gefahr für die Sowjetunion wurden?

Die offensichtliche Antwort lautete, die westlichen Geheimdienste ebenso zu infiltrieren, wie die Spione des Westens die Tscheka infiltriert hatten. Die Russen litten jedoch unter einem großen Handikap. Reilly hatte in Rußland operieren können, weil er Russe war. Dukes und Hill hatten lange in Rußland gelebt und sprachen so gut Russisch, daß sie als Einheimische durchgehen konnten, denn in einem Land mit so vielen Völkern und Sprachen waren ihr Akzent und ihre etwaigen nationalen Eigenheiten in den meisten Fällen sicher nicht allzu sehr aufgefallen. Großbritannien war für einen russischen Agenten eine ganz andere Herausforderung. Selbst wenn es in der Tscheka einen Mann gab, der gut genug Englisch sprach, um als Engländer durchzugehen – eine äußerst unwahrscheinliche Möglichkeit –, würde er sich nie die typischen britischen Redewendungen oder den notwendigen britischen Hintergrund zulegen können. Wenn er sich genug Mühe gab, mochte er die Engländer täuschen, mit denen er im täglichen Leben zu tun hatte, aber die Tscheka zielte höher: Sie suchte einen Russen, der ein so perfekter Engländer werden konnte, daß der SIS ihn einstellte.

Dserschinski brauchte sicherlich nicht lange, um zu sehen, daß es einen solchen Russen nicht gab und wohl auch lange Zeit nicht geben würde, aber es gab eine Alternative. Obgleich Reilly Russe war, hatte er sich ideologisch für den Westen engagiert und für den SIS gearbeitet. Konnten die Russen einen Engländer finden, der sich für den Kommunismus engagierte und für die Tscheka arbeitete? Die Möglichkeit war gewiß nicht von der Hand zu weisen: Drei Franzosen hatten gemeinsame Sache mit den Bolschewiken gemacht, und sogar Lockhart hatte erwogen, in Rußland zu bleiben. (Was für eine «interessante Tätigkeit» der Tscheka-Offizier wohl für Lockhart im Auge gehabt hatte, als er ihm anbot, in Rußland zu bleiben?) Vielleicht wurde in diesem Augenblick der langfristige Plan geboren, die westlichen Nachrichtendienste von einem Mann aus dem Westen penetrieren zu lassen.

Der Plan mußte langfristig angelegt sein, weil es schwierig war, den richtigen Mann zu finden. Lockhart war vom Drama der Revolution beeinflußt worden und hatte erkannt, daß sie «eine Umwälzung war, die die Welt in ihren Grundfesten erschüttern würde». Aber Lockhart war insofern eine Ausnahme, als er die Revolution persönlich miterlebt hatte. 1918 gab es in England oder den USA keine potentiellen ideologischen Tscheka-Kandidaten, weil dort nur wenige Leute begriffen, worum es bei der Revolution eigentlich ging. Aber in fünf oder zehn Jahren würde es im Westen doch einen jungen Mann geben, den die soziale Ungerechtigkeit oder die marxistische Theorie oder beides so sehr aufgewühlt hatte, daß er zu dem ungeheuerlichen Schritt bereit war, der Tscheka lebenslange Treue zu schwören und gegen sein Heimatland zu arbeiten? Die Tscheka glaubte – mit Recht –, daß es solche Männer geben mußte, und zeigte von nun an die Geduld, die für den sowjetischen Geheimdienst bezeichnend bleiben sollte. Was England betrifft, kennen wir bislang nur einen dieser Männer, nämlich Kim Philby.* Als er sich 1963 in die Sowjetunion abgesetzt hatte und in Moskau mit seinen Kindern sprach, sagte er bezeichnenderweise: «Ich wurde 1933 angeworben und bekam den Auftrag, den britischen Geheimdienst zu infiltrieren, und man sagte mir, es spiele keine Rolle, wie lange ich brauchte, um die Aufgabe zu erledigen.» Und als Philby in einem frühen Abschnitt seiner KGB-Laufbahn Zeichen von Selbstzufriedenheit zeigte, erinnerte sein sowjetischer Führungsoffizier ihn an seine lebenslange Mission: «Ich wurde von meinen sowjetischen Freunden unmißverständlich darauf hingewiesen, daß meine oberste Priorität der britische Geheimdienst sein müsse.»[18]

Dieses Szenarium mag lückenhaft erscheinen. Warum bemühte sich die Tscheka beispielsweise nur, den SIS zu infiltrieren? Warum nicht auch den amerikanischen Geheimdienst? Eine Antwort könnte lauten, daß es 1918 keinen zentralisierten US-Nachrichtendienst gab und daß die amerikanischen Beamten, die während und unmittelbar nach der Revolution in Rußland operierten und zur Not als Geheimagenten bezeichnet werden könnten, die Tscheka nicht weiter beeindruckten. (Einer dieser Männer, Edgar Sisson, ein Propagandaexperte des Außenministeriums, wurde einmal von britischen Agenten hereingelegt. Sie hatten einige Dokumente gekauft, aus denen angeblich hervorging, wie

---

* Es gab auch Guy Burgess, Donald Maclean und Anthony Blunt. Aber Burgess wurde nicht angeworben, um den SIS zu infiltrieren, Blunt arbeitete – nur kurz – für MI 5, und Maclean gehörte nie zu einem der beiden Dienste. Philby ist der einzige bekannte KGB-Offizier, der den ausdrücklichen Befehl hatte, den SIS zu infiltrieren.

die Deutschen die Bolschewiken finanzierten; als sie erkannten, daß es sich um Fälschungen handelte, versuchten sie sofort, sie weiterzuverkaufen, und konnten ihr Glück kaum fassen, als Sisson sie ihnen förmlich aus der Hand riß.)

Selbstverständlich gibt es die beängstigende Möglichkeit, daß die Tscheka die amerikanischen Geheimdienste *doch* in ihre langfristige Infiltrationsplanung einbezog. Es wäre naiv, zu glauben, daß Philby der einzige ideologisch motivierte Agent war, den der sowjetische Geheimdienst im Westen fand. Wir wissen von Philby, weil er schließlich mehr oder weniger zufällig enttarnt wurde. Es wäre für die Tscheka jedoch logisch gewesen, die Vereinigten Staaten 1918 in ihre Pläne einzubeziehen und dort nach Agenten Ausschau zu halten, auch wenn es momentan noch keine Verwendung für sie gab.

Die Oktoberrevolution und die westliche Reaktion auf sie hatten weitreichende Folgen für die Welt der Nachrichtendienste. Sie setzten den Wettlauf der Geheimdienste in Gang, der zum Entstehen der gigantischen Organisationen führte, die es heute gibt. Die Russen lösten die Deutschen als Bedrohung Großbritanniens ab, und 1917 bis 1939 gab der SIS den größten Teil seiner Mittel dafür aus, die Sowjetunion zu infiltrieren und England gegen den Kommunismus zu verteidigen. Noch im Zweiten Weltkrieg, als Deutschland wieder der Feind Nr. 1 war, gab es SIS-Beamte, die meinten, England kämpfe gegen den falschen Gegner.

Das Personal der Tscheka wuchs in drei Jahren von 15 000 auf 250 000. Ein Grund dafür war natürlich die Notwendigkeit, Abweichler in der Sowjetunion selbst zu unterdrücken. Ein anderer lag jedoch darin, daß die Tscheka aufgrund ihrer Erfahrungen mit britischen Geheimdienstlern während der Revolution eine panische Furcht vor SIS-Verschwörungen hatte – eine Furcht, die sich bis heute nicht ganz gelegt hat.

Profis und Codeknacker
in Friedenszeiten

Die wahre Gefahr von der Sowjetunion drohte nach Meinung des SIS in Indien. Kurz vor dem Ende der alliierten Bemühungen, die Kommunisten zu entmachten, waren einige britische Agenten in verschiedenen Tarnungen mit speziellen Aufträgen von Indien in die UdSSR eingereist. Sie hatten so gut wie nichts geschafft. Sie betrachteten ihre Mission als romantisches Abenteuer und neigten dazu, mehr zu tun, als ihnen aufgetragen war, was die britische Regierung in Besorgnis versetzte und den Kommunisten willkommene Munition für ihren Propagandafeldzug gegen den Westen lieferte.* Die Agenten meldeten wie ein Mann, daß die Kommunisten eine unmittelbare Bedrohung für Indien darstellten und die Revolution auf den Subkontinent tragen wollten, indem sie nationalistische und religiöse Gefühle ausnutzten.

England kontrollierte Indien mit Hilfe eines eindrucksvollen politischen Zauberkunststücks: Einige tausend Sahibs hielten ein Land in Schach, das von mehreren hundert Millionen Menschen bevölkert war. Eine solche Konstellation konnte nur dann Bestand haben, wenn subversive Elemente schnell identifiziert und unschädlich gemacht wurden. Dies war die Aufgabe des Indian Intelligence Bureau (IB), das zuerst von Sir Cecil Kaye, einem früheren Offizier der Indienarmee, und dann von Sir David Petrie, einem früheren Angehörigen der Indienpolizei, geleitet wurde. Das IB war eine äußerst tüchtige Organisation. Es hatte

---

* Als die Weißrussen 1918 in Baku 26 Kommissare exekutiert hatten, beschuldigten die Kommunisten die Briten der Drahtzieherei. Stalin schrieb am 23. April 1919 in der *Iswestija* von der «Gesetzlosigkeit und ungezügelten Grausamkeit, mit der die englischen Agenten Rechnungen mit den ‹Eingeborenen› Bakus und Turkmenistans beglichen, genau wie sie es mit den Schwarzen Zentralafrikas getan hatten».

ein Netz von Spitzeln und Informanten, das ganz Indien umspannte, es fing die Post von Hunderten von Verdächtigen ab, es legte umfangreiche Akten über alle diejenigen an, die seine Aufmerksamkeit erregten, und es hatte in den meisten lokalen politischen Organisationen mehrere indische Agenten.

Seine wichtigsten Observierungsziele waren M. N. Roy, ein indischer Nationalist, der in Taschkent ausgebildet worden war und in Berlin und Moskau lebte; seine amerikanische Frau, Evelyn Trent alias Helen Ellen, und ihre Kameradinnen von der Vereinigung «Friends of Freedom of India» sowie die amerikanische Journalistin Agnes Smedley, laut den Unterlagen des IB «eine gerissene und skrupellose Agentin», der wir später in China begegnen werden. Das IB führte aber auch Akten über viele Randfiguren aus England und den USA, die seine Aufmerksamkeit erregten, als sie Indien besuchten, und deren Aktivitäten erkennen lassen, daß die Kommunistenangst, die sich in jenen Jahren zwischen den Weltkriegen unter britischen Geheimdienstlern ausbreitete, nicht ganz unbegründet war.

Da war zum Beispiel Percy Glading alias Chochrane, der 1925 als Mitglied der Vereinigten Technikergewerkschaft in Indien eintraf, in Wahrheit aber ein Sendbote der Kommunistischen Partei Großbritanniens war. Er hatte die Aufgabe, den Bolschewismus in Indien zu fördern und wenn möglich «eine Labour Party mit gewissen bekannten indischen Agitatoren als Funktionäre» zu gründen. (Womöglich hatte er noch andere Aufträge, denn als ihm 1938, 13 Jahre später, in Old Bailey der Prozeß gemacht wurde, gestand er, daß er versucht hatte, Teile neuer Waffen aus dem Arsenal von Woolwich zu stehlen; er wurde zu sechs Jahren Haft verurteilt.) Charles Ashleigh, auch unter dem Namen John Ashworth bekannt, ein Amerikaner, der wegen Verstoßes gegen das US-Spionagegesetz vier Jahre im Gefängnis von Leavenworth in Kansas gesessen hatte, traf 1922 als «Agent der Komintern» in Indien ein. Da mit seinem Paß etwas nicht in Ordnung war, hatten die indischen Behörden bald einen Vorwand, ihn des Landes zu verweisen, doch nach den IB-Akten traf er sich während seines kurzen Aufenthalts mit mehreren Subversiven und übermittelte ihnen Anweisungen von M. N. Roy.

Das IB vermutete, daß es in Indien zwei kommunistische Netze gab: eines, das mit M. N. Roy verbunden war und von diesem von Europa aus kontrolliert wurde, und eines, das in Indien von einem gewissen «Genossen Gamper oder Hamper» gelenkt wurde, dem «für die Erneuerung der Agitationsarbeit in Indien entsprechend früheren Instruktionen» die beträchtliche Summe von 150 000 Pfund gezahlt worden war. Dieser Ring wurde offenbar vom Fernen Osten, wahrscheinlich von Schanghai aus, kontrolliert. Geheime Informationen aus Frankreich besagten außerdem, daß in der Nähe der nordwestlichen Grenze russische Agenten tätig waren.[1]

Egal, wie glaubwürdig solche und andere Meldungen waren, die Beamten des IB hatten keinen Zweifel, daß die Gefahr der kommunistischen Unterwanderung allgegenwärtig war, und steckten ihre Kollegen in Großbritannien mit dieser Haltung an. SIS und MI 5 bekamen nicht nur Berichte vom IB, sondern stellten auch gern ehemalige Angehörige des IB ein, die, relativ früh in ihrem Leben nach England zurückgekehrt, noch einsatzfähig waren und sich nach Arbeit umsahen. Der SIS zapfte dieses Reservoir so regelmäßig an, daß es bald eine SIS-Clique gab, die «die Inder» genannt wurde, und daß MI 5 eine aktuelle Liste aller ehemaligen IB-Männer führte, die eine Anstellung suchten. (Der hochkarätigste dieser Geheimdienstler, dessen Karriere die «Inder» als ihren ureigenen Triumph betrachteten, war Sir David Petrie, der 1924–1931 das IB geleitet hatte und 1940 Direktor von MI 5 wurde.)

Die beiden britischen Geheimdienste hatten ihren eigenen Beweis für den angeblich weitreichenden sowjetischen Einfluß. 1927 war MI 5 über einen russischen Spionagering gestolpert, der von Wilfred Macartney, einem ehemaligen Offizier des Nachrichtendienstes der britischen Armee und jetzigen Angestellten der Versicherungsbörse Lloyd's geführt wurde. MI 5 hatte ihm ein Handbuch der Royal Air Force zugespielt, um zu sehen, was er damit tat, und als er es einem Russen übergeben hatte, der für die Handelsdelegation der UdSSR arbeitete, bekam MI 5 von der Regierung die Erlaubnis, den Bürotrakt, den die Delegation mit der «Gesellschaft für Zusammenarbeit mit Rußland» teilte, zu durchsuchen. Das Handbuch wurde jedoch nicht gefunden. (Mr. Macartney wurde später wegen anderer Verstöße gegen den Official Secrets Act angeklagt und zu zehn Jahren Gefängnis verurteilt. Nach seiner Entlassung schloß er sich der Internationalen Brigade im Spanischen Bürgerkrieg an und wurde der erste Kommandeur des britischen Bataillons.)

1937 lief ein sowjetischer Geheimdienstoffizier namens Walter Kriwizki in Frankreich über. Bei einer Vernehmung sagte er aus, er habe von einem sowjetischen Spion im Foreign Office gehört, aber seine näheren Angaben erschöpften sich darin, daß der Mann «aus einer guten Familie stammt». Obgleich man später zu dem Ergebnis kam, daß es sich wahrscheinlich um Donald Maclean gehandelt hatte, konnte es praktisch jeder Beamte des britischen Außenministeriums gewesen sein. Die Entdeckung, daß ein ehemaliger Offizier vom Nachrichtendienst der Army für die Russen spioniert hatte, und der Hinweis eines Überläufers, im Foreign Office sitze ein sowjetischer Spion, überzeugten die britischen Geheimdienste endgültig davon, daß die Gefahr aus der Sowjetunion kam, und sie reagierten entsprechend. Sie konzentrierten alle ihre Hilfsmittel auf die sowjetische Bedrohung. Diese Mittel waren aber weiterhin mager.

Der SIS hatte zwar sein Bestes getan, um das Geschehen in Deutschland im Auge zu behalten – er achtete vor allem auf Verstöße gegen den Versailler Vertrag –, aber er reagierte nur langsam auf Hitlers Aufstieg. In den dreißiger Jahren zählte die Londoner Zentrale nie mehr als 30 ganztags beschäftigte Beamte, und auf dem Kontinent waren überhaupt nie mehr als sechs Männer eingesetzt. Diese führten, als Geschäftsleute oder Paßbeamte britischer Botschaften getarnt, ein recht angenehmes Leben. Sie warben diskret lokale Agenten an und zahlten ihnen für ihre Informationen kleine Beträge. Die Meldungen leiteten sie dann nach London weiter und bewerteten ihre Zuverlässigkeit gar nicht oder ungenügend. Politische und militärische Informationen gingen oft bunt durcheinander, obgleich die SIS-Leute aufgefordert wurden, regelmäßig ihre eigene politische Einschätzung lokaler Ereignisse zu Papier zu bringen. Leslie Nicholson, der in Prag diente, mußte sich einmal im Jahr hinsetzen und «ein Resümee über die Kommunisten» abfassen.

Gelegentlich stieß einer der Beamten auf eine Goldader, die von den Kollegen in London prompt verkannt wurde. Anfang der dreißiger Jahre kaufte ein kürzlich angeworbener ehemaliger Journalist in Finnland die Konstruktionszeichnungen für den Prototyp eines Kleinstunterseeboots. Admiral Hugh Sinclair, inzwischen Leiter des SIS und selbst ein U-Boot-Fachmann, untersuchte sie persönlich, kam zu dem Ergebnis, daß sie gefälscht seien, und lehnte es ab, sie an die Admiralität weiterzuleiten.[2]

Sinclair hegte wahrscheinlich den Verdacht, die Unterlagen seien dem SIS-Agenten untergejubelt worden, was nicht selten vorkam, denn Agenten, die britischen Geheimdienstoffizieren Informationen verkauften, waren nicht darüber erhaben, den Deutschen und auch den Russen dieselben Informationen zu verkaufen. Versuche, einen Agenten zu benutzen, um den Gegner in die Irre zu führen, konnten den Anstifter jedoch in die Bredouille bringen. Diese Erfahrung mußte auch der Australier Charles Howard Ellis machen, der während der Intervention der

Alliierten in Mittelasien gearbeitet hatte und später zum SIS gekommen war.

Der SIS war stolz darauf, Ellis der Army abspenstig gemacht zu haben, denn er beherrschte mehrere europäische Sprachen, darunter Russisch, und sprach darüber hinaus Türkisch, Urdu und Persisch. In Berlin, Wien und Genf stationiert, wurde Ellis in ein gefährliches Doppelspiel verwickelt, für das er schlecht gerüstet war. Er erklärte später, wenn man ihn gründlicher ausgebildet und beraten hätte, hätte er vielleicht die Fallgruben vermieden, in die er der Reihe nach tappte.

Ellis hatte die Weißrussin Lilia Zelenski geheiratet und in Kreisen von Exilrussen einen weißrussischen General kennengelernt, der sich Andrei Turkhul nannte. Turkhul sagte ihm, er habe Kontakte zu deutschen Geheimdienstlern und könne wahrscheinlich Informationen von ihnen beschaffen. Er würde ihnen jedoch eine Gegenleistung bieten müssen. Er schlug vor, den Deutschen zu sagen, er kenne einen SIS-Beamten, der Geheimnisse zu verkaufen habe, um dann zu sehen, wie sie reagierten. Der Plan reizte Ellis in doppelter Hinsicht. Er meinte, er könne ruhig den Eindruck erwecken, daß er über seine Arbeit beim SIS enttäuscht sei und nicht davor zurückschrecke, ihn zu verraten, falls er dafür genug bekomme. In dieser Rolle könne jeder Kontakt zu den Deutschen lohnend sein. Ihre Fragen würden zum Beispiel zeigen, wofür sie sich interessierten und auf welchen Gebieten sie nicht genug wußten, und all das würde für London nützlich sein. Aber er sah auch einen privaten Vorteil: Seine Frau war krank, er verdiente schlecht und brauchte Geld. Da er das Geld der Deutschen auf jeden Fall annehmen mußte, um glaubwürdig zu sein, könnte er es ja ebensogut behalten – eine Praxis, die nicht ungewöhnlich war. Leider ging sein Plan aus mehreren Gründen schief. Ellis tat offenbar mehr, als er ursprünglich beabsichtigt hatte, und wie er später gestand, gab er den Deutschen die «Kampfordnung» des SIS, das heißt, die Struktur der Organisation und die genaue Funktion der einzelnen Beamten. Solche Kenntnisse sind, obwohl sie nichts mit echten «Geheiminformationen» zu tun haben, für gegnerische Dienste sehr wichtig, weil sie ihnen helfen, ihre Rivalen zu identifizieren.[3]

Doch Schlimmeres sollte folgen. Turkhul erwies sich als sowjetischer Geheimdienstoffizier, der die im Exil lebenden Weißrussen infiltrieren sollte, um Moskau über Verschwörungen gegen die UdSSR auf dem laufenden zu halten. Als der Krieg ausbrach, verschwand er von der Bildfläche, um später unter seinen wahren Farben zurückzukehren. Ellis wurde der zweite Mann der Verbindungsstelle der britischen Geheimdienste in New York und Ausbilder beim kürzlich gegründeten Office of Strategic Studies, dem Vorläufer der Central Intelligence Agency. 1946 wurde er Leiter des SIS-Büros in Singapur, arbeitete dann als Produktionschef in Europa und spielte nach seiner Pensionierung eine Schlüsselrolle beim Aufbau des australischen Geheimdienstes. Wir werden noch von ihm sprechen, weil er wegen seines Kontakts zu Turkhul eines der Ziele einer Jagd auf einen «Roten Maulwurf» wurde, die in den siebziger und achtziger Jahren großen Wirbel in den westlichen Geheimdiensten verursachte.

Daß der SIS sich vorrangig mit der kommunistischen Gefahr beschäftigte, wirkte sich auf seine Personalpolitik aus und machte ihn nicht effizienter. Als die Nation in den dreißiger Jahren in ihren politischen Ansichten ein wenig nach links rückte, richtete der Geheimdienst seine Einstellungspolitik gegen diesen Trend. Er suchte Männer aus, die das Empire erhalten, die Klassengesellschaft bewahren sowie Privilegien und ererbten Reichtum schützen wollten. Für sie war der Kommunismus keine politische Theorie, sondern eine Verirrung, und sie empfanden jeden Linksruck als Verrat all dessen, was den Glanz Großbritanniens ausmachte. Da die britischen Universitäten damals voll von jungen Männern mit radikalen Ideen waren, konnte der SIS dort keinen Nachwuchs finden. So kam es zu dem interessanten Phänomen, daß sowjetische Meisterspione an Universitäten Ausschau hielten und dort Agenten anwarben, ehe der SIS sich Jahre später dazu durchrang, das gleiche zu tun.

Die Voreingenommenheit gegen Intellektuelle und Radikale kannte keine Grenzen. Ein Agent, der nach Kriegsbeginn angeworben wurde, erinnert sich, daß man weiterhin absurde Kriterien benutzte, um «Linke außen vor zu halten». Er hatte erfahren, daß der Dichter Edwin Muir in der Lebensmittelbehörde im schottischen Dundee arbeitete, und sagte einem Kollegen, Muir sei vielleicht ein guter Kandidat. Der Kollege antwortete: «Wir haben an ihn gedacht, aber er ist aus politischen Gründen abgelehnt worden. Er ist Kommunist.» Als der Agent entgegnete, das könne nicht stimmen, bekam er zur Antwort: «Ja ja, vielleicht ist er nicht gerade Kommunist, aber er ist ziemlich suspekt. Er gehört zu den Leuten, die Flüchtlingen geholfen haben, und deshalb paßt er nicht hierher.»[4]

Der Nachwuchs kam also aus den oberen Schichten der Gesellschaft und bestand aus Männern, die ihren sorglosen Lebensstil als einen absoluten Wert betrachteten. Wie John Le Carré 1968 schrieb: «In ihren eigenen vier Wänden, ihren Clubs und Landhäusern, bei geflüsterten Tischgesprächen mit ihren profanen Kontaktpersonen überhöhten sie die Heiligkeit eines Britanniens, das im Verschwinden begriffen war. Wenigstens hier galt England so viel wie eh und je, was in der großen Welt draußen auch geschehen mochte. ‹Das Empire mag zerfallen, doch innerhalb unserer geheimen Elite würde die saubere Tradition der englischen Macht überleben. Wir glauben an nichts als uns selbst.›»[5]

Leslie Nicholson, der SIS-Beamte in Prag, erzählte mir, wie es war, als Geheimdienstler im Ausland mit solchen Leuten zusammenarbeiteten. Er war 1930 bei der Nachrichtenabteilung der britischen Besatzungsarmee in Wiesbaden angeworben worden und hatte einen dreiwöchigen Kurs in Kommunikation, Verschlüsselung und SIS-Buchhaltungsmethoden gemacht. Erst auf dem Weg nach Wien, wo er den dortigen SIS-Chef – «einen der erfahrensten Praktiker in unserem Geschäft» – treffen sollte, wurde ihm klar, daß kein Mensch ihm gesagt hatte, was eigentlich von ihm erwartet wurde. Sein Wiener Kollege war keine Hilfe. Er unterhielt ihn mit Anekdoten über seine Vorgänger: Einer war Alkoholiker gewesen und zu guter Letzt mit seiner Aktentasche voller Funksprüche des SIS in London in einer Ausnüchterungszelle gelandet; ein anderer, Absolvent einer feinen Privatschule und ehemaliger Rugbystar, hatte sich wegen eines Mädchens geprügelt und war ebenfalls festgenommen worden. Dann zeigte er Nicholson die Arbeitsunterlagen, aber sie schienen zum überwiegenden Teil aus Anfragen an London und Antworten von dort zu bestehen. Schließlich sagte Nicholson: «Hören Sie, können Sie mir nicht ein paar praktische Tips geben?» Der «erfahrenste Praktiker» blickte ratlos drein und antwortete nach einer Weile: «Ich glaube, es gibt keine. Wirklich nicht . . . Sie werden es selbst herausfinden müssen.»[6]

Nicholson fand heraus, daß die Aufrechterhaltung seiner Tarnung als Import- und Exportkaufmann ebensoviel Zeit kostete wie die Führung eines echten Unternehmens und in mancher Beziehung viel anstrengender war. Da er außerdem noch die detaillierten Abrechnungen erstellen mußte, die der zuständige SIS-Mann in London verlangte, blieb für Spionage nur wenig Zeit. Dennoch schaffte er es, ein kleines Netz von Leuten zu häkeln, die wußten, daß er für Informationen über Truppenbewegungen, Rüstungsproduktion oder militärische Erfindungen zahlen würde. Die Agenten, die ihm diese Nachrichten verkauften, verkauften sie aber vermutlich auch an andere, denn die Briten genossen bei Spionen den Ruf, sehr knickerig zu sein: Einmal bot Nicholson zehn Pfund für eine Information über Truppenbewegungen, die – wie er später erfuhr – seinem deutschen Gegenspieler dann 50 Pfund wert war.

Als Nicholson nach Riga versetzt wurde, stellte er fest, daß die dortigen Agenten recht offen über ihre Arbeit redeten: «Sie pflegten morgens in einem Café bei der Börse Kaffee zu trinken. Sie unterhielten sich über ihre Geschäfte, ganz wie die Börsenmakler auf der anderen Straßenseite. Sie verkauften einander kleine Informationen, ließen sich von dem Meistbietenden ihre Dienste bezahlen und verkauften dieselbe Information dann ohne Skrupel, gewöhnlich zu einem höheren Preis, an die Gegenseite. Aber alle Nachrichtendienstler benutzten sie und sei es nur, um der anderen Seite Falschinformationen anzudrehen.»[7]

Da die Informationen weitgehend aus Quellen wie diesen stammten, wußte London nie, wie gut das Material war, und die Inkonsequenz, mit der die Beamten in der Zentrale die Meldungen bewerteten, verwirrte die Männer draußen noch mehr. Informationen, die Nicholson mit größter Vorsicht zu genießen empfahl, brachten oft eine Prämie ein, während Meldungen, deren Wahrheitsgehalt er nachgeprüft hatte, gleich ins Archiv wanderten. So berichtete 1938 ein Agent, daß in einer ehemaligen Fahrradfabrik in Ostpreußen inzwischen leichte automatische Waffen hergestellt würden. Der Agent hatte sich bisher als zuverlässig erwiesen, und Nicholson fand die Information wichtig, da sie zeigte, daß Hitler seine Aufrüstung vorantrieb. Er leitete sie nach London weiter und wies auf ihre Quelle und ihre Bedeutung hin.

London ließ zwei Monate lang nichts von sich hören und befahl dann, den Agenten ab sofort nicht mehr zu benutzen. Der SIS hatte unter erheblichen Kosten einen leitenden Mann nach Ostpreußen geschickt, um die Information zu prüfen. Er berichtete, es gebe keine Fabrik jenes Namens, den der Agent genannt hatte. Nicholson befragte den Agenten, und dieser brachte ihm ein Telefonbuch der betreffenden Stadt. Darin stand, mit Rotstift unterstrichen: «Waffenfabrik Wolf u. Ebermann GmbH.» Nicholson schickte die Seite nach London und erklärte in einem kurzen Begleitschreiben, der SIS-Beamte sei vielleicht zur falschen Stadt gefahren. Statt der erwarteten Erläuterung bekam er nur einen Brief mit dem Inhalt, der Agent sei offiziell von der Mitarbeiterliste gestrichen, man könne nun nichts mehr tun, und der Fall sei abgeschlossen.[8]

Während die Spionagetätigkeit des SIS zu wünschen übrig ließ, arbeitete die Code-Abteilung mit beachtlichem Erfolg. Leiter ihrer russischen Sektion war E. Stetterlein, einer der führenden Kryptographen des zaristischen Rußlands, der nach London geflohen war. Er und seine Männer hielten die Regierung mit einem steten Strom von Depeschen, die

Moskau an seine Vertreter im Ausland funkte, über die Absichten der Sowjets auf dem laufenden. Doch 1924 endete der Erfolg plötzlich.

Austen Chamberlain, Außenminister im Kabinett Baldwin, das in jenem Jahr vereidigt wurde, paßten die Geheiminformationen nicht ins Konzept, weil er auf einen dauerhaften Frieden in Europa hin arbeitete, und er ignorierte die zunehmenden Beweise für «feindselige Aktivitäten» sowjetischer Dienste gegen das britische Empire volle drei Jahre lang. Im März 1927 brachte MI 5 ihn schließlich dazu, seine Meinung zu ändern. Es legte Generalstaatsanwalt Sir Douglas Hogg eine Akte mit den Ergebnissen der Beschattung Wilfred Macartneys vor. Wie wir gesehen haben, zeigte sie unter anderem, daß dieser einem Russen ein RAF-Handbuch übergeben hatte. Das Kabinett beschloß, die diplomatischen Beziehungen zur UdSSR abzubrechen und den Schritt öffentlich mit der Bildung einer «ausgeklügelten Spionageorganisation in Britannien» zu begründen. Das Problem war, daß MI 5 Macartney weitermachen lassen wollte, um festzustellen, wie groß sein Netz war. Wenn das Kabinett den MI 5-Report publik machte, wären Macartney und seine Mitagenten gewarnt. Wo sonst konnte die Regierung konkrete Beweise für einen sowjetischen Spionagering finden, um ihre Anschuldigungen zu begründen?

Sie kam schließlich zu dem Ergebnis, wenn sie schon keinen Beweis für eine russische Spionageorganisation in Britannien vorlegen könne, so wäre sie wenigstens imstande zu beweisen, daß die sowjetische Regierung einen Spionagedienst unterhielt und daß Russen politische Propaganda gegen England betrieben. Am 24. Mai verlas Premierminister Stanley Baldwin vier abgefangene russische Telegramme. Innenminister Joynson-Hicks zog am 27. Mai mit der Erklärung nach, er kenne «nicht nur die Namen, sondern auch die Adressen» sowjetischer Spione in England. (Er gab sie natürlich nicht bekannt, denn wenn die Regierung *Beweise* dafür hatte, daß sie spionierten, hätte sie ihnen den Prozeß machen sollen.) Am selben Tag teilte Chamberlain dem sowjetischen Geschäftsträger mit, Großbritannien breche wegen «antibritischer Spionage und Propaganda» die diplomatischen Beziehungen zur UdSSR ab. Als Beweis für den Vorwurf zitierte er ein Telegramm, in dem der Geschäftsträger den Kreml im April «um Material ersucht hatte, das Ihnen ermöglichen sollte, eine politische Kampagne gegen die Regierung Seiner Majestät zu unterstützen».

Das Telegramm rechtfertigte gewiß den Vorwurf politischer Einmischung, aber kaum den der Spionage. Das später veröffentlichte Weißbuch über die Affäre enthielt einige der abgefangenen Telegramme, und auch daraus ließ sich kein hieb- und stichfester Beweis für Spionage ableiten. All das läßt vermuten, daß die Regierung sich von MI 5 und seinem Erfolg im Fall Macartney zu einer Überreaktion hinreißen ließ und, als der Bruch mit der Sowjetunion ausgemachte Sache war, keinen anderen Ausweg wußte, als die Entschlüsselungen der Code-Abteilungen zu benutzen, um den Vorwurf umfassender Spionagetätigkeit zu erhärten. Die Ergebnisse waren verhängnisvoll. Die Sowjetunion führte rasch neue Codes ein, die die Briten nicht knacken konnten. Dies und die Tatsache, daß sie öffentlich kompromittiert war, verbesserte die Moral der Code-Abteilung nicht und weckte unter ihren Männern ein bleibendes Mißtrauen gegen Politiker.[9] (Als die Code-Abteilung im Spanischen Bürgerkrieg gewisse Erfolge hatte und die Kampfkraft der Deutschen und Italiener abschätzen konnte, behielt sie die Information für sich.)

Unter dem fadenscheinigen Vorwand, daß überall in der Welt Unruhe und Krisen herrschten, hatte die britische Regierung die Telegraphengesellschaften zwischen den Weltkriegen gezwungen, der Code-Abteilung alle Telegramme zur Kenntnis zu bringen. Die Code-Abteilung hatte nicht nur die Codes potentieller Gegner wie Japan geknackt, sondern auch die befreundeter Staaten wie der USA, und sie hatte die so erhaltenen Informationen dazu benutzt, die britische Verhandlungsposition bei internationalen Konferenzen zu verbessern. Doch vor den Codes der Deutschen und der Sowjets hatte sie kapitulieren müssen. So kam es, daß die britische Regierung in den dreißiger Jahren weder den Funkverkehr des Deutschen Reichs noch der Sowjetunion entschlüsseln konnte, obgleich die Politik dieser beiden Mächte ihr in jenem Zeitraum am meisten zu schaffen machte. Eine mögliche Quelle für wichtige Informationen lag brach. 1938 hatte der Leiter des SIS so sehr das Vertrauen in die Code-Abteilung verloren, daß er in einem internen Memorandum erklärte, die Abteilung sei «nutzlos für die Zwecke, für die sie eingerichtet wurde».[10]

Was die Spionage in Deutschland betraf, stand es kaum besser. Zwar hatte der SIS inzwischen eingesehen, daß die Nazis eine Bedrohung waren, aber es gelang ihm nur zu einem kleinen Teil, Hitlers Stärke und Absichten herauszufinden. Das trug ihm die wachsende Kritik verschiedener Kabinettsmitglieder ein. Das Kriegsministerium klagte 1938, daß der SIS keine Informationen über Kapazität, Ausrüstung, Vorbereitung und Bewegungen der deutschen Streitkräfte liefern könne. Das Luftfahrtministerium war deutlicher. Es erklärte, die Erkenntnisse des SIS seien «gewöhnlich in 80 Prozent der Fälle» ungenau oder falsch. Das Foreign Office tat als traditioneller Verbündeter des SIS sein Bestes, um diese Kritik zu entschärfen: Ein Agent solle nicht nur Fakten, sondern auch Gerüchte melden; es liege an London, die Informationen zu bewerten und Schlüsse daraus zu ziehen. «Wenn wir das nicht können, ist es unsere Schuld, aber ich denke, es ist nicht fair, den SIS verantwortlich zu machen.»[11]

Der SIS bemühte sich in der Tat, wenn auch verspätet, der neuen Herausforderung zu begegnen. Er warb Männer an, die mehr wußten und mehr politische Urteilskraft besaßen als die Eton- und Harrow-Zöglinge, auf die er sich bislang konzentriert hatte – vorzugsweise Journalisten. In einem bemerkenswerten Fall arbeitete er sogar mit MI 5 zusammen. Dick White, der stellvertretende Leiter der Spionageabwehrabteilung von MI 5, reiste kurz vor dem Krieg nach Deutschland, um Agenten zu rekrutieren, die dabei helfen sollten, deutsche Geheimdienstler in Britannien zu identifizieren (eine Aufgabe von MI 5), und zugleich Informationen über die Entwicklung in Deutschland liefern konnten (wofür der SIS zuständig war). White, der ausgezeichnet Deutsch sprach, war aufgrund seiner eher idealistischen Einstellung zur Geheimdienstarbeit sehr erfolgreich. Er interessierte sich nicht für den Lieferanten oft belangloser Einzelinformationen, die in den dreißiger Jahren das tägliche Brot des SIS ausmachten, sondern für den ideologisch motivierten Agenten, «den einzig wertvollen». Er machte Hitlergegner ausfindig und fand bereitwillige Zuträger, «die in Großbritannien ein moralisches Bollwerk gegen den Faschismus erwarteten».

Eine Reihe deutscher Offiziere, die sich sorgten, Hitler würde sie in einen Krieg führen, der nicht gewonnen werden könnte, informierten London regelmäßig über Kanäle, die White organisiert hatte, oder bei Aufenthalten in England. Es gab auch ein Netz hochgestellter deutscher Zivilisten, die ihr Bestes taten, um vor Hitlers Absichten zu warnen. Aus diesen Quellen erfuhr der SIS von der Gefechtsgliederung, den Mobilisierungsplänen und neuen Waffenentwicklungen der Wehrmacht. Aber all das war nur ein kleiner Lichtblick im Dunkel, und man mag die SIS-Leistungen zwischen den Weltkriegen bewerten, wie man will: Die Mißerfolge überwogen die Erfolge bei weitem. Der SIS lieferte keine zuverlässigen Informationen über die deutsch-sowjetischen Verhandlungen im Sommer 1939. Seine Informationen über den Bau von Kriegsschiffen in Kiel 1934 – eine Bestätigung, daß Deutschland gegen den Versailler Vertrag verstieß – stellte sich als teilweise falsch heraus. Während der Münchenkrise brach der Kontakt zu den SIS-Männern in Deutschland zeitweilig ab, weil diese keine Funkgeräte hatten und sich, als die Deutschen die Grenze zu Dänemark schlossen, nicht schnell genug mit London in Verbindung setzen konnten. Der SIS konnte 1936 nicht rechtzeitig vor der Besetzung des Rheinlands warnen und war 1938 nicht vorab über den «Anschluß» Österreichs informiert.[12]

Es gab Warnungen, daß Deutschland einen Angriff auf Polen plante. Die erste kam bereits am 28. März 1939, fünf Monate vor dem Einmarsch in Polen, aber sie kamen allesamt nicht vom SIS, sondern von der britischen Botschaft in Berlin und von einem britischen Journalisten mit mehr oder weniger direkten Kontakten zum Oberkommando der Wehrmacht. Als der SIS schließlich eine Reihe von Informationen über den bevorstehenden Angriff erhielt, leitete er sie nicht ans Kriegsministerium weiter, und der Generalstabschef mußte ausdrücklich um Abschriften ersuchen.[13]

Das schwerwiegendste Versagen des SIS betraf jedoch das Anwachsen und die Absichten der Luftwaffe. Hitler begann 1933, seine Luftstreitkräfte rapide zu vergrößern. Da dies ein Bruch des Versailler Vertrags war, unternahm er alle Anstrengungen, die Pläne geheimzuhalten. Aber ein großes Rüstungsprogramm, darunter der Bau mehrerer tausend Flugzeuge, ließ sich einfach nicht durchführen, ohne daß viele Leute Bescheid wußten. Der inzwischen gegründete Geheimdienstableger IIC (Industrie Intelligence Center), der sich vorrangig mit Industriespionage beschäftigte, setzte aus deutschen Importzahlen, Fachpublikationen und Arbeitsstatistiken das erste recht zutreffende Mosaik zusammen, und andere Nachrichtenorganisationen bestätigten es bald mit ihren Erkenntnissen.

Das Problem war nicht der Mangel an Informationen, sondern die Tatsache, daß einzelne Teile der Regierung sie so interpretierten, wie es ihnen am besten in den Kram paßte. Das Luftfahrtministerium weigerte sich zum Beispiel zu glauben, daß die deutschen Luftstreitkräfte schnell genug aufgebaut werden könnten, um England Ende der dreißiger Jahre ernstlich zu bedrohen. Das Foreign Office war überzeugt, die deutsche Luftwaffe solle nur als politisches Druckmittel eingesetzt werden, um Hitlers Außenpolitik zu stützen, und habe überhaupt keine strategische Rolle. Der SIS hätte in dieser Debatte den Ausschlag geben können, weil er kein Eigeninteresse verfolgte, aber er hatte in Deutschland kein Netz von Agenten mit entsprechenden Fachkenntnissen und wurde deshalb von den meisten Ministerien in Whitehall mit Skepsis, Mißtrauen und Herablassung betrachtet. Er mußte mit Meldungen vorliebnehmen, die ihm das Deuxième Bureau, der Geheimdienst der Franzosen, das einen Agenten im Reichsluftfahrministerium hatte, zukommen ließ. 1938 mußte er gar zugeben, daß er keine aktuellen und zuverlässigen Informationen über Größe, Aufbau und Bewaffnung der Luftwaffe hatte und auch nicht wußte, über welche Reichweite ihre Maschinen verfügten und wie viele von ihnen Bomben befördern konnten.[14]

Aber solche Informationen waren verfügbar. Wie die Erfahrungen des Foreign Office zeigten, *gab* es diesbezüglich Quellen in Deutschland. 1933 begann Malcolm Christie, Geschwaderkapitän a. D., der von 1927 bis 1930 Luftfahrtattaché in Berlin gewesen war, private geheimdienstliche Meldungen an Sir Robert Vansittart, den ständigen Staatssekretär im Foreign Office, zu schicken. Christie lebte als erfolgreicher Geschäftsmann in Berlin und kannte Göring, dessen Stellvertreter Erhard Milch und viele Beamte des Reichsluftfahrtministeriums, von denen einer – Gerhard Ritter – eine sehr wertvolle Quelle wurde. Vansittart bezeichnete Christie als *den* Experten für die Entwicklung im Dritten Reich, den England jemals haben würde. Doch als Christie Tabellen schickte, aus denen unter anderem die Flugzeugproduktion der Deutschen und die projektierte Größe der Luftwaffe hervorgingen, und Vansittart sie an das Luftfahrtministerium weiterleitete, wurden sie nicht gewürdigt.

Auf dringendes Ersuchen des Außenministers Lord Swinton beschäftigte sich das Luftfahrtministerium noch einmal mit der Information und versuchte dann, Christies Quelle zu identifizieren. Christie gab nur preis, daß es sich um einen hohen Beamten des Reichsluftfahrtministeriums handelte. Um Ritters Glaubwürdigkeit zu beweisen, stellte er sich jedoch als Mittelsmann für ein Frage- und Antwortspiel zwischen London und Berlin zur Verfügung. Ritter untermauerte seine Zahlen auf überzeugende Weise und diente sogar mit Einzelheiten über den neuen Bomber Do (Dornier) 17, aber das britische Luftfahrtministerium blieb skeptisch.[15]

Da der SIS nichts lieferte und Vansittart das Luftfahrtministerium nicht vom Wert der Informationen Christies überzeugen konnte, mußten die britischen Verteidigungsplaner von einem «schlimmstmöglichen Fall» ausgehen, der die britischen Militärs in der zweiten Hälfte der dreißiger Jahre zunehmend beherrschte. Der schlimmstmögliche Fall beinhaltete, daß die deutsche Luftwaffe in der Lage wäre, einen vernichtenden Schlag zu führen, indem sie britische Städte innerhalb weniger Stunden mit Hochleistungssprengstoffen und Giftgas belegte und den Kampfwillen der Briten zunichte machte. Das war ein Mythos, den entsprechende Informationen rasch widerlegt hätten. Die Luftwaffe war in den dreißiger Jahren nicht annähernd imstande, einen vernichtenden Schlag gegen Britannien zu führen, und sie war für einen solchen Zweck weder aufgebaut noch ausgebildet, aber die Deutschen schafften es glänzend, den gegenteiligen Eindruck zu erwecken. Amerikanische Militärnachrichtendienstler und eine Reihe leichtgläubiger Diplomaten und Politiker halfen ihnen dabei.

1936 setzte der US-Militärnachrichtendienst den berühmten Flieger Charles A. Lindbergh ein, um bessere Informationen über die deutschen Luftstreitkräfte zu bekommen. Die Nazis hätten keine besseren Gastgeber sein können, als Colonel Lindbergh sie besuchte, und nach einem zweiten Besuch im Oktober 1937 berichtete er, die Luftwaffe sei größer als alle anderen europäischen Luftstreitkräfte zusammen: 10 000 Maschinen, darunter 5000 einsatzbereite Bomber. Außerdem produziere das Deutsche Reich über 500 Flugzeuge im Monat und könne diese Zahl nötigenfalls verdreifachen.

Die Wahrheit sah anders aus. Die Luftwaffe hatte nur 3315 Maschinen, von denen lediglich 1246 einsatzbereite Bomber waren. Die monatliche Produktionsziffer lag unter 300. Bei der Münchenkrise konnten die Deutschen nur 1230 Flugzeuge mobilisieren, von denen nur 600 Bomber waren. Lindberghs Bericht zirkulierte jedoch am Vorabend von München und wurde von Leuten wie dem französischen Luftfahrtminister Guy la Chambre, dem französischen Außenminister Georges Bonnet, dem US-Botschafter in London Joseph P. Kennedy und vielen anderen für bare Münze genommen.[16]

Das hatte ernsthafte Konsequenzen. Als der britische Premier Neville Chamberlain in der Woche vor München nach Deutschland flog, hatte er gerade den Lindbergh-Report gelesen, und während der Krise gestand er seinen Kabinettskollegen, er sehe immer wieder vor sich, wie London von deutschen Bomben in Schutt und Asche gelegt werde. Als Folge dieser unbegründeten Furcht vor einem Vernichtungsschlag ließ Britannien sich von Deutschland bluffen, und die Verantwortung dafür lag nicht zuletzt beim SIS, der es versäumt hatte, die Erkenntnisse zu liefern, die jene Furcht verhindert oder vertrieben hätten. (Zwei Wochen nach dem Münchener Abkommen verliehen die Deutschen Lindbergh übrigens einen hohen Orden.)

Tatsache ist, daß der SIS in den dreißiger Jahren eine ineffiziente Organisation war, die auf die Empfänger ihrer Erkenntnisse wenig Eindruck machte. Regierungsbehörden gewöhnten sich daran, ohne Hilfe des SIS zu arbeiten, richteten sich bei ihren Entscheidungen nach frei verfügbaren Fakten und benutzten ihren gesunden Menschenverstand, um mehr oder weniger wahrscheinliche strategische und politische Entwicklungen abzuschätzen. Während der SIS sich immer noch auf die kommunistische Gefahr konzentrierte, kam der Verteidigungsunterausschuß des Komitees zur Verteidigung des Empire im März 1934 zu dem Ergebnis, daß Deutschland der potentielle Hauptgegner sei, den es bei der langfristigen Verteidigungsplanung zu berücksichtigen gelte. Der 1936 gebildete Außenpolitikausschuß, der die Regierung in außenpolitischen Entscheidungen beraten sollte, verwendete in den nächsten zweieinhalb Jahren nur zweimal SIS-Material in seinen Abschlußberichten.[17]

Drei wichtige Meldungen über deutsche Militärangelegenheiten kamen nicht vom SIS, sondern aus dem Büro des Militärattachés der britischen Botschaft in Berlin. Der Attaché, General Major K. Strong, berichtete 1937, laut nachrichtendienstlichen Erkenntnissen würde die Wehrmacht Blitzkriegmethoden mit Hilfe von Panzereinheiten anwenden – was sie bei dem Vorstoß durch Frankreich wirklich tat. Der stellvertretende Attaché meldete 1939, die Deutschen hätten eine neue Waffe, das MG-34, die als leichtes und als schweres Maschinengewehr eingesetzt werden könne; außerdem schienen sie Flugabwehrgeschütze (das 8.8-Geschütz) auch gegen Panzer zu verwenden – technische Neuerungen, die äußerst erfolgreich waren. Das Kriegsministerium schenkte beiden Berichten keinen Glauben.[18]

Die SIS-Zeit zwischen den Weltkriegen war also gekennzeichnet von Dilettantismus und Pfennigfuchserei; der Spionagedienst wurde von wichtigen Regierungsstellen ignoriert und umgangen. Er verkroch sich gleichsam in seinem Schneckenhaus, und seine Beamten führten ihn wie einen exklusiven Club, voll Verachtung für die Außenwelt und fest davon überzeugt, daß sie nicht nur das Beste vertraten, was Großbritannien verkörperte, sondern auch als einzige wußten, wer der wahre Feind war – die Sowjetunion.

So offensichtlich die Schwächen des SIS in London gewesen sein mögen, die Deutschen erkannten sie nicht gleich. Führende Nazis berichteten Hitler, der SIS sei der beste Geheimdienst der Welt und Deutschland solle eine Organisation nach seinem Vorbild aufbauen. Hitlers Versuche, den Rat zu befolgen, wurden jedoch von erbitterten Rivalitäten zwischen bestehenden Nachrichtendiensten sabotiert. Die Abwehr, der Nachrichtendienst des Heeres, war offenbar der stärkste. Sein Anwachsen entsprach der schnellen Expansion der Wehrmacht. Sein Budget war Geheimsache, doch ihr dynamischer Chef, Wilhelm Canaris, der am 1. Januar 1935 sein Amt übernahm, erklärte seinen Offizieren, ihm stünden «Millionen von Mark» zur Verfügung.

Der natürliche Rivale der Abwehr war der Sicherheitsdienst (SD), den Reinhard Heydrich 1931 für Heinrich Himmler, den Reichsführer SS, aufgebaut hatte. Zuerst arbeiteten Abwehr und SD gut zusammen. «Abwehr-Offiziere begrüßten die Energie und Tüchtigkeit der Geheimpolizei. Genauso hatten sie sich die Bekämpfung der feindlichen Spionage immer vorgestellt: hart, beherzt und geheim. Sie übersahen die politischen Begleitumstände, weil es für einen Experten allein auf die Effizienz des neuen Apparates ankam», schrieb der Canaris-Biograph Heinz Höhne.[1] Als die Abwehr begriff, daß es dem SD nicht nur um die Sicherheit des Reichs ging, sondern auch um die Kontrolle aller deutschen Nachrichtendienste, hatte sie nicht mehr genug Zeit, sich zu wehren. In der «Nacht der langen Messer» wurde unter anderen ein ehemaliger Abwehr-Chef – Ferdinand von Bredow – ermordet, und die Beziehungen zwischen Canaris und Heydrich verschlechterten sich zusehends, als klar wurde, daß Heydrich den Ehrgeiz hatte, auch im Ausland Nachrichten sammeln zu lassen.

In dieser von Kompetenzstreitigkeiten und Rivalitäten vergifteten Atmosphäre gediehen andere Nachrichtenbehörden, die jeweils von einem anderen Mitglied der Naziführung protegiert wurden. Das sogenannte Forschungsamt des Reichsluftfahrtministeriums – das in Wahrheit gar nichts mit dem Ministerium zu tun hatte – hörte Funksprüche und Telefongespräche ab und knackte diplomatische Codes. Dieser außerordentlich einflußreiche Apparat unterstand unmittelbar Hermann Göring. Die Informationsstelle III (Information Post III), ein Spionagedienst, der in den deutschen Auslandsvertretungen saß, wurde von Außenminister Joachim von Ribbentrop kontrolliert. Das Deutsche Nachrichtenbüro, die amtliche deutsche Presseagentur, sammelte nicht nur allgemein zugängliche Informationen, sondern führte auch geheime Operationen durch. Sein oberster Gebieter war Reichspropagandaminister Goebbels. Führerstellvertreter Rudolf Hess hatte seinen eigenen Geheimdienst, der im Ausland Informationen beschaffte und ihn über die Pläne seiner politischen Rivalen im Reich auf dem laufenden hielt.

Dieses Nebeneinander von Nachrichtendiensten führte zwangsläufig zu einem enormen Personalaufwand, zu widersprüchlichen Bewertungen von Informationen, zu Kompetenzgerangel und allgemeiner Verwirrung. Die Abwehr beschwerte sich zum Beispiel darüber, daß der SD jeden ihr bekannten Auslandsagenten verhaftete, sobald er ihn enttarnt hatte, obgleich sie ihn bereits beschattete, um andere Spione oder seine Informationsquellen aufzuspüren. Je größer die Rivalität zwischen den Diensten war, desto weniger waren sie gewillt, ihre Quellen preiszugeben oder ihr Material zu sieben. Die Ministerien, die die Informationen benutzten, wußten infolgedessen nie, wie zuverlässig sie waren. Major Oscar Reile, der 1935 bis zum Ende des Kriegs die Spionagebekämpfung der Abwehr in Frankreich leitete, berichtete später, der SD habe Hunderte von Meldungen an ihn weitergeleitet, doch nur in einer einzigen davon eine Quelle angegeben.[2]

Der deutsche Geheimdienstapparat, der in Büchern und Filmen meist als äußerst leistungsfähig hingestellt wird, hatte also eine verhängnisvolle Schwäche – er hatte so viele Köpfe wie eine Hydra, und keiner davon wollte auf seine Macht verzichten, weil der Besitz von Informationen wie bei allen Nachrichtendiensten einen Zugang zur Führung verschaffte. Wie sehr die Leistung des Apparats insgesamt darunter litt, zeigt ein Blick auf seine Operationen in England und den USA.

Wenn die deutschen Spione, die in den dreißiger Jahren in England gefaßt wurden, eine repräsentive Auswahl der NS-Agenten waren, arbeitete die deutsche Spionage alles in allem lückenhaft und dilettantisch und war keine große Bedrohung für die Sicherheit der Briten.

Ein typischer Fall war Dr. Hermann Görtz, Rechtsanwalt und ehemaliger Offizier vom Nachrichtendienst des Heeres, der im März 1936 in Old Bailey der Spionage schuldig gesprochen und zu vier Jahren Haft verurteilt wurde. Er hatte die Aufmerksamkeit von MI 5 erregt, weil seine Hauswirtin in Broadstairs, Kent, ihn bei der örtlichen Polizei angezeigt hatte: Er war ausgezogen und verschwunden, ohne seine Miete zu zahlen – wohl kaum die Methode eines professionellen Agenten.

Bei der Durchsuchung seines Bungalows fand MI 5 eine Menge Material, das beim Prozeß gegen ihn verwendet wurde: eine amtliche Vermessungskarte von Südostengland, auf der alle RAF-Stützpunkte markiert waren, eine Kamera, Luftfahrtzeitschriften, Briefe und Notizbücher, die RAF-Liste von 1935 und das Nachschlagwerk *The Air Pilot*. Einer der Briefe war ein sechsseitiges Bewerbungsschreiben an die Luftwaffe, in dem Görtz seine Erfolge als Nachrichtenoffizier im Ersten Weltkrieg aufzählte – nicht unbedingt die Art von Information, die ein professioneller Agent in einem Mietbungalow zurücklassen würde.

Görtz verteidigte sich damit, daß er für einen Roman mit dem Arbeitstitel «Brücke über grauen Wassern» recherchiert habe und daß alle beschlagnahmten Indizien Material für das Buch seien. Sein Verteidiger wies darauf hin, daß alle gefundenen Dokumente von jedermann gekauft oder eingesehen werden könnten, eine Behauptung, die MI 5 nicht bestritt. Görtz wurde vor allem deshalb verurteilt, weil auf einer Skizze des Flugplatzes von Mansfield, die er aus *The Air Pilot* abgepaust hatte, auch Hangars und Kerosindepots verzeichnet waren, die das Original nicht zeigte, und der Anklagevertreter sah darin einen Beweis für mehr als schriftstellerische Neugier. Es dürfte auf der Hand liegen, daß Görtz Informationen sammeln wollte, die seiner Bewerbung um eine Einstellung als Nachrichtenoffizier Gewicht verleihen sollten. Entgegen den Beteuerungen von MI 5 kündigte sein Fall keine deutsche Spionageoffensive gegen England an, und eine solche Offensive sollte auch nie kommen.

Andere Fälle aus den dreißiger Jahren waren nicht substantieller. Mrs. Jessie Jordan, eine 51jährige Friseuse aus Dundee, die so lange in Deutschland gelebt hatte, daß sie nicht mehr fließend Englisch sprechen konnte, wurde 1938 zu vier Jahren Haft verurteilt, weil sie als «Briefkasten» der Abwehr gedient, das heißt, Briefe von deutschen Agenten in den Vereinigten Staaten bekommen und nach Deutschland weitergeleitet hatte. Donald Adams, 55 Jahre, ein Rennjournalist aus Richmond in Surrey, bekam im September 1939 sieben Jahre Gefängnis, weil er brieflich Informationen an die Abwehr geschickt hatte. Seine Korrespondenz wurde geöffnet, weil MI 5 wußte, daß die Adresse eine Tarnadresse der Abwehr war, und er durfte sie acht Monate lang fortsetzen, da er, wie MI 5 zugab, den Deutschen nichts schrieb, was nicht in britischen Zeitungen gestanden hatte. Im Mai desselben Jahres wurde der irische Maurer Joseph Kelly, der in der Königlichen Geschützfabrik in Euston, Lancashire, gearbeitet hatte, zu drei Jahren Haft wegen Diebstahls und zehn Jahren Haft wegen Verstoßes gegen den Official Secrets Act verurteilt, weil er einen Lageplan samt Grundriß der Fabrik gestohlen und für 30 Pfund an die Abwehr verkauft hatte.[3]

Während diese «Spione» für großenteils irrelevante Tätigkeiten harte Gefängnisstrafen erhielten, gaben Leute aus einer ganz anderen Gesellschaftsschicht ungestraft wichtiges Material an die Deutschen weiter.

Baron William S. de Rop, ein gebürtiger Litauer, der die Staatsbürgerschaft des Vereinigten Königreichs bekommen und im Ersten Weltkrieg beim Wiltshire-Regiment und beim Königlichen Flugkorps gedient hatte, bemühte sich auf eigene Faust um eine Annäherung zwischen Hitlerdeutschland und Großbritannien. Zusammen mit seiner britischen Frau ließ er sich in Berlin nieder und gewann das Vertrauen Hitlers und anderer führender Nazis, die ihn «unser englischer Agent» nannten. De Rop hatte zwei Ziele: Eines war politisch, und das andere bestand darin, Geheiminformationen zu sammeln. Das politische Ziel lautete, einflußreiche britische Politiker davon zu überzeugen, daß England und Deutschland gemeinsam gegen die bolschewistische Gefahr kämpfen müßten. Zu diesem Zweck veranlaßte er unter anderem «zwei Generäle, einen Admiral, eine Reihe von Journalisten» und viele seiner Freunde, Deutschland zu besuchen. In Verfolgung seines zweiten Ziels wollte er der Luftwaffe Geheimmaterial über die britische Luftfahrtindustrie und die Royal Air Force besorgen. Er beschloß, sich an seinen alten Freund Major Frederick Winterbotham zu wenden, der seit 1929 die SIS-Abteilung für Luftinformationen leitete.[4]

Die Beziehung zwischen de Rop und Winterbotham war einigermaßen sonderbar, und heute läßt sich kaum sagen, wer von beiden wen täuschte und benutzte. Winterbotham macht in seiner Autobiographie kein Geheimnis aus seiner Überzeugung, daß die Sowjetunion der wahre Feind Großbritanniens sei, und gibt offen zu, daß er eine gemeinsame Front von Briten und Deutschen gegen Stalin befürwortet habe. Andererseits behauptet er, er habe die privilegierte Stellung, die er aufgrund seiner Ansichten im Dritten Reich genoß, zum Sammeln möglichst vieler Informationen über die neue Luftwaffe benutzt.

In Wahrheit gab es einen Informationsfluß in beiden Richtungen. Die Nazis wußten sicherlich, welche Position Winterbotham beim SIS bekleidete (er gab selbst zu, daß sie eingeweiht waren), und beschlossen, Informationen mit ihm zu tauschen. Das konnte auf einem beinahe offiziellen Weg geschehen, denn das Luftfahrtministerium unter Lord Londonderry und Lord Swinton bemühte sich um eine Verständigung mit dem Reich. In einem offiziellen Bericht des Reichsaußenministeriums hieß es: «Bei antideutschen Aktivitäten in London fragt der RAF-Generalstab immer bei uns an, was sich zugunsten des deutschen Standpunkts vorbringen ließe.» Es gab Gespräche zwischen britischen Vertretern für Flugzeugmotoren und der Luftwaffe; die Deutschen wurden aufgefordert, einen «gründlichen Blick» auf die britische Luftkapazität und Flugzeugrüstung zu werfen; ein britischer Luftfahrtattaché in Berlin, der sich über die rapide Vergrößerung der Luftwaffe besorgt zeigte, wurde durch einen geneigteren Offizier ersetzt.

Winterbothams Rolle bei all dem könnte als die eines klassischen Doppelagenten verteidigt werden. Aber wie bei allen Doppelagenten hat der «eigentliche» Auftraggeber das Recht, von Zeit zu Zeit Bilanz zu ziehen und zu entscheiden, wer den Hafer bekommt und wer die Spreu. Das Foreign Office war skeptisch. 1937 befahl es Winterbotham, alle Kontakte zu den Nazis abzubrechen.[5] (Er diente loyal bis zum Ende des Kriegs, war jedoch bis zuletzt überzeugt, daß Großbritannien gegen den falschen Gegner gekämpft habe.)

De Rop ist ein anderer Fall. Die Informationen, die er den Nazis lieferte – die Stärke der britischen Befürworter der Beschwichtigungspolitik, die Möglichkeit einer Zusammenarbeit von Luftwaffe und RAF, die Sympathien hoher Beamter des britischen Luftfahrtministeriums und die Aussichten der Luftwaffe, Flugzeugbauteile von Britannien kaufen zu können – diese Informationen waren für Deutschland weit wertvoller als der Grundriß der Königlichen Geschützfabrik, eine Skizze vom Flugplatz von Manston oder themenbezogene britische Zeitungsartikel. Und doch war nie davon die Rede, de Rop bei einem seiner gelegentlichen Besuche in England festzunehmen und wegen Verstoßes gegen den Official Secrets Act vor Gericht zu stellen, und er fuhr noch nach Kriegsausbruch fort, die Deutschen von seinem neuen Wohnsitz in der neutralen Schweiz aus mit Informationen zu versorgen. Das Fazit lautet offenbar, daß ein Spion bessere Überlebenschancen hat, wenn er am oberen Ende der gesellschaftlichen und politischen Pyramide arbeitet.

Während die deutschen Geheimoperationen in England im Schongang liefen, weil Hitler bis zuletzt überzeugt war, er könnte sich mit den führenden britischen Politikern verständigen, wurde in den USA mit Volldampf spioniert. Die Deutschen konzentrierten sich auf Amerika, weil seine hochentwickelte Industrie, seine Forschungseinrichtungen und seine vielen technischen Neuerungen jedes Land reizen mußten, das ein umfassendes Aufrüstungsprogramm in die Wege geleitet hatte. Ehe die Nachrichtendienste der Regierung ihre Operationen in den Vereinigten Staaten ankurbelten, hatten deutsche Kartelle und Rüstungsunternehmen wie IG Farben und Krupp ihre amerikanischen Vertreter angewiesen, der Zentrale alles zu berichten, was sie über die militärische und industrielle Entwicklung in Erfahrung bringen konnten.[6]

Als Canaris die Abwehr übernahm, stellte er fest, daß sein Vorgänger bereits ein kleines, aber aktives Agentennetz in den USA geknüpft hatte. Ladislas Farago behauptete in «Das Spiel der Füchse», daß es Agenten wie William Lonkowski, Werner George Gudenberg, Otto Hermann Voss, Ignatz Theodor Griebl, Erich Pfeiffer, Karl Eitel, Ulrich Hausmann und Gustav Güllich Anfang und Mitte der dreißiger Jahre gelang, die amerikanische Luftfahrtindustrie und «andere wichtige Bereiche der amerikanischen Militärmaschine» zu infiltrieren. Faragos Bericht über die Aktivitäten dieser Männer liest sich streckenweise wie ein Spionagethriller. Eine der Operationen hatte zum Beispiel die Codebezeichnung «Sex». Zu den Informanten der Spione gehörten ein aus der Schweiz stammender Captain der US-Army, ein Zeichner einer Kriegsschiffswerft, Arbeiter von Flugzeugfabriken und ein Geschützkonstrukteur in Montreal. Als Kuriere dienten Besatzungsmitglieder deutscher Schiffe, die Häfen in den USA anliefen; einer wurde einmal um ein Haar bei einer routinemäßigen Zollkontrolle erwischt, aber der von den Zollbeamten telefonisch benachrichtigte Sicherheitsoffizier befahl, den Mann unter der Bedingung laufen zu lassen, daß er am nächsten Morgen zu einer Befragung zurückkam!

Farago zufolge prahlten die Deutschen: «Wir haben in jeder Rüstungsfabrik und jeder Schiffswerft in Amerika einen Spion, und einige davon sitzen in Schlüsselpositionen. Die Vereinigten Staaten können kein Kriegsschiff projektieren, kein Flugzeug konstruieren und keine neue Waffe entwickeln, ohne daß wir umgehend davon erfahren.»[7]

Farago meint, dies sei keine leere Prahlerei gewesen, und behauptet, die Tüchtigkeit und Kühnheit der deutschen Spione, die in den dreißiger Jahren in Amerika operierten, hätten dafür gesorgt, daß die Luftwaffe 1939 kriegsbereit war; ohne die Spionage «hätten die Deutschen nicht so schnell Krieg führen können», folgert er.

Das ist eine bemerkenswerte Aussage, und wenn sie zutrifft, müssen die von Farago beschriebenen Ereignisse als einer der großen Triumphe in der Geschichte der Nachrichtendienste gewertet werden. Tatsache ist freilich, daß seine Behauptung einer genaueren Nachprüfung *nicht* standhält. Die deutschen Geheimoperationen in den USA waren, so spektakulär sie auch auf den ersten Blick gewirkt haben mögen, letzten Endes überflüssig. Wenn man außerdem berücksichtigt, daß einige deutsche Agenten vom FBI mit falschen Informationen gefüttert wurden, kommt man zu dem Schluß, daß das Reich wahrscheinlich besser gefahren wäre, wenn es gar keine Spione in den Vereinigten Staaten gehabt hätte.

Hauptziel der deutschen Geheimoperationen waren wirtschaftliche und technische Informationen, die für das Militärprogramm relevant waren. Als man nach dem Krieg deutsche Akten untersuchte, zeigte sich, daß es den Agenten der Abwehr gelungen war, eine bemerkenswerte Vielfalt von Material zu beschaffen: Konstruktionsunterlagen oder Muster von Militärgütern wie Flugzeugfahrwerken, neuen Bombenzielgeräten, neuen Treibstoffen, leistungsfähigeren Instrumenten, neuen Schiffen und Flugzeugprototypen; Einzelheiten über Produktionskapazität und Expansionsprogramme; und Terminpläne für die Umstellung der Friedensproduktion auf Kriegsproduktion. Wie verschiedene vom US-Kongreß durchgeführte Untersuchungen jedoch ergaben, waren die meisten diesbezüglichen Informationen ohnehin frei verfügbar und hätten leicht legal erworben oder eingesehen werden können (was in manchen Fällen auch geschehen war). Tüchtige amerikanische Vertreter drängten den Deutschen sogar vieles von dem Material auf, das diese ursprünglich durch Spionage hatten beschaffen wollen.

Im April 1934 berichtete Douglas Miller, der Handelsattaché der US-Botschaft in Berlin, daß amerikanische Vertreter alle möglichen Flugzeugteile in Deutschland verkauften – Motoren, Kurbelwellen, Zylinderköpfe, Blindfluggeräte, Kreiselkompasse und andere Instrumente. Sie boten auch Zielvorrichtungen für Flugabwehrgeschütze an. Miller sagte erstaunlich präzise voraus, daß die Deutschen unter Zugrundelegung dieser amerikanischen Lieferungen Ende 1935 ungefähr 2500 Militärflugzeuge haben würden.[8]

Kartellabsprachen zwischen amerikanischen und deutschen Unternehmen sorgten für einen ungehinderten Austausch von neuen Erfindungen und Nachbaulizenzen. So konnte der US-Chemiekonzern Dupont Anfang der dreißiger Jahre mit mehreren deutschen Firmen Informationen über Sprengstoffe tauschen. Sperry Gyroscope erteilte der Askania Co. Lizenzen zum Nachbau von Blindfluggeräten und Horchgeräten in Deutschland. Pratt & Whitney verkaufte den Deutschen Motoren, Propeller und Ersatzteile und lieferte den Bayerischen Motorenwerken Einzelheiten über alle seine Forschungs- und Entwicklungsvorhaben in den Vereinigten Staaten.

Standard Oil (Esso) und IG Farben hatten eine Vereinbarung über den Austausch von Patenten und Forschungsergebnissen, nach der das amerikanische Unternehmen Kautschuk, einen hochwichtigen strategischen Rohstoff, lieferte. Standard Oil verkaufte IG Farben außerdem ein verbessertes Verfahren für die Herstellung von Sprengstoffen. Noch 1940 lieferte Bendix Aircraft der Firma Robert Bosch Konstruktionsunterlagen für Anlasser von Flugzeugmotoren und durchbrach dabei sogar die Blockade, die die Briten gegen das Reich verhängt hatten. Im Juni 1940 umfaßte die US-Regierungsliste knapper und strategischer Güter, die für die nationale Verteidigung unerläßlich waren, 20 Hauptpositionen. Nicht weniger als 14 davon wurden von Unternehmen hergestellt, die Verträge mit deutschen Firmen hatten.[9]

Diese Verträge wirkten sich manchmal nachteilig für die Vereinigten Staaten aus. Die Army bat Standard Oil, einen 100-Oktan-Treibstoff für Flugzeugmotoren zu entwickeln, und forderte die Verantwortlichen auf, das Verfahren auf keinen Fall an IG Farben weiterzugeben. Standard Oil erwiderte, das würde gegen eine Vereinbarung verstoßen, die man 1929 mit IG Farben unterzeichnet habe, und man würde lieber auf den Auftrag verzichten, als einen solchen Vertragsbruch zu begehen. Am Ende entwickelte Standard Oil das Verfahren und baute Raffinerien für 100-Oktan-Flugbenzin – aber in Deutschland! So bekamen die Deutschen nicht nur das Verfahren, sondern darüber hinaus auch gleich die Raffineriekapazität.[10]

Selbst der Erwerb des Norden-Zielgeräts, der gewöhnlich als wichtigster Coup der Abwehr in den Vereinigten Staaten betrachtet wird, stellt sich bei näherer Betrachtung als Scheinerfolg heraus. Nikolaus Ritter, ein seit zehn Jahren in den USA ansässiger Deutscher, leitete den Spionagering, der die Konstruktionspläne für das Bombenzielgerät beschaffte. Er bekam sie von Hermann Lang, einem Montageaufseher der Norden-Fabrik, der sie bei einer günstigen Gelegenheit einfach mit nach Haus genommen und kopiert hatte. 1938 hatten deutsche Wissenschaftler die Teile nachentwickelt, die Lang nicht hatte stehlen können, und Deutschland verfügte über «Amerikas bestgehütete Luftverteidigungswaffe». Sie war indes von begrenztem Nutzen. Die Luftwaffe ließ sie nicht rechtzeitig für die Luftangriffe auf London in ihre Bomber einbauen, und danach bombte sie nur noch verhältnismäßig wenig und setzte ihre Maschinen vor allem als Jäger und zur Luftunterstützung ein.[11]

Bei der Beschaffung politischer Geheiminformationen waren die Deutschen kaum erfolgreicher. Hier scheiterten sie besonders bei der Auswertung. Von den deutschen Diensten floß eine große Menge politischen Materials nach Berlin; ein Teil davon bestand aus scharfsinnigen und wichtigen Erkenntnissen, aber vieles war von Unwissenheit und Vorurteilen getrübt, und die unzulängliche Interpretation entwertete es vollends.

Die Abwehr verstand einfach nicht das Wesen des politischen Prozesses in den USA und versuchte, Einfluß zu kaufen und Hitlers Ansichten durch bezahlte Propaganda zu verbreiten. Sie glaubte das Gerücht, daß Präsident Roosevelt in Wahrheit der Jude «Rosenfeld» war, und ihre Agenten stellten ihn als furchtsamen Versager mit schwacher politischer Urteilskraft hin. Sie mißverstanden die Beziehungen zwischen den Russen und Amerika und berichteten, die Voreingenommenheit gegen Farbige würde zunehmen und schließlich die Einstellung der Regierung zur Judenverfolgung durch die Deutschen ändern. Obgleich es der Abwehr gelang, die amerikanische Botschaft in Berlin abzuhören, und obgleich sie fast alles von dem, was die US-Beamten sagten, empfingen und abschickten, in vielen Einzelheiten mitbekam, sahen ihre Auswerter keinen Grund, Hitlers Ansicht – die amerikanische Führung sei «rassisch unrein», furchtsam und inkompetent – in Frage zu stellen.[12]

Ein deutscher Diplomat der alten Schule, Hans Dieckhoff, der 1937–1938 als Botschafter in Washington diente, erklärte seinem Minister jedoch ganz unmißverständlich, seiner Meinung nach würden die USA Großbritannien im Fall eines Kriegs gegen Deutschland unterstützen. Deutsche Diplomaten bemerkten im Gegensatz zu den Oberspionen in Berlin eine Änderung in Roosevelts außenpolitischer Einstellung, eine allmähliche Abkehr vom Isolationismus und eine wachsende Bereitschaft, die Verantwortung als Großmacht zu übernehmen. Dies und eine emotionale Unterstützung Englands konnte nur eine zunehmend entschlossene Haltung gegenüber dem Reich bedeuten. Ihre prophetische Schlußfolgerung stieß in Berlin auf taube Ohren. Sie war nicht mit früheren geheimdienstlichen Bewertungen zu vereinbaren und beruhte

nicht auf geheimen Erkenntnissen, sondern auf «normaler» diplomatischer Tätigkeit. Hitler wischte sie beiseite.[13]

In der Sowjetunion war der staatliche Geheimdienstapparat unter seinen vielen verschiedenen Bezeichnungen (er lief nacheinander unter den
Kürzeln GPU, OGPU, GUGB und NKWD) in den zwanziger und
dreißiger Jahren hauptsächlich mit dem Kampf gegen innere Subversion
befaßt. Stalin benutzte ihn, um die Bauern zu unterdrücken, die Rote
Armee zu säubern und Beweise für die großen Schauprozesse jener Zeit
zu sammeln. Seine Interessen im Ausland konzentrierten sich auf Emigrantenorganisationen wie «Vertrauen», die Hilfe von England und den
Vereinigten Staaten bekamen. Die meisten wurden vom sowjetischen
Geheimdienst infiltriert, aber er ließ sie weiterarbeiten, solange sie sich
als nützlich erwiesen. Dann schaltete er sie aus, indem er ihre wichtigsten Funktionäre auf sowjetischen Boden lockte und verhaftete.

Als Dserschinski 1926 starb, war es dem KGB nicht gelungen, den
britischen Geheimdienst zu infiltrieren. Sein Ziel, junge Engländer zu
finden, die bereit waren, der Sowjetunion lebenslange Loyalität zu ge-
loben und den sowjetischen Interessen überall dort zu dienen, wohin
ihre heimatliche Laufbahn sie führte, schien unerreichbar zu sein. Die
erforderlichen Eigenschaften waren rar: ein politisches Kredo, das ihrer
Erziehung und Ausbildung widersprach, eine Bereitschaft, ihre Klasse
und ihr Land zu verraten, und ein natürliches Talent zum Verstellen,
denn sie würden nicht nur ihre Kollegen, sondern auch ihre Angehörigen und Freunde täuschen müssen.

Zum Glück für die UdSSR zeigte sich jedoch bald, daß ein wahres
Reservoir solcher junger Männer nur darauf wartete, angezapft zu werden. Als Folge der katastrophalen Niederlage der Labour Party bei den
Wahlen von 1931 und Ramsay MacDonalds Entscheidung, an der
Spitze einer nationalen Regierung ohne Politik und ohne Überzeugung
weiterzumachen, breitete sich im Land eine tiefe Enttäuschung über die
britische Politik aus. Es war das dritte Jahr der Wirtschaftskrise, Millionen waren arbeitslos, und die japanische Invasion der Mandschurei warf
den frühen Schatten eines weltweiten Konflikts voraus. Der Kapitalis-
mus schien plötzlich nicht nur böse, sondern auch verwundbar zu sein,
und an den britischen Universitäten diskutierte man nicht mehr darüber,
ob er zu Ende gehen würde, sondern wann er zu Ende gehen würde. An
der Universität Cambridge, der London School of Economics und am
University College in London wurden etwa zur gleichen Zeit kommunistische «Antikriegsgruppen» gegründet. Sie trafen sich Ostern 1932, um

kommunistische Aktivitäten an allen britischen Universitäten zu planen und zu koordinieren.[14]

Der KGB wußte sehr wohl, was in der Elite der britischen Intellektuellen vor sich ging. Die Voraussetzungen dafür, einen jungen Engländer zu finden, der der sowjetischen Sache dienen würde, waren vielleicht noch nie so günstig gewesen. Aber wenn die Russen einen Studenten anwarben, der den Gedanken, sein Land zu verraten, ungeachtet seiner Lippenbekenntnisse für den Kommunismus als schändlich empfand, konnte das Spiel des KGB sehr wohl enden, ehe es begonnen hatte. Die Sowjetunion könnte Schwierigkeiten haben, die öffentliche Empörung über die versuchte Anwerbung eines Spions zu dämpfen – zumal in einer Zeit, in der die allgemeine Sympathie für den Kommunismus größer war als je zuvor. Doch wie wir heute wissen, waren die Russen bei ihrer Suche bemerkenswert erfolgreich – Kim Philby, Guy Burgess, Donald Maclean und Anthony Blunt wurden alle in jenen Jahren angeworben. Was sämtlichen Fachleuten, die sich mit dem Phänomen beschäftigten, ein Rätsel aufgegeben hat, ist aber folgendes: Nie hat sich ein britischer Student jener Zeit gemeldet, um zu sagen: «Sie haben versucht, mich anzuwerben, aber ich habe abgelehnt.»

Man hat gesagt, dafür könne es nur eine Erklärung geben: Die Sowjets wandten sich nur an die Studenten, bei denen sie sicher waren, daß sie das Angebot annehmen würden, und sie konnten nur dann sicher sein, wenn sie einen Talentjäger in einer einflußreichen akademischen Position hatten, der das Vertrauen aller genoß und sie informierte. Nach dieser Theorie muß es in Cambridge wenigstens einen Lehrer gegeben haben, der den sowjetischen Anwerbern sagte, wen sie ansprechen sollten, jemanden, der die Studenten ausfindig machte, deren Charakter, Überzeugung und Einstellung vermuten ließen, daß sie auf das Spionageangebot der Sowjets eingehen würden. Die Verfechter dieser Theorie haben lange über die Identität dieses Lehrers spekuliert und sich gefragt, wer sein jetziger Nachfolger sein könnte.

Es gibt eine einfachere, wenn auch nicht so interessante Erklärung. Der Annäherungsversuch der Sowjets war zunächst so vage, daß manch ein Student gar nicht merkte, worum es in Wahrheit ging. Er wurde sich nicht bewußt, daß es sich um den ersten Anwerbeschachzug handelte. Wer positiv reagierte, wurde anschließend sorgsam und vorsichtig auf seine Aufrichtigkeit und seine ideologische Überzeugung getestet. Der KGB ist für seine Geduld bekannt. Er war bereit, bei allen potentiellen Kandidaten jener Zeit zu warten, mit einer Ausnahme, und diese Ausnahme war Kim Philby.

Inzwischen wissen wir, daß Philby vom SIS abgelehnt worden wäre, wenn es damals, im Krieg, schon üblich gewesen wäre, Bewerber gründlich auf Herz und Nieren zu prüfen. Wenn man sich ein wenig mit seiner Studentenzeit in Cambridge beschäftigt hätte, hätte man zumindest herausgefunden, daß er ausgeprägte kommunistische Ansichten gehabt hatte. Meine Ko-Autoren und ich sind in *The Philby Conspiracy* («Die Philby-Verschwörung») zu dem Ergebnis gekommen, daß er in Österreich angeworben wurde. Wir nehmen das aus folgendem Grund an: Als Philby die Universität im Herbst 1933 verlassen hatte, reiste er fast unverzüglich nach Wien, wo die Linke und die Rechte kurz davor waren, einen Bürgerkrieg zu entfesseln. Durch seine politische Überzeugung und auch durch sein Verhältnis mit der Tochter seiner Zimmerwirtin in den Strudel der politischen Leidenschaften hineingerissen, war Philby kommunistischen Gesinnungsgenossen behilflich, aus dem Land zu fliehen, als die Linke von den Faschisten unterdrückt wurde. Die Lektion dürfte für ihn auf der Hand gelegen haben: Nur die Kommunistische Partei bot Hoffnung für ein Europa, das immer mehr dem Faschismus zuneigte.

Wir meinten, daß der KGB in jenem Augenblick an ihn herantrat. Alles, was die Russen über seinen Hintergrund wußten, deutete darauf hin, daß er ein guter Kandidat war: seine Geburt im Ausland, die mangelnde väterliche Bindung an Großbritannien und Philbys Aktivitäten in Cambridge. Wir vermuteten, daß er von dem ungarischen Flüchtling Gabor Peter angeworben wurde, der seine Heimat während der Diktatur Admiral Horthys verlassen hatte und später Leiter der ungarischen Geheimpolizei werden sollte.

Heute glaube ich, daß der KGB schon in England an Philby herantrat, daß er es war, der Philby nach Wien schickte, und daß schon in einem früheren Stadium ein höherer sowjetischer Offizier ins Spiel kam, weil der Philby zugedachte Auftrag so bedeutsam war. Peter mag dabei durchaus eine Rolle gespielt haben. Wir haben in unserem Buch den Fehler gemacht, eine Anwerbung als einen Vorgang zu betrachten, die bei einem einzigen Zusammentreffen erledigt wird. In Wahrheit ist sie ein langwieriger Prozeß, bei dem beide Seiten einander testen. Sie kann sich über Jahre hinziehen und beginnt mit einem Annäherungsmanöver, das stubil genug ausgeführt werden kann, um die Zielperson über den Zweck der Übung zu täuschen.

Unsere ursprüngliche Rekonstruktion der Ereignisse litt auch unter einem zeitlichen Widerspruch. Philby sagte viele Jahre später in Moskau zu seinen Kindern: «Ich wurde 1933 angeworben und bekam den Auftrag, den britischen Geheimdienst zu infiltrieren, und man sagte mir, es spiele keine Rolle, wie lange ich brauchte, um die Aufgabe zu erledigen.»[15] Wir waren früher der Meinung, seine Erfahrungen in Wien hätten ihn für das Spionageangebot reif gemacht, aber diese Erfahrungen datieren von 1934, nicht von 1933. Möglicherweise zog er seiner Familie gegenüber zwei Ereignisse zusammen: Er wurde angeworben (1933); er bekam seinen Auftrag (1934).

Vielleicht teilte man ihm die näheren Einzelheiten seiner Mission erst später mit. Im Rückblick können wir sagen, daß er Mitte der dreißiger Jahre schon begonnen hatte, die Tarnung aufzubauen, die ihn zu einem potentiellen Kandidaten für den britischen Geheimdienst machen *und* ihn die nächsten dreißig Jahre schützen würde. Er gab alle politische Betätigung auf, fand eine Anstellung als Journalist, gab die Zeitschrift eines Vereins zur Förderung der Freundschaft zwischen Großbritannien und Deutschland heraus und fing an, den stillen Bewunderer des Dritten Reichs zu spielen. Er versuchte, ein Fachblatt zu gründen, das die Beziehungen zwischen England und Deutschland verbessern sollte, und reiste mehrmals nach Berlin, um mit dem Ministerium für Volksaufklärung und Propaganda und dem Außenministerium des Auswärtigen darüber zu sprechen, und berichtete seinem sowjetischen Führungsoffizier anschließend sicher über diese Gespräche. Dies war seine Probezeit, in der die Russen seine Entschlossenheit und Zuverlässigkeit testeten.

Philby muß die Prüfung bestanden haben, denn im Februar 1937 gab der KGB ihm seinen ersten spezifischen Auftrag. Er schickte ihn in den Spanischen Bürgerkrieg.

Seine Aufgabe bestand darin, «sich aus erster Hand über alle Aspekte der faschistischen Kriegsanstrengungen zu informieren». Konnte es dafür eine bessere Tarnung geben, als sich als Korrespondent der Nachrichtenagentur London General Press bei den Franco-Truppen akkreditieren zu lassen?

Der KGB finanzierte den Aufenthalt und schickte ihm, als er knapp bei Kasse war, mehr Geld über Blunt – ein Fehler, den er später bereuen sollte. Die Investition als solche zahlte sich jedoch aus. Philby konnte seinen sowjetischen Auftraggebern kaum etwas erzählen, was sie nicht schon wußten, aber er näherte sich dem SIS um einen wichtigen Schritt: Er bekam Arbeit bei der *Times.*

Nachdem er unaufgefordert eine Reihe von Beiträgen eingeschickt hatte, folgte er James Colburn am 24. Mai 1937 als *Times*-Sonderkorrespondent bei General Franco nach. Die *Times* war schon länger ein Reservoir für den SIS-Nachwuchs gewesen, und Philby rechnete halb damit, daß der Geheimdienst während des Krieges in Spanien an ihn herantreten würde. Er tat es nicht, aber er bemerkte ihn. Der KGB konnte bis jetzt zufrieden sein.

6 Träume von Sabotage und Subversion

Die Rolle, die der britische Geheimdienst beim alliierten Sieg im Zweiten Weltkrieg spielte, ist eine Legende geworden. Die Legende lautet ungefähr so: Nach einer Reihe von organisatorischen Katastrophen und fehlgeschlagenen Operationen und nach langjährigem Pfennigfuchsen von seiten der Regierung war der SIS 1939 praktisch am Ende, doch mit Beginn des Kriegs erholte er sich rasch. Er warb an den Universitäten, in der Londoner City und unter Freiberuflern zahlreiche gescheite und engagierte Amateure an. Diese Männer und Frauen gingen entschlossen an die Arbeit, überwanden den Widerstand der Deutschen – die bis zuletzt nicht glauben wollten, daß die Briten so tüchtig sein konnten – und nahmen dann bescheiden wieder ihr bürgerliches Leben auf.

Die Meinung, daß die Tätigkeit des britischen Geheimdienstes ein einziger Triumph war, ist weitverbreitet. Zara Steiner, Autorin und Lehrerin an der Universität Cambridge, hat sogar geschrieben, der britische Geheimdienst sei ebenso der Schlüssel zum Erfolg gewesen wie die Rote Armee und die Kriegsproduktion der Vereinigten Staaten.[1] Dr. Christopher Andrew, ebenfalls Historiker und Studienleiter am Corpus Christie College in Cambridge, teilt ihre Ansicht: «Der britische Geheimdienst errang einen entscheidenden Sieg über den ausgeklügelten Geheimdienstapparat der Deutschen.»[2] Der ehemalige Geheimdienstler Ladislas Farago schrieb in «Das Spiel der Füchse»: «Zu Beginn meiner Nachforschungen glaubte ich, daß es wahrscheinlich die Deutschen gewesen seien, die den Spionagekrieg gewonnen hätten. Zum Schluß wußte ich, daß es die Briten waren.»[3] Außerdem wird dem britischen Geheimdienst eine Hauptrolle bei der Wiedergeburt des amerikanischen Geheimdienstes zugeschrieben. General William Donovan, der erste Direktor des Office of Strategic Services (OSS), sagte, daß der SIS «uns eine enorme Vorgabe verschaffte, die wir andernfalls nicht gehabt hätten».[4]

Diese Bewertung der Kriegstätigkeit des britischen Geheimdienstes ist praktisch nicht in Frage gestellt worden. Entsprechend der traditionellen Geheimhaltung all dessen, was mit SIS und MI 5 zusammenhing, hatte man niemals die Absicht, ihre offizielle Geschichte so zu veröffentlichen wie die der Teilstreitkräfte. Es wurde zwar ein Bericht abgefaßt, aber er war ursprünglich für die Archive bestimmt. 1966 erlaubte die Regierung dann, daß M. R. D. Foot seine Untersuchung *SOE in France* veröffentlichte, die Spionagebüchern wie Mastermans *The Double Cross System* und Winterbothams *Secret and Personal* den Weg bahnte.

Schließlich stimmte die Regierung einer offiziellen Geschichte zu, die von Professor F. H. Hinsley und anderen verfaßt wurde. Ihr erster Band erschien 1979, der vierte und letzte 1984. Es dürfte nicht überraschen, daß Hinsley den britischen Geheimdienst im allgemeinen über den grünen Klee lobte – er gehörte immerhin dazu. Dennoch fand das Werk nicht die einhellige Zustimmung seiner ehemaligen Kollegen. Seine Konzentration auf die *organisatorischen* Aspekte der Geheimdiensttätigkeit im Krieg führte zu «einem Buch, das von einem Ausschuß über Ausschüsse für Ausschüsse geschrieben wurde», um mit dem ehemaligen SIS-Leiter Maurice Oldfield zu sprechen.[5] Hinsley stieß vor allem an die Schranken, die Malcolm Muggeridge, der im Krieg beim SIS diente, auf diesen Nenner brachte: «Diplomaten und Geheimdienstler sind meiner Erfahrung nach noch größere Lügner als Journalisten, und die Historiker, die die Vergangenheit aus ihren Berichten rekonstruieren wollen, müssen weitgehend mit Phantasieprodukten arbeiten.»[6] Da es sich bei den anderen Büchern großenteils um persönliche Erinnerungen handelt, ist Hinsleys Werk jedoch das einzige, das sich um eine objektive Gesamtdarstellung der britischen Geheimdiensttätigkeit im Zweiten Weltkrieg bemüht. Auch deshalb muß man bedauern, daß er kaum versuchte, die Behauptungen über die Kriegsleistung der Dienste kritisch zu prüfen.

Das Bild, das eine solche Prüfung ergeben würde, dürfte sich sehr von dem unterscheiden, das in den verschiedenen Versionen der Legende gezeichnet wird. Als im September 1939 der Krieg ausbrach, war der SIS tatsächlich in größten Schwierigkeiten. Wie wir gesehen haben, bestand sein «Außendienst» in den dreißiger Jahren aus zweitklassigen, schlecht bezahlten Agenten, die Informationen von mehr oder weniger dubiosen Zuträgern kauften. Diese Informationen wurden nach London geschickt, wo die Zentrale sie benotete und auswertete, um sie dann an die verschiedenen «Endverbraucher» zu verteilen. Die wichtigsten Verbraucher, die drei Teilstreitkräfte, waren seit einiger Zeit nicht glücklich über das Material vom SIS und klagten darüber, daß die Erkenntnisse, die zutrafen, sich gewöhnlich als irrelevant für ihre Zwecke herausstellten, während die Informationen, die wichtig zu sein schienen, sich gewöhnlich als falsch herausstellten. Alle drei Teilstreitkräfte brauchten mehr Einzelheiten über die Industrieproduktion in der UdSSR, Japan, Italien und vornehmlich Deutschland, und sie wollten irgendeinen Beweis dafür, daß die Angaben stimmten.[7]

Eine Gelegenheit zur Reorganisation des SIS kam, als Admiral Sinclair, der ihn seit 14 Jahren geleitet hatte, am 4. November 1939 starb. Nach einigem Druck und Gegendruck hinter den Kulissen ernannte das Kabinett seinen bisherigen Stellvertreter Stewart Menzies zum neuen Chef. Der 49jährige Menzies war ein höchstdekorierter Berufssoldat aus dem Ersten Weltkrieg. Im Offizierskorps hielt man ihn allgemein für einen natürlichen Sohn Eduards VII. Fest steht, daß er durch seine Mutter, Lady Holford, diensttuende Hofdame von Königin Mary, ausgezeichnete Beziehungen zu Hofkreisen hatte und sie als «rücksichtsloser Intrigant» schamlos ausnutzte. Er war kein großes Licht – einer seiner politischen Meister bezeichnete ihn als «nicht *komplett* analphabetisch». Aber er hatte Charme, viele Freunde und eine große natürliche Fähigkeit zu überleben.

Die Überprüfung des SIS, die das Kabinett gleichzeitig angeordnet hatte, verlief im Sand, weil Churchill neuer Premierminister wurde. Er glaubte felsenfest an den Wert von Geheimdiensten, war sich aber bewußt, daß dem SIS neues Leben eingehaucht werden mußte. Er hatte Menzies' Kollegen an der Spitze von MI 5, Generalmajor Sir Vernon Kell, am 10. Juni 1940 entlassen und den Dienst der Sicherheitsbehörde dem früheren Luftfahrtminister Lord Swinton unterstellt. Swinton sollte zuerst MI 5 unter die Lupe nehmen und umorganisieren, um seine Effizienz zu steigern. Anschließend sollte er das Haus des SIS in Ordnung bringen. Leider hinderten ihn die Umstände daran. Er sprach sich in einem Leserbrief an die *Times* für einen erweiterten Generalstab aus, wie man ihn auch im Ersten Weltkrieg gehabt hatte. Churchill muß darin einen Versuch gesehen haben, der seine Rolle als oberster Kriegsherr untergraben sollte, und Swinton wurde umgehend als Ministerresident nach Westafrika geschickt. Duff Cooper, der ihm als Leiter der

Sicherheitsbehörde nachfolgte, zeigte kein Interesse, den SIS zu reformieren.

Aber der SIS konnte nur kurz aufatmen. Das erste Kriegsjahr bescherte ihm lauter Katastrophen. Im Mai 1940 zerstörte der Blitzkrieg sein europäisches Netz fast gänzlich. Er hatte bereits die Tschechoslowakei, Österreich und Polen verloren, und nun folgten Norwegen, Dänemark, Holland, Belgien und Frankreich. Es wurde damals als ein schwerer Schlag gesehen, doch Hugh Trevor Roper (Lord Dacre), der kurz darauf zum SIS kam, betrachtete es als Segen. «Wir hätten Informationen von einem Haufen elender Spione bezogen, die von den Deutschen kontrolliert worden wären ... Die leitenden Leute des SIS, die bemerkenswert dumm waren, hätten sie geglaubt ... und als harte Fakten präsentiert, und man hätte sie mit zutreffenden Informationen kombiniert, und sie hätten meiner Meinung nach nichts als Schaden anrichten können.»[8]

Der SIS hatte also nur noch einige Büros in neutralen Ländern und die Hoffnung, die Reste der Agentennetze der verbündeten Exilregierungen in London benutzen zu können. Außerdem litt sein Ruf darunter, daß er die Kampfstärke der Franzosen vollkommen falsch eingeschätzt hatte. Er hatte sich nämlich dem Argument des Deuxième Bureau angeschlossen, daß eine Befestigungslinie die beste Antwort auf die Blitzkriegtaktik der Deutschen sei und daß die Maginotlinie die motorisierten Truppen des Gegners längere Zeit aufhalten würde. Diese These wurde Whitehall als SIS-Bewertung präsentiert, und als sie sich als Seifenblase erwies, mußte der SIS die Schuld auf sich nehmen.[9]

Noch schwerer wog, daß der SIS nicht den Zusammenbruch der französischen Kampfmoral vorausgesehen hatte. Hier lautet die Frage, ob er es nicht gewußt hatte oder ob er es gewußt und seinen Abnehmern das Wissen vorenthalten hatte. Wenigstens ein SIS-Mann, der in Frankreich in hohen Regierungs- und Militärkreisen verkehrte, berichtete Menzies, daß die Franzosen schnell einen Frieden mit Deutschland schließen würden, falls es zum Krieg kommen sollte. Dieser Mann, Kenneth de Courcey, war 1936 auf Menzies' Drängen als «unbezahlter Amateur» zum SIS gekommen. «Ich speiste 1937 mit Laval und berichtete Menzies, was ich erfahren hatte», sagte er. «Anfang Januar 1940 speiste ich in Paris mit einem französischen General und sprach mit verschiedenen Mitgliedern des französischen Kriegskabinetts. Es war für mich ganz klar, daß Frankreich entweder vor oder gleich nach einem größeren militärischen Schlagabtausch einen

Separatfrieden schließen würde. Ich sagte es Menzies. Ich habe den Verdacht, daß er es Churchill nicht berichtete, weil er wußte, daß es nicht das war, was Churchill hören wollte, und Menzies mußte Churchills Gunst behalten.»[10]

Der SIS wurde jetzt nicht allein von den Teilstreitkräften verachtet, die ihre eigenen Nachrichtenabteilungen eifrig vergrößerten, sondern auch vom Vereinigten Geheimdienstausschuß JIC (Joint Intelligence Committee), der 1936 gebildet worden war, um alle geheimdienstlichen Operationen zu koordinieren und die Ergebnisse zu bewerten und zu verteilen. Er wurde bei Kriegsausbruch von William Cavendish-Bentinck geleitet. Die drei Teilstreitkräfte, das Foreign Office, der JIC, der SIS und MI 5 waren im Ausschuß vertreten, und der SIS wurde bald wegen seiner schlechten Leistungen von den anderen angegriffen. Im Juni 1940 schlug man sogar vor, ihn unter die Teilstreitkräfte aufzuteilen, und Menzies mußte alle seine Fäden in Whitehall ziehen, um das zu verhindern. Selbst Churchill begann, am SIS zu zweifeln, und forderte die Stabschefs im November desselben Jahres auf zu untersuchen, ob man den SIS auflösen und durch einen neuen, allen drei Teilstreitkräften zugeordneten Nachrichtendienst ersetzen könnte, der den Stabschefs selbst unterstehen würde.[11] Wie wir sehen werden, rettete Menzies sein Amt, indem er die inzwischen unter seine Kontrolle gekommene Code-Abteilung geschickt einsetzte und Churchills Begeisterung für die Welt der Agenten ausnutzte.

Die Leistungen des JIC stützten freilich nicht die Annahme, daß ein kombinierter Nachrichtendienst besser wäre als der SIS. Der JIC sagte die Absichten der Deutschen ebenso falsch voraus. Er schätzte die Stärke der französischen Streitkräfte viel zu hoch ein, was weitgehend dem Ausschußvertreter der Army, Generalmajor Frederick («Paddy») Beaumont-Nesbitt, zuzuschreiben war, demzufolge Frankreich «fünf Generäle von Fochs Klasse» hatte. Aufgrund dieser Einschätzung «sahen wir nicht, wie schlecht die Franzosen geworden waren», erklärt Cavendish-Bentinck.[12] Aber der JIC lernte bald, seine Berichte vorsichtiger abzufassen. In einem Report über «Die Gefahr einer deutschen Invasion Großbritanniens», den er im Juli 1940 für das Kriegskabinett erarbeitete, kam er zu dem Ergebnis, das Reich treffe Vorbereitungen für eine Invasion oder Einfälle und «könnte zu jedem ihm geeignet erscheinenden Zeitpunkt zuschlagen, aber es ist unwahrscheinlich, daß es bis zum 15. Juli seine ganze Stärke entfalten kann». In einem anderen Report prüfte der JIC die Möglichkeiten, die Berlin hatte, und erklärte abschließend, «welchen dieser Wege Deutschland einschlagen wird, wird weniger von logischen Überlegungen als von der persönlichen und unberechenbaren Entscheidung des Führers abhängen». Andere Berichte waren oberflächlich, nebensächlich oder belanglos. So half es dem Kriegskabinett nicht unbedingt, zu wissen, daß «die Deutschen einer äußerst zuverlässigen Quelle zufolge irgendwann nach dem 10. Juli in Paris eine Parade ihrer bewaffneten Truppen abhalten werden».[13]

Während das Kriegskabinett von der schieren Masse der Meldungen, Erkenntnisse und Berichte erdrückt zu werden drohte, machte Churchill seiner Unzufriedenheit in einem Memorandum an das Sekretariat des Kriegskabinetts Luft: «Sehen Sie sich bitte diesen Haufen von Material an, der an einem einzigen Morgen auf meinem Schreibtisch landet... Es ist doch so, daß sich mehr und mehr Leute hinter all diesen Papieren verschanzen, deren schiere Menge ihren Sinn ad absurdum führt.»[14] Sein Unbehagen über den Vereinigten Geheimdienstausschuß und sein romantischer Wunsch, die eigentlichen Wurzeln der Geheimdienstarbeit zu sehen, trieben ihn wieder in die Arme Menzies' und des SIS und gewährleisteten, daß sie den Krieg unreformiert überstanden.

Der SIS war vom Tempo des deutschen Vormarsches überrascht worden. Büroleiter, Agentenführer und Hilfspersonal flohen nach London oder auf neutrales Territorium. Es gab keine Pläne, Notnetze zurückzulassen – es gab nicht einmal Funkgeräte, die weiterhin arbeitenden Agenten erlaubt hätten, mit der Zentrale in Verbindung zu bleiben. Zuerst gab es auch keine Methode, erneut Agenten einzuschleusen, um den vorherigen Stand wiederherzustellen. Da die Oberbefehlshaber der Teilstreitkräfte nichts von den Fähigkeiten des SIS hielten, waren sie immer weniger bereit, Transportmittel und Ausrüstung bereitzustellen, die nötig waren, um Leute in Gebiete zu schaffen, die inzwischen von den Deutschen besetzt waren. Der SIS mußte nun den demütigenden Schritt tun, europäische Geheimdienste um Hilfe zu bitten, die vom Londoner Exil aus arbeiteten, weil er andernfalls nichts von den neuen Entwicklungen in Europa erfahren hätte. Die Polen lieferten Informationen von ihren zurückgebliebenen Agenten und anderen europäischen Ringen. Sie hatten immer wieder einen überraschend langen Arm: Ab 1941 berichteten sie zum Beispiel regelmäßig über die Bewegungen der deutschen U-Boote von und nach Bordeaux, Brest und Le Havre. Die Tschechen waren ungewöhnlich gut informiert, und die Niederländer und Franzosen halfen ebenfalls. Aber der SIS mußte mit anderen Diensten konkurrieren, die sich ebenfalls um den Beistand der Exildienste bemühten: Ende 1940 versuchten nicht weniger als fünf britische Nachrichtenorganisationen, gemeinsame Geheimoperationen mit den Franzosen zu organisieren.

Der SIS arbeitete natürlich noch in neutralen Ländern. Besonders Lissabon war ein Spionagezentrum geworden, und auch Stockholm und Genf galten als ergiebige Quellen. Der Genfer SIS besaß sogar ein Funkgerät, aber es konnte nur empfangen, so daß Meldungen für London mit der Schweizer Post geschickt werden mußten! Madrid war ebenfalls eine potentiell wichtige Station, aber der dortige britische Botschafter, der ehemalige Innenminister Sir Samuel Hoare, war ein führender Vertreter der Beschwichtigungspolitik gewesen und hoffte immer noch auf einen Verhandlungsfrieden. Da General Franco als Vermittler bei solchen Verhandlungen in Betracht kam, war Hoare entschlossen, nichts zuzulassen, was die fragile Beziehung zwischen der britischen und der spanischen Regierung beeinträchtigen konnte. SIS-Operationen, die von Spanien aus gegen die Deutschen geführt wurden, oder gar SIS-Komplotte gegen Franco waren das letzte, was er wollte. Der SIS protestierte in Whitehall, aber Hoare war nicht ohne Einfluß und konnte seinen Standpunkt durchsetzen.

Als der SIS ein Büro in Madrid zu gründen versuchte, um britische und alliierte Kriegsgefangene zu befragen, die aus deutschen Lagern nach Spanien entkommen waren, protestierte Hoare, und der SIS war gezwungen, das Büro nach Lissabon zu verlegen. Auch eine Operation gegen eine Infrarot-Spähanlage in Spanisch-Marokko, mit der die Deutschen den Schiffsverkehr der Alliierten in der Meerenge von Gibraltar überwachten, lehnte er ab. Als London ihn unter Druck setzte, erlaubte er sie schließlich doch, nur um es sich in letzter Minute wieder anders zu überlegen. (Die Bomber ignorierten die Nachricht, zerstörten die Anlage und behaupteten dann, der Befehl sei zu spät gekommen.) Auf diese Weise lähmte Hoare den SIS in Madrid, und wenn die Amerikaner nicht dann und wann eine Operation für ihn ausgeführt hätten, wäre er dort in den letzten Kriegsjahren zur Untätigkeit verdammt gewesen.[15]

Hoare war nur einer der vielen Gegner im Regierungsapparat, mit denen der SIS fertig werden mußte. Sie waren so zahlreich, daß in einem bestimmten Stadium des Kriegs ein bitterer Witz über einen SIS-Offizier umlief, der es nach enormen Schwierigkeiten und Verzögerungen endlich geschafft hatte, eine offensive Geheimoperation in die Wege zu leiten, und anschließend berichtete, wie herzerwärmend es gewesen sei, daran erinnert zu werden, daß Hitler der wahre Feind sei. Die traditionellen Animositäten zwischen MI 5 und dem SIS waren durch die Erfolge, die MI 5 nach seiner Umorganisation unter seinem neuen Leiter Sir David Petrie erzielt hatte, noch verschärft worden.* Besorgt über die breiter werdende Kluft, gelang es Menzies, einen SIS-Verbindungsmann zum MI 5 zu delegieren; es war ein Versuch, zu retten, was zu retten war, und ein Ohr im «feindlichen Lager» zu haben. Am meisten bekümmerte den SIS und auch MI 5 jedoch, daß die Regierung einen ganz neuen Dienst ins Leben rief.

Der SIS hatte seit 1930 eine Abteilung, die für Sabotage und Subversion zuständig war. Sie hieß Abteilung D (für «Destruktion») und sollte Operationen gegen vermeintliche Schwachstellen der Deutschen konzipieren. Zu den Träumen von Abteilung D gehörten Projekte wie die Sprengung des 2,5 Kilometer langen Donaukanals am Eisernen Tor, mit der man die Öllieferungen aus Rumänien stoppen wollte. Außerdem träumte Abteilung D davon, Luftballons mit Brandbomben über Mitteleuropa aufsteigen zu lassen, um die Getreidefelder in Brand zu stecken und die deutsche Nahrungsmittelversorgung zu schwächen. Kim Philby war im Juli 1940 zu Abteilung D gekommen, und man kann sich vorstellen, wie konsterniert sein Führungsoffizier vom KGB war, als er seine Dienststelle beschrieb: «Nach meinen ersten Berichten über den Geheimdienst glaubte er allen Ernstes, ich sei in die falsche Organisation geraten.»[16]

Abteilung D litt unter Geldmangel wie unter dem Mißtrauen der anderen SIS-Abteilungen, und Whitehall traute ihr nicht über den Weg. So fiel sie der am 22. Juli ins Leben gerufenen Sabotageabteilung Special Operations Executive (SOE) zum Opfer. Die Gründung der SOE war eine Reaktion auf Churchills Verlangen, umgehend offensive Maßnahmen gegen Deutschland zu ergreifen. Die Dienststelle wurde Hugh Dalton, dem Minister für wirtschaftliche Kriegführung in Churchills Koalitionsregierung, unterstellt und hatte die Aufgabe, «Europa in Flammen zu setzen», wie Churchill lakonisch bemerkte. Da sie allein für Sabotage und Subversion im Ausland zuständig sein sollte, bestand einer ihrer ersten Schritte darin, sich Abteilung D einzuverleiben, ohne Menzies zu konsultieren, was eine langjährige Feindschaft zwischen den beiden Organisationen auslösen sollte.[17]

---

* In einem Report des US-Außenministeriums vom 1. August 1940 heißt es, daß MI 5 ein Zentralregister mit 4,5 Millionen Namen – von allen Personen, «die jemals in irgendeinem Teil der Welt antibritischer Umtriebe verdächtigt wurden» – führte. Die Tatsache, daß viele der Namen erfunden und das belastende Material bei vielen belanglos war, änderte nichts daran, daß MI 5 damals ein ungleich besseres Image hatte als der SIS.

Der grundlegende Unterschied in der Zielsetzung der beiden Dienste führte immer wieder zu Reibungen. Der SIS sollte Erkenntnisse über den Gegner sammeln, ohne daß dieser es merkte, während die SOE seine lebenswichtigen Einrichtungen zerstören und Furcht in seinem Herzen säen sollte. Wie Donald McLachan schreibt, ist «Nachrichtenarbeit im eigentlichen Sinn des Wortes nicht mit gewaltsamer subversiver und konspirativer Tätigkeit vereinbar».[18] Ein von Nigel West zitierter SIS-Offizier sagt: «Der SIS hatte die Aufgabe . . ., die gegnerischen Truppen beim Überqueren einer Brücke zu beobachten, während die SOE . . . die Brücke in die Luft sprengen sollte, um diese Bewegungen zu verhindern.» Trotz der unvereinbaren Ziele mußten die Dienste jedoch zusammenarbeiten, weil sie nur dann funktionieren konnten, wenn sie in der Lage waren, ihre Männer auf feindliches Gebiet zu schaffen und Verbindung mit ihnen zu halten. Deshalb waren sie gezwungen, die begrenzten Transportmöglichkeiten zu teilen, die ihnen von den widerstrebenden Teilstreitkräften zur Verfügung gestellt wurden. Die SOE wollte eigene Codes und Funkeinrichtungen, doch Menzies machte ein wenig verlorenen Boden wett, indem er darauf bestand, daß der SIS ihren Funkverkehr erledigte.

Kaum war man sich dieser logistischen Rivalitäten bewußt geworden, als sich ein neuer Konflikt zusammenbraute. Die SOE-Offiziere konnten bei den Vorbereitungen ihrer Sabotageakte nicht umhin, Geheiminformationen zu sammeln, für die sich der SIS interessierte. Aber die SOE neigte dazu, sie direkt an den unmittelbar betroffenen Verteidigungsdienst weiterzuleiten. Nach langem Gezänk schloß man dann einen Kompromiß: Der SIS erlaubte der SOE, in bestimmten Bereichen für ihn zu handeln, und die SOE verpflichtete sich, ihre Erkenntnisse nur noch über den SIS an die Endverbraucher zu liefern. Die ganze Angelegenheit war jedoch eine Blamage für den SIS, weil auf der Hand lag, daß die SOE Material über Länder sammelte, die SIS-Offizieren nicht mehr zugänglich waren. In diesem Licht betrachtet, ist es verständlich, daß die SOE für den SIS ein Gegner war. David Stafford schreibt dazu, daß der SIS sich «nie ganz mit der 1940 ausgesprochenen Scheidung von SOE und SIS abfand und sich später nur zu oft wie ein verbitterter Ex-Gatte benahm».[19]

An diesem Punkt empfiehlt es sich, die Leistungen der SOE zu untersuchen. Obgleich sie eigentlich keine Dienststelle zur Beschaffung von Informationen war, kam sie den beiden etablierten Geheimorganisationen immer wieder ins Gehege. Ihre Ursprünge lagen nämlich beim Nachrichtendienst; eine Reihe von Offizieren dienten sowohl bei ihr als auch beim SIS; und der Konflikt zwischen SOE und SIS wurde laut Henry Kerby, einem ehemaligen SIS-Mann, der «größte und erbittertste interne Kampf in der Geschichte unserer Geheimdienste».[20] (Dieser Kampf sollte einen erheblichen Einfluß auf die Entwicklung des Geheimdienstwesens der USA haben und dürfte zum Teil für eine wichtige Schwäche der CIA verantwortlich sein.)

Das Grundproblem der SOE lag darin, daß sie auf einer Reihe falscher Voraussetzungen beruhte. Die bedeutsamste davon lautete, daß man den Krieg ohne die unmittelbare Konfrontation mit den deutschen Armeen, die zu den Gemetzeln in und an den Schützengräben des Ersten Weltkriegs geführt hatte, mit Subversion, Sabotageakten, einer Blockade und strategischen Bombardierungen gewinnen könne. Die Royal Navy sollte die Blockade durchführen; die Royal Air Force sollte die Bomben werfen; die SOE sollte für Subversion und Sabotage zuständig sein. Ihre Offiziere sollten Mittel zur Verfügung stellen, die Pläne ausarbeiten und deren Ausführung leiten, und die Völker des von den Deutschen besetzten Kontinents sollten ihre Anweisungen ausführen. Churchill schwebte ein Heer von Partisanen vor, das nach den Flanken der Deutschen schnappen, ihre Eisenbahnlinien sprengen, ihre Kriegsmaschine sabotieren, ihre Patrouillen dezimieren, ihre Straßen verminen und ihre Wachen töten sollte.

Das Vorhaben war auf Sand gebaut. Erstens hatte Großbritannien, als die SOE in Aktion treten sollte, gar nicht die militärischen Mittel, um eine solche Operation durchzuführen. Es war in der Defensive: Waffen, Nachschub und Munition waren Mangelware, und es gab nicht einmal genug Flugzeuge, um sie zu befördern. Die Bomberoffensive erhielt Vorrang, und die Oberbefehlshaber der Teilstreitkräfte waren nicht gewillt, die dafür vorgesehenen Flugzeuge für die von der SOE geplanten Operationen abzustellen. Sir Arthur Harris, der Chef des Bomberkommandos, hatte zweifellos die SOE im Visier, als er das Ministerium für Wirtschaftliche Kriegführung, ihre übergeordnete Behörde, als «dilettantisch, ignorant, verantwortungslos und verlogen» bezeichnete. Die SOE hatte nie mehr als vier Flugzeugstaffeln, um ihre Agenten und die Widerstandskämpfer mit Material zu versorgen.[21]

Zum anderen hatten die Briten, die fast tausend Jahre nicht mehr unter einer feindlichen Besatzungsmacht gelebt hatten, nicht das geringste Gespür für die Haltung des europäischen Durchschnittsbürgers, dessen Land von den Nazis besetzt war. Churchill und auch Dalton bildeten sich ein, jeder Mann, jede Frau und jedes Kind im besetzten Europa warte nur auf den richtigen Moment, um sich gegen die Deutschen zu erheben. Sie begriffen nicht die historisch bedingte Resignation, mit der die meisten Europäer die Okkupation betrachteten, und die Entschlossenheit, das Beste aus der Niederlage zu machen, so gut es ging weiter zu leben und zu kollaborieren, wenn es keinen anderen Ausweg gab. Tatsache ist, daß die meisten Bewohner der besetzten Gebiete die meiste Zeit kollaborierten. Französische Geschäftsleute hatten sich schon einen Monat nach dem Waffenstillstand vertraglich verpflichtet, ihren deutschen Partnern Bauxit zu Schleuderpreisen zu liefern. Dänische Geschäftsleute boten den Deutschen Kapital und Arbeitskräfte, um die eroberten Gebiete in Osteuropa auszubeuten, und Ende 1941 arbeitete fast eine Million Polen *freiwillig* in Deutschland.[22]

Churchill und Dalton übertrugen ihre allzu optimistischen Erwartungen auch auf das Reich selbst. Im Mai 1940 bekam Churchill eine Bewertung von Geheimdienstmeldungen, die Gladwyn Jebb, später ein leitender SOE-Beamter, verfaßt hatte. Darin hieß es: «Alle unsere Informanten stimmen darin überein, daß sich die deutsche Bevölkerung insgesamt nicht allzu viel aus den kürzlichen Siegen macht und recht betrübt ist.» Das war ein verhängnisvolles Fehlurteil. Dalton lag ebenso falsch, als er binnen sechs Monaten mit «Hungersnot und Revolte, vor allem in den von Deutschland überrannten Sklavenländern», rechnete.[23] Solche vollkommen unrealistischen Beurteilungen und eine instinktive Neigung, die Wirksamkeit der deutschen Kontrolle über die 260 Millionen Menschen des besetzten Europas zu unterschätzen, waren die unsicheren Stützpfeiler der neuen Sabotageabteilung.

Natürlich gab es in den besetzten Ländern auch Leute, die bereit waren, ihr Leben und das ihrer Angehörigen für die Freiheit aufs Spiel zu setzen. Dalton identifizierte diese Gruppe in einem Brief, den er im Juli 1940 schrieb: «Wir müssen in jedem besetzten Territorium Bewegungen organisieren, die der Sinn-Fein-Bewegung in Irland, den nun in Japan operierenden chinesischen Partisanen oder den irregulären spanischen Truppen entsprechen, die bei Wellingtons Feldzügen eine bemerkenswerte Rolle spielten . . .» Dalton sah, kurz gesagt, daß man Revolutionäre brauchte, und britische Linke diskutierten damals viel über die Theorie einer «europäischen Revolution».[24]

Bald stellte sich jedoch heraus, daß die meisten dieser Revolutionäre Kommunisten waren. Offenbar hatten nur Kommunisten die Organisation, die Disziplin und die Bereitschaft, die nötig waren, um gegen den Faschismus zu kämpfen. Sie würden jedoch nicht kämpfen, um das Vorkriegseuropa wiederherzustellen, sondern um das «System der Könige und Kapitalisten» durch eine neue Ordnung zu ersetzen. Das briti-sche Establishment und die europäischen Exilregierungen erkannten die Gefahr schnell. Wenn die SOE den Widerstand im besetzten Europa unterstützte, würden die Revolutionäre womöglich dem Kommunismus den Weg bereiten. Das erklärt den Eifer, mit dem die SOE den relativ dünn gesäten anderen Widerstandsgruppen half. Zumindest in den frü-hen Tagen wurden Royalisten und Rechte, die irgendwie einen Finger gegen die Deutschen krumm gemacht hatten, mit alliierten Hilfsmitteln überhäuft.

Die SOE-Offiziere galten vielerorts als Amateure, aber es gab Kriti-ker, die sich weniger wohlwollend äußerten. Henry Kerby nannte sie «eine Sammlung von talentierten Schlägern, Aktivisten, Saboteuren und Mördern – ein Abschaum»; und für Robert Bruce Lockhart, der die Ok-toberrevolution miterlebt hatte und nun als Leiter des Amts für Politi-sche Kriegführung diente, war die ganze SOE «ein Schwindel, eine ver-antwortungslose, korrupte Gesellschaft, die aufgelöst werden sollte».[25]

Der moralische Aspekt der SOE-Tätigkeit ist kaum beachtet worden. Bei ihren Versuchen, «Europa in Flammen zu setzen», tötete die SOE nicht nur Nazis, sondern auch viele unschuldige Zivilisten, darunter loyale Helfer der Alliierten. Wenn ein SOE-Team in Frankreich einen Zug in die Luft sprengte, unterbrach es nicht nur den deutschen Nach-schub, sondern tötete auch oft das französische Zugpersonal. Außer-dem müssen die Verantwortlichen bei der SOE bewußt in Kauf genom-men haben, daß die Deutschen Blutbäder unter der Bevölkerung anrichten würden, um sie davon abzuschrecken, den Agenten zu helfen.

Das Ende Mai 1942 in Prag verübte Attentat auf Reinhard Heydrich, den «Stellvertretenden Reichsprotektor von Böhmen und Mähren», ist ein gutes Beispiel. Der Anschlag wurde von Colonel Frank Spooner, dem Leiter der SOE-Schule, organisiert. Zwei Tschechen griffen Hey-drichs Wagen mit Maschinenpistolen und Handgranaten an. Die Deut-schen übten Vergeltung, indem sie bis zu Heydrichs Tod, der eine Wo-che später eintrat*, jeden Abend 100 Geiseln erschossen und dann die ganze Bevölkerung des Dorfes Lidice, wo die SOE-Agenten mit Fall-schirmen gelandet waren, exekutierten und das Dorf selbst bis auf die Grundmauern zerstörten. Dieses barbarische Vorgehen schwächte den

---

* Da Heydrichs Verletzungen zunächst nicht allzu ernst schienen, glaubten die Ärzte zunächst, er werde genesen. Die Deutschen erklärten die plötzliche Ver-schlimmerung seines Zustands später damit, die SOE habe die bei dem Attentat benutzte MP-Munition mit Botulismustoxin aus den Vereinigten Staaten präpa riert.[26]

tschechischen Widerstand so sehr, daß die Nazis gegen Ende desselben Jahres 350 000 tschechische Kriegsgefangene mit nur 750 deutschen Aufsehern für Zwangsarbeit einsetzen konnten. Spooner räumte nach dem Krieg ein, er wünschte, er hätte das Attentat nicht organisiert, und die SOE habe die Möglichkeit von Repressalien gegen Zivilisten zu wenig berücksichtigt.[27]

Manche Zivilisten kamen auch durch Unfälle ums Leben. Im März 1945 überredete die SOE die Royal Air Force, ein Gefängnis der Gestapo in Kopenhagen, in dem 40 führende dänische Widerstandskämpfer saßen, von Mosquito-Bombern angreifen zu lassen. Sie rechtfertigte die Operation damit, daß die dänische Widerstandsbewegung eine wichtige Rolle bei den alliierten Kriegsbemühungen spiele. Aber der Krieg würde in sechs Wochen zu Ende sein, und es lag bereits auf der Hand, daß die deutsche Kapitulation nur noch eine Frage der Zeit war. Der Luftangriff war eine Katastrophe. Ein Bomber der ersten Angriffswelle stürzte auf eine nahe katholische Schule, und die Maschinen der zweiten hielten den so entstandenen Brand für ihr Ziel und bombardierten die Absturzstelle. 30 dänische Widerständler entkamen, aber zehn alliierte Flieger, 27 dänische Lehrerinnen und Lehrer und sieben dänische Schulkinder starben. Eines der Kinder, die überlebt hatten, erinnerte sich 1976, als in England der erste umfassende Bericht über das Unternehmen publik wurde, an den Angriff: «Es gab einen furchtbaren Krach, und alles wurde dunkel . . . Ich dachte, ich wäre vielleicht tot . . . Dann hörte ich Kinder weinen und beten und schreien . . . Es war so ein schöner Tag gewesen, wissen Sie. Der erste richtige Frühlingstag.»[28]

Die SOE hatte aber auch Erfolge. Ihre Aktionen trugen zweifellos dazu bei, die Moral der Menschen im besetzten Europa zu heben. «Der Strohhalm des Widerstands gab Millionen von Menschen die Selbstachtung zurück, die sie im Augenblick des nationalen Unglücks verloren hatten», schreibt M. R. D. Foot, «und die SOE war eine von den größeren Organisationen, die die Möglichkeiten und die Waffen boten, die erforderlich waren, um an Widerstandskämpfen teilzunehmen.» Die Zerstörung der deutschen Fabrik für schweres Wasser in Vemork in Norwegen, die den SOE-Agenten 1943 gelang, war eine wichtige Leistung, da sie die Deutschen wahrscheinlich mit davon abhielt, sich um den Bau einer Atombombe zu bemühen. Die Rolle, die die SOE in der ersten Juniwoche 1944 beim Streik der französischen Eisenbahn- und Telefonarbeiter spielte, ist nie gebührend gewürdigt worden. Die SOE unterstützte Tito im Krieg und half ihm auf diese Weise, eine starke Partei aufzubauen, deren oberste Loyalität Jugoslawien galt und die es dem Land nach dem Krieg ermöglichte, der sowjetischen KP unter Stalin die Stirn zu bieten. In Burma gelang es der SOE, die bislang projapanische Sicherheitspolizei Anfang 1945 – in einem entscheidenden Stadium des Kriegs – ins alliierte Lager zu bringen.²⁹

Aber die Mißerfolge der SOE fallen nach wie vor schwer gegen diese Leistungen ins Gewicht. Der schwerwiegendste war in den Niederlanden zu verzeichnen, und er hätte um ein Haar die Existenz des ganzen Sabotagedienstes beendet. Die Geschichte von «Unternehmen Nordpol» ist inzwischen überall bekannt: Die Deutschen spürten mit Hilfe von Funkpeilgeräten einen holländischen SOE-Funker auf und überredeten ihn, unter ihrer Kontrolle weiterzufunken. Der Mann riskierte sein Leben, indem er das mit der Londoner Zentrale vereinbarte Losungswort aus seinen Sendungen wegließ – ein Hinweis, daß er von den Deutschen kontrolliert wurde – und in einer Sendung sogar das Wort «aufgeflogen» gebrauchte. Der Funker am Empfangsgerät ignorierte die Warnung, so daß der in den Methoden der Doppel- und Dreifachtäuschung unterwiesene Holländer annahm, die Zentrale habe verstanden und bleibe nur deshalb mit ihm in Verbindung, um die Deutschen reinzulegen. Also funkte er weiterhin alles nach London, was die Deutschen ihm sagten.

Von nun an wurde der holländische Arm der SOE faktisch von den Deutschen gesteuert. Sie lockten Agenten zu Absprungplätzen, wo die Gestapo auf sie wartete. Dann zwang man auch sie, unter deutscher Kontrolle zu senden. Auf dem Höhepunkt der Operation kontrollierten die Deutschen 17 Sender, und die SOE warf den Nazis große Mengen von Waffen, Munition, Sprengstoff, Nahrungsmitteln, Kleidung und Geld buchstäblich vor die Füße. Die Infiltration des holländischen SOE-Netzes war schlimm genug, aber sie hatte auch Folgen für die Operationen in Frankreich und Belgien, wo das Unglück noch größer war. Als zwei SOE-Agenten aus einem Gestapogefängnis fliehen konnten, sich über Madrid nach London durchschlugen und dort offenbarten, daß die Deutschen die ganze holländische Operation lenkten, glaubte die SOE ihnen nicht, kam zu dem Ergebnis, sie seien von den Nazis umgedreht worden, und steckte sie wegen Kollaboration mit dem Feind in das Gefängnis Brixton. Nachdem weitere Geflohene ihre Geschichte bestätigt hatten, mußte die SOE schließlich doch die Möglichkeit erwägen, daß sie von den Deutschen manipuliert wurde. Als im März 1944 auf der Hand lag, daß die alliierte Invasion in Europa bevorstand, stellten die Deutschen Unternehmen Nordpol ein. Im September jenes Jahres erschossen sie die letzten 47 SOE-Agenten, die sie gefangengenommen hatten. Die Operation kostete insgesamt wenigstens 100 Frauen und Männer das Leben.[30]

Inzwischen hegten auch die SOE-Gegner in Britannien den Verdacht, daß nicht alles zum besten stand. Am 1. Dezember 1943 teilte das Bomberkommando mit, daß es bis auf weiteres alle SOE-Flüge in Europa einstellen werde.[31] Es befürchtete, die Deutschen hätten die SOE infiltriert, und war nicht bereit, das Leben von Flugzeugbesatzungen für dubiose Operationen aufs Spiel zu setzen. Das Bomberkommando verlangte eine sofortige Untersuchung durch JIC, den Vereinigten Geheimdienstausschuß. Der SIS benutzte die Gelegenheit, um zugleich die Arbeit der SOE in Europa, ihre Befehlsstruktur und ihren Aufbau unter die Lupe nehmen zu lassen. Der Abschlußbericht der Untersuchungskommission war mit höhnischen Bemerkungen gespickt und endete mit einer Reihe von Vorschlägen, die auf die Auflösung des Dienstes hinausliefen. Churchill, der trotz seiner Besorgnis wegen der Kosten noch eine Schwäche für die SOE hatte, mußte eingreifen, um sie vor diesem Schicksal zu bewahren, das nicht nur der JIC und der SIS, sondern auch die Oberbefehlshaber der Teilstreitkräfte befürwortet hatten.[32]

Die SOE war vielleicht nicht allein für die Auseinandersetzungen und Kämpfe verantwortlich, die zwischen ihr und anderen Diensten oder einzelnen Ministerien entbrannten; so lag die Schuld im Fall des SIS eindeutig auf beiden Seiten. Das kann jedoch nicht die internen Querelen, Verschwörungen und Rufmordkampagnen entschuldigen, derentwegen viele ihrer Operationen um ein Haar fehlgeschlagen wären. Das SOE-Büro in Kairo war das schlimmste Wespennest. Bickham Sweet-Excott schrieb: «Wer es nicht selbst miterlebt hat, kann sich unmöglich das Klima von Eifersucht, Mißtrauen und Intrigen vorstellen, das die Beziehungen zwischen den verschiedenen geheimen und halbgeheimen Abteilungen in jenem Sommer 1941 und auch noch in den kommenden beiden Jahren vergiftete.»[33]

Die folgenreichste Spaltung in der SOE selbst betraf Jugoslawien und die relativen Verdienste von Tito und Dragoljub Mihailović, dem Kriegsminister der jugoslawischen Exilregierung in London. Churchill hatte den konservativen Unterhausabgeordneten Fitzroy Maclean nach Jugoslawien geschickt, um feststellen zu lassen, welcher der beiden Führer mehr gegen die Deutschen ausrichtete. Maclean erklärte, Tito sei effektiver und werde sicherlich gewinnen, aber er, Maclean, müsse den Premierminister warnen, daß Titos Jugoslawien kommunistisch sein würde. Churchill, immer pragmatisch, fragte ihn: «Haben Sie vielleicht vor, dort zu leben?» Als der Abgeordnete verneinte, fuhr Churchill fort:

«Ich auch nicht, und deshalb sollen die Jugoslawen doch unter sich ausmachen, was für ein System sie haben werden.»[34]

Churchill, der durchaus Momente hatte, in denen er der SOE mißtraute, beschloß in diesem Fall, sie zu umgehen, und autorisierte Maclean, als sein persönlicher Vertreter zu Tito zu reisen und dafür zu sorgen, daß die SOE ihm jede Unterstützung gab, die er brauchte. Einige SOE-Männer hatten jedoch andere Vorstellungen.

Sie glaubten, der Kommunist James Klugman, der dem SOE-Büro in Kairo zugeteilt war, und seine linksgerichteten Freunde – ein SOE-Verbindungsoffizier bei Mihailović behauptete 1983, das Kairoer Büro sei «ein einziger sowjetischer Maulwurfshügel» gewesen[35] – hätten Mihailović sabotiert, indem sie die Depeschen, in denen er um Waffen gebeten hatte, verlegten oder zu spät weiterleiteten. Jemand, der gegen Macleans Auftrag war, schickte Churchill im Namen des Nahost-Oberbefehlshabers General Sir Henry Maitland Wilson einen Funkspruch des Inhalts, daß Maclean absolut ungeeignet für die Mission sei. (Wilson war fuchsteufelswild, als er dahinterkam.) Ein anderer SOE-Mann, der Maclean nicht mochte, bat die Propagandastelle, in Kairo zu verbreiten, Maclean sei ein Alkoholiker, ein Feigling und ein praktizierender Homosexueller. (Zum Glück vergewisserte sich der Propagandaleiter rechtzeitig bei General Wilson und setzte das Gerücht nicht in die Welt.)

Maclean wurde über Jugoslawien abgesetzt, nahm aber – wie er später sagte – nicht den ersten Fallschirm, den die SOE ihm anbot. Er benutzte seine eigene geheime Funkverbindung zwischen Titos Hauptquartier und General Wilson sowie Churchill, weil er sich nicht darauf verlassen konnte, daß die SOE in Kairo seine Mitteilungen an seine Vorgesetzten weiterleiten würde. Später wurden die Amerikaner in die Fehde hineingezogen; sie spalteten sich ebenfalls in einen Tito-Flügel und einen Mihailović-Flügel, und auch in diesem Fall fuhren die beiden Seiten fort, sich zu bekämpfen.

Die SOE beging außerdem den Fehler, nicht reiflich zu überlegen, was wohl mit den Waffen und dem Sprengstoff geschehen würde, die sie in ganz Europa verteilte, und wem ihre Spezialausbildung zugute kommen würde. SOE-Waffen wurden von Griechenland nach Zypern geschmuggelt und dort gegen die Briten eingesetzt. Juden in Palästina wurden von der SOE für den Fall einer deutschen Besetzung in Sabotage und Subversion ausgebildet, was letztlich jedoch der Haganah zugute kam, als sie 1946–1947 Partisanenaktionen gegen die Briten in Palästina durchführte.[36] Letzteres hätte freilich niemand voraussehen können.

Das Hauptproblem der SOE war jedoch, daß sie ihren potentiellen Nutzen praktisch schon in dem Augenblick überlebt hatte, in dem sie gegründet wurde. Ihr großer innerer Widerspruch – sie sollte den europäischen Befreiungsbewegungen helfen und sich gleichzeitig dem Status quo ante in Europa verschreiben – machte ihre Glaubwürdigkeit zunichte. Selbst wenn ihre Mission realistisch gewesen wäre, hätte es nie genug Flugzeuge gegeben, um sie durchzuführen. Der Kriegseintritt der USA mit ihrem großen Industriepotential und ihren gewaltigen Armeen und die Verknappung der deutschen Ressourcen durch den sowjetischen Widerstand an der Ostfront führten schließlich dazu, daß die Alliierten ihre Strategie änderten. Es war nicht mehr notwendig, Hitler durch eine Explosion im besetzten Europa von innen zu besiegen: Die Alliierten würden das besetzte Europa kraft ihrer Überlegenheit an Menschen und Material einnehmen. Nun verlor die SOE an Gewicht und spielte in den Plänen gegen Hitlerdeutschland keine wichtige Rolle mehr.

Sie erlebte eine kurze Renaissance, als Großbritannien und die Vereinigten Staaten gezwungen waren, einen Krieg gegen ihren früheren sowjetischen Verbündeten in Erwägung zu ziehen. Die britische Regierung forderte sie auf, sich zur Gründung von Widerstandsbewegungen in den Ländern bereitzuhalten, die die UdSSR in einem solchen Konflikt besetzen würde. Aber der Konflikt brach nicht aus, und 1946 setzte der SIS seinen Anspruch durch, der einzige Geheimdienst des Landes zu sein. Am 30. Juni jenes Jahres wurde die «Exekutive für Sondereinsätze» offiziell aufgelöst. Ihre Mißerfolge hatten ihren Nutzen überwogen, ihr militärischer Wert war geringfügig, und wahrscheinlich wären die Alliierten ohne sie besser gefahren.

Wenn die SOE bis heute nicht vergessen ist, dann liegt es an den etwa 200 Büchern, die über sie geschrieben wurden. Viele von ihnen stammen von ihren ehemaligen Offizieren. Wie der Historiker Anthony Verrier sagt, hatte die SOE in Wahrheit «wenig Ähnlichkeit mit der Organisation, die der Mann auf der Straße immer noch mit der Befreiung Westeuropas von der Naziherrschaft verbindet».[37] Die von Spionagethrillern genährten Träume von Sabotage und Subversion sind hartnäckig.

Am 9. November 1939, zwei Monate nach Beginn des Kriegs, wurden zwei SIS-Männer, Captain Sigismund Payne Best, der im Ersten Weltkrieg beim militärischen Nachrichtendienst gedient hatte, und Major Richard Stevens, der Leiter des SIS-Büros in Den Haag, in Venlo nahe der holländischen Grenze entführt und nach Deutschland gebracht. Die britischen Akten über den Zwischenfall können erst nach 100 Jahren eingesehen werden, und die deutschen sind nicht sehr aufschlußreich, aber die grundlegenden Fakten sind bekannt.

Best und Stevens glaubten, sie hätten über den holländischen SIS-Agenten Dr. Franz Fischer Verbindung zu einer oppositionellen deutschen Gruppe hergestellt, die Hitler stürzen und den Krieg beenden wollte. Sie wußten nicht, daß Fischer ein Doppelagent der Gestapo war. Nach verschiedenen Treffs, bei denen man einander auf Herz und Nieren prüfte, baten die britischen Offiziere nachdrücklich darum, mit dem deutschen General zu sprechen, der die Verschwörung gegen Hitler angeblich leiten sollte. Man verabredete eine Begegnung in einem Café in Venlo, unmittelbar an der deutschen Grenze. Best und Stevens fuhren in Begleitung des holländischen Nachrichtenoffiziers Oberleutnant Dirk Klop zu dem wichtigen Termin. Klop hatte die Umsicht besessen, die örtliche Polizei um Schutz zu bitten, aber die drei kamen zu spät und fuhren aus Sorge, sie könnten den deutschen General verfehlen, zu dem Café weiter, ohne der Polizei Zeit zu lassen, rund um das Lokal in Stellung zu gehen.

Best, Stevens und Klop hatten kaum gehalten, als ein deutscher Wagen, auf dessen Trittbrettern mehrere mit Maschinenpistolen bewaffnete Männer standen, über die Grenze gebraust kam. Klop reagierte schnell. Er sprang aus dem Auto, zog die Pistole, rannte zur Hauptstraße und feuerte dabei auf die Deutschen. Aber er wurde nach wenigen Metern von einer deutschen Kugel getroffen. Dann befahl man Best und Stevens mit vorgehaltener MP, aus dem Wagen zu steigen, entwaffnete sie und zerrte sie über die Grenze. Dort wurden sie und der sterbende Klop in Autos verfrachtet und nach Düsseldorf gebracht.

Der Zwischenfall war für alle Beteiligten peinlich; für den SIS war er eine schreckliche Demütigung. Da er so rasch auf die Täuschung hereingefallen war, wollte er zunächst nicht einmal zugeben, daß Best und Stevens zum Geheimdienst gehörten. Die holländische Regierung bestritt wegen ihrer gespannten Beziehungen zu Hitlerdeutschland, daß sie mit den Briten unter einer Decke steckte, lehnte jede Verantwortung für Best und Stevens ab und erklärte Klops Anwesenheit mit einer Fehlentscheidung ihres Nachrichtenchefs, der umgehend entlassen wurde. Selbst die Deutschen wollten die Affäre möglichst schnell vergessen. Sie belastete die ohnehin schlechten Beziehungen zwischen der Abwehr, die kaum etwas über die Operation gewußt hatte, und der Gestapo, die sich mit ihrem Triumph brüstete. (Der Triumph war allerdings nur von kurzer Dauer, denn obwohl Hitler Venlo und die Briten unbedingt mit dem Münchener Bombenanschlag auf ihn in Verbindung bringen wollte, konnte die Gestapo keinerlei Beweise für eine solche Verschwörung liefern.)

Best und Stevens überlebten den Krieg und wurden im April 1945 in einem Dorf in Tirol gefunden. Sie hatten den Verhörmethoden der Gestapo nicht widerstehen können und waren eine wichtige Informationsquelle für die Struktur und Arbeitsweise des SIS geworden. Das hatte den Deutschen erlaubt, ein Dokument mit dem Titel *Informationsheft Großbritannien* abzufassen, das eine Liste mit den Namen vieler Leute – darunter auch eine große Zahl von SIS-Beamten und ihren Agenten – enthielt, die die Gestapo verhaften wollte, sobald Hitler England besetzt hatte. Ein anderer Teil des Dokuments schildert unter der Überschrift «Der britische Nachrichtendienst» den Aufbau des SIS, die Organisation seiner Zentrale, die einzelnen Abteilungen und ihre Aufgaben und brachte sogar Reproduktionen von Paßfotos einiger SIS-Offiziere. Best und Stevens gestanden, der Gestapo Informationen gegeben zu haben; sie hätten es schlecht leugnen können, denn die Nazis hatten seinerzeit einen umfassenden Bericht über den Zwischenfall samt einer Liste aller von Best und Stevens genannten SIS-Offiziere veröffentlicht. Der SIS beschloß, sie nicht unter Anklage stellen zu lassen, aber keiner von ihnen wurde wieder eingestellt.[1]

Viele Autoren, die den Zwischenfall von Venlo untersuchten, haben sich zu sehr auf die Fakten konzentriert und darüber die Motive der Beteiligten vernachlässigt. Doch erst wenn man sich überlegt, was Best, Stevens und die Deutschen wirklich vorhatten, bekommt das Unternehmen der beiden Geheimdienste eine unerwartete und wichtige politische Dimension. Um sie zu würdigen und das Geschehen in den historischen Rahmen zu rücken, müssen wir einen Blick auf den Sommer 1939 werfen, als noch eine wenn auch geringe Hoffnung bestand, der Krieg könne abgewendet werden.

Nicht alle Deutschen standen hinter Hitler. Es gab eine politische Opposition – ein loses Bündnis aller anderen Parteien von den Sozialdemokraten bis zu den konservativen Kräften –, und es herrschte eine wachsende Besorgnis vor einem neuerlichen Weltkrieg. Hitlers Kritiker und Gegner hofften auf die Hilfe Großbritanniens, aber sie mußten äußerst behutsam vorgehen. Einerseits wollten sie, daß England genügend Entschlossenheit zeigte, um Hitler von weiteren militärischen Abenteuern abzuschrecken, aber andererseits sollte London nichts tun, was eine kriegsähnliche Reaktion auslösen könnte. Sie meinten, diese Botschaft solle am besten durch geheime Kanäle übermittelt werden. So reiste Oberst Gerhardt Graf von Schwerin, Angehöriger des deutschen Generalstabs, im Juli mit einem Einführungsbrief Adam von Trotts (dem Sprecher der Hitlergegner) an David Astor (den späteren Herausgeber des *Observer*) nach London.

Schwerin legte ausführlich dar, was Großbritannien tun könne, um Hitler davon zu überzeugen, daß sein gegenwärtiger Kurs zum Krieg führen werde. Astor war so beeindruckt, daß er sich mit dem SIS in Verbindung setzte, um ein gutes Wort für Schwerin einzulegen. Aber ein leitender Offizier erklärte ihm: «Ich weiß, wer dieser Mann ist, und wenn Sie wissen wollen, was ich davon halte, daß er jetzt, wo unsere Beziehungen zu den Deutschen so schlecht sind, hierher kommt, dann muß ich Ihnen sagen, daß ich es für eine verdammte Frechheit halte.»[2]

Aber der Kontakt, so indirekt und unbefriedigend er auch sein mochte, war hergestellt, und der Geheimdienst vermerkte immerhin, daß es Hitlergegner gab und daß sie offenbar mit ihm in Kontakt treten wollten. Das bestätigten Schritte, die bald nach Kriegsausbruch in die Wege geleitet wurden. Die Deutschen baten vatikanische Würdenträger, bei Papst Pius XII. zu sondieren, ob er eventuell bereit wäre, einen fairen und ehrenvollen Frieden zu vermitteln.[3] In Großbritannien und – nach Beginn des Kriegs – in den USA führte John Wheeler-Bennett, ein britischer Experte für die deutschen Streitkräfte, mit von Trott lange Gespräche über eine Zusammenarbeit zwischen den Briten und der deutschen Opposition.[4] Das Verlangen nach einer Verständigung mit Deutschland – ob sie nun Hitlers Sturz beinhalten würde oder nicht – sollte im Winter 1939–1940 rasch wachsen, aber uns geht es im Augenblick darum, wie der SIS unmittelbar nach dem Ausbruch des Kriegs am 1. September 1939 reagierte.

Zunächst bombardierte er Außenminister Lord Halifax mit Berichten über politischen Dissens im Reich. Halifax erklärte dem Kriegskabinett zum Beispiel am 11. September, einer geheimen Quelle zufolge könne es außerordentlich wertvolle Resultate zeitigen, wenn England einen unmittelbaren, «auf bestimmte Weise formulierten» Appell an die deutsche Wehrmacht richtete. Am 23. Oktober sagte er im selben Kreis, im Reich gebe es eine Menge innere Konflikte, und vier Tage später teilte er mit, zwischen Hitler und der Wehrmacht herrschten akute Meinungsverschiedenheiten. Viele Leute in Whitehall nahmen an, es könnten Umstände eintreten, die eine schnelle Beendigung des Kriegs ermöglichen würden, und unter Mitwirkung des SIS wurde es offizielle Politik, die Opposition in Deutschland zu ermutigen «und dann abzuwarten, was geschieht».[5]

Das war leichter befohlen als getan. Die SIS-Zentrale gab Anweisungen heraus, die schließlich am Ende der Befehlskette, bei Best in Den Haag, landeten. Best war nach dem Ersten Weltkrieg eine bekannte Figur in Holland geworden. Er hatte eine Holländerin geheiratet, besaß ein Importgeschäft, das unter anderem pharmazeutische Präparate und Fahrräder vertrieb, und war, wenigstens für die Niederländer, ein Exzentriker: Er trug ein Monokel und Gamaschen und sprach mit lauter, befehlender Stimme. Seine genaue Beziehung zum SIS war nicht ganz klar. Stevens, der Büroleiter, hatte ihn für den gehalten, als den er sich hinstellte: einen wohlhabenden Geschäftsmann im Exil. Am ersten Kriegstag kam Best jedoch in sein Büro spaziert und gab sich als lokaler Vertreter von Organisation «Z» zu erkennen, eines supergeheimen SIS-Ablegers, der von dem erstaunlichen Claude Dansey geleitet wurde.

Dansey, vormals Soldat, Besitzer eines Country Clubs und dann Offizier bei MI 5, war zum SIS gegangen, um sich kurz darauf, angeblich wegen zweifelhafter Spesenabrechnungen, mit Sinclair, seinem Chef, zu entzweien. Sinclair konnte ihn nicht länger in der Zentrale ertragen und wurde ihn los, indem er ihm erlaubte, «Z» zu gründen, ein Netz von Amateuren, meist Geschäftsleute und Journalisten, die sich als Spione betätigten. Sie arbeiteten für wenig oder gar kein Geld und wurden von Dansey – «ein Mann, der immer um neun Ecken herum denkt» – von einem kleinen Büro im Bush House in Aldwych aus befehligt. Wenn «Z» überhaupt Leute hatte, die etwas taugten, war Best gewiß keiner davon. Von 13 «Hauptagenten», die Best angeblich führte, erwiesen sich acht als erfunden, und die erheblichen Spesen, die diese fiktiven Agenten machten, hatten auf geheimnisvolle Weise ihren Weg in Bests Tasche gefunden.[6]

Einer der «echten» Agenten war Fischer, der, wie wir gesehen haben, auch für die Gestapo arbeitete. Wenn wir die Ereignisse mit Fischers Augen betrachten, verstehen wir das folgende leichter. Einer seiner Auftraggeber, nämlich die Briten, hatte ihm gesagt, daß er mit oppositionellen Gruppen in Deutschland Verbindung aufnehmen solle, um über die Möglichkeit von Friedensverhandlungen zu sprechen. Fischer stand vor der Alternative, Bests Anweisung zu folgen, ohne seinem anderen Auftraggeber, der Gestapo, etwas davon zu sagen, oder den Deutschen alles zu verraten. Er zögerte nicht. Die Deutschen hatten ihn seit München des öfteren zum Ausspähen von Friedensgruppen eingesetzt, und wenn er ihnen sagte, was die Briten ihm aufgetragen hatten, würde er sich bei beiden Auftraggebern lieb Kind machen.[7]

Die Deutschen waren verständlicherweise froh, Fischer als Mittelsmann benutzen zu können. Sie sahen, daß sie nichts zu verlieren hatten, wenn sie den Kontakt pflegten. Sie würden zumindest etwas über SIS-Operationen in den Niederlanden erfahren. Falls es dann zu Verhandlungen kam, würden sie vielleicht auch etwas über die SIS-Zentrale in London herausbekommen. Aber es lagen noch höhere Einsätze auf dem Tisch. Die Friedensfühler konnten real sein. Sie konnten sogar eine Grundlage für eine Verständigung zwischen Großbritannien und dem Reich bilden, die zum beiderseitigen Vorteil wäre. Fischer arbeitete für die Gestapo, deren Chef, Himmler, den Krieg gegen England als unnötig betrachtete. Er meinte, Deutschlands wahre Mission liege im Osten, in der Eroberung der Sowjetunion, und der Krieg gegen England sei ein Streit unter Verwandten, den man mit ein bißchen Vernunft auf beiden Seiten beilegen könne. Andere Mächtige des Reichs stimmten mit ihm überein. Göring hatte den aus Böhmen stammenden Fürsten Hohenlohe ermutigt, Kontakt zu seinen britischen Freunden aufzunehmen und mit ihnen über die Bedingungen eines Friedens zu sprechen. Einen Monat nach Kriegsausbruch traf Hohenlohe zum Beispiel in der Schweiz mit dem pensionierten RAF-Obersten Malcolm Christie zusammen, um über einen Friedenskompromiß zu diskutieren, der den Deutschen freie Hand lassen würde, die kommunistische Gefahr auszuschalten.[8]

Der Offizier, dem die Deutschen die Operation übertrugen, war bezeichnenderweise Walter Schellenberg, Leiter der Spionageabwehrabteilung der Gestapo, ein junger Intellektueller, der einen Kompromiß mit Großbritannien anstrebte, weil «allein Stalin von einem europäischen Krieg profitieren kann». Bei einem Treffen mit Best und Stevens, das am 30. Oktober in Den Haag stattfand, zeichnete sich eine Einigung über die Bedingungen eines Friedens ab. Hitler sollte einstweilen deutscher Regierungschef bleiben; Ribbentrop sollte gehen, während man für Göring eine andere Aufgabe suchen würde. Österreich, die Tschechoslowakei und Polen sollten in ihren alten Grenzen wiederhergestellt werden, und es würde eine vereinigte antisowjetische Front geben. Laut Schellenberg leitete Stevens diese Bedingungen an das Foreign Office weiter, Halifax stimmte ihnen zu, und man plante ein Zusammentreffen in London, bei dem die näheren Einzelheiten ausgehandelt werden sollten.[9] Die große Frage in diesem Stadium ist: Wieviel wußte das britische Kriegskabinett von all dem?

Chamberlain war zweifellos über die Gespräche informiert, aber der SIS legte, wenn er ihm Bericht erstattete, die Betonung offenbar nicht auf den Friedensaspekt, sondern auf die militärische Verschwörung gegen Hitler. (Der Premierminister mußte jedoch eine gewisse Kenntnis von den deutschen Bedingungen gehabt haben, denn er sagte am 5. November in einem Brief an seine Schwester ein frühes Ende des Kriegs voraus und erklärte, die Deutschen «könnten sofort Entsatz bekommen und *müssen vielleicht nichts von dem aufgeben, woran ihnen wirklich liegt*» [Hervorhebung des Autors].) Am 1. November erfuhr das Kriegskabinett zum erstenmal von den geheimen Verhandlungen. Es war über die Neuigkeit nicht glücklich, und wenigstens Churchill sprach sich für einen sofortigen Abbruch aller Kontakte zu den Deutschen aus. Ob alle Mitglieder des Kabinetts die ganze Geschichte kannten, ist nicht restlos geklärt. Der SIS wich anscheinend der Frage aus, ob die bisher diskutierten Bedingungen den Sturz Hitlers vorsahen oder nicht. Einer der Männer, die im Mittelpunkt der Verhandlungen standen, hatte jedoch keinen Zweifel. Best sagte später: «Adolf Hitler sollte an der Macht bleiben.»[10]

Hitler wußte sicher von den Gesprächen und war mit ihnen einverstanden. Er selbst ließ London am 6. Oktober einen Kompromißfrieden anbieten, und ohne sein Einverständnis dürfte Himmler seinen Mitarbeiter Schellenberg wohl kaum ermächtigt haben, die Friedensverhandlungen so fortzusetzen, wie er es für angebracht halte. Anfang November begann Hitler jedoch, sich die Sache zu überlegen. Seine Pläne für eine Offensive gegen England und Frankreich waren weit gediehen, und noch mehr Friedensgerede konnte nach Defätismus riechen. Seines Stimmungsumschwungs bewußt, beschloß Himmler, die Operation einzustellen, doch um den größtmöglichen Profit daraus zu schlagen, befahl er die Entführung Bests und Stevens'. Wie wir gesehen haben, führte die Gestapo seine Anweisung am 9. November aus.

Schellenberg blieb noch vierzehn Tage heimlich in Funkkontakt mit dem SIS, weil er vielleicht hoffte, die Politiker hinter Best und Stevens wollten die Verhandlungen trotz allem fortsetzen. Aber am 29. November brach er die letzte Brücke in einem Funkspruch aus Berlin ab. Er tat sein Bestes, um die beiden Briten vor einem politischen Schauprozeß zu bewahren, und schlug sogar vor, sie gegen deutsche Gefangene auszutauschen.[11] (Er wurde nach dem Krieg für sein Verhalten belohnt. Beim Nürnberger Prozeß zu nur sechs Jahren Haft verurteilt, brauchte er nicht mehr als zwei abzusitzen.)

Warum sollte der SIS jedoch geglaubt haben, die britische Regierung hätte sich womöglich selbst dann mit dem Reich geeinigt, wenn Hitler an der Macht geblieben wäre? Die Antwort lautet, daß im SIS und in gewissen Kreisen des britischen Establishments – einer kleinen, aber einflußreichen Minderheit – Übereinstimmung mit der deutschen Ansicht herrschte, die beiden Länder kämpften den falschen Krieg, und der «richtige» Krieg würde Deutschland und Großbritannien Seite an Seite gegen die Sowjetunion sehen.

Deshalb war es sicher unfair, daß die britische Regierung dem SIS die ganze Verantwortung für das Fiasko von Venlo aufbürdete und dem Sündenregister des Geheimdienstes damit einen weiteren Minuspunkt hinzufügte. Eine andere Folge war, daß die Briten ihre Politik zur deutschen Opposition gegen Hitler änderten. England bemühte sich nun nicht mehr aktiv darum, Hitlergegner und Friedensbefürworter im Reich auszumachen, sondern nahm eine passive Haltung ein und begegnete jeder Annäherung mit äußerster Skepsis, weil sie sich als neuerliches Komplott der Gestapo herausstellen könnte. Churchill erklärte in einer kurz nach seiner Ernennung zum Premierminister im Mai 1940 herausgegebenen Direktive: «Außenminister: Ich hoffe, es wird dem [päpstlichen] Nuntius klargemacht, daß wir keine Sondierungen über die Bedingungen eines Friedens mit Hitler wünschen und daß alle unsere Agenten strikte Anweisung haben, nicht mehr auf diesbezügliche Vorschläge zu reagieren.»[12]

Offenbar der Meinung, man werde ihn mit Freuden begrüßen, unternahm Hitlers Stellvertreter Rudolf Hess im Mai 1941 seinen aufsehenerregenden Flug nach Schottland. In seinem Gepäck befand sich eine Liste prominenter Briten, die sich seiner Meinung nach jetzt, wo Hitler im Begriff war, die Sowjetunion anzugreifen, für einen Frieden und ein Bündnis mit Deutschland interessierten. Die Liste war veraltet, und viele Leute, die darauf standen, hatten sich inzwischen hinter Churchill gestellt, der alles daran setzte, die Schlacht um England zu gewinnen. Der unerwartete Besuch des Führerstellvertreters war dennoch peinlich. Churchill wußte eine einigermaßen geeinte Nation hinter sich und wollte auf gar keinen Fall, daß die Leute anfingen, die offensichtlichen Fragen zu stellen: Warum bildete Hess sich ein, daß seine Friedensmission begrüßt werden würde? War es zum Beispiel möglich, daß er nicht gekommen war, weil er – wie Churchill verbreitete – verrückt war, sondern weil britische Hitlersympathisanten ihn eingeladen hatten?* Letzteres war zweifellos die Möglichkeit, die die sowjetischen Führer erwogen, und Stalin hatte nach dem Schottlandflug den starken Verdacht, Großbritannien und Deutschland seien im Begriff, sich zu einigen. Churchill wollte nicht, daß der SIS eine ohnehin schon delikate Situation noch komplizierter machte, und interessanterweise bekam kein einziger SIS-Offizier die Erlaubnis, Heß zu vernehmen. Churchill zog alle Entscheidungen in der Sache Heß an sich, und die Hauptbefragungen wurden von Politikern und hohen Beamten des Foreign Office durchgeführt.[13] Die Rolle des SIS in Venlo war unvergessen.

Die vielen Mißerfolge hatten das Selbstvertrauen des SIS erschüttert, und sein eigener Krieg mit der SOE war ein weiterer Grund dafür, daß er den ganzen Krieg hindurch von inneren Zwistigkeiten heimgesucht wurde und entsprechende Zeichen von Schwäche zeigte. Das panische Mißtrauen vor neuen Fallen der Gestapo führte dazu, daß ernstgemeinte Fühlungnahmen zurückgewiesen und wichtige Informationen als unglaubwürdig abgetan wurden. Das beste Beispiel für letzteres ist zweifellos der Oslo-Bericht, wahrscheinlich das bemerkenswerteste Geheimdienstdokument des Kriegs überhaupt. Es half England enorm, be-

---

* Das würde die ambivalente britische Haltung zu Hess' Gefängnisaufenthalt nach dem Krieg erklären. London warf der Sowjetunion zwar vor, sie stelle sich einer Begnadigung aufgrund seines hohen Alters und seiner angegriffenen Gesundheit in den Weg, setzte sich aber nicht weiter für ihn ein. Man kann natürlich behaupten, Hess habe seine Friedensmission aus eigenem Antrieb unternommen, und dann argumentieren, er habe sich eben geirrt, als er dachte, die Briten würden seine Initiative begrüßen. Wenn Hess jedoch hätte beweisen können, daß prominente Briten ihn *eingeladen* hätten, wäre das Argument in sich zusammengefallen.

sonders auf wissenschaftlichem Gebiet, aber der SIS hatte es unterdrükken wollen.[14]

Der Report wurde am 3. November 1939 als kleines Päckchen von einem Boten in der britischen Botschaft in Oslo abgegeben. Man erwartete ihn. In einem an den Marineattaché Captain Hector Boyes adressierten Brief hatte ein anonymer Offizier der Abwehr eine Woche zuvor angeboten, wichtige technische Daten zu liefern, wenn Boyes zu erkennen gäbe, daß sie willkommen wären. (Das geschah durch eine geringfügige Änderung der deutschen Nachrichtensendung der BBC.)

Der Leiter des SIS-Büros, Commander J. B. Newill, las das Dokument sofort. Im Rückblick begreift man rasch, wie sensationell es war. Es enthielt Einzelheiten über neuartige Zünder für Bomben und Granaten, Lenktorpedos, Entfernungsmesser für Flugzeuggeschütze, Radar, Granaten mit Fernzündung und das Programm für den neuen Langstreckenbomber Junkers 88. Der wichtigste Punkt betraf jedoch ein Versuchsgelände bei Peenemünde, wo die Deutschen angeblich kleine ferngelenkte Flugkörper entwickelten, die eine große Sprengstoffladung tragen konnten – ein deutlicher Hinweis auf die Geburt der V1 und V2. Newill schickte den Bericht nach London, wo er auf dem Schreibtisch des Leiters der SIS-Luftabteilung, Oberstleutnant Winterbotham, landete.

Winterbotham las ihn mit einiger Skepsis, sah aber ein, daß er nicht die nötige wissenschaftliche Vorbildung hatte, um ihn zu bewerten,* und leitete ihn weiter an Dr. R. V. Jones, einen Wissenschaftler, der an einem Forschungsprojekt des Luftfahrtministeriums arbeitete. Jones studierte das Dokument und kam zu dem Ergebnis, daß es authentisch und sehr wichtig sei. Beim SIS glaubte ihm kein Mensch; der Report wurde als Desinformation, als ein neuer Trick der Gestapo betrachtet. Man argumentierte, kein einzelner Deutscher könne so gut über so viele verschiedene Dinge informiert sein, und wenn einige Informationen einer genaueren Untersuchung standhielten, dann nur, weil die schlauen Deutschen mit der altbekannten Methode arbeiteten, etwas Wahres preiszugeben, um den Rest glaubwürdig zu machen. Die weitere Entwicklung zeigte, daß der SIS sich geirrt hatte, und der Oslo-Bericht stellte sich in fast allen Einzelheiten als authentisch heraus. Aber der Abwehroffizier, der ihn geschrieben hatte, war inzwischen von der Bildflä-

---

* Die anderen Leute in der SIS-Zentrale hatten sie auch nicht. In einem Krieg, in dem die Wissenschaft eine Hauptrolle spielen sollte, hatte der Geheimdienst keine wissenschaftliche Abteilung.

che verschwunden, sicher nicht ohne sich zu wundern, warum die Briten nicht versucht hatten, den Empfang seines Materials zu bestätigen oder das Fenster, das er geöffnet hatte, weiter zu benutzen.[15]

Der Schaden, den der SIS durch seine übervorsichtige Reaktion angerichtet hatte, wurde 1942 verschlimmert, als der Leiter des SIS-Büros in Lissabon einen Mann befragte, der aus einem NS-Zwangsarbeitslager geflohen war. Er sagte, er habe in einer deutschen Forschungseinrichtung an der Ostsee bei Peenemünde gearbeitet. Es sei ein geheimes Projekt gewesen, scheine aber etwas mit Raketen zu tun gehabt zu haben. Lissabon schickte das Vernehmungsprotokoll nach London, wo es vom Falloffizier Basil Fenwick gelesen wurde, einem früheren leitenden Angestellten der Shell, der zu Danseys «Z» gehört hatte. Wegen des strengen Verteilers hatte Fenwick nichts vom Oslo-Bericht gehört, so daß ihm der Bericht des geflohenen Zwangsarbeiters nichts sagte. Er hätte ihm mehr Gewicht beigemessen, wenn Lissabon nicht für interne Querelen und mangelhafte Glaubwürdigkeit bekannt gewesen wäre. Jedenfalls wies er das Büro in Lissabon an, die Informationen des Zwangsarbeiters als getürkt zu behandeln. Als dann ein anderer SIS-Offizier, der von Peenemünde gehört hatte, die richtige Verbindung herstellte, war der Mann bereits in dem Flüchtlingsheer verschwunden, das Portugal damals beherbergte, und die hektische Suchaktion des SIS-Büros blieb erfolglos.[16]

Solche Fehlleistungen waren keineswegs die Ausnahme. Der SIS wurde rechtzeitig gewarnt, daß die Deutschen in Belgien und Holland einfallen wollten, schenkte der Meldung aber keinen Glauben. Die erste Warnung kam von Colonel Edward Calthrop, dem Leiter des Büros in Brüssel, der einen Kontaktmann bei der belgischen Polizei hatte. Der Informant gab Calthrop einige Karten, die man in einem deutschen Militärflugzeug gefunden hatte, das auf belgischem Territorium notgelandet war. Die Karten schienen Teil eines Invasionsplans für Belgien und Holland zu sein, und die Informationen, die sie enthielten, schienen von Oberst Hans Oster, dem stellvertretenden Chef der Abwehr, der ein Gegner des NS-Regimes war, bestätigt zu werden. Oster war mit dem stellvertretenden holländischen Militärattaché in Berlin befreundet und hatte ihn bereits vor der Invasion Polens gewarnt. Nun, Anfang Mai 1940, teilte er mit, daß Hitler Vorbereitungen zum Angriff auf die Niederlande und Belgien traf. Doch nach Venlo glaubten ihm weder der holländische Nachrichtendienst noch der SIS, an den sein Hinweis weitergeleitet worden war. Der SIS kam zu dem Schluß, die deutschen Karten seien Fälschungen, und Oster wolle ihn hereinlegen. Der Irrtum wurde offensichtlich, als deutsche Truppen am 10. Mai in Holland, Belgien und Luxemburg einmarschierten.[17]

Andere Informationen, die das Geschehen weitgehend hätten beeinflussen können, schienen den SIS ohne weiteres zu erreichen, um sich anschließend in blauem Dunst aufzulösen. Ein SIS-Netz in Vichy-Frankreich, das den Codenamen «Allianz» trug und bisher ausgezeichnete Informationen geliefert hatte, begann im Januar 1942, regelmäßige Lageberichte über die Kampfbereitschaft der beiden in Brest liegenden deutschen Schlachtschiffe *Scharnhorst* und *Gneisenau* zu schicken. Zwei Wochen, bevor die Schiffe in See stachen, um sich durch den Kanal zu ihrem deutschen Heimathafen durchzukämpfen, teilte ein Allianz-Agent dem SIS über Madrid mit, daß sie jederzeit auslaufen könnten. Es steht nicht zweifelsfrei fest, ob die SIS die Meldung verschleppte oder aber an die Navy weiterleitete, die sich auf jeden Fall mehr auf den abgehörten Funkverkehr der Deutschen verließ, um Neuigkeiten über die Schiffe in Erfahrung zu bringen. Schließlich verließen sie den Hafen von Brest am 12. Februar im Konvoi mit dem schweren Kreuzer *Prinz Eugen*, dampften unbehelligt durch die Straße von Dover und legten 24 Stunden später in Wilhelmshaven an. Für die RAF war es die einzige reale Chance gewesen, deutsche Schlachtschiffe auf See anzugreifen, und sie hatte sie verpaßt; die beiden großen Schiffe waren viele Monate lang eine ständige Bedrohung für die alliierten Kreuzer, die um das Nordkap fuhren, sowie für die Sowjetunion.[18]

Der Krieg war für den SIS allerdings keine ununterbrochene Kette von Mißerfolgen. Der britische Geheimdienst erzielte auch Treffer, freilich meist nebensächliche. Einer seiner Informanten, ein indischer Heeresoffizier namens Gulzar Ahmed – der als Zensor getarnt am britischen Konsulat in Istanbul arbeitete –, stand gleichzeitig auf der Gehaltsliste der Abwehr, blieb jedoch dem SIS treu und wurde einer der besten Doppelagenten des Zweiten Weltkriegs. Seine Informationen ermöglichten es, andere Agenten der Abwehr zu enttarnen, und einige von ihnen wurden dann mit Erfolg umgedreht. Ein von einem Geistlichen in Bordeaux geleitetes Agentennetz lieferte erstklassige Informationen, insbesondere über deutsche Truppenbewegungen. Das Stockholmer SIS-Büro arbeitete durchgehend erfolgreich, und Kairo führte einige ausgezeichnete Operationen zur Irreführung des Gegners durch.

Den wichtigsten Erfolgen des SIS war jedoch ein beunruhigender Faktor gemeinsam – die Abwehr hatte etwas damit zu tun. Wir haben bereits gesehen, daß die bedeutsamste wissenschaftliche Geheiminformation, der Oslo-Bericht, einem anonymen Abwehroffizier zu verdanken war und daß der stellvertretende Abwehrchef Oberst Oster die Alliierten über bevorstehende Militäraktionen der Deutschen unterrichtete. Um jedoch zu verstehen, daß die Abwehr auch hinter anderen Erfolgen des britischen Geheimdienstes stand, müssen wir kurz den damaligen deutschen Geheimdienstapparat untersuchen.

Wenn die britischen Nachrichtenorganisationen im Krieg durch Flügelbildung und Rivalitäten geschwächt wurden, sah es bei den deutschen ebenso schlimm aus. Die Aussicht auf den bevorstehenden Konflikt hatte die divergierenden Tendenzen im NS-Geheimdienstwesen womöglich noch verstärkt. Die Abwehr fand sich isoliert und zunehmend vom Reichssicherheitshauptamt (RSHA) behindert; beide wurden von der Nachrichtenabteilung in Ribbentrops Reichsaußenministerium verachtet; alle drei befehdeten sich gegenseitig; und selbst *innerhalb* jeder einzelnen Organisation gab es rivalisierende Gruppen.[19]

In keinem der deutschen Dienste gab es Offiziere, die die Vereinigten Staaten und Großbritannien gut genug kannten, um die Meldungen und Informationen ihrer Agenten richtig zu bewerten, und alle Dienste hatten ein großes Problem mit ihren Führern: Jeder Bericht, der einen alliierten Erfolg beinhaltete, wurde als defätistisch beiseite gewischt, und man behandelte seinen Verfasser beinahe wie einen Verräter. Verständlicherweise war das kein Anreiz für objektive und akkurate Bewertungen – vorausgesetzt, die zugrundeliegenden Agentenmeldungen waren überhaupt relevant und zutreffend. Oft waren sie es nicht.

Unmittelbar nach dem Krieg prüften Geheimdienstler der Alliierten erhalten gebliebene Akten der deutschen Dienste und befragten Geheimdienstbeamte, die noch am Leben waren. Im Sommer 1945 wurde der Bericht einer dieser Gruppen in ein geheimdienstliches Kompendium der Alliierten aufgenommen. Hier ein Auszug:

«Es liegt auf der Hand, daß der beste Agent derjenige ist, der aus idealistischen Beweggründen arbeitet und nicht von Furcht oder von der Aussicht auf Bezahlung motiviert wird. Solche Leute gehörten im Reich aber praktisch alle zur Elite der Partei, und logischerweise hatten nur wenige von ihnen irgendwelche Kenntnisse über das britische oder amerikanische Volk und wären viel zu auffällig gewesen, um im Ausland von großem Nutzen zu sein. Abgesehen von den seltenen Fällen konnte der deutsche Geheimdienst seine Agenten deshalb nicht unter Idealisten anwerben, sondern mußte sie unter eingeschüchterten, geldgierigen oder opportunistischen Leuten suchen.»[20]

Die deutschen Dienste waren also meist gezwungen, sich auf Gauner oder unerfahrene Personen zu verlassen, auf Leute wie Karl-Heinz Krämer, den Abwehrmann in Stockholm, der offenbar die meisten seiner Meldungen aus Zeitungen und aus Fachbüchern über Luftfahrt zusammenschrieb, die in schwedischen Buchhandlungen zu kaufen waren, oder den hohen Nachrichtenoffizier der spanischen Streitkräfte, der gleichzeitig für die Abwehr arbeitete und ihr Zugang zum spanischen Agentennetz in London verschaffen sollte. Als es dem SIS gelang, den Safe dieses Mannes zu untersuchen, entdeckte er, daß viele seiner Londoner «Agenten» nur in seiner Phantasie existierten und daß seine Meldungen an die Abwehr von A bis Z Phantasieprodukte waren.[21]

Sogar die berühmte Geschichte von «Cicero», dem Kammerdiener des britischen Botschafters in Ankara, Sir Hughe Knatchbull-Hughessen, war nicht der uneingeschränkte deutsche Triumph, zu dem sie später – auch im Film – hochstilisiert wurde. «Cicero», mit wahrem Namen Elyesa Bazna, hatte Schlüssel zum Safe und zur Depeschentasche des Botschafters und pflegte, wenn dieser im Bett lag und schlief, den Inhalt beider zu fotografieren, um der Gestapo dann die Filme zu verkaufen. Er verschwand mit 200 000 Pfund, die ihm die Deutschen (in gefälschten Scheinen!) gegeben hatten, als die Briten, aufgeschreckt von abgefangenen deutschen Klartexttelegrammen zwischen Ankara und Berlin, die das gestohlene Material zitierten, eine Sicherheitsüberprüfung veranlaßten und er in den Kreis der Verdächtigen geriet. Die Deutschen hatten Bazna mit Falschgeld bezahlt, aber seine Informationen waren authentisch und wertvoll. Die Gestapo fand jedoch, die ganze Sache sei zu schön, um wahr zu sein, und betrachtete sie als Desinformationsmanöver der Briten. Wenn Baznas Material also nicht von anderen Quellen bestätigt wurde – was selten geschah –, ignorierte sie es vorsichtshalber.[22]

Mit Hitlers Spionen in den Vereinigten Staaten verhielt es sich ganz ähnlich. Sie interessierten sich für etwaige Meinungsverschiedenheiten zwischen Churchill und Roosevelt, den Umfang der amerikanischen Hilfe, die Kriegsproduktionsziffern und technische Entwicklungen. Autoren, die während des Kriegs und später über ihre Arbeit schrieben, stellten ihre Erfolge übertrieben dar. Die deutschen Spione sammelten wenig nützliche Informationen, und wenn sie etwas Wichtiges lieferten, wurde es oft von ihren Auftraggebern ignoriert. Edmund Heines gestand bei seinem Prozeß, daß er seine «Geheiminformationen» aus Fachzeitschriften abgeschrieben hatte, die er im Buchhandel gekauft hatte. Deutsche Wissenschaftler kamen schnell dahinter und verließen sich zunehmend auf ihre eigenen Recherchen statt auf Spionage. Ende 1942 hörte die Spionagetätigkeit der Deutschen in den USA praktisch auf. Der Historiker Hans L. Trefousse sagt: «Trotz des erheblichen Aufwands an Zeit, Geld und Mühe trug der deutsche Geheimdienst in Amerika nicht substantiell zu Hitlers Macht bei und minderte auch nicht den Beitrag, den die Vereinigten Staaten leisteten, um ihn zu besiegen.»[23]

Der SIS wußte nicht genau, wie die Abwehr aufgebaut war und geleitet wurde, aber die deutschen Geheimdienste waren trotz ihres Erfolgs in Venlo nur wenig schlauer, was die Struktur und Arbeitweise des SIS betraf. Sie konnten nicht glauben, daß der berühmte britische Geheimdienst so tüchtig war, wie es schien, und meinten, wenn sich nicht eine andere, eine supergeheime Organisation hinter der Fassade des SIS verstecke, müsse das Ganze eine Legende sein, die die perfiden Briten in die Welt gesetzt hätten. Deshalb gingen sie davon aus, daß sie nicht vorsichtig genug sein könnten und den SIS automatisch als äußerst gefährlichen Gegner einschätzen mußten, um nicht in eine verhängnisvolle Falle zu tappen.

Eine kleine, aber einflußreiche Gruppe von Nazigegnern innerhalb der Abwehr bildete eine Ausnahme. Die genaue Rolle dieses Flügels ist bis heute umstritten. Der Grund ist unschwer zu erkennen. Wenn der harte Kern des Widerstands gegen Hitler in der Abwehr steckte und wenn dieser Kern insgeheim auf den Sturz des Führers hinarbeitete, muß man die britischen Erfolge gegen die Abwehr in einem neuen Licht betrachten. Die entscheidende Frage lautet dann: Rannte der britische Geheimdienst eine offene Tür ein?

Einer der gefeierten Triumphe im Geheimdienstkrieg war das sogenannte Unternehmen «Doppeltäuschung». Angeblich identifizierten und erwischten die Briten alle deutschen Spione in England und drehten die meisten von ihnen um, damit sie zur Irreführung und Desinformation des Gegners eingesetzt werden konnten. (John Masterman berichtet in *The Double Cross System in the War of 1939 to 1945* ausführlich über die Operation.) Viele Spionagebücher benutzen «Doppeltäuschung», um den Scharfsinn der Briten und die Einfalt der Deutschen zu beweisen.

«Entscheidend für die Erfolge des britischen Geheimdienstes im Zweiten Weltkrieg war die bemerkenswerte Tatsache, daß die Deutschen nie den Verdacht hegten . . ., ihr gesamtes Spionagenetz in Großbritannien sei von den Briten übernommen worden, um gegen sie benutzt zu werden», sagte 1980 der Moderator einer BBC-Rundfunksendung. «Als das Dritte Reich im Mai 1945 im Koma lag, flehte es die

Agenten, die es verraten hatten, immer noch kläglich an, die Verbindung nicht abreißen zu lassen.»[24]

Die Behauptung, das *gesamte* deutsche Agentennetz in Großbritannien sei enttarnt *und* umgedreht worden, ist zu unwahrscheinlich, um ohne genauere Prüfung akzeptiert zu werden, und die anschließende Behauptung, *kein Mensch* in Deutschland hätte das jemals geahnt, riecht noch mehr nach der Arroganz des Siegers. Eine nähere Betrachtung der verfügbaren Belege zeigt, daß nicht jeder, der in Großbritannien für das Reich spionierte, enttarnt oder gar umgedreht wurde, und daß diejenigen, die enttarnt wurden, oft von vornherein den Auftrag hatten, sich erwischen zu lassen, und schon vor ihrem Eintreffen in England umgedreht worden waren.

Daß es wenigstens einen deutschen Spion gab, der nie aufflog, ergibt sich aus einer Korrespondenz, die Anfang 1940 von dem MI 5-Offizier Guy Liddell und seinem Kontaktmann an der amerikanischen Botschaft in London, Herschel Johnson, geführt wurde. In dem ersten Brief, der den Vermerk «Geheim, persönlich und vertraulich» trug, schrieb Liddell, der deutsche Geheimdienst habe seit längerer Zeit von der Botschaft Berichte bekommen, «manchmal zwei am Tag, die praktisch alles aus Botschafter [Joseph] Kennedys Depeschen an Präsident Roosevelt sowie den Inhalt seiner Gespräche mit britischen Staatsmännern und hohen Beamten enthielten». Liddell wies darauf hin, die Quelle dieser alarmierenden Geschichte sei ein Agent, der sich als zuverlässig und glaubwürdig erwiesen habe.[25]

Johnson unterrichtete sofort Washington und schloß dabei die Möglichkeit aus, daß sich die undichte Stelle in der Berliner Botschaft befinde. «Keines der vertraulichen Telegramme des Botschafters ist je in Abschrift nach Berlin gegangen», schrieb er. «Beteiligt ist entweder jemand in dieser Botschaft oder aber im State Department.» Er bat MI 5 um weitere Informationen und erfuhr, daß der britische Agent, von dem die Meldung stammte, ein Angehöriger der Abwehr war. (Oberst Oster dürfte der wahrscheinlichste Kandidat sein, zumal MI 5 erklärte, der Mann sei «in ständigem Kontakt mit Admiral Canaris».)

Der fragliche Offizier hatte einen Bekannten in Hess' Büro, und er hatte ihn kurz vor dem Krieg dort aufgesucht. Eine Stenographin, die Übersetzungen vom Englischen ins Deutsche machte, hatte gefragt, ob sie gehen könne, da nichts aus den Vereinigten Staaten vorliege, und der Abwehroffizier hörte, wie sein Bekannter antwortete: «Nein, der Doktor diktiert heute nachmittag nicht.» Es gab noch einige andere Anhaltspunkte. Johnson hatte den Eindruck, daß der Brite etwas verschwieg, denn dieser wollte nur sagen, der Mann von der Abwehr habe seinem Bericht über den «Doktor» eine Menge weiteres Material beigelegt, das völlig korrekt gewesen sei, und daß das Material des «Doktors» regelmäßig eintreffe.

Zwei Monate später war Johnson der undichten Stelle immer noch nicht näher gekommen. Rückblickend dürfte der Verdacht zuerst auf Tyler Kent fallen, einen Chiffrierbeamten der US-Botschaft in London. Kent wurde am 20. Mai 1940 verhaftet und später wegen des Diebstahls von rund 1500 Dokumenten aus dem Chiffrierraum der Botschaft zu sieben Jahren Gefängnis verurteilt. Aber er konnte schon deshalb nicht «der Doktor» gewesen sein, weil er erst am 5. Oktober 1939 nach England gekommen war und «der Doktor» den Deutschen schon im August jenes Jahres Informationen geliefert hatte. Da Kent in England verhaftet, vernommen und verurteilt wurde, kann man außerdem annehmen, daß MI 5, falls er «der Doktor» war, auch dies aus ihm herausbekommen hätte. Ein früherer Leiter von MI 5 sagte jedoch: «Was die Identität des ‹Doktors› betrifft, haben wir das Problem, soweit ich mich erinnere, niemals gelöst.»

Wenn wir Kent ausschließen, wer hätte dann «der Doktor» gewesen sein können? Die bis jetzt freigegebenen Akten, die sich auf den Fall beziehen, bieten keine weiteren Anhaltspunkte für seine Identität. In den britischen Archiven findet sich nichts. Ein Verdächtiger ist Dr. Hans Thomsen, ein Beamter des Reichsaußenministeriums in Berlin, der in der fraglichen Zeit in der deutschen Botschaft in Washington arbeitete. Ladislas Farago sagt, er habe Thomson 1966 gefragt, und Thomson habe ihm gesagt, daß er damals einen Agenten gehabt habe, der mit einem Mann im Chiffrierraum des State Department befreundet gewesen sei. Dieser Mann sei gegen den Kriegseintritt der USA gewesen und habe mit seinem Freund ganz offen über den Inhalt der Telegramme Botschafter Kennedys gesprochen, ohne sich darüber klar zu sein, daß der andere ein deutscher Agent sei. Thomson erklärte, der Agent habe ihn informiert, und er habe das Material nach Berlin weitergeleitet.[26] Deshalb ist es möglich, daß Thomson «der Doktor» war.

Andererseits hatten einige Leute von MI 5 seinerzeit den Verdacht, Botschafter Kennedy selbst könne die undichte Stelle sein. Er war ein Isolationist, er mochte die Briten nicht, er glaubte, Hitler werde den Krieg gewinnen, und machte aus seiner Meinung kein Hehl. Er hatte über Chamberlain und Churchill Zugang zu dem – wie er sich ausdrückte – «ganzen Bild, Zahlen über die britischen Land-, See- und Luftstreitkräfte, die Verteilung der britischen Truppen überall, das in

Britannien lagernde Kriegsmaterial, die voraussichtliche Kriegsproduktion und die Grundzüge der strategischen Planung».[27] Jede Woche teilte er Roosevelt diese Dinge in chiffrierten Telegrammen mit. Damals waren die Vereinigten Staaten natürlich noch neutral, und falls Kennedy die Informationen gleichzeitig irgendwie den Deutschen zugänglich machte, verstieß er nicht gegen die amerikanischen Spionagegesetze. Aber MI 5 hatte ihn zweifellos in Verdacht, ließ ihn überwachen und leitete später Dossiers über ihn und seine Familie an die US-Behörden weiter.[28] Wir werden die Wahrheit wohl erst erfahren, wenn weiteres Archivmaterial freigegeben wird, was allerdings nicht wahrscheinlich ist.

Die Erfolge von Unternehmen «Doppeltäuschung» müssen vor dem Hintergrund der Haltung betrachtet werden, die die Abwehr zu Hitler und dem Krieg gegen England einnahm. Admiral Canaris, der Chef der Abwehr, war gegen die Nazis, aber er war ein loyaler Diener seines Lands, und daß er aktiv für die Briten gearbeitet hätte, ist kaum vorstellbar. Er scheint jedoch Hitlergegnern erlaubt zu haben, in seiner Organisation Zuflucht zu suchen, und schützte sie offenbar vor der Gestapo. So wurden gewisse Teile der Abwehr Zentrum der Verschwörung gegen Hitler, und Canaris ließ sie gewähren, solange sie vor ihm verbargen, was sie in Wahrheit taten. Eine dieser Gruppen wurde von Oberst Oster geleitet.[29]

Als Personalchef kontrollierte Oster die Abteilung, die für die innere Administration der Abwehr zuständig war. Sie verwahrte auch die Akten, so daß er in der Lage war, Informationen zu unterdrücken, ungünstige Berichte zurückzuhalten und hohe Beamte irrezuführen – alles sehr wichtig, um Kollegen zu tarnen, die in Wirklichkeit für Großbritannien arbeiteten. Der wichtigste von ihnen war sicher A-54, Paul Thümmel, der schon vor dem Krieg begonnen hatte, den Alliierten Informationen zu liefern, und im Krieg unter Benutzung tschechischer Mittelsmänner in neutralen Ländern damit fortfuhr, bis die Gestapo ihn im März 1942 in Prag festnahm. (Die Abwehr konnte seine Freilassung erwirken, doch ein von den Briten unterstützter Versuch, ihn aus der Tschechoslowakei herauszubekommen, kompromittierte ihn. Die Gestapo verhaftete ihn erneut, und er wurde wegen Hochverrats verurteilt und im April 1945 hingerichtet.) Thümmel lieferte Informationen über die Gefechtsgliederung, die Mobilisierungspläne und die Ausrüstung der Deutschen und später auch Einzelheiten von Hitlers Aktionen gegen die Tschechoslowakei, Polen, Frankreich, Rumänien, Griechenland und Jugoslawien.[30]

Die Agenten, die von der Abwehr zu Missionen ins Ausland geschickt und von den Briten umgedreht wurden, fallen in eine andere Kategorie. Ihr Wert lag nicht in den Informationen, die sie lieferten, sondern in ihrer Rolle bei den Desinformationsplänen der Alliierten. Man nimmt allgemein an, daß diese Agenten nach ihrer Enttarnung durch einleuchtende Argumente oder angedrohte Exekution – das traditionelle Los eines erwischten Spions – veranlaßt wurden, gegen Deutschland zu arbeiten. Das mag bei einigen Männern von der Abwehr der Fall gewesen sein. Betrachten wir jedoch folgende Fakten.

Deutsche Agenten wurden etwa zur gleichen Zeit bei getrennten Operationen in London und Kairo umgedreht, ohne daß die britischen Geheimdienstler der beiden zuständigen Büros einander konsultierten. War das ein bloßer Zufall? Oder war es so, daß in beiden Fällen eine andere Hand im Spiel war, eine Hand, die «nicht zu uns gehörte, sondern zur Achse», wie David Mure versichert, der im Krieg als Geheimdienstoffizier in Nahost diente?

Die Abwehr war bemerkenswert tüchtig, wenn sie wollte. Hitler mochte sich darüber beschweren, daß sie ihm wenig über das Tun der Alliierten im Westen mitteilte, doch was die Ostfront betraf, sah es anders aus. Reinhard Gehlen, der nach dem Krieg Chef des Bundesnachrichtendienstes wurde, hat erklärt, daß die Abwehr «im Osten einen äußerst effektiven Nachrichtendienst» führte. Doch im Fall der in England und Kairo umgedrehten Agenten war sie so gefällig, daß zumindest Mure Verdacht schöpfte: «Erst nachdem ich einige Monate einem Desinformationsausschuß vorgesessen hatte, der mehrere Agenten kontrollierte, begann ich aufgrund meiner eigenen Funksprüche und des bisherigen Funkverkehrs zu vermuten, daß die Willfährigkeit und Ineffizienz meiner Gegenspieler sehr wohl Absicht sein könnten.»[31]

Mure nennt Beispiele. Ein Agent mit dem Codenamen «Lambert» wurde mit 1500 Pfund auf seine Mission geschickt. Er offenbarte sich den Briten und arbeitete drei Jahre lang für sie als Doppelagent, ehe man feststellte, daß er «vergessen» hatte, die Abwehr um mehr Geld für seinen Lebensunterhalt zu bitten. Wenn man der Abwehr glauben konnte, fand es keiner ihrer Leute seltsam, daß Lambert so lange mit so wenig Geld ausgekommen war. Die Abwehr fand es offenbar auch nicht merkwürdig, daß Lambert die *Einzelheiten* verschiedener Operationen in seinen Meldungen korrekt wiedergab, sich aber beim *Gesamtbild* durchgehend irrte – was natürlich in der Absicht seines Desinformationsausschusses lag. Mure schreibt: «Warum fragte die Abwehr nie, aus welchem Grund unsere offenbar zutreffenden Informationen sie immer dazu veranlaßten, Auswertungsfehler zu machen?»[32]

Masterman berichtet von einem Fall, der als Beleg für die Komplizenschaft der Abwehr bei Unternehmen «Doppeltäuschung» betrachtet werden muß. Ein hoher Abwehrmann wandte sich 1941 in Lissabon an einen britischen Agenten und bat ihn, sich seinetwegen mit London in Verbindung zu setzen und mitzuteilen, daß es eine starke Opposition gegen Hitler gebe, die man zum Vorteil beider Seiten ausnutzen könne. Der britische Agent bekam Anweisung, den Abwehroffizier zu fragen, was er wolle, und bekam zur Antwort, man brauche Informationen, die auf eine enorme Schlagkraft und ein riesiges Bomberpotential der Briten hinwiesen, denn sie würden all den Deutschen helfen, die gegen Hitler opponierten. Für diesen Vorgang gibt es nur eine Interpretation: Ein hoher deutscher Offizier forderte die Briten gezielt auf, die Abwehr mit irreführenden Informationen zu versorgen.

Daß die Abwehr das System der Doppeltäuschung kannte und darauf einging, zeigt vor allem der Fall Dusko Popovs, eines Agenten mit dem Codenamen «Dreirad». Popov, ein junger Jugoslawe, hatte vor dem Krieg einen Deutschen namens Johann Jebsen kennengelernt, der Offizier der Abwehr geworden war. Jebsen warb ihn an und machte ihn zu einem wichtigen Agenten in Großbritannien. Popov ging zum SIS, gab alles preis und erklärte nachdrücklich, Jebsen habe die ganze Sache initiiert, das heißt, er *wisse*, daß er, Popov, zu den Briten gehen und in Wahrheit für sie arbeiten würde. Da später auch Jebsen von den Briten angeworben wurde, klingt Popovs Geschichte plausibel. Wenn wir sie glauben, müssen wir auch akzeptieren, daß die Abwehr schon 1940 einen Agenten angeworben und zu den Briten geschickt hatte, damit sie ihn umdrehen und mit irreführenden Informationen versorgen konnten, so daß sie, die Abwehr, die Briten mit zutreffenden und für ihre Zwecke nützlichen Informationen über Deutschland beliefern konnte.

Dieses höchst verwickelte Spionagemanöver ging, wie sich zeigte, selbst dem FBI-Direktor J. Edgar Hoover über die Hutschnur. Im März 1941 schlug die Abwehr vor, Popov solle sich in den USA einsetzen lassen, um dort einen hochkarätigen Spionagering zu gründen. Popov traf sich in Lissabon mit Jebsen, und dieser gab ihm zwei brisante Informationen. Erstens sagte er ihm, daß die japanische Kriegsmarine versuche, alle Einzelheiten über den Angriff in Erfahrung zu bringen, den Torpedobomber der Royal Navy 1940 auf italienische Flotteneinheiten in Tarent geflogen hatten, *weil die Japaner etwas Ähnliches planten*. Zweitens übergab er Popov die Unterlagen zur neuesten technischen Entwicklung der Abwehr, dem Mikro-Kommunikationssystem. Er sollte es bei seinem ersten Auftrag in den Vereinigten Staaten benutzen, und dieser Auftrag lautete, über sämtliche Einrichtungen und Schutzvorkehrungen des *amerikanischen Flottenstützpunkts in Pearl Harbor* zu berichten.

Vielleicht übertreibt Popov ein wenig, wenn er sagt, daß er sofort die richtige Verbindung herstellte: Die Japaner planten einen Überraschungsangriff mit Torpedobombern auf Pearl Harbor. Jebsen beantwortete sogar die Frage, wann dies geschehen sollte. Nach Einschätzung der Abwehr, erklärte er, würde das gegen Japan verhängte Ölembargo die japanische Regierung zwingen, Krieg zu führen, sobald die Ölreserven des Landes nicht länger als ein Jahr ausreichten. Demnach würde der Angriff schon im Dezember, also in fünf Monaten, stattfinden.

Popov berichtete all das seinen britischen Oberspionen, die mit seinen Schlußfolgerungen übereinstimmten. Von diesem Augenblick an ging jedoch so ziemlich alles schief. Mastermans Ausschuß befand mit Recht, die Amerikaner sollten ihre eigenen Schlüsse aus Popovs Material ziehen. Das war politisch vernünftig, weil die Briten isolationistischen Gruppierungen in den USA auf keinen Fall einen Anlaß für den Vorwurf liefern wollten, sie, die Briten, täten alles, um Amerika in den Krieg zu ziehen. Aber durch welche Kanäle sollte man Popovs Informationen weiterleiten? Wäre Popov kein Doppelagent gewesen, hätte es nicht zu dem katastrophalen Durcheinander kommen können, das nun folgen sollte.

Wenn Popov nicht in die USA hätte gehen sollen, um ein imaginäres deutsches Agentennetz zu knüpfen, wäre seine Information über Pearl Harbor sicher an William Stephensons Organisation in New York, die British Security Coordination (BSC), weitergeleitet worden, dem Verbindungsbüro zwischen britischem und amerikanischem Geheimdienst. Diese hätte sie dem amerikanischen «Amt des Nachrichtenkoordinators» – dem Vorläufer des OSS und der CIA – vermittelt, das mit der BSC in Verbindung stand. Auf dem normalen Weg wäre Popovs Warnung zuletzt ohne Zweifel auf dem Schreibtisch von Präsident Roosevelt gelandet.

Popov sollte aber auch das Vertrauen seiner deutschen Auftraggeber behalten, indem er ein Spionagenetz in den USA bildete. Das wäre natürlich fingiert gewesen, aber wenn man die Amerikaner nicht eingeweiht hätte, wäre das FBI in der Lage gewesen, den ganzen Plan zu vereiteln, indem es Popov als «echten» deutschen Spion verhaftete. Also hätte man auch die Bundespolizei einweihen und um Zusammenarbeit bitten müssen. Nun erhob sich ein diplomatisches Problem. Guy Liddell von MI 5 konferierte mit Menzies, dem Leiter des SIS, und sie meinten, Liddell solle Hoover informieren (da das FBI und MI 5 gewissermaßen Geschwisterdienste waren), damit dieser die Informationen Popovs an die in Frage kommenden Dienststellen der Exekutive weiterleitete.

Popov sprach pflichtschuldigst beim FBI vor und eröffnete Hoover, er kenne die Pläne der Japaner. Hoover ignorierte die Warnung. Popovs Führungsoffizier von MI 5, T. A. («Tar») Robertson, sagte später: «Niemand hätte sich je träumen lassen, daß Hoover solch ein verdammter Narr sein würde.» Das Dumme war, daß Popov dem FBI-Direktor auf den ersten Blick unsympathisch war. Ich fragte Kim Philby, den Infiltrationsoffizier des KGB, der beide Männer gut kannte, ob er eine Erklärung für die Sache habe. Er antwortete: «Ich habe die Theorie, daß Hoover in Wahrheit nur deshalb wütend war, weil Dusko ein Techtelmechtel mit Simone Simon [dem französischen Filmstar, der sich damals in den USA aufhielt] hatte. Hoover haßte Slawen, Juden, Katholiken, Homosexuelle, Liberale, Schwarze und so fort: Zum Glück machten sie ihn blind für seine eigentliche Aufgabe!»[33]

Aber das war nicht alles. Hoover hatte eine Polizistenmentalität. Für ihn bestand seine Arbeit darin, Spione zu fangen und Spionageringe zu zerschlagen. Er meinte, es würde schwierig sein, auf der schmalen Grenze zwischen einem vorgetäuschten Spionagering und einem echten Spionagering zu bleiben, und er glaubte, daß die Briten es trotz ihrer augenscheinlichen Cleverness auch nicht geschafft hatten, diese Grenze zu definieren. Fest stand jedenfalls, daß Popov, dieser eitle slawische Playboy, wahrscheinlich zumindest einen Teil seiner Zeit für die Deutschen arbeitete, und er, Hoover, würde ihm nicht erlauben, in seinem Revier ein Agentennetz zu knüpfen, und wenn es nur ein imaginäres wäre. Hoover wollte Popov sogar hinter Gittern sehen.

Also nahm das FBI eine feindselige Haltung gegenüber Popov ein. Hoover erlaubte ihm nicht, nach Pearl Harbor zu reisen, um die dortigen Militäreinrichtungen – entweder tatsächlich oder nur angeblich – in Augenschein zu nehmen. Er bemächtigte sich Popovs Mikro-Kommunikationssystems (und brüstete sich später in einem Artikel, das sei einer seiner Erfolge als Jäger von Spionen gewesen). Als die Deutschen Popov ein Funkgerät schickten, ließ Hoover es von seinen Leuten betreiben und weigerte sich, Popov zu sagen, was für Nachrichten sie damit funkten oder empfingen. Kurz gesagt, er ruinierte Popovs Wert als Doppelagent und demonstrierte den Deutschen förmlich, daß der Jugoslawe von den Alliierten geführt wurde. Sollte die Abwehr jemals seiner habhaft werden, wäre sein Leben in Gefahr. Doch sie wurde seiner habhaft – und nichts geschah.

Nachdem Pearl Harbor, wie Popov vorausgesagt hatte, am 7. Dezember 1941 von den Japanern bombardiert worden war und Hoover jede Verantwortung weit von sich gewiesen hatte, kehrte Popov nach Lissabon zurück und hatte wieder einen Treff mit Jebsen. Jebsen stellte ihm einige gezielte Fragen über sein Scheitern in den Vereinigten Staaten, sagte dann aber, die Abwehr glaube, daß wohl seine familiären Sorgen schuld an der mißlichen Entwicklung sein müßten. Dann schlug er vor, Popov solle nach Großbritannien zurückgehen.

Es folgte ein aufschlußreicher Wortwechsel. Popov stellte einige nebensächliche Fragen über seinen Auftrag von den Deutschen, und Jebsen sagte mit Nachdruck: «Klären Sie es mit dem britischen Geheimdienst ab.» Getreu der Rolle, die vermeintlich von ihm erwartet wurde, erwiderte Popov: «Ich kenne aber niemanden vom britischen Geheimdienst», worauf Jebsen die Hände über dem Kopf zusammenschlug und ausrief: «Mein Gott! Sie wollen doch nicht sagen, daß Sie all die Jahre wirklich für die Nazis gearbeitet haben! Ich glaube, ich werde verrückt.»[34]

Für die Verschwörer in der Abwehr wurde die Zeit knapp. Der Kreis, den die Gestapo um sie zog, war schon bedrohlich eng. Im Februar 1944 bekam die Geheimpolizei dann die Gelegenheit, auf die sie gewartet hatte. Erich und Elisabeth Vermehren, ein hoher Offizier der Abwehr und seine Frau, liefen in Istanbul zu den Briten über. Die Vermehrens waren überzeugte Katholiken und konnten es nicht länger mit ihrem Gewissen vereinbaren, für die Nazis zu arbeiten. Sie wandten sich an die britische Gesandtschaft und ließen sich heimlich nach Großbritannien bringen, wo sie dann für eine Propagandastelle arbeiteten. Frau Vermehren war eine Cousine Franz von Papens, und da die britischen Behörden von dem bedeutsamen Frontenwechsel profitieren wollten, gaben sie in den Vereinigten Staaten eine Presseerklärung über den Fall Vermehren heraus. Sie führte in Deutschland zu einem Riesenwirbel; Hitler sah sich blamiert und beschloß, die Abwehr vom Reichssicherheitshauptamt schlucken zu lassen und von ihren alten Offizieren zu säubern. Canaris wurde entlassen und Himmler Leiter eines neuen, vereinigten Spionagedienstes.*

Angeblich hatten die umgedrehten deutschen Spione in Großbritannien noch eine letzte Rolle für die Alliierten zu spielen: Sie sollten helfen,

---

* Canaris wurde am 9. April 1945 wegen angeblicher Mitschuld am Bombenattentat auf Hitler gehängt, ebenso Oster, der 1943 von Canaris entlassen worden war.

eine «Leibwache von Lügen» für die alliierte Invasion in Europa zu schaffen und die Deutschen über Ort und Datum der Landung in der Normandie (die im Juni 1944 stattfand) zu täuschen. Man hat diese Operation einmal als «wichtigste militärische Desinformation in der Geschichte der Kriegführung» bezeichnet. Das ist eine absurde Übertreibung.

Tatsache ist, daß die umgedrehten Spione Berlin eine Reihe erfundener Details lieferten; sie meldeten unter anderem die Existenz nicht vorhandener Divisionen und dichten Zugverkehr nach Dover und Umgebung, aber normale Verhältnisse bei Southampton und Portsmouth, während das Gegenteil zutraf. Das bestärkte die Deutschen in der Überzeugung, die Alliierten würden westlich von Calais landen und nicht weiter südwestlich in der Normandie. Die Landung in der Normandie war eine böse Überraschung für sie – und ein neues Ruhmesblatt für Mastermans Desinformationsausschuß.

Man bedenke jedoch folgendes. Erstens waren die Deutschen sich durchaus bewußt, daß ihre Agenten in Großbritannien womöglich umgedreht worden waren. Der amerikanische Marinenachrichtendienst bewertete die Leistung des deutschen Geheimdienstes nach dem Krieg anhand deutscher Dokumente. Er kam zu dem Ergebnis, die Deutschen hätten festgestellt, daß «viele Agentenmeldungen mehr oder weniger wertlos waren, weil nicht zweifelsfrei zu klären war, ob sie authentische Informationen enthielten oder aber *Material, mit dem die alliierte Spionageabwehr das Oberkommando der Deutschen irreführen wollte*» (Hervorhebung des Autors).[35]

Zweitens führten die Deutschen ihre großen Manöver im Winter 1943–1944 nicht etwa bei Calais, sondern in der Normandie durch, und das weist darauf hin, welche Invasionsroute sie für wahrscheinlich hielten. Drei verschiedene Indizien bestärkten sie im Frühling 1944 in ihrer Meinung. Indiz Nummer eins: Sie hatten Spione in der Frankreichabteilung der SOE, die ihnen meldeten, 26 Résistance-Gruppen hätten Anweisung erhalten, Sabotageakte zur Unterstützung der Invasion vorzubereiten; die Sabotage solle sich auf das Gebiet zwischen der Normandie und Paris konzentrieren. Indiz Nummer zwei: Der deutsche Geheimdienst hatte erfahren, daß der belgische und der holländische Widerstand keine Sabotageakte vorbereiteten, was sicher der Fall gewesen wäre, wenn die Alliierten westlich von Calais hätten landen wollen. Indiz Nummer drei: Die RAF hatte das Gebiet zwischen der normannischen Küste und Paris systematisch bombardiert, um die Zufahrtswege der Panzergruppe West zu blockieren. Das machte die britische Desinformation unglaubwürdig: Warum belegte der Gegner Straßen in der Normandie mit Bomben, wenn die Invasion woanders stattfinden sollte?[36]

Diese These ist allerdings umstritten. Einige britische Historiker versichern, die RAF habe die wahre Invasionsroute durch Täuschungsangriffe und Aufklärungsflüge an der Straße von Dover geschützt. Verschiedene deutsche Historiker widersprechen jedoch. Wie sie sagen, ging aus einer für den Oberbefehlshaber West geführten Karte der Bombardierungen hervor, daß jeder erdenkliche Zufahrtsweg, der ˙ ˷ɯ der Panzergruppe West und ihren Unterstützungseinheiten benutzt werden konnte, durch alliierte Bombenabwürfe erheblich beschädigt wurde. Gert Buchheit schrieb, daß das große Schlachtfeld der Invasion eben dort vorbereitet wurde.[37]

Der Kriegstagebucheintrag des deutschen Marinestabs vom 5. Juni 1944 – dem Tag vor der Landung – unterstützt seine Schlußfolgerung. Der Eintrag enthält eine auf den 30. Mai datierte nachrichtendienstliche Bewertung, in der von schweren alliierten Luftangriffen auf die deutschen Nachschublinien zwischen der Seinemündung und der Normandie die Rede ist. Das Fazit lautet: «Dieser Faktor kann auf Absichten des gegnerischen Oberkommandos gegen die Normandie hinweisen.»[38]

Es fällt also schwer, Major Oscar Reile, der für die Nachrichtenabteilung von Frontaufklärung III West verantwortlich war, zu widersprechen. Er sagte später, er und seine Kameraden seien weder vom Zeitpunkt der Invasion noch von Ort und Stoßrichtung überrascht gewesen.[39] Welches Fazit sollen wir ziehen? Das deutsche Oberkommando schenkte seinen umgedrehten Spionen in England womöglich mehr Glauben als den authentischen und korrekten Informationen von der Front. Aber wem soll man, selbst wenn das der Fall war (und wir haben die Zweifel gesehen), das Verdienst für die Spionage zuschreiben? Großbritanniens Ausschuß für Doppeltäuschung oder den Hitlergegnern in der Abwehr, die die Agenten entweder umdrehten, ehe sie sie nach England schickten, oder sie in dem Wissen nach England schickten, daß sie dort umgedreht werden würden?

Der Beitrag der Abwehr war auf jeden Fall erheblich – aber er sollte kaum gewürdigt werden. David Mure schreibt: «MI 5 schien sich – und das hat mich immer in Erstaunen versetzt – niemals bewußt gewesen zu sein, daß wichtige Leute in der Abwehr gegen Hitler arbeiteten und uns sogar die Gelegenheit gaben, ihre eigenen Agenten umzudrehen und gegen sie einzusetzen.»[40] Wenn es einen Triumph des Geheimdienstes geben sollte, dann mußte es ein uneingeschränkt britischer Triumph sein.

Der SIS war 1944 fast in Auflösung begriffen, und seine wenigen Treffer wurden von seinen katastrophalen Mißerfolgen überschattet. Die Abteilung V, der die Spionageabwehr oblag, hatte ihre Bedeutung und ihren inneren Zusammenhalt verloren. Die Regierung hatte einen interministeriellen «Kriegsraum» geschaffen, der außerhalb von Menzies' Kontrolle war und sich um die Spionageabwehr in Europa kümmern sollte. Einer der gemeinsamen Vorsitzenden des Kriegsraums war ein Offizier des SIS, aber er nahm selten an den Sitzungen teil, weil er gewöhnlich schon um elf Uhr morgens betrunken war. Beginnend mit den frühen Kriegstagen, als die Kommandeure der alliierten Operationen in Norwegen sich bei ihren Entscheidungen auf Geheiminformationen stützten, die «wenig besser waren als die des gründlichen Zeitungslesers», bis zur drohenden Invasion Großbritanniens* und der Landung der Alliierten im Juni 1944 hatte der SIS keinen einzigen Offizier nach Deutschland einschleusen können. Der Krieg war für ihn eine einzige Niederlage.

Ein großer Teil der Verantwortung trifft zweifellos Menzies, den Leiter des SIS. Er hatte die Mentalität eines Kavallerieoffiziers aus dem Ersten Weltkrieg. Er schaffte es nicht, die Rolle des SIS zu definieren. Ihm fehlte der Überblick über das Kriegsgeschehen, den beispielsweise der BSC-Leiter Stephenson hatte. Und wie wir in späteren Kapiteln sehen werden, ließ er seinen Dienst vom KGB penetrieren. Wie konnte der SIS den Krieg überhaupt durchstehen?

Menzies hatte zwei Trümpfe, die er so klug ausspielte, daß es seinen Gegnern den Atem verschlug. Erstens fand Churchill ihn sympathisch. Die beiden Männer kamen ausgezeichnet miteinander aus, und Menzies sorgte dafür, daß ganz Whitehall davon erfuhr. Zweitens behielt er die Kontrolle über die Code-Abteilung in Bletchley Park und sicherte sich damit das Recht, die Erkenntnisse zu benutzen, die man durch das Abfangen und Entschlüsseln der deutschen Funkbotschaften gewann. Dieses Material, die Perle in einer blechernen Geheimdienstkrone, war als «Ultra» bekannt.

---

* Zu diesem Zeitpunkt befragten die Geheimdienste «Kanaltunnelexperten», zogen einen «Wasserleser» zu Rat, der angeblich die Bewegungen des Feindes voraussehen konnte, und beschäftigten sich mit Hitlers Horoskop.[41]

1974 veröffentlichte Oberstleutnant Winterbotham, der frühere Leiter der SIS-Luftabteilung, der Offizier, der vor dem Krieg eine so sonderbare Geheimdienstrolle in Deutschland gespielt hatte, ein Buch mit dem Titel *The Ultra Secret* («Das Ultra-Geheimnis»). Es war eine Sensation. Nachdem eine ganze Generation geschwiegen hatte, gab Winterbotham das bestgehütete Geheimnis des Zweiten Weltkriegs preis: Die Alliierten hatten die deutschen Codes geknackt und während des ganzen Kriegs gleichsam ihre Gespräche über militärische, politische und wirtschaftliche Dinge belauscht.

Ein solcher Einbruch in die Kommunikation des Gegners war in der Militärgeschichte ohnegleichen, und es dauerte eine Weile, bis man seine Bedeutung ermessen konnte. Verblüffte Militärhistoriker fingen an zu begreifen, daß sie ihre Arbeit unter Umständen revidieren mußten, wenn Winterbothams Enthüllungen stimmten, und da die britischen Behörden sein Buch geprüft hatten, schienen sie zu stimmen. Wenn zum Beispiel alliierte Generäle, die für ihre glänzenden Feldzüge gelobt worden waren, vorab gewußt hätten, was ihre deutschen Gegenspieler planten, würde ihr Glanz doch teilweise verblassen? Sollte die Geschichte dieser Feldzüge nicht unter Berücksichtigung der Tatsache umgeschrieben werden, daß die Generäle eine entscheidende Vorgabe gehabt hatten? Manche Experten bejahten die Frage. «Die meisten wichtigen Bände der ‹Offiziellen Geschichte des Zweiten Weltkriegs› des Vereinigten Königreichs sind [heute] im wesentlichen irreführend und veraltet», erklärte der britische Historiker Ronald Lewin. «Es war, als hätte Ultra, die neue Autorität, den Verfassern zahlreicher Werke befohlen, von vorn anzufangen», schrieb Roger J. Spiller vom US-Institut für Kampfstudien.[1] Andere Bücher über Unternehmen Ultra folgten rasch. Ihre Verfasser – Patrick Beesley, R. V. Jones, Ewen Montague, Ralph Bennett und Peter Calvocoressi – hatten alle irgend etwas mit Ultra zu tun gehabt.

Angesichts dieser Flut von persönlichen Erinnerungen gaben die britischen Behörden einige der Akten über Ultra zur Einsicht frei, und Lewin konnte sein Werk *Ultra Goes to War: The First Account of World War II's Greatest Secret, Based on Official Documents* schreiben. Nun durfte gesagt werden, daß General Eisenhower der Meinung gewesen war, Ultra habe «einen entscheidenden Beitrag zum Gewinnen des Kriegs» geleistet, daß General MacArthur der Operation «größte Bedeutung» zugemessen hatte, daß Churchill von ihr begeistert gewesen war – und daß Ultra die Frage «Wie wir den Krieg gewannen» beantwortete. Als die unvermeidliche Frage kam, warum die Alliierten ihn denn nicht früher gewonnen hätten, entgegnete Harold Deutsch vom Kriegscollege der US-Army, sie *hätten* ihn dank Ultra früher gewonnen, und die gesparte Zeit wurde auf ein bis vier Jahre geschätzt.[2] Ein Historiker behauptete, ohne Ultra hätte die zweite Front erst 1946 gebildet werden können, und der Krieg in Europa hätte sich bis 1949 hingezogen. Der Kriegsschauplatz im Pazifik hätte nicht genug Nachschub bekommen, und der Krieg gegen Japan hätte länger gedauert: Statt 1945 vor Japans Tür zu stehen, hätten die Amerikaner immer noch auf den Philippinen gekämpft.[3]

Zehn Jahre nach Winterbothams Enthüllungen war Ultra schon viel mehr als ein Geheimdienstsieg. Bletchley Park, das Landhaus, in dem die Code- und Chiffrierschule der Regierung (oder kurz Code-Abteilung) die deutschen Codes geknackt hatte, war eine Legende, und Unternehmen Ultra verkörperte inzwischen das Beste am britischen *way of life*. «Es sieht immer mehr so aus, als sei Bletchley Park die größte britische Leistung in den Jahren 1939–1945, vielleicht in diesem ganzen Jahrhundert. Seine innere Organisation vereinigte alles, was in der britischen Zivilisation am besten und unnachahmlichsten ist», schrieb Professor George Steiner überschwenglich.

Euphorische Beurteilungen wie diese, die wahrscheinlich mit dem dreißigjährigen Schweigen zu erklären sind, mit dem man die an dem Unternehmen beteiligten Personen um ihre Anerkennung brachte, haben wichtige Aspekte von Ultra in den Hintergrund gedrängt. War es wirklich so kriegsentscheidend, wie manche behaupten? Führten die Deutschen eine ähnliche Operation gegen die Alliierten? Merkten die Deutschen nie, daß ihre verschlüsselten Funksprüche abgefangen und entziffert wurden? Und – im Hinblick auf Stalins nicht endendes Mißtrauen gegenüber den Motiven der Alliierten – teilten England und Amerika dieses «unscnätzbares Geheimnis», das offenbar an jedem Sieg und keiner Niederlage beteiligt war, mit dem sowjetischen Diktator?

Kurz nach dem Ersten Weltkrieg erfand der Berliner Ingenieur Arthur Scherbius eine Maschine, die schriftliche Mitteilungen verschlüsseln konnte, und ließ sie unter der Bezeichnung «Enigma» patentieren. Sie hatte eine Schreibmaschinentastatur und, darüber, das Alphabet mit einer kleinen Glühbirne unter jedem Buchstaben. Wenn der Bediener eine bestimmte Taste drückte, löste er eine Reihe von Stromimpulsen aus, die damit endete, daß einer der Buchstaben beleuchtet wurde. Wenn er das erstemal die P-Taste drückte, leuchtete beispielsweise das K auf. Wenn er aber noch einmal auf das P drückte, leuchtete vielleicht das Q auf. Auf diese Weise verwandelte die Maschine einen Satz in eine scheinbar unsinnige Folge von Buchstaben. Nach Empfang des Satzes brauchte man die andere Maschine nur so einzustellen, daß sie dieselben elektrischen Impulse benutzte wie der Sender, und dann die Mitteilung einzutippen. Sie kehrte den Prozeß um, und die aufleuchtenden Buchstaben bildeten den ursprünglichen Satz. Ein Dritter, der die Nachricht abfangen und entschlüsseln wollte, benötigte zweierlei: die Enigma-Maschine selbst und den elektrischen Code, den Sender und Empfänger für die Nachricht benutzt hatten.

Die patentierte Enigma ging in Produktion und wurde auf dem Markt angeboten, hatte aber keinen großen Erfolg. Immerhin wurde sie 1926 von der Reichsmarine und 1928 vom deutschen Heer erworben. Dem polnischen Nachrichtendienst gelang es etwa ab 1932, den Enigma-Funkverkehr der Deutschen zu entschlüsseln, weil er eine der im Handel erhältlichen Maschinen gekauft und sich einige der Konstruktionszeichnungen beschafft hatte, die zeigten, wie die Deutschen sie abgeändert hatten. 1939, am Vorabend des Kriegs, war er nicht mehr dazu in der Lage, weil die inzwischen benutzten Maschinen weit komplizierter waren. Also gaben die Polen den Franzosen und Engländern je eine Enigma und weihten sie in alles ein, was sie über die Maschine herausgefunden hatten. Stewart Menzies vom SIS nahm das Gerät persönlich in Empfang und übergab es Commander Alastair Denniston, dem Leiter der Code-Abteilung in Bletchley Park.

Die Leute, die dort arbeiteten, waren in der Mehrzahl jung – 25 bis 30 Jahre – und hatten einen ähnlichen Hintergrund, das heißt, sie stammten aus der Mittelschicht und hatten eine gute Ausbildung genossen. «Der Platz war ein Treibhaus von Talenten», wie jemand gesagt hat. Sie hatten, was ihre Einstellung zur Arbeit, ihre Disziplin und Wertbegriffe

betraf, vieles gemeinsam, was laut Peter Calvocoressi, der zu ihnen gehörte, «nicht zuletzt die erstaunliche Tatsache erklärt, daß das Ultra-
Geheimnis nicht nur im Krieg, sondern noch dreißig Jahre danach gewahrt wurde – ein Phänomen, das in der Geschichte sehr wohl
einzigartig sein könnte».[4]

Es wäre nämlich nutzlos gewesen, die deutschen Codes zu knacken
und dann auszuposaunen, daß man sie geknackt hatte. Also wurden
strikte Maßnahmen ergriffen, um die Arbeit von Bletchley Park geheimzuhalten und um vorzutäuschen, das Ultra-Material komme von einer
anderen Stelle. Alle neuen Mitarbeiter wurden bei der Einstellung darauf hingewiesen, sie dürften den Dienst in der Code-Abteilung nie quittieren; so wollte man der Gefahr vorbeugen, daß ein Ehemaliger in
feindliche Hände fiel oder mit irgendwelchen Mitteln veranlaßt wurde,
das Geheimnis zu verraten. Als nächstes wurde der Verteiler des Ultra-
Materials auf vier Personen beschränkt: den Leiter des SIS, den Leiter
des Marinenachrichtendienstes, den Leiter des Heeresnachrichtendienstes und den stellvertretenden Chef des RAF-Nachrichtendienstes. Ul-
tra-Funksprüche durften nicht an Kommandos unterhalb eines Army-
Hauptquartiers oder eine gleichrangige andere Kommandostelle weitergegeben werden, und alles, was an ein Korps oder eine Division
weitergeleitet wurde, mußte als Einsatzbefehl kaschiert werden – eine
Einschränkung, die, wie wir sehen werden, katastrophale Ergebnisse
haben konnte. Ultra-Material, das Bewegungen deutscher Schiffe und
Panzer enthüllte, durfte nie der alleinige Anlaß für eine Operation sein,
weil die Deutschen andernfalls – so lautete jedenfalls die Theorie – den
Verdacht schöpfen könnten, daß ihre Codes nicht mehr sicher seien,
und über kurz oder lang hinter das Geheimnis von Bletchley Park kommen würden. Statt dessen war zuerst eine Luftaufklärung durchzuführen, aber so offenkundig, daß die Deutschen nicht umhin konnten, sie
zu bemerken. Erst dann durften die gegnerischen Schiffe oder Panzer
bombardiert werden.[5]

Die Amerikaner standen vor ähnlichen Problemen, als es ihnen gelungen war, die abgefangenen Funksprüche der Japaner zu entschlüsseln; sie bezeichneten dieses Material mit den Decknamen «Zauber»
oder «Purpur». Das Knacken des japanischen «Ro-Codes»* ermög-

---

* Wie das geschah, ist nicht ganz klar. Die Amerikaner behaupten, ihre hervorra-
genden Entschlüsselungsexperten hätten es geschafft. Die Japaner sagen, die
US-Navy habe japanische Codebücher aus dem am 20. Januar 1941 vor Darwin
versenkten Unterseeboot I-124 erbeutet.

lichte der US-Kriegsmarine, die japanische Flotte vor den Midway-Inseln zu überraschen. Zunächst mußte sie jedoch entscheiden, was schwerer wog, das Risiko, die entschlüsselten Funksprüche zur Grundlage ihres Handelns zu machen und dadurch die gesamten Code-Operationen zu gefährden, oder die Aussicht, den japanischen Seestreitkräften in einem kritischen Stadium des Konflikts eine vernichtende Niederlage zuzufügen. Sie beschloß, die Code-Operation zu gefährden, und das Kriegsglück im Pazifik wandte sich fortan zugunsten der Alliierten.

Die Japaner wurden nach Midway mißtrauisch. Im folgenden Jahr besuchte Admiral Yamamoto, der Oberbefehlshaber der Verbundenen Flotte, einige Stützpunkte an der Front. Die Stützpunktkommandeure wurden in verschlüsselten Funksprüchen über das Besuchsprogramm informiert. Als der Kommandeur der Elften Luftflotte davon hörte, sagte er zu seinen Stabsoffizieren: «Wie kann man nur so dumm sein, so nahe der Front eine so lange und detaillierte Nachricht über die Pläne des Oberbefehlshabers zu funken. Das muß aufhören.»*[6]

In Bletchley vertraute man darauf, das Geheimnis könne gewahrt werden, und stellte immer mehr Leute ein, bis die Entschlüsselungsexperten zuletzt in der Lage zu sein schienen, die Aktivitäten des Feindes in allen Einzelheiten aufzudecken. Die Kryptologen verdankten es nicht nur ihrer Findigkeit, sondern auch Fortuna und den Fehlern des Gegners, daß sie in die Codes der Deutschen einbrechen konnten. Ein deutscher Agent, der von den Briten umgedreht worden war, gab ihnen ein Codebuch der Abwehr; Mitte 1941 fanden die Briten im U-Boot U 110 ein Codebuch der Kriegsmarine; die Russen spielten ihnen ein Codebuch der Luftwaffe zu, und ein weiteres Codebuch der Luftwaffe wurde in Nordafrika erbeutet. Entschlüsselungsexperten brauchen Wiederholungen wie das tägliche Brot, und obgleich es gegen die Vorschriften war, sandten deutsche Funker Tag für Tag identische Botschaften wie «keine besonderen Vorkommnisse» oder füllten Dreibuchstaben-Wörter auf (was sie nach den Funkvorschriften tun mußten), indem sie jedesmal dieselben drei Buchstaben benutzten (was gegen die Befehle war). All das erleichterte den Männern in Bletchley Park ihre Aufgabe. Calvocoressi nennt das Beispiel eines deutschen Funkers in Bari, der unweigerlich die drei Initialen seiner Freundin benutzte und nie erfuhr, welchen Schaden er seinem Dienst damit zufügte.

---

* Er hatte recht. Die Amerikaner entschlüsselten die Mitteilung und schossen Yamamoto, den Mann, der den Angriff auf Pearl Harbor konzipiert hatte, am 18. April 1943 über der Bougainville-Insel ab.

Stewart Menzies, der Chef des SIS, erkannte mit als erster, daß Bletchley Park eine potentielle Goldmine für den Geheimdienst war. Wie wir gesehen haben, war der SIS bei Kriegsausbruch in einem so desolaten Zustand, daß er und sein Chef nicht lange überlebt hätten, wenn es ab 1940 nicht das Ultra-Material und insbesondere die entschlüsselten Funksprüche der Abwehr gegeben hätte. Menzies besaß genügend Voraussicht, um sich darüber klar zu sein, und mehr als genug taktisches Geschick, um das Beste daraus zu machen. Er befahl Winterbotham, dem SIS-Vertreter in Bletchley Park, einen ununterbrochenen Strom des wichtigsten entschlüsselten Materials zu liefern, und er oder sein Referent David Boyle begab sich jeden Tag persönlich mit einem Stoß von Meldungen zu Churchill. (An Wochenenden las Winterbotham diesem die wichtige Punkte am Telefon vor.) Die tägliche Lieferung bestand gewöhnlich aus Funksprüchen der Luftwaffe, einer Zusammenfassung des Abwehrfunkverkehrs, Funksprüchen der deutschen Polizei und Kriegsmarinedepeschen. Menzies beförderte die Kollektion in einer eigens angefertigten verschließbaren Aktentasche; Boyle transportierte sie in seiner Melone. Wenn sie Churchill die Dokumente überreichten, erstatteten sie kurz Rapport über die neuesten Fortschritte der Code-Abteilung, als wären sie Truppenkommandeure, die ihrem Befehlshaber Meldung machten. Churchill liebte die Zeremonie – «er führte damit den Krieg», sagt Winterbotham –, und sein Vertrauen in Menzies und den SIS wuchs ins Ungemessene.[7]

Das erboste natürlich die Code-Abteilung, die ihre Zuordnung zum SIS als administrative Formalität betrachtete. Ihre Leute verachteten «den elenden SIS, der von unserem Kredit lebte», ein Gefühl, das noch lange nach dem Krieg andauerte. Harry Hinsley, der schon vor seinem Universitätsexamen für Bletchley Park angeheuert wurde und später Vizekanzler der Universität Cambridge und offizieller Historiker der britischen Geheimdiensttätigkeit im Zweiten Weltkrieg wurde, hat über den SIS erklärt: «Wissen Sie, die Spionageleute waren so etwas wie verhinderte Salonlöwen. Man mußte es sein, um diese Sache zu machen. Die Bletchley-Leute waren dagegen zähe, rechtschaffene, zuvorkommende und sehr pflichtbewußte Frauen und Männer. Sie lebten in einer anderen Welt. Es gab einen großen Qualitätsunterschied zwischen ihrer Arbeit und dem altmodischen Spionagekram.»[8]

Aber in den frühen Ultra-Tagen sollten Frontkommandeure das Märchen akzeptieren, die erstklassigen Meldungen, die der SIS ihnen zukommen ließ, stammten von einem jener verhinderten Salonlöwen (Deckname «Kneipier»!), einem richtigen Supermann, der an mehreren

Orten zugleich sein konnte. Das war Menzies' Idee, die Methode, mit der er seine «geheimste Quelle» schützen wollte, und sie bewirkte, daß manche Empfänger das Ultra-Material achselzuckend beiseite legten. Um dieses Problem zu überwinden, wurden unter Winterbothams Kommando besondere Verbindungseinheiten geschaffen und den Hauptquartieren der Army beigeordnet, um die Kommandeure von Ultras Bedeutung und Zuverlässigkeit zu überzeugen. Dennoch hatte Ultra nie die Wirkung, die seine neueren Bewunderer uns glauben machen wollen. Es mag stimmen, daß ein Nachrichtenoffizier der Siebten Armee der Vereinigten Staaten nach dem Empfang einer besonders nützlichen Ultra-Meldung sagte: «Das ist einfach nicht fair», aber ein Experte hat geschätzt, daß nach einem bestimmten Stadium des Kriegs nur 5 bis 10 Prozent der an der Front abgelieferten Ultra-Erkenntnisse operativ umgesetzt wurden.[9] Offenbar hat kein einziger General zu Papier gebracht, wie er Ultra benutzte – vielleicht aus dem sehr menschlichen Grund, daß er andernfalls seinem Ruf geschadet hätte.

Wie gewisse Indizien erkennen lassen, ging wenigstens ein Befehlshaber, nämlich General MacArthur, so vorsichtig mit seinem Ultra-Material um, daß die alliierten Kriegsbemühungen darunter litten. Wenn man all das berücksichtigt, was über MacArthurs Persönlichkeit bekannt ist, sieht man den Grund für sein Verhalten rasch. Der australische Historiker D. M. Horner drückt es so aus: «Es bleibt die beunruhigende Frage, ob MacArthurs Überzeugung, die Japaner würden Australien nicht unmittelbar angreifen, ein Resultat dieser abgefangenen Funksprüche war. Wenn ja, war es anmaßend von ihm, den Kredit für die Umkehrung der alliierten Strategie für sich zu beanspruchen.»[10]

Andere Generäle verstanden nicht, daß untergebene Offiziere nur widerwillig Operationen durchführten, die man ihnen befahl, ohne ihre Erfolgsaussichten näher zu begründen. General John Lucas, Kommandeur eines Korps, das im Januar 1944 in Anzio gelandet war, durfte keine Ultra-Meldungen bekommen, aber seine Vorgesetzten, General Sir Harold Alexander und General Mark Clark, erhielten sie und wußten deshalb, daß die Deutschen nicht in der Lage wären, Lucas zurückzuschlagen, wenn er beschließen sollte, von seinem Brückenkopf aus vorzustoßen. Sie durften es ihm aber nicht sagen. Sie drängten ihn zum Angriff, doch Lucas fand ihren Optimismus unangebracht, weil er die Lage anders einschätzte, und beschloß, vorsichtig zu sein und zu bleiben, wo er war. Die Deutschen zogen Truppen zusammen und schlossen die Landeplätze der Alliierten ein. Lucas wurde wegen mangelnder Angriffsinitiative seines Kommandos enthoben und notierte in seinem

Tagebuch: «Offenbar waren alle außer mir in das Geheimnis der deutschen Absichten eingeweiht» – eine recht zutreffende Beurteilung.[11] Andererseits konnte es schädlich sein, zuviel Ultra-Material zu verbreiten. Ein Verbindungsoffizier schrieb, Ultra könne die Kommandeure in manchen Fällen zu Faulheit verleiten, weil es die sorgfältige Analyse und Bewertung anderer Informationen ersetze: «Ultra muß als eine von vielen Quellen betrachtet werden; es darf nicht als fertig gelieferter Ersatz für die langwierige Arbeit mit anderen Erkenntnissen aufgefaßt werden.»[12]

Ultra konnte, um es kurz zu sagen, einen mittelmäßigen Kommandeur nicht in ein Militärgenie verwandeln. Er mußte dennoch seinen Feldzug planen, seine Offiziere motivieren, seine Männer begeistern und sich in der Schlacht etwaigen veränderten Bedingungen anpassen. Ultra konnte einen Kommandeur sogar behindern, weil er wußte, daß seine politischen Oberen dieselben Geheimnisse erfahren hatten und sich zu Recht oder nicht anmaßen würden, ihm Ratschläge zu erteilen; oder sie konnten ihn in die Wüste schicken, falls er nicht so handelte, wie *sie* gehandelt hätten. Churchill enthob zwei gute Generäle, Wavell und Auchinleck, zu Beginn des Nordafrikafeldzugs ihres Kommandos, weil er von den Ultra-Meldungen her ebensoviel über die Deutschen und Italiener zu wissen glaubte wie seine hohen Offiziere und mit ihrer Leistung nicht zufrieden war. Aber in diesem Fall hatte Ultra geirrt.

Ultra konnte angeblich «mithören, was der Feind sich selbst über sich berichtete». Aber auch Militärführer haben menschliche Schwächen: Sie lügen, übertreiben, kaschieren, prahlen, machen sich selbst etwas vor und ändern ihre Meinung. Ultra beschäftigte sich mit unveränderlichen Fakten. Es konnte keine Meinungsumschwünge berücksichtigen. Wie wir heute wissen, übertrieben die deutschen Kommandeure ihren Ausrüstungsmangel in ihren Meldungen manchmal absichtlich und stellten die Stärke der Alliierten zu groß dar, damit das Oberkommando die feindliche Bedrohung ernst nahm. Der Historiker Jürgen Rohwer schreibt, daß Rommel in seinen Berichten aus der Wüste durchgehend übertrieb, um wenigstens einen Teil des benötigten Materials zu bekommen, und der von dem Ultra-Material faszinierte Churchill habe die britischen Generäle daraufhin gezwungen, Angriffe zu führen, die sie nicht beabsichtigt hatten und die dann prompt fehlschlugen. Nur deshalb seien Wavell und Auchinleck ihres Kommandos enthoben worden.[13]

Rommel neigte auch dazu, Befehle zu mißachten und etwas anderes zu tun, als er Berlin gemeldet hatte. Er war ein intuitiver Soldat und änderte seine Pläne den Umständen entsprechend, oft ohne es rechtzeitig zu sagen. Ein Grund für die Niederlage, die die Alliierten im Februar 1943 am Kasserine-Paß erlitten, war die Tatsache, daß Ultra einen Angriff aus der Richtung vorausgesagt hatte, aus der er dann nicht kam, weil Rommel den entsprechenden Befehl nicht befolgte. Die Amerikaner, die sich auf Ultra verlassen hatten, verloren fast eine halbe Panzerdivision.[14] «Die Korrespondenz eines Menschen zu lesen, ist nicht dasselbe, wie seine Gedanken zu lesen», schrieb Peter Calvocoressi. «Rommels erster Afrikafeldzug war ein ausgezeichnetes Beispiel dafür. Rommel hatte Befehl, im Mai anzugreifen. Das wußten wir von Ultra, und wir wußten, daß er nicht widersprach. Insgeheim beschloß er jedoch, nicht erst im Mai, sondern schon im März anzugreifen. Irgendwann hatte er seine Meinung geändert, ohne es zu sagen, und da er es nicht sagte, wußten wir nichts von der Änderung.»[15]

Die Schätzungen über Zahl und Stärke der deutschen Truppen, mit denen die Alliierten es bei der Invasion in Europa zu tun haben würden, waren offenbar viel zutreffender als deutsche Schätzungen der alliierten Stärke. Die Nachrichtendienste der Briten und Amerikaner hatten fast jede einzelne der 58 deutschen Divisionen in Frankreich lokalisiert. Die Deutschen glaubten dagegen, Eisenhower habe 75 Divisionen, während er in Wahrheit nur 50 hatte, und weit mehr Landefahrzeuge, als ihm wirklich zur Verfügung standen. Das war wichtig, weil die vermeintliche Truppenzahl die deutsche Verteidigung hemmte, und die Alliierten erfuhren dies und profitierten davon. Der doppelte Nutzen wurde als Triumph des Geheimdienstes gefeiert, als «ein Hauptfaktor beim Sieg der Alliierten», den Eisenhower den «großartigen Geheimdienstlern und insbesondere dem inzwischen berühmten Ultra-System von Bletchley Park» verdankte. Verhielt es sich aber wirklich so?

Nach dem Krieg, 1946, befragten Offiziere des britischen Heeresnachrichtendienstes einen deutschen Offizier, der nur als «Oberst M.» identifiziert wurde. Er hatte von Mai 1942 bis Mai 1944 beim Nachrichtendienst der Heeresgruppe West gedient und war dann als kommandierender Nachrichtenoffizier zu Generalfeldmarschall Walter Models Heeresgruppe B gekommen. Oberst M., der damals nichts von dem Ultra-Material wissen konnte, berichtete den Briten:

«Gegen Ende 1943 wurden mein Chef und ich wenigstens einmal im Monat zu Besprechungen im Wehrmachtsführungsstab bestellt. Wir staunten jedesmal über die vollkommen unlogische Unterschätzung der Bedürfnisse der deutschen Verteidigungstruppen in Frankreich, Norwegen und auf dem Balkan. Laufend wurden Einheiten zu anderen Schauplätzen abkommandiert. Deshalb beschlossen mein Chef und ich, unsere Schätzungen der Zahl der alliierten Divisionen zu übertreiben, denn wir glaubten, dem übergroßen Optimismus des Wehrmachtsführungsstabs nur so begegnen zu können. *Unsere Schätzung lag infolgedessen um etwa 20 Divisionen zu hoch.*»[16] (Hervorhebung durch den Autor)

Was als Geheimdiensttriumph gefeiert wurde, war also in Wahrheit ein Beispiel dafür, wie irreführend Ultra sein konte. Zum Glück war es in diesem Fall nicht so irreführend, daß die Operation fehlschlug.

Es gibt große Bereiche des Kriegsgeschehens, wo Ultra die Ereignisse ganz sicher nicht beeinflußte, es gibt einige Bereiche, wo sein Nutzen umstritten war, und nur einige wenige, wo es zweifellos einen entscheidenden Beitrag leistete. Bletchley Park war zunächst einmal kein Schatten des deutschen Oberkommandos, wie Winterbotham es des öfteren nennt. Die lange Kette von Ereignissen, die dazu führte, daß Material von Ultra im Hauptquartier eines Kommandeurs eintraf, konnte erst dann beginnen, wenn die Deutschen ihre Nachrichten *funkten*. Ohne Funkbotschaft gab es nichts, was die Alliierten abfangen konnten. Die Wehrmacht hatte aber in vieler Hinsicht traditionelle Bräuche. Zu Beginn des Kriegs ging ein Großteil ihres Nachrichtenverkehrs über das Telegraphennetz der Post, so daß er in Großbritannien nicht abgefangen werden konnte. Manchmal benutzte sie sogar noch Brieftauben und abgerichtete Hunde, um Befehle zu befördern. Schriftliche Instruktionen wurden dem Adressaten oft mit dem Auto, dem Motorrad, dem Fahrrad oder sogar zu Pferde überbracht.[17] In all diesen Fällen kam Ultra natürlich nicht in Frage. Noch im fortgeschrittenen Kriegsstadium hatten die Deutschen eine ausgeprägte Vorliebe für Fernschreiber und Telefone und funkten nur dann, wenn diese Einrichtungen nicht unmittelbar zur Verfügung standen.

Nach Jürgen Rohwer wurde nur ein Viertel bis ein Drittel der Kommunikation gefunkt, und der größte Teil dieses Verkehrs betraf keine strategischen Dinge, sondern Einsatz- oder untergeordnete taktische Fragen. Für die Kommunikation der Seestreitkräfte nennt Rohwer eine genauere Zahl. Er sagt, daß 1943 nur 29 Prozent aller Nachrichten der deutschen Kriegsmarine nach der Verschlüsselung durch Enigma-Maschinen gefunkt wurden und daß die anderen Nachrichten über Leitungen gelaufen seien, also per Fernschreiber oder telefonisch übermittelt wurden.[18] (Die Abwehr bildete eine Ausnahme. Als Geheimorganisation hatte sie eine natürliche Leidenschaft für geheime Hilfsmittel und benutzte Enigma häufig für ihre Kommunikation im Reich, wo es sichere Landleitungen gab.) Je näher die Befehlsgeber an der Front waren, um so größer wurde natürlich die Wahrscheinlichkeit, daß man die Befehle funkte. Das bedeutete jedoch in vielen Fällen, daß Bletchley eine gefunkte Antwort auf eine Frage abhörte, die schriftlich gestellt worden war, und gewöhnlich war das eine nicht ohne das andere zu verstehen.

Außerdem konnten keineswegs alle abgefangenen Nachrichten entschlüsselt werden. Bletchley Park vermochte seinen Erfolg beim Code der Luftwaffe nicht bei dem des Heeres zu wiederholen, und die britischen Entschlüsselungsexperten plagten sich den ganzen Krieg über mit den enorm komplizierten Codes der großen Kampfschiffe und der U-Boote herum. Oft stockte der Nachschub an entschlüsselten Funksprüchen im kritischen Moment. Der Triton-Code, den die Kriegsmarine 1942 einführte, verstopfte zehn Monate lang diese Informationsquelle. Eine kürzlich zur Einsicht freigegebene Aufstellung, die den Zusammenhang zwischen den alliierten Schiffsverlusten und dem im betreffenden Zeitraum verfügbaren Ultra-Material zeigt, macht deutlich, wie katastrophal es sich auswirkte, daß Bletchley Park den neuen Code erst so spät knacken konnte.[19]

Als die Code-Abteilung im Dezember 1942 einen Durchbruch erzielte und den Funkverkehr der deutschen U-Boote wieder entschlüsseln konnte, wurde die Admiralität nicht mit der plötzlichen Informationsflut fertig. Rodger Winn, der Leiter der für die Lokalisierung gegnerischer Unterseeboote zuständigen Stelle, der schon vorher zu wenig Mitarbeiter gehabt hatte – er mußte sogar die Ablage selbst machen –, brach vor psychischer und physischer Erschöpfung zusammen. Als durchschnittlich 3000 entschlüsselte Funksprüche am Tag eingingen, konnte seine Abteilung nur diejenigen berücksichtigen, die ihrer Meinung nach eine unmittelbare operationale Bedeutung hatten; alle anderen wurden ignoriert.[20]

Einige wichtige Codes wurden nie geknackt, und in den späteren Kriegsjahren hatten die Entschlüsseler von Bletchley Park auch zunehmende Schwierigkeiten mit den zweitrangigen Codes, weil die Deutschen einfach zu viele benutzten: Einmal arbeitete die Kriegsmarine zu einem bestimmten Zeitpunkt mit 40 verschiedenen Enigma-Einstellungen! In Anbetracht der notwendigen Arbeitsgänge – Entschlüsseln, Übersetzen, Zuteilen der Informationen, Verschlüsseln des Ultra-Materials zum Weiterleiten an die Empfänger – hatte Bletchley Park alle Hände voll zu tun, um stets auf dem laufenden zu bleiben. Der zeitliche Abstand zwischen Enigma- und Ultra-Sendung betrug bestenfalls zwei Stunden, schlimmstenfalls jedoch zwei Tage.

Schon eine Verzögerung von wenigen Stunden konnte bedeuten, daß der Kommandeur an der Front nicht mehr in der Lage war, die Ultra-Meldung zu berücksichtigen. Der Coventry-Streit ist ein gutes Beispiel dafür. In mehreren Büchern über Ultra wird behauptet, die Briten hätten abgefangenen und entschlüsselten Funksprüchen entnommen, daß in der Nacht vom 14. auf den 15. November 1940 ein schwerer Luftangriff auf Coventry geflogen werden sollte, doch Churchill habe beschlossen, die Bevölkerung nicht zu evakuieren und die Verteidigung der Stadt nicht zu verstärken, weil er befürchtet habe, die Deutschen könnten daraus schließen, daß die Briten ihre Codes geknackt hätten. In Wahrheit sagte Ultra den Briten erst am Tag des Angriffs um 14 Uhr, daß die Deutschen ihre Bomber losschicken würden, und erst eine Stunde später erfuhr London – aus anderen Informationsquellen –, daß Coventry das Ziel war. Da war es zu spät für eine wirksame Evakuierung und eine zusätzliche Verteidigung der Stadt.[21]

Bletchley Park hatte aber nicht nur mit der schieren Menge von Funksprüchen zu kämpfen, sondern auch mit Abkürzungen, Karten- und Planquadratangaben und Militärjargon. Manchmal schwitzten die Kryptologen stundenlang über einer Nachricht, um dann feststellen zu müssen, daß sie erschütternd banal war. Die Abwehr hatte zum Beispiel ihrem Stationsleiter im spanischen Algeciras, einem Offizier mit dem Codenamen «Cäsar», einen Funkspruch geschickt. Nach der zeitraubenden Entschlüsselung lasen die Briten: «Geben Sie auf Axel acht. Er beißt.» War es vielleicht ein Code in einem Code? Wie sich herausstellte, ging es um einen neuen Wachhund für das Haus der Abwehr, was wenige Tage später nach der Entschlüsselung einer neuen Enigma-Nachricht bestätigt wurde: «Cäsar im Krankenhaus. Axel hat ihn gebissen.»[22]

Einsatzlosungen warfen ebenfalls große Schwierigkeiten auf. Während der Schlacht um Britannien war in mehreren Funksprüchen der Luftwaffe von Unternehmen «Adlertag» die Rede, das in der Zeit vom 9. bis 13. August 1940 stattfinden sollte, aber niemand konnte herausbekommen, wofür «Adlertag» stand. Dann, am 15. August, dem Datum, das allgemein als Wendepunkt der Schlacht um England gilt, konnte die RAF ohne jede Ultra-Warnung einen deutschen Plan für Ablenkungsangriffe durchkreuzen.[23]

Beim «Blitz» der Deutschen verhielt es sich oft ganz ähnlich. «Ultra zeigte, daß ein großes Luftunternehmen gegen England bevorstand, und lieferte Anhaltspunkte über seinen Umfang», schreibt Calvocoressi, «aber es konnte nicht mit Daten dienen.» Und als der Angriff begann, konnte Ultra die Deutschen nicht daran hindern, britischen Städten enorme Schäden zuzufügen. Zu wissen, wo man angegriffen werden wird, nützt nichts, wenn die Verteidigungseinrichtungen nicht stark genug sind, um den Angriff abzuwehren. Ultra warnte einen Monat vor dem Angriff auf Kreta vor der Konzentration deutscher Truppen, Transportflugzeuge, Geleitboote, berechnete die Stärke der Deutschen und sagte ihre wahrscheinlichen Landeplätze und sogar das Angriffsdatum voraus, aber all das nützte dem Kommandeur der Insel, General Freyberg, nichts, weil er nicht genug Truppen hatte, um den Angriff zurückzuschlagen. Der Einwand, Ultra habe ihm immerhin erlaubt, den Deutschen größere Verluste zuzufügen, als ihm andernfalls möglich gewesen wäre, bleibt akademisch.[24]

Andere Kommandeure ignorierten Ultra, wenn es nicht zu ihrer vorgefaßten Meinung und in ihre Pläne paßte. Die holländische Widerstandsbewegung teilte den Alliierten am 11. September 1944 mit, daß zwei deutsche Panzerdivisionen in Arnheim standen. Ultra-Berichte stützten die Meldung. Dennoch fuhr Feldmarschall Montgomery mit «Unternehmen Marktgarten» fort, das vor allem den Absprung der Ersten Luftlandedivision der Briten in Arnheim vorsah. Die Truppe wurde restlos aufgerieben. Ralph Bennett schreibt darüber: «Marktgarten war nicht entsprechend . . . den Erkenntnissen über den Gegner geplant . . . Es hatte unheilkündende Elemente von übermäßiger Hast, anglo-amerikanischer Rivalität und sogar Verzweiflung: die Möglichkeit, daß in Arnheim Panzer stünden, war die eine lästige Tatsache, die nicht in das gewünschte Schema passen wollte, so daß es am besten war, sie zu ignorieren.»[25]

Ultra zeigte, daß die strategische Bombardierung des Reichs die Moral der Deutschen nicht entscheidend schwächte und ihre Flugzeugproduktion überhaupt nicht beeinträchtigte. Es zeigte auch, daß die Tagesangriffe der Amerikaner 1943 und die nächtlichen Angriffe der Briten 1944 in Wirklichkeit alliierte Niederlagen waren, weil die erlittenen Verluste in keinem Verhältnis zum zugefügten Schaden standen.[26] All das wurde an die zuständigen Stellen weitergeleitet, aber die Angriffe gingen weiter: Ultras Wahrheit paßte den Befürwortern der Bombenteppiche nicht ins Konzept.

Für andere Mißerfolge gab es keine Erklärung. Am 8. September 1944, dem Tag nach der Einnahme des Hafens von Antwerpen durch die Alliierten, lieferte Ultra die Information, daß Hitler im Begriff sei zurückzuschlagen. Er wollte dem Gegner die Benutzung des Hafens, den er unbedingt brauchte, wenn er einen schnellen Vorstoß zum Ruhrgebiet plante, unmöglich machen, indem sich deutsche Truppen an beiden Ufern der Schelde verschanzten. Zwei Tage später wurden die deutschen Pläne in einer von Bletchley Park abgefangenen und entschlüsselten Nachricht Hitlers an die deutschen Truppen in den Niederlanden bestätigt. Aber die Alliierten taten zehn Tage nichts, um die Flußufer zwischen Antwerpen und der Nordsee zu sichern, und dann war es zu spät. Bennett schreibt, selbst wenn ihre Erfolge sie für alle normalen logistischen Erfordernisse blind gemacht hätten, hätten sie nur auf Ultra zu hören brauchen. «Warum die Warnung nicht beherzigt wurde, ist unbegreiflich.»[27]

Andere Kommandeure verließen sich dagegen so sehr auf die Code-Abteilung (die inzwischen rund 10 000 Personen beschäftigte), daß sie zu der Annahme neigten, wenn kein Ultra-Material eingehe, geschehe auch nichts.[28] Wie gefährlich diese Einstellung war, führte im Dezember 1944 die Ardennenoffensive vor Augen, mit der die Deutschen einen verzweifelten Versuch unternahmen, den alliierten Vormarsch zurückzudrängen. Der Angriff überraschte die Gegenseite weitgehend, weil Ultra nicht imstande war, gezielt zu warnen: Hitler hatte Funkstille angeordnet und alle diejenigen, die mit der Planung beauftragt worden waren, zu Geheimhaltung verpflichtet.

Wie schwierig es ist, den Beitrag einzuschätzen, den Ultra für die Kriegsanstrengungen der Alliierten leistete, zeigte sich bei einer interessanten Begegnung im November 1978 in Stuttgart. Auf einer Tagung über die historische Bedeutung von Ultra forderten deutsche Historiker die britischen Teilnehmer – die alle näher mit Bletchley Park zu tun gehabt hatten – mehrmals auf, ihnen zu sagen, ob Ultra bei bestimmten Schlachten eine entscheidene Rolle gespielt habe, und baten um eine zusammenfassende Bewertung der Kriegstätigkeit von Bletchley Park. Die Briten konnten nicht damit dienen.[29]

Ein Grund für diese Zurückhaltung war sicher der unbequeme Gedanke, daß die Deutschen über die Entschlüsselung ihres Funkverkehrs unterrichtet gewesen waren. Betrachten wir die Indizien, die für diese Möglichkeit sprechen. Zunächst einmal wußten die Deutschen natürlich, daß es theoretisch möglich war, das Geheimnis von Enigma zu lösen. Der Codefachmann Dr. Georg Schröder demonstrierte in den dreißiger Jahren eine Lösung mit Hilfe von Alphabetschienen und erklärte: «Das ganze Enigma ist Schrott.» Kollegen von ihm beherzigten seine Worte, indem sie laufend Verbesserungen vorschlugen. Ihnen war klar, daß die Maschine nicht absolut sicher war und vor allem dann überlistet werden konnte, wenn die Alliierten ein Exemplar besaßen. Die Deutschen müssen davon ausgegangen sein, daß das der Fall war, denn Enigma konnte ursprünglich von jedermann gekauft werden – und trotz der vielen Veränderungen war die grundlegende Konstruktion dieselbe geblieben.

Am 11. September 1942 erbeuteten die Deutschen dann das britische Kanonenboot MGB 335 und fanden an Bord Dokumente mit den neuesten Einzelheiten über deutsche Konvoibewegungen und minenfreie Fahrrinnen, also Informationen, die nur aus entschlüsselten Enigma-Funksprüchen stammen konnten. Außerdem erfuhr Berlin im August 1943 über den Schweizer Geheimdienst, ein Amerikaner schweizerischer Abstammung, der im Marineministerium in Washington arbeite und oft in Großbritannien gewesen sei, habe berichtet, daß die Briten regelmäßig die Enigma-Korrespondenz der deutschen Kriegsmarine läsen.[30]

Schließlich und endlich läßt die deutsche Vorliebe für Landleitungen vermuten, daß die Wehrmacht sich der Gefahr, die ihren Funksprüchen drohte, durchaus bewußt war, und die Benutzung sprachlicher Barrieren in den Funksprüchen, die sie dennoch absetzten, drängt denselben Schluß auf. Der Angriff auf Coventry hieß zum Beispiel «Unternehmen Mondscheinsonate», und die Ziele wurden nur mit Nummern bezeichnet. Hitler ordnete vor der Ardennenoffensive Funkstille an, weil er den Verdacht hatte, der Gegner könnte die Enigma-Codes knacken. Warum hätten die Deutschen versuchen sollen, die Alliierten in Funksprüchen über die Stellung bestimmter Einheiten zu täuschen (indem sie implizierten, sie seien immer noch an dem und an dem Ort, obgleich sie bereits woanders lagen), wenn sie nicht wußten, daß die Alliierten den Funkverkehr entschlüsseln konnten? Andernfalls wären die Täuschungsmanöver sinnlos gewesen. Warum organisierten sie im Sommer 1944 eine Konferenz über Codesicherheit, bei der die Mängel Enigmas eingestanden und Maßnahmen zur Abhilfe beschlossen wurden? Die Deutschen waren keine Narren. Sie wußten, daß jedes Ersetzungsverfahren zu knacken war, wenn man nur genug Zeit hatte, alle Permutationen durchzuspielen, und daß sie vom schlimmstmöglichen Fall ausgehen mußten – daß die Alliierten in Enigma einbrechen würden, genau wie sie, die Deutschen, in die alliierten Codes eingebrochen waren. Der Sieger bekommt nicht nur die Beute, sondern auch den Ruhm. Wenn man von den Ultra-Triumphen liest, könnte man meinen, die Deutschen hätten keine ähnlichen Triumphe gefeiert. Dem war nicht so.

Das Reich hatte viele Dienststellen, die sich mit dem Knacken von Codes befaßten. Die Kriegsmarine hatte ihren Beobachtungsdienst oder B-Dienst, und in der Luftwaffe und im Heer gab es entsprechende

Dienste. Das Oberkommando der Wehrmacht hatte seine Chiffrierabteilung ebenso wie das Reichsaußenministerium. Göring hatte sein Forschungsamt, und eine Zeitlang hatte auch der Geheimdienst der SS, der Sicherheitsdienst, seine eigenen Codeknacker. Obgleich diese Stellen oft miteinander konkurrierten und insgesamt längst nicht so viel Personal hatten wie Bletchley Park, erzielten sie einige verblüffende Erfolge.

1940 lasen die Deutschen ohne Wissen der Alliierten verschlüsselte Funksprüche des französischen Heeres, aus denen die Stärke und die Absichten britischer und französicher Einheiten hervorgingen. Wenn die alliierten Siege der späteren Kriegsjahre angesichts von Ultra neu bewertet werden müssen, sollte man auch Guderians Blitzkrieg angesichts der deutschen Entschlüsselungserfolge neu bewerten. Ultra half den Briten in Nordafrika sehr, aber auch Rommel genoß die Unterstützung deutscher Codeknacker. Das britische Heer hatte erstaunlich laxe Sicherheitsvorschriften für seinen Funkverkehr – so wurden weniger sicherheitsrelevante Codes wie CODEX viel zu häufig benutzt. Ein gefangengenommener deutscher Funknachrichtenleutnant erklärte seinen Vernehmern: «Wir brauchen uns nicht groß um Codes zu sorgen. Alles, was wir benötigen, sind Sprachkundige, zum Beispiel ein paar von den Leuten, die vor dem Krieg als Kellner im Dorchester gearbeitet haben.»[31]

1941–1942 berichtete der US-Militärattaché in Kairo, Colonel Bonner Fellers, dem Pentagon in verschlüsselten Depeschen alles, was in Nordafrika geschah, und offenbarte dabei mehr als einmal die Stärke und die Pläne der Briten. Die Deutschen fingen die Berichte ab, knackten den Militärcode und entschlüsselten, bewerteten und übersetzten das Material schnell, um es dann, wie David Kahn berichtet, nach einem ihrer Codes zu chiffrieren und Rommel zu schicken. «Im Januar 1942 benutzte er es, als er die Briten 500 Kilometer weit durch die Wüste trieb und sich den Toren Alexandrias näherte.» Der Erfolg der deutschen Chiffrierbeamten wurde vom Oberkommando ähnlich gefeiert wie Ultra später von den alliierten Führern, und Oberst Ulrich Liss von der Heeresgruppe West bezeichnete die Codeknacker als «Lieblingskinder aller Geheimdienstchefs».[32]

Die Deutschen schafften es sogar, den Sprechverkehr zwischen London und Washington mitzuhören und die durch einen «Zerhacker» gehenden wichtigen Gespräche richtig zusammenzusetzen. Zuletzt konnten sie sogar Telefonate zwischen Churchill und Roosevelt belauschen, fanden sie jedoch enttäuschend. Beide Politiker drückten sich so vorsichtig und gewunden aus, daß Berlin nicht viel damit anfangen konnte.

Wichtiger war zweifellos, daß die Deutschen die Codes der britischen Schiffskonvois knackten. Es gelang ihnen schon zu Beginn des Kriegs, und 1942–1943 fing der B-Dienst etwa 2000 Konvoifunksprüche im Monat auf, entschlüsselte sie und leitete die Informationen so rechtzeitig an die U-Boot-Flotte weiter, daß diese die Angriffe durchführen konnte, die als Atlantikschlacht bezeichnet wurden. «Während man Intellekt und Technik in Bletchley aufs äußerste strapazierte, um die deutschen Funksprüche zu entschlüsseln, machte man die elementarsten Schnitzer beim Schutz der eigenen», schreibt Andrew Hodges, der Biograph Alan Turings, des «Genies von Bletchley Park».[33]

Das Problem war, daß Bletchley Park seine Pflicht, die britischen Codes zu schützen, vernachlässigt hatte, weil das Knacken der gegnerischen Codes ungleich mehr Ruhm brachte als das Sichern der eigenen. Die Tatsache, daß die britischen Codes geknackt wurden, hätte alle Alarmsirenen auslösen müssen. Schon zu Beginn des Kriegs hatte die Code-Abteilung entschlüsselten Marinefunksprüchen der Deutschen entnehmen können, daß der deutsche Marineattaché in Washington bemerkenswert gut über die britischen Konvois unterrichtet war, die amerikanische Häfen verließen. Einer dieser Funksprüche lautete beispielsweise: «Marineattaché Washington meldet Konvoitreffen 25. Februar 200 Seemeilen östlich von Sable Island Stop 13 Frachter, 4 Tanker 100000 Frachttonnen Flugzeugteile, Maschinenteile, Lastkraftwagen, Munition, Chemikalien Stop Konvoinummer wahrscheinlich HX114.»[34]

Es vergingen jedoch mehrere Jahre, bis die Briten begriffen, daß die Deutschen den Funkverkehr ihrer Konvois in einem Umfang belauschten, der ihnen – um ein Beispiel zu nennen – sogar die Voraussage gestattete, daß Konvoi SC2 sich am 6. September 1940 um 12 Uhr mittags auf 50°00' nördlicher Breite und 19°50' westlicher Länge befinden werde.[35] Es gab ein Eilprogramm zur Einführung neuer Codesysteme. Die Royal Navy bekam ihr neues System am 10. Juni 1943. Inzwischen war es fast zu spät: Die meisten der 50000 alliierten Seeleute, die im Krieg ums Leben kamen, ruhten bereits auf dem Meeresgrund.

Man machte Admiral J. H. Godfrey, den Leiter der Nachrichtenabteilung der Royal Navy, zum Sündenbock für die Affäre, und er bekam nach dem Krieg als einziger altgedienter Marineoffizier seines Rangs keine Anerkennung.[36] Die Schuld lag jedoch nicht allein bei der Admiralität. Die Codesicherheit gehörte zu den Pflichten von Bletchley Park, und es vernachlässigte sie.

Die Deutschen brachen noch verschiedentlich in die Funkkommunikation der Briten ein. Besonders bemerkenswert waren zwei Erfolge, die sie mit ausgesprochen altmodischen Methoden erzielten. Einer davon war strategisch fast so bedeutsam wie Ultra, und beide beruhten letztlich auf britischen Fehlern, die so katastrophal waren, daß es bis zum heutigen Tag schwer ist, die zuständigen britischen Stellen zu dem Eingeständnis zu bewegen, daß sie überhaupt passierten.

Am Morgen des 11. November 1940 wurde die *Automedon*, ein Dampfschiff der Blue Funnel Line, im Indischen Ozean vor den Nikobaren von dem deutschen Hilfskreuzer *Atlantis* angegriffen und aufgebracht. Der Kapitän der *Automedon* brachte einen Sack mit streng geheimer Post und ebenso geheimen Codebüchern nach Singapur. Das Material in dem Sack war so brisant, daß er versiegelt und mit Ballast beschwert auf der Brücke lag, damit man ihn, wenn er Gefahr lief, in deutsche Hände zu geraten, augenblicklich über Bord werfen konnte. Aber die *Atlantis* traf den Aufbau der *Automedon* mit 28 Granaten, und der Kapitän und alle Offiziere und Besatzungsmitglieder, die sich auf oder in der Nähe der Brücke befanden, wurden getötet. Die Deutschen fanden den Sack unversehrt vor und öffneten ihn. Er enthielt einen der bedeutendsten Funde, die je ein Geheimdienst gemacht hatte.

Die Deutschen entdeckten nicht nur Kopien des seit dem 1. Januar 1940 geltenden Codes der Handelsmarine, sondern auch mehrere Ausgaben des wöchentlichen Geheimdienstresümees der Admiralität. Noch mehr freuten sie sich jedoch über Abschriften von Sitzungsprotokollen des britischen Kriegskabinetts und eine offizielle Bewertung der britischen Fernostpläne im Fall eines Konflikts mit Japan. Das letztere, von den Stabschefs ausgearbeitete Dokument besagte im wesentlichen, daß Großbritannien zu sehr in der Bredouille sei, um seine Interessen im Fernen Osten zu schützen, und nur versuchen könne, sich auf eine Position zurückzuziehen, «die es erlauben wird, unseren Einfluß später wiederherzustellen». Hongkong, Malaya und Singapur seien schwer zu verteidigen, es bestehe keine Hoffnung auf Entsendung einer Flotte in den Fernen Osten, und man könne nur sehr wenige Luftstreitkräfte zum Schutz der Schiffahrt im Indischen Ozean einsetzen. Die Zusammenziehung starker Landstreitkräfte in Malaya sei absolut vorrangig, und das Commonwealth würde eine Division dorthin entsenden müssen.

Die Papiere wurden auf dem schnellsten Weg nach Kobe gebracht und von dort an die deutsche Botschaft in Tokio geschickt, wo der Marineattaché, Admiral Paul Wenneker, sie sortierte und bewertete. Wenneker erkannte, daß der Bericht der Stabschefs «von allergrößter Bedeutung für die Japaner» war, so daß er eine Zusammenfassung nach Berlin kabeln ließ und um die Erlaubnis bat, den Japanern Abschriften zu geben. Inzwischen hatte der japanische Marineattaché in Berlin die Zusammenfassung vom OKW bekommen und funkte sie am 12. Dezember an sein Ministerium in Tokio. (Also hatten die Briten zweimal die Chance, Funksprüche abzufangen und zu entschlüsseln, die sie über das Schicksal der Geheimdokumente aufklären konnten. Aber Wenneker benutzte für seine Enigma-Maschine einen Code, den Bletchley Park nie knacken konnte, und der japanische Marineattaché benutzte Code JN 25, der erst 1945 von den Amerikanern geknackt wurde.)

Sobald der Generalstab der japanischen Kriegsmarine die britischen Dokumente gesehen hatte, ließ er Wenneker kommen und versicherte ihm wiederholt, wie wertvoll sie seien. Es gibt noch einen Hinweis für die Bedeutung, die die Japaner dem Dokumentenschatz von der *Automedon* beimaßen. Nach dem Fall von Singapur verlieh Kaiser Hirohito dem Kapitän der *Atlantis* das Samuraischwert, eine Auszeichnung, die im Krieg nur noch zwei Deutschen außer ihm zuteil wurde, nämlich Rommel und Göring. Aber Churchill erfuhr offenbar nie von dem Schlag, was den Schluß nahelegt, daß die Papiere ohne Erlaubnis des Kriegskabinetts geschickt wurden und daß ihr Verlust vertuscht wurde und noch heute vertuscht wird.[37]

Die zweite große Unvorsichtigkeit der Briten betraf den australischen Dampfer *Nankin*, der am 10. Mai 1942 auf der Fahrt von Sydney nach Colombo von dem deutschen Hilfskreuzer *Thor* aufgebracht wurde. Der Kapitän der *Nankin* konnte die Codebücher und die geheimen Dokumente des Schiffs rechtzeitig über Bord werfen, aber sein Schiff beförderte unter anderem 120 Postsäcke, die Berichte der Nachrichtenabteilung der Koordinationsstelle für Interalliierte Operationen in Wellington, Neuseeland, enthielten. Wieder war es Wenneker, der die Schriftstücke analysierte und Zusammenfassungen an das deutsche Oberkommando funkte. Die Reports der Koordinationsstelle erlaubten nicht nur Einblicke in die Kriegsmoral und Kriegseinstellung der britischen und australischen Bevölkerung, sondern ergaben auch zweifelsfrei, daß die Alliierten in die japanischen Codes eingebrochen waren. Diese Information führte dazu, daß Nachrichtenoffiziere der japanischen Kriegsmarine und eine Gruppe von Funkspezialisten der deutschen Marine mehrmals zusammenkamen und Methoden zur Sicherung der japanischen Funksprüche entwickelten.

Wie die Japaner die erbeuteten Berichte sonst noch nutzten, läßt sich im Moment nicht feststellen, da viele der Dokumente von der *Nankin* entweder noch nicht freigegeben sind oder in keinem britischen und deutschen Archiv aufbewahrt werden. Die wahrscheinlichste Erklärung dafür lautet, daß es den Briten außerordentlich peinlich war, die Papiere der Interalliierten Koordinationsstelle in normalen Postsäcken befördert zu haben. Das war ein Verstoß gegen elementarste Sicherheitsvorschriften.

Möglicherweise überschattete der Ruhm, den Ultra einheimste, weil es «den Krieg früher gewonnen hatte», die wichtigere politische Frage, die man sich angesichts der Geheimoperation von Bletchley Park stellen muß: Trug Ultra zum kalten Krieg bei? Zwei Drittel der deutschen Streitkräfte kämpften an der Ostfront, aber die Rolle, die Ultra dabei spielte, ist ungeklärt. Teilten die Alliierten ihre «unschätzbare» Geheimwaffe mit ihrem sowjetischen Verbündeten? Falls nicht, waren die Russen sich darüber klar? Ist es möglich, daß sie den Enigma-Code selbst geknackt hatten? (Daß sie verschiedene britische Codes geknackt hatten, steht fest.) Diese und andere Fragen, die man nach der ersten Enthüllungen über Ultra stellte, haben praktisch nur neue Mythen über die Operation gezeugt. Dem hübschesten zufolge mißtrauten die Sowjets ihren westlichen Verbündeten so sehr, daß Churchill meinte, es sei vollkommen sinnlos, das Ultra-Material auf dem normalen Weg an Stalin weiterzuleiten. In diesem Fall hätte Stalin sofort vermutet, das Material sei getürkt und der britische Premier verfolge irgendwelche verborgenen Absichten. Deshalb – so der Mythos – spielte der SIS dem berühmten sowjetischen Spionagenetz in der Schweiz, dem Lucy-Ring, getarntes Ultra-Material zu, und Stalin war nur deshalb von seiner Authentizität überzeugt, weil er es von seinen eigenen Spionen bekam. Wie wir sehen werden, hält diese Theorie einer genaueren Nachprüfung nicht stand.

Es gibt eine andere, einleuchtendere These, wie Ultra-Material nach Moskau gelangte. Laut Calvocoressi wollten die Briten aus verständlichen Gründen *überhaupt* kein Ultra-Material an Stalin weiterleiten, doch als klar wurde, daß die Sowjetunion eine starke Front gegen Hitler errichtete, sahen sie die Notwendigkeit ein, den Russen alles zu geben, was ihnen helfen konnte, die Deutschen zu besiegen. Laut Calvocoressi kam es jedoch nicht in Frage, die Quelle des Materials preiszugeben, weil die Funksicherheit der Russen sehr mangelhaft war und das Geheimnis von Bletchley Park durchsickern könnte. Also wählte man die Meldungen aus, die für Stalin nützlich sein konnten, kaschierte ihre Quelle und schickte sie an den britischen Nachrichtenoffizier Major Edward Crankshaw, der Bletchley Park, den SIS, den militärischen Nachrichtendienst und die Admiralität in Moskau vertrat. Crankshaw,

heute ein bekannter Kreml-Experte, hat es abgelehnt, über seine damalige Rolle zu sprechen. «Ich kann weder bestätigen noch dementieren,
was Calvocoressi über mich sagt», erklärte er. Calvocoressi selbst hat
gewisse Zweifel, daß Stalin die Ultra-Erkenntnisse jemals benutzte: «Im
Fall der großen Panzerschlachten von 1942, bei denen wir die Russen
darauf hinwiesen, daß sie Truppen und Material in eine gewaltige Falle
der Deutschen pumpten, ist kaum anzunehmen, daß sie die Warnungen,
die ihnen furchtbare Verluste erspart hätten, wenn sie ihnen gefolgt wären, uneingeschränkt glaubten...»[38] Nigel West sagt jedoch, der SIS
habe einen Offizier namens Cecil Barclay in Moskau gehabt, dessen
Aufgabe es gewesen sei, seinem sowjetischen Kontaktmann, General F.
F. Kusnezow, ausgewähltes Ultra-Material zu liefern, «ohne die Quelle
preiszugeben». Bei einem ihrer ersten Zusammentreffen habe Kusnezow das bereits erwähnte Codebuch der Luftwaffe hervorgeholt und
Barclay gebeten, er möge dafür sorgen, daß es «in die richtigen Hände»
komme. Bei anderen Begegnungen gab Kusnezow zu verstehen, er
wisse genau, welche Aufgabe Bletchley Park habe. Es gibt verschiedene
Möglichkeiten, wie er es erfahren hat.

Barclay hatte in London einen sowjetischen Kollegen, einen Nachrichtenoffizier, der als Verbindungsmann zum SIS und zur SOE fungierte. Es handelte sich um Oberst I. Tschickajew, der, obgleich er vor
allem mit der SOE zu tun hatte, sehr wohl herausgebracht haben kann,
was in Bletchley Park gemacht wurde, und Moskau anschließend darüber unterrichtete. Die Information konnte aber auch von den sowjetischen Agenten Kim Philby, Anthony Blunt und John Cairncross gekommen sein, die alle nachweislich mehr oder weniger über die Code-Abteilung Bescheid wußten.

Wahrscheinlich hatten die Russen selbst zumindest einige Enigma-
Codes geknackt. Sie verfügten bereits über große Erfahrungen im Entschlüsseln, sie hatten mehrere Enigma-Maschinen erbeutet, und sie besaßen wenigstens ein Codebuch. Während des Kriegs wiesen die
Deutschen diese Möglichkeit von der Hand, aber später hörte es sich
ganz anders an. 1958 schrieb ein ehemaliger Nachrichtenoffizier, es
stehe zweifelsfrei fest, daß es den Sowjets in gewissen Fällen gelungen
sei, Enigma-Funksprüche zu entschlüsseln. Der Grund dafür liege in
den üblichen Chiffrierfehlern und darin, daß zu viele Funksprüche mit
demselben grundlegenden Schlüssel gesendet worden seien.[39]

Die verfügbaren Indizien besagen also dreierlei: Die Sowjetunion
wußte von Enigma; sie wußte, daß die Alliierten wenigstens einige der
deutschen Codes geknackt hatten; und sie wußte, daß die Alliierten ihr

das zumindest offiziell verschwiegen hatten. Womöglich unternahm sie sogar den Versuch, die Alliierten zur Preisgabe des Ultra-Geheimnisses zu zwingen. Der jetzige Herzog von Portland, der damals als William Cavendish-Bentinck dem Vereinigten Geheimdienstausschuß (JIC) vorsaß, erinnert sich lebhaft daran, wie er versuchte, den sowjetischen Botschafter in London, M. Maisky, davon zu überzeugen, daß Hitler die UdSSR am 22. oder 29. Juni 1941 angreifen würde. Portland wußte es von Ultra, aber er verschwieg Maisky die Quelle. Er ärgerte sich, daß Maisky ihm nicht glauben wollte, und argumentierte: «O nein, wir haben doch einen Vertrag. Diese Meldungen werden nur deshalb verbreitet, um Zwietracht zwischen uns zu säen.»[40] Wenn wir annehmen, daß Maisky über Ultra informiert war, kann seine Reaktion aber auch anders gedeutet werden, nämlich als ein Versuch, Portland zur Preisgabe seiner Quelle zu bewegen.

Wie wir wissen, war Stalin nicht davon überzeugt, daß die Alliierten wirklich alles daransetzten, Hitler zu besiegen. Die Tatsache, daß sie ihn jetzt nicht in Ultra einweihten, vergrößerte seine Skepsis so sehr, daß er das Ultra-Material, das er in kaschierter Form bekam, möglicherweise ignorierte, weil er glaubte, die Alliierten spielten ein verborgenes und gefährliches Spiel mit ihm. (Das könnte die verheerenden Panzerschlachten von 1942 erklären.) In diesem Licht gesehen, verschärfte der Entschluß der Alliierten, das Ultra-Geheimnis nicht mit dem Verbündeten zu teilen, der die Hauptlast des Kriegs gegen Hitlerdeutschland trug, das sowjetische Mißtrauen gegen den Westen und lieferte so Motive zum kalten Krieg.

Zusammenfassend kann man also sagen, daß Ultra nur in wenigen Bereichen einen meßbaren Einfluß auf das Kriegsgeschehen hatte, während es in anderen überhaupt keinen oder nur einen geringen Beitrag leistete. Es entschied den Krieg nicht, und wir müssen bezweifeln, daß es ihn verkürzte. Es wirkte sich negativ auf die Beziehungen zwischen den Sowjets und den Alliierten aus, und die Tatsache, daß diese es vor Moskau geheimhielten, erzürnte einige für den KGB arbeitende britische Offiziere und bestärkte sie in der Überzeugung, daß ihr Verrat gerechtfertigt sei. Da ein wichtiges Kriegsgeheimnis so lange gewahrt werden konnte und da die Leute, die es schließlich mit offizieller Erlaubnis brachen, so beredsam waren, bekam Ultra in der Geschichte der Geheimdienste einen Stellenwert, den es nicht verdiente.

KGB: Dserschinskis Stolz, Stalins Vorurteil

Wenn Felix Dserschinski, der Begründer des modernen russischen Geheimdienstes, noch am Leben gewesen wäre, als Europa 1939 in den Krieg zog, hätte er sich zweifellos sehr über die Fortschritte gefreut, die seine Organisation inzwischen gemacht hatte. Langfristige Operationen, die man kurz nach der Revolution geplant und in die Wege geleitet hatte, hatten ihr Ziel entweder erreicht oder standen kurz davor. Der sowjetische Ansatz zum Sammeln von Geheiminformationen, ein enormes zentralisiertes Unternehmen, bei dem schwer zu sagen war, wo die Diplomatie im alten Stil endete und die Spionage anfing, hatte sich als sehr erfolgreich erwiesen. Geheiminformationen wurden nicht nur vom NKWD (KGB) unter dem berüchtigten Berija und vom Militärgeheimdienst GRU gesammelt, sondern auch vom diplomatischen Korps der UdSSR, von der amtlichen sowjetischen Nachrichtenagentur Tass, von Amtorg, einer in den USA tätigen Handelsgesellschaft, und von Militär-, Handels- und Kulturmissionen.

Die so beschafften Informationen wurden nach Moskau geschickt und von einer der größten sowjetischen Regierungsbehörden, dem riesigen Zentralen Informationsministerium, geordnet und bewertet. Eine Auswahl ging an Stalins Sekretariat, das wiederum entschied, welche Meldungen dem Sowjetführer persönlich vorgelegt werden sollten. Doch genau wie Churchill sich von der Flut der Berichte erdrückt fühlte und Schritte unternahm, um sie einzudämmen, bekam auch Stalin im Lauf der Zeit mehr Informationen, als er verarbeiten konnte, so daß man das System 1940 änderte. F. I. Golikow wurde zum Leiter der Nachrichtenverwaltung des Generalstabs ernannt und Stalin unmittelbar unterstellt. Von nun an sortierten Golikows Leute alle eingehenden Informationen, verglichen sie mit früheren Erkenntnisssen, bewerteten sie und gaben sie dann – über ihren Chef – an Stalin weiter.[1] Das sowjetische System war also im Gegensatz zum britischen und deutschen weitgehend zentralisiert. Aber es hatte ebenfalls verhängsnisvolle Schwächen und wurde ebenfalls von Katastrophen heimgesucht, die auf menschliche Faktoren zurückgingen.

Golikow war in Anbetracht von Stalins früherem Verhalten darum bemüht, seinem Herrn zu gefallen. Er brauchte nicht lange, um den Standpunkt des Sowjetführers zu den verschiedensten internationalen Fragen herauszufinden. Deshalb wurde jede Meldung, die mit Stalins Meinung übereinstimmte, ohne Rücksicht auf ihre Quelle als «zuverlässig» eingestuft. Die Informationen, die in Widerspruch zu Stalins Ansichten standen, wurden nicht etwa vernichtet – dazu war Golikow ein zu gewitzter Bürokrat –, sondern einfach «zweifelhaften» Quellen zugeordnet. Infolgedessen hatte kein Mitglied des Verteidigungskommissariats oder des Generalstabs eine Vorstellung von der Menge oder Glaubwürdigkeit des eingegangenen Geheimmaterials, das sich *nicht* mit den Ansichten vereinbaren ließ, die Stalin geäußert hatte.[2] Die Mißerfolge des KGB waren ebenso schwerwiegend wie die des SIS, hatten aber andere Ursachen. Der SIS schaffte es nicht, eine Reihe hungriger Verbraucher mit genügend Rohmaterial zu beliefern; der KGB hatte, wie wir sehen werden, in der Regel ausgezeichnetes Rohmaterial, aber Stalin, der eine Verbraucher, auf den alles ankam, ignorierte es oft.

Nach der Invasion der Sowjetunion 1941 änderten sich die Prioritäten des KGB plötzlich und grundlegend. Vorher hatte er sich vor allem für die Verhandlungen interessiert, die zum deutsch-sowjetischen Vertrag vom 23. August 1939 führten, weil Moskau gleichzeitig Angebote der Westmächte für ein Bündnis *gegen* Hitler auf dem Tisch liegen hatte. Wie ernst waren diese Angebote gemeint? Welche Ziele verfolgten Berlin, London und Paris wirklich? Als Stalin den Pakt mit Hitler unterzeichnet hatte, warnten die Westmächte ihn mit zunehmendem Nachdruck, daß das Dritte Reich nicht die Absicht habe, ihn einzuhalten, und daß die Nazis nur auf den günstigen Moment warteten, um im Osten zuzuschlagen und die Sowjetunion zu überrennen, wie sie Frankreich und die Niederlande überrannt hatten. Waren diese Warnungen aufrichtig, oder wollte man Moskau nur provozieren, das Bündnis aufzukündigen? Wie stand das Reich nach seinem atemberaubenden militärischen Erfolg im Westen wirklich zur UdSSR?[3]

Nach dem Beginn des Angriffs wurde die britische (und später die amerikanische) Einstellung zu den Friedensfühlern der Deutschen die oberste KGB-Priorität. Moskau fürchtete sich vor einer Wiederholung der alliierten Invasion von 1917-1919, vor einem Frontwechsel der Westmächte und einem gemeinsamen deutsch-britisch-amerikanischen Vorstoß mit dem Ziel, den Kommunismus für immer zu vernichten. Das bewirkte ein tiefes Mißtrauen gegen die Alliierten, das sich während des ganzen Krieges nie restlos legte. Was hatten die Briten im Sinn? Wer in Deutschland sprach eigentlich mit ihnen? Amerikas Kriegseintritt nach Pearl Harbor im Dezember 1941 warf die gleichen Fragen auf, und dazu kam die Sorge, Japan könne die Sowjetunion im Osten angreifen.

Natürlich führte der KGB außerdem Routineoperationen durch. Er interessierte sich für Aufstellung, Stärke und Moral der Angriffstruppen, für die Schlachtpläne der deutschen Generäle, für technische Einzelheiten der deutschen Ausrüstung, für Produktionsziffern, Kommunikationsmethoden, Nachschublinien und für Truppenbewegungen. Aber all das genoß nicht die höchste Priorität. Stalin sah den Krieg in einer langfristigen politischen Perspektive, und dementsprechend verfolgte der KGB auch dann noch langfristige Interessen, als die Sowjetunion um ihre Existenz kämpfte. Was für ein Nachkriegseuropa schwebte den westlichen Mächten vor?

Um diese Frage zu beantworten, müssen wir untersuchen, welche Vorsorge der KGB getroffen hatte. Der von dem Polen Leopold Trepper aufgebaute Spionagering «Rote Kapelle», der in Belgien und später auch in Frankreich operierte, war seine wichtigste Quelle für Informationen aus dem besetzten Europa. Der deutsch-russische Journalist Richard Sorge und sein japanischer Kollege Ozaki Hotsumi leiteten von Tokio aus das Spionagenetz, das für die Sowjets im Zweiten Weltkrieg am wichtigsten gewesen sein dürfte. In der Schweiz sammelte der Lucy-Ring oder Ring der Drei – zu dem der Engländer Alexander Foote gehörte – detaillierte Einsatzinformationen von deutschen Militärquellen. Ein sowjetischer Nachrichtenoffizier in Rom hatte einen Kontakt in der britischen Botschaft, der in einem entscheidenden Stadium nützliche politische Informationen lieferte. Ruth Kuczynski führte von ihrem Haus in Oxford aus Agenten, die das britische Kriegskabinett, die RAF und das Hauptquartier der alliierten Expeditionstruppen unterwanderten.

Zuletzt gab es natürlich noch britische Sympathisanten, manche davon KGB-Offiziere, andere nicht, Personen aus allen Schichten der Gesellschaft, die zu keinem richtigen Netz gehörten und verdeckt oder offen operierten und Moskau über vielerlei Dinge auf dem laufenden hielten – Männer wie Kim Philby, Guy Burgess, Donald Maclean, Anthony Blunt, John Cairncross, Ormond Uren, John King, Douglas Springhall und andere, noch Ungenannte.* Die Tätigkeit dieser Gruppe hat die Öffentlichkeit in den letzten Jahren sehr beschäftigt, und ein Autor nach dem anderen hat zu erklären versucht, warum diese Männer so bereitwillig gegen die augenscheinlichen Interessen Englands arbeiteten und auf welche Weise sie es fertigbrachten. Die zweite Frage ist leichter zu beantworten.

Großbritannien hat eine lange Tradition bürgerlicher Rechte und Freiheiten. Es ist heute eines der wenigen europäischen Länder, wo man kein amtliches Ausweisdokument haben muß, wo ein Brief von jemandem, den der Bewerber selbst bestimmt hat, als Leumundszeugnis bei einer Stellenbewerbung genügt und wo jedes Bohren in persönlichen Angelegenheiten – und sei es aus geschäftlichen Gründen – verpönt ist. Nur so ist es verständlich, daß Regierungsstellen vor dem Krieg keine Notwendigkeit für Sicherheitskontrollen unter ihren Beamten gesehen hatten, die aufgrund «der Tradition des Staatsdienstes in der Schicht, wo sie ausgewählt wurden», als hundertprozentig zuverlässig galten.[5]

Insbesondere das Außenministerium war wie ein Club. «Die Aufnahme bedeutete automatisch, daß man als uneingeschränkt loyal galt, und die wichtigste Tugend bestand darin, den Club zusammenzuhalten.» Robert Cecil, der damals im Foreign Office arbeitete, hat geschrieben, daß der Erste persönliche Referent des Ministers, der bis 1945 zugleich Personalchef war, angeblich eine Personalkartei mit dem Kennbuchstaben «T» (für Trinker) und eine mit dem Kennbuchstaben «E» (für Ehebruch) führte – schlimmere Delikte kamen gar nicht in Betracht! «Der Dienst hatte die Geschlossenheit einer Familie», schrieb Cecil, «und wie bei allen gutbürgerlichen Familien gab es Gebiete, wo man nicht schnüffelte.»[6]

---

* Die Bezeichnung Rote Kapelle ist zwar den sowjetischen Agenten vorbehalten, die Leopold Trepper in Belgien und Frankreich führte, doch MI5 fand in deutschen Dokumenten, die nach der Besetzung Frankreichs erbeutet worden waren, Hinweise auf ein sowjetisches Netz, das ein aus Deutschland geflohener Jude, ein Freund des berühmten Sängers Richard Tauber, 1939 in Großbritannien geknüpft hatte. Ein MI5-Beamter machte den Mann ausfindig und befragte ihn. Er gab zu, daß er bei einem Treff in der Albert Hall angeworben worden war und ein Netz organisiert hatte, das der Roten Kapelle unterstand. William Skardon, der Beamte, der mit ihm gesprochen hatte, sagte: «Er nannte mehrere Personen, die zu dem Netz gehörten. Einige waren recht prominent, andere nicht. Wir beschlossen, nichts gegen sie zu unternehmen.»[4]

Dieser Zustand konnte nicht fortdauern, nachdem John Herbert King, ein 55jähriger Chiffrierbeamter des Foreign Office, am 18. Oktober 1939 in nichtöffentlicher Verhandlung der Weitergabe von Informationen an die sowjetische Regierung für schuldig befunden worden war. King hatte sich 1935 in Genf angeblich auf die Versicherung hin anwerben lassen, er solle nur Informationen von kommerziellem Nutzen liefern. Der britische Sicherheitsdienst war vor Kriegsausbruch auf ihn aufmerksam geworden, weil der sowjetische Überläufer Walter Kriwizky seinen amerikanischen Vernehmern gesagt hatte, der KGB habe «einen Chiffrierbeamten namens King im britischen Kabinett». Wie sich herausstellte, war King in den beiden Jahren vor seiner Festnahme kein aktiver Agent gewesen, hatte den Russen also nichts von aktuellem Wert geliefert. Er wurde dennoch zu zehn Jahren Gefängnis verurteilt, und man ergriff Maßnahmen, um ein Sicherheitssystem im Foreign Office, dem wahrscheinlichsten Ziel einer KGB-Infiltration, zu organisieren.[7]

Im Februar 1940 wurde der erste Sicherheitsoffizier des britischen Außenministeriums ernannt. William Codrington, ein ehemaliger Beamter des Foreign Office, wurde unbezahlter Berater für Sicherheitsbelange mit direktem Zugang zum Außenminister. Er bekam bis 1944 keine Mitarbeiter, und eine regelrechte Sicherheitsabteilung entstand erst 1946.[8] Inzwischen wurden Codringtons Bemühungen, wenigstens minimale Sicherheitsvorkehrungen zu treffen und Nachwuchskandidaten ein wenig unter die Lupe zu nehmen, mit Hohn und Spott quittiert. Daß die Gefahr von *innen* kommen könnte, wurde den Maßgeblichen vor dem Fall King nicht bewußt, und der Fall King galt als so abnorm, daß er kein Umdenken bewirkte. King war ein unterbezahlter kleiner Beamter, der einer finanziellen Versuchung nachgegeben hatte. Die Möglichkeit, daß der KGB einen ideologisch motivierten Agenten finden könnte, wurde einfach nicht erwogen.

Aber ein solcher Mann – Donald Maclean – saß bereits im Foreign Office und sollte in Guy Burgess, einem politischen Agenten der Komintern, bald Gesellschaft bekommen; Anthony Blunt, ebenfalls ein ideologisch motivierter Spion, sollte demnächst zu MI5 kommen, und Kim Philby, der sich als Kriegskorrespondent der *Times* in Frankreich bereithielt, würde binnen wenigen Monaten beim SIS eintreten und dort der wertvollste britische Agent des KGB werden. Über die Motive, die diese Männer bewogen, ihr Land und ihre Klasse zu verraten, ist vieles geschrieben worden. Als die *Sunday Times* 1967 in einer Artikelserie zum erstenmal Philbys Rolle als KGB-Agent umfassend enthüllte, wandten wir uns sogar an einen angesehenen Psychiater aus der Harley

Street und baten ihn zu erklären, was Männer wie Philby veranlassen könnte, einen solchen Weg einzuschlagen. Die Antwort war enttäuschend. Er sagte, eine Ideologie – ob nun der Katholizismus, der Kommunismus oder was auch immer – könne einem Menschen eine Identität und ein Selbstwertgefühl geben. Das Element der Geheimhaltung sei psychologisch bedeutsam: «Es kann eine Fortsetzung der pubertären oder vorpubertären Phase der Geheimgesellschaft sein, die viele Schuljungen bilden, wenn sie um Unabhängigkeit von ihren Eltern kämpfen und sich in Gruppen zusammentun, in die keine Mädchen aufgenommen werden. Menschen, die sich ihrer wahren Fähigkeiten nicht ganz sicher sind, führen gern ein Phantasieleben, in dem sie große Dinge vollbringen, und die geheime Parteizugehörigkeit lockt sie offensichtlich.»[9] Viele spätere Bemühungen, eine Antwort zu finden, waren ebenso unbefriedigend.

Der Fehler war, daß man meinte, es müsse eine profunde Erklärung geben, und das Offensichtliche dabei übersah. Wie Bruce Page schrieb: «Merkwürdig ist doch nur, daß so viele Leute immer noch staunen können, warum die obere Mittelschicht des Vereinigten Königreichs imstande ist, die Interessen der Gemeinschaft zu verraten, der sie angeblich dient. Welch sonderbare Betrachtung der Dinge: Wird eine Katze Mäuse jagen?»[10] Tatsache ist, daß die vier wichtigsten Engländer, die für den KGB arbeiteten, ihre Tätigkeit ungeachtet ihrer Herkunft aus dem gehobenen und höheren Beamtentum nicht als Verrat betrachteten. Philby sagte: «Um zu verraten, muß man erst einmal dazu gehören!»[11] Die Ereignisse der dreißiger Jahre hatten sie von ihren Wurzeln gelöst: der Krach in Wallstreet; Arbeitslosigkeit und Hungermärsche in Großbritannien; die Politik der Baldwin-Chamberlain-Ära, die Philby «mehr als die Politik der Tollheit, nämlich Politik des Bösen» nannte; und die augenscheinliche Unfähigkeit jedes Systems mit Ausnahme des Kommunismus, den aufkommenden Faschismus abzuwehren und die Barbarei, die er ankündigte, zu verhindern.

Diese jungen Männer lehnten das liberale und christliche Erbe ihrer Klasse ab und versuchten, sich von der Dekadenz und Korruption jener Ära zu befreien. Da sie sich aber nicht vollständig von ihrem Hintergrund lösen konnten, war ihr Abscheu gegen die Zustände ringsum sehr persönlich gefärbt und feite sie gegen die Zweifel, die viele Gleichdenkende schließlich bewogen, in den Schoß des Establishments zurückzukehren. Erstaunlich ist also nicht, daß es in den dreißiger Jahren so viele junge Briten gab, die zum Kommunismus übertraten und sich ihr Leben lang an die Sowjetunion banden, sondern daß es so wenige gab.

Entgegen anderslautenden Berichten bekannten sie sich zunächst ganz offen zum Marxismus. Philby war bei seinen Kommilitonen vom Trinity College in Cambridge als Kommunist bekannt. Donald Maclean machte aus seinen marxistischen Ansichten kein Hehl und erzählte überall, daß er nach dem Examen in die UdSSR gehen würde, um der Revolution zu dienen, wahrscheinlich als Lehrer. Er schrieb für die *Cambridge Left* einen Artikel über die kapitalistische Gesellschaft, in dem er den Meinungsumschwung beschwor, «der den ganzen perversen, kriminellen Schmutz hinwegfegen wird».[12] Guy Burgess betätigte sich in Cambridge als Marxist und fuhr in den Semesterferien einmal in die Sowjetunion. 1937 erklärte er gar, er sei ein Agent der Komintern. Anthony Blunts marxistische Vergangenheit war so bekannt, daß man ihn 1939 für eine Aufgabe beim Militärnachrichtendienst ablehnte, weil das Kriegsministerium ihn als politisch unzuverlässig einstufte.

Abgesehen von Blunt, dem Ende der vierziger Jahre angeblich Zweifel kamen, die dazu führten, daß er der Sowjetunion seit 1951 feindselig gegenüberstand, wurde keiner von ihnen in seiner Überzeugung wankend. Philby hat geschrieben, er habe während der schlimmsten Exzesse Stalins beschlossen, bei der Stange zu bleiben, «weil ich darauf vertraute, daß die Prinzipien der Revolution selbst die schlimmsten Verirrungen einzelner überleben würden».[13] Burgess schrieb aus Moskau: «Ich halte der UdSSR die Treue, aber diese Treue wurzelt natürlich im . . . Vertrauen auf ihre Weisheit, Selbstbeherrschung und weitsichtige politische Führung. Unser altes Foreign Office hat so wenig Raum, ähnliche Qualitäten zu entfalten.»[14] Maclean schrieb ein Buch mit dem Titel *British Policy since Suez 1956-1968*, das die britischen Einstellungen und Handlungen marxistisch analysierte, zog seine Kinder als Sowjetbürger auf, führte ein unauffälliges und zurückgezogenes Leben – er hatte eine Wohnung in Moskau – und mied jeden Kontakt mit Leuten aus dem Westen. Er äußerte nie etwas, das Zweifel an seinem Tun erkennen ließ.

Nach dem deutschen Angriff auf die Sowjetunion konnten die vier sogar argumentieren, daß sich ihre Arbeit für den KGB mit ihrem Beitrag zu den britischen Kriegsanstrengungen vereinbaren ließ. Die Sowjets waren die Verbündeten der Briten. Churchill hatte öffentlich gelobt, er werde der sowjetischen Regierung «jede in unserer Macht stehende technische und wirtschaftliche Hilfe» gewähren, und der Sieg über die Achsenmächte war das Hauptziel beider Länder. Philby sagte über seine Arbeit für den KGB: «Ich war und bin heute noch der Meinung, daß ich mit dieser Arbeit auch meinen englischen Landsleuten diente.»[15]

Die Anwerbung der vier hatte ganz sicher einen Faktor gemeinsam. Sie wurden alle aufgefordert, ihr Talent nicht zu vergeuden, indem sie sich auf irgendeinem Schlachtfeld im Ausland töten ließen, sondern ihre Ausbildung und Karriere fortzusetzen, bis der Augenblick komme, in dem sie der Sowjetunion am besten dienen könnten. Das ist typisch für den KGB. Philby sagte: «Wir haben eine Tradition von Voraussicht und Geduld, die auf den genialen Felix Dserschinski zurückgeht.»[16]

Als erster fand Donald Maclean eine Gelegenheit zu dienen. Nach elfmonatiger Probezeit im Foreign Office wurde er als Dritter Botschaftssekretär zur britischen Vertretung in Paris entsandt. Burgess war es um diese Zeit gelungen, sich in den politischen, finanziellen und gesellschaftlichen Zirkeln Londons zu etablieren. Er beriet Mrs. Charles Rothschild, die Mutter seines Studienfreunds Victor (heute Lord) Rothschild in Geldanlagen und sagte ihr, wie sich die neueren politischen Entwicklungen darauf auswirken könnten – eine perfekte Tarnung, um seinen Freunden aus der Politik Fragen zu stellen, die andernfalls Verdacht erregt hätten. Er war persönlicher Assistent des konservativen Unterhausabgeordneten für Chemsford, Captain «Jack» Macnamaras, eines wichtigen Mitglieds der Anglo-Deutschen Gesellschaft, die prodeutsch eingestellt war und die Beschwichtigungspolitik unterstützte. Burgess hatte ein Netz einflußreicher rechter Kontakte in England und aufgrund seiner homosexuellen Veranlagung eine wichtige Quelle in Frankreich, nämlich Edouard Pfeiffer, den Kabinettschef des französischen Ministerpräsidenten Daladier. Philby arbeitete als *Times*-Korrespondent bei den Franco-Truppen, hatte aber vom KGB den Auftrag, «Informationen aus erster Hand über alle Aspekte der faschistischen Kriegsbemühungen» zu beschaffen. Nur Blunt, der in Cambridge geblieben war, um 1937 zum Warburg Institute zu gehen, konnte dem KGB in diesen kritischen Jahren nicht dienen – es sei denn als «Talentjäger».

Die Hauptsorge der sowjetischen Regierung galt in diesem frühen Zeitraum der Frage, mit welchem Land sie ein Bündnis schließen sollte. Solange die Sowjets keine Dokumente über die Verhandlungen freigeben, die zum deutsch-sowjetischen Vertrag vom 23. August 1939 führten, können wir nicht sagen, was Moskau zu dem Entschluß bewog, sich mit Hitler zu verbünden statt mit den westlichen Mächten, die ihm eine Allianz gegen das Dritte Reich angeboten hatten. Wir können aber sagen, welche Geheiminformationen zu seinem Entschluß beigetragen haben könnten und daß Maclean, Burgess, Philby und andere durchaus imstande gewesen waren, sie zu liefern. Sicher stellte der KGB ihnen Fragen wie diese: Wie groß ist das Verlangen der Briten und Franzosen, ein Bündnis mit Moskau zu schließen? Wenn wir es schließen und wenn ein Krieg ausbricht – werden Großbritannien und Frankreich dann wirklich gegen Deutschland kämpfen? Und wie groß ist andererseits die Wahrscheinlichkeit, daß sich Großbritannien, Frankreich, Italien und das Reich gegen uns verbünden? Wie schlagkräftig ist die deutsche Kriegsmaschine?

Maclean sah bei seiner Arbeit in Paris fast die gesamte Botschaftskorrespondenz. Der Botschafter, Sir Eric Phipps, war vorher in Berlin akkreditiert gewesen und hatte gar nichts von den Nazis gehalten. In Paris kam er (anders als der SIS) zu dem Schluß, daß die Franzosen nicht kämpfen würden. Er hatte Zweifel, daß England es allein mit dem Reich aufnehmen könnte, und sah die Lösung des Problems in der Beschwichtigung.[17] Seine Bewertung des französischen Kampfwillens und die Tatsache, daß sich ein so wichtiger britischer Diplomat für eine Verständigung mit Hitler aussprach, müssen den KGB außerordentlich interessiert haben, zumal Burgess zweifellos aus London bestätigte, daß die Franzosen nicht Krieg führen wollten, und in seinen Berichten ein deprimierendes Bild vom Ausmaß und Einfluß der prodeutschen Strömungen in England zeichnete.

Aus Rom bekam der KGB Meldungen von der dortigen Sowjetbotschaft, deren Agent in der britischen Botschaft regelmäßig den Inhalt des Botschaftssafes fotografierte und den Russen – sowie dem italienischen Geheimdienst – Abzüge verkaufte. Auf diese Weise fand zum Beispiel ein Telegramm, das der britische Außenminister Lord Halifax an Neville Henderson, den britischen Botschafter in Berlin, schickte und das von diesem nach Rom weitergeleitet wurde, seinen Weg nach Moskau. Der KGB las sicher mit großem Interesse, daß die Briten, die gerade über ein Bündnis mit Moskau verhandelten, eine Verständigung mit Berlin vorziehen würden. Der Historiker M. Toscano bemerkt dazu: «In Anbetracht des kniffligen Problems, zwischen genau gleichzeitigen Angeboten aus London, Berlin und Paris zu wählen, waren genaue Kenntnisse der wahren Ziele der Nazipolitik und der mangelnden britischen Begeisterung für ein Zusammengehen mit Moskau fraglos ein Faktor von enormer Bedeutung.»[18]

Journalisten, die in Spanien mit Philby zu tun hatten, erinnern sich, daß er sich nie damit begnügte, in allgemeinen Umrissen über Truppenbewegungen informiert zu werden, sondern immer Einzelheiten wie Zahlen, Divisionen, Regimenter und Waffen wissen wollte – Informationen, die für die Leser der *Times* unerheblich waren und in seinen Telegrammen auch gar nicht auftauchten. Philby übergab sie zusammen mit seinen eigenen Beurteilungen der faschistischen Kampfkraft den sowjetischen Kontakten, die er traf, wenn er mit anderen Journalisten über die Grenze nach Frankreich fuhr. Er setzte diese Tätigkeit für den KGB fort, als er Kriegskorrespondent der *Times* in Frankreich geworden war. «Außer meinen zensierten Telegrammen an die *Times*», schrieb er, «konnte ich zum Glück Nachrichten an einen anderen Empfänger schicken, der sich nicht im geringsten für die optimistischen Abhandlungen des Allgemeinen Hauptquartiers interessierte, sondern nur für harte militärische Fakten: Stärke und Standort der Einheiten, Geschützkaliber, Leistungsdaten von Panzern usw. Sonst wäre meine Zeit in Arras [dem britischen Hauptquartier] vollkommen verschwendet gewesen.»[19] Auch Maclean hatte, bis die Deutschen vor Paris standen und er fliehen mußte, Zugang zu Informationen, die für die Russen wichtig waren, beispielsweise zu den anglo-französischen Militärplänen zur Unterstützung Finnlands im Winterkrieg gegen die Sowjetunion und zu Plänen, die sowjetischen Ölfelder bei Baku anzugreifen, um den Treibstoffnachschub für die deutschen Truppen zu stoppen.[20]

Wahrscheinlich leisteten Richard Sorge und sein Netz in Tokio den Sowjets aber in jener Zeit den größten Dienst. Sorge, ein deutscher Staatsbürger, wurde 1895 in Rußland geboren, ging in Berlin zur Schule und wurde Journalist aus Leidenschaft. Er trank gern, stellte Frauen nach und wandte sich als Soldat im Ersten Weltkrieg dem Kommunismus zu, in dem er ein Mittel sah, «weitere imperialistische Kriege zu verhindern» (die Parallele zu Philby drängt sich auf). Er war großgewachsen und attraktiv, hatte aber einen leichten Gehfehler. Unter normalen Umständen hätte der KGB ihn wegen seines Lebenswandels sicher nicht als Offizier in Betracht gezogen. Einmal raste er angetrunken mit dem Motorrad durch Tokio und prallte gegen eine Mauer, und einer seiner Agenten mußte vor Eintreffen der Polizei Hals über Kopf zum Krankenhaus fahren, um belastende Dokumente aus seinen Taschen zu entfernen. Aber der KGB brauchte unbedingt hochkarätige politische Informationen aus China und Japan, und die Nachrichtenabteilung der Komintern warb Sorge 1925 an. 1928–1929 führte er Missionen in Großbritannien und Skandinavien aus, und dann kam er zum Nachrichtendienst der Roten Armee und wurde nach Schanghai geschickt, weil Moskau wissen wollte, wie sich eine chinesische Revolution auf die internationale kommunistische Bewegung auswirken könnte.

1933 war Sorge wieder in Moskau, wo man ihn in seine neue Mission einwies, die wahrscheinlich von Stalin selbst formuliert worden war. Die mandschurische Krise von 1931* hatte Moskaus Mißtrauen gegen den Expansionismus der Japaner und ihre Haltung zur Sowjetunion geweckt. Sorge schien wegen seines Erfolgs in China der ideale Kandidat für die Arbeit in Tokio zu sein. Mit der Gründlichkeit und Geduld, die für ihn und seinen Spionagering bezeichnend werden sollten, bereitete er sich zwei Jahre lang auf seine eigentliche Agententätigkeit vor. Branko de Vukelitsch, ein Geheimdienstoffizier der Komintern, wurde – getarnt als freier Korrespondent der französischen Illustrierten *Vue* und der Belgrader Zeitung *Politika* – nach Tokio geschickt, um Sorge zur Seite zu stehen. Miyagi Yotoku, ein japanischer Maler, der größenteils in den Vereinigten Staaten aufgewachsen war und zur amerikanischen KP gehörte, bekam den Befehl, in einer besonderen Mission nach Japan zurückzukehren. Er sollte das japanische Material des Spionagerings in eine Sprache übersetzen, die zum Funken verschlüsselt werden konnte. Der Funker, ein deutscher Kommunist, der nur als «Bernhardt» bekannt ist, war in Moskau ausgebildet worden und lebte bereits in Tokio. (Er wurde später durch Max Clausen, einen anderen Deutschen, ersetzt.)

Sorge selbst reiste nach Deutschland, um sich eine Tarnung zuzulegen. Er trat der NSDAP bei; er diente sich der angesehenen *Frankfurter Zeitung*, der *Täglichen Rundschau* und der *Berliner Börsenzeitung* als freier Korrespondent in Tokio an. Er besorgte sich Einführungsbriefe für die deutsche Botschaft in Tokio und für einflußreiche, in Japan lebende Deutsche. Dann reiste er über die Vereinigten Staaten nach Japan und begann den Mann anzuwerben, der der wertvollste Agent seines Rings werden sollte und später fast so viel für den KGB leistete wie Sorge selbst: Ozaki Hotsumi, Sohn eines Journalisten und Nachkomme eines alten ländlichen Samuraigeschlechts.

Der Ring nahm seine Tätigkeit erst Ende 1936 auf. In der Zwischenzeit machte man die Tarnungen wasserdicht, erteilte den ausländischen Mitgliedern Anschauungsunterricht in japanischen Sitten und Gebräuchen und beschäftigte sich intensiv mit den Zielen der Mission. Als Sorge zu dem Schluß kam, daß er und seine Leute nunmehr an die Arbeit gehen konnten, hatte er eine eindrucksvolle Organisation aufge-

---

* Die japanische Kuantung-Armee verübte einen Sabotageakt auf die Südmandschurische Eisenbahn, bezichtigte die Chinesen der Tat und benutzte die Affäre als Vorwand, um die chinesischen Truppen aus der Mandschurei zu treiben.

baut, vielleicht die eindrucksvollste in der Geschichte der Spionage überhaupt. Er selbst hatte die deutsche Botschaft infiltriert und wurde von vielen als zweiter Mann nach dem Botschafter betrachtet: Er war inoffizieller Botschaftsberater, hatte ein Büro in der Botschaft und ungehinderten Zugang zu allen Akten. Er kannte alle Nazis, die in Tokio lebten, alle deutschen Journalisten und viele andere Presseleute, darunter den AP-Korrespondenten Relman Morin und den Mann von Reuters, James Cox (der 1940 von der japanischen Polizei getötet wurde). Er hatte sich eingehend mit japanischer Politik, Geschichte, Wirtschaft und Kunst beschäftigt. Er reiste viel und arbeitete an der zweiten Hälfte eines Buches, das sicher viel Erfolg in Fachkreisen gehabt hätte. Damals gab es wohl keinen Europäer oder Amerikaner in Japan, der so viel über alle Aspekte des Landes wußte wie er.[21]

Ozaki hatte sich inzwischen einen Namen gemacht. Als Verfasser von Büchern und Artikeln über die chinesisch-japanischen Beziehungen und, später, über den Krieg zwischen den beiden Ländern hatte er sich als führender japanischer Experte für dieses Gebiet etabliert und wurde von wichtigen Politikern konsultiert. Er war Berater des japanischen Kabinetts, hatte freien Zugang zur Kabinettskanzlei, besaß ein Büro in der offiziellen Residenz des Ministerpräsidenten, Fürst Fumimaro Konoe, und gehörte, was vielleicht am wichtigsten war, zur sogenannten Frühstücksgesellschaft, einer Schattenregierung, die Fürst Konoe in den verschiedensten nationalen und internationalen Angelegenheiten beriet. Er nahm also nicht nur am Entscheidungsprozeß der japanischen Regierung teil, sondern hatte auch die Möglichkeit, seine persönlichen Beurteilungen zu verifizieren, indem er sie mit den Ansichten der wahren Machthaber verglich. Er hatte es wie auch Burgess niemals nötig, lange nach wichtigen Informationen zu bohren: Man gab sie ihm freiwillig, um seine Meinung dazu zu hören. 1938 waren Sorge und Ozaki nicht mehr allein Berichterstatter des KGB; sie waren auch an eben den Entscheidungen beteiligt, die sie ausspionieren sollten.

Bis zu diesem Stadium hatte der Ring vor allem eine Aufgabe: Er sollte den KGB über etwaige Pläne eines japanischen Angriffs auf die Sowjetunion unterrichten. Der Grund für diese Mission ist leicht zu verstehen. Miyagi, der Übersetzer des Rings, erklärte seinen Vernehmern: «Sorge sagte uns, wenn der geplante Angriff der Japaner gegen Rußland zwei Monate vorher bekannt sei, könne er mit diplomatischen Mitteln verhindert werden, und wenn er einen Monat vorher bekannt sei, könne die Sowjetunion zahlreiche Truppen zu ihrer Verteidigung an der Grenze konzentrieren. Wenn er zwei Wochen vorher bekannt sci, könne man eine erste Verteidigungsfront errichten, und wenn er nur eine Woche vorher bekannt sei, könne man zumindest die Verluste geringer halten.»[22]

Die Sowjets hatten mehrere Gründe, sich vor einem Erstschlag der Japaner zu fürchten. Der Antikomintern-Pakt, den Deutschland und Japan 1936 unterzeichnet hatten, beschwor für Moskau das Gespenst eines Zweifrontenkriegs herauf, den es kaum gewinnen konnte. Ereignisse der Jahre 1938 und 1939 schienen darauf hinzudeuten, daß Japan unbedingt Krieg gegen die Sowjetunion führen wollte. Im Sommer 1938 forderte die Kuantung-Armee zusätzliche Gebiete längs der russisch-japanischen Grenze südwestlich von Wladiwostok. Die Sowjets lehnten das Ansinnen ab und entsandten Truppen zur Verteidigung des fraglichen Territoriums. Die Kuantung-Armee versuchte, sie zu vertreiben, und bei den so ausgelösten erbitterten Kämpfen drangen die Japaner fünf Kilometer weit auf sowjetisches Territorium vor.

Der KGB bombardierte Sorges Ring förmlich mit Bitten um Informationen. Sollte dies ein Vorwand für eine japanische Invasion Sibiriens sein? Ozaki nahm an Kabinettsgesprächen über den Zwischenfall teil. Sorge wertete die Unterlagen der deutschen Botschaft aus, um die Stärke der japanischen Truppen zu schätzen. Miyagi stellte fest, daß keine großen Truppenbewegungen stattfanden. Clausen funkte all das an den KGB und schloß mit Sorges Meinung, die Japaner hätten nicht die Absicht, den Zwischenfall zu einem Krieg eskalieren zu lassen. Ohne sowjetische Dokumente über das Ereignis können wir Ursache und Wirkung nicht zweifelsfrei identifizieren. Fest steht jedoch, daß Moskau jeden Kompromiß in der Angelegenheit ablehnte und auf einem Rückzug der Japaner an die bisherige Grenze bestand. Tokio gab nach und befahl seinen Truppen den Rückzug.

Im nächsten Jahr schlug die Kuantung-Armee erneut zu. Sie fiel im Winter und Frühling mehrmals in die Äußere Mongolei ein, um zu sehen, ob die Fernostarmee der Sowjets zurückschlagen würde. Sie tat es. Am Morgen des 20. August 1939 führten massierte Truppen einen Gegenangriff und vertrieben die Japaner bis zum Ende des Monats aus der sowjetischen Mongolei. Es war ein wichtiger Sieg der Sowjets, und Moskau rechnete fest mit einer japanischen Kriegserklärung. Doch während die Schlacht noch tobte, wurde der Hitler-Stalin-Pakt geschlossen, und in ihrer Verwirrung über eine diplomatische Wendung, die sie nicht verstand, verlor die Kuantung-Armee den Mut und trug so dazu bei, daß Japan sich nach Süden wandte, um seinen territorialen Ehrgeiz dort zu befriedigen.

Sorges Ring arbeitete wie zuvor, aber hier ist nicht so klar, auf welche Weise er die Ereignisse beeinflußte. Ozaki berichtete, daß die Frühstücksgesellschaft um jeden Preis einen Krieg mit der Sowjetunion vermeiden wolle. Seine Militärkontakte sagten ihm, die Entschlossenheit, ja Wildheit, mit der die russischen Truppen den Gegenangriff geführt hätten, habe die Führung vollkommen überrascht. Vukelitsch besuchte das Schlachtfeld als Journalist und notierte die Zahl und den Typ der eingesetzten japanischen Flugzeuge. Miyage stellte die Zahl und den Standort der Reservetruppen fest, die als Verstärkung entsandt werden konnten, und Sorge erfuhr von den deutschen Militärattachés, daß ihre japanischen Kollegen die Schlacht nicht als das erste Stadium einer Invasion betrachteten.

In der felsenfesten Überzeugung, Japan werde die UdSSR angreifen, betrachtete der KGB die Analysen Sorges jedoch als «unannehmbar», wie dieser später sagte, und befahl ihm, sich weiterhin darauf zu konzentrieren, den Zeitpunkt der japanischen Invasion herauszufinden. Der diesbezügliche Druck der Zentrale in Moskau schien nach der Unterzeichnung des sowjetisch-japanischen Neutralitätsabkommens 1941 nachzulassen.* Sorge betrachtete es als einen diplomatischen Sieg des Kreml und achtete fortan auf Anzeichen dafür, ob Japan den Vertrag im Fall eines deutschen Angriffs gegen die Sowjetunion brechen könnte.

Die Wahrscheinlichkeit eines solchen Angriffs nahm seine Aufmerksamkeit nun weitgehend in Anspruch. Drei verschiedene Quellen der deutschen Botschaft informierten ihn ausführlich über das «Unternehmen Barbarossa», Hitlers Plan zur Eroberung Rußlands. Der ranghöchste Militärattaché sagte ihm im April 1941, zwei Monate vor dem Einmarsch, das Reich habe seine Vorbereitungen beendet. Anfang Mai kam ein Emissär der Wehrmacht aus Berlin nach Tokio und unterrichtete den Botschafter. Er hatte einen Einführungsbrief für Sorge dabei und verabredete sich mit ihm, um Hitlers strategische Argumente für die

* Vielleicht hätte Japan nie einen solchen Vertrag unterschrieben – und der Zweite Weltkrieg hätte einen ganz anderen Verlauf genommen –, wenn Hitler dem japanischen Außenmister Matsuoka Yosuke bei dessen Besuch in Berlin im März 1941 gesagt hätte, daß er bald in die Sowjetunion einmarschieren würde. Aber Hitler sagte nichts. Also reiste Matsuoka nach Moskau weiter und unterzeichnete dort ein Neutralitätsabkommen mit Stalin. Wenn Hitler offen über seine Pläne gesprochen hätte, hätte Japan den Pakt mit Moskau vielleicht nicht geschlossen, und Stalin hätte es im Juni jenes Jahres womöglich nicht nur mit einem deutschen Einmarsch im Westen, sondern auch mit einem Einmarsch der Japaner im Osten zu tun gehabt.[23]

Invasion zu erläutern. Kurz danach machte ein deutscher Offizier, der einen neuen Posten in Bangkok antreten sollte, Zwischenstation in Tokio und berichtete Sorge, der Einmarsch solle – mit Hauptstoßrichtung zur Ukraine – am 20. Juni beginnen (er begann dann erst am 22. Juni). Sorge funkte die Information Ende Mai an den KGB, doch seine Warnung, die nur eine von vielen war, wurde von Stalin ignoriert.

Nachdem die Deutschen in die Sowjetunion einmarschiert waren, konzentrierte Sorges Ring seine Bemühungen wieder darauf, die Absichten der Japaner zu erkunden. Die maßgeblichen Kreise in Tokio schienen in zwei Lager gespalten. Das eine meinte, die Achse genieße den Rückhalt des Kaisers und sei deshalb wichtiger als der Neutralitätsvertrag mit Moskau, so daß Japan dem Reich zu Hilfe kommen müsse. Das andere argumentierte, das Achsenbündnis habe gar nichts mit der Sowjetunion zu tun, und der Vertrag mit Moskau sei folglich eine neue Verpflichtung, die den Vorrang gegenüber der alten habe. Für die Japaner ging es vielleicht um Ehre und Vertragstreue, aber für die Sowjetunion ging es ums Überleben. Als Hitlers Truppen die sowjetische Verteidigung überwanden und auf Moskau vorstießen, lag Stalins einzige Hoffnung bei den Truppen an der Grenze zu den Japanern, den gut ausgerüsteten, unverbrauchten und kampferprobten fernöstlichen Divisionen. Er konnte sie nur dann für den Kampf gegen Hitler abziehen, wenn er absolut sicher war, daß Japan den Neutralitätsvertrag einhalten würde.

Sorges Ring verdoppelte seine Bemühungen, um herauszufinden, ob Tokio das tun würde oder nicht. Ozaki war die Schlüsselfigur. Als Mitglied der Frühstücksgesellschaft konnte er nicht nur in Erfahrung bringen, ob und wann die Regierung angreifen lassen würde, sondern war darüber hinaus in der Lage, ihren Entscheidungsprozeß zu beeinflussen. Die Gesellschaft empfahl unter tätiger Mitwirkung Ozakis, im Süden gegen die Amerikaner und Briten vorzugehen und die fertig ausgearbeiteten japanischen Pläne zur Eroberung Singapurs und Niederländisch-Indiens in die Tat umzusetzen. Japan solle Hitlers Ersuchen um einen Angriff auf Sibirien ignorieren und das Neutralitätsabkommen mit den Sowjets einhalten. Die Regierung beschloß all dies am 2. Juli 1941, und der Kaiser bestätigte die Entscheidung. Sie wurde aus einsichtigen Gründen streng geheimgehalten, aber Ozaki schaffte es, sich Klarheit zu verschaffen. Er bemerkte beim Mittagessen mit einem hohen Beamten des Außenministeriums, *er* sei überzeugt, daß Japan die UdSSR nicht angreifen würde. Der Beamte erwiderte, er habe recht. Sorge war nach Gesprächen mit seinen Kontakten in der deutschen Botschaft zu demselben Ergebnis gekommen. Der Botschafter hatte die Japaner verzweifelt von der Notwendigkeit eines Eintritts in den Krieg gegen die Sowjetunion zu überzeugen versucht und offenbar keinerlei Fortschritte gemacht.

In der ersten Oktoberwoche 1941 wog Sorge alle Indizien ab und funkte dem KGB: «Bis frühestens im Frühjahr nächsten Jahres wird kein Angriff stattfinden.» Binnen Tagen war die Hälfte der sowjetischen Fernosttruppen auf dem Marsch nach Westen. Doch es ist ein weiter Weg von der Ostgrenze der UdSSR nach Moskau, und die Legende, Sorges Funkspruch habe es den sibirischen Truppen ermöglicht, rechtzeitig zur Stelle zu sein, um Moskau zu retten, ist nicht mehr als das – eine Legende. Nur zwei Regimenter konnten rechtzeitig zur entscheidenden Schlacht gesammelt werden,[24] und ihre Anwesenheit war mehr eine psychologische als eine militärische Hilfe. Als das Oberkommando der Wehrmacht gerade die Überzeugung gewonnen hatte, die Rote Armee könne unmöglich weitere Reserven haben, «kamen Meldungen, daß frische sibirische Truppen, die mit hervorragender Winterkleidung ausgestattet waren, unsere Linien angriffen».[25] Ehe der Großteil der Fernoststreitmacht eingetroffen war, hatten andere Truppen bereits den deutschen Vormarsch zum Stillstand gebracht. Nun drängten sie zusammen mit den sibirischen Einheiten die demoralisierten Deutschen zurück. Moskau war gerettet.

Dies war der größte Dienst, den Sorges Ring der Sowjetunion leistete, aber er lag in der Grauzone zwischen politischem Einfluß und Spionage. Man kann argumentieren, Sorges Funkspruch sei nur eine Zusammenfassung dessen, was er und Ozaki bereits *geschafft* hatten – sie hatten die japanische Entscheidung gegen einen Angriff auf die Sowjetunion beeinflußt. Sorge selbst glaubte ohne Zweifel, daß der politische Einfluß seines Rings wichtiger sei als seine Spionagetätigkeit.

Es steht allerdings nicht zweifelsfrei fest, ob die Arbeit des Rings überhaupt Spionage im juristischen Sinn war. Zunächst einmal pflegten alle guten Korrespondenten, die damals in Japan tätig waren, politische und militärische Kontakte, weil sie die einzigen Quellen wichtiger Informationen waren. Professor Chalmers Johnson meint in diesem Zusammenhang: «Es wäre schwer gewesen, am Vorabend von Pearl Harbor einen tüchtigen Journalisten in Japan zu finden, den die Polizei *nicht* der Spionage bezichtigte.»[26]

Zweitens veröffentlichte Sorge einen großen Teil des Materials, das sein Ring nach Moskau schickte. Einer der Anklagepunkte gegen ihn lautete zum Beispiel, er habe die Russen unter anderem über die jungen japanischen Offiziere unterrichtet, die am 26. Februar 1936 an einer Meuterei beteiligt waren. Aber alles, was Sorge über diesen Zwischenfall nach Moskau funkte, stand auch in einer Artikelserie, die er für die *Zeitschrift für Geopolitik* schrieb.

Schließlich und endlich lag Japan nicht mit der Sowjetunion im Krieg, als Sorges Ring tätig war, und Sorge sammelte die meisten seiner Informationen in der deutschen Botschaft, die de iure deutsches Hoheitsgebiet war. Aber die japanische Justiz gewährte einem Angeklagten damals so gut wie keine Rechte, und Sorge und Ozaki wurden wegen Verstoßes gegen das Gesetz zur Erhaltung des Friedens (der leichter zu beweisen war) und das Gesetz zur Wahrung der nationalen Sicherheit (das in gewissen Fällen die Todesstrafe vorsah) angeklagt, damit die Staatsanwaltschaft die Todesstrafe fordern konnte.

Der Ring war mehr oder weniger durch Zufall aufgedeckt worden. Die Polizei wußte seit einigen Jahren von illegalen Funksendungen, die irgendwo in Tokio ausgestrahlt wurden. Die Kriegsmarine und ein oder zwei Ministerien hatten darüber geklagt, daß Geheimsachen an die Presse durchsickerten. Gleichzeitig wurde Berlin wegen Sorges politischer Vergangenheit mißtrauisch, und ein Offizier der Gestapo, der nach Tokio ging, bekam den Befehl, sich um ihn zu kümmern. Der Offizier berichtete der japanischen Polizei entgegen seinen Anweisungen von dem Auftrag, und diese gewann den falschen Eindruck, Sorge werde von den Deutschen überwacht, weil Geheimmaterial der Botschaft durchsickerte. Sie stellte eine Liste seiner Mitarbeiter zusammen und begann, gegen sie zu ermitteln, wobei sie insbesondere nach Mitgliedern der japanischen Sektion der Kommunistischen Partei Amerikas Ausschau hielt, die eventuell nach Japan zurückgekehrt waren und aufgrund der zunehmend schlechten Beziehungen zu den Vereinigten Staaten ein wichtiges Ziel der Polizei waren. Das führte zur Festnahme Miyagi Yotokus. Er gestand unter der Folter und nannte die anderen Mitglieder des Rings.

Wahrscheinlich wurden sie alle gefoltert. Der erst 41jährige Vukelitsch, der gesund und kräftig gewesen war, starb im Gefängnis an unbekannten Ursachen. Miyagi und drei japanische Zuträger des Rings starben ebenfalls an unbekannten Ursachen in der Haft. Bei Sorges Prozeß sagte der Staatsanwalt, der Angeklagte sei in der Woche nach seiner Verhaftung «in schlechtem Gesundheitszustand» gewesen. Clausen, der der Staatsanwaltschaft half, wo er nur konnte, entging der Folter offenbar, ebenso wie Ozaki, der alles zugab, seine Handlungsweise aber nachdrücklich verteidigte. Clausen wurde zu lebenslänglicher Haft verurteilt, seine Frau zu drei Jahren. Sorge (49 Jahre) und Ozaki (43 Jahre) wurden am 7. November 1944 gehenkt.*

Die Sowjetunion äußerte 20 Jahre lang kein Wort über Sorges Rolle im Krieg. Professor Johnson schrieb 1964: «Die UdSSR hat nicht einmal Sorges Existenz zugegeben, und wir wissen nicht, wie viele seiner Meldungen durchkamen oder welches Gewicht ihnen verglichen mit anderen Agentenmeldungen beigelegt wurde.»[27] Ein Grund war, daß Stalin Sorges Informationen nie uneingeschränkt traute, weil dessen erster Chef, General Iwan Antonowitsch Bersin, 1937 als Trotzkist hingerichtet worden war und alle Agenten Bersins als suspekt galten. Stalin wäre vielleicht noch mißtrauischer gewesen, wenn er von Sorges Kontakten zum deutschen Geheimdienst gewußt hätte. Sobald Sorge seine Stellung in der Botschaft in Tokio konsolidiert hatte, versorgte er nämlich nicht nur Moskau, sondern auch Berlin mit Meldungen. Er sagte den Deutschen, das Achsenbündnis werde keinen großen militärischen Wert für das Reich haben, weil Japan nicht gegen seinen Neutralitätspakt mit der Sowjetunion verstoßen wolle. Die wichtigste Information, die er den Russen lieferte – daß die Japaner nicht in Sibirien angreifen würden –, lieferte er also auch den Deutschen.[28] Und Sorge erregte die Aufmerksamkeit der japanischen Polizei als mutmaßlicher Agent der *Nazis*.

Obgleich der KGB ein solches Verhalten sehr befremdend gefunden hätte, muß Sorge kein Doppelagent gewesen sein. Eine plausiblere Erklärung lautet ganz einfach, daß Sorge nicht das Vertrauen des deutschen Botschafters und, über diesen, das Vertrauen von Informanten in Deutschland und Japan gewinnen konnte, ohne eine Gegenleistung zu bieten. Wie alle Sammler von Informationen – Journalisten, Spione, Schriftsteller – wußte auch er, daß der Verkehr in beide Richtungen gehen mußte. Aber alles an seinem Leben und Sterben (mit seinen letzten Worten pries er den Kommunismus und die Rote Armee) weist darauf hin, daß er ein treuer Diener des KGB war; dieser bekam das Beste, und den Deutschen gab er gerade genug, um sie bei Laune zu halten.

---

* Einige Leute behaupten, Sorge sei nicht hingerichtet worden. Sie argumentieren, die Japaner hätten die Sowjets nicht ausgerechnet in dem Augenblick vor den Kopf stoßen wollen, als sie hofften, Moskau würde ihnen helfen, einen Frieden mit den Alliierten auszuhandeln. Außerdem bestellte die Gefängnisdirektion einen neuen Anzug für Sorge, in Anbetracht seiner bevorstehenden Hinrichtung zweifellos seltsam. Dieser Version zufolge wurde Sorge den Russen übergeben und starb Anfang der sechziger Jahre in der Sowjetunion. Es gibt keine Indizien, die diese These stützen.

Das scheint der KGB schließlich akzeptiert zu haben. 1964, zur zwanzigsten Wiederkehr von Sorges Todestag, erschien eine ganze Flut von Artikeln in sowjetischen Zeitschriften und Zeitungen. Sie hatten Überschriften wie «Die Geschichte vom Heroismus eines sowjetischen Spions» (*Iswestija*, 4. 9. 1964) und «Richard Sorges große Leistung» (*Prawda*, 6. 11. 1964). Im März 1975 meldete die Nachrichtenagentur Tass dann die Uraufführung «einer neuen patriotischen Oper mit dem Titel *Richard Sorge*, in der die Taten des sowjetischen Spionageoffiziers gefeiert werden, der die deutschen Invasionspläne enthüllte ... Das Werk behandelt vor allem Sorges Tätigkeit in den Kriegsjahren 1940–1944, in denen er als sowjetischer Geheimagent in Japan diente.»[29] Kurz danach wurde Sorge mit einer Gedenkbriefmarke geehrt, die sein Bild trug. Für die sowjetische Öffentlichkeit war Sorge der bekannteste sowjetische Geheimdienstler des Zweiten Weltkriegs – zumindest, bevor 1980 Kim Philbys Buch *My Silent War* auf russisch erschien.

Der Lucy-Ring, der seine Bezeichnung dem Codenamen seines wichtigsten Informanten verdankt, ist bis zum heutigen Tag eine der faszinierendsten Operationen des KGB. Er bestand aus dem ungarischen Staatsbürger Alexander Rado, der ihn nominell leitete, dem im Exil lebenden Deutschen Rudolph Rössler und dem Engländer Alexander Foote, der bei der Internationalen Brigade in Spanien gekämpft hatte und als Funker vom KGB angeworben worden war. Die meisten der rund 60 Informanten des Rings lebten in der Schweiz. Die wichtigste Quelle war «Lucy», ein Name, hinter dem sich Karel Sedlacek, ein Nachrichtenoffizier der tschechischen Streitkräfte, verbarg, der unter dem Decknamen Thomas Selzinger als Journalist in der Schweiz arbeitete.

Sedlacek lieferte seinem Führungsoffizier Rössler eine enorme Menge ausführlicher Informationen über die deutschen Truppen an der Ostfront. Foote, der sich später vom Kommunismus lossagte und in den Westen zurückkehrte, sagte in einem Buch, das MI5 für ihn verfaßte, Lucy habe den KGB über die aktuelle Gefechtsordnung der deutschen Streitkräfte im Osten informiert, bis die Schweizer den Ring 1943 zerschlugen: «Diese Informationen konnten nur vom Oberkommando der Wehrmacht selbst kommen. Die Meldungen, die Lucy täglich lieferte, waren in keinem einzigen anderen Büro im ganzen Dritten Reich einzusehen.»[30] Foote behauptet, Stalin habe sich beim Krieg gegen die Deutschen weitgehend auf Lucys Material verlassen, und die beiden franzö-

191

sischen Autoren Pierre Accoce und Pierre Quet versichern in ihrem Buch über den Lucy-Ring, daß Lucy praktisch den Krieg entschieden habe. Das sind große Worte, aber es kommt noch mehr. Kein Mitglied des Rings erfuhr jemals, woher Sedlacek seine Informationen bekam – er ließ lediglich durchblicken, sie stammten von antinazistisch eingestellten Offizieren des OKW, die er seit der Zeit kenne, als er im tschechischen Generalstab gedient habe. Diese Erklärung war jedoch zu einfach für Leute, die über Spionage schreiben, und sie haben sich eine abenteuerlichere Version ausgedacht.[31]

Ihr zufolge wollten die Briten, daß Stalin von den Ultra-Erkenntnissen über die Ostfront profitierte, und der stellvertretende SIS-Leiter Dansey sollte persönlich dafür sorgen, daß der Sowjetführer das Material bekam. Er mußte es jedoch so tun, daß die Quelle – eben Bletchley Park – geschützt wurde und daß Stalin gleichzeitig von der Wichtigkeit und Zuverlässigkeit der Informationen überzeugt war. Angeblich schaffte er das, indem er dem Lucy-Ring das Ultra-Material über Sedlacek zuspielte. So wurde die Quelle getarnt, und Stalin akzeptierte das Material und richtete sich danach, weil es von *seinen* Agenten kam. Auf diese Weise wurde dem britischen Geheimdienst eine wichtige Rolle bei dem Spionagecoup zugeschrieben, der an der Ostfront kriegsentscheidend war. Doch an all dem ist kein wahres Wort.

Zum einen hatte Dansey gar keinen Zugang zu dem Ultra-Material über die Rußlandfront. Es ging nur an Menzies, seinen Chef, und selbst das nur in den späteren Kriegsjahren. Als die Code-Abteilung 1941 begann, Funksprüche von der Ostfront zu entschlüsseln, war nicht einmal dem SIS die Quelle dieser Meldungen bekannt.[32] Wir können nicht hundertprozentig sicher sein, daß Dansey entgegen den Vorschriften nicht doch gelegentlich Einblick in das Material bekam, aber er hatte keinesfalls regelmäßig genug Einblick, um als Sedlaceks Informant in Frage zu kommen. Der Hauptgrund, daß der Lucy-Ring kein Ultra-Material bekam, ist jedoch ganz einfach: Es hätte den Ring unmöglich zur rechten Zeit erreichen können. Funksprüche der Ostfront waren für Bletchley Park immer eine harte Nuß. Die Deutschen benutzten im Osten häufig Fernschreibleitungen, so daß nicht viel gefunkt wurde. Wenn sie Funksprüche absetzten, war der Empfang in Großbritannien wegen der großen Entfernung und anderer Faktoren schlecht. Aus diesem Grund fehlten immer wieder einzelne Wörter und ganze Satzteile, und diese Verstümmelungen waren der Grund für die erste Verzögerung. Die nächste Verzögerung trat ein, wenn der gerade benutzte Enigma-Schlüssel geknackt wurde. Bei Funksprüchen der Luftwaffe war das nicht weiter schwer. Bei Mitteilungen des Heeres verhielt es sich aber anders: Ihr Enigma-Schlüssel wurde von Juni bis September nur gelegentlich geknackt, von Oktober bis Dezember mehr oder weniger regelmäßig und 1942 dann überhaupt nicht mehr.[33]

Eine weitere Verzögerung beruhte daraus, daß Funksprüche der Ostfront keine sehr hohe Priorität hatten. Die Code-Abteilung zog es verständlicherweise vor, mit Material zu arbeiten, das Whitehall und die britischen Kommandostellen aus operativen Gründen unmittelbar interessierte. Das Ultra-Material von der Ostfront konnte deshalb kaum mehr als ein ungefähres Bild von Umfang, Zielen und Fortschritten der deutschen Offensive zeichnen – zwei, drei oder mehr Tage nach den Ereignissen. Wenn man glauben soll, daß der SIS den Lucy-Ring belieferte, muß dieses wenigstens zwei Tage alte Material von Bletchley Park nach London gegangen sein, wo Dansey es auf irgendeinem Weg in die Schweiz weiterleitete. Sedlacek, der in Luzern saß, gab es dann seinem Führungsoffizier Rössler, der in Genf saß, und dieser bewertete es und gab es Rado. Rado faßte es anschließend zusammen und schickte es Foote in Lausanne, der das Resümee verschlüsselte und, so er durchkam, an die KGB-Zentrale in Moskau funkte.

Alle Experten stimmen jedoch darin überein, daß der Wert des Lucy-Rings in der Aktualität seiner Meldungen lag: «Er lieferte Stalin alle Einzelheiten von Hitlers Anweisungen an seine Generäle, *sobald die Befehle herausgegeben waren*.» Und die «Pläne und Befehle des Oberkommandos der Wehrmacht bis hin zu den Divisionsquartieren wurden *täglich* nach Moskau gefunkt». Oder: «Was den Wert noch vergrößerte, war die Schnelligkeit, mit der uns das Material erreichte . . . In den meisten Fällen bekamen wir es *binnen 24 Stunden* nach Erreichen der jeweiligen Kommandostelle in Berlin.» (Hervorhebungen des Autors)[34] Demnach steht fest, daß Ultra nicht die Quelle des Lucy-Rings war. F. H. Hinsley, der offizielle Historiker der britischen Geheimdiensttätigkeit im Zweiten Weltkrieg, der selbst in Bletchley Park arbeitete, ist derselben Meinung. Er schreibt: «Die oft verbreitete Behauptung, die britischen Stellen hätten den Lucy-Ring benutzt . . ., um geheime Informationen nach Moskau zu leiten, entbehrt jeder faktischen Grundlage.»[35]

Wer *waren* Lucys Quellen? Es gibt zwei Möglichkeiten. Die eine ist der Schweizer Geheimdienst. Er ließ zu, daß Spione aller Seiten im Krieg in der Schweiz operierten, vorausgesetzt, sie zahlten den Preis dafür, indem sie auch den Schweizern alles Interessante mitteilten, was sie herausbekamen. Manchmal belieferten die Schweizer die eine oder andere Seite zu ihren eigenen Zwecken mit Material, das sie auf diese

Weise bekommen hatten. Wahrscheinlicher ist jedoch, daß Sedlaceks Hinweis auf «Offiziere der OKW» zutrifft. Sedlacek war Tscheche, und die Tschechen hatten den besten Geheimdienst aller Exilregierungen. Er hatte früher Verbindung zu tschechischen Mitgliedern des deutschen Oberkommandos hergestellt, von denen einige sehr wohl kommunistische Sympathisanten gewesen sein können. Sedlacek, der 1967 in London starb, gab sie nie preis, und das führte zur Entstehung eines weiteren Geheimdienstmythos.

Die KGB-Agentin Ruth Kuczynski, Codename «Sonja», die 1940 von der Schweiz nach England ging und in Oxford einen Spionagering aufbaute, sorgte mit dafür, daß Alexander Foote für den Lucy-Ring angeworben wurde. Sie war in Deutschland geboren, und Richard Sorge hatte sie in Schanghai entdeckt, wo sie in den dreißiger Jahren mit ihrem Mann, einem Architekten, gelebt hatte. Sorge veranlaßte, daß sie in Moskau ausgebildet wurde; danach kehrte sie nach China zurück, um dort für den KGB zu arbeiten, und ging anschließend nach Polen. Der KGB wollte sie jedoch in Großbritannien stationieren und schickte sie nach dem spanischen Bürgerkrieg in die Schweiz, um dort britische Veteranen kennenzulernen und einen davon zu heiraten. Bei einem jungen britischen Kommunisten namens Len Brewer hatte sie Erfolg, und am 18. Dezember 1940 reiste sie zusammen mit ihren beiden Kindern aus ihrer früheren Ehe nach London.

Der KGB nahm anderthalb Jahre später Kontakt mit ihr auf. Sie schilderte das Ereignis später so: «Sergej [ihr Führungsoffizier] berichtete mir, daß England Krieg gegen die Nazis führe und daß einflußreiche reaktionäre Kreise fortwährend auf eine Verständigung mit Hitler und ein Vorgehen gegen die Sowjets drängten. Moskau brauche Informationen. Was für Kontakte ich finden könne. Militärische? Politische? Ich solle versuchen, ein Netz zu knüpfen.» Die Aufgabe stellte sich als überraschend leicht heraus. Ihr Vater, René Kuczynski, vor dem Krieg ein angesehener Wirtschaftswissenschaftler in Berlin, war 1935 mit seiner Familie nach England geflohen. Er hatte sich mit vielen Labour-Politikern und linken Wirtschaftswissenschaftlern angefreundet. (Der damalige Arbeitsminister Ernest Bevin sorgte im Juni 1940 persönlich dafür, daß Professor Kuczynskis Sohn Jürgen, ebenfalls Volkswirt, aus der Internierung entlassen wurde.)

Ruth redete zuerst mit ihrem Vater und mit ihrem Bruder. Beide erklärten sich bereit, ihr zu helfen. Die anderen Mitglieder des Rings kamen aus allen Bevölkerungsschichten. Jürgen brachte sie mit Hans

Kahle zusammen, den Londoner Korrespondenten der amerikanischen Zeitschriften *Time* und *Fortune*. Durch eine befreundete Hausfrau in Oxford lernte sie «James» kennen, einen Offizier in einer technischen RAF-Einheit. Sie selbst fand «Tony», einen Schlosser, der in einer Autofabrik arbeitete, und bildete ihn zum Ersatzfunker aus. Ihr Mann, Brewer, warb einen Experten für Landeoperationen an. Das Material, das Ruth Kuczynskis Ring sammelte, bestand aus technischen und politischen Informationen. Erstere kamen beispielsweise von «James», der Einzelheiten über neue Waffen und Flugzeugentwicklungen lieferte – einmal sogar ein komplettes Bauteil zum Kopieren –, und von Brewers Fachmann, der ihr ein Instrument beschaffte, das zu einem neuen Radarsystem für U-Boote gehörte.

Wichtiger für den KGB war sicher, daß René und Jürgen Kuczynski sowie Hans Kahle regelmäßig ausführliche Bewertungen der britischen Kriegspolitik und der wirtschaftlichen und militärischen Stärke des Landes liefern konnten. Wahrscheinlich war es der Kuczynski-Ring, der Moskau 1941 zum erstenmal darüber informierte, daß Großbritannien der Sowjetunion nur widerstrebend militärische Güter liefern würde, weil das Kriegskabinett damit rechne, die Deutschen würden binnen weniger Wochen triumphieren. Ruth Kuczynski sagt, ihr Vater habe diese Information unmittelbar von dem damaligen britischen Botschafter in Moskau, Sir Stafford Cripps, bekommen. Jürgen Kuczynskis Berichte über die Wirtschaftsplanung in der Kriegszeit könnten Moskau bei der Analyse geholfen haben, ob die Alliierten tatsächlich die Absicht hatten, eine zweite Front zu errichten. Ruth funkte ihre Meldungen zwei- oder dreimal im Monat mit einem Morsegerät nach Moskau, was natürlich ein großes Risiko war. Unter einem Vorwand überredete sie ihren Hauswirt, den angesehenen Richter Neville Lasky, ihr zu erlauben, eine Dachantenne auf seinem Haus anbringen zu lassen. Wenn der Sender nicht benutzt wurde, waren seine Einzelteile in der Füllung der Teddybären ihrer Kinder versteckt. Die Flugzeug- und Radarteile übergab sie ihrem Führungsoffizier bei Treffs, die während der Verdunkelungen in London stattfanden. Sie spielte überzeugend die Rolle einer vertriebenen Hausfrau mit zwei kleinen Kindern, die ein drittes erwartete und sich alle Mühe gab, im England der Kriegszeit über die Runden zu kommen. Kein Mensch wäre darauf gekommen, daß sie einen Spionagering leitete und mit Moskau in Funkverbindung stand.

Außer ihrem Vater und ihrem Bruder wußte kein Mitglied des Rings, was sie eigentlich mit dem Material machte, das sie in Empfang nahm. Einige mögen es vermutet haben, aber es hätte wohl kaum einen Unterschied gemacht, wenn sie ihnen reinen Wein eingeschenkt hätte. «Keiner meiner Agenten wollte Geld», sagte sie später. «Die britische Bevölkerung sympathisierte mit der Sowjetunion, und das Hinausschieben der Zweiten Front machte viele Briten zornig. Keiner meiner britischen Agenten betrachtete sich als Spion; sie waren der Ansicht, daß sie nur dem alliierten Land hülfen, das am härtesten kämpfte und die größten Opfer brächte.»[36]

Als die Sowjetunion Anfang 1944 die Überzeugung gewann, daß der Krieg mit einem Sieg über die Nazis enden würde, änderte sich die Stoßrichtung der KGB-Operationen. Moskau wollte nicht mehr in erster Linie Informationen über die Kriegsbemühungen sammeln, sondern feststellen, was die Alliierten mit Nachkriegseuropa planten, und sich gegen etwaige Schritte wappnen, die nach Stalins Meinung gegen die sowjetischen Interessen waren. Im Mittelpunkt dieser Operation stand Kim Philby. Er war inzwischen vom SIS eingestellt worden, saß am Iberien-Schreibtisch der Spionageabwehrabteilung des SIS – Abteilung V – und war von seinen Vorgesetzten des öfteren für seine gute Arbeit gelobt worden. In einem Dienst mit überwiegend mittelmäßigen Männern konnte er glänzen. Abteilung V befaßte sich 1944 aber nicht mehr unmittelbar mit dem Krieg und war nur noch mit Spionageabwehr in unwichtigen Regionen wie Südamerika und Arabien beschäftigt.

Der Niedergang von Philbys Abteilung fiel mit den ersten Anzeichen für die Neuordnung der SIS-Prioritäten nach dem Krieg zusammen. Churchill befahl Anfang 1944, sämtliche britischen Geheimdienste von allen Leuten zu säubern, deren kommunistische Neigungen bekannt seien. Er sagte, er habe diesen Entschluß gefaßt, «nachdem zwei recht hohe Beamte wegen der Weitergabe wichtiger Militärgeheimnisse an die Sowjetunion zu langen Zuchthausstrafen verurteilt werden mußten».[37] Damit waren wahrscheinlich die Fälle Douglas Frank Springhall und Captain Ormond Leyton Uren gemeint. Springhall, nationaler Organisator der britischen Kommunistischen Partei, wurde im Juli 1943 in nichtöffentlicher Verhandlung zu sieben Jahren Zuchthaus verurteilt, weil er sich von einem Angestellten des Luftfahrtministeriums Konstruktionsunterlagen für das neue Düsentriebwerk beschafft hatte. Uren, ein Captain der SOE, bekam im November 1943 ebenfalls sieben Jahre Zuchthaus, weil er Springhall eine Beschreibung des SOE-Hauptquartiers gegeben hatte.

Der SIS merkte, woher der Wind wehte, und seine leitenden Beamten erwogen die Wiederbelebung eines alten Plans, der die Schaffung einer

Sektion für antikommunistische Operationen (Abteilung IX) vorsah. Man hatte schon 1939 den ehemaligen Beamten der indischen Polizei Felix Cowgill eingestellt, um diese Abteilung zu leiten, aber er war anderweitig mit Kriegsarbeit beschäftigt. Als Lückenbüßer wurde nun Jack Curry von MI5 geholt, um Abteilung IX zu leiten, bis Cowgill wieder zur Verfügung stand. Die Tatsache, daß die Abteilung so kurz nach der von Churchill angeordneten Kommunistenjagd gegründet wurde und daß Curry von MI5 kam, läßt vermuten, daß Abteilung IX sich hauptsächlich mit Spionage*abwehr* befassen sollte, das heißt, die Aufgabe bekam, kommunistische Penetrationsagenten ausfindig zu machen. Das macht die nächste Entwicklung noch absurder. Im Oktober 1944 wurde Philby, der sich weit besser auf bürokratische Intrigen verstand als Cowgill, zum Chef von Abteilung IX ernannt. Ein Penetrationsoffizier des KGB leitete somit eine Dienststelle, die gebildet worden war, um beim SIS Leute wie ihn zu fangen. Der Geheimdienst hatte den Bock zum Gärtner gemacht.

Aber es kam noch besser. Abteilung IX expandierte rasch zu einer offensiven Spionagestelle, das heißt, sie versuchte Informationen in kommunistischen Ländern zu sammeln. Philby war also in der Lage, Penetrationsagenten des KGB (darunter auch sich selbst) zu schützen und Moskau über alle Spionageoperationen zu unterrichten, die gegen die Sowjetunion durchgeführt wurden. Als Cowgill den Dienst beim SIS quittierte, war Philbys Triumph vollständig. Einer seiner Kollegen schrieb später: «Mit einem Schlag war Philby einen Erzfeind der Kommunisten losgeworden und hatte dafür gesorgt, daß der Kreml von sämtlichen Nachkriegsbemühungen gegen kommunistische Spionage erfahren würde. Wenn überhaupt, gibt es in der Geschichte der Spionage nur ganz wenige vergleichbare Meisterstreiche.»[38]

Auch der Kuczynski-Ring war in der Lage, den KGB auf dem laufenden zu halten, als der Krieg gegen Deutschland zu Ende ging und die Alliierten über ihre künftigen Beziehungen zur Sowjetunion nachzudenken begannen. Im Oktober 1944 ging Jürgen Kuczynski als Oberstleutnant zur US-Luftwaffe in Großbritannien. Er sollte an den offiziellen amerikanischen Berichten über den Schaden mitwirken, den die deutsche Wirtschaft durch die strategischen Bombardierungen der Alliierten erlitt. Dieses streng geheime Dokument wurde in zweiwöchigem Abstand erstellt und hatte nur 15 Empfänger; an der Spitze des Verteilers standen Roosevelt, Churchill und Eisenhower. Später wurde Jürgen Kuczynski nach Deutschland geschickt, um zusammen mit Kenneth Galbraith und George Ball festzustellen, wie korrekt die Beurteilung der

Folgen der Luftangriffe war, und über den Zustand der Reste der deutschen Industrie zu berichten. 1980 sagte Kuczynski, der inzwischen in Ost-Berlin lebte: «Ich gab meiner Schwester alles, was ich in dieser Zeit erfuhr, zur Weiterleitung nach Moskau. Es war alles von großem Interesse für die Russen.»[39]

Fortuna war Jürgen Kuczynski und dem KGB noch in anderer Beziehung hold. Im letzten Abschnitt des Kriegs setzten die Amerikaner Agenten mit Fallschirmen über dem Reich ab, um Sabotageakte zu verüben und Informationen zu sammeln. Sie warben diese Agenten unter deutschen Flüchtlingen in England an. Um unter den vielen freiwilligen Kandidaten die besten Leute auszuwählen, baten die amerikanischen Verantwortlichen den aus Deutschland stammenden Oberstleutnant der US-Luftwaffe Jürgen Kuczynski, ihren Hintergrund unter die Lupe zu nehmen. Kuczynski weihte den KGB in die Operation ein und stimmte außerdem mit Moskau ab, welche Kandidaten er den Amerikanern empfehlen würde. So gewährleistete der Kreml, daß nur solche Agenten über Deutschland absprangen, die der kommunistischen Sache geneigt waren. «Die Amerikaner wurden sich nie bewußt, daß ihre Operation in gewissem Sinn von den Russen gelenkt wurde», sagte Kuczynski 1980.[40]

Die Gesamtbilanz der sowjetischen Geheimdiensttätigkeit im Zweiten Weltkrieg ist nicht leicht zu lesen. Auf der Habenseite stehen die Penetrationsagenten, die die von ihnen erwarteten politischen Informationen lieferten. Wie der ehemalige SIS-Leiter Sir Maurice Oldfield sagt: «Philbys größte Einzelleistung im Krieg, die seine ganze Karriere lohnte, bestand darin, daß er die Russen über alle ansatzweisen britischen oder amerikanischen Bemühungen um einen Separatfrieden mit dem Reich unterrichtete. Deshalb war Burgess so wertvoll für ihn; Philby kannte die Einstellung des Dienstes, und Burgess konnte die politische Einstellung beurteilen.»[41] In Verfolgung dieses Ziels konnte Philby – und in geringerem Maß auch Burgess – die britische Haltung zur Opposition in Deutschland beeinflussen, was kaum etwas mit Spionage zu tun hatte, aber von erheblicher Bedeutung war.

Sorges Ring in Japan lieferte strategische Informationen und beeinflußte die politischen Entscheidungen der Japaner zugunsten der Sowjetunion. Ruth Kuczynskis Ring in England verschaffte dem KGB politische und wirtschaftliche Informationen, die das Marterial der britischen Penetrationsagenten ergänzten. Der Lucy-Ring in der Schweiz lieferte militärische Informationen, die für den Krieg an der

Ostfront unschätzbar wichtig waren. Vieles von dem Material, das der KGB besorgte, kam jedoch gleichzeitig aus Quellen, die nicht geheim waren. Sowjetische Diplomaten berichteten Stalin oft das gleiche wie der KGB. Und wenn der KGB sich die Mühe gemacht hätte, hätte er den Invasionsplan Hitlers auch der *Neuen Zürcher Zeitung* oder der *Chicago Daily News* entnehmen können, die ungefähr ein halbes Jahr vor Beginn des deutschen Angriffs über Unternehmen Barbarossa schrieben.[42] Überdies veröffentlichten Sorge und Ozaki eine Menge von dem Material, das sie ihren geheimen Berichten an die KGB-Zentrale beifügten.

Auf der Sollseite steht vor allem der Sowjetführer selbst. Stalin verkörperte die beiden Kardinalfehler der meisten Leute, die auf Spionage schwören. Zum einen glaubte er zunehmend, heimlich beschaffte Informationen seien in jedem Fall wertvoller als offen beschaffte Informationen, und zum anderen wischte er alle Geheimdienstmeldungen, die seiner eigenen Einschätzung zu widersprechen schienen, als Falschmeldungen, Provokationen oder Desinformationen beiseite. Verbunden mit seinem Verdacht, daß einige KGB-Agenten (Sorge) Trotzkisten waren oder von den Deutschen gesteuert wurden (der Lucy-Ring), sorgte diese Einstellung dafür, daß er die vom KGB beschafften Erkenntnisse nur ungenügend beachtete.

Dennoch sah es 1945 für den KGB nicht schlecht aus. Der Sorge-Ring und der Lucy-Ring waren zerschlagen worden, aber Ruth Kuczynski und sämtliche britischen Penetrationsagenten lieferten noch. Einige, so Philby, saßen in Schlüsselpositionen: Maclean diente in der britischen Botschaft in Washington, wo die anglo-amerikanischen Pläne für die Nachkriegswelt Form annahmen; Burgess arbeitete in der Informationsabteilung des Foreign Office; Blunt wirkte in Deutschland für die Amerikaner.

Nur ein Schatten fiel auf das ansonsten ungetrübte Bild: Inzwischen war noch ein westlicher Geheimdienst auf den Schauplatz getreten. Vor dem Krieg hatten die Vereinigten Staaten keine ständige Organisation gehabt, die im Ausland Informationen sammelte. Nachdem die Amerikaner den SIS und die SOE in Aktion gesehen hatten, kamen sie zu dem Schluß, daß auch sie einen permanenten Geheimdienst brauchten. Er wurde ins Leben gerufen, bekam den Namen Office of Strategic Services oder, in der Kurzform, OSS und sollte der tödlichste Rivale des KGB werden.

Der amerikanische Präsident Roosevelt war von der Welt der Spionage ebenso fasziniert wie Churchill. Er hatte als stellvertretender Marineminister im Ersten Weltkrieg selbst ein wenig spioniert, und als er Präsident war, erwachte sein Interesse erneut. Rückblickend darf man konstatieren, daß es seinem Land nicht viel brachte. Trotz des späteren Wehklagens über das Fehlen eines richtigen Geheimdienstes am Vorabend des Zweiten Weltkriegs waren die Vereinigten Staaten nämlich nicht allzu schlecht bedient. Die Nachrichtenabteilung der Navy operierte seit 1882, die der Gesamtstreitkräfte seit 1885, und seit 1910 gab es das FBI, das anfangs nur als «Bureau of Investigation» firmiert hatte. Bis 1927 hatte es sogar eine zentrale Stelle zum Sammeln und Bewerten von Informationen gegeben, das «Büro des Beraters beim Außenministerium».[1] Dieser nachrichtendienstliche Apparat hatte kaum Lücken, die nicht durch Einsatz größerer Geldmittel zu füllen gewesen wären.

Aber Roosevelt beschloß, die Vereinigten Staaten auf einen Kurs zu bringen, der letztlich dazu führte, daß Geheimdienste ein wichtiger Teil der Regierungsbürokratie in Washington wurden. Er fing längere Zeit vor Kriegsausbruch damit an, indem er eine geheime Dienststelle gründete, die man nur als seinen privaten Nachrichtendienst bezeichnen kann. Dieser Dienst hatte zwei Arme, die beide mit Agentenarbeit beschäftigt waren und unter anderem Telegramme abfingen und Postsendungen öffneten, was beides unter Strafe stand. Ein Arm wurde von Roosevelt aus einem Reptilienfonds finanziert, und der andere finanzierte sich offenbar selbst.

Diese Gruppe entstand aus einer Geheimgesellschaft namens «Room» («Zimmer»), die 1917 gegründet und von wohlhabenden probritischen New Yorkern geleitet wurde, von denen einige selbst einmal mit Geheimdienstarbeit zu tun gehabt hatten, während andere Spionage mehr als lockendes Abenteuer betrachteten. Zu den Mitgliedern gehörten zum Beispiel Vincent Astor vom amerikanischen Zweig der berühmten britischen Familie, Kermit Roosevelt, der im Ersten Weltkrieg bei den britischen Streitkräften gedient hatte, Andrew Mellons Schwiegersohn David Bruce, der Verleger Nelson Doubleday, der Bankier Winthrop W. Aldrich, der Wallstreet-Anwalt Henry G. Gray, der Richter Frederick Kernochan und verschiedene einflußreiche Börsenmakler, Philanthropen und Wissenschaftler. Der Room traf sich einmal im Monat in der East 62nd Street Nr. 34 in Manhattan, in einer Wohnung mit einer geheimen Telefonnummer, die offenbar einzig und allein diesem Zweck diente. Er hatte über den Schriftsteller und Gentleman-Agenten Somerset Maugham und dann über die in New York stationierten SIS-Beamten Sir James Paget und Walter Bell Kontakt zum SIS.[2]

Unter dem Vorwand, eine wissenschaftliche Expedition vorzubereiten, ließ der Room japanische Marineeinrichtungen im Südpazifik ausspähen und Informationen über die politischen und wirtschaftlichen Zustände in der Panamakanalzone, der Karibik und Peru sammeln. Als 1939 in Europa der Krieg ausgebrochen war, betätigte er sich dann als Spionageabwehr. Mit Hilfe der Bankiers unter seinen Mitgliedern prüfte er Bankkonten, die womöglich zur Finanzierung ausländischer Spione und Saboteure benutzt wurden, und befaßte sich insbesondere mit dem Konto der Amtorg Corporation, dem KGB-Tarnunternehmen in den Vereinigten Staaten. Astor benutzte seine Macht als Direktor der Telegraphengesellschaft Western Union, um Telegramme lesen zu lassen, die interessante Informationen enthalten konnten, und wegen seiner guten Beziehungen zu London kam der Room auch an Informationen heran, die die Briten beschafften, indem sie auf Trinidad und den Bermudas Diplomatenpost öffneten. Auf Roosevelts Anweisung arbeitete der Room Pläne aus, um Fabriken vor Sabotage zu schützen und die Kontrollen an der Grenze zu Mexiko zu verschärfen, damit keine ausländischen Agenten ins Land schlüpften.[3]

1941 wurden die Bemühungen dieser Herren durch einen mit Roosevelt befreundeten Journalisten namens John Franklin Carter ergänzt, der eine andere Geheimorganisation gegründet hatte. Der US-Präsident gab ihm 10000 Dollar und die Anweisung, ihn über die amerikanische Sicherheit zu beraten, und Carter nahm seine Arbeit Anfang des Jahres auf. Er heuerte Rechercheure und Agenten an und untersuchte alles, von der Stabilität der europäischen Regierungen bis hin zur Loyalität der Amerikaner japanischer Herkunft und der Gefahr einer Fünften Kolonne der Nazis. Ende 1941 – sein Budget betrug nun schon 94 000 Dollar – war er in New York, befaßte sich mit Astors Operation und beschwerte sich bei Roosevelt, weil Astor sehr gereizt über die Neuigkeit reagiert habe, daß er fortan nicht mehr die einzige geheime Quelle des Regierungschefs sei.[4]

Ohne Wissen Astors und Carters (und vielleicht auch Roosevelts) war in diesen Vorkriegsjahren noch eine weitere geheimdienstliche Organisation tätig. Sie sollte später von der Nachrichtenabteilung der Navy finanziert werden, war ursprünglich aber ein rein privates Unternehmen. Ihr Gründer war Walter Banta Phillips, der Verwaltungsratsvorsitzende des Londoner Unternehmens Pyrene, das wenigstens einen Angestellten hatte, dem Spionagetätigkeit nicht unbekannt war (siehe 2. Kapitel). Von seiner Organisation wurden recht unwahrscheinliche Dinge behauptet, die nicht nachzuprüfen sind – angeblich standen «nicht weniger als sieben ehemalige Premierminister auf ihrer Gehaltsliste». Offenbar sollte sie ursprünglich in erster Linie kommerzielle Informationen sammeln, und laut Phillips hatte sie Agenten in der Sowjetunion, Frankreich, Rumänien, Bulgarien, der Türkei, Syrien, Ägypten, Afghanistan, Persien und Mexiko. Die Berichte dieser Agenten waren jedoch lückenhaft und unregelmäßig. Einige von ihnen hatten zwar geheimdienstliche Erfahrungen, aber die meisten waren Geschäftsleute, Wissenschaftler oder Journalisten, die sich zum Spaß oder für ein Zubrot ein wenig als Spione betätigten.[5]

So sah der zivile Geheimdienst der Vereinigten Staaten also am Vorabend des Zweiten Weltkriegs aus. Eisenhower erinnerte sich später, daß er einen «erschütternden Mangel» an nachrichtendienstlichem Material festgestellt habe, als er 1941 nach Washington ging, um in der Planungsabteilung des Kriegsministeriums zu arbeiten. Ray S. Cline, der in den sechziger Jahren stellvertretender CIA-Direktor war, schrieb über den Mitte 1941 herrschenden Zustand: «Es ist immer noch beängstigend, daran zu denken, wie unzulänglich unser Nachrichtenapparat war, als der Krieg zu uns kam.»[6] Die Unzulänglichkeit lag jedoch mehr bei der Bewertung und Kollationierung der Informationen, und man hätte sie durch eine Zentralstelle zum Sortieren und Beurteilen der von den verschiedenen Organisationen gesammelten Erkenntnisse leicht beheben können.

Roosevelt widerstrebte es jedoch, eine solche Stelle einzurichten. Ein zentraler Polizeidienst, zumal ein geheimer, stand in Widerspruch zu den amerikanischen Traditionen. Viele US-Bürger waren in Europa von geheimen staatlichen Organen drangsaliert worden, ehe sie die Alte

Welt verlassen hatten, und wollten auf keinen Fall dulden, daß Amerika solche Institutionen einführte. «Die Schaffung einer militärischen Superspionageorganisation ist sowohl überflüssig als auch unerwünscht», schrieb ein Leitartikler der *New York Times*. «Es entspricht nicht der amerikanischen Tradition, und wir brauchen und wollen hier keine allmächtige Geheimpolizei á la ‹OGPU›.»[7] Ob Roosevelt schließlich doch das politische Risiko auf sich genommen hätte, einen zentralisierten Geheimdienst ins Leben zu rufen, werden wir nie erfahren.

Im Juni 1940 begann sich nämlich eine andere Möglichkeit abzuzeichnen – die Zusammenarbeit mit den Briten. Die Leute, die den amerikanischen Nachrichtenapparat für hoffnungslos unzulänglich hielten, glaubten überwiegend an den Mythos, der britische Geheimdienst sei großartig. Als aus England der Vorschlag kam, nachrichtendienstlich zusammenzuarbeiten, war Washington mehr als bereit. Die Amerikaner kamen offenbar gar nicht auf den Gedanken, daß Großbritannien ausgesprochen egoistische Beweggründe hatte oder daß «Zusammenarbeit» eine Umschreibung für «Dominierung» sein könnte.

Die geheimdienstlichen Bande zwischen Großbritannien und den Vereinigten Staaten waren vor dem Krieg sehr locker gewesen und hatten sich weitgehend·auf die Seestreitkräfte der beiden Staaten beschränkt. Anfang 1940 hatte sich SIS-Direktor Menzies inoffiziell mit FBI-Direktor Hoover in Verbindung gesetzt und um Mitarbeit bei der Identifizierung deutscher Agenten in den USA gebeten. Im Mai vesuchte der SIS, der Sache einen offiziellen Anstrich zu geben, indem er Colonel William Stephenson zum SIS-Chef für Amerika und zum Verbindungsoffizier beim FBl ernannte. Stephenson kam am 21. Juni nach New York, um die sogenannte Britische Sicherheitskoordinierung (British Security Coordination oder BSC) zu etablieren. Die Bezeichnung ist irreführend, denn Stephenson betrachtete sich beileibe nicht nur als «Koordinator». Er war Kanadier, hatte im Ersten Weltkrieg beim Königlichen Luftkorps gedient und sich in den dreißiger Jahren, als er regelmäßig über Anzeichen der wachsenden militärischen Stärke der Deutschen berichtet hatte, die ihm bei seinen Geschäftsreisen aufgefallen waren, mit Churchill angefreundet. Dieser hatte ihn von der Notwendigkeit eines anglo-amerikanischen Bündnisses gegen den Faschismus überzeugt, und er sah seine Aufgabe erst in zweiter Linie in der Koordinierung von Sicherheitsfragen. Vor allem wollte er dazu beitragen, die Vereinigten Staaten in den Krieg hineinzuziehen.

Einer seiner New Yorker Freunde war der 57jährige Wallstreet-Anwalt William J. Donovan, ein Held des Ersten Weltkriegs, und an ihm erprobte er seine Überredungskünste zuerst. Seine Wahl ist nicht leicht zu erklären. Donovan war irischer Abstammung, hegte große Sympathien für den Geheimbund der Fenier, der gegen die britische Herrschaft in Irland gekämpft hatte und noch kämpfte, und konnte die Briten nicht ausstehen. Er hatte damals keine spezifische Beziehung zur Regierung oder zu Roosevelt (obgleich sie einander recht gut kannten und in dem Anwalt John Lord O'Brien, der Roosevelt in Fragen der inneren Sicherheit beriet, einen gemeinsamen Freund hatten). Donovan übte keinen realen Einfluß auf das politische Geschehen in Washington aus.

Die wahrscheinlichste Erklärung ist, daß Stephenson von Sir William Wiseman auf Donovan gebracht wurde. Wiseman hatte den SIS im Ersten Weltkrieg in den USA vertreten und arbeitete inzwischen als Bankkaufmann in New York. Er kannte Donovan und, was hier mehr zählt, wußte von einer seiner Schwächen – einem ausgeprägten Faible für Geheimdienste und Geheimoperationen. Dieses Interesse war 1916 erwacht, als Donovan für die Hungerhilfe in Europa arbeitete und von einem SIS-Ring als Kurier angeworben wurde, um später wiederaufzuleben, als er dem britischen Außenministerium anbot, über einen Aufenthalt bei den soeben in Äthiopien einmarschierten italienischen Truppen zu berichten.[8] Nun machte Stephenson ihm einen reizvollen Vorschlag. Der US-Botschafter in London, Joseph Kennedy, hatte Washington gemeldet, Großbritannien sei erledigt, und der Sieg der Deutschen sei nur noch eine Frage der Zeit. Ob Donovan nicht nach London reisen und sich selbst davon überzeugen wolle, wie unzutreffend das sei? Er könne den König und die Militärbefehlshaber kennenlernen und die öffentliche Stimmung selbst einschätzen. Vielleicht könne man sogar ein Zusammentreffen mit dem Leiter des Geheimen Nachrichtendienstes Seiner Majestät arrangieren.

Stephensons Angebot traf zeitlich mit einem Vorschlag der Nachrichtenabteilung der US-Navy zusammen, den Marineminister Frank Knox auf eine ähnliche Mission nach Großbritannien zu schicken. Knox hatte abgelehnt, weil eine solche Reise die Isolationisten aufschrecken würde, und möglicherweise hatte Stephenson davon gehört und sah in Donovan einen Ersatzmann. Jedenfalls speisten Knox und Donovan am 11. Juli 1940 zusammen und kamen überein, daß letzterer fahren sollte, falls Roosevelt es billigen würde. Er tat es unter der Bedingung, daß die amerikanische Regierung für die Reisekosten aufkam.[9]

Donovan traf – zu Botschafter Kennedys nicht geringem Zorn – am

17. Juli in London ein und wurde in den nächsten drei Wochen das Opfer eines Manövers, das man nur als intensive PR-Kampagne bezeichnen kann und das einer der seltenen Triumphe des britischen Geheimdienstes im Zweiten Weltkrieg war. Die ganze, weitgehend auf Menzies zurückgehende Übung sollte Donovan davon überzeugen, daß Großbritannien den Willen und auch die Mittel hatte, den Krieg fortzusetzen. König Georg VI. sagte ihm im Buckingham-Palast wahrheitsgemäß, daß die britische Regierung entschlossen sei weiterzukämpfen, und wohin Donovan auch chauffiert wurde, überall sah er forsche, gutausgerüstete Truppen und Flugplätze in fortgeschrittener Bereitschaft, eine Invasion abzuwehren.

Die Wirklichkeit sah etwas anders aus. Nicht jeder teilte Churchills Entschlossenheit, bis zum letzten zu kämpfen, oder seine Zuversicht, daß der Widerstand erfolgreich sein werde. Die Goldreserven der Bank von England waren bereits nach Ottawa verschifft worden. Im Juni, Juli und August 1940, als Donovan in England war, wurden über 6000 Kinder, deren Eltern wohlhabend genug waren, um die Schiffspassage zu zahlen, in die sicheren Vereinigten Staaten oder in Commonwealth-Länder geschickt. Churchills Großnichte Sally sollte gerade in die USA evakuiert werden, aber der Premier verhinderte es persönlich, und Informationsminister Alfred Duff Cooper hatte seinen Sohn John Julius nach Kanada geschickt. Der schwedische Gesandte in London meldete seiner Regierung, daß einige Unterhausmitglieder einen raschen Frieden mit Hitler befürworteten, und der britische Botschafter in Washington, Lord Lothian, derselbe Mann, der bei Donovans Besuchsprogramm mitgewirkt hatte, argumentierte, man solle nichts tun, was die Tür zu Friedensverhandlungen zuschlagen könne. Dünkirchen war gerade vorbei; den drei oder vier modernen britischen Divisionen standen 150 deutsche gegenüber. Die Schlacht um Britannien würde bald beginnen, und die Atlantikschlacht drohte schnell verloren zu gehen.[10]

Wäre Donovan kritischer gewesen, hätte er sich ein objektiveres Bild machen können. Aber er wollte nur die glänzende Seite der Medaille sehen, und die Briten taten ihm gern den Gefallen, die Kehrseite zu verbergen. Er wurde mit allen Spitzenleuten des britischen Geheimdienstapparats bekannt gemacht, und sie taten ihr Bestes, damit er sich in ihrer geheimen Welt wohl fühlte. Menzies erläuterte ihm die Auslandsoperationen des SIS – ein noch nie dagewesenes Privileg für einen Ausländer. Paddy Beaumont-Nesbitt, der Leiter des Militärnachrichtendienstes, zeigte ihm das Kriegsministerium und weihte ihn in die Gefechtsgliederung der Deutschen ein. Donovan besuchte die Zentrale für Industriespionage und die Nachrichtenabteilung der Admiralität und lernte Churchill selbst im Kriegsraum des Kabinetts tief unter Whitehall kennen.[11]

Das Komplott hatte Erfolg. Donovan kehrte am 5. August nach New York zurück und erklärte Knox und dann Roosevelt und dann allen, die es hören wollten, daß Großbritannien den Willen und die Mittel zur Fortsetzung des Kriegs habe, aber ganz gut ein wenig Unterstützung von seinen Freunden gebrauchen könne. Donovan selbst gab ein Beispiel, wie diese Hilfe aussehen könnte, indem er die Hintertür in der amerikanischen Gesetzgebung fand, die es Roosevelt erlaubte, als Gegenleistung für Flottenstützpunkte auf acht britischen Atlantikinseln Zerstörer nach England zu verlegen. Geschäftlich gesehen, wurden die Briten übers Ohr gehauen, denn keiner der Zerstörer war kampfbereit, und einige von ihnen waren kaum seetüchtig, aber das spielte weiter keine Rolle. Der springende Punkt war, daß der SIS und sein großer Bewunderer Donovan die Vereinigten Staaten einen Schritt näher zum Krieg gelockt hatten. Wie Stephenson dem Foreign Office erklärte, um seine Leistung zu unterstreichen: «Wenn der Premierminister ganz offen zu Colonel Donovan wäre, würde dieser sehr viel dazu beitragen, daß wir von den Vereinigten Staaten alles bekämen, was wir wollten.»[12]

Churchill machte mit. Donovan traf ihn in den folgenden Monaten zweimal und führte Anfang 1941 sogar eine Mission für ihn aus: Er reiste nach Nahost, Griechenland, Bulgarien und Jugoslawien, um dort zu verkünden, die Vereinigten Staaten stünden unerschütterlich hinter England, und die Länder, die dem Druck der Achse nachgäben, würden Amerikas Sympathie und Unterstützung verlieren.

Bei seinen Gesprächen mit Churchill, einigen Ministern und Befehlshabern erfuhr Donovan mehr oder weniger, wie die Briten sich den weiteren Kriegsverlauf vorstellten. Wie wir gesehen haben, gingen sie davon aus, daß Großbritannien keinen neuen Abnützungskrieg auf den Schlachtfeldern des Kontinents überstehen würde. Deshalb sollte das Reich durch eine Wirtschaftsblockade, strategische Bombardierungen, Propaganda und suversive Kriegführung mürbe gemacht werden. Im richtigen Augenblick sollten dann die von England ausgebildeten und ausgerüsteten Widerstandsbewegungen zuschlagen, um die Invasion einzuläuten, die wahrscheinlich vom Süden, der Achillesferse Europas, stattfinden würde.

Wir haben gesehen, daß diese Strategie weitgehend auf Illusionen beruhte. Die Männer, die sie ausgearbeitet hatten, überschätzten das Potential der SOE und unterschätzten sowohl das Ausmaß der deutschen

Kontrolle über die besetzten Gebiete als auch die Bereitschaft der besiegten Völker zur Zusammenarbeit mit den Nazis. Aber Donovan schätzte die Pläne, die man vor ihm ausbreitete. Seine alte Leidenschaft für Geheimmissionen und internationale Intrigen trug dazu bei, daß er sich nun auch für Schattenkrieg, Propaganda und Sabotage begeisterte. Am 10. Juni 1941 schrieb er Roosevelt, obgleich die Nation bedroht sei, besitze sie keinen «effektiven Dienst, um die geheimen Informationen, die wir ... über die Absichten möglicher Gegner bekommen könnten, zu analysieren, zu verstehen und zu bewerten ... [Deshalb] ist es notwendig, daß wir eine zentrale Organisation zum Sammeln von Erkenntnissen über den Gegner schaffen.»[13] Aus diesem kleinen Samenkorn wuchs schließlich der gewaltige Baum der Central Intelligence Agency.

Donovan und seine Helfer mußten den anfänglichen Widerstand des Kriegsministeriums überwinden, doch am 11. Juli wurde per Präsidentenerlaß das «Büro des Nachrichtenkoordinators» (Office of the Coordinator of Intelligence oder COI) gegründet, und Donovan wurde sein Leiter. Das COI erhielt die Befugnis, Informationen und Daten zur nationalen Sicherheit zu sammeln und zu analysieren, und konnte auf Anordnung des Präsidenten «die ergänzenden Tätigkeiten zur Beschaffung von Informationen zur nationalen Sicherheit durchführen, die der Regierung noch nicht verfügbar sind». Das COI bekam also die Erlaubnis für geheime Operationen wie die, in denen die Briten Donovans Meinung nach brillierten. Donovan sollte 450 000 Dollar aus einem Reptilienfonds bekommen, aber kein Gehalt; nur seine Unkosten sollten ihm erstattet werden.[14]

Es erheben sich sofort zwei Fragen. Welche Rolle hatten die Briten bei Donovans Erfolg gespielt? Und: Hatte in der amerikanischen Öffentlichkeit ein Meinungsumschwung stattgefunden, der Roosevelt glauben machte, er könne der Tradition zuwiderhandeln, indem er einen zentralen Geheimdienst ins Leben rief? Die ersten Monate des Jahres 1941 waren keine gute Zeit für Großbritannien gewesen. Griechenland und Jugoslawien waren Ende April gefallen, und im Juni stand Rommel an der ägyptischen Grenze, Kreta war evakuiert. Deutsche U-Boote versenkten im Atlantik zahlreiche Frachter, und die SOE hatte es nicht geschafft, irgendwelche nennenswerten Brände in Europa zu entfachen. Eine Freundesstimme, die dem US-Präsidenten das britische Anliegen nahebrachte, würde in diesem verzweifelten Augenblick eine große Hilfe sein, und in Donovan meinten die Briten den richtigen Mann gefunden zu haben. Sie taten alles, um Donovans Kandidatur für irgendeinen Geheimdienstposten zu unterstützen, der ihm Roosevelts Ohr sichern würde. London rechnete nämlich – fälschlicherweise, wie sich herausstellte – damit, daß der Leiter einer zentralen US-Nachrichtenorganisation eine ähnliche Beziehung zum Präsidenten haben würde wie die Leiter des SIS zum britischen Premierminister.

Stephenson und die ihm zugeteilten SIS-Beamten halfen Donovan beim Abfassen seiner Vorlagen für Roosevelt. Zwei hohe britische Nachrichtenoffiziere, Admiral John Godfrey und sein persönlicher Referent, Korvettenkapitän Ian Fleming (später berühmt als Schöpfer James Bonds), überquerten den Atlantik, um sich an der Kampagne zu beteiligen. Godfrey hatte bei einer Dinnerparty des Weißen Hauses Gelegenheit, mit Roosevelt zu sprechen, und Stephenson lieferte Donovan geheime Informationen, die den Präsidenten beeindrucken sollten.

Es besteht kein Zweifel an dem, was die Briten zu erreichen hofften. Stephenson stellte es in seinen Berichten an Menzies klar; er schrieb, Donovan sei zunächst keineswegs sicher gewesen, daß er «die neue Behörde, die *wir* uns vorstellen» (Hervorhebung des Autors) leiten wollte. Als Donovans Ernennung bekanntgemacht wurde, schrieb Stephenson, daß Donovan ihm vorwerfe, ihn in die Position «intrigiert und getrieben» zu haben. Dann drückte Stephenson seine Erleichterung darüber aus, daß «unser» Mann einen Posten bekleide, der so wichtig für «unsere» Bemühungen sei. Major Desmond Morton von der Zentrale für Industriespionage wurde noch deutlicher: «... die amerikanische Sicherheit wird auf Ersuchen des Präsidenten praktisch von den Briten dirigiert ... Es ist natürlich unbedingt notwendig, daß diese Tatsache nicht bekannt wird, weil sie, falls sie den Isolationisten zu Ohren käme, einen Sturm der Entrüstung entfachen würde.»[15]

Es konnte nur in einer sehr ungewöhnlichen Atmosphäre möglich sein, daß die Briten die Gründung eines zentralen Geheimdienstes in den Vereinigten Staaten initiierten. Eine solche Atmosphäre war aufgrund einer Spionagephobie entstanden, wie sie dreißig Jahre früher in England zur Geburt des SIS geführt hatte.

Donovan war bei seinem ersten Besuch in Großbritannien von Edgar Mowrer, einem leitenden Redakteur der *Chicago Daily News*, begleitet worden. Frank Knox, dem die Zeitung gehörte, bat Donovan und Mowrer um eine eingehende Prüfung der «Aktivitäten der fünften Kolonne, die den Deutschen in Norwegen, Holland, Belgien und Frankreich so sehr geholfen hatten». Sein Interesse für die fünfte Kolonne als mögliche Erklärung für die sensationellen deutschen Siege 1940 wurde von Roosevelt geteilt, der den Amerikanern am 26. Mai bei einer seiner berühmten Rundfunkplaudereien am Kamin gesagt hatte: «Wir wissen von neuen Angriffsmethoden. Das Trojanische Pferd, die fünfte Kolonne, die eine nicht auf Heimtücke gefaßte Nation verrät. Die Akteure dieser neuen Tragödie sind Spione, Saboteure und Verräter.»[16]

Donovan und Mowrer (der über den Blitzkrieg berichtet und viele Artikel über die Fünfte Kolonne der Nazis geschrieben hatte) machten ihre Sache gut. Sie verfaßten eine Artikelserie, die im Herbst 1940 in vielen amerikanischen Zeitungen erschien. Später wurde sie mit einem Vorwort von Knox unter dem Titel «Lektionen der fünften Kolonne für Amerika» als Broschüre veröffentlicht. Die Autoren benutzten weitgehend Material, das der SIS ihnen geliefert hatte, und erklärten, nicht das militärische Genie der Deutschen habe den Alliierten 1940 solche vernichtenden Niederlagen zugefügt, sondern eine von der Gestapo organisierte und mit 200 Millionen Dollar jährlich finanzierte fünfte Kolonne. Das sei jedoch nur ein Vorgeschmack dessen, was da kommen würde. Hitler sei entschlossen, die Weltherrschaft an sich zu reißen, und die «von allen möglichen zivilisierten Hemmungen gelähmten» Vereinigten Staaten würden ihm nicht widerstehen können. Sie beherbergten eine «deutsche Kolonie von mehreren Millionen». Es gebe «Tausende von deutschen Kellnern», die sich gern als Schnüffler betätigen würden, und andere Deutsch-Amerikaner würden wahrscheinlich von der Gestapo erpreßt. Der Schluß lag für die Autoren auf der Hand. Im Fall eines Kriegs mit Deutschland würden die Mitglieder dieser fünften Kolonne der Nazis «zum Nutzen eines ausländischen Diktators und seiner absonderlichen politischen Philosophie ihre neue Heimat zerstören, ihre Verteidigung sabotieren, ihre Kriegsanstrengung untergraben, ihre Schiffe versenken [und] ihre Soldaten und Seeleute töten».[17]

Die Ähnlichkeit zwischen den Argumenten in Donovans und Mowrers Broschüre und denen, die 1909 die britische Agentenhysterie nährte, ist verblüffend. Sogar dieselbe Berufsgruppe – Kellner – wird in beiden Fällen als besonders unzuverlässig bezeichnet. Auch die Ergebnisse ähnelten einander. Der FBI wurde mit Berichten über angebliche Spionage und Sabotage überschwemmt, und obwohl die Angst vor einer fünften Kolonne der Deutschen in den USA nie denselben krankhaften Grad erreichte wie in England (wo man Tausende unschuldiger, vor Hitler geflohener Deutscher in Internierungslager sperrte), diente sie dazu, die Isolationisten zu schwächen, ebnete Roosevelt den Weg, die Vereinigten Staaten in den Krieg zu führen, und – hier unser Hauptanliegen – schuf eine Atmosphäre, in der nur noch wenige Leute die Notwendigkeit der ersten zentralen Geheimdienstbehörde Amerikas in Frage stellten.*

Die fünfte Kolonne war jedoch ein Mythos. Britische Oberspione, die ihre eigenen Mißerfolge erklären wollten, trugen zu seiner Entstehung bei, und Regierungen, die es für gut hielten, daß England und die USA von der Gefahr einer gegnerischen Unterwanderung aufgeschreckt wurden, taten nichts, um ihn zu entkräften. Der britische Historiker A. J. P. Taylor untersuchte nach dem Krieg die Belege für den angeblichen Beitrag der fünften Kolonne der Nazis zu den spektakulären Siegen des Dritten Reichs und kam zu dem Ergebnis: «Die fünfte Kolonne vermeintlicher Verräter war das Phantasieprodukt von Panik erfaßter Leute. Sie existierte in Wahrheit nicht.» Der niederländische Historiker Louis de Jong bekam 1950 von der UNESCO den Auftrag, als Teil eines Registers der NS-Kriegsverbrechen einen Bericht über die Tätigkeit der fünften Kolonne des Reichs zu schreiben. Er schloß, daß die fünfte Kolonne in Westeuropa mehr oder weniger eine Mär gewesen sei und insbesondere der Fall Norwegens und Dänemarks ausschließlich militärische Gründe gehabt habe.[18]

Aber die Vereinigten Staaten? War es gerechtfertigt, daß Donovan und Mowrer britische Ängste vor einer fünften Kolonne nach Amerika importierten? Wenn die Deutschen in Europa keine gewaltige fünfte Kolonne geschaffen hatten, hätten sie logischerweise auch in den USA keine schaffen können, sollte man meinen. Hitler befahl Canaris und der Abwehr tatsächlich, *keine* Sabotageakte in den Vereinigten Staaten durchzuführen, weil er Roosevelt keinen Vorwand geben wollte, in den Krieg einzutreten.[19] Vor Pearl Harbor gab es also keine derartigen Aktionen – und später nur einige wenige, die nicht sehr folgenschwer waren. Die Geheimoperationen, die die Deutschen während des Kriegs in den USA unternahmen, waren schlecht organisiert und von geringem Nutzen. So blieb die Tatsache, daß die Vereinigten Staaten eine Atombombe entwickelten, den Nazis bis Kriegsende verborgen.[20] Die Deutschen bemühten sich auch nicht sonderlich, britisches Eigentum in den USA zu sabotieren. Da Stephensons Koordinationsbüro unter anderem verhindern sollte, daß amerikanische Güter auf neutralen Schiffen nach Deutschland oder Italien gelangten, ist es im Gegenteil wahrscheinlich, daß die Briten 1940 und 1941 mehr Sa-

---

* Zu Beginn des Krieges zwischen den Vereinigten Staaten und Japan führte die «Feind von innen»-Panik dann aber zur Internierung von vielen tausend US-Bürgern japanischer Abstammung.

botageakte in den Vereinigten Staaten verübten als irgendeine fünfte Kolonne der Nazis.

Da der erste zentrale Geheimdienst der USA das Kind einer Fiktion war, ist es nur passend, daß seine frühen Operationen etwas Romanhaftes hatten. Donovan gab den Ton an. Mit als erstes schlug er Roosevelt vor, die halbe Pazifikflotte und 15 000 amerikanische «Kommandotruppen» sollten einen Überraschungsschlag gegen Japan führen, und wenn das nicht möglich sei, sollte Amerika von Alaska aus angreifen; einer seiner nächsten Vorschläge lautete, den australischen Schauspieler Errol Flynn nach Irland zu schicken, damit er die dortige Regierung überredete, den Vereinigten Staaten Stützpunkte zu gewähren. Noch abenteuerlicher waren seine Pläne, den Anwärter auf den österreichisch-ungarischen Thron, Otto von Habsburg, zu unterstützen und die italienische Wirtschaft durch eine Flut von falschen Lire zu untergraben.[21]

Roosevelt ließ sich für kurze Zeit von seiner Verrücktheit anstecken. Als ihm jemand schrieb, die Japaner hätten eine Todesangst vor Fledermäusen, befahl er Donovan, zu untersuchen, ob man ganze Flugzeugladungen Fledermäuse über Nippon absetzen könne. Das Luftkorps der US-Army und des COI-OSS experimentierten dann tatsächlich mehrere Jahre, wie man Fledermäuse in großen Höhen befördern und dann so fallen lassen konnte, daß sie nicht vor dem Landen erfroren.

Einige Taten Donovans waren kaum weniger bizarr als seine Worte. Er entsandte den Affenforscher Armand Dennis als Gorillafänger getarnt nach Akkra, «um deutsche Spionage- und Militäraktivitäten zu beobachten» und die Haltung der Stammeshäuptlinge in Belgisch-Kongo und Französisch-Äquatorialafrika zu erkunden. Die Mission war eine Katastrophe. Dennis beschwerte sich bei Donovan und erklärte, die meisten Fragen, die seine Einweisungsoffiziere ihm aufgetragen hätten, ließen sich mit ein paar Telefonaten in den USA beantworten. Er sagte, er würde sie ohnehin nicht gern stellen, weil sie ihn sofort als Spion preisgeben würden, und er wolle nicht gern in einem afrikanischen Gefängnis landen. Außerdem könne er nicht ohne eine amtliche Erlaubnis durchs Land reisen, und die sei schwer zu bekommen. (Er bekam sie schließlich, infizierte sich aber dann mit einer Gorillakrankheit und mußte schleunigst in die Vereinigten Staaten zurückkehren.)[22]

Donovan machte sich schnell Feinde, vor allem den FBI-Direktor Hoover, der ihn und seine Organisation als Bedrohung seines Sicherheitsmonopols für die Vereinigten Staaten und die FBI-Spionage in Südamerika betrachtete. Außerdem machten ihn Donovans enge Beziehungen zu den Briten mißtrauisch. Er ließ eine geheime Akte über Donovan anlegen, schleuste Spitzel in das COI ein, das inzwischen als Office of Strategic Services (OSS) firmierte, und versuchte, seine Operationen zu sabotieren. Gleichzeitig griff er ihn offen an, indem er Roosevelt auf seinen juristisch abgesicherten Vorrang aufmerksam machte. Erst als Donovan versprach, nicht in seine südamerikanische Domäne einzudringen, beruhigte er sich – einstweilen.[23]

Der gefährlichere Angriff kam jedoch vom Militärnachrichtendienst in der Person des Generals George Strong, der nichts von einer zivilen Organisation im Zentrum militärischer Kriegsoperationen wissen wollte. Vor allem verabscheute er eine Dienststelle, die keine Rechenschaft über die Verwendung ihres Budgets ablegen mußte, unmittelbar dem Präsidenten unterstand, enge Beziehungen zu den Briten unterhielt und seiner Meinung nach dilettantisch arbeitete, leicht von Kommunisten unterwandert werden konnte und ein erhebliches Sicherheitsrisiko darstellte. Strong, den man in Washington wegen seiner Macht und seiner aristokratischen Manieren «König Georg» nannte, faßte den Entschluß, Donovan zu vernichten. Donovan war nicht so schlau gewesen wie Menzies; Strong hatte Zugang zu «Ultra» und «Zauber» (den amerikanischen Entschlüsselungen japanischer Funksprüche) und benutzte dieses Material, um Donovans Operationen lächerlich zu machen. Er ließ eine ausführliche Akte über Donovans Tun führen und benutzte jede Gelegenheit, um seine Organisation und ihre Arbeit anzuschwärzen.[24]

Es ist leicht, Strongs Verhalten mit persönlichen Ambitionen zu erklären. Er betrachtete Donovan zweifellos als Hauptrivalen um eine Position, die seines Erachtens aus dem Krieg geboren werden würde: Leiter des Nachkriegsgeheimdienstes. Deutsche Dokumente, die nach 1945 gefunden wurden, zeigen jedoch, daß Strong zumindest in einem Punkt recht gehabt hatte – Donovans Organisation war nicht sicher.

Im Mai 1942 ließ Major Hermann Baun, Leiter der Sektion Ost der Abwehr, einem Kommandeur an der vordersten Linie der Ostfront einen Bericht zukommen, der insofern bemerkenswert war, als er recht eingehend schilderte, wie die amerikanische Regierung zu den wichtigen strategischen Fragen stand, die bis zum Ende jenes Jahres akut werden würden. Die bedeutsamsten Punkte lauteten: Die Sowjetunion würde standhalten, bis Amerika genug Waffen produzierte, um ihr helfen zu können; sobald die Sowjets das Reich in einen zweiten Winterfeldzug verwickelte, wären die Alliierten gerettet; die Russen verfügten nun bald über 360 Divisionen, während die Deutschen immer noch nicht die 100 Divisionen hätten, die notwendig seien, um den Feldzug vor dem Winter zum Abschluß zu bringen; die Alliierten würden 1942 keine zweite Front in Europa errichten, aber versuchen, die Deutschen glauben zu machen, daß sie doch bevorstünde; zu diesem Täuschungsmanöver würden auch Luftangriffe an der französischen Küste gehören.*

Baun sagte, seine Information stamme aus mehreren Quellen. Eine davon bezeichnete er lediglich als «zuverlässig». Andere hätten wiedergegeben, was ein ausländischer Diplomat in Washington von «dem amerikanischen Colonel Donovan» gehört habe. Obgleich nichts in den deutschen Akten darauf hinweist, daß die Deutschen sich über den Wert dieser strategischen Information klar waren – vielleicht waren sie bereits zu dem Schluß gekommen, daß es 1942 keine zweite Front geben werde –, ließ sich eine gefährliche undichte Stelle zu Donovan selbst zurückverfolgen.[25]

Strong wußte das damals nicht, und als er Donovan als Sicherheitsrisiko attackierte, waren seine Schüsse Blindgänger. Er beschuldigte Donovan, «Zauber» zu gefährden, weil er seinen Männern erlaubt habe, dem japanischen Militärattaché in Lissabon ein Codebuch zu stehlen. Strong behauptete, die Sache sei so dilettantisch ausgeführt worden, daß die Japaner Verdacht geschöpft haben müßten, und «es ist eine sichere Wette, daß die Japaner ihre Codes in unmittelbarer Zukunft austauschen werden». «Zauber» hatte entscheidend zum amerikanischen Erfolg vor den Midway-Inseln beigetragen und war inzwischen eine wichtige Quelle für Geheiminformationen, und deshalb wurde Strongs Warnung schließlich dem Präsidenten selbst vorgelegt.

Eine Untersuchung ergab jedoch ein ganz anderes Bild als das von Strong gezeichnete. Das Material, das man aus dem Büro des japanischen Militärattachés entwendet hatte, bestand aus Zweitschriften seiner Depeschen. Sie hatten im Papierkorb gelegen und waren nach einem einfachen, für unwichtige Mitteilungen benutzten Code verschlüsselt worden. Die verantwortlichen Agenten hatten diese Operation mit Strongs stillschweigender Billigung ausgeführt, das heißt, er hatte davon gewußt und nichts eingewendet. Eine Anfrage bei der für «Zauber» zuständigen Abteilung ergab dann, daß der Diebstahl in Lissabon nicht zu einem Auswechseln des Codes geführt hatte, der nach Strongs Überzeugung kompromittiert worden war.[26]

---

* Ein solcher Angriff fand tatsächlich statt – am 9. August 1942, auf Dieppe. Er war ein Desaster.

214

Diese fruchtlose Auseinandersetzung, die mitten im Kriegsgeschehen viel Zeit und Mühe kostete, wäre kaum erwähnenswert, wenn sie nicht Folgen von großer Tragweite gehabt hätte. Der internen Streitigkeiten müde, beschlossen die Vereinigten Stabschefs, eine klare Abgrenzung der Zuständigkeiten vorzunehmen. Das Ergebnis war eine Satzung für das OSS, die am 23. Dezember 1942 unterzeichnet wurde und den Titel «Aufgaben des Office of Strategic Services» hatte.* Sie waren vor allem deshalb bedeutsam, weil sie das OSS auf eine Stufe mit dem Militärnachrichtendienst und der Nachrichtenabteilung der Navy hob und mit der «Planung, Entwicklung, Koordinierung und Ausführung des militärischen Programms für psychologische Kriegführung» sowie mit der Zusammenstellung der «für militärische Operationen möglicherweise erforderlichen politischen, psychologischen, soziologischen und wirtschaftlichen Informationen» beauftragte.

Das schien dem OSS einen Platz in der Oberliga der US-Nachrichtendienste zu sichern, aber Strong hatte noch eine Waffe, mit der er Donovan «praktisch lähmen konnte – er mußte nur das Ultra- und «Zauber»-Material an das OSS weiterleiten, das sich auf die nationale Sicherheit bezog. Strong gab Donovan so wenig wie möglich und verwandte den Rest zum Nutzen seines eigenen Dienstes. Dieses Manöver hatte zur Folge, daß das OSS sich allmählich von der Informationsbeschaffung abwandte, um zunehmend subversive Operationen durchzuführen, eine Entwicklung, die Donovan sicher insgeheim begrüßte.[27]

Er sah sich nämlich vor allem als Mann der Tat. Er hatte sich wie General Patton immer danach gesehnt, viele Männer in Kämpfe auf Leben und Tod zu führen. Da ihm dies nicht beschieden war, konzentrierte er sich ganz auf das OSS, eine Mini-Armee begabter Amateure. Er bot ihnen die Chance, ihre pubertären Träume von Abenteuern wahrzumachen, ihren Mut zu demonstrieren und die Anerkennung ihrer Kameraden zu gewinnen. Sie mußten Männer der Tat sein – Donovan liebte Sportgrößen – und das OSS über alles andere stellen. Je toller sie es trieben, um so mehr gefielen sie Donovan. Er war der stolze Vater einer Schar kaum zu bändigender halbwüchsiger Söhne. Ein

---

* Die Vereinigten Stabschefs waren beeindruckt von der nordafrikanischen Erfolgsbilanz des OSS, besonders von den Informationen, die es vor den alliierten Landungen in Algerien und Marokko im November 1942 beschafft hatte. Erst viel später stellte sich heraus, daß vieles von diesem Material von einem polnischen Spionagenetz in Nordafrika stammte, das seine Berichte unversiegelt dem OSS gab, damit dieses sie mit der normalen Diplomatenpost schickte. Das OSS «borgte» das polnische Material einfach und gab es als sein eigenes aus.

OSS-Mann erinnerte sich an ein Zusammentreffen in Frankreich: Donovan, der mit funkelnden Augen, eine gewaltige .45er Pistole am Gürtel, dasaß, empfing einen 27jährigen OSS-Captain, der soeben von einer Mission hinter den feindlichen Linien zurückgekehrt war. Es gab keinen schneidigen militärischen Gruß. Donovan schüttelte dem jungen Mann die Hand und sagte: «Na, welches Unheil haben Sie ausgeheckt, mein Sohn?»[28]

Donovans Hauptproblem war jedoch, daß er seine eigene Propaganda glaubte. Seine Meldungen über die Aktivitäten der fünften Kolonne der Nazis hatten dazu beigetragen, die Atmosphäre zu schaffen, die die Gründung des OSS ermöglichte. Es ist schwer zu glauben, daß er seine Schauermärchen über die subversiven Missetaten der Deutschen wirklich ernst nahm, aber seine Handlungen lassen es vermuten. Und ausgerechnet er war der Mann, dessen Aktivitäten im Zweiten Weltkrieg das Vorbild für amerikanische Interventionen in die revolutionären Kämpfe der Nachkriegsjahre waren und die öffentliche Meinung in den USA auf diese Interventionen einstimmten. Der ehemalige OSS-Offizier Edmond Taylor hat dazu bemerkt: «Viele unserer Erfolge, Niederlagen und Verstrickungen im kalten Krieg lassen sich jedoch indirekt letztlich auf ihn zurückführen.»[29] Donovan glaubte fälschlicherweise, die Deutschen seien Meister der geheimen Kriegführung, und meinte, nur eine Organisation wie das OSS könne dieser Gefahr begegnen. Dann verschlimmerte er seinen Irrtum, indem er sich einbildete, die Briten hätten den Schlüssel zu allen Geheimnissen des großen Spiels, das seine Männer spielen würden. Da er annahm, daß die SOE den Kontinent tatsächlich in Flammen setzte und daß der Krieg womöglich enden könnte, ehe sein OSS Gelegenheit hatte, es den Nazis zu zeigen, bat er die Briten, seine Organisation an ihrer Erfahrung teilhaben zu lassen, damit sie so richtig in Aktion treten konnte.

Die anfänglich reibungslose Beziehung bekam bald einen Sprung. Einige britische Geheimdienstler sahen rasch, daß die Zusammenarbeit mit den Amerikanern sie über kurz oder lang zu einem Juniorpartner machen würde, daß die amerikanische Macht und die amerikanischen Hilfsmittel schwerer wiegen würden als die britische Erfahrung und daß die nach Taten dürstenden Amerikaner sich nicht ewig von den Briten lenken lassen würden. Sie bekamen bald recht. Operative Schwierigkeiten tauchten auf. Das OSS wollte einen eigenen Draht zu den europäischen Exilregierungen; die Briten argumentierten, es solle nur über sie mit ihnen in Verbindung treten. Die Amerikaner wollten unabhängig von den Briten Agenten auf den Kontinent schicken; die Briten bestanden darauf, daß sie vorab informiert wurden und daß der jeweilige Schauplatzkommandeur der Operation vorab zustimmte. Der SIS wollte das OSS zur Benutzung seiner Codes und seines Kommunikationssystems veranlassen. Das OSS lehnte ab, weil der SIS in diesem Fall alles über seine Operationen erfahren würde, die eigenen Aktivitäten jedoch vor den Amerikanern geheimhalten könnte.[30] Anfang 1943 gab es Krach zwischen den beiden Organisationen, weil die Briten ihr Flugzeugmonopol benutzten, um Agenten des OSS zu kontrollieren, die von Algier ins besetzte Frankreich geschickt werden sollten. Donovan war außer sich.

Um den entstehenden Konflikt zu entschärfen, beschloß man, die Welt in Einflußsphären aufzuteilen. Das OSS übernahm die Verantwortung für Subversion in Nordafrika, China, Korea, dem Südpazifik und Finnland, während die SOE Indien, Westafrika, den Balkan und den Nahen Osten bekam. Westeuropa sollte fallweise aufgeteilt werden.[31] Aber jede Organisation wilderte im Revier der anderen. Die Amerikaner nisteten sich mit Erlaubnis der Briten in Jugoslawien ein, doch als London sich von den Royalisten unter Mihailović abwandte, um die Kommunisten unter Tito zu protegieren, fuhr das OSS fort, sich nach besten Kräften für Mihailović einzusetzen. Die Amerikaner waren nicht mit der britischen Griechenlandpolitik einverstanden, und das OSS ließ offenbar Dinge an die Presse durchsickern, die London in einem ausgesprochen schlechten Licht zeigten.

Das OSS warb die ehemalige Kriegsberichterstatterin Thérèse Bonney an, die sich im Russisch-Finnischen Krieg mit führenden finnischen Politikern angefreundet hatte. Sie sollte als Korrespondentin der Illustrierten *Colliers* getarnt nach Helsinki geschickt werden, um die Finnen von den Nazis loszueisen. Als der SIS von der Operation erfuhr, war er entsetzt und tat sein Bestes, um sie zu sabotieren. Das OSS mußte beim britischen Botschafter in Washington protestieren, damit Bonney die Erlaubnis bekam, ihre Mission auszuführen. Als das OSS beschloß, 30 Männer nach Norwegen zu schicken, um deutsche Zugbewegungen zu sabotieren, waren die Briten aus politischen Gründen dagegen und lehnten es ab, die Agenten von RAF-Maschinen absetzen zu lassen, so daß das OSS amerikanische Flugzeuge mit unerfahrenen Besatzungen einsetzen mußte. Zwei Maschinen stürzten ab, und zehn OSS-Männer kamen ums Leben. Es ist kein Wunder, daß Lyman Kirkpatrick die Beziehungen zwischen dem OSS einerseits und dem SIS und der SOE andererseits als «einen unaufhörlichen Machtkampf» bezeichnete, bei dem, so ein anderer OSS-Offizier, «die Briten ebensosehr der Feind waren wie die Deutschen».[32]

Nirgends war dieser Kampf sichtbarer als im britischen Empire. OSS-Vertreter waren entsetzt über das Verhalten der Briten in Indien. Edmond Taylor schrieb nach Haus: «Die Arbeit mit unseren Vettern hat mich an Idealen zweifeln lassen – wenn wir unsere eigene Propaganda glaubten, müßten wir den Briten den Krieg erklären, denn sie haben sich in Indien als Herrenrasse etabliert. Die britische Herrschaft in Indien ist Faschismus; das läßt sich nicht bemänteln.»[33] Die Briten merkten, wie das OSS dachte. Sie sorgten sich mit Recht, daß der Antikolonialismus der Amerikaner die nationalistischen indischen Bewegungen stärken könnte. Für Neu-Delhi bedrohten die Amerikaner das Nachkriegsempire genauso wie die Japaner. Deshalb wurde alles Erdenkliche unternommen, um alle OSS-Operationen in jener Region unter Kontrolle zu haben. London beanspruchte das Recht, OSS-Pläne zu genehmigen und alle indischen OSS-Berichte zu sehen, ehe sie nach Washington geschickt wurden. Der amerikanische Schauplatzkommandeur General Joseph Stilwell lehnte das Ansinnen auf seine markige Weise ab, indem er den Vereinigten Stabschefs erklärte, lieber würde er das OSS in Indien ganz verlieren, als es von den Briten – insbesondere von der SOE, von der er gar nichts hielt – kontrollieren zu lassen.

Donovan und Admiral Mountbatten, der Oberbefehlshaber der alliierten Streitkräfte in Südostasien, wurden beide in den Streit hineingezogen. Mountbatten kabelte nach London, die OSS-Aktivitäten in Indien gäben ihm ein Rätsel auf, doch als Donovan ihn besuchte, gewann er den Eindruck, Mountbatten habe der Aufstellung einer großen Spezialeingreiftruppe mit einem hohen Anteil an OSS-Männern zugestimmt. Er benutzte die Gelegenheit, um einige umfassende, aber vage gehaltene Einsatzpläne für das OSS zu entwickeln, die die Briten nur noch mehr beunruhigten. Man arbeitete einen Kompromiß aus, aber beide Parteien mogelten. Die Briten ertappten das OSS bei einer Operation in einem Gebiet, in dem sie nicht genehmigt worden war. Die Amerikaner beantworteten die britische Beschwerde mit dem Vorwurf, die Briten hätten in einer für Thailand und Indochina ausgestrahlten Rundfunksendung erklärt, die Invasion in der Normandie habe begonnen, und Frankreich werde von britischen und kolonialen Truppen «mit ein wenig alliierter Unterstützung» befreit.[34]

Die beiden Organisationen begannen einander zu bespitzeln. OSS-Männer in Delhi wurden gewarnt, daß die Briten große Intriganten seien und in allen amerikanischen Dienststellen Spione sitzen hätten. Der Journalist Carter, der einige Geheimaufträge für Roosevelt erledigt hatte, berichtete Donovan, die Briten hätten das OSS infiltriert und seien «gründlich mit seinen Methoden, Plänen und Mitarbeitern vertraut». Donovan entgegnete, daß «unsere Verbündeten . . . weniger über unsere innere Organisation wissen als wir über ihre». Die Beziehungen wurden von Monat zu Monat schlechter. Ein OSS-Bericht schloß mit den Worten: «Dasselbe gilt für unsere ausländischen Feinde – besonders die Briten.» Captain Henry Kerby, ein Offizier des SIS, bezeichnete seine «Vettern» vom OSS dagegen als den «ethnischen Bodensatz der USA» und erklärte, daß «sie unsere Sicherheit beeinträchtigten».[35]

Dem Bruch zwischen dem OSS und den britischen Diensten lag mehr zugrunde als die natürlichen Reibereien zwischen einem Lehrling, der sein Handwerk gelernt hat und flügge werden möchte, und seinem alten Lehrmeister. Es gab auch einen politischen Faktor. Die meisten Männer vom OSS waren im Grunde gegen den Imperialismus. Roosevelt sah den europäischen Imperialismus als eine der Hauptursachen des Zweiten Weltkriegs und betrachtete Amerikas Kriegsteilnahme als eine Gelegenheit, die alten Kolonialreiche Hollands, Frankreichs und Großbritanniens zu zerbrechen. Das OSS war nur eines der Werkzeuge, die er zu diesem Zweck benutzte.

Der SIS und die SOE wollten das Empire jedoch in all seiner Vorkriegspracht wiederherstellen und zeigten keine Neigung zuzulassen, daß eine amerikanische Organisation, die sie mit aus der Taufe gehoben hatten und die erst in der zweiten Kriegshälfte richtig einsatzfähig geworden war, ihre antikolonialistischen Ideen in Regionen verbreitete, die sie als britisches Revier betrachteten. Colonel Sir Ronald Wingate von Churchills persönlichem Stab faßte den britischen Standpunkt so zusammen: «Wir hatten länger als irgendeine andere Macht gegen Deutschland Krieg geführt, wir hatten mehr gelitten, wir hatten mehr geopfert, und wir sollten am Ende des Kriegs mehr verlieren als irgendeine andere Macht. Aber da liefen diese gottverdammten amerikanischen College-Heinis herum und schwafelten von den vier Freiheiten und der Atlantik-Charta . . .»[36]

War das OSS demnach eine im Grunde radikale Organisation, tendierte sie, obgleich sie aus Bankiers, Anwälten und einflußreichen Geschäftsleuten bestand, nach links, während SOE und SIS nach rechts neigten? Zumindest waren sich viele OSS-Offiziere bewußt, daß man niemanden dazu motivieren kann, sein Leben in einem Aufstand gegen eine Besatzungsmacht aufs Spiel zu setzen, ohne mit dem Lohn auf eine bessere Zukunft zu winken. William Phillips, der einmal das Londoner OSS-Büro geleitet hatte, schrieb Roosevelt, daß «Kolonialvölker sich schon auf etwas Besseres freuen müssen als auf die Rückkehr ihrer alten Herren». Und Donovans Sondereinsatzleiter Robert Solborg erklärte seinem Chef, man könne ein «unterdrücktes Volk» nicht allein durch Sabotageakte des OSS zum Widerstand bewegen. «Sie müssen mit Bemühungen zur Förderung der Revolution einhergehen.»[37]

Doch ungeachtet aller radikalen Äußerungen von OSS-Agenten im Ausland interessierte sich die Zentrale in Washington mehr für eine amerikanische Vorherrschaft nach dem Krieg als für die Befreiung der unterdrückten Kolonialvölker. Kim Philby, der das OSS in seiner Doppelfunktion als SIS-Mann und Penetrationsagent des KGB beobachtete, sagte mir, wie ein Marxist die Politik des OSS sah: «Radikal, realistisch und antikolonialistisch war sie nur insofern, als sie aus demselben Grund auf eine offene Tür zu den Kolonialreichen der Briten, Franzosen und Holländer drängte, wie die US-Regierungen in China darauf gedrängt hatten – wirtschaftliche Beherrschung. Realistisch vielleicht, aber nicht radikal.»[38]

Philbys Ansicht war nicht unbegründet. General MacArthur definierte die Kriegsziele der USA ganz offen als «die Erschließung von Märkten und die Verbreitung der Prinzipien der amerikanischen Demokratie». Die Franzosen hatten angeblich Beweise dafür, daß das OSS dem vietnamesischen Guerillaführer Ho Tschi Minh gesagt hatte, Geschäftsfreunde Donovans wären bereit, die Eisenbahnen, Straßen und Flugplätze des Landes nach dem Krieg wieder aufzubauen, wenn sie dafür kommerzielle Privilegien bekämen.[39]

Es gab auch das «Unternehmen Bingo», eine Operation, die das OSS im April 1945 in Indien plante. Sie beinhaltete nicht weniger als eine geheime, fortwährende Überwachung der indischen Wirtschaft «zum Schutz der Interessen und der Sicherheit der Vereinigten Staaten in Asien». Man wollte die angloindischen Kapitalanlagegesellschaften, Kartelle und Investitionsstrukturen unter die Lupe nehmen, Profile von führenden Männern aus Wirtschaft und Politik erstellen und Finanzierungsquellen für die industrielle Entwicklung, Pläne für den Wiederaufbau nach dem Krieg und politische Entwicklungen herausbekommen, die die Wirtschaftspolitik beeinflussen könnten. Das OSS war sich bewußt, daß die Briten all das «mit Skepsis betrachten» würden und daß man unter Umständen geheim und getarnt operieren mußte, schlug aber trotzdem vor, in Delhi, Bombay, Kalkutta, Madras, Karatschi, Simla, Colombo, Rangun und Kabul «Nachrichtenbüros» für dieses Unternehmen einzurichten. Bis zu welchem Stadium Bingo gedieh, ist nicht klar. Das Vorhaben und seine Ziele werden recht ausführlich in OSS-

Akten beschrieben, aber es gibt keinen Einsatzbefehl, der zeigt, daß es jemals in Angriff genommen wurde. Da CIA-Beamte später jedoch eben die Informationen sammelten, die man mit Unternehmen Bingo hatte beschaffen wollen, scheint auf der Hand zu liegen, daß die OSS-Männer 1945 in Indien anfingen, wirtschaftliche Erkenntnisse zu sammeln, die nur sehr indirekt mit der Sicherheit der USA zusammenhingen.[40]

Als das Ende des Kriegs in Sicht kam, begann das OSS, seine Beziehungen zu dem sowjetischen Verbündeten zu überprüfen. Obgleich gegen den Kommunismus eingestellt, hatte Donovan gesehen, daß es in seinem eigenen Interesse lag, ein bißchen mit Stalin zusammenzuarbeiten, so daß er im Dezember 1943 nach Moskau flog, um eine Vereinbarung auszuhandeln, die einen Austausch von Informationsmaterial über die US-Militärmission vorsah.

Infolgedessen hatten das OSS und der KGB Informationen über Agentenausrüstung im besetzten Europa miteinander geteilt. Der KGB hatte Erkenntnisse über strategische Bombenziele im Reich und Meldungen über die Lage in den von den Deutschen besetzten Gebieten geliefert. Das OSS gab den Sowjets dafür Miniaturkameras, Anlagen zur Herstellung von Mikro-Kommunikationsgeräten und Verschlüsselungsmaterial. Donovan setzte sich sogar dafür ein, daß der KGB ein Büro in Washington einrichtete. Obgleich der Stabschef der US-Army, George Marshall, und der amerikanische Botschafter in Moskau, Averell Harriman, sich ebenfalls für den KGB verwendeten, wurde nichts daraus. Der Grund war sicher ein Veto von FBI-Direktor Hoover, der dazu neigte, den Krieg als eine lästige, aber nur zeitweilige Unterbrechung seiner nie endenden Kommunistenhetze zu betrachten.[41]

Aber das OSS empfand die wachsende Macht und Zuversicht der Sowjetunion zunehmend als Bedrohung. Im Gegensatz zu den Briten und Deutschen, die 1945 beide – wenn auch auf unterschiedliche Weise – am Boden lagen, faßten die Russen jetzt richtig Tritt. Ihre gewaltigen, mit modernen Waffen ausgerüsteten Armeen marschierten unter der brillanten Führung Stalins, Schukows und Wassiljewskis im Eiltempo nach Westen. Dies war ein neues, ein selbstsicheres Rußland, das seine Grenzen möglichst weit vorschieben und die Gebiete, die es unter so großen Opfern erobert hatte, mit allen Mitteln, auch repressiven, halten wollte. Wie stand das OSS dazu?

Ein OSS-Mitarbeiter hatte sich bereits mit dem Problem beschäftigt. Es war Allen Dulles, ein erfolgreicher Geschäftsmann, der im Ersten Weltkrieg als diplomatischer Vertreter in der Schweiz gedient hatte.

Donovan hatte ihn schon in den COI-Tagen angeworben und mit einer Zahlungsanweisung über eine Million Dollar in die Schweiz geschickt, um das Deutsche Reich zu infiltrieren und das Ausmaß der Opposition gegen Hitler festzustellen.

Dulles war erzkonservativ und wollte das Europa wiederherstellen, das vor 1939 bestanden hatte. Binnen vier Wochen nach seiner Ankunft in der Schweiz malte er bereits das Schreckgespenst des Kommunismus, das Europa nach dem Zusammenbruch des Faschismus bedrohen würde. Dulles betrachtete die alliierte Politik, die auf eine bedingungslose Kapitulation der Deutschen abzielte, als Fehler. Er wollte mit Gruppen in Deutschland verhandeln können, die in der Lage waren, Schranken gegen den Kommunismus zu errichten. Ein solches Unternehmen barg offensichtliche Risiken: Wenn die Sowjets Wind davon bekamen, mußten sie erneut befürchten, daß die Deutschen sich mit den Vereinigten Staaten und Großbritannien verbündeten, um den Kommunismus einzudämmen. Dies war genau das, was später geschah.

Im Frühjahr 1945 war Dulles mit «Unternehmen Sonnenaufgang» beschäftigt, bei dem der SS-General Wolff dazu beitragen wollte, daß die deutschen Truppen in Norditalien kapitulierten. Als die Sowjets nicht an den Kapitulationsverhandlungen teilnehmen durften, zogen sie den voreiligen Schluß, Unternehmen Sonnenaufgang sei ein letzter Versuch, einen Separatfrieden mit dem Reich zu schließen, und die Alliierten konspirierten – genau wie Moskau immer befürchtet hatte – mit einigen der schlimmsten Nazis, um von nun an Krieg gegen die UdSSR zu führen.

Zwar litt Stalin unter einem diesbezüglichen Verfolgungswahn, aber es gab durchaus Dinge, die für den sowjetischen Standpunkt sprachen. Einflußreiche Deutsche *hatten* in den letzten Kriegsmonaten mehrmals Kontakt zu den Alliierten aufgenommen und vorgeschlagen, Deutschland, Großbritannien und die Vereinigten Staaten sollten sich gegen die Sowjetunion zusammentun, um eine Ausbreitung des Kommunismus nach Westeuropa zu verhindern. Mit den Briten hatten sich vor allem zwei Personen in Verbindung gesetzt, ein deutscher Nachrichtenoffizier, der in Frankreich überlief, und ein italienischer Industrieller, der die britische Gesandtschaft in Bern anrief. Aber die Deutschen konzentrierten sich auf Dulles, den sie als «unversöhnlichen Feind des Bolschewismus» betrachteten, und ein italienischer Geistlicher, ein österreichischer Geschäftsmann und der deutsche Luftfahrtattaché in Bern boten den Alliierten in schneller Folge über das OSS eine Heilige Allianz gegen den Kommunismus an.[42]

Washington lehnte jedesmal ab. Roosevelt glaubte, diese Annäherungen hätten nur den Zweck, Mißtrauen zu wecken und Zwietracht im Lager der Alliierten zu säen. Wenn das wirklich die Absicht der Deutschen war – die Indizien lassen freilich das Gegenteil vermuten –, hatten sie hundertprozentig Erfolg. Der KGB wußte, daß sie seit 1943 an das OSS herangetreten waren, und die alliierte Weigerung, sowjetische Vertreter bei den Kapitulationsgesprächen mit Wolff zuzulassen, schien Stalins Verdacht zu bestätigen. Die UdSSR beschuldigte die Vereinigten Staaten ganz offen eines doppelten Spiels, und Stalin und Roosevelt wechselten harsche Telegramme. Das Kriegsbündnis war am Zerbrechen. Das OSS merkte, woher der Wind wehte, und reagierte schnell, um von dem neuen Klima zu profitieren.*

Es hatte mehrere Gründe dafür. Zum einen hatten die deutschen Angebote einen sehr verlockenden Köder enthalten, so auch den Vorschlag, daß die Gestapo ihr wertvolles Geheimmaterial über Japan herausgeben würde, wenn die Alliierten einem Waffenstillstand an der Westfront zustimmten, der Deutschland erlauben würde, die Russen in Schach zu halten. Dieser Vorschlag war interessant, aber nicht unwiderstehlich. Als General Reinhard Gehlen, Chef der Abteilung «Fremde Heere Ost», dann samt seinen Männern und Unterlagen seine Befehlszentrale verließ und sich den Amerikanern ergab, machte er jedoch ein Angebot, das man nicht ablehnen konnte. Er behauptete, er habe ein Spionagenetz auf sowjetischem Territorium, das sofort anfangen könne, für das OSS zu arbeiten. Mit Washingtons Genehmigung wurden Gehlen und seine Leute in Frankfurt untergebracht, und während die Sowjetunion offiziell noch mit den USA verbündet war, führten Gehlens Männer ihre Operationen gegen die Kommunisten genauso durch, wie sie es unter Hitler getan hatten – nur daß fortan das OSS ihr Herr und Meister war. Viele OSS-Leute, die mit der «Organisation Gehlen» befaßt gewesen waren, wurden später hohe CIA-Beamte, zum Beispiel Frank Wisner, Harry Rositzke, Richard Helms und Dulles selbst. Gehlen wurde bekanntlich Leiter des Bundesnachrichtendienstes in Pullach und hatte dieses Amt bis zu seiner Pensionierung 1968 inne.

Das OSS hatte aber noch einen Grund, sich der antikommunistischen Sache so eifrig zu verschreiben: Es lag in seinem eigenen Interesse. Donovan hatte immer den heimlichen Ehrgeiz, dafür zu sorgen, daß seine

---

* Die Briten waren ihm voraus. Der SIS hatte bereits im Oktober 1944 eine antisowjetische Abteilung gegründet.

Organisation sich zu einem permanenten Geheimdienst entwickelte. Schon 1943 sprach er mit verschiedenen Generälen über die Notwendigkeit eines langfristigen Programms zur Gründung «eines unabhängigen amerikanischen Geheimdienstes, der in Friedenszeiten genauso beibehalten werden soll wie im Krieg». 1944 hatte er dann das Stadium erreicht, in dem er einen «zentralen Nachrichtendienst» erwog, der sich auf strategische Langzeiterkenntnisse konzentrieren und die Aufgaben *aller* Nachrichtendienste der Regierung koordinieren sollte. Da solche Ideen die Position fast aller mächtigen Dienststellen in Washington bedrohten, wurden sie einhellig und nachdrücklich abgelehnt, und das OSS brauchte dringend überzeugende Argumente, um zu zeigen, daß die USA eine solche Behörde benötigten. Die Nazigefahr war 1940 nützlich gewesen, aber jetzt waren die Nazis an der Schwelle der Niederlage. Donovan wandte sich der Sowjetunion zu.

Der Wandel in den Einstellungen und Prioritäten der Teilstreitkräfte erfaßte bald auch die Männer vom OSS. Ein Offizier vom Berliner Vorauskommando des OSS erinnert sich, wie ihm bei einer Flasche Wodka, die er mit einem sowjetischen Major leerte, zu seinem Kummer bewußt wurde, «daß unsere Feinde gewechselt hatten». Andere merkten es mehr an der Haltung der Deutschen. Als die Feinde von gestern Kollaborateure und die Verbündeten von gestern neue Feinde wurden, war es ganz unvermeidlich, daß viele Amerikaner die Deutschen ausgesprochen wohlwollend behandelten. John Weitz, ein deutscher Flüchtling, der bei der US-Army gedient hatte und dort vom OSS rekrutiert worden war, schilderte später, daß kriegsgefangene deutsche Offiziere gegen ihr Ehrenwort das Lager bei München verlassen durften, um Partys von Amerikanern zu besuchen. «Ein deutscher Offizier ergab sich mir in seinem schwarzen BMW. Er bat mich, Sorge zu tragen, daß wir gut auf seinen Wagen achtgaben, weil er ihn bald wieder brauchen würde.»

In Anbetracht dieser Umstände ist es leichter zu verstehen, daß die Amerikaner Männer von der Gestapo und deutsche Nachrichtenoffiziere anwarben. Weitz erinnert sich: «Der typische OSS-Agent in Europa war damals ein 25- bis 35jähriger Jude, der aus Deutschland geflohen war. Für ihn waren die Deutschen verabscheuungswürdige Menschen. Ein solcher Agent hätte sich auf keinen Fall dazu hergegeben, Nazis anzuwerben. Ihre Kollaboration ging auf den Opportunismus höherer Offiziere zurück, die kein Deutsch sprachen. Sie sagten dem Sinne nach: ‹Hören Sie, er spricht Deutsch, und er kennt die Situation. Er kann einstweilen für uns arbeiten. Später können wir ihn dann jederzeit loswerden.› Und ich nehme an, daß einige von ihnen damals ganz nützlich waren.»[43]

Das war die Ansicht der Männer im Feld. Es gab noch eine andere: Manche einflußreiche Amerikaner fanden, selbst die schlimmsten Greueltaten der Nazis seien gemessen am Wert der Betreffenden für die antikommunistische Sache nebensächlich.

Zumindest ein Beispiel stützt diese Theorie. 1945 war der Pole Leon G. Turron Einsatzleiter beim «Zentralregister für Kriegsverbrecher und Sicherheitsrisiken». Turron hatte im Ersten Weltkrieg bei den zaristischen Truppen gedient und war 1929 nach seiner Emigration in die Vereinigten Staaten vom FBI eingestellt worden, weil er mit kommunistischen Verhältnissen vertraut war. Als Einsatzleiter beim Zentralregister bestand seine offizielle Aufgabe darin, Kriegsverbrecher ausfindig zu machen und ihre Verbrechen aufzulisten. Turron, ein fanatischer Kommunistenhasser, hatte aber noch eine geheime Mission – er sollte ehemalige Nazis, besonders frühere SS-Angehörige, als amerikanische Nachrichtenagenten und Informanten über die Sowjetunion anwerben. Er führte seinen Geheimauftrag so energisch durch, daß man ihn später als «einen der ersten Wortführer des kalten Kriegs» bezeichnete.[44]

Sobald der neue Feind begonnen hatte, den alten zu ersetzen, setzte das OSS unverzüglich eine Operation gegen die Sowjetunion in Gang. Es war nicht die erste. Man hatte bereits im September 1943 einen Teilzeitagenten angeworben, der als Angestellter des großen US-Ingenieurunternehmens E. G. Badger & Sons die Montage von sechs Ölraffinerien in der Sowjetunion beaufsichtigte, die Moskau als Teil des alliierten Hilfsprogramms von den Amerikanern bekommen hatte. Das OSS beauftragte ihn, zwei Jahre lang industrielle, landwirtschaftliche, kulturelle und politische Informationen zu sammeln. Allerdings findet sich in den OSS-Akten kein Hinweis, wie es diesem Agenten erging.

«Unternehmen Casey Jones» war etwas anderes. Schon 1944 von Donovan als Gemeinschaftsprojekt mit den Briten konzipiert und im Frühjahr 1945 durchgeführt, wollte es «das Nachkriegsdurcheinander ausnutzen, um ganz Mittel- und Westeuropa, Skandinavien und Nordafrika zu fotografieren». 16 Staffeln amerikanischer und britischer Bomber (einige der letzteren flogen ohne Markierung) kartographierten mehr als fünf Millionen Quadratkilometer, darunter die gesamte Sowjetzone, Jugoslawien und Bulgarien, aus der Luft. Die Russen konnten kaum umhin, eine so großangelegte Operation zu bemerken, und der Zweck der Übung wurde ihnen wahrscheinlich von ihrem Agenten Jürgen Kuczynski mitgeteilt, der damals als Oberstleutnant bei der US-Luftwaffe diente (siehe 9. Kapitel) und beim Strategischen Bomberkommando in der Nähe von Frankfurt stationiert war. Kuczynski hatte die Aufgabe, die Kriegsschäden der deutschen Industrie zu untersuchen. Dabei arbeitete er auch mit Luftaufnahmen, und man kann annehmen, daß er über Casey Jones informiert war und dem KGB Meldung machte.

Daß die Sowjets von Casey Jones wußten, steht fest, denn aus verschiedenen Unterlagen geht hervor, daß in den letzten Monaten des Kriegs und unmittelbar darauf verschiedene Luftgefechte zwischen amerikanischen und britischen Maschinen einerseits und der sowjetischen Luftwaffe andererseits stattfanden. Allein am 5. April 1945 gab es sechs Zwischenfälle, und ein amerikanischer Mustang-Jäger wurde abgeschossen. Die Sowjets ließen keines der in der UdSSR befindlichen alliierten Flugzeuge aufsteigen und holten, um ganz deutlich zu machen, daß sie es ernst meinten, im Juli 1945 bei Klagenfurt zwei Anson der Royal Air Force vom Himmel. Im folgenden Monat beschwerten sie sich über 300mal bei den Alliierten wegen Verletzungen ihres Luftraums.[45]

Donovan begann seinen Kampf um das Weiterleben des OSS nach dem Krieg mit einer Salve, die er im Oktober und November 1944 abfeuerte. In einem langen Memorandum an Roosevelt plädierte er für einen permanenten Geheimdienst, der alle mit der nationalen Politik zusammenhängenden Aktivitäten der US-Nachrichtendienste koordinieren sollte. Dieser Vorschlag war so umfassend und bedrohte so viele Washingtoner Dienststellen, daß er von allen Seiten bekämpft wurde. Roosevelt selbst war alles andere als überzeugt, und als Donovans Gegner die Sache Anfang 1945 an die Presse durchsickern ließen, traf der Präsident keine Anstalten, ihn vor dem Sturm der Entrüstung zu schützen, der sich prompt erhob. Die meisten Kritiker befürchteten eine Art Supergestapo, die man in den Vereinigten Staaten nicht dulden könne, doch es gab auch einige weitsichtige und vernünftige Kommentare. Admiral Ernest King beispielsweise sah in einem permanenten Geheimdienst insofern eine Gefahr, als «eine derartige Behörde über einen längeren Zeitraum hinweg eine Macht gewinnen könnte, die über alles hinausgeht, was man ihr ursprünglich konzedieren wollte».

Donovan geriet zunehmend in die Isolation. Selbst seine britischen Freunde, die ihn in den frühen Stadien des Kriegs so nützlich gefunden hatten, ließen ihn nun im Stich.[46] Als Roosevelt am 12. April 1945 mitten in der Geheimdienstschlacht starb, war es aus mit seinem Plan, das OSS in die Nachkriegszeit hinüber zu retten.

Harry Truman, der neue Präsident, hatte im Gegensatz zu seinem

Vorgänger nichts für die Welt der Spionage übrig. Er mochte ungebetene Berichte ebensowenig wie inoffizielle Besucher im Weißen Haus. Er mißtraute Geheimorganisationen und Sicherheitsbehörden (auch dem FBI) und wollte alle Kriegsdienste abschaffen, die an Geheimoperationen beteiligt gewesen waren. Also leitete er die Vorschläge für einen zentralen Geheimdienst einfach an das Budgetbüro weiter und überließ diesem die Entscheidung, ob und in welchem Maß es eine solche Organisation finanzieren wollte. Das Budgetbüro stand natürlich unter dem Zwang, die Regierungsausgaben wieder auf Friedensniveau herunterzuschrauben.

Donovan wehrte sich mit einer Kampagne, die ihm die Sympathie der Öffentlichkeit sichern sollte. OSS-Männer bekamen die Erlaubnis, von ihren Kriegsabenteuern zu erzählen, und bald waren Zeitungen, Illustrierte und sogar Comic-Hefte voll von übertriebenen und verherrlichenden Berichten über Operationen des OSS; das erklärt übrigens mit, warum ältere Amerikaner noch heute so romantische Vorstellungen von der Organisation haben. Aber es nützte nichts. Truman unterzeichnete am 20. September 1945 die Anordnung, den OSS aufzulösen, und der erste zentrale Geheimdienst der Vereinigten Staaten war gestorben. Oder?

Das Verlangen nach dem großen Spiel ließ sich nicht einfach per Präsidentenerlaß abtöten. Donovan und seine Leute gründeten einfach einen Verband ehemaliger OSS-Mitarbeiter, die «Veteranen des Strategischen Dienstes» (Veterans of Strategic Service oder VSS), der binnen drei Jahren auf 1300 Mitglieder wuchs. Er sollte mit allen Mitteln «die Idee und Arbeitsweise eines zentralen Geheimdienstes» am Leben erhalten.[47] Zu den Mitgliedern gehörten auch die Männer von der Forschungs- und Analyseabteilung, die wieder zum Außenministerium versetzt worden waren und sich dort immer noch bereithielten, als 1947 die Central Intelligence Agency (CIA) gegründet wurde. Andere VSS-Mitglieder kamen aus den Reihen der ungefähr tausend Wissenschaftler, die zum OSS gegangen waren, um ihre intellektuellen Leistungen durch Taten zu krönen, und inzwischen wieder an Colleges und Universitäten wirkten und halfen, eine neue Generation amerikanischer Geheimdienstleute zu inspirieren. Wieder andere Mitglieder waren Journalisten, Verleger, Anwälte, Börsenmakler oder hohe Ministerialbeamte – ein einzigartiges Netz einflußreicher Männer, die Donovan und dem OSS die Treue hielten.

All das mag in mancher Hinsicht bewundernswert gewesen sein, aber die Männer vom VSS machten sich nichtsdestoweniger etwas vor. Das

OSS hatte einige heldenhafte Operationen durchgeführt, aber sein Beitrag zum Sieg war alles in allem minimal gewesen. Es konnte erst Ende 1943, als der Krieg schon halb vorbei war, richtig in Aktion treten. Die Geschichte seiner frühen Zeit ist eine lange Kette von Schnitzern, Angriffen seiner Gegner in Washington und Unabhängigkeitskämpfen gegen andere amerikanische Dienste und den SIS sowie die SOE. Ein Nachrichtenoffizier der US-Navy sagte 1947, die Beziehungen zwischen dem OSS und den Nachrichtenabteilungen der Teilstreitkräfte seien denkbar schlecht gewesen: «Man hätte glauben können, man selbst sei der Feind und nicht die Deutschen und die Japaner.»[48]

General MacArthur sorgte dafür, daß das OSS nicht auf einem wichtigen Kriegsschauplatz – dem Pazifik – tätig werden konnte; in Südostasien verschwendete es viel Zeit und Mühe darauf, die Briten zu bekämpfen und zu bespitzeln, und indem es seinen Agenten, die für Ho Tschi Minh und dessen nationalistische Bewegung eintraten, jede Unterstützung versagte, verpaßte es wahrscheinlich eine historische Chance, die tragische Geschichte Vietnams in den nächsten 25 Jahren zu beeinflussen. Seine Arbeit in China litt unter mangelndem Einfühlungsvermögen in kulturelle Gegebenheiten und unter dem Mangel an sprachkundigen Mitarbeitern, und in Europa schließlich war es nicht mehr als ein winziges Rad in der gewaltigen industriellen Militärmaschine, die den Krieg in Wahrheit entschied und ohne die es nicht hätte arbeiten können.

Es hatte genau wie die SOE kein Gespür für die Realität im deutsch besetzten Europa und den Pragmatismus von Völkern, die im Lauf der Jahrhunderte immer wieder von fremden Mächten beherrscht worden waren. OSS-Männer waren zum Beispiel erstaunt, als französische Industrielle auf Nachkriegsentschädigungen bestanden, ehe sie ihre Fabriken, in denen Rüstungsgüter für die Nazis hergestellt wurden, von Widerstandsgruppen sabotieren ließen. Die Résistance selbst hatte berechtigte Vorbehalte, als das OSS sie zum Aufstand drängte. Als die Alliierten im Juni 1944 zu einer allgemeinen Revolte aufriefen, um die Hauptstoßrichtung ihrer Invasion zu kaschieren, ließen Tausende von französischen Widerstandskämpfern ihr Leben. Bürokratische Irrtümer von OSS-Männern in London und geänderte militärische Prioritäten kosteten zahllose französische und italienische Widerstandskämpfer das Leben, als das OSS sie nicht rechtzeitig erreichte und die Deutschen blutige Vergeltung übten. Das OSS beschäftigte bis zu 16 000 Mitarbeiter, von denen im Zweiten Weltkrieg laut offiziellen Unterlagen nur 143 ums Leben kamen, während 300 verwundet wurden; aber die ausländischen Agenten, die die Deutschen bei Vergeltungsmaßnahmen aufgrund von Operationen des OSS oder der SOE töteten, werden nicht einmal beiläufig erwähnt![49] Wenn man von der massiven Unterstützung der alliierten Truppen durch die Résistance spricht, meint man dem Historiker Jean Overton Fuller zufolge erst in zweiter Linie die ursprünglichen Mitglieder des französischen Widerstands – weil die meisten von ihnen tot waren.*

Das OSS bemühte sich zwar redlich, Informationen zu beschaffen, doch Hitlers Grenzen blieben, abgesehen von den allerletzten Kriegsmonaten, ein nahezu unüberwindliches Hindernis für seine Männer. Die Forschungs- und Analyseabteilung schnitt zweifellos besser ab. Sie produzierte eine eindrucksvolle Menge an Material, das gewöhnlich sehr zuverlässig war, aber sie ließ sich zweierlei zuschulden kommen. Erstens beschäftigte sie viele Wissenschaftler, die den Geheimdienst oft als eine romantische Herausforderung sahen, den Dienst beim OSS später als «die besten Jahre ihres Lebens» betrachteten und die noch heute bestehende unselige Verbindung zwischen der Universitätswelt und dem Geheimdienst zu schmieden begannen. Zum anderen wiesen manche Berichte der Abteilung folgenschwere Fehler auf. So wurden die Kriegsopfer der Sowjetunion in einem Report mit drei bis vier Millionen beziffert, während es in Wahrheit sechs- oder siebenmal mehr waren. (Das mag nebensächlich erscheinen, trug aber zu der Einstellung des US-Außenministeriums bei, die Russen würden sich schnell vom Krieg erholen, und deshalb würde es den Ostwestbeziehungen nicht weiter schaden, wenn Washington entgegen seiner Zusage kein Wiederaufbaudarlehen gäbe – eine Einschätzung, die sich als grundfalsch erwies.)[50]

Viele abenteuerlustige Amerikaner ließen sich vom OSS anheuern und bekamen bei ihm Gelegenheit, die Eigenschaften zu entwickeln, die der Krieg am meisten zu fördern scheint: Initiative, Unternehmungsgeist, Mut und Selbstvertrauen. Es kamen aber auch Leute mit psychopathischen Zügen, die Freiheit ohne Verantwortung suchten, denen es um das Sensationelle ging, die der Zauber geheimnisvoller Missionen lockte. Für solche Personen wird Geheimdienstarbeit rasch zum Selbstzweck, statt zu einem der vielen Wege zum Sieg.

Wenn es eine Episode gibt, die das Wesen des OSS – prahlerisches Gehabe, das allzuoft Nichtigkeit verbirgt – symbolisiert, dann ist es die

---

* 24 000 wurden hingerichtet, und von den 115 000, die in Konzentrationslager kamen, überlebten nur 40 000.

Verbrüderung von David Bruce und seinen OSS-Männern mit dem Kriegskorrespondenten Ernest Hemingway anläßlich des alliierten Einmarsches in Paris im August 1944.

Bruce hatte Hemingway zum OSS-Offizier ehrenhalber gemacht, und obgleich sie den Auftrag hatten, Informationen zu sammeln, die für den Vormarsch der Alliierten wichtig sein könnten, schlossen sie sich in der Hoffnung, die ersten Amerikaner in Paris zu sein, den Vorhuteinheiten an. Während General de Gaulle und General Leclerc, deren Truppen den Kampf entschieden hatten, in aller Form die Kapitulation der Deutschen entgegennahmen und während der kommunistische Widerstand, der die Erhebung gegen die Besatzer eingeleitet hatte und die Hauptlast der Opfer trug, seine Toten beerdigte, marschierten die OSS-Offiziere mit ihren Mannen die Champs-Elysées hinunter und gingen zum Ritz. Der Direktor musterte sie von oben herab und fragte nach ihren Wünschen. «Nun ja, bringen Sie doch bitte dreiundsiebzig Martinis», erwiderte Hemingway.[51]

Die historische Bedeutung des OSS liegt darin, daß es führende US-Politiker für die Welt der Spionage interessierte und ihnen vorgaukelte, das Sammeln von Informationen oder Schattenkrieg sei untrennbar mit verdeckten Aktionen verbunden. Die Briten verstanden besser, wie wichtig es war, die beiden Aufgabengebiete voneinander zu trennen, und konnten ihre Subversionstruppe, die SOE, nach Kriegsende auflösen und ihren traditionellen Geheimdienst weiterbestehen lassen. Wegen der Struktur, die Donovan dem OSS gegeben hatte, löschte Trumans Erlaß die beiden Operationsbereiche im September 1945 praktisch aus. Bei der 1945 bis 1947 geführten Kampagne für einen ständigen Geheimdienst wurde das OSS dann als Vorbild zitiert. So blieben verdeckte Aktionen mit dem Sammeln von Informationen verbunden, und verdeckte Aktionen bedeuteten nun, daß Washington in Ländern intervenierte, mit denen die USA keinen Krieg führten. Für die CIA sollte diese Begriffsverwirrung ein gefährliches Erbe sein.

CIA: 48mal größer als das Außenministerium

Schon vier Monate, nachdem er den Erlaß zur Auflösung des OSS unterzeichnet hatte, fiel Präsident Truman um. Donovans Feinde hatten sein Kind zu Grabe getragen, doch in Washington blieb ein nagender Verdacht, daß seine Idee, einen zentralen Dienst zu schaffen, der die von der Army, der Navy und dem Außenministerium beschafften Informationen kollationierte und auswertete, im Grunde sehr vernünftig war. Peter Vischer, der Sekretär des Nachrichtenauschusses der Vereinigten Stabschefs, faßte diesen Standpunkt so zusammen: «Jedermann sagte, die Nachrichtenbeschaffung sei ein einziges Chaos, und wir müßten einen zentralen Nachrichtendienst haben, der all diese Aktivitäten koordiniert und unter einen Hut bringt. Man meinte mit Recht, daß Koordination nicht schlecht sei. Schließlich wußte ganz Washington darüber Bescheid, wie es sich mit den Informationen über Pearl Harbor verhielt. Es lag daran, daß man sie nicht kollationiert hatte und daß sie nicht im richtigen Augenblick dem richtigen Mann vorgelegt worden waren. Alle stimmten zu, gut, wir brauchen eben einen zentralen Nachrichtendienst, der das Zeug, das in ganz Washington herumschwirrt, kollationiert, bewertet und verteilt.»[1]

Truman ließ sich überzeugen. Aber es würde keine Dienststelle von säbelrasselnden Angebern sein wie das OSS. Wie Vischer sagte, sollte der zentrale Dienst ein kleines Washingtoner Amt sein, das die Informationen koordinierte, die bereits von den bestehenden Diensten gesammelt worden waren – es sollte nicht selbst beschaffen, sondern lediglich als Sammelstelle und Koordinierungsbüro dienen. Am 22. Januar 1946 unterzeichnete der Präsident einen hauptsächlich von Vischer formulierten Erlaß, der die Gründung der «Central Intelligence Group» oder CIG vorsah. Ihr Personal sollte aus Leuten von der Army und der Navy bestehen, und sie sollte von einem Nationalen Geheimdienstausschuß (National Intelligence Authority oder NIA) kontrolliert werden, der sich aus dem Außenminister, dem Kriegsminister, dem Marineminister und dem Kabinettschef des Präsidenten zusammensetzte.

Kamen Truman, dem Mann, der geheimdienstlichen Umtrieben instinktiv mißtraute, nach seiner Kehrtwendung Zweifel? Zwei Tage vor Unterzeichnung der Direktive holte er bei einem privaten Mittagessen im Weißen Haus hölzerne Degen, schwarze Hüte, schwarze Umhänge und falsche Schnurrbärte hervor und überreichte sie seinem Kabinettschef, Admiral William Leahy, und dem ersten Direktor der CIG, Admiral Sidney Souers. Er bat die beiden Offiziere, «ihre Amtsinsignien als Persönlicher Schnüffler beziehungsweise Direktor für zentralisiertes Schnüffeln entgegenzunehmen».[2]

Wenn Truman wirklich Vorbehalte hatte, erwiesen sie sich als begründet. Die CIG lieferte das Beispiel für die Central Intelligence Agency, die ihr bald nachfolgen sollte, indem sie demonstrierte, daß es so etwas wie einen *kleinen* Dienst nicht geben kann. Binnen achtzehn Monaten begnügte sie sich nicht mehr damit, Informationen zu kollationieren und zu verteilen, sondern beschaffte auch welche. Sie benutzte die Chance, die das schwache Außenministerium ihr bot, und legte sich mit dem FBI an, zerstörte dessen Nachrichtennetze im Ausland und übernahm die Kontrolle der Nachrichtendienste der drei Behörden, die sie eigentlich lenken sollten: Außenministerium, Kriegsministerium und Marineministerium. Dabei entdeckte sie die Existenz eines geheimen Nachrichtendienstes, der im Oktober 1942 im Kriegsministerium gegründet worden und den ganzen Krieg über nur noch dem State Department und Roosevelt bekannt gewesen war, und löschte ihn aus. Die CIG vergrößerte sich in einem einzigen Jahr um das Sechsfache und schluckte dabei alle ehemaligen OSS-Männer, die es geschafft hatten, sich im Außenministerium und im Kriegsministerium zu halten. Es gelang ihr auch, Truman auf ihre Seite zu ziehen – so gut, daß sein erster morgendlicher Besucher ab 1948, als die CIG bereits als CIA firmierte, unweigerlich der Direktor des zentralen Geheimdienstes war.[3]

Die CIG bog den ursprünglichen Präsidentenerlaß so hin, daß sie sich auch mit dem Sammeln von Geheiminformationen beschäftigen konnte, und die ehemaligen OSS-Männer faßten das als Aufforderung auf, immer mehr verdeckte Aktionen in die Wege zu leiten, bis das Wachstum ihrer Nachfolgeorganisation unaufhaltsam war. Sie wurde eine riesige selbständige Bürokratie mit eigenen Einnahmen, eigenen Banken, einer eigenen Luftlinie und einer eigenen Politik. Der britische

Historiker Christopher Andrew hat einmal gesagt, die modernen Geheimdienste entwickelten sich weniger aufgrund einer bewußten Entscheidung der nationalen Regierung als aufgrund eines schleichenden bürokratischen Wachstumsprozesses. Bei der CIA war das Wachstum explosiv. 1947 lautete ihr geheimer Slogan «48mal größer als das Außenministerium» – und dem war so. Sie wurde mit ihrer Vergrößerung immer schwerer zu kontrollieren – «wenn nicht ein wildgewordener Elefant, dann ein wichtiges außenpolitisches Werkzeug, das weitgehend unabhängig arbeitet».[4] Ihre Rollenauffassung änderte sich. Sie beschäftigte sich nicht bloß damit, Informationen über die Dinge zu beschaffen, die auf der Welt geschahen, sondern betrachtete es auch als ihre Pflicht, sie geschehen zu lassen. Die CIA wurde buchstäblich eine Regierung innerhalb der Regierung der Vereinigten Staaten.

Ein Grund für den unkontrollierten Aufstieg ihrer Vorgängerin, der CIG, war das günstige Klima. Nach Kriegsende erschienen zahlreiche Bücher und Artikel über die amerikanischen Nachrichtendienste und ihre Tätigkeit. (Wie wir gesehen haben, trug Donovan nach Kräften dazu bei, um das Überleben des OSS zu sichern.) Diese Publikationen zeichneten mit wenigen Ausnahmen ein glänzendes Bild von der Geheimdienstarbeit und stellten sie als äußerst wichtige Sache hin, die jede Regierung fördern sollte.

Die CIG war zunächst frustriert. Es war alles andere als ruhmreich, in Washington an einem Schreibtisch zu sitzen und Informationen, die andere Leute beschafft hatten, zu kollationieren und zu bewerten. Ein Nachrichtenoffizier der Army faßte die Haltung vieler CIG-Mitarbeiter laut Peter Vischer wie folgt zusammen: «Bewerten hat keinen Sex-Appeal, aber das andere [das heimliche Beschaffen von Informationen] . . . ist aufregend. Alle wollen es tun; sie tun es einfach gern. Wenn man einmal damit angefangen hat, verliert man jedes Interesse an seiner normalen Arbeit. Man vergißt alles andere, was man tun soll, weil man Blut geleckt hat.»[5]

Wie schnell Souers' Nachfolger, General Hoyt S. Vandenberg, seinen Auftrag auf Geheimoperationen im Ausland erweiterte, erkennt man an der Tatsache, daß die CIG ihren sogenannten Kontrollausschuß, die NIA, im Juli 1946 aufforderte, «verdeckte Aktivitäten» zu finanzieren. Sieben Monate später berichtete er Truman: «Die geheimen Operationen der CIG werden in den meisten wichtigsten Regionen außerhalb der Vereinigten Staaten in die Wege geleitet und lassen sich zufriedenstellend an.»[6] In Anbetracht der Zeit, die man braucht, um solche geheimen Operationen zu planen und zu initiieren, bedeutet das, daß die Vereinigten Staaten schon vor der Gründung der CIA angefangen hatten, verdeckte Aktionen im Ausland durchzuführen, und daß sie es nicht nur ohne jede vorherige öffentliche Diskussion, sondern auch ohne Wissen oder gar Ermächtigung des Kongresses taten.

Als die Kongreß-Hearings zum Nationalen Sicherheitsgesetz von 1947 – dem Gesetz, das die CIA schuf – begannen, ließen die Geheimdienstler nämlich mit keinem einzigen Wort durchblicken, daß sie bereits Geheimoperationen laufen hatten. Vandenberg und andere Nachrichtenoffiziere, die im Juni 1947 in nichtöffentlicher Sitzung vor dem Kongreßausschuß für Aufwendungen der Exekutive aussagten, vermittelten sogar den Eindruck, daß sie sich lediglich um die Erlaubnis bemühten, im Ausland Informationen zu *sammeln*. Die CIA, die sich in der Gründungsdebatte von 1947 abzeichnete, hatte so gut wie keine Ähnlichkeit mit der Organisation, die sie heute ist.

Allen Dulles, künftiger Direktor der CIA, übertrieb seine Kriegsrolle beim OSS über alle Maßen; er behauptete unter anderem, ungefähr 10 Prozent der Abwehr-Leute hätten für ihn gearbeitet, und erklärte dann, wie er sich die Central Intelligence Agency vorstellte, die das neue Gesetz ins Leben rufen würde. Die CIA würde recht klein sein, sagte er, denn: «Wenn dieses Ding ein riesiger Krake wird, arbeitet es sicher nicht gut.» Auf die bohrende Frage, wie viele Leute sie benötigen würde, antwortete er: «Für das Auswerten ist eine gewisse Zahl von Leuten notwendig. Zum Sammeln von Informationen dürften in den USA meines Erachtens ein paar Dutzend ausreichen, zwei in New York, einer in Chicago und einer in San Francisco . . . Im Ausland wird man eine gewisse Zahl von Leuten benötigen, aber es müssen nicht viele sein. Eher ein paar Dutzend als ein paar hundert.»[7] Heute beschäftigt die CIA rund 16 000 Personen.

Dulles wußte auch, wo diese Leute zu finden seien: «Amerikanische Geschäftsleute und amerikanische Professoren und alle möglichen Amerikaner, die in der Welt herumkommen, sind die besten Fundgruben von Informationen, die wir haben wollen . . . Was das Beschaffen von Informationen betrifft, also die heimliche Informationsbeschaffung, würden Amerikaner ohne offizielle Beziehung zu Washington meiner Meinung nach einen recht hohen Prozentsatz der wertvollen Informationen liefern.» Er betonte auch, wie wichtig die CIA sein würde: «. . . meiner Meinung nach hat der britische Geheimdienst England mehrmals vor dem Untergang bewahrt . . . Das ist von größter Bedeutung, verstehen Sie? Es ist äußerst wichtig für die nationale Sicherheit.»[8]

Dulles machte seine Aussage wie auch die anderen sachverständigen

Zeugen unter dem Deckmantel der Anonymität – er wurde als «Mr. B.» bezeichnet. Es gab nur ein einziges Protokollexemplar, und der Stenograph sowie die Abschreiberin mußten Geheimhaltung schwören. Das Protokoll wurde vom Ausschußvorsitzenden aufbewahrt, der das Gesetz einbrachte, aber die CIA lieh es sich aus und machte eine Kopie. Das erwies sich als Glück, denn 1950 vernichtete der Vorsitzende das Original.[9]

Die Geheimhaltung der Hearings und die Tatsache, daß das neue Gesetz in erster Linie auf eine vereinheitlichte Struktur der Teilstreitkräfte abzielte (die CIA wird im vollständigen Titel des Gesetzes nicht einmal erwähnt), machten es möglich, daß die neue Behörde ohne größere öffentliche Diskussion ins Leben trat und daß ihre genaue Funktion mehr oder weniger unbestimmt blieb. Der Kongreß glaubte, die CIA würde innerhalb der USA keine Funktionen ausüben, im Ausland begrenzte Operationen durchführen können und hauptsächlich zum Koordinieren von Informationen dienen (ihr Recht, selbst Informationen zu sammeln, wurde nicht näher definiert). Jedenfalls würde sie keine verdeckten Aktionen im Ausland durchführen. Wie wir gesehen haben, *hatte* die Vorgängerin der CIA, die CIG, bereits Informationen gesammelt und verdeckte Aktionen durchgeführt. Die neue Behörde würde gewiß nicht auf diese Funktionen verzichten.

Die etablierten Nachrichtensammler, zum Beispiel das Außenministerium, überschütteten die CIA mit Verachtung, konnten aber nichts ausrichten, weil sie zwei entscheidende Vorteile hatte: Sie unterstand unmittelbar dem Präsidenten und mußte nur dem Nationalen Sicherheitsrat, dem der Präsident vorsaß, Rechenschaft ablegen. Wenn der Präsident also vom Nutzen rechtzeitiger Information überzeugt werden konnte, stand dem Marsch der CIA in eine größere und bessere Zukunft nichts im Weg.

Eben dies geschah. 1948 übernahmen die Kommunisten die Macht in der Tschechoslowakei und erzielten bei den Wahlen in Italien und Frankreich alarmierende Stimmengewinne. Der Oberbefehlshaber der US-Truppen in Europa warnte Präsident Truman vor der Gefahr eines unmittelbar bevorstehenden Kriegs mit der Sowjetunion. Truman reagierte mit einer Reihe von Erlassen, die die Befugnisse und Pflichten der CIA erweiterten. Die Vorlage 10/2 des Nationalen Sicherheitsrats erlaubte ihr, auch verdeckte paramilitärische Operationen gegen die UdSSR durchzuführen. NSR-Vorlage 68 wies ihr eine größere Rolle im kalten Krieg gegen den Kreml zu, die psychologische Operationen und verdeckte Aktionen einschloß. 1949 wurde das Nationale Sicherheitsgesetz dahingehend ergänzt, daß die CIA noch mehr Geheimhaltung genoß und daß ihr Direktor sogar dem Kongreß Einzelheiten über ihre Größe, ihr Budget, ihre Methoden, Operationen und Informationsquellen verschweigen durfte.

So bekam die CIA den offiziellen Segen, ein Unternehmen in die Wege zu leiten, das man als heimlichen Dritten Weltkrieg bezeichnen kann, und wuchs explosionsartig an. Die CIG hatte ihre Größe in einem Jahr, von Mitte 1946 bis Mitte 1947, etwa versechsfacht. Nun expandierte ihre Nachfolgerin, die CIA, zwischen 1947 und 1953 noch einmal auf das Sechsfache. Am stärksten schwoll dabei die Abteilung für verdeckte Operationen an. 1948 hatte sie 302 Mitarbeiter, 7 Auslandsbüros und ein Budget von 4,7 Millionen Dollar. 1952 bestand sie aus 1812 Leuten und 47 Auslandsbüros und hatte ein Budget von 82 Millionen Dollar, das bald auf 200 Millionen Dollar erhöht wurde. Inzwischen waren fast zwei Drittel der CIA-Angestellten direkt oder indirekt mit Geheimoperationen befaßt und verschlangen drei Viertel des gesamten Jahresbudgets.[10] Die CIA wurde zunehmend von den Experten für Geheimaktionen beherrscht, von denen viele beim OSS gedient hatten. (Donovan lebte lange genug, um dies zu erleben, dürfte aber nicht in der Lage gewesen sein, seinen Triumph zu genießen. Er litt an Gehirnschwund und neigte zu Halluzinationen und Visionen – so sah er sowjetische Bataillone über die 59th Street-Brücke in Washington marschieren. Er starb 1959.)[11]

Man ist allgemein der Ansicht, daß die schnelle Vergrößerung der CIA gerechtfertigt und notwenig war; daß die Vereinigten Staaten auf eine realistische Einschätzung der sowjetischen Gefahr nach dem Krieg reagieren mußten; daß die Erweiterung der verdeckten CIA-Aktionen nötig war, um dieser Gefahr zu begegnen; und daß die Gefahr aufgrund der Effizienz dieser Operationen abnahm. Ich meine jedoch, daß die sowjetische Gefahr absichtlich von einer Behörde übertrieben wurde, die ein Imperium werden wollte; daß es eine Verschwörung gab, um das Wachstum und den Einfluß der CIA zu fördern; daß Präsident Truman, der Kongreß und die Bevölkerung der USA manipuliert wurden, damit sie diese Expansion erlaubten und finanzierten; daß die Geheimoperationen oft erfolglos und kontraproduktiv waren; und daß die CIA, als ihr gigantisches Täuschungsmanöver publik zu werden drohte, von der ältesten aller Geheimdienstwaffen, der panischen Furcht vor Spionen im eigenen Lager, gerettet wurde.

Ein Geheimdienst lebt von Bedrohung. Sein Überleben und finanzielles Wohlergehen hängen von seiner Fähigkeit ab, seine politischen Meister davon zu überzeugen, daß dem Land Gefahr droht und daß er, der Geheimdienst, Schwert und Schild zugleich ist. Als die deutsche Gefahr in den letzten Monaten des Zweiten Weltkriegs gebannt war, wandte das OSS seine Aufmerksamkeit der Sowjetunion zu, weil es hoffte, die Gefahr des Kommunismus würde gewährleisten, daß es auch nach dem Krieg einen Geheimdienst geben würde. Wie wir gesehen haben, schien diese Hoffnung zunächst nicht in Erfüllung zu gehen. Aber dann sorgte Präsident Truman sich zunehmend um die Sowjetunion und fing an, von der CIG mehr und bessere Analysen der Absichten Moskaus zu verlangen. Vandenberg begann, streng geheime Memoranden an den Präsidenten persönlich zu schicken.

Trumans Interesse für die Absichten der Sowjets war für die CIG ein Geschenk des Himmels. Es würgte jede Debatte darüber ab, ob die Vereinigten Staaten wirklich einen großen, zentralisierten Geheimdienst brauchten, der auch in Friedenszeiten tätig war. Die CIG stellte rasch klar, daß sie – aufgrund gegenwärtiger und früherer Vernachlässigung – viel zuwenig über die Sowjetunion wisse und gewaltige personelle und finanzielle Mittel brauche, um mehr in Erfahrung zu bringen. Das stimmte natürlich nicht. Das OSS hatte Gehlens Spionagenetz in Osteuropa übernommen. Der SIS, dessen Männer bei den Amerikanern immer noch zu Unrecht als Meisterspione galten, hatte seit 1944 viel Mühe darauf verwandt, ein antisowjetisches Spionageunternehmen in Gang zu bringen, und in den ersten Jahren nach dem Krieg hatten die Briten viele ihrer alten Agenten in Osteuropa reaktiviert und viele ehemalige deutsche Geheimdienstler angeworben, die mit antikommunistischen Operationen vertraut waren. Es gab einen harten Kern amerikanischer und britischer Experten für sowjetische Angelegenheiten, von denen viele im Krieg in Moskau gedient hatten. In Wahrheit paßte es der CIG und später der CIA ausgezeichnet ins Konzept, ihre Unkenntnis über die UdSSR und die Mängel des amerikanischen Nachrichtenapparats zu übertreiben und die Operationen des allmächtigen KGB als tödliche Gefahr für die USA hinzustellen. Auf diese Weise konnten sie ihre eigene Existenz und Expansion rechtfertigen.

Als diese Expansion begonnen hatte, sah man keinen Sinn mehr darin, einzugestehen, daß die sowjetische Bedrohung vielleicht doch nicht so schwerwiegend sei, wie man zunächst angenommen habe. Statt dessen schürte man einen allgemeinen Antikommunismus, und das tiefe CIA-Mißtrauen gegen die UdSSR verband sich mit dem traditionellen Antibolschewismus des SIS. Die daraus resultierenden «Informationen» lösten in den Vereinigten Staaten einen Schock aus, der sicher eine wichtige Rolle bei der Entwicklung des kalten Kriegs spielte.

Sogar einige CIA-Beamte fanden, daß ihr Dienst die sowjetischen Absichten zu schwarz malte, und bemühten sich, ein objektiveres Bild zu zeichnen. Eine kleine Gruppe von Männern setzte sich 1949 zusammen und erarbeitete eine streng geheime Bewertung der Absichten des Kremls. Das Dokument, das «Unternehmen Puzzlespiel» genannt wurde, befaßte sich mit dem Weltkommunismus und kam zu dem Schluß, selbst wenn Moskau die kommunistischen Parteien in westlichen Ländern wie Italien und Frankreich manipuliere, gebe es keinen sowjetischen Plan zur Erringung der Weltherrschaft. Dies war jedoch so häretisch, daß die Denkschrift sofort unterdrückt wurde und nicht einmal intern zirkulieren durfte.[12] Die CIA behauptete, die UdSSR wolle Finnland und Österreich schlucken. Tito und die griechischen Partisanen würden vom Kreml gesteuert. Frankreich könne jeden Tag kommunistisch werden – falls es sich statt dessen nicht für die autoritäre Führung durch General de Gaulle entscheide! Die Italienische Kommunistische Partei könne zu einer bewaffneten Erhebung aufrufen, und Unruhen in Europa könnten die Stabilität in Großbritannien ernsthaft untergraben.

Diese Schwarzseherei war der Regierung willkommen. Truman befürwortete den Marshallplan – im wesentlichen ein amerikanisches Hilfsprogramm für die europäischen Staaten, die die Kommunisten von der Macht ausschließen würden –, aber der Kongreß ließ mit seiner Zustimmung auf sich warten. Truman brauchte etwas, um die Öffentlichkeit schlagartig von der Notwendigkeit des Plans zu überzeugen, und er brauchte eine ständige Bedrohung, die seine Durchführung gewährleistete. Der kommunistische Staatsstreich in der ČSSR lieferte das erste, und die CIA-Einschätzung der sowjetischen Gefahr sorgte für das zweite. Verdeckte Aktionen wurden der natürliche Verbündete des Marshallplans, weil man sie als ein Mittel betrachtete, die kommunistische Opposition gegen ihn abzuwürgen.

Im Dezember 1947 begann die CIA in Italien mit einer Operation, die einen Sieg der Kommunisten bei den nächsten Wahlen verhindern sollte. Rund 10 Millionen Dollar wurden ausgegeben, um Bestechungsgelder zu zahlen, die Wahlkampagne der italienischen Christdemokraten zu unterstützen und antikommunistische Propaganda zu drucken und unter die Leute zu bringen. Die Democrazia Cristiana errang eine Parlamentsmehrheit von 40 Sitzen. Gleichzeitig führte die CIA in Frankreich eine verdeckte Operation durch, um eine Spaltung der kommunistisch beherrschten Gewerkschaft CGT herbeizuführen und zu finanzieren – das Unternehmen war erfolgreich, kostete jedoch eine Million Dollar jährlich. In Griechenland übernahm die CIA eine SIS-Operation, um die Nationalisten gegen die griechische KP zu unterstützen.[13]

Diese Operationen waren Vorläufer eines Programms verdeckter CIA-Operationen im Ausland, das noch heute läuft. Die anfänglichen Erfolge ermutigten die zuständigen CIA-Beamten, eine ständige Gruppe zur Planung und Durchführung verdeckter Aktionen zu fordern. So wurde im August 1948 das Büro für Politik-Koordinierung – eine sonderbare und total irreführende Bezeichnung – unter Frank G. Wisner geschaffen. Wisner war ein energischer, enorm fleißiger und aggressiver Mann, der den Alkohol liebte und den Kommunismus haßte.* Das Büro bedeutete eine radikale Abkehr von der traditionellen amerikanischen Außenpolitik in Friedenszeiten. Übrigens hatte es bisher kein einziges Land gegeben, das verdeckte Aktionen ausdrücklich zum Mittel seiner Poltik machte; ein CIA-Jurist definierte diese Operationen später als eine «spezielle, im Ausland durchgeführte Tätigkeit zum Erreichen der nationalen außenpolitischen Ziele, die so stattfindet, daß die Rolle der Regierung nicht sichtbar oder öffentlich zugegeben wird».[14] Verdeckte Aktionen schienen nämlich verlockende Lösungen für Probleme zu bieten, die man mit althergebrachten Methoden nicht bewältigen konnte.

Die USA hatten in der komplexen Nachkriegswelt immer wieder vor Situationen gestanden, bei denen sie mit Diplomatie allein nicht weiterkamen. Verdeckte Aktionen, die «wirkungsvoller als Diplomatie und nicht so häßlich wie Krieg» waren, boten einen Ausweg. Die Erfahrungen in Italien, Frankreich und Griechenland ließen vermuten, daß man damit handfeste Resultate erzielen konnte. Da die betreffenden Operationen geheim waren, würden sie die Vereinigten Staaten nicht als weltweiten Tyrannen brandmarken. Politisch boten sie den Vorteil, daß sie der Regierung erlaubten, weiterhin den Apostel der demokratischen Moral zu spielen. Auch daß der Kongreß ungeachtet der sowjetischen Bedrohung wenig Neigung zeigte, enorm erhöhten Militärausgaben zuzustimmen, war kein großes Hindernis, weil verdeckte Aktionen aus dem allgemeinen CIA-Budget finanziert wurden, in das neugierige Ab-

---

* Wisner verübte 1961 Selbstmord. Einer Version zufolge hatte er sich für den ungarischen Aufstand eingesetzt und war vollkommen vernichtet, als es der CIA nicht gelang, den Ungarn zu helfen.

geordnete ihre Nase nicht hineinstecken konnten. Verdeckte Aktionen galten, kurz gesagt, als Allheilmittel bei internationalen Übeln, und da das Büro für Politik-Koordinierung von ehemaligen OSS-Offizieren beherrscht wurde, die übertriebene Vorstellungen vom Erfolg ihrer Kriegsoperationen hatten, verbreitete sich der Eindruck, es könne Wunder bewirken.

Man leitete in der Ukraine, in Litauen, Polen und Albanien verdeckte Operationen in die Wege. In Italien, Frankreich und Griechenland legte man einen Gang zu. Bald operierte man dann auch im Iran und in Guatemala – und später in Indonesion, Angola, Kuba und Chile. (Vielleicht noch in vielen anderen Staaten: Die ausländischen Regierungen, die um CIA-Hilfe *ersuchten*, redeten sicher nicht darüber.) Wenn wir auch die geheime Finanzierung antikommunistischer Publikationen, das Einschleusen von CIA-Leuten in Zeitungsredaktionen und alle wichtigen internationalen Nachrichtenagenturen und das Unterwandern von Gewerkschaften und Bestechen von Politikern in die Kategorie verdeckte Aktionen einordnen, gab es in den vierziger und fünfziger Jahren kaum ein Land auf der Welt, in dem nicht mit oder ohne Wissen der Regierung eine Geheimoperation der CIA lief.

Geld spielte keine Rolle, und die zuständigen Beamten gebärdeten sich wie zynische Potentaten. Als die Kommunistische Partei bei den italienischen Wahlen von 1953 ein Comeback feierte und 37 Prozent der Stimmen – nur drei Prozent weniger als die Democrazia Cristiana – bekam, trat die CIA in Aktion. William E. Colby, einer ihrer künftigen Direktoren, wurde schleunigst von Stockholm nach Rom beordert, bekam ein Budget von 25 Millionen Dollar jährlich und erhielt den Befehl, bei einer geheimen Operation, in deren Verlauf Geld in die antikommunistischen Parteien gepumpt werden sollte, mit der US-Botschafterin Clare Booth-Luce und der katholischen Kirche zusammenzuarbeiten. In Frankreich erhöhte man die finanzielle Unterstützung für antikommunistische Gewerkschaften, setzte einen Minister auf die CIA-Schmiergeldliste und erwog einen Plan, der unter anderem vorsah, die gesamte Deputiertenkammer mit einem Geldregen von 700 000 Dollar zu beeinflussen. (Der Plan wurde dann fallengelassen.)[15]

Die albanische Operation – im Ausland ausgebildete Exilalbaner sollten in ihre alte Heimat eingeschleust werden, um das Regime Enver Hodschas zu stürzen – war ein gewaltiges Unternehmen, bei dem der SIS Hilfestellung leistete. Man warb antikommunistische Emigranten an, bildete sie in Lagern auf Malta und Zypern militärisch aus und setzte sie dann mit Fallschirmen über den Bergen Albaniens ab oder brachte sie mit Booten zu entlegenen Küstenteilen östlich von Korfu. Die Ukraine-Operation war ebenso ehrgeizig. Sie sah vor, ukrainische Nationalisten beim Widerstand gegen die sowjetischen Machthaber zu unterstützen, indem man Mitglieder von Emigrantenorganisationen finanzierte und ausbildete und ihnen dann half, in ihr Land zurückzugehen und zu einer Erhebung aufzurufen.

Die berühmteste verdeckte Aktion dieser Zeit war wahrscheinlich das Unternehmen, das 1953 durchgeführt wurde, um den Schah von Persien wieder auf den Pfauenthron zu bringen. Der iranische Ministerpräsident Mohammed Mossadegh hatte den Herrscher mit Hilfe der kommunistischen Partei des Landes gestürzt und die britische Ölgesellschaft Anglo-Iranian Petroleum Company verstaatlicht. Der SIS und die CIA arbeiteten zusammen, um das rückgängig zu machen. Die CIA gab einem ihrer Experten für verdeckte Aktionen, Kim Roosevelt, ein Budget von zwei Millionen Dollar, um eine Kampagne durchzuführen, die den Schah wieder an die Macht bringen sollte. Mossadegh wurde gestürzt und bekam eine Gefängnisstrafe, während Kim Roosevelt in einer nichtöffentlichen Zeremonie die Nationale Sicherheitsmedaille überreicht wurde.

Aber welchen langfristigen Erfolg hatten diese CIA-Unternehmen? Die Antwort lautet, daß verdeckte Aktionen als Ersatz für eine konsequente Außenpoltik kaum mehr waren als Mätzchen, die nur dort wirkten, wo innere Kräfte bereits in die Richtung drängten, in die die CIA sie schieben wollte.

In anderen Fällen scheiterten die verdeckten Aktionen entweder, oder aber sie erreichten das Gegenteil von dem, was man bezweckt hatte. Sie scheiterten in der Ukraine, in Litauen, Polen und Albanien. In Litauen und der Ukraine, wo die Einmischung der CIA den Widerstandsbewegungen eher schadete als nützte, wurden Hunderte von Agenten und Millionen von Dollar geopfert. Diese Mißerfolge hinterließen ein peinliches Erbe, das erst 20 Jahre später sichtbar wurde. Viele der Emigranten, die die Amerikaner für die beiden Operationen angeworben hatten, waren ehemalige Nazi-Kollaborateure, die später in die Vereinigten Staaten eingeschmuggelt wurden. Erst in den siebziger Jahren kam ans Licht, daß die CIA zahlreichen NS-Kriegsverbrechern zu einem ruhigen Lebensabend in den USA verholfen hatte.

In Polen wurde die CIA unwissentlich ein Werkzeug der kommunistischen Behörden, die die nach der Revolution vervollkommnete bolschewistische Taktik benutzten, fingierte Widerstandsgruppen zu bilden, die viel Geld von der anderen Seite einstrichen, um dann einen Propagandacoup zu landen, indem sie alles enthüllten.

Der klassische Mißerfolg war vielleicht Albanien. Hier fanden Hunderte von Emigranten, die im Dienst der CIA in ihre ehemalige Heimat zurückgekehrt waren, zwischen 1949 und Ende 1953 den Tod. Mit Fallschirmen abgesprungen oder von Booten an Land gebracht, kamen sie nie sehr weit, ehe die albanische Sicherheitspolizei sie fand und entweder auf der Stelle erschoß oder in Schauprozessen vorführte, um zu demonstrieren, was Saboteure und Verräter zu erwarten hatten. Da es eine gemeinsame Aktion der CIA und des SIS war, die unter dem gemeinsamen Kommando von James McCargar (CIA) und Kim Philby (SIS) stand, lautet die offizielle Erklärung für das Debakel, daß Philby, der langjährige Penetrationsagent des KGB, das Unternehmen verriet. Ein genauerer Blick auf die Ereignisse zeigt, daß dem nicht so war.

In den letzten beiden Jahren der Operation hatte Philby nichts mehr mit ihr zu tun, weil er im Juni 1951 nach der Flucht von Burgess und Maclean aus Washington zurückgerufen worden war. Außerdem war er, obgleich mit der Leitung des Unternehmens betraut, kaum rechtzeitig über Details wie Zeit und Ort der Landungen informiert, die vom Wetter, von den Gezeiten und anderen lokalen Faktoren abhingen und deshalb den Feldoffizieren überlassen werden mußten.

Philby unterrichtete den KGB sicherlich über den *Tatbestand* der Operation – es war schließlich eine wichtige Information. Es ist jedoch unwahrscheinlich, daß der KGB ihn benutzte, um Einzelheiten zu erfahren. Warum sollte der KGB den Verlust seines wichtigsten Penetrationsoffiziers riskieren, den er soeben in das Herz des SIS *und* der CIA bugsiert hatte, indem er ihn um Einzelheiten über eine Operation bat, die in einem Land, zu dem Moskau nicht die engsten Beziehungen pflegte, ohnehin so gut wie keine Aussicht auf Erfolg hatte? Bezeichnenderweise nimmt Philby, der mit seinen anderen Taten nicht gerade hinter dem Berg hält, keinerlei Kredit für Albanien in Anspruch. Außerdem haben wir die Erklärung des damaligen albanischen Führers Hodscha (die natürlich mit Vorsicht zu genießen ist): Es sei der Wachsamkeit der Sicherheitspolizei, ihrem «Funkspiel» und der Unfähigkeit der Führungsoffiziere von SIS und CIA, «entgegen den Behauptungen gewisser Leute, aber nicht den Verdiensten eines gewissen Kim Philby» zu verdanken, daß die Operation scheiterte.[16]

Wahrscheinlich ging das Unternehmen schief, weil die Albaner die Emigrantenorganisationen, von denen die Agenten angeworben wurden, unterwandert hatten und weil es einem der Penetrationsagenten gelang, zur Einschleusung nach Albanien ausgewählt zu werden. Dort angekommen, lieferte er seine Gruppe den Sicherheitsbehörden aus, die anschließend den Funker zwangen, für sie zu arbeiten. Von diesem Augenblick an hätte die albanische Sicherheitspolizei die ganze Operation kontrolliert und ein «Funkspiel» gespielt, um die übrigen Agententeams des SIS und der CIA ins Verderben zu locken.

Ironischerweise wurde erst Anfang der achtziger Jahre publik, daß die CIA sich nicht so sehr für den Erfolg des Unternehmens eingesetzt hatte, wie sie seinerzeit vorgab. Sie wußte, daß es nicht klappen konnte. Die albanischen Emigranten waren von vornherein Opfer, die lediglich beweisen sollten, daß die CIA aktiv gegen den Kommunismus kämpfte. Sie mußten ihr Leben für übergeordnete politische Interessen lassen. Wie sich zeigte, wandte Albanien sich ohnehin bald China zu und wurde dadurch sicher ein größeres Problem für Moskau, als es geworden wäre, wenn die CIA ein prowestliches Regime hätte etablieren können.

Die Italien-Operation war Colby zufolge notwendig, weil Moskau die KPI in den fünfziger Jahren mit 50 Millionen Dollar jährlich unterstützte und weil eine Regierungsbeteiligung der Kommunisten eine «subversive Fünfte Kolonne» im Nato-Verteidigungsbündnis bedeutet hätte. Aber Colby äußert sich vage und alles andere als überzeugend über die sowjetischen Hilfsgelder für die italienischen Kommunisten. Ein Kollege von ihm, Robert Amory jun., der damals in der Nachrichtenabteilung der CIA diente und deshalb in der Lage war, verdeckte Aktionen mit kritischen Augen zu betrachten, gelangte zu dem Schluß, daß verschiedene Leute, die besonders empfänglich für die sowjetische Gefahr waren – Booth-Luce, Gerald Miller (der Europa-Einsatzleiter des Büros für Politik-Koordinierung) und die Beamten der Italienabteilung des Außenministeriums –, die kommunistische Bedrohung Italiens übertrieben hatten. Und der politische Preis? Trevor Barnes, ein Stipendiat der Kennedy-Gedenkstiftung, schätzt ihn so ein: «Der militante, durch Geldspritzen der CIA geförderte und am Leben gehaltene Antikommunismus der italienischen Christdemokraten wurde möglicherweise ein Ersatz für notwendige Reformen, und infolgedessen wurde die Stellung der Kommunisten auf lange Sicht nicht untergraben.»[17]

Der Einfluß, den die CIA auf die französische Innenpolitik jener Zeit ausübte, läßt sich schwer messen. Das Geld, das ausgegeben wurde, um antikommunistische Gewerkschaften zu bestechen und zu subventionieren, und die heimliche Finanzierung von Zeitungen und Zeitschriften müssen irgendeine Wirkung gehabt haben, doch es ist schwer, etwas Konkretes zu identifizieren. Die Hauptwirkung der verdeckten CIA-

Aktion bestand vielleicht darin, daß Frankreich eine Vielzahl machtloser Parteien bekam, was den Kommunisten eher half als schadete.

Die Behauptung, die CIA habe Westeuropa vor dem Kommunismus bewahrt, ist maßlos übertrieben. Die Tatsache, daß damals kein einziges westeuropäisches Land kommunistisch wurde, beruht mehr auf offener amerikanischer Hilfe (in Form des Marshallplans), innerem Zusamenhalt der einzelnen Staaten und konservativer Wirtschaftspolitik als auf den geheimen Machenschaften der Subversionsexperten in Washington.

Die von der CIA und dem SIS gemeinsam ausgeführte Iran-Operation ist als beispielhafte verdeckte Aktion gefeiert worden. Einflußreiche Iraner wurden erfolgreich geschmiert (zwei Agenten bekamen jeweils 50 000 Dollar im Monat), man führte eine Propagandakampagne durch, um dem Volk mit einer drohenden Machtübernahme der Sowjets angst zu machen, und versorgte gegen Mossadegh eingestellte Teile des Heeres mit amerikanischer Ausrüstung. Nach den verfügbaren Belegen war Mossadegh jedoch ein Nationalist und kein Kommunist: Seine Nationale Front wurde nicht zuletzt durch die Forderung zusammengehalten, daß das iranische Öl den Iranern gehören müsse, und er hatte es abgelehnt, die Kommunistische Partei zu legalisieren und mit ihr zusammenzuarbeiten.[18] Die CIA erreichte zwar ihre Ziele, doch es steht keinesfalls fest, daß der Schah nur dank ihrer Hilfe auf den Thron zurückkehrte. Die Armee, die Polizei und die führenden Politiker des Landes spielten bei dem Coup offenbar eine größere Rolle, als die Agency zugeben will.

1954 stürzte die CIA in Guatemala die gewählte Regierung des linksgerichteten Guzman Jacob Arbenz mit der «Technik der großen Lüge» – je größer die Lüge, um so wahrscheinlicher ist es, daß man sie glaubt. Die guatemaltekische Mittelschicht sollte davon überzeugt werden, daß Arbenz eine Marionette der Sowjetunion war. Die am Vorabend des Staatsstreichs mehrfach von der «Stimme der Befreiung» (in Wahrheit der CIA) verbreitete Lüge lautete, man habe ein Schiff gesichtet, das sowjetische Waffen nach Guatemala bringen solle. (Sie war so erfolgreich, daß die CIA sie, offenbar der Meinung, die Öffentlichkeit habe ein kurzes Gedächtnis, 1984 in Nicaragua noch einmal benutzte, doch diesmal nahm man sie ihr nicht ab.) Das Ergebnis des Staatsstreichs war die korrupte Regierung Carlos Castillo Armas', eine Entwicklung, die sogar der für die Operation verantwortliche CIA-Beamte, David Atlee Phillips, bedauerte.[19]

Die verdeckte Einmischung der CIA in die Angelegenheiten anderer

Länder, die mit der Eindämmung der kommunistischen Gefahr begründet wurde, war also oft kontraproduktiv und machte, schlimmer noch, die relative moralische Überlegenheit der USA über die Sowjetunion zunichte. Die Vereinigten Staaten standen in dem Ruf, die Souveränität anderer Länder und deren Recht auf Selbstbestimmung zu respektieren. Die verdeckten Aktionen der CIA erzeugten nun in vielen Leuten die Meinung, daß die USA nicht viel besser seien als die UdSSR. In den Ländern, vor allem denen der Dritten Welt, in denen die meisten Geheimaktionen der CIA stattfanden, machten die Leute zwischen CIA und KGB keinen Unterschied mehr: Beide galten als Symbol des Imperialismus. Die amerikanischen Subversionsexperten hatten unversehens das Gesicht ihrer sowjetischen Gegner bekommen.

Aber viele dieser Amerikaner *waren*, wie die CIA wiederholt glaubhaft zu machen versucht hat, ehrenhafte Männer und hatten oft ausgesprochen liberale Ansichten. Der Geheimdienst zieht häufig sehr tüchtige, religiös und altruistisch eingestellte Leute an; David Atlee Phillips, der oben erwähnte CIA-Mann in Guatemala, hat William E. Colby, der 1973 bis 1976 CIA-Direktor war, als einen «kämpferischen Priester» bezeichnet. Diese Männer glaubten, einen Kreuzzug zu führen, doch ironischerweise kamen sie wie die Marxisten zu dem Schluß, das hohe Ziel, das sie verfolgten, rechtfertige jedes sich anbietende Mittel. Da sie weitgehend unabhängig von der Legislative operierten, maßten sie sich die Entscheidung an, welche verdeckten Aktionen im Interesse der amerikanischen Außenpolitik notwendig waren, und führten sie weitgehend unkontrolliert durch.

Zuerst betrachtete die CIA das State Department als einen Rivalen und ließ es oft über ihre Tätigkeit im dunkeln. So entstanden wiederholt Situationen, in denen verdeckte CIA-Unternehmungen mit der Politik des Außenministeriums kollidierten. Unter der Herrschaft der Brüder Dulles ging man dann aber ein Bündnis ein, das womöglich noch gefährlicher war als die frühere Rivalität. Der ehemalige OSS-Mann Allen Dulles kehrte 1951 als Einsatzleiter für verdeckte Operationen zum Geheimdienst zurück und wurde 1953 Direktor der CIA. Sein Bruder John Foster Dulles war bereits Außenminister und zementierte seinen Ruf als kalter Krieger, indem er von der Befreiung Osteuropas und vom «Aufrollen des Kommunismus» sprach. Verdeckte Aktionen der CIA boten ein gutes und anscheinend wirksames Instrument dafür, und die Bande zwischen dem Außenministerium und der Agency wurde so eng, daß die CIA mit Leichtigkeit alle Bemühungen vereiteln konnte, ihr Tun von Kongreßausschüssen kontrollieren zu lassen. Allen Dulles konnte mit einigem Recht behaupten: «Der Geheimdienst ist in unserer Regierung einflußreicher als in irgendeiner anderen Regierung der Welt.»[20]

Nicht alle waren darüber froh. Lyman Kirkpatrick, der in der Dulles-Ägide der Generalinspekteur der CIA war, sagt heute: «Jedesmal, wenn ich mich bemühe, objektiv auf jene Zeit zurückzublicken, wächst mein Abscheu über die Brüder Dulles, die jeden Tag vier- oder fünfmal miteinander telefonierten, sich jeden Abend sahen und indonesische Dörfer bombardieren ließen, ohne diesbezügliche militärische Erfahrungen zu haben.»[21]

Interessant ist vielleicht auch, wie der KGB die damaligen Aktivitäten der CIA sah: «Allen Dulles hatte durch John Foster Dulles viel zuviel Macht, die Präsident Eisenhower nicht beschneiden konnte und John Foster Dulles nicht beschneiden wollte. (Eisenhower wußte wahrscheinlich sehr wenig darüber.) Allen Dulles seinerseits war der joviale Vorsitzende, der sich nie zu einem entscheidenden ‹Nein› durchringen konnte. So konnten viele Verrückte neben sehr vielen vernünftigen Leuten in alle Richtungen ausschwärmen und mehr oder weniger machen, was sie wollten. Die schmutzigen Tricks vervielfachten sich aufgrund ihrer eigenen Schwungkraft. Bei einem globalen Kampf sind schmutzige Tricks natürlich unvermeidlich, doch ohne Kontrolle und Zweck sind sie vollkommen unrentabel und allzuoft kontraproduktiv. Auf Mossadegh folgt nun der verrückte Mullah.»[22]

In einer Behörde, die von Fachleuten für Geheimoperationen beherrscht wurde, beschäftigte man sich natürlich erst in zweiter Linie mit dem Sammeln und Auswerten von Informationen. Dieses verhängnisvolle Manko ging auf die OSS-Zeit zurück, in der Donovan und andere gesehen hatten, daß das britische System von zwei voneinander unabhängigen Organisationen, der SOE (verdeckte Aktionen) und dem SIS (Informationsbeschaffung), zu bitteren Rivalitäten führte. Die Erinnerung an das, was sie gesehen hatten, und an die Probleme, die es für die Briten aufgeworfen hatte, veranlaßte einige hohe OSS-Offiziere, die das Rückgrat der CIA wurden, zu dem festen Entschluß, verdeckte Aktionen und Informationsbeschaffung unter einem Dach zu lassen. Aber die Faszination von Geheimoperationen – die Möglichkeiten der Machtentfaltung, die sie tüchtigen Männern bot, Geld, Geheimhaltung, Patriotismus und das Wissen, an der vordersten Front des kalten Kriegs zu stehen – war größer als der Reiz der Informationsauswertung. Die älteren Subversionsmänner wähnten sich wieder in den ereignisreichen Tagen des Zweiten Weltkriegs, die jüngeren Leute erfuhren zum erstenmal, was es heißt, Macht auszuüben, und beide wollten nicht, daß die

Dinge sich änderten. (Als Admiral Stansfield Turner 1977 Direktor der Agency wurde und befahl, die verdeckten Operationen einzuschränken, wurde er einfach ignoriert.) Während die Nachrichtenabteilung dahinwelkte, hörten die Politiker auf, die CIA um Informationen und Analysen zu bitten. Der Schock der ersten sowjetischen Atombombe enthüllte dann, wie sehr die CIA bei ihrer wichtigsten Aufgabe versagt hatte.[23]

Am 29. August 1949 stieg eine gewaltige pilzförmige Wolke in den morgendlichen Himmel über Kasachstan. Vier Jahre, nachdem die Vereinigten Staaten die erste Atombombe der Welt gezündet hatten, war die Sowjetunion ebenfalls Nuklearmacht geworden. Präsident Truman, der den Amerikanern versichert hatte, die USA hätten für die nächsten zehn bis fünfzehn Jahre ein Atommonopol, glaubte die ersten Berichte über die Explosion nicht, und es bedurfte Regenwasserproben aus radioaktiv verseuchten Wolken, um ihn eines Besseren zu belehren.[24] Selbst dann konnte er sich nicht damit abfinden, daß eine sowjetische Bombe die Ursache war. Als er die Bevölkerung am 23. September, mehr als drei Wochen nach dem Ereignis, über die Explosion informierte, implizierte er seine Überzeugung – es habe einen Unfall mit Kernbrennstoff gegeben –, indem er lediglich von einer «Atomexplosion» in der UdSSR sprach und das Wort «Bombe» strikt vermied.

Aber fünf Tage später teilte Moskau der Welt die Wahrheit mit. Die Amerikaner waren wie vor den Kopf geschlagen. Wie hatte ein vom Krieg verheertes Land ohne die Industriekapazität der Vereinigten Staaten, das allem Anschein nach keine entsprechend qualifizierten Wissenschaftler hatte, von den notwendigen Rohstoffen und dem grundlegenden Know-how ganz zu schweigen, in einem so kurzen Zeitraum eine Atombombe herstellen können? Wie hatte die Sowjetunion eine der wichtigsten Waffenentscheidungen dieses Jahrhunderts treffen und ihr Ziel erreichen können, ohne daß die CIA es wußte? Und – noch schlimmer – wie hatte der amerikanische Geheimdienst so töricht, so *uninformiert* gewesen sein können, der Regierung zu versichern, die russische Atombombe sei noch zehn bis zwanzig Jahre fern – die größte Fehleinschätzung des kalten Kriegs?

Ein Sturm der Entrüstung erhob sich. Der Direktor der CIA, Admiral Roscoe Hillenkoetter, hatte Präsident Truman erst vor einem Jahr in einem Memorandum erklärt, es bestehe «eine entfernte Möglichkeit, daß die UdSSR ihre erste Atombombe vielleicht Mitte 1950 fertigstellen wird, aber das wahrscheinlichste Datum ist wohl Mitte 1953».[25] Hillenkoetter nahm die Verantwortung auf sich und wurde schließlich von

General Walter Bedell-Smith abgelöst. Aber es mußte mehr als ein Kopf rollen, um die Kritiker der CIA zufriedenzustellen. Dr. R. E. Lapp, ein Berater der US-Atomenergiekommission, wies darauf hin, daß die Entwicklung der Atombombe durch die Sowjets eine gefährliche Schwäche des amerikanischen Geheimdienstes bloßlege. Bernhard Baruch, der amerikanische Vertreter bei der Atomenergiekommission der Vereinten Nationen, beschwerte sich beim Außenministerium über mangelhafte Auswertung geheimdienstlicher Erkenntnisse, und der Vorsitzende des Reservistenverbands forderte eine Verbesserung des US-Geheimdienstes, damit «wir den Eisernen Vorhang besser durchlöchern können, um vor feindseligen Schritten gewarnt zu sein».[26]

Selbst die heftigste Kritik an der Leistung eines Geheimdienstes kann, wenn man es geschickt anstellt, zum Vorteil des Dienstes benutzt werden. Die beste und immer wieder erfolgreich angewendete Methode besteht darin, einfach zu behaupten, die Mißerfolge gingen auf die Heimtücke des gegnerischen Geheimdienstes zurück, dessen Spione in die Burg eingedrungen und ihre Schätze gestohlen hätten, und man könne die feindlichen Bemühungen am besten zunichte machen, wenn man ebenso viele Agenten einsetze und ebensoviel Geld ausgebe wie er. Diese Taktik wurde von der CIA angewendet.

Sie entschuldigte ihr Versagen mit der Behauptung, die Schätzung, derzufolge die Russen erst in zehn bis zwanzig Jahren eine Atombombe bauen könnten, sei vollkommen korrekt, und Moskau habe es nur deshalb früher geschafft, weil sowjetische Spionageringe in den Vereinigten Staaten «die wichtigsten Geheimnisse gestohlen haben, die die Menschheit je hatte, um sie der Sowjetunion zu liefern». Damals gab es keinen einzigen Beweis, daß in den USA irgendein Spionagering arbeitete, aber das hinderte den Kongreßabgeordneten Richard Nixon nicht, die Jagd auf sowjetische Agenten zu eröffnen, indem er Präsident Truman in einem Artikel des *Journal American* aufforderte, «die Fakten über den Spionagering [zu offenbaren], der dafür verantwortlich ist, daß Agenten der sowjetischen Regierung Informationen über die Atombombe bekamen».[27] Hoover befahl dem FBI, die Spione zu finden, die es Moskau ermöglicht hatten, in so kurzer Zeit eine Atombombe zu bauen, und in den Vereinigten Staaten breitete sich eine Agentenphobie aus, die 1953 dazu führte, daß Julius und Ethel Rosenberg wegen Hochverrats hingerichtet wurden. In den USA und Großbritannien wurden mehrere «Atomspione» festgenommen und zu Gefängnisstrafen verurteilt. Andere, die beschuldigt wurden oder befürchten mußten, daß man ihnen den Prozeß machte, flohen in die Sowjetunion. Was hatten diese Spione preisgegeben? Wie hatten sie der UdSSR geholfen, eine Atombombe zu entwickeln? Und was hätte die CIA über diese Entwicklung herausbekommen können? Um diese Fragen zu beantworten, müssen wir zunächst einen kurzen Blick auf die Geschichte der Kernspaltung des Urans werfen.

Nachdem die Deutschen 1939 die Uranspaltung entdeckt hatten, wurden sich sowjetische Wissenschaftler und ihre Kollegen in anderen Ländern zweifellos bewußt, daß es theoretisch möglich war, eine Atombombe zu bauen. Igor Kurtschatow, der später als Vater der sowjetischen A-Bombe gefeiert wurde, und eine Gruppe junger Forscher, darunter Georgi Nikolajewitsch Fljorow (der eine wichtige Rolle im sowjetischen Bombenprogramm spielen sollte), drängten Anfang 1940, ein volles Jahr vor Beginn des amerikanischen Programms, auf eine rasche und umfassende Förderung der Atomforschung. Im Juni jenes Jahres beschlossen die zuständigen Stellen, einen Atomforschungsplan auszuarbeiten, der 1941 in Kraft treten sollte, und zu bestimmen, was man dazu benötigen würde. Anfang 1941 erläuterten die Wissenschaftler der Regierung, daß es möglich sein könnte, eine Atombombe zu schaffen, die weit zerstörerischer wäre als jede existierende konventionelle Bombe.

Ehe die Regierung etwas unternehmen konnte, wurde die gesamte sowjetische Atomforschung jedoch vom Vormarsch der Deutschen zum Stillstand gebracht. Sowjetische Wissenschaftler haben seitdem immer wieder behauptet, ohne den Krieg mit Deutschland hätten sie durchaus eine Kettenreaktion auslösen können, ehe die Amerikaner es im Dezember 1942 in Chicago schafften. Es ist eines der zahllosen «Wenn» in der Geschichte, aber David Holloway von der Universität Edinburgh, der auch am Zentrum für Internationale Sicherheit und Rüstungskontrolle der kalifornischen Stanfort-Universität arbeitet und als Fachmann für sowjetische Atomenergiepolitik gilt, hat erklärt: «Die Behauptung ist nicht aus der Luft gegriffen.» Er glaubt, wenn die sowjetischen Wissenschaftler ihren Plan in Angriff genommen hätten und die Deutschen nicht in die UdSSR einmarschiert wären, hätte «die erste Kettenreaktion vielleicht in der Sowjetunion stattgefunden, denn sowjetische Physiker hinkten, was den Wissensstand in puncto Kernspaltung betraf, keineswegs hinter ihren amerikanischen, britischen oder deutschen Kollegen hinterher».[28]

Unmittelbar nach der deutschen Invasion beschloß Kurtschatow, nicht weiter über Kernspaltung zu arbeiten. Das Labor wurde geschlossen, und die meisten seiner jüngeren Mitarbeiter gingen zur Roten Armee. Der 28jährige G. N. Fljorow kam als Oberleutnant zu den Luft-streitkräften, aber das hinderte ihn nicht, Kurtschatow, das Verteidi-gungskomitee in Moskau und die Akademie der Wissenschaften brief-lich zu einer Wiederaufnahme der Kernspaltungsversuche aufzufor-dern. Doch inzwischen standen die deutschen Truppen vor Moskau, und die Sowjetunion kämpfte um ihr Überleben; deshalb verwundert es nicht, daß die meisten Briefe Fljorows nicht einmal beantwortet wurden. Aber der junge Oberleutnant hörte nicht auf, sich für Atomforschung zu interessieren, und als er im Februar 1942 zum Luftwaffenstützpunkt Woronesch versetzt wurde, benutzte er die Gelegenheit, um die Univer-sitätsbibliothek zu besuchen, die bis vor relativ kurzer Zeit viele natur-wissenschaftliche Zeitschriften aus dem Westen abonniert hatte. Was er dort fand, bestürzte und beunruhigte ihn.

1940 hatte Fljorow zusammen mit einem Kollegen einen Aufsatz über die spontane Spaltung von Uran publiziert und war für den Stalin-preis nominiert worden. Aber man hatte ihn mit der Begründung abge-lehnt, daß westliche Wissenschaftler sich nicht für die Entdeckung in-teressierten und nicht einmal auf seinen, Fljorows, Beitrag in der *Physical Review* vom Juli 1942 reagiert hatten. Da die Physik vor dem Krieg vielleicht die *internationale* Wissenschaft überhaupt gewesen war, wunderte Fljorow sich über das Schweigen und brachte nun Stunden damit zu, alle Fachpublikationen in der Bibliothek der Universität Wo-ronesch durchzusehen. Was der Preisrichter damals gesagt hatte, stimmte: Man hatte *nichts* über seine Arbeit gebracht. Aber dann wurde dem jungen Physiker bewußt, daß *die ganze Kernspaltung in den Fach-zeitschriften nicht stattzufinden schien.* Die Namen der großen Männer, die auf diesem Gebiet arbeiteten – Fermi, Szilard, Teller, Andersen, Wheiler, Wigner – waren samt und sonders aus den Publikationen ver-schwunden. Fljorow zog den einzigen möglichen Schluß: Die USA hat-ten die Kernforschung zu einem Staatsgeheimnis gemacht, weil die amerikanischen Wissenschaftler an einer Atombombe arbeiteten.*

Trotz seines niederen Dienstrangs beschloß Fljorow, sich an Stalin, seinen Oberbefehlshaber, persönlich zu wenden. Er schrieb dem Gene-ralsekretär der KPdSU, es sei für die Sowjetunion lebenswichtig, die Kernforschung wiederaufzunehmen und eine Atombombe zu bauen.

---

* Fljorow hatte nicht ganz recht: Die amerikanischen Wissenschaftler hatten im April 1940 *selbst* beschlossen, nicht mehr über Kernspaltung zu publizieren, weil sie befürchteten, sie könnten dem Dritten Reich sonst bei der Entwicklung einer Atombombe helfen.

Nun ging plötzlich alles sehr rasch. Obgleich der Krieg in ein kritisches Stadium getreten war, stimmte das Verteidigungskomitee der Wiederaufnahme der Atomforschung grundsätzlich zu, und Fljorow wurde zu Besprechungen nach Moskau gerufen. Einige renommierte Wissenschaftler mußten Stalin in einem hochnotpeinlichen Verhör erklären, wie es kam, daß ein kleiner Frontleutnant die Gefahr für die Sowjetunion gesehen hatte, seine, Stalins, wissenschaftliche Berater aber nicht.* Die Gelehrten mußten zugeben, daß wahrscheinlich nicht nur in den Vereinigten Staaten und Großbritannien, sondern auch im Dritten Reich an einer Atombombe gearbeitet werde.[29]

Kurtschatow bekam die Leitung des sowjetischen Bombenprojekts, und als das Kriegsglück sich zugunsten der UdSSR wendete und die Rote Armee in Deutschland einmarschierte, unternahm er große Anstrengungen, deutsche Kernforscher für sein Programm anzuwerben. Die Haltung internationaler Kernphysiker läßt sich an dem Entschluß des deutschen Nobelpreisträgers Gustav Hertz ablesen, der das Verfahren zur Isotopentrennung mit einer vielgliedrigen Diffusionskaskade entwickelt hatte. Er beschloß, nicht in den Westen zu gehen, während das Reich zusammenbrach, sondern seine Dienste der Sowjetunion anzubieten, weil es – wie er selbst sagte – in den Vereinigten Staaten so viele glänzende Wissenschaftler gebe, daß die Russen seine Fähigkeiten besser zu schätzen wissen würden.[30]

Aber Moskau trieb sein Bombenprogramm immer noch nicht mit allen Kräften voran. Das geschah erst, nachdem die Amerikaner am 6. bzw. 9. August 1945 ihre Atombomben über Hiroshima und Nagasaki ausgeklinkt hatten. Die Testexplosion der amerikanischen Bombe hatte am 16. Juli, also während der Potsdamer Konferenz, stattgefunden. Nach der Sitzung am 24. Juli trat Truman zu Stalin und erzählte ihm von einer neuen Waffe von «ungewöhnlicher Zerstörungskraft». Man ist sich nicht darüber einig, was Truman wirklich sagte und wie Stalin ihn verstand. Die westliche Version lautet, Stalin habe nicht verstanden, daß Truman die Atombombe meinte. Der sowjetischen Version zufolge verstand Stalin es nur zu gut und sagte noch am selben Tag zu seinen Vertrauten, er müsse mit Kurtschatow darüber reden, wie man die Arbeit an der sowjetischen Bombe beschleunigen könne. Die Wahrheit – die in manchen sowjetischen Äußerungen durchschimmert – lautet

---

* Fljorow wurde ein berühmter Physiker, Leninpreisträger und Mitglied der Akademie der Wissenschaften. Er leitet seit nunmehr 28 Jahren das Labor für Kernreaktionen in Dubna.

wahrscheinlich folgendermaßen: Stalin wußte durchaus, worauf Truman anspielte, begriff aber nicht die ganze Bedeutung der amerikanischen Entwicklung.

Sie ging ihm erst auf, als die Amerikaner die Bombe gegen Japan einsetzten. Jetzt empfing er die Botschaft: Amerika besaß eine schreckliche Waffe; es besaß sie als einziges Land der Welt; es war bereit, sie zu gebrauchen, um seine politischen Ziele zu erreichen. David Holloway hat einen sowjetischen Bericht über die Reaktion des Sowjetführers entdeckt, in dem es heißt, daß Stalin den Volkskommissar für Kriegsmaterial, seine Stellvertreter und Kurtschatow in den Kreml zitierte. «Eine einzige Forderung an euch, Genossen», sagte Stalin. «Gebt uns so schnell wie möglich Atomwaffen. Ihr wißt, daß Hiroshima die ganze Welt erschüttert hat. Das Gleichgewicht ist gestört. Liefert die Bombe – sie wird uns von einer großen Gefahr erlösen.»[31]

Nun begann das eigentliche sowjetische Atomrennen. Wie wir gesehen haben, spielten die Atomspione in den ersten Entwicklungsstadien der sowjetischen Bombe keine Rolle: Fljorow hatte den Kreml darauf hingewiesen, daß der Westen eine Bombe entwickelte, und er verdankte sein Wissen indirekt den amerikanischen Atomphysikern, die praktisch von einem Tag zum anderen aufgehört hatten, Aufsätze über Kernspaltung zu veröffentlichen. Trugen die Atomspione nun, wo man das Bombenprojekt beschleunigt hatte, entscheidend zum Bau der Bombe bei? Man muß vor allem bedenken, daß die wichtigste wissenschaftliche Einzelinformation über die Atombombe – daß sie überhaupt *möglich* war – nach Hiroshima nicht mehr geheimgehalten werden konnte. Deshalb lieferte die amerikanische Regierung der Sowjetunion mehr als alle Atomspione zusammen. Diesem unvermeidlichen Geschenk ließ sie freilich ein überflüssiges folgen, indem sie im August 1945 den Smythe-Report über «Atomenergie für militärische Zwecke» freigab. Um die sowjetische Industrie für das Bombenprogramm einzuspannen, ließ Moskau den Report in aller Eile übersetzen und verteilte ihn in einem halben Jahr in rund 30 000 Exemplaren.[32]

Was die Atomspione betrifft, so können wir die Rosenbergs ausschließen. Sie waren willkommene Sündenböcke, verrieten aber nichts von Belang. Holloway schreibt: «Mir ist nie etwas unter die Augen gekommen, das darauf hindeutet, daß die Rosenbergs den Russen irgend etwas Wichtiges über die Atombombe erzählten.»[33] Donald Maclean, der sowjetische Spion, der 1947 bis 1948 als britischer Vertreter im «Vereinigten Politikausschuß» saß, um Großbritannien, die Vereinigten Staaten und Kanada über Atomenergieprogramme zu beraten, kommt ebenfalls nicht in Betracht. Wie ich 1968 in *The Philby Conspiracy* schrieb, hatte Maclean zwar einen Ausweis für das Dienstgebäude der Atomenergiekommission und benutzte ihn einige Monate lang des öfteren nach Büroschluß, manchmal mehrmals in der Woche. Daraus schloß ich, Maclean sei ein wichtiger Atomspion gewesen, aber später bekam ich dann Informationen, die mich veranlaßten, meine Meinung dahingehend zu revidieren, daß Maclean den Russen nur sehr wenige wertvolle Erkenntnisse über Kernwaffen als solche geliefert hat.

Der britische Geologe C. F. Davidson, der seinerzeit ein Büro im Gebäude der Atomenergiekommission hatte, sagte mir: «Nach den streng befolgten Vorschriften mußten alle Unterlagen nachts in Panzerschränken mit Kombinationsschlössern aufbewahrt werden. Maclean wußte die Zahlenkombination für meinen Panzerschrank nicht, und ich kann nicht glauben, daß die Amerikaner sie ihm gaben.»[34] Carroll L. Wilson, damals geschäftsführender Direktor der Atomenergiekommission, wies darauf hin, daß Maclean seinen Ausweis nicht benutzen konnte, um Dinge zu sehen, die nicht für ihn bestimmt waren. Andere, die in jener Zeit bei der Atomenergiekommission arbeiteten, bestätigten ebenfalls, daß die Sicherheitsmaßnahmen sehr streng waren – am Ende jedes Korridors standen nachts Posten, und Angestellte wurden telefonisch zurückgerufen, wenn sie vergessen hatten, ihre Arbeitsunterlagen wegzuschließen. Maclean konnte die Russen vielleicht über politische Differenzen der Briten und Amerikaner auf dem Gebiet der Atomenergie informieren und war möglicherweise in der Lage, ihnen organisatorische Einzelheiten über die Atomprogramme beider Länder zu liefern, aber er hatte nicht die Möglichkeit, etwas auszuspähen, das zur beschleunigten Entwicklung ihrer Atombombe beitragen konnte.

Bleibt also nur der Spion, der den Sowjets angeblich am meisten half und dem Westen am meisten schadete: der deutsche Atomphysiker Klaus Fuchs. Fuchs war 1933 vor den Nazis nach England geflüchtet und 1940 in ein kanadisches Internierungslager gebracht worden. 1942 holten die Briten ihn zurück, damit er an ihrem Atombombenprogramm mitarbeitete, und kommandierten ihn zwei Jahre später zum amerikanischen Projekt ab, für das er in Chicago, New York und Los Alamos tätig war. Er kehrte 1946 nach England zurück. 1949 stießen Entschlüsselungsexperten der CIA, die routinemäßig eine größere Menge verschlüsselten Materials prüften, das aus dem New Yorker Büro der «Beschaffungskommission der Sowjetischen Regierung», einem Tarnunternehmen für Industriespionage, gestohlen worden war, in einem Bericht über die Fortschritte der Arbeit in Los Alamos auf den Namen Fuchs.

Der Report wurde an MI5 weitergeleitet, Fuchs wurde vernommen und gestand am 10. Februar 1950 (weil man ihm Strafmilderung zugesagt hatte, ein Versprechen, das dann gebrochen wurde), geheime Informationen an sowjetische Agenten in Großbritannien und den USA übergeben zu haben.*

Fuchs' Spionagetätigkeit läßt sich in vier Zeitabschnitte unterteilen. In der ersten Periode, von Anfang 1942 bis Dezember 1943, arbeitete er in Professor Rudolph Peierls Team an der Universität Birmingham. Er berichtete Moskau, daß Großbritannien eine Atombombe für machbar halte, daß in den USA an einem ähnlichen Projekt gearbeitet werde und daß die beiden Länder ihre diesbezüglichen Ergebnisse austauschten. Er gab seinem sowjetischen Kontakt Kohlepapierdurchschläge seiner eigenen Berechnungen zur Trennung von Uranisotopen nach dem Diffusionsverfahren und seine eigene Schlußfolgerung, das so gewonnene Uran 235 könne möglicherweise für eine Atombombe verwendet werden.

In Anbetracht dessen, was man 1940–41 in der UdSSR über Kernspaltung wußte, dürften Fuchs' Informationen für die sowjetischen Wissenschaftler weder neu noch bedeutsam gewesen sein. Sie bestätigten höchstens, was Fljorow aus dem Mangel an Publikationen über Kernspaltung gefolgert hatte: Westliche Wissenschaftler arbeiteten an einer A-Bombe. Fuchs konstatierte selbst, daß sein sowjetischer Kontakt kein bißchen überrascht war, als er hörte, daß England und die USA an einem solchen Projekt arbeiteten. Er überraschte im Gegenteil Fuchs, indem er ihn fragte, was er denn über elektromagnetische Verfahren zur Trennung von Uran 235 wisse. Fuchs hatte nichts von solchen Arbeiten gehört und die Methode nie erwogen.[35] Aus all dem muß man schließen, daß sich die Sowjetunion schon damals mit den technischen Schwierigkeiten der Herstellung einer Atombombe beschäftigte.

Im zweiten Zeitabschnitt, von Dezember 1943 bis August 1944, gehörte Fuchs zu der «Britischen Urantrennungskommission» in den USA. Dabei erfuhr er eine ganze Menge mehr über das amerikanische Programm, vor allem, was den allgemeinen Umfang und die Hilfsmittel betraf. Im dritten Abschnitt, von August 1944 bis Sommer 1946, war Fuchs in Los Alamos. Dort wurde ihm zum erstenmal der ganze Umfang und das Ziel des Atomenergieprogramms der Amerikaner bewußt.

---

* Fuchs, dessen Geständnis den FBI auf die Spur der Rosenbergs führte, wurde zu 14 Jahren Gefängnis verurteilt, saß neun Jahre ab und ging nach seiner Entlassung in die DDR.

In einem Bericht für seinen sowjetischen Kontaktmann schilderte er zusammenfassend das Problem der Herstellung einer Atombombe, wie er es damals sah. Später lieferte er dem Kontakt eine Skizze der amerikanischen Testbombe und ihrer Einzelteile, auf der alle wichtigen Maße verzeichnet waren. Es gab aber andere, ebenso wichtige Informationen, zum Beispiel Einzelheiten über Produktion, Isotopenbatterie-Entwurf, Konstruktion und Wirkungsweise, die er nicht besaß und seinem sowjetischen Kontakt deshalb auch nicht liefern konnte.

In der vierten Periode, von Sommer 1946 bis Frühjahr 1949, arbeitete Fuchs dann beim Atomenergieprojekt in Harwell in der britischen Grafschaft Berkshire und ergänzte das Bild der Plutoniumbombe, das er den Sowjets aus Los Alamos geliefert hatte. Dabei gab er ihnen mathematische Einzelheiten wie die Druckwellenberechnungen für die Bomben von Hiroshima und Nagasaki. Außerdem beschrieb er, wie man sich in Los Alamos die Konstruktion und Wirkungsweise einer Superbombe vorgestellt hatte, ehe er gegangen war.

Die Sowjetunion hat nie zugegeben, daß sie *irgendwelche* Informationen von Fuchs bekam. Diese Unterlassung ist erstaunlich, wenn man bedenkt, welcher Propagandaeffekt möglich gewesen wäre, wenn sie Fuchs als Beispiel für die «internationalistische Einstellung, die alle Kernforscher haben sollten», hingestellt hätte. Ihr Verhalten hatte zur Folge, daß in sowjetischen Quellen kaum etwas darauf hinweist, was mit Fuchs' Berichten geschah. David Holloway sagt, er habe bei seiner gründlichen Untersuchung der Frage nur eines mit Sicherheit feststellen können: «In einem seiner Geständnisse bemerkte Fuchs, die Sowjets hätten mehrmals bei ihm rückfragen lassen, ob er etwas über die Ableitung der Bethe-Feyman-Formel zur Berechnung der Bombenwirksamkeit wisse. Fuchs hatte die Formel geliefert, die im wesentlichen eine Anregung zu eigenen Untersuchungen war, und sie hatte offensichtlich die richtigen sowjetischen Wissenschaftler erreicht.»[36]

Holloway kann nicht mit Sicherheit sagen, welchen Wert Fuchs für Moskau hatte. Er schreibt, daß Fuchs tatsächlich potentiell nützliche Fakten lieferte. Einige davon waren den sowjetischen Wissenschaftlern schon bekannt, und andere hätten sie selbst herausgefunden: «Aber ich meine, man sollte dies nicht als wertlos abtun, zumal da es den sowjetischen Behörden einen Hinweis darauf gab, was die Amerikaner beabsichtigten. Die mir vorliegenden Bewertungen (von Wissenschaftlern, die mit Fuchs arbeiteten) besagen, daß er den Russen möglicherweise dazu verhalf, die Atombombe ein Jahr oder anderthalb Jahre schneller zu bauen, als sie es ohne ihn hätten tun können.»[37]

Immerhin hat Fuchs selbst geschätzt, in welchem Maß er der Sowjetunion half. Man muß diese Aussage natürlich mit Vorsicht genießen, aber der Wissenschaftler des Harwell-Projekts, der Fuchs' Geständnis protokollierte, fühlte sich zu dem Hinweis genötigt, der Spion habe sich offenbar «bemüht, mir bei der Einschätzung des gegenwärtigen Stands der sowjetischen Kernenergiearbeit im Licht der Informationen zu helfen, die er den Russen gegeben hatte und die er ihnen nicht gegeben hatte». Fuchs behauptet, er sei äußerst erstaunt gewesen, daß die sowjetische Bombe so früh gezündet worden sei, weil er die Überzeugung gehegt habe, die von ihm gelieferten Informationen hätten unmöglich in einem so kurzen Zeitraum verwertet werden können, und die Russen hätten weder genug technisches Wissen noch genug technische Einrichtungen, um in so kurzer Zeit die notwendigen Fabriken zu bauen.[38]

Fassen wir zusammen: Die Atomspione gaben der Sowjetunion nicht die Atombombe – so unverzeihlich ihr Verrat ansonsten auch gewesen sein mag. Vielleicht beschleunigten sie den Bau der ersten sowjetischen A-Bombe, aber auch das ist nicht zu beweisen und dürfte, wenn es der Fall war, eher einige Monate als Jahre ausgemacht haben. Letztlich trugen sie nur dazu bei, ein Bemühen zu vereiteln, das ebenso zwecklos war wie der Versuch, das Rad geheimzuhalten.*

Viele amerikanische Wissenschaftler und Geheimdienstler waren sich dessen bewußt. Zwölf Tage nach der Explosion der Hiroshima-Bombe schrieb Gregory Bateson, ein Beamter der Forschungs- und Auswertungsabteilung des OSS, ein Referat mit dem Titel «Der Einfluß der Atombombe auf Methoden der indirekten Kriegführung», in dem es heißt: «Das allgemeine Prinzip, nach dem diese Bomben funktionieren, ist bereits einer großen Zahl von Physikern bekannt», und man könne «kein hohes Maß an Sicherheit bezüglich der Atombombe erwarten», weil «wahrscheinlich alle größeren Mächte diese Art *von Waffe* in den nächsten zehn Jahren haben werden».[39]

Was die Panik im amerikanischen Nachrichtenapparat verursachte, war also nicht die *Tatsache*, daß Moskau die Bombe entwickelt hatte, sondern das Versagen der CIA, den Zeitpunkt ihrer Einsatzfähigkeit vorauszusagen. Die CIA verdankte ihre Existenz dem Versprechen, Überraschungen dieser Art zu verhüten – Allen Dulles hatte beim Kon-

---

* Churchill war das spätestens 1954 klar. Laut einem noch nicht freigegebenen Kabinettsmemorandum sagte er, die Tragödie liege darin, daß der Westen sein Wissen über die Atombombe nicht mit der Sowjetunion teilte, als die USA noch das Monopol darauf hatten.

greß-Hearing von 1947 betont, die CIA wäre informiert, «wenn ein paar Leute am anderen Ende des Ozeans» eine einsatzfähige Atombombe gebaut hätten.[40]

Es gab keine Entschuldigung für das Versagen der Agency. Bei der Durchsicht älterer *Iswestija*-Jahrgänge hätte man beispielsweise den Artikel vom 21. Dezember 1940 finden können, in dem zahlreiche in der Kernforschung tätige sowjetische Wissenschaftler, darunter auch Kurtschatow, namentlich genannt wurden. Wenn man deutsche Physiker, die im Krieg für die Nazis gearbeitet hatten, gründlich befragt hätte, wäre herausgekommen, daß Kurtschatow 1940 versucht hatte, ein Kilo reines Uran von den Nazis zu kaufen. Die Amerikaner wußten, daß die Russen dem genialen dänischen Atomphysiker Niels Bohr, der vor den Nazis nach England geflüchtet war, 1944 angeboten hatten, in die Sowjetunion zu kommen und dort in leitender Position zu arbeiten. Bohr selbst hatte Präsident Roosevelt am 26. August 1944 gesagt, die Russen wüßten, daß die USA sich um die Entwicklung einer Atombombe bemühten, und beschäftigten sich selbst mit der Angelegenheit; sie würden das Projekt nach dem Sieg über Deutschland vorantreiben und wahrscheinlich die Geheimnisse der Deutschen bekommen.[41] In Anbetracht aller verfügbaren Informationen hätte jeder fähige Kernforscher erkannt, daß geheimdienstliche Prophezeiungen, denen zufolge es den Sowjets erst in zehn oder zwanzig Jahren gelingen würde, eine A-Bombe zu bauen, Wunschdenken war. Wie bei Pearl Harbor waren alle relevanten Fakten irgendwo in den USA bekannt und warteten nur auf jemanden, der sie sammelte, kollationierte und auswertete – was die eigentliche Aufgabe der CIA gewesen wäre.

Der Trick, Spione für das Versäumnis verantwortlich zu machen, erlaubte der Agency nicht nur zu überleben – er erlaubte ihr sogar zu wachsen. Als General Walter Bedell-Smith im Oktober 1950 seinen Posten als Direktor antrat, verfaßte er eine Memorandum mit dem Titel «Erfordernisse und Mobilisierung des Geheimdienstes», in dem er eine Erhöhung des CIA-Budgets im Bundeshaushalt 1951 forderte. Die Erhöhung wurde genehmigt, und außerdem bekam die Agency noch «sehr erhebliche zusätzliche Mittel», damit sie entsprechend dem Wunsch des Nationalen Sicherheitsrats mehr Geheimoperationen gegen die UdSSR durchführen konnte als bisher.[42] Der Schock der sowjetischen Atombombe und der nordkoreanische Einmarsch in Südkorea, der die Agency ebenfalls überraschte, bewiesen jedoch, daß die CIA praktisch alles bekam, was sie haben wollte, *obwohl* sie im Fall Korea noch schlimmer gepatzt hatte als bei der russischen Bombe.

Die CIA hatte schon wenigstens zwei Jahre vor dem Einmarsch verdeckte Operationen in Korea durchgeführt. Auf dem Höhepunkt hatten daran rund 2000 bewaffnete Agenten teilgenommen, die in den kommunistisch beherrschten Teil des Landes eingeschleust worden waren. Die Nordkoreaner hatten die von Washington kontrollierten Aktionen zunehmend mißbilligt und eine ausgesprochen feindselige Haltung gegen Washington eingenommen, und diese Feindseligkeit hätte man bei einer seriösen Einschätzung der Möglichkeit eines Krieges zwischen Nord- und Südkorea unbedingt berücksichtigen müssen.

. Eine solche Einschätzung gab es aber nicht. Die Subversionsexperten beherrschten die Politik der CIA so sehr, daß sie den Gegner als Spiegelbild ihrer selbst sahen. Wenn sie immerfort an Subversion dachten, mußten die Kommunisten es auch tun. Da ein Krieg in Asien unwahrscheinlich war (in den fünfziger Jahren nahm man allgemein an, jeder Krieg würde eine umfassende Konfrontation mit der Sowjetunion bedeuten), wurden die amerikanischen Interessen in Fernost vor allem von kommunistischer Subversion bedroht, und die Kommunisten würden vor jedem direkten militärischen Schlagabtausch zurückschrecken. Viele Indizien wiesen darauf hin, daß Nordkorea einen Angriff auf den Süden des Landes plante – und später auch darauf, daß China in den Krieg eintreten würde –, aber Washington nahm sie nicht ernst, weil sie der CIA-These über die Konfrontation zwischen Ost und West widersprachen. Wie US-Außenminister Dean Acheson später bemerkte, hatten die USA genügend Geheiminformationen über den Angriff der Nordkoreaner, aber sie wurden nirgendwo korrekt bewertet. Im Juni 1950 stimmten CIA, Außenministerium und Army darin überein, daß Nordkorea einmarschieren könne, aber «dieser Angriff schien nicht unmittelbar bevorzustehen».[43]

War man zunächst überrascht, daß die Invasion überhaupt stattgefunden hatte, so schlug das Staunen bald in Entsetzen über das Tempo des kommunistischen Vormarsches um. Es traf die CIA ebenfalls unvorbereitet, denn der «Bericht über Korea», den General Albert C. Wedemeyer 1947 im Auftrag der US-Army erarbeitet hatte und aus dem hervorging, daß Nordkorea stark genug sei, um Südkorea rasch zu überrennen, war nie bis zum Schreibtisch des CIA-Direktors vorgedrungen.[44]

Dann wurde es notwendig, die wahrscheinliche Reaktion der Volksrepublik China auf die Intervention der UN-Truppen abzuschätzen. Hier ist das Bild weniger klar, weil General MacArthurs Hauptquartier die Verantwortung für alle geheimdienstlichen Aktivitäten, die Korea betrafen, an sich gezogen hatte. Aber die CIA hatte eine China-Abteilung mit vielen Experten, die sich MacArthur zufolge darüber äußerten, wie wahrscheinlich eine Intervention der Chinesen sei, falls die Truppen der Vereinten Nationen in Nordkorea einmarschierten. Die chinesischen Absichten waren kaum ein Geheimnis. Im September teilte Peking dem indischen Botschafter Sarder Pannikar offiziell mit, daß China in Aktion treten würde, und ermächtigte ihn, Washington darüber zu unterrichten. Pannikar tat es, aber die US-Regierung nahm die wichtige Information nicht ernst. Am 3. Oktober unterstrich der chinesische Außenminister die Warnung, indem er Pannikar sagte, sein Land würde Truppen zur Verteidigung der Grenze in Marsch setzen, wenn amerikanische Soldaten oder UN-Truppen, die nicht aus Südkoreanern bestünden, in Nordkorea einmarschierten. Wenige Tage später wiederholte Radio Peking diese Erklärung.

Wir kennen MacArthurs Einstellung. Einer seiner Nachrichtenoffiziere sagte Kriegskorrespondenten gegenüber, China habe sich noch nicht von den Folgen der Revolution erholt; große Teile des Landes seien gegen die Herrschaft der Kommunisten; die Streitkräfte seien schlecht ausgerüstet; ein großer Teil von ihnen werde von Tschiang Kai-scheks Kuomintang-Truppen auf Taiwan gebunden, die sich bereithielten, auf das Festland zurückzukehren; die Chinesen hätten nur ein paar tausend Soldaten an der Grenze und könnten keine Verstärkung dorthin schaffen, ohne entdeckt zu werden.[45]

Leider wissen wir nur von MacArthur, was die CIA ihm sagte – oder verschwieg: «Im November erklärte die Central Intelligence Agency hier, ihrer Ansicht nach sei die Möglichkeit einer größeren Intervention chinesischer Truppen gering . . . Nun muß man sich darüber klar sein, daß die Geheiminformation über einen unmittelbar bevorstehenden Krieg nicht zu den Geheiminformationen gehört, die dem Kommandeur eines begrenzten Kampfgebiets zur Verfügung stehen. Man hätte mir diese Information geben müssen.»[46]

All das riecht danach, daß MacArthur den Schwarzen Peter weiterreichen wollte. Die militärische Katastrophe und die Zehntausende von Gefallenen, die zu beklagen waren, als China eben das tat, was es angekündigt hatte (das heißt, massiv auf den Gegeneinmarsch der Vereinten Nationen in Nordkorea reagierte), führten zu allen möglichen Untersuchungen und letztlich zu Kongreß-Hearings über den Krieg und zu MacArthurs Entlassung durch Präsident Truman. Der springende Punkt ist jedoch nicht, daß MacArthur möglicherweise versuchte, die CIA für sein eigenes nachrichtendienstliches Versagen verantwortlich zu machen, sondern daß Korea ein weiteres Beispiel für den Mangel an Vorauswissen war, den zu beheben man die CIA gegründet hatte. Die CIA sollte die Aktivitäten der anderen Nachrichtendienste koordinieren, selbst Informationen beschaffen, die Informationen aller Quellen analysieren und allen anderen Diensten, auch den Nachrichtenabteilungen der Teilstreitkräfte, die Ergebnisse zugänglich machen. Der Hauptgrund für das Koreadebakel war nicht der Mangel an Informationen, sondern die vorrangige Beschäftigung mit Subversion und verdeckten Aktionen, die die Agency veranlaßte, die Informationen, die sie hatte, zu ignorieren oder falsch zu analysieren.

In den Monaten nach der Invasion tat die CIA ihr Bestes, um die Schlappe wettzumachen, indem sie ihr Hauptaugenmerk auf die militärischen Vorbereitungen der Kommunisten richtete. Ihre Reports waren keine aufbauende Lektüre. Im Resümee für den 10. August 1950 hieß es: «Überall im sowjetischen Einflußbereich hat sich der Trend zur ... Kriegsbereitschaft fortgesetzt. Außerdem gibt es konkrete Anzeichen, daß gewisse Phasen des Programms beschleunigt werden.»[47] Tschechische Fabriken wurden von der Herstellung von Konsumgütern auf Militärproduktion umgestellt, in Ungarn hatte man sowjetische MiG-15-Jäger gesehen, und in den Ostblockländern wurde die innere Opposition gewaltsam unterdrückt. Die CIA glaubte, daß die Sowjetunion 1952 für einen umfassenden Krieg bereit sein würde, während der SIS 1955 für das wahrscheinlichere Datum hielt.

Nicht alle CIA-Leute waren dieser Ansicht. Die Beamten einer Unterabteilung für verdeckte Aktionen argumentierten, daß die sowjetischen Führer im Grunde konservativ und vorsichtig seien. Sie benutzten gern jede Gelegenheit, um die sowjetische Einflußsphäre zu vergrößern, schreckten aber davor zurück, einen umfassenden Krieg zum Erreichen dieses Ziels zu entfachen, und verließen sich lieber auf Subversion.[48] Diese Ansicht paßte dazu, wie die Beamten ihre eigene Rolle sahen: Sowjetische Subversion müsse mit verdeckten Aktionen der CIA beantwortet werden. Ray Cline, einer der CIA-Männer, für die 1950 die eigentliche kommunistische Gefahr in Subversion bestand, hat seine Meinung noch 35 Jahre später nicht geändert und befürwortet weiterhin dieselben Gegenmaßnahmen wie damals. «Die Vereinigten Staaten haben es mit einer Situation zu tun, in der die große, unserem Regierungssystem feindlich gesonnene Weltmacht ihren Einfluß durch verdeckte Kriegführung zu vergrößern versucht. Müssen die Vereinigten Staaten wie jemand reagieren, der sich bei einer Prügelei in einer Bar strikt an die Regeln der Fairneß hält?»[49]

Als der Krieg gegen die Sowjetunion nicht kam, wurde die Schlagkraft der Subversionsexperten verbessert. Nun meinte man nämlich, die Sowjetunion wolle ihre subversiven Tätigkeiten auf die ganze Welt ausdehnen, so daß die USA entsprechend reagieren müßten. «In einem solchen Spiel gibt es keine Regeln. Bislang akzeptierte Normen menschlichen Verhaltens haben keine Gültigkeit mehr», erklärte 1955 ein Sonderausschuß der Hoover-Kommission. «Wir müssen lernen, unsere Feinde mit schlaueren, moderneren und wirksameren Methoden, als sie sie gegen uns anwenden, zu untergraben, zu sabotieren und zu vernichten.»⁵⁰ Den Gegner zu imitieren, wurde das oberste Gesetz der CIA. Der Kommunismus sollte eingedämmt werden, indem man die realen oder eingebildeten verdeckten Aktionen der Gegenseite mit gleicher Münze heimzahlte. Aber wie viele von jenen Aktionen waren real und wie viele eingebildet?

Wie Professor R. W. Johnson vom Magdalen College in Oxford betont hat, fällt an den Berichten über den amerikanischen Geheimdienst auf, daß nie unwiderlegliche Beweise für verdeckte Operationen des KGB gefunden wurden. «Man hat keine einzige größere Geheimaktion des KGB enthüllt, die beispielsweise mit der Schweinebucht oder der Destabilisierung in Chile vergleichbar wäre. Da es keinen Geheimdienst gibt, der 40 Jahre hintereinander so tüchtig ist oder soviel Glück hat, müssen wir folgern, daß der KGB, wenn überhaupt, nur selten mit verdeckten Aktionen arbeitet.» Wenn ein Klientenstaat rebellisch wurde (wie Chile oder Nicaragua im Fall der USA), griff die Sowjetunion entweder ganz offen militärisch ein wie in der ČSSR und Ungarn, oder sie ließ die Rebellion ihren Lauf nehmen wie in Jugoslawien und Albanien. Johnson räumt ein, daß Polen eine Ausnahme sein könnte, da es den Anschein habe, daß die Machtergreifung Jaruzelskis wie eine klassische CIA-Operation geplant und ausgeführt worden sei.⁵¹ Aber das bedeutet vielleicht nur, daß die Sowjets von den Amerikanern gelernt haben.

Folglich sollte es scheinen, als sei der sowjetische Buhmann, wenn er nicht gar von der CIA ins Leben gerufen wurde, wenigstens so sehr aufgebläht worden, daß er die Subversionsabteilung der Agency rechtfertigte. Beteiligt waren meist ehrenwerte Männer mit den besten Absichten, obgleich viele sicher auch an ihre Karriere dachten oder die CIA zu einem Imperium machen wollten.

Die Gründung und der rasche Aufstieg der CIA waren vielleicht unvermeidliche Begleiterscheinungen des Entkolonialisierungsprozesses nach dem Zweiten Weltkrieg und der neuen Großmachtrolle der

Vereinigten Staaten. Was das OSS als Imperialismus betrachtet hatte, wenn es von England praktiziert wurde, wurde zur gerechtfertigten Abwehr aufrührerischer Aktivitäten, wenn die CIA es machte.

Großbritannien fand sich natürlich nicht bereitwillig mit dem sinkenden Einfluß auf internationale Angelegenheiten ab, den die Geschichte ihm nach 1945 zudiktierte. Politiker der beiden großen Parteien gingen davon aus, daß die britische Außenpolitik weiterhin die Funktionen und den Einfluß einer Großmacht sichern sollte, doch in Wahrheit hatte das Land weder den Willen noch die Mittel, das zu tun. In dieser Situation schien die Geheimdienstwelt eine Lösung zu bieten. Der SIS würde auf preiswerte Weise dafür sorgen, daß Großbritannien seinen Status behielt. Geheiminformationen würden London erlauben, seine lebenswichtigen Interessen zu schützen. Das Empire mochte zerfallen, und die Vereinigten Staaten und die Sowjetunion mochten sich zu den neuen Weltmächten entwickeln, aber England konnte es mit List und Tücke schaffen, groß zu bleiben.

Die neue Rolle, die die erste Nachkriegsregierung, ein Labour-Kabinett, dem SIS zudachte, war für ihren Direktor Stewart Menzies ein Schock. Sein Dienst hatte bei Kriegsende viel Ansehen genossen, vor allem, weil Menzies die Code-Abteilung und ihr Ultra-Material kontrolliert hatte, aber er sehnte den Tag herbei, an dem der SIS zu den Dingen zurückkehren konnte, die er als seine wahre Mission betrachtete: Unerschrockene Männer sollten im Ausland geheime Informationen beschaffen. Er wollte seine europäischen Netze, die die Deutschen 1939–1940 zerstört hatten, wiederherstellen und erneut alles tun, um zu verhindern, daß die Sowjets ihre Expansionsgelüste befriedigten.

Das Foreign Office, das 1944 unter Anthony Eden beschlossen hatte, den SIS fester an die Kandare zu nehmen, sah das Aufgabengebiet des Dienstes nach dem Krieg weniger eng. Es wollte ihn auch benutzen, um den zunehmenden amerikanischen Einfluß im Nahen Osten einzudämmen. Während das Empire kleiner wurde, sollte der SIS wenigstens dafür sorgen, daß neue arabische Regierungen freundschaftliche Beziehungen zu Großbritannien pflegten und die kommerziellen Interessen der Briten schützen. Es war jedoch nicht leicht, Menzies zu überzeugen. Er zürnte, weil das Kabinett seine Ansicht über die beste Abwehr der sowjetischen Bedrohung nicht zu teilen schien, setzte seinen dicken Kopf auf und ließ alle seine Beziehungen in Whitehall spielen, um zu verhindern, daß man dem SIS eine andere Stoßrichtung diktierte. Also fand keine größere Neuordnung im Geheimdienst statt, und seine Angehörigen dachten nicht einmal daran, seine Arbeitsweise und seine Ziele zu untersuchen bzw. neu zu definieren. Menzies schickte die meisten der Amateure nach Hause, die in den Kriegsjahren die Ruhe des SIS gestört hatten, behielt nur die, die er für besonders tüchtig und gescheit hielt – so auch Kim Philby –, und konzentrierte sich ansonsten darauf, die Position seines Dienstes in Whitehall zu zementieren.

Er hatte seinerzeit bereits ein Gespür für den Wert des Ultra-Programms gehabt und war sich bewußt, daß die Kommunikationsspionage weiterhin eine wichtige Rolle spielen würde; also unternahm er Schritte, die seine Kontrolle über die diesbezüglichen Aktivitäten sichern sollten. Obgleich die Amerikaner 1945 auf dem Gebiet hinterherhinkten, war klar, daß sie den britischen Vorsprung dank ihrer überlegenen Technologie bald aufholen und sich an die Spitze setzen würden. Menzies drängte auf eine Übereinkunft, derzufolge die antisowjetische Abteilung des SIS – die seit Ende 1944 von Philby geleitet wurde – den Amerikanern alle ihre Erkenntnisse zugänglich machen sollte, wenn der SIS dafür Zugang zu den Erkenntnissen der amerikanischen Funkspione erhielte. Sie wurde dann Teil einer 1946 und 1947 von Premierminister Atlee und Präsident Truman ausgearbeiteten umfassenderen Vereinbarung über eine Zusammenarbeit der britischen und amerikanischen Nachrichtendienste.[1]

Als Igor Gusenko jedoch enthüllte, welchen Erfolg der KGB beim Anwerben britischer Agenten gehabt hatte, war diese Zusammenarbeit sofort bedroht. Gusenko, ein Chiffrierbeamter der sowjetischen Botschaft in Ottawa, hatte am 5. September 1945 bei den kanadischen Behörden um Asyl ersucht, und die Informationen, die er vor kanadischen, britischen und amerikanischen Geheimdienstlern ausbreitete, führten zur Zerschlagung mehrerer wichtiger Spionageringe des KGB. Die sichtbarste Folge in England war, daß Dr. Alan Nunn, ein britischer Wissenschaftler, der während seiner Kriegstätigkeit beim alliierten Atombombenprojekt in Chalk River, Ontario, für die Russen spioniert hatte, 1946 festgenommen und verurteilt wurde. Aber hinter den Kulissen gab es ein großes Aufräumen und Stühlerücken – Kommunisten und KP-Sympathisanten wurden aus sicherheitsrelevanten Regierungspositionen entfernt. Ein Sonderausschuß des Kabinetts, der vom Premierminister geleitet und von dem hohen MI5-Beamten Graham Mitchell beraten wurde, arbeitete ein Verfahren aus, um die Loyalität verdächtiger Beamter zu prüfen. Mitchells gemäßigte Haltung trug weitgehend dazu bei, daß die benutzten Methoden sich sehr von denen unterschieden, die man bei den McCarthy-Säuberungen in den USA anwendete; dort wurden rund 9500 Beamte entlassen, und 15 000 gingen von sich aus. Die Briten begnügten sich im wesentlichen damit, Verdächtige einfach in Dienststellen zu versetzen, wo keine Sicherheitsprobleme auftauchen konnten. Das britische System ist nun schon 35 Jahre in Kraft, und in dieser Zeit hat man nur 22 Beamte aus Sicherheitsgründen entlassen; keiner davon ist namentlich genannt worden![2]

Beim SIS fand eine solche Überprüfung nicht statt. Der Dienst wiegte sich immer noch in dem Glauben, er habe im Krieg Großes vollbracht, und die meisten amerikanischen Nachrichtenleute betrachteten ihn immer noch als Vorbild für ihren eigenen, gerade erst flügge werdenden Geheimdienst. Die SIS-Arbeit in den ersten Jahren nach dem Krieg reichte von schlecht geplanten Operationen, die allesamt scheiterten, bis zu professionellen, wenn auch moralisch zweifelhaften Unternehmungen. Die antisowjetische SIS-Abteilung (Abteilung IX) vergrößerte sich rasch unter der Leitung Kim Philbys, des KGB-Penetrationsagenten, der seine neue Aufgabe mit so viel Begeisterung anpackte, daß sich ein eventueller Verdacht gegen ihn bald gelegt hätte. Übrigens wurde auch in der folgenden Zeit keiner laut; wenn überhaupt, fanden seine Kritiker den Spion eher zu antikommunistisch! Da Größe und Aufgabengebiet von Abteilung IX erhebliche finanzielle Aufwendungen nowendig machten und ihre in britischen Botschaften tätigen Männer Tarnungen brauchten, mußte das Foreign Office zu Philbys Plänen gehört werden. Im Februar 1945 unterbreitete Philby Menzies' persönlichem Referenten, Robert Cecil, seine Ideen. Cecil erinnert sich: «Der Umfang und auch die Ziele der Operation jagten mir einen Schreck ein. Sie forderte unter anderem eine erhebliche Zahl von Auslandsbüros, die von SIS-Beamten geleitet werden sollten, welche als Diplomaten getarnt waren und Philby direkt unterstanden. Ich schickte Philby das Papier mit der Bemerkung zurück, es wäre vielleicht ganz gut, wenn er seine Forderungen ein wenig zurückschraubte, und fügte hinzu: ‹Ich glaube nicht, daß das Foreign Office das Nachkriegseuropa und unsere Rolle darin so sieht.›

Binnen Stunden kam Philby zu mir geeilt und hielt seine Forderungen aufrecht und bestand darauf, daß sie an das Außenministerium weitergeleitet wurden. Rückblickend ist leicht zu sehen, warum er soviel forderte und warum er vorhatte, sein eigenes Reich im SIS zu bauen. Abgesehen von diesen geheimen Zielen ist aber auch klar, daß er den kalten Krieg, der aggressivere Überwachungsmethoden mit sich bringen und eine regelmäßige Verwendung diplomatischer Tarnungen nötig machen würde, viel besser voraussah als ich.»[3]

In nur 18 Monaten hatte Philby ein Einmannbüro in eine wichtige Abteilung verwandelt, die ein ganzes Stockwerk einnahm und über 30 Personen beschäftigte. Zunächst legte sie Akten über antikommunistische Bewegungen in Osteuropa an, aber ihre langfristigen Ziele lassen sich der Szene entnehmen, die der angetrunkene Philby hinlegte, als er in Paris Malcolm Muggeridge besuchte. Philby bestand darauf, sich die sowjetische Botschaft anzusehen, und als sie angekommen waren, marschierte er vor dem Gebäude auf und ab, schüttelte drohend die Faust und rief: «Wie werden wir sie bloß infiltrieren? Wie werden wir sie bloß infiltrieren?»[4]

Der SIS begann im kürzlich befreiten Europa Agenten anzuwerben und bemühte sich, sein antikommunistisches Vorkriegsnetz zu reaktivieren und zu erweitern. Angesichts der in der Spionagebranche herrschenden Zustände war er nicht weiter überrascht, als er feststellte, daß einige seiner 1939 und 1940 von der Abwehr gefaßten Agenten in Osteuropa eingesetzt worden waren, um gegen die UdSSR zu arbeiten. Pragmatisch wie immer, stellte er mehrere von ihnen wieder in seine Dienste und begründete dieses Vorgehen damit, daß ihre antisowjetische Erfahrung unschätzbar wertvoll sein werde. Andere ehemalige deutsche Nachrichten- und Sicherheitsleute wurden angeworben, weil sie angeblich intakte Organisationen hinter dem Eisernen Vorhang hatten oder, wie Klaus Barbie, der «Schlächter von Lyon», dabei behilflich sein konnten, Geheimdienstler zu finden, die sich versteckt hielten, und sie ebenfalls anzuwerben.

Letztlich war all das natürlich kontraproduktiv. Der sowjetische Penetrationsoffizier Philby sorgte dafür, daß die meisten Nachkriegsoperationen gegen die Sowjetunion dem Kreml bekannt wurden, und wie vorauszusehen, arbeiteten einige der damals vom SIS angeworbenen Agenten entweder für Geld oder aus ideologischen Gründen gleichzeitig für Moskau. Heinz Felfe ist ein gutes Beispiel. Er war im Dezember 1944 zum SD, der Spionageabwehrabteilung der SS, in den besetzten Niederlanden gekommen. Die Briten verhafteten ihn im Mai 1945, hielten ihn bis Herbst 1946 fest und ließen ihn dann in der britischen Besatzungszone für den SIS arbeiten. 1950 wurde er von seinem früheren SD-Kollegen Hans Clemens für den sowjetischen Geheimdienst angeworben und unterschrieb kurz danach bei der Organisation Gehlen (die damals von der CIA gelenkt wurde), wo er eine Schlüsselfunktion bekam – die Leitung der Spionageabwehr, sowjetische Sektion.

In den nächsten zehn Jahren lieferten Felfe und Clemens den Russen ungefähr 15 000 Fotografien geheimer Dokumente, unter denen sich wöchentliche und monatliche Arbeitsberichte des Bundesnachrichtendienstes befanden, der inzwischen die Organisation Gehlen abgelöst hatte. Die Sowjets zahlten den beiden ein regelmäßiges Gehalt von rund 1500 Mark monatlich und stellten ihnen ein Zeugnis für «zehn Jahre treue Dienste» aus, das von einem persönlichen Anerkennungsschreiben des sowjetischen Geheimdienstchefs begleitet wurde. Bei ihrem Prozeß (Felfe wurde zu 14 Jahren Gefängnis verurteilt, Clemens zu zehn) sagten sie, sie seien im Grunde ihres Herzens Nazis geblieben, und behaupteten, sie hätten aus «Haß auf die Amerikaner» für Moskau spioniert.

Die Nachkriegspatzer des SIS sollten erst Jahre später publik werden. Menzies verschlimmerte seine Fehlleistung derweil, indem er anfing, Philby zu seinem Nachfolger aufzubauen. Menzies hatte ein Kronprinzensystem, und zunächst erkor er Jack Easton zu seinem Thronerben. Dann kam er aus irgendeinem Grund zu dem Schluß, daß Philby einen besseren Direktor abgeben würde.[*]

Philby wurde ausgeschickt, um Erfahrungen im Außendienst zu sammeln, und arbeitete 1947 bis 1949 in der Türkei, wo der SIS seine Geduld auf eine harte Probe stellte, indem er ihn um Informationen über türkische Häfen bat, die von britischen Konsortien gebaut worden waren – in London wäre das Material viel leichter zu beschaffen gewesen. 1949 kam dann die letzte Phase seiner Vorbereitung. Die Beziehung zwischen dem SIS und der CIA waren für die Briten so wichtig, daß ein künftiger «C» – Commander – nicht ohne Washington-Erfahrungen auskommen konnte. Also wurde Philby als Verbindungsmann zur CIA und zum FBI nach Washington geschickt.

Er war dort sehr willkommen. Seine Kriegsreputation eilte ihm voraus, und einige der OSS-Männer, mit denen er sich in London ange-

---

[*] Der Grund wird sicher in Menzies' Erinnerungen genannt, aber es ist unwahrscheinlich, daß sie jemals veröffentlicht werden. Die wenigen SIS-Beamten, die einen Blick hineingeworfen oder sie gelesen haben, erklären übereinstimmend, daß sie eine einzige Selbstrechtfertigung sind und – was für den SIS noch schlimmer ist – Menzies als Phantasten bloßstellen.

freundet hatte, arbeiteten jetzt bei der CIA. Sie hofften, seine Erfahrungen beim Aufbau der antisowjetischen Abteilung des SIS würden ihnen von Nutzen sein, und empfingen ihn mehr als zuvorkommend. Als Verbindungsoffizier hatte er Zugang zu allen Stufen der Hierarchie, auch zum Direktor, General Walter Bedell-Smith, den er häufig sah. Lyman Kirkpatrick sagt: «Philby hatte die Aufgabe, für einen reibungslosen Austausch von Informationen zwischen den beiden amerikanischen Diensten CIA und FBI einerseits und den beiden britischen Diensten SIS und MI5 andererseits zu sorgen. Keine andere Beziehung in der Geheimdienstwelt war so eng. Und da Geheimdienstler von morgens bis abends fachsimpeln, bekam Philby viel mehr mit, als er hätte wissen dürfen.»[5]

Das bedeutet natürlich nicht, daß jeder CIA-Beamte ihm alles erzählte, und nicht einmal, daß Philby alles *benutzen* konnte, was er hörte. Geheimdienstler trauen einander auch dann nicht uneingeschränkt, wenn sie gute Freunde sind. Die CIA lehnte Philbys Angebot ab, das weltweite SIS-Kommunikationssystem zu benutzen, das damals schneller und effizienter war als das der Amerikaner, weil sie nicht wollte, daß die Briten ihre Funksprüche lasen. Und wenn ein CIA-Ausschuß strategisch wichtige Teile der Sowjetwirtschaft analysierte, pflegte er seine Ergebnisse einem ehemaligen CIA-Mann zufolge vor dem SIS geheimzuhalten: «Wir wollten nicht, daß diese verdammte Krämernation unsere Informationen benutzte, um ein paar strategische Verkäufe zu tätigen.»[6] Es gab auch Informationen, die Philby bekam, aber nicht verwenden konnte, weil sie nur so wenigen Leuten bekannt waren, daß er in Verdacht geraten wäre, wenn die UdSSR sie bekommen und darauf reagiert hätte.

Das soll nicht heißen, daß der Schaden, den Philby für die CIA und den SIS anrichtete, gering war. Er lag jedoch weniger auf operativem Gebiet als in dem bleibenden Mißtrauen, das Philby in der CIA und im FBI sowie zwischen den amerikanischen und den britischen Diensten säte. Nach Philby sollte diese Beziehung nie mehr so gut sein wie zuvor, und sein Verrat erschütterte einige CIA-Männer so sehr, daß sie – wie wir sehen werden – nie wieder imstande sein sollten, ihren engsten Kollegen und Mitarbeitern zu vertrauen.

Entgegen der allgemein verbreiteten Ansicht wurde Philby schließlich nicht etwa deshalb enttarnt, weil er seinem Freund Burgess, einem anderen KGB-Offizier, die Treue hielt, sondern weil der KGB nicht unfehlbar war (und ist) und einen törichten Fehler machte. Wenn die Sowjets nicht bei der Rettung Donald Macleans, ihres Mannes im Foreign Office, gepatzt hätten, wäre Philby vielleicht, nur vielleicht, «C» geworden und als erfolgreichster Spion aller Zeiten in die Geschichte eingegangen. Maclean war im Herbst 1948 von Washington nach Kairo versetzt worden. Dort erfuhr er zweifellos, daß seine Karrier als sowjetischer Spion zu Ende ging. Das FBI hatte drei Jahre lang daran gearbeitet, den Code zu knacken, den die Russen 1944–45 beim Funkverkehr zwischen dem sowjetischen Konsulat in New York und Moskau benutzt hatten. Im Frühjahr 1948 erzielte es die ersten Resultate. Sie ergaben unter anderem, daß im Frühsommer 1945 ein Spion mit dem Codenamen «Homer» in der britischen Botschaft gesessen hatte, dessen Dienstrang ihm erlaubte, den Depeschenverkehr zwischen Churchill und Truman einzusehen.[7]

FBI und MI5 konzentrierten sich nun gemeinsam auf die Leute, die im betreffenden Zeitraum in Washington gedient und Zugang zu diesem Material gehabt hatten. Philby war über die Ermittlungen unterrichtet worden, ehe er nach Washington gegangen war, und konnte sie aufgrund seiner Arbeit als Verbindungsmann zum FBI verfolgen.[8] Er hielt seinen sowjetischen Führungsoffizier in Washington selbstverständlich auf dem laufenden, und man darf annehmen, daß der KGB Maclean in Kairo warnte, er müsse sich auf eine schnelle Flucht vorbereiten. Das würde erklären, warum Maclean plötzlich mehr trank als vorher, eine Neigung zu Gewalttätigkeiten zeigte und einem Kollegen gegenüber von schweren Schuldgefühlen sprach.

Nach der allgemein akzeptierten Version der nun folgenden Ereignisse kehrte Maclean im Mai 1951 nach London zurück, weil er einen leichten Nervenzusammenbruch – wegen «Überarbeitung», sagte der Psychiater des Ministeriums – erlitten hatte, und bekam einige Monate Erholungsurlaub. Dann arbeitete er in der Amerika-Abteilung des Foreign Office. Er schien sich darüber klar zu sein, daß man ihm auf der Spur war. In betrunkenem Zustand pflegte er andere Gäste im Pub anzusprechen: «Spendieren Sie mir einen Drink. Ich bin der britische Alger Hiss», und bei einer Party in Chelsea versuchte er, einen Freund mit den Worten zu provozieren: «Zeig mich bitte an, ich arbeite für Onkel Josef.»

Philby und sein Führungsoffizier vom KGB waren derweil in Washington zu dem Schluß gekommen, es wäre das beste, Maclean spätestens Mitte 1951 in Sicherheit zu bringen. Philby behauptet, er habe Burgess, der im August 1950 nach Washington versetzt worden war und in seinem Haus wohnte, mit Erlaubnis des Führungsoffiziers alles über den Fall Maclean erzählt. Philby sagt, irgend jemand – wer, weiß er nicht mehr – habe die Idee gehabt, daß Burgess bei der Rettung Macleans helfen könnte. «Wenn Burgess von der britischen Botschaft in Washington nach London zurückkehrte, war es ganz plausibel, daß er den Leiter der Amerika-Abteilung aufsuchte. Er würde in einer guten Position sein, um den Ball für das Rettungsunternehmen ins Rollen zu bringen», schreibt Philby. Er weist darauf hin, daß Burgess nicht einfach seinen Dienst an der Botschaft quittieren und zurückkehren konnte, weil das Verdacht erregen würde: «Es mußte so hingedreht werden, daß er wohl oder übel zurück mußte.»[9]

Also übertrat Burgess so oft die zulässige Höchstgeschwindigkeit, bis er drei Strafmandate hatte. Der Gouverneur von Virginia protestierte beim US-Außenministerium wegen dieses Mißbrauchs der diplomatischen Immunität, das Außenministerium beschwerte sich beim britischen Botschafter, und Burgess wurde nach London zurückgeschickt. Dort setzte er sich mit Maclean im Foreign Office in Verbindung und traf ihn später im Königlichen Automobilclub zum Lunch. Inzwischen beschlossen Beamte des SIS, des MI5 und des Foreign Office bei einer Besprechung am 24. Mai 1951, Außenminister Herbert Morrison um Erlaubnis zu bitten, Maclean am folgenden Montag zu vernehmen. Morrison unterschrieb die Erlaubnis am Freitag.

Nun beginnt die «Hinweis-Phase» der allgemein akzeptierten Version des Falls. Irgend jemand – die meisten glauben, es sei Philby gewesen – erfuhr von der Entscheidung und teilte Burgess mit, daß Maclean am Montag vernommen werden sollte. Am Freitag gegen zehn Uhr morgens bekam Burgess einen Anruf oder einen Besuch, der ihn veranlaßte, seine Pläne von Grund auf zu ändern. Er buchte eine Zweibettkabine auf der Kanalfähre *Falaise*, die um Mitternacht von Southampton abging, und gab als Mitpassagier seinen amerikanischen Freund Bernard Miller an. Um halb elf Uhr traf er Miller und sagte, wie dieser sich deutlich erinnert: «Ein junger Freund von mir im Foreign Office hat ernsthafte Schwierigkeiten. Ich bin der einzige, der ihm helfen kann.»

Burgess bestellte einen Leihwagen, packte einen Koffer, verabschiedete sich kurz von seinem Freund und Wohnungsgenossen Jack Hewit und fuhr zu Macleans Haus auf dem Land. Er speiste mit Maclean und dessen Frau Melinda und fuhr dann mit Maclean nach Southampton, wo sie um 23.45 Uhr ankamen. Sie ließen den Wagen unverschlossen stehen und eilten an Bord der *Falaise*. Als ein Matrose feststellte, daß das Auto nicht abgeschlossen war, rief einer von ihnen: «Wir sind Montag zurück», und dann waren sie fort.

Als die Nachricht Washington erreichte, geriet Philby seinen eigenen

Angaben zufolge in Sorge, weil Burgess sich ebenfalls abgesetzt hatte. Seine Sorge war begründet, denn die CIA, das FBI, MI5 und vielleicht sogar sein eigener Dienst würden ihm sicher eine Mitschuld geben. (Wie hatte er, ein ausgebildeter Spionageabwehrmann, sein Haus mit Burgess teilen können, ohne Verdacht gegen ihn zu schöpfen?) Genau das geschah. Philby wurde nach London zurückgerufen, von MI5 vernommen und, nachdem Bedell-Smith mitgeteilt hatte, die CIA würde nicht wieder mit Philby zusammenarbeiten, nachdrücklich gebeten, seinen Rücktritt einzureichen.

Diese Version hat einen großen Schönheitsfehler: Burgess' Teilnahme an Macleans Rettung ergibt keinen Sinn. Seine Flucht mit Maclean war eine Katastrophe für den KGB, weil sie Philby verdächtig machte, die große Hoffnung der Sowjets, den Penetrationsagenten, der womöglich der nächste «C» geworden wäre und Moskau schon jetzt auf einem sehr lohnenden Posten wertvolle Dienste leistete. Die entscheidende Frage, die die Version Philbys und anderer als unzutreffend entlarvt, lautet also: Warum ging Burgess?

Philby behauptet, er habe Burgess nach Absprache mit seinem sowjetischen Kontakt über die Maclean drohende Gefahr informiert, weil «Guys spezielle Kenntnisse des Problems hilfreich sein konnten». Was für spezielle Kenntnisse? Philby konnte über seinen Führungsoffizier das gesamte sowjetische Netz benutzen, um Maclean zu warnen, und hatte selbst mehr als genug Geheimdiensterfahrung, um Maclean in Sicherheit zu bringen. Konnte Burgess mit seinen Kenntnissen oder seinem Können irgend etwas zu der Rettung beitragen, was der KGB in London nicht beitragen konnte? Die ganze Hinweis-These klingt falsch, und der Bericht, den Philby in seinem Buch auftischt, liest sich wie Desinformation. Der Grund für eine solche Irreführung ist unschwer zu finden. Wer die Hinweis-These aufmerksam prüft, muß rasch folgern, daß jene letzte Warnung, die Burgess angeblich am Freitagmorgen elektrisierte, *nicht* von Philby gekommen sein konnte – obgleich er in der Tat wußte, daß Burgess am nächsten Montag vernommen werden sollte. Sie konnte nicht von Philby kommen, weil der Zeitraum nicht ausreichte.

Der ehemalige CIA-Mann George Carver weist darauf hin, daß MI5 gezwungen war, Hoover Zeit zu geben, um sich über den Maclean betreffenden Vernehmungsbeschluß zu äußern, und daß MI5 warten mußte, bis Morrison die Genehmigung unterschrieben hatte: «Es wäre furchtbar peinlich gewesen, falls sie den Amerikanern gesagt hätten, er würde unterschreiben, während er aus irgendeinem Grund zauderte. Es ist deshalb unwahrscheinlich, daß man die Amerikaner vorab informierte, und daß in den rund 45 Minuten, die zwischen Morrisons Unterzeichnung des Schriftstücks und der letzten und entscheidenden Warnung Burgess' vergingen, eine Depesche nach Washington geschickt wurde und dort Schritte auslöste, ist ein Ding der Unmöglichkeit.»

Dann zieht Carver genau den Schluß, den Philby den Briten und Amerikanern ohne Zweifel nahelegen wollte: «Da der Kreis der Leute, die von Morrisons Unterschrift wußten, furchtbar klein war, erscheint es mir logischer, daß jemand aus diesem Kreis die Information weitergab. Aber man kann es nicht einfach Blunt in die Schuhe schieben, denn Blunt hatte MI5 schon vor einigen Jahren verlassen . . . Ich habe immer zu der Auffassung geneigt, daß die Kette der Ereignisse an jenem Tag auf folgende Möglichkeit hindeutete: Es gab in dem Netz eine andere Person, die vermutlich bis heute nicht enttarnt worden ist und eine sehr hohe Position innehatte, vielleicht bei Sechs, wahrscheinlicher jedoch bei Fünf.»[10]

Philbys Bericht über die entscheidende Warnung sät also den Verdacht, daß nach seiner, Burgess', Macleans und Blunts Enttarnung ein anderer Penetrationsagent des KGB in England tätig war. Wie wir sehen werden, vergiftete dieser Verdacht die geheimdienstlichen Beziehungen zwischen Großbritannien und den USA und kostete beide Seiten viel Zeit und Mühe, die man besser für lohnendere Dinge aufgewendet hätte.

Es gibt eine viel logischere Erklärung für die Ereignisse, die zur Flucht von Burgess und Maclean führten, und einige Belege, die diese Erklärung stützen. Macleans Flucht wurde gründlich geplant. Philby sagt, daß seine, Philbys, Dienstzeit in Washington im Herbst 1951 enden würde und daß man ihn womöglich nach Kairo oder Singapur schicken wollte, wo er die Ereignisse nicht mehr beeinflussen konnte, so daß «es am sichersten zu sein schien, Maclean spätestens Mitte 1951 fortzubringen». Er zog Burgess nicht ins Vertrauen. Es bestand keine Notwendigkeit dazu. Seine Pflicht verlangte nur, daß er seinen Washingtoner Führungsoffizier über die Suche nach «Homer» auf dem laufenden hielt. Der KGB würde dann entscheiden, wann und wie Maclean in Sicherheit gebracht werden sollte. Je weniger Philby über die diesbezüglichen Pläne wußte, um so besser.

Philbys Bericht, welchen Trick Burgess benutzte, um nach London zurückgeschickt zu werden, ist aus den oben genannten Gründen Desinformation. Gegen diese Version steht die Ausage von Burgess' unmittelbarem damaligem Vorgesetzten an der britischen Botschaft in Washington, Denis Greenhill, derzufolge Burgess «vor Wut kochte», als er das Zimmer des Botschafters verließ, wo er soeben erfahren hatte, daß er nach England zurückkehren mußte.[11] Außerdem weist Philbys Version einen zeitlichen Widerspruch auf. Burgess' Geschwindigkeitsübertretungen waren am 28. Februar. Das State Department protestierte am 14. März. Burgess wurde einige Tage später seines Dienstes enthoben, hielt sich aber noch weitere *sechs Wochen* in den Vereinigten Staaten auf. Als er am 7. Mai endlich in London eingetroffen war, sah er sich zunächst nach einer neuen Stellung um und setzte sich erst frühestens eine Woche später mit Maclean in Verbindung. Dann speisten sie in aller Öffentlichkeit zusammen, im Königlichen Automobilclub, wo viele Beamte des Foreign Office verkehrten. Philby schreibt jedoch, daß «Burgess trotz aller *Vorsichtsmaßnahmen* zusammen mit Maclean gesehen werden konnte, und eine Untersuchung seiner Aktivitäten konnte zu Zweifeln über mich führen» (Hervorhebung des Autors).

Der Bericht, wie Philby seinen Freund Burgess in Macleans Schwierigkeiten einweihte, wie Burgess' Rückkehr nach London bewerkstelligt wurde und wie er Burgess, nachdem er ihn zur Vorsicht ermahnt hatte, als Kurier benutzte, um Maclean ins Bild zu setzen, ist also voller Ungereimtheiten. Philby will kaschieren, daß der «Elitedienst», für den er insgeheim arbeitete, Mist baute – mit ein bißchen Hilfe von seinem Quartett britischer Spione. Das ist verständlich. Philby, Burgess, Maclean und Blunt waren ursprünglich eine Gruppe von Amateuren, die der KGB von der Komintern übernommen hatte. Sie befolgten keine der goldenen KGB-Regeln – daß Philby und Burgess in Washington im selben Haus wohnten, muß Moskau zur Weißglut gebracht haben. In einer Situation, die ihm einen enormen Gewinn einbringen konnte, verlor der KGB die Kontrolle, weil er nicht in der Lage war, Disziplin zu erzwingen.

Burgess erfuhr von den Schwierigkeiten Macleans, als dieser ihm sagte: «Ich bin in einer scheußlichen Lage. Die Typen da beschatten mich.» Dabei zeigte er auf zwei Männer. Es stimmte. Maclean wurde von MI5 überwacht, und die Überwacher hätten Burgess sicherlich bemerkt. Er wäre als potentieller Kontakt Macleans in Frage gekommen. Es ist sogar möglich, daß auch Burgess damals überwacht wurde. Das hätte die Befürchtung vergrößert, die er hegte, seit er kurz vor seiner Abreise aus Washington zufällig Michael Straight begegnet war, dem Amerikaner, den Blunt in Cambridge für den KGB angeworben hatte. Straight hatte Bedenken geäußert (er war später derjenige, der Blunt enttarnte) und Burgess gedroht, er werde ihn den Sicherheitsbehörden übergeben. Wie er später schrieb, sagte er ihm: «Ich schwöre, daß ich Sie ausliefern werde, wenn Sie nicht in spätestens einem Monat aus dem Regierungsdienst raus sind.»[12] Burgess war also in diesem Moment ein Mann, dessen öffentliche Laufbahn sich genauso ihrem Ende näherte wie die geheime, der sich Sorgen machte, daß Straight ihn an den FBI verraten hatte, und der wußte, daß er die Aufmerksamkeit von MI5 erregt hatte: Was war für ihn natürlicher, als sich an die einzige Person zu wenden, die ihm raten konnte, an «Peter», seinen sowjetischen Führungsoffizier in London?

Da er Anlaß zu der Befürchtung hatte, daß er beschattet wurde, wandte er sich nicht unmittelbar an «Peter», sondern bat Blunt, der ebenfalls von «Peter» geführt wurde, als Mittelsmann zu fungieren, und Blunt hat selbst bestätigt, daß er diese Bitte erfüllte. Welchen Rat gab «Peter»? Wir wissen, was der KGB einem Agenten empfiehlt, dem die Polizei im Nacken ist: auf Nummer Sicher gehen. (Blunt berichtet, nachdem er «Peter» von seiner Vernehmung erzählt habe, habe dieser ihm geraten, schleunigst zu fliehen.)[13] Es ist anzunehmen, daß «Peter» Burgess eben das empfahl, zumal dieser nicht in der Lage zu sein schien, sich mit irgendeinem Trick aus der Schlinge zu ziehen. Und da der KGB bereits Vorsorge für Macleans Flucht getroffen hatte, war es am besten, wenn Burgess zusammen mit ihm fliehen würde.

Die Hast, die Burgess am Freitag zeigte, hatte demnach nichts mit einem Hinweis auf Macleans bevorstehende Vernehmung zu tun. Wahrscheinlich beruhte sie auf einer Nachricht, in der «Peter» seiner Flucht zustimmte und ihn instruierte, England zusammen mit Maclean zu verlassen. Diese Zustimmung bekam Burgess am Donnerstagabend – Hewit hat ausgesagt, daß Burgess in seinem Schlafzimmer mit einem Ausländer in ein Gespräch vertieft war, als er nach dem Essen in die Wohnung zurückkehrte. Doch als «Peter» seine Zustimmung gab, machte er einen Fehler. Da er keinen Kontakt zu dem KGB-Kollegen hatte, der Philby in Washington führte, wußte er nicht, wie eng die Beziehung zwischen diesem und Burgess in Amerika gewesen war. Es fiel ihm sicher nicht ein, seine Vorgesetzten danach zu fragen, weil er nie auf die Idee gekommen wäre, daß zwei KGB-Offiziere gegen eine so wichtige Regel verstoßen könnten. Deshalb konnte «Peter» nicht ahnen, daß er Philby gefährdete, indem er Burgess erlaubte zu fliehen. Philbys Washingtoner Führungsoffizier hätte «Peter» warnen können, aber er wiederum durfte nicht wissen, daß Burgess aus England fliehen wollte.

Der KGB erkannte seinen Fehler schnell. Burgess wurde nicht mit offenen Armen aufgenommen, als er in die Sowjetunion kam. Man schickte ihn vielmehr in ein KGB-Zentrum in Sibirien und ließ ihn dort streng verhören, um herauszufinden, ob er ein Doppelagent der Briten war. Anders als Philby wurde er nie für seine Arbeit ausgezeichnet, und anders als Maclean durfte er nie ein Buch über seine politischen Überzeugungen schreiben. Er scheint Philby nicht einmal wiedergesehen zu haben, als dieser kurz vor seinem Tod im Jahr 1953 nach Moskau kam. Als westliche Journalisten ihn nach Philbys Verschwinden aus Beirut mit Fragen über seinen früheren Freund bestürmten, erklärte er nachdrücklich, Philby könne unmöglich in Moskau sein, denn «ich wäre der erste, mit dem er sich in Verbindung setzen würde, wenn er hier wäre».[14] Erst als Burgess, der sehr viel über die dreißiger Jahre und die Beschwichtigungspolitik wußte, dem KGB 1956 nach Anthony Edens Abdankung sagte, nicht Butler, sondern Macmillan würde neuer Premierminister werden, verziehen die Russen ihm, daß er dazu beigetragen hatte, Philbys Karriere zu zerstören.

Wenn diese Version der Affäre Philby-Burgess-Maclean zutrifft, bezweckte Philby mit seinem Bericht zweierlei. Zum einen wollte er einen groben Schnitzer des KGB verheimlichen, und zum anderen wollte er – indem er bei den westlichen Diensten den Verdacht säte, es gebe einen unentdeckten KGB-Penetrationsagenten – das Beste aus der Katastrophe machen, zu der Burgess' Flucht geführt hatte. Als sie nämlich bekannt wurde, fielen die intelligenteren Leute bei der CIA nicht mehr auf Philbys Charme herein. Philby hat das später selbst zugegeben: «Vor dem wichtigtuerischen Dulles hatte ich keine Angst . . . Bedell Smith war jedoch etwas anderes. Er hatte kalte, fischige Augen und einen messerscharfen Verstand. Ich hatte das unbehagliche Gefühl, Bedell Smith würde folgern können, daß zwei und zwei vier ergibt und nicht fünf.»[15]

Aber es waren nicht nur die Sowjets, die Fehler machten. Philby wurde in England auf Eis gelegt, da MI5 ihn verdächtigte. Obgleich seine Kollegen vom SIS ihm weiterhin vertrauten und ihn für ein Opfer von McCarthys Kommunistenhetze hielten, hatten seine sowjetischen Meister kaum Aussichten, ihn jemals wieder auf etwas Lohnendes ansetzen zu können. Aber dann schlug eine Verschwörung zwischen Hoover und MI5 fehl, so daß Philby für weitere sieben Jahre im Geschäft bleiben konnte.

Hoover war außer sich vor Zorn, weil in dem Weißbuch, das die britische Regierung 1955 über Burgess und Maclean veröffentlichte, kein Wort von dem Verdacht gegen Philby stand, und beschloß im September jenes Jahres, etwas zu unternehmen. Er wurde nicht allein von seinem antikommunistischen Eifer getrieben, sondern auch von dem Gefühl, Philby habe ihn persönlich betrogen – er war einmal in dessen Haus in Washington zu Gast gewesen –, und nahm sich vor, eine Geschichte in die Presse zu lancieren, in der Philby als dritter Mann der Affäre genannt wurde. Er traf sich mit einem Reporter des International News Service und gab ihm alles, was dieser für «eine heiße Story» benötigte: Philby sei vom britischen Geheimdienst nach Washington geschickt worden; er sei Alkoholiker; er habe Zugang zu streng vertraulichen Unterlagen gehabt; er sei nach dem Verschwinden von Burgess und Maclean zurückgeschickt und von einem eigens eingeflogenen britischen Geheimdienstler nach London begleitet worden (im letzten Punkt irrte Hoover).

«Ich wies ihn jedoch darauf hin, daß . . . Philbys Name in dem Weißbuch nicht genannt wurde, sicher deshalb, weil es keinen unmittelbaren Beweis gegen ihn gab und weil er mit Rechtsanwälten in Verbindung stand und für den Fall, daß eine Zeitung seinen Namen mit dieser Affäre in Verbindung bringt, mit Verleumdungsklagen und hohen Schadensersatzforderungen drohte», schrieb Hoover in seinem für den internen Gebrauch bestimmten Memorandum über das Gespräch.[16] Dann sagte er dem Mann vom International News Service, daß die Story in England am besten einschlagen würde.

Die Saat ging schnell auf. In der *Sunday News* vom 23. Oktober wurde Philby als dritter Mann genannt, und der Labour-Abgeordnete Marcus Lipton fragte im Unterhaus: «Hat der Premierminister beschlossen, um jeden Preis die Aktivitäten Mr. Harold Philbys zu vertuschen, der bis vor kurzem Dritter Sekretär der Botschaft in Washington gewesen ist . . .?» Damit war der Name Philby im Gespräch, nachdem Hoover knapp einen Monat vorher eine sorgfältig orchestrierte Kampagne in Gang gesetzt hatte. Die Regierung rang sich dazu durch, eine Erklärung herauszugeben und eine Unterhausdebatte zuzulassen.

Hoover war hocherfreut und unternahm schnell Schritte, um diese Entwicklung zu seinem Vorteil zu nutzen. Am 2. November erklärte er dem Leiter des Londoner FBI-Büros sein Vorgehen in einem Telegramm: «Öffentliche Identifizierung Philbys als die Person, die Burgess/Maclean möglicherweise gewarnt hat, und Ersuchen anderer Regierungsbehörden um Informationen über Philbys Rolle in dem Fall machen es notwendig, daß Bureau gewissen hohen US-Regierungsvertretern Informationen über Philby zur Verfügung stellt Stop Bureau beabsichtigt, gewisse hohe Regierungsvertreter über Philbys Rolle zu unterrichten – Hoover.»[17]

Was Hoover vorhatte, ist unschwer zu durchschauen. Wie aus anderen FBI-Akten hervorgeht, hatten amerikanische Geheimdienstler den Verdacht, daß Philby von seinen SIS-Kollegen und von hohen Beamten des Foreign Office geschützt wurde. Wenn das FBI jedem hohen US-Regierungsvertreter bis hin zum Präsidenten – und wahrscheinlich auch diesem selbst – sein Dossier über Philby gab, würde es den Briten schwerfallen, amerikanische Forderungen nach einer gründlichen Durchleuchtung Philbys abzulehnen.

Aber Hoover hatte nicht mit gewissen britischen Besonderheiten gerechnet, die seinen Plan fehlschlagen ließen. Er berücksichtigte nicht die Vorbehalte gegen McCarthy, die dazu geführt hätten, daß man Ermittlungen gegen Philby als Hexenjagd gewertet hätte. Er berücksichtigte auch nicht die Rivalität zwischen MI5 und SIS, die eine objektive Betrachtung des Falls Philby verhinderte. Menzies, der bald pensioniert werden würde und inzwischen noch mehr trank als früher, war zum Beispiel der Auffassung, daß das Verschwinden Burgess' und Macleans nichts mit dem SIS zu tun hatte. Als eine Freundin von Burgess, Rosamond Lehmann, ihn kurz nach der Flucht der beiden anrief und ihm Informationen anbot, entgegnete er, es tue ihm leid, er würde ja gern mit ihr reden, aber er müsse diese Woche mit seiner kleinen Tochter nach Ascot.[18]

Vor allem aber wußte Hoover nicht, wie sehr Macmillan und seine Ratgeber alles verabscheuten, was mit Geheimdienst zusammenhing, und daß sie möglichst gar nicht damit befaßt werden wollten. Lord Egremont, Macmillans persönlicher Referent, betrachtete alle Geheimdienste als Verschwendung von Zeit und Geld: «Um so besser, wenn die Russen zweimal in der Woche die Protokolle der Kabinettssitzungen sahen. Das verhinderte das verdammte gefährliche Herumraten.»[19] Macmillan selbst äußerte sich in der Öffentlichkeit nur positiv über den SIS, machte privat aber kein Hehl daraus, daß er nicht viel von dessen Erkenntnissen hielt und daß die Affäre Philby für ihn eine Angelegenheit von SIS und MI5 sei, die sie besser unter sich ausgemacht hätten. Er wurde also gegen seinen Willen in die Sache hineingezogen und sorgte rasch für einen Kompromiß.

Der SIS erklärte ihm, Philby sei nicht entlassen worden, weil es trotz allem, was die Amerikaner sagten, keinen Beweis gegen ihn gebe; man könne ihm lediglich vorwerfen, zu nett zu Burgess gewesen zu sein. Macmillan sagte, das Problem werde so lange bleiben, wie Philby blieb – er müsse gehen. Als der SIS etwas von Im-Zweifel-für-den-Angeklagten murmelte, erwiderte Macmillan: «Wir bringen den Kerl ja nicht ins Kittchen, wir feuern ihn nur.»[20] Dann erklärte Macmillan sich zu einer offiziellen Stellungnahme bereit, die Philby praktisch reinwusch, und als Gegenleistung erklärte der SIS sich zu einer Reorganisation und «einem großen Saubermachen» bereit. So gab Macmillan am 7. November im Unterhaus die folgende, formal durchaus zutreffende Erklärung ab:

«Man hat kein Indiz dafür gefunden, daß Philby für die Warnung von Burgess oder Maclean verantwortlich war. [Das stimmte – man hatte kein Indiz gefunden.] Solange er im Dienst der Regierung war, erledigte er die ihm übertragenen Aufgaben gewissenhaft und sehr zufriedenstellend. [Das stimmte.] Ich habe keinen Grund anzunehmen, daß Mr. Philby die Interessen dieses Landes zu irgendeinem Zeitpunkt verraten hat, oder ihn für den sogenannten ‹dritten Mann› zu halten, falls es wirklich einen solchen gegeben hat. [Das stimmte – *Macmillan hatte keinen Grund, das anzunehmen.*]»

Philbys Ehre war wiederhergestellt. Er gab eine Pressekonferenz, bei der er so entspannt und überzeugend auftrat, daß sogar ein früherer SIS-Kollege ihn anrief, um zu gratulieren. Er konnte den beleidigten Helden, den Märtyrer des Sicherheitsdienstes spielen, und der SIS führte ihn weiterhin als Agenten und schickte ihn 1956 als Korrespondent des *Observer* und des *Economist* getarnt nach Beirut.

CIA und FBI waren entsetzt. Hoover war gezwungen, seine Leute zurückzupfeifen, und offiziell erklärte auch das FBI Philby für unschuldig und schloß seine Akte am 29. Dezember 1956. Sie blieb bis zum 23. Januar 1963 im Archiv. An diesem Datum verschwand Philby, dessen KGB-Karriere wider Erwarten um sieben Jahre verlängert worden war, von einem Tag zum anderen aus Beirut, nachdem ein SIS-Kollege ihm Straffreiheit zugesagt hatte, um ihn zu einem Geständnis zu bewegen. Sechs Monate später tauchte er in Moskau auf, und seine wahre Rolle kam endlich ans Licht. Hoover war gerächt, aber die Beute war ihm entwischt. Wahrscheinlich hatten die Amerikaner sogar entscheidend dazu beigetragen, daß Philby beschloß, nicht zu gestehen und sich in die UdSSR abzusetzen: Er konnte sich zwar darauf verlassen, daß die Briten ihr Versprechen hielten und ihn nicht vor Gericht stellten, aber er konnte nicht sicher sein, daß Hoover oder die CIA nicht versuchen würden, ihn aus Beirut zu entführen, um ihm in den USA unangenehme Fragen zu stellen oder Schlimmeres.

Hoover und in einem geringeren Ausmaß auch Bedell Smith hatten das Gefühl, Opfer des britischen Klüngels geworden zu sein. Hoover mißtraute dem SIS und den Briten im allgemeinen bis zu seinem Tod im Jahr 1972. Bedell Smith stellte klar, daß die CIA erst dann wieder eng mit dem SIS zusammenarbeiten könnte, wenn die Briten ihr Haus in Ordnung gebracht hätten. Der SIS ging daran, es zu tun.

Der Mann, der Menzies als «C» ablöste, war kein anderer als Dick White, der bisherige Chef von MI5. Einer der ersten Schocks, die ihn bei seinem Amtsantritt erwarteten, war die Entdeckung, daß Philby immer noch auf der Gehaltsliste stand und nach Beirut geschickt werden sollte. Die Vorbereitungen waren zu weit gediehen, um die Sache rückgängig zu machen, und das Foreign Office legte Wert darauf, daß Philby die Aufgabe erledigte. Man überredete White mit dem Argument, falls Philby ein sowjetischer Agent *wäre*, würde man ihn in Beirut leichter enttarnen können, und während seiner dortigen Tätigkeit könnten mehr Indizien ans Licht kommen, die ihn überführten. Wenn er dagegen unschuldig wäre, könnte der SIS mit Fug und Recht sagen, er habe ihn fair behandelt.

Einstweilen war White immer noch mit den Nachwehen des Falls Blake beschäftigt. George Blake war wie Philby ein Offizier des sowjetischen Geheimdienstes, der jahrelang für Moskau gearbeitet hatte. Er hatte den westlichen Diensten so sehr geschadet – er gestand, dem KGB jedes wichtige offizielle Dokument gegeben zu haben, das ihm je in die Hände gekommen sei –, daß sein Prozeß unter Ausschluß der Öffentlichkeit stattfand und die britische Regierung alles tat, damit die Medien nichts von Blakes Zugehörigkeit zum SIS schrieben. Die allgemein akzeptierte Geschichte Blakes und seines Verrats strotzt noch heute vor Desinformationen, die teilweise von den Briten und zum anderen Teil von den Sowjets fabriziert wurden.

Blake wurde als Sohn eines ägyptischen Juden und einer protestantischen Holländerin in den Niederlanden geboren. Sein Vater war britischer Staatsbürger, benahm sich übertrieben patriotisch – Blake verdankt seinen Vornamen König Georg V. – und hatte offenbar im Ersten Weltkrieg kurz für den SIS gearbeitet. Er litt unter den Folgen eines deutschen Gasangriffs, an denen er 1936 starb. Blake wurde zu einem Onkel nach Ägypten geschickt, hielt sich bei Ausbruch des Zweiten Weltkriegs aber bei seiner Mutter in Holland auf und konnte wegen des schnellen Vormarsches der Deutschen nicht rechtzeitig ausreisen. Die Nazis internierten ihn, aber er floh aus dem Lager, ging zum holländischen Widerstand und schlug sich dann nach England durch, wo er bei der Royal Navy diente. Nach dem Krieg war er als Marine-Nachrichtenoffizier in Hamburg. Später studierte er am Downing College in Cambridge Sprachen, darunter Russisch, trat dann ins Foreign Office ein und wurde als Vizekonsul nach Seoul geschickt. Irgendwann, wahrscheinlich vor seinem Aufenthalt in Hamburg, wurde er von dem SIS-Mann Kenneth Cohen für den Geheimdienst angeworben. Man betrachtete ihn als idealen Kandidaten: Er hatte Kriegserfahrung, er beherrschte mehrere Sprachen, und er war eindeutig jemand, der auch unter schwierigsten Umständen ohne fremde Hilfe zurechtkam.

Blake traf kurz vor dem Koreakrieg in Seoul ein und wurde im Verlauf der Kämpfe von den Nordkoreanern gefangengenommen und drei Jahre festgehalten. Nach seiner Entlassung gab der SIS ihm Erholungsurlaub und schickte ihn im April als stellvertretenden Direktor für technische Operationen zum SIS-Büro in West-Berlin, das im Olympiastadion untergebracht war. Sein Sonderauftrag lautete, die in der DDR stationierten Einheiten der sowjetischen Streitkräfte zu studieren und sich nach potentiellen Überläufern unter ihren Offizieren umzusehen. Sein größter Verrat in dieser Zeit bestand darin, den KGB über den Tunnel zu informieren, den der SIS und die CIA gegraben hatten, um die Telegrafenleitungen anzuzapfen, die Ost-Berlin mit Moskau verbanden. Das Unternehmen wurde später als großer Coup des Westens hingestellt, da es den Geheimdiensten ermöglicht habe, Geheimdepeschen der Sowjets abzufangen, aber dank Blake war es in Wahrheit ein Fiasko, denn der KGB benutzte es, um SIS und CIA mit getürktem Material zu beliefern. In einem für sie günstigen Augenblick drangen die Sowjets dann in das östliche Ende des Tunnels ein und verwandelten die Operation in einen Propagandasieg des Kreml. Im Schadensregister des SIS wird Blake aber auch für politischen Verrat verantwortlich gemacht: Er soll dem KGB bei den heiklen Genfer Verhandlungen, die Moskau 1959 mit dem Westen über die Berlinfrage führte, alle neuen Pläne und Schritte der Amerikaner und Briten mitgeteilt haben.[21]

1961 beendete der SIS in London endlich eine Ermittlung, die er aufgrund eines Hinweises des CIA-Falloffiziers Howard Roman eingeleitet hatte. Roman hatte seinerzeit einen kommunistischen Nachrichtenoffizier geführt, der nach wie vor für die Amerikaner arbeitete und nur unter seinem Codenamen «Heckenschütze» bekannt war. (Er lief später über, und es stellte sich heraus, daß er niemand anders war als Michael Goloniewski, der stellvertretende Vorsitzende des polnischen Militärnachrichtendienstes.) Der Hinweis ergab, daß der KGB eine Liste von 26 polnischen Beamten besaß, die SIS-Männer in Warschau als potentielle Ziele für Anwerbeversuche identifiziert hatten. Wie sich bei der Untersuchung herausstellte, konnte die Liste nur aus George Blakes Panzerschrank stammen.[22]

Als der SIS dies herausbekam, war Blake im Libanon, wo er an einer von westlichen Geheimdiensten bevorzugten Schule Arabisch lernte. Er wurde unter einem Vorwand, der ihn nicht mißtrauisch machen sollte, zurückgerufen und in den ersten 24 Stunden seines Aufenthalts in England nicht weiter behelligt, weil man hoffte, er würde vielleicht versuchen, sich mit sowjetischen Offizieren in Verbindung setzen. Als er jedoch am zweiten Tag auf dem Weg zur SIS-Zentrale war, wurde er festgenommen und wegen Verstoßes gegen den Official Secrets Act angeklagt. Er gestand und wurde in Old Bailey zu 42 Jahren Gefängnis verurteilt – es war die längste Haftstrafe, die je ein britischer Spion bekommen hatte. Nachdem er fünfeinhalb Jahre abgesessen hatte, gelang ihm eine spektakuläre Flucht aus dem Gefängnis Wormwood Scrubs in West-London, und ein Jahr später tauchte er in Moskau auf.

Nach einer im Westen verbreiteten Version war Blake ein tüchtiger und loyaler SIS-Agent gewesen, bis die Kommunisten ihn in Korea gefangengenommen hatten. Sie unterzogen ihn einer Gehirnwäsche und brachten ihn dazu, für Moskau zu arbeiten. Zuerst glaubte man, der KGB habe seinen Ausbruch aus dem Gefängnis organisiert, aber dann meldete sich ein Ire und berichtete, daß er und Blake die Flucht allein bewerkstelligt hätten. Dann beschäftigten sich einige Psychoanalytiker mit Blakes Motiven. Der Labour-Abgeordnete Leo Abse faßte eine ihrer Theorien zusammen: «Sein ganzes frühes Leben stand im Zeichen von Ereignissen, die zumindest ein unbewußtes Verlangen nach Rache an Großbritannien wecken sollten. Angesichts dessen, daß sein Vater ihn durch die Wahl seiner Nationalität verraten hatte, einen überflüssigen Tod starb und ihn dazu verurteilte, ins Exil zu gehen, in Holland gefangen zu werden und dann ins verhaßte England überzusiedeln, wäre es in der Tat erstaunlich, wenn sich die Ressentiments des Sohnes nicht gegen die große Liebe des Vaters – nämlich Großbritannien – gerichtet hätten. Nur unser Geheimdienst konnte so zuvorkommend sein, George Blake eine Möglichkeit zum postumen Vatermord zu geben.»[23]

Die Fakten sind weniger schillernd. Blake fühlte sich schon als sehr junger Mann zum Kommunismus hingezogen. Er hat gesagt, er habe zunächst erwogen, katholischer Priester zu werden, sich dann aber für einen anderen Glauben, nämlich den Marxismus, entschieden. Sein Kairoer Vetter Henri Curiel, bei dem er wohnte, war ein Gründungsmitglied der ägyptischen Kommunistischen Partei.[24] Blake sagt, seine Erlebnisse beim kommunistischen Widerstand in den Niederlanden, Churchills «Eiserne-Vorhang-Rede» und die Bombardierung Koreas durch die US-Air Force hätten ihn darin bestärkt, für die Sache Moskaus einzutreten. Die These, daß Blake, ein patriotischer Beamter des Foreign Office, als Kriegsgefangener in Korea einer Gehirnwäsche unterzogen und umgedreht wurde, hält einer genaueren Nachprüfung also nicht stand. Sie soll vielmehr von der Tatsache ablenken, daß schon ein kurzer Blick auf Blakes Vergangenheit genügt hätte, um seine kommunistischen Beziehungen zu entdecken. Oder sollte meine Vermutung zutreffen, daß der SIS von vornherein Bescheid wußte und hoffte, sich diese kommunistischen Beziehungen zunutze machen zu können? Dafür spricht einiges.

Es gibt Indizien, daß die britischen Behörden den Fall Blake nicht zuletzt deshalb so vorsichtig behandelten und herunterspielten, weil Blake ein brillantes dreifaches Spiel spielte, bei dem Großbritannien an zweiter Stelle nach den Russen kam. Es liegt auf der Hand, daß es ohne sein Geständnis nicht möglich gewesen wäre, ihn zu verurteilen. Die gewöhnlichen Beweise, die bei anderen Spionageprozessen herangezogen werden – Kontakt zu bekannten KGB-Agenten und Übergabe von Informationen –, hätten «wegen der Natur von Blakes Arbeit» (so ehemalige Kollegen) nichts gebracht. Das kann nur eines bedeuten: Blake war *ermächtigt* worden, Kontakte zu den Sowjets zu pflegen. Einer der Gründe, die man für seinen schnellen Aufstieg beim SIS nennt, war «eine bemerkenswerte Kette erfolgreicher Anwerbungen kommunistischer Offiziere in Deutschland». Außerdem erzählt Blake selbst, daß er sich nach seinem Gefängnisausbruch den DDR-Behörden stellte und daß sie den KGB-Offizier kommen ließen, «mit dem ich Jahre zuvor während meiner Zeit beim britischen Geheimdienst in Berlin in Verbindung gestanden hatte».[25]

Ich glaube, Blake offenbarte dem SIS tatsächlich, daß die Russen ihn angeworben hatten, und schlug selbst vor, dies zum Vorteil Englands zu benutzen. Seine SIS-Vorgesetzten stimmten zu. Sie sahen eine seltene Gelegenheit, den KGB in dem Spiel zu schlagen, das er so meisterhaft beherrschte. Sie waren überzeugt, daß Blake es ehrlich meinte, denn er war mit einer SIS-Angestellten verheiratet, und er hatte seine sowjetischen Kontakte immerhin von sich aus gestanden, und autorisierten ihn, dem KGB sorgsam ausgewähltes Material zu liefern, das teilweise echt war, weil der KGB ihn ja für einen loyalen Kommunisten halten sollte. Blakes KGB-Vorgesetzte würden dann das gleiche tun, um den SIS davon zu überzeugen, daß Blake ein patriotischer Brite war. Bei diesem gefährlichen Spiel – einige Informationen in der Hoffnung preiszugeben, daß man letztlich weit mehr bekommt – gewinnt derjenige, der die besseren Informationen erhält. Der SIS muß also sehr ärgerlich gewesen sein, als er feststellte, daß Blakes erste Loyalität den Sowjets galt und daß er in Wahrheit die Spreu bekommen hatte, während er geglaubt hatte, Blake liefere ihm den Weizen. Ein Dreifachagent kann ungeheuren Schaden anrichten und ist schwer zu enttarnen, weil er jeden Verrat folgendermaßen erklären kann: «Ach, es *sollte* doch nur so aussehen!»

Die Theorie vom Dreifachagenten macht auch die drakonische Strafe verständlich – «ein Jahr für jeden der 42 Agenten, deren Leben er kostete», kommentierte jemand zur Zeit der Verhandlung. Außerdem wird sie von der Tatsache gestützt, daß die Russen Blake in auffallender Weise belohnten. Er bekam nach seiner Ankunft in der Sowjetunion den Leninorden, die gleiche Auszeichnung wie Philby. Aber warum sollte ein Spion von Blakes Kaliber gestehen? Die Antwort kann nur lauten, daß der SIS ihm einen Anreiz bot, indem er ihm ein mildes Urteil und die Möglichkeit zusicherte, nach der Freilassung außer Landes zu gehen. Aber selbst der SIS kann nicht garantieren, daß ein britischer Richter Gnade vor Recht ergehen läßt, und Blake mußte plötzlich damit rechnen, wenigstens 28 Jahre hinter Gittern zu sitzen.

Normalerweise arrangiert der KGB in solchen Fällen einen Häftlingsaustausch, um seinen Mann freizubekommen. Diese Taktik kann jedoch langwierig sein und wird oft von den westlichen Geheimdiensten behindert, die es als Geringschätzung ihrer Arbeit betrachten, wenn ein sowjetischer Spion, den sie mit vielen Mühen enttarnt haben, prompt gegen einen westlichen Spion ausgetauscht wird. Außerdem profitiert der Westen nur selten von solchen Transaktionen. Philby hat in diesem Zusammenhang gesagt: «Wir müssen eben der Tatsache ins Auge sehen, daß der Westen bei einem solchen Austausch ganz einfach deshalb immer den kürzeren zieht, weil wir mehr und bessere Agenten haben als er. Wir haben Oberst Abel, einen Spitzenmann, nur deshalb für den einfachen Piloten Gary Powers bekommen, weil der Westen uns keinen bessere Spion hergeschickt hat.»[26] Der KGB kam zu dem Schluß, daß es womöglich zu lange dauern würde, einen westlichen Spion zu fangen, der wenigstens annähernd so gut war, daß er ihn gegen Blake austauschen könnte, und beschloß deshalb, Blake aus dem Gefängnis zu holen.

Der Bericht über die Flucht stammt weitgehend von dem irischen Kriminellen Sean Bourke, der sie zu einem Buch mit dem Titel *The Springing of George Blake* («George Blakes Befreiung») verarbeitete. Wie Bourke schreibt, lernte er Blake im Gefängnis kennen, fand Gefallen an ihm, sympathisierte mit seinen politischen Ansichten (er verfaßte für die Gefängniszeitung einen Beitrag, der «Zur Ehrenrettung von Spionen» überschrieben war) und ging bereitwillig auf seinen Vorschlag ein, seine Flucht zu organisieren.

Bourke behauptet, er habe es nicht für Geld getan und sich 700 Pfund borgen müssen, um den Fluchtwagen und andere für den Ausbruch nötige Dinge zu beschaffen. Blakes Mutter wurde um die Summe gebeten, lehnte aber ab, und Blakes Schwester verhielt sich ebenfalls ablehnend. Dann wandte Bourke sich an drei Freunde, ein Ehepaar und eine gewisse «Pat», die alle Anglo-Iren waren, aber weder zur IRA gehörten noch kommunistische Neigungen hatten. Wie Bourke sagt, waren sie alle nicht wohlhabend, aber sie liehen sich das Geld, um Blake zu helfen, obgleich sie diesen gar nicht kannten. Bourke half Blake, weil er eine Gelegenheit sah, «den Behörden eins auszuwischen», aber er sagt nicht, warum Blake überhaupt auf ihn gekommen war.

Bei der Flucht hätten sie zuerst ein vergittertes Fenster aufgebrochen und seien dann ein Dach hinuntergerutscht und mit Hilfe einer von Bourke gefertigten Strickleiter über eine fast sechs Meter hohe Mauer geklettert. Die letzten paar Meter hätten sie sich fallen lassen müssen. Blake, der vollkommen unsportlich war, schaffte all das in wenigen Minuten. Bourke behauptet, er habe Blake dann in verschiedenen Wohnungen in London untergebracht, ehe das anglo-irische Ehepaar ihn in einem Geheimfach seines Wohnwagens versteckt nach Ost-Berlin gebracht habe. Bourke selbst sei später mit einem falschen Paß nach Moskau gereist, habe sich dann aber mit Blake zerstritten und befürchtet, daß sein Leben in Gefahr sei, worauf er sich ausgerechnet an die britische Botschaft gewendet habe, um wieder in den Westen zu kommen. Zwei Jahre nach dem Gefängnisausbruch tauchte er wieder in der Republik Irland auf, wo er große und, wie sich herausstellte, begründete Zuversicht zeigte, daß die Regierung in Dublin das inzwischen von den Briten gestellte Auslieferungsersuchen ablehnen würde.

Nichts von all dem ist plausibel. Der Bericht schmeckt nach einem Thriller, den man aus politischen Gründen zusammengedichtet hat. Die Behauptung, Bourke, ein Trunkenbold und Dieb, habe sich nur deshalb einverstanden erklärt, Blake bei der Flucht zu helfen, weil er den Behörden eins auswischen wollte, ist lächerlich. Das Unternehmen kostete ganz sicher weit mehr als 700 Pfund – 10000 Pfund dürften der Wahrheit näher kommen, und diesen Betrag hätten Bourke und seine Freunde nicht so einfach aufbringen können.[27] Warum sollte Bourke dann nach Moskau gegangen sein? Er sagt, er habe sich an einem sicheren Ort aufhalten wollen, bis sich der Sturm der Entrüstung über die Flucht gelegt hätte, aber er hätte viel leichter irgendwo in seinem heimatlichen Irland untertauchen können.

Die einzige Version die sich mit den Fakten vereinbaren läßt, lautet so: Die Flucht wurde von den Sowjets organisiert, die sich dabei der IRA bedienten. Bourke war eine Kreatur, nur deshalb ausgesucht, weil er Blake kannte und bald Freigänger werden würde. Die Russen holten ihn zusammen mit Blake nach Moskau, weil sie befürchteten, er würde die ganze Geschichte ausplaudern, sobald Blake fort wäre. Bourke behauptet, er habe sein Buch während seines Aufenthalts in der sowjetischen Hauptstadt geschrieben, aber die Russen hätten das Manuskript beschlagnahmt, als er es aus dem Land zu schmuggeln versuchte, und es ihm erst im Frühjahr 1969 geschickt, nachdem sie es gründlich für ihre Zwecke überarbeitet hätten.

Auch das klingt nicht plausibel. Die Sowjets mußten wissen, daß sie Bourke nicht daran hindern konnten, die gestrichenen Passagen wieder einzufügen und die hinzugefügten Abschnitte zu streichen – wie er sagt, tat er eben das.[28] Wahrscheinlich schrieb er das Buch weitgehend in Irland und übertrieb darin seine eigene Rolle, damit es sich besser verkaufte. Der KGB befreite Blake, weil dieser einer der besten Offiziere war, den er je gehabt hatte, und weil er beweisen wollte, daß er sich um seine Leute kümmerte. Er vertuschte seine Rolle, weil die Zeichen gerade auf Entspannung standen und weil er nicht publik machen wollte, daß er sich der IRA bedient hatte.

Blake geht es in Moskau sehr gut. Er heiratet eine Russin namens Ida, und sie haben einen Sohn, Mischa. Sie verkehren mit den Philbys und fahren im Sommer oft zusammen mit ihnen für ein Wochenende aufs Land. Bourke fand einen frühen (er war erst 47) und einigermaßen geheimnisvollen Tod in Irland. Er wohnte in einem geliehenen Wohnwagen in Kilkee, Grafschaft Clare, erzählte überall, er sei bettelarm, verfügte aber jederzeit über reichlich Whisky. Am 26. Januar 1982 fand man ihn tot, offenbar an Alkoholvergiftung gestorben, in seinem Bett.[29]

Kein Mensch behauptet, daß die Fälle Philby und Blake der Beziehung zwischen dem britischen und dem amerikanischen Geheimdienst nicht schadeten; strittig ist nur das Ausmaß des Schadens. Einige CIA-Beamte sagen, daß die Zusammenarbeit bei der *Informationsbeschaffung* mehr oder weniger weiterging wie zuvor und nur bei der *Spionageabwehr* litt, weil die Abwehrspezialisten der Agency die Überzeugung gewonnen hätten, die Briten seien ein Sicherheitsrisiko. Robert Amory meint jedoch, wegen der engen Beziehung, die Philby zu Bedell-Smith und anderen hohen CIA-Beamten geknüpft habe, gehe der Schaden tiefer. «Die Affäre Philby machte Bedell Smith zum Feind des SIS, und er blieb es sein Leben lang», erklärt Amory.[30]

Der springende Punkt ist, daß der Schaden in einem heiklen Stadium der sich wandelnden Beziehung zwischen CIA und SIS eintrat. Die Briten waren im Begriff, ihre führende Rolle in der westlichen Geheimdienstwelt, die sie weitgehend mit Hilfe von Legenden und Bluff beibehalten hatten, an die Amerikaner abzugeben und sich auf ihre kommende Rolle als Juniorpartner der Amerikaner einzustellen. Der Hauptgrund für den Niedergang des SIS war Geldmangel. Der frühere CIA-Beamte Miles Copeland sagt dazu: «Der jeweilige britische SIS-Resident, egal wo auf der Welt, betrachtet es als seine Hauptaufgabe, sein größeres Ansehen und seine ganze Klugheit zu gebrauchen, um seinen CIA-Kollegen zu gemeinsamen anglo-amerikanischen Operationen zu überreden, die von ihm ausgetüftelt und von dem CIA-Kollegen bezahlt werden.»[31]

Besonders in den frühen Tagen kam es darauf an, daß der SIS bei der Zusammenarbeit mit der CIA das uneingeschränkte Vertrauen der Amerikaner genoß. Philby und Blake gefährdeten dieses Vertrauensverhältnis nicht nur durch ihren Verrat, sondern auch, indem sie den noch heute bestehenden Verdacht säten, es könne beim SIS und bei MI5 noch weitere KGB-Maulwürfe geben.

Wenn dieser Verdacht nur beim SIS aufgetaucht wäre, hätte er bereits genug Schaden angerichtet. Wie sich herausstellte, tauchte er aber auch bei der CIA auf, wo einige Leute einfach so argumentierten: Warum sollten die Russen uns bei ihren Infiltrationsbemühungen ausgelassen haben? Es gab insbesondere einen CIA-Beamten, der dieser Frage nachging: James Jesus Angleton. Angleton hatte Philby nähergestanden als die meisten anderen. Philby war einer seiner Lehrer gewesen, als er, damals noch Angehöriger des OSS, nach England gekommen war, und später wurde Philby dann auch sein «Hauptlehrmeister in Spionageabwehr». Die beide Männer hatten in Washington des öfteren zusammen gespeist, und als Philby nach London zurückgerufen wurde, flog er nicht, ohne sich von Angleton zu verabschieden. Die beiden mochten und respektierten einander, und Angleton sah zu Philby auf wie zu einem großen Bruder.

Man kann sich also leicht vorstellen, welch ein Schock es für Angleton war, als er erfuhr, daß Philby für den KGB gearbeitet hatte. Wahrscheinlich hätte dieser Schock allein genügt, um sein Mißtrauen zu wekken und für alle Zeit wachzuhalten, doch einer der verblüffendsten Überläufer, die je aus der Sowjetunion in die Vereinigten Staaten kamen, verstärkte es noch.

Das Überläuferspiel

Überläufer sind das Lebenselixier der westlichen Geheimdienste. Sie sind fast so wertvoll wie Penetrationsagenten. Ein Penetrationsagent kann einen über die Stärken und Schwächen des Gegners unterrichten. Er kann dessen Absichten in Erfahrung bringen – durch die Informationen, die zu beschaffen seinem Dienst aufgetragen wird. Er ist in der Lage, diesen Absichten entgegenzuwirken, indem er irreführende oder unzutreffende Informationen liefert. Er kann benutzt werden, um den Gegner zu verwirren oder zu manipulieren. Und er kann dafür sorgen, daß sein eigener Dienst nicht infiltriert wird, indem er rechtzeitig vor jedem diesbezüglichen Versuch warnt. Der KGB hat eine schier grenzenlose Geduld (Philby brauchte nach seiner Anwerbung zehn Jahre, um die geeignete Position beim britischen Geheimdienst zu bekommen) und zieht es vor, die Penetrationskarte zu spielen. Westliche Dienste, die immer unter dem Druck stehen, schnelle Ergebnisse zu liefern, ziehen den Überläufer vor.

Der Frontwechsel eines wichtigen Manns vom gegnerischen Geheimdienst ist ein großes Ereignis. Er bringt Informationen, mit denen man seine Kenntnisse über den anderen Dienst, seine Organisation, seine Operationsziele, seine Ausbildungsmethoden, seine Strategie und Taktik und seine Beziehung zur Regierung auf den neuesten Stand bringen kann. Wenn der Überläufer einen entsprechenden Posten bekleidete oder wenn er sich darauf vorbereitet hatte, zur anderen Seite überzuwechseln, bringt er Hinweise auf die Identität gegnerischer Agenten und Maulwürfe mit – seit dem Krieg wurde fast jeder größere Coup der amerikanischen, französischen, britischen, bundesdeutschen, skandinavischen und österreichischen Spionageabwehr durch Überläufer ermöglicht. Die Verfolgung und Enttarnung solcher Maulwürfe steigert das

Ansehen des Dienstes bei der Regierung, ein wichtiger Faktor für sein Gedeihen. Ein Überläufer kann auch darüber informieren, was der gegnerische Dienst von einem weiß und denkt – und das ist wiederum sehr wichtig für Profis, die ihre Leistung verbessern wollen.

Überläufer, sowohl echte als auch solche, die es sich kurz nach ihrer Ankunft anders überlegen, lassen sich als Boten einsetzen, mit deren Hilfe verschiedene Dienste Informationen – oder Desinformationen – austauschen können. Überläufer geben dem Geheimdienst zumindest eine Gelegenheit, mit all den Informationen, die er im Lauf der Jahre aus schlechten Quellen beschafft hat, beispielsweise Klatsch und Gerüchte, gestohlene Dokumente und unzuverlässige Zeitungsartikel, an die Öffentlichkeit zu treten. Normalerweise würde kein Mensch all das glauben, so daß der Dienst auf dem Material sitzenbleibt. Dann kommt ein Überläufer, und der Dienst kann ihm die dubiosen Informationen zuschreiben. Manch ein Überläufer war sicher sehr erstaunt, als er erfuhr, wie viele Geheiminformationen er kannte, wie wichtig er war, ehe er überlief, und – dies ganz besonders – was für einen hohen Posten er damals hatte. Außerdem gibt es noch die faszinierende Möglichkeit, einen potentiellen Überläufer zum Bleiben zu bewegen, auf diese Weise kann man den gegnerischen Dienst am leichtesten unterwandern.

Aus all diesen Gründen verwenden die westlichen Nachrichtendienste viel Zeit, Geld und Mühe darauf, unter den im Ausland stationierten KGB-Offizieren mögliche Überläufer auszumachen und sie dann mit allen erdenklichen Mitteln zum Verrat zu bewegen. Ist der Überläufer der lebenslustige Typ, der gern trinkt und den Luxus genießt, der in der Sowjetunion unerreichbar für ihn wäre? Macht er den Eindruck, daß er mit seiner Arbeit unzufrieden ist? Hat er irgendwelche erkennbaren Schwächen, bei denen man ansetzen könnte – Alkohol, Drogen, Sex, Geld? Als der ehemalige CIA-Mann Philip Agee aus der Schule plauderte, sagte er unter anderem, daß er einen großen Teil seiner Dienstzeit in drei lateinamerikanischen Ländern damit zubrachte, lokale KGB-Offiziere auszuspähen, kennenzulernen, zu kultivieren und nach Möglichkeit anzuwerben, und die China-Abteilung der Agency scheint fast 40 Jahre darauf verwendet zu haben, ihren ersten chinesischen Funktionär anzuwerben.[1]

Überläufer sind, so willkommen sie aus obigen Gründen sein mögen, aber auch ein Risiko und eine schwierige Aufgabe. Sie sind ein Risiko, weil man entscheiden muß, ob sie es ehrlich meinen oder aber den Auftrag haben, den Dienst, zu dem sie «überlaufen», auszuspionieren oder mit Desinformationen irrezuführen. Deshalb werden Überläufer, die unerwartet hereinspazieren, mit größtem Mißtrauen behandelt. Westliche Dienste ziehen Überläufer vor, die sie selbst entdeckt und kultiviert haben und die nur widerstrebend kommen. Es ist nicht übertrieben zu sagen, daß man einem Überläufer *nie* traut, und nur wenige haben es jemals geschafft, das Vertrauen aller Abteilungen ihres «neuen» Dienstes zu gewinnen. Die Begründung ist einfach und zynisch: Wer einmal umgedreht worden ist, kann auch ein zweites Mal umgedreht werden.

Überläufer sind schwierige Menschen, weil sie unter großem emotionalem Streß stehen. Die seelische Belastung beginnt in dem Augenblick, in dem sie beschließen, zur anderen Seite zu gehen. Nur wenige tun es leichten Herzens, und die Aussicht darauf, sein Leben im Exil beschließen zu müssen, ist nicht rosig. Ein Überläufer neigt dazu, eine enge Bindung an den Geheimdienstler zu entwickeln, der ihn zum Gehen überredet hat, da er ihn braucht und ihn für das Geschehene verantwortlich machen kann. Er hat Angst vor Vergeltungsmaßnahmen (obgleich westliche Dienste meinen, daß die Tage, in denen der KGB Überläufer verfolgte und umbrachte, gezählt seien). Er braucht Zuspruch und Bewunderung.

Die westlichen Geheimdienste brauchen etwas anderes. Sie wollen, daß der Überläufer so schnell wie möglich alles preisgibt, was er weiß. «Sie interessieren sich für alles», schrieb der tschechische Nachrichtenoffizier Josef Frolik, der 1968 in den Westen ging. «Es kann alles auf irgendeine Weise verwertet werden. Sie wollen die Namen der ehemaligen Kollegen wissen, sie wollen wissen, wie man arbeitete, wieviel man verdiente, sie wollen die Operationen wissen, sie wollen wissen, wie man angeworben wurde, und sie wollen sogar wissen, wie das Büro aussah. Ich habe etwa drei Jahre lang fünf Tage die Woche Stunde um Stunde geredet und geredet. Wenn man 17 Jahre gearbeitet hat, verfügt man über eine ganze Menge Informationen.»[2]

Daß man einen Überläufer unter Druck setzt, um alles aus ihm herauszuholen, was er weiß, bedeutet allerdings nicht, daß einem seine Zukunft gleichgültig ist. Die CIA garantiert Überläufern eine lebenslange Pension. Sie sorgt für ihre materiellen Bedürfnisse, sie bekommen eine Wohnung oder ein Haus, medizinische Versorgung, sozialen Beistand, finanziellen Rat und wenn sie wollen sogar eine neue Ausbildung. (Wenn überhaupt, stellt die CIA selbst Überläufer gewöhnlich nur in einer beratenden Funktion ein.) Meist gaukelt man dem ehemaligen KGB-Offizier eine rosige Zukunft vor, doch er sieht bald, wie es in Wahrheit um ihn bestellt ist – er gehört zum alten Eisen und ist ein für allemal auf Eis gelegt. Er muß sich in den meisten Fällen damit abfinden,

den Rest seiner Tage die Hände in den Schoß zu legen, wahrscheinlich in einer von den Wohnstädten rings um Washington, mit anderen Überläufern als Nachbarn, und kann von Glück sagen, wenn er manchmal Besuch von seinem CIA-Mann bekommt, der sich inzwischen längst anderen Fällen zugewandt hat und sich nicht mehr groß für ihn interessiert.

Der gewitztere Überläufer erkennt das bald und versucht, es zu verhindern oder wenigstens hinauszuschieben. Er übertreibt seine ehemalige Rolle beim KGB und behauptet, er habe einen höheren Rang bekleidet und mehr Befugnisse gehabt, als er in Wahrheit hatte. Er behauptet zum Beispiel, er habe streng geheime Akten einsehen können, weil er am Wochenende allein im Büro gewesen sei; er sei mit einem redseligen Kollegen aus der Personalabteilung befreundet gewesen; seine Vorgesetzten hätten ihn für Sonderlehrgänge bestimmt; er habe Stalin, Chruschtschow, Breschnew persönlich kennengelernt und so fort. Er läßt durchblicken, daß man ihn in wichtige Geheimnisse eingeweiht hat. Er schützt ein schlechtes Gedächtnis vor und gibt sein Wissen nur in kleinen Dosen preis. Er hält Informationen zurück, bittet um Einsicht in gewisse westliche Akten, um das Mosaik zu ergänzen, klagt darüber, daß er nicht ernst genug genommen wird und daß man seine Informationen nicht genügend beachtet. Er tut all das, um den gefürchteten Tag hinauszuzögern, an dem er, ausgequetscht wie eine Zitrone, den Zwangsruhestand in einem freien, aber fremden Land antreten muß.

Zwei sowjetische Überläufer nehmen eine herausragende Position in der Geschichte der Nachkriegsspionage ein: Anatoli Golizin und Oleg Penkowski. Beide gingen von sich aus in den Westen. Penkowski bot seine Dienste so dreist und teuer an, daß die CIA nichts mit ihm zu tun haben wollte und er sich an die Briten wenden mußte. Beide Männer änderten den Kurs des westlichen Geheimdienstwesens. Penkowski hatte historischen Einfluß; Golizin wird ihn vielleicht noch haben. Ihre Geschichte macht all die oben erwähnten Probleme und Vorteile deutlich. Sie war zweifellos voller Gefahren und Schwierigkeiten. Aber sie wirft auch grundlegende Fragen nach ihrer Rolle und ihren Motiven auf, die noch heute, 20 Jahre später, unbeantwortet sind.

Am 22. Dezember 1961 klingelte ein Unbekannter an der Wohnungstür von Frank Friberg, dem Leiter des CIA-Büros in Helsinki. Der Mann war klein, untersetzt und sprach Englisch mit starkem russischem Akzent. Er kam schnell zur Sache. Er sagte, er heiße Anatoli Klimow und sei Major beim KGB. Er müsse unbedingt nach Washington gebracht werden, weil er über Informationen verfüge, die von allergrößter Wichtigkeit für die Führer des westlichen Bündnisses seien. Friberg war auf der Hut. CIA-Beamte werden immer wieder vor freiwilligen Überläufern gewarnt, die unvermutet hereinspazieren.

Es dauerte jedoch nur Stunden, um zu dem vorläufigen Schluß zu kommen, daß Klimow es aufrichtig meinte. Zum einen hatte die CIA ihn schon früher als potentiellen Überläufer aufs Korn genommen. Man war vor sieben Jahren, als er als Nachwuchsoffizier der Spionageabwehr in Wien gedient hatte, auf ihn aufmerksam geworden. CIA-Beamte fanden heraus, daß er bei seinen Kollegen äußerst unbeliebt war, und kultivierten ihn behutsam, um zu sehen, ob er sich vielleicht für ein neues Leben im Westen interessierte. Ehe sie jedoch weitere Schritte unternehmen konnten, war er nach Moskau zurückbeordert worden. Als Klimow dann wieder – eben in Helsinki – auftauchte, blieb der CIA verborgen, daß er jener Offizier aus Wien war, weil er dort einen anderen Namen benutzt hatte, eine Taktik, die der KGB oft anwendet, um die Identifizierung seiner Leute im Westen zu erschweren.

Klimow wurde umgehend zu einem Stützpunkt der US-Army bei Frankfurt geflogen, wo ein Team, das der damalige CIA-Direktor Richard Helms in aller Eile zusammengetrommelt hatte, ihn eingehend zu befragen begann. Sein wahrer Name, sagte er, sei Anatoli Golizin. Er sei als Sohn einer ukrainischen Mutter und eines russischen Vaters in der Ukraine geboren. Die Familie sei in den dreißiger Jahren nach Moskau gezogen, und sein Vater sei Feuerwehrmann geworden. Golizin berichtete, daß er sich als Junge gewünscht hatte, Seemann, Pilot oder aber Spion zu werden. Nach Kriegsende trat er jedoch in eine Schule für Artillerieoffiziere in Odessa ein. Er war ein begeisterter Komsomolführer und erregte die Aufmerksamkeit des dortigen Nachwuchsspezialisten vom KGB, der ihn zur weiteren Ausbildung nach Moskau schickte.

Dort studierte er an der Universität für Marxismus-Leninismus, an der Diplomaten-Hochschule und am KGB-Institut, wo er in Jura graduierte. Zwischen seinen Auslandseinsätzen in Wien und Helsinki arbeitete er als Sachbearbeiter in der Ersten Hauptverwaltung des KGB, die für Geheimoperationen gegen den Westen verantwortlich ist. Zwei Jahre diente er in der Nato-Sektion der Informationsabteilung, wo er alle Informationen zu Gesicht bekam, die der KGB über die Nato erhielt, entsprechend den strengen Sicherheitsvorschriften jedoch nur das unbedingt Notwendige über die Quellen erfuhr, die sie lieferten. Die CIA stellte Golizin auf die Probe, indem sie ihm einen Stoß von echten und gefälschten Nato-Dokumenten vorlegte. Er identifizierte die echten rasch.[3]

Als erstes eröffnete Golizin der CIA, daß sie den Umfang der sowjetischen Spionageoffensive gegen den Westen gefährlich unterschätzt hatte. Er konnte sich ein diesbezügliches Urteil erlauben, weil so viele westliche Geheimdokumente über seinen Schreibtisch gegangen waren. Er hatte sich auf seinen Frontwechsel vorbereitet, indem er Informationen auswendig lernte und Hinweise auf die Identität von Agenten sammelte, die zur Enttarnung wichtiger Sowjetspione im Westen beitragen sollten.

Die CIA-Beamten frohlockten. Wenn Golizin auch nur einen Teil von dem liefern konnte, was er versprach, war er einer der wichtigsten Überläufer in der Geschichte der Spionage. Als er dann aber nach mehreren Wochen von Frankfurt in die Vereinigten Staaten geflogen war, bekamen seine CIA-Betreuer einen Vorgeschmack dessen, was bald ein heikles Problem werden sollte: Mit dem Mann war unglaublich schwierig umzugehen.

Es war ein doppeltes Problem. Zum einen behauptete Golizin, der KGB habe nicht nur ein Heer von Agenten, die hohe Positionen im Westen bekleideten, sondern er habe es darüber hinaus auch geschafft, die meisten westlichen Geheimdienste zu unterwandern. Er sagte, es gebe sowjetische Maulwürfe im Herzen des französischen Geheimdienstes, des SIS und der CIA. Infolgedessen war er bei seinen CIA-Kontaktleuten sehr wählerisch. Wenn er den leisesten Zweifel an einem Beamten hatte, wenn er den Eindruck gewann, daß er nicht ernst genommen wurde, oder wenn er glaubte, der Falloffizier sei nicht intelligent genug oder bekleide einen zu niedrigen Rang, weigerte er sich zu kooperieren. Ein amtlicher CIA-Bericht bezeichnete ihn als «eine außerordentlich schwierige Person». Ein Beamter war so entnervt, daß er es deutlicher audrückte: «Der Kerl ist ein verdammter Hurensohn.»[4]

Dennoch lieferte Golizin in jenen frühen Tagen genau das, was er versprochen hatte. Er enthüllte, der KGB habe derart ungehinderten Zugang zur französischen Natosektion, daß er das offizielle Natoregister benutze, um die Dokumente auszuwählen, die er haben wolle, und sie träfen gewöhnlich schon wenige Tage nach dem entsprechenden Ersuchen in Moskau ein. Seine Enthüllungen führten dazu, daß zwei hohe französische Geheimdienstler zurücktraten, daß ein dritter in die Vereinigten Staaten überwechselte (weil er befürchtete, sein Dienst werde vom KGB kontrolliert), daß General de Gaulles Geheimdienstberater seinen Hut nahm[5] und daß Professor Hugh Hambleton, Kanadier und ehemals hoher Nato-Mitarbeiter, 1983 in Großbritannien zu zehn Jahren Gefängnis verurteilt wurde, weil er Natodokumente an den KGB weitergeleitet hatte.

Die andere Seite des Problems war, daß Golizin nachdrücklich behauptete, seine Informationen über sowjetische Agenten seien nur ein kleiner Teil des Materials, das er in den Westen mitgenommen habe. Der andere Teil sei eine politische Botschaft und so brisant, daß er ihn nur dem Präsidenten der Vereinigten Staaten vortragen wollte. Golizin zeigte sich so hartnäckig, daß die CIA Präsident Kennedy um ein Zusammentreffen ersuchte und dem Russen dann eine Antwort auf einem Hausmitteilungsbogen des Weißen Hauses vorweisen konnte, in der General Maxwell Taylor, ein hoher Beamter des Präsidialamts, die Bitte höflich ablehnte und erklärte, er vertraue darauf, daß die CIA das Beste aus Golizins Material machen werde. (Golizin traf jedoch dreimal mit Justizminister Robert Kennedy zusammen.)

Golizins politische Botschaft lautete im wesentlichen, der Westen sei im Umgang mit der kommunistischen Welt seit nunmehr 30 Jahren von falschen Voraussetzungen ausgegangen, weil die kommunistischen Länder und ihre Geheimdienste eine äußerst erfolgreiche und systematische Desinformationskampagne geführt hätten. Seine Hypothese lautete, vereinfacht ausgedrückt, daß der Kreml von 1957 bis 1960 eine neue Langzeitstrategie für den Weltkommunismus entwickelt habe. Der KGB habe eine wichtige Rolle bei der Durchführung politischer Maßnahmen erhalten, die eine langfristige strategische Täuschung beinhalteten. Das Hauptziel dieses gigantischen Täuschungsmanövers bestehe darin, dem Westen vorzugaukeln, daß der Ostblock von politischem Dissens zerrissen würde, und die nachgiebige Haltung auszunutzen, die der Westen daraufhin einnehmen würde.

Nach Golizins Theorie wäre die Lossagung Jugoslawiens von der Sowjetunion (1958) ebenso vorgetäuscht wie der Abfall Albaniens. Die Entwicklung in Polen wäre keine von der breiten Masse getragene Bewegung, sondern ein raffiniertes Unternehmen, mit dem die Sowjets dem polnischen Kommunismus neues Leben einhauchen wollten. Die sowjetische Dissidentenbewegung wäre vom KGB gesteuert, und ihre führenden Vertreter wären in Wahrheit treue Diener des Kreml. Vor allem jedoch wäre Moskaus Bruch mit China nichts weiter als eine Finte, ein Manöver zur Irreführung des Westens, und in Wahrheit seien die beiden Staaten so fest im Kommunismus geeint wie eh und je. Die sowjetischen Truppenmassierungen an der Grenze zur Volksrepublik China und die immer wieder ausbrechenden Grenzscharmützel wären lediglich Tricks, um die Irreführung zu untermauern. Wenn man Golizins Theorie akzeptierte, müßte man alles, was in der kommunistischen Welt passiert war und passieren würde, neu bewerten.[6]

Aber diese Theorie war selbst für die leidenschaftlichsten Antikommunisten ein zu harter Brocken, und die Art und Weise, wie Golizin sie erläuterte, machte sie nicht plausibler. Harry Rositzke, ein leitender Beamter der Ostblock-Abteilung der CIA, sagt dazu: «Er betrachtete sich als Missionar, sogar als Propheten. Er mußte uns arme, schlichte Gemüter aus dem Westen – unanalytische, begriffsstutzige, unkomplizierte Leute – warnen, daß wir die teuflischen Verschwörungen des KGB nicht verstehen könnten. Es war ein paranoider Geschichtsansatz.»[7]

Stephen de Mowbray, der ehemalige Leiter der Sowjetspionage-Abwehr beim SIS, widerspricht jedoch. Er und Arthur Martin, ein Sowjetexperte von MI5, verbrachten viele Stunden mit Golizin, lernten ihn gut kennen und ließen sich schließlich von ihm überzeugen. De Mowbray sagt: «Wie Golizin von der CIA und von uns behandelt wurde, ist ein heikles Thema. Die Beziehungen, die er 1962 zur CIA hatte, waren nicht die besten. Meines Erachtens würde kein Mensch bei der CIA leugnen, daß sie noch nie mit einem solchen Fall zu tun gehabt hatten und daß auf beiden Seiten Fehler gemacht wurden. Golizin, der sich vom sowjetischen System losgesagt hatte, paßte nicht leicht in ein bürgerliches System. Man darf nicht vergessen . . ., daß er wegen seiner Bedeutung für die Spionageabwehr immer nur mit einer beschränkten Zahl von Leuten zu tun bekam, die sich viel mehr für die Enttarnung von Spionen als für politische Fragen interessierten . . . Golizin als einen paranoiden und selbsternannten Propheten zu bezeichnen, ist grotesk und absurd. Er ist ein ungewöhnlich ernsthafter und zielstrebiger Mensch. Auffallend ist vor allem, daß er trotz endloser Frustrationen sein inneres Gleichgewicht und seine Konsequenz behalten hat.»[8]

Im März 1963 siedelte Golizin nach Großbritannien über. Die CIA war alles andere als erfreut. Sie hatte ihm eine neue Identität, eine Pension und ein Haus bei Washington gegeben, wo sie ihn im Auge behalten und für seine Sicherheit garantieren konnte. (Er war in der UdSSR in Abwesenheit zum Tode verurteilt worden.) Aber Golizin blieb nur vier Monate außerhalb der Vereinigten Staaten. Er hatte sich kaum in seinem ländlichen Refugium in England niedergelassen, als der *Daily Telegraph* seine Tarnung unabsichtlich mit einem Artikel gefährdete, in dem es hieß, daß sich ein hochkarätiger sowjetischer Überläufer in Britannien verstecke. Man kann nicht beweisen, daß die CIA dem ahnungslosen *Daily Telegraph* die Story zuspielte, aber ihren Zwecken diente es gewiß: Golizin packte erneut seine Koffer und ging wieder nach Washington.[9]

Dort unterbreitete er seine Thesen einer Gruppe von Experten für die Sowjetunion und China. Er machte seine Sache schlecht. Er wurde zornig und arrogant, als sie ihn herausforderten, und beging den Fehler, ihnen die Beweislast zuzuschreiben: «Woher *wissen* Sie, daß China sich wirklich von der UdSSR losgesagt hat?» Er verlangte, jedes Geheimdokument (samt identifizierter Quelle) zu sehen, das über die Spaltung berichtete, und behauptete steif und fest, er könne beweisen, daß die Berichte Teil einer Desinformationskampagne des KGB seien. Die CIA lehnte natürlich ab. («Wie zum Teufel konnte jemand, der seine fünf Sinne beisammen hatte, einem KGB-Offizier Informationen [aus CIA-Unterlagen] geben, damit dieser eine verrückte These bewies?» sagte der Leiter einer CIA-Abteilung.)[10] Golizin ging in eine jahrelange Klausur und verfaßte ein umfangreiches Manuskript über seine Theorie, das schließlich, nach mehrmaligem Kürzen und umfangreicher Bearbeitung, 1984 unter dem Titel *New Lies for Old* gleichzeitig in den USA und Großbritannien erschien. Es löste aber nicht die Diskussion aus, die der Verfasser und sein Verleger erhofft hatten. Rezensenten fanden es unglaubwürdig und apodiktisch und meinten, die These sei zu allumfassend, und das Werk interessiere nur Leute, die sich aus irgendwelchen Gründen mit Verschwörungen beschäftigten. Professor R. W. Johnson von der Universität Oxford erklärte: «Möglicherweise wurzelt dieser Unsinn letztlich in bürokratischen Konflikten innerhalb der CIA.»[11] Das schien das vorläufige Ende der politischen Botschaft zu sein, die Golizin in den Westen mitgebracht hatte, obgleich Stephen de Mowbray in verschiedenen Archiven prüfte, ob die These sich mit historischen Dokumenten über die Konferenzen von Teheran und Jalta – 1943 bzw. 1944 – erhärten ließ.

Golizins andere Botschaft – die westlichen Dienste seien von sowjetischen Maulwürfen unterwandert – wirkt dagegen bis zum heutigen Tag bei der CIA und beim SIS fort. Um seine Behauptung zu erhärten, interpretierte er die KGB-Operationen ungefähr so: Was hat es für einen Sinn, wenn der KGB lediglich westliche Spione fängt? Der Westen wird einfach neue schicken, und der Vorgang wiederholt sich. Deshalb bemüht der KGB sich darum, Agenten in westliche Geheimdienste einzuschleusen, die die Sowjetunion vor Spionen warnen können – und wenn diese westlichen Spione wichtige Informationen beschaffen, können die sowjetischen Maulwürfe sie unglaubwürdig machen und ihren Wert zerstören. Das ist das kurzfristige Ziel des KGB.

Auf lange Sicht – so Golizin – wolle der KGB die westlichen Geheimdienste unter seine vollständige Kontrolle bringen, weil er dann nicht nur in der Lage sei, wichtige Informationen unglaubwürdig zu machen, sondern auch Desinformationen verbreiten könne, wann und wo es ihm lohnend erscheine. Im Erfolgsfall sei der Westen der UdSSR auf Gnade und Ungnade ausgeliefert und könne die wahre Politik des Kreml nicht mehr von den falschen Analysen unterscheiden, die der KGB liefere.

Golizin behauptete, der KGB habe sein kurzfristiges Ziel schon erreicht und sei auf dem besten Weg, auch den langfristigen Plan durchzuführen und seine Maulwürfe für politische Zwecke einzusetzen. Also müßten die CIA und andere westliche Dienste als erstes das Ausmaß der sowjetischen Unterwanderung feststellen.

Diese zweite Botschaft des Überläufers war Musik in den Ohren vieler CIA-Leute. Einige Beamte fanden, daß die Agency die Gefahr der sowjetischen Unterwanderung auf die leichte Schulter nahm. Andere argumentierten zynisch, daß Beförderungen, Auslandsreisen und Auslandsaufenthalte vom Weiterbestehen der KGB-Drohung abhingen. Beide Gruppen wiesen darauf hin, alle Geheimdienste des Westens hätten sowjetische Maulwürfe enttarnt, nur nicht die CIA. Warum sollte sie immun sein? Wie Lyman Kirkpatrick berichtet, hatten sich die Leute an der Spitze der Agency ausführlich mit dieser Frage beschäftigt: «Der Gedanke, daß die Russen versuchen würden, uns zu penetrieren, beschäftigte uns seit der Gründung der CIA. Jeder erfahrene Geheimdienstler hätte die Möglichkeit erwogen, daß der Gegner in seinem Lager tätig war. Wenn ich nachts nicht schlafen konnte, wälzte ich mich hin und her und zermarterte mir das Hirn, wer es sein könne, wie sie es anfangen würden und wie sie uns überlisten würden und so fort. Es besteht eine gute Chance, daß es früher oder später einen geben wird, wenn es nicht schon einen gibt.»[12]

Dr. William Harris, ein Berater des Geheimdienst-Sonderausschusses des US-Senats, erklärte 1980 bei einer vom Konsortium für Geheimdienstfragen veranstalteten Konferenz über «Geheimdiensterfordernisse für die achtziger Jahre», daß die CIA von der Annahme ausgehen müsse, sie sei «ein teilweise unterwanderter» Dienst. Später versicherte er in privatem Kreis, er zweifele nicht daran, daß es dem KGB gelungen sei, Maulwürfe in die CIA einzuschleusen. Selbst wenn die CIA die denkbar beste «Qualitätskontrolle» habe, um ihre Beamten auf Herz und Nieren zu prüfen, und potentielle Verräter in 99,8 Prozent aller Fälle ausfindig mache, bleiben 0,2 Prozent unentdeckt. Demnach habe sie in den letzten zehn Jahren mehrere hundert möglicherweise unzuverlässige Mitarbeiter eingestellt. Außerdem hätten die Fälle von sowjetischen Agenten in anderen Regierungsbehörden gezeigt, daß Tests mit dem Lügendetektor oder Polygraphen, auf die die Agency sich verlasse, keine zuverlässige Methode zum Aufspüren potentieller Verräter seien. Die fraglichen sowjetischen Maulwürfe waren in unregelmäßigen Abständen solchen Tests unterzogen worden, ohne Verdacht zu erregen.[13]

So wurde Golizins Warnung von vielen bei der CIA begrüßt, doch keiner begrüßte sie so begeistert wie James Angleton, der brillante Leiter der Spionageabwehrabteilung. Angleton, Dichter, Orchideenzüchter, ehemaliger OSS-Offizier, «ein Superspion, der nicht einmal zu den monatlichen Stabsbesprechungen zu kommen pflegte, weil er nicht wollte, daß seine Tarnung aufflog»,[14] war, wie wir gesehen haben, ein Freund und Bewunderer Kim Philbys.

Angleton reagierte auf Philbys Verrat anders als viele seiner Kollegen. In den Jahren nach Philbys Enttarnung wurde es üblich, dem Briten praktisch alles in die Schuhe zu schieben, was bei westlichen Geheimoperationen gegen die Sowjetunion schiefgegangen war. Das Albaniendebakel, das wir bereits untersucht haben, war dabei nur ein Fall von vielen. Man warf Philby beispielsweise auch vor, er sei der Mann gewesen, der die Sowjets im Zweiten Weltkrieg mit Dokumenten aus der britischen Botschaft in Washington beliefert habe, «wo Philby damals gedient hatte».[15] Derartige Behauptungen waren vielleicht bequem, ließen sich aber kaum erhärten. Philby diente nicht in den Kriegsjahren in der britischen Botschaft, sondern 1949 bis 1951. Angleton widerstand also der Versuchung, alle Schuld auf Philby abzuwälzen. Er fragte statt dessen dem Sinne nach: Wenn Philby ein Verräter sein konnte, warum nicht auch andere? Wenn der KGB Philby umgarnen konnte, warum nicht auch andere? Dienstrang, bisherige Leistungen, äußerer Anschein, all das hatte womöglich nichts zu bedeuten. Es war Angleton, der ursprünglich den Ausdruck «eine Wildnis von Spiegeln» prägte, um «die Taktiken, Täuschungen, Tricks und andere Desinformationsmethoden» zu beschreiben, «die der Ostblock und seine koordinierten Geheimdienste benutzen, um den Westen zu verwirren und zu spalten».[16]

Angleton wurde nun Golizins Fürsprecher. David C. Martin zufolge war er es, der Golizins Unterredungen mit Robert Kennedy arrangierte. (Martin sagt, Kennedy sei einigermaßen verblüfft gewesen, als Golizin um 30 Millionen Dollar für spezielle Geheimoperationen gegen die Sowjetunion bat.) Unter Angleton wurden die Hinweise, die Golizin seit seiner Ankunft im Westen geliefert hatte, äußerst ernst genommen, und Geheimdienstler aus Australien, der Bundesrepublik, Frankreich, Großbritannien und Kanada standen in Washington förmlich Schlange, um mit Golizin zu reden und Anhaltspunkte für die Identität der KGB-Maulwürfe in ihren Diensten zu bekommen. Doch nirgends war die Jagd so eifrig wie in den Vereinigten Staaten.

Bei der CIA hatte die zehnjährige intensive Suche nach einem KGB-Maulwurf im Herzen des Dienstes verheerende Auswirkungen. Angleton meinte, die Unterwanderer in der Ostblockabteilung der Agency eingekreist zu haben, und unternahm 1963 Schritte, um vier mögliche Verdächtige loszuwerden, die in dieser Abteilung arbeiteten. Als das nicht klappte, schnitt er die Ostblockabteilung von Informationen über wichtige Operationen ab, was laut seinen Kritikern zur beinahe vollständigen Lähmung der Abteilung führte.

Die Jagd ging weiter. Man führte verdeckte Ermittlungen gegen loyale Beamte mit langjähriger Dienstzeit; obgleich man ihnen nichts nachweisen konnte, war die Karriere einiger guter Männer ruiniert. Niemand war über Zweifel erhaben. Selbst der angesehene Botschafter Averell Harriman wurde aufgrund mehrerer Hinweise Golizins kurz verdächtigt, ein Agent des KGB zu sein. Die Schwierigkeit lag darin, daß vieles von dem, was Golizin beim KGB (aus Akten, die über seinen Schreibtisch gegangen waren, aus Unterlagen über «Ausbildungsfälle», bei denen die wahre Identität nur unzureichend kaschiert war, und aus Bürotratsch) erfahren hatte, äußerst bruchstückhaft war.

Wenn die Information jedoch regelrechte Ermittlungen rechtfertigte, dann stellte sich heraus, daß seine Hinweise selten falsch waren. In Großbritannien trugen sie schließlich zur Enttarnung Kim Philbys bei, brachten MI5 auf Anthony Blunts Spur und weckten den Verdacht, daß in der Admiralität ein Spion saß – William John Vassall. Warum aber führten seine Informationen über Maulwürfe in der CIA nicht auch zu konkreten Ergebnissen?

Golizins wichtigste Information für den CIA lautete, daß der Leiter der für die USA und Kanada zuständigen Ersten Abteilung der Auslandsverwaltung des KGB, M.W. Kowschuk, 1957 in die Vereinigten Staaten gereist sei. Golizin sagte, ein so hoher KGB-Offizier würde nur dann eine solche Reise unternehmen, wenn er einen wichtigen Maulwurf in einer hohen Stellung bei der CIA aufsuchen müsse. Nach dieser Enthüllung erklärte er, aufgrund seiner Kenntnisse über die Technik, mit der Moskau zutreffende Informationen neutralisiere, die es für gefährlich halte, würde er folgendes prophezeien: Der KGB werde falsche Überläufer in die USA schicken, um seine Angaben über die Kowschuk-Reise unglaubwürdig zu machen.

Die Ereignisse schienen die Voraussage zu bestätigen. Binnen wenigen Monaten erboten sich zwei wichtige Sowjetfunktionäre, für die Vereinigten Staaten zu arbeiten. Der eine – er bekam den Codenamen «Fedora» – war offenbar Viktor Lesjowski, ein langjähriger sowjetischer UN-Beamter.*

«Fedora» wurde ein hochgeschätzter Agent des FBI, und J. Edgar Hoover persönlich hielt große Stücke von ihm. Der andere Russe war Juri Nosenko, ein KGB-Offizier von einer sowjetischen Dienststelle in Genf, der sich im Juni 1962 zum erstenmal mit der CIA in Verbindung gesetzt hatte; zwei Jahre später bestand er plötzlich darauf überzulaufen. Alles, was diese beiden Männer berichteten, ließ an dem zweifeln, was Golizin der CIA geliefert hatte, vor allem an der angeblichen Reise Kowschuks in die USA.

Nosenko erklärte, Kowschuk sei nicht etwa in die Vereinigten Staaten gekommen, um einen hochkarätigen Maulwurf bei der CIA zu treffen, sondern einen zweitrangigen Agenten mit dem Decknamen «Andrey», einen Angehörigen der US-Streitkräfte, den der KGB während seiner Dienstzeit in Moskau angeworben habe. Golizin hatte davon gesprochen, der Maulwurf bei der CIA habe amerikanische Agenten auffliegen lassen. Nein, sagte Nosenko, es gebe gar keinen Maulwurf; der KGB habe die Agenten mit routinemäßigen Überwachungsmethoden enttarnt. Doch wie zuverlässig war Nosenko? Die CIA bat das FBI, Nosenko von «Fedora» checken zu lassen. «Fedora» bestätigte Nosenkos KGB-Hintergrund und erklärte darüber hinaus, die Sowjets seien über seinen Frontwechsel so aufgebracht, daß sie fürs erste sämtliche KGB-Operationen in New York eingefroren hätten.

Es gab noch andere Hinweise, daß Nosenko «echt» sein mußte. Er lieferte den Tip, der unmittelbar zu Vassall führte – «ein Homosexueller, der im Büro des britischen Marineattachés in Moskau gedient hat». Er enthüllte die Existenz aller KGB-Wanzen in der amerikanischen Botschaft und zeigte, wo sie versteckt waren. Doch Angleton und weitere Golizin-Anhänger waren alles andere als überzeugt. Der KGB, argumentierten sie, sei ohnehin der Meinung, daß Golizin Vassall und die Abhörgeräte in der US-Botschaft so gut wie verraten

---

* David J. Garrow identifiziert «Fedora» in dem Buch *The FBI and Martin Luther King Jr.* als Lesjowski. Er sagt, er habe den Namen von seinem Autorenkollegen Ladislas Farago, und dieser habe ihn von dem ehemaligen hohen FBI-Beamten William C. Sullivan. Beide Männer sind inzwischen tot.

habe, und würde sie leichten Herzens opfern, um die CIA von Nosenkos Echtheit zu überzeugen.

So versuchte ein Flügel innerhalb der CIA zu beweisen, daß Golizin ein echter Überläufer war, indem er alles daran setzte, Nosenko zu einem Geständnis zu zwingen. Er wurde dreieinhalb Jahre lang eingesperrt, manchmal unter Bedingungen, die ebenso grausam waren wie in einem sowjetischen Gefängnis. Er bekam nicht genug zu essen, der Raum, in dem er sich aufhielt, hatte kein natürliches Licht, man gab ihm nicht genug Wolldecken und nicht einmal Zahnbürste und Zahnpasta, und er hatte (abgesehen von gelegentlichem Duschen) so gut wie keine Waschmöglichkeit. Er wurde Verhören unterzogen, deren Fragen teilweise von Golizin formuliert waren. Aber er gestand nicht, und am Ende war die CIA nicht schlauer als vorher.[17]

In der CIA entstanden drei Flügel: die Anti-Nosenko-Gruppe, die Pro-Nosenko-Gruppe und die Gruppe, die die offizielle Lesart vertrat. Die Anti-Nosenko-Leute behaupteten weiterhin, daß Nosenko ein Lockvogel des KGB sei. Sie erklärten, er habe bei wenigstens 20 Gelegenheiten gelogen, insbesondere was seinen Hintergrund betreffe, und es gebe viele Beispiele für seine Unwissenheit über Dinge, die in seinem angeblichen ehemaligen Aufgabenbereich beim KGB gelegen hätten. Er sei nicht einmal in der Lage, die KGB-Kantine zu beschreiben. Sie glaubten nicht, daß es irgendeine harmlose Erklärung für all das geben könne.

Die Pro-Nosenko-Gruppe vertrat den Standpunkt, ein Überläufer solle nach der Qualität der von ihm gelieferten Informationen beurteilt werden, und Nosenkos Informationen seien mindestens ebenso wertvoll wie die von Golizin, möglicherweise sogar wertvoller. Einem internen CIA-Report zufolge hatte Nosenko, nachdem er die feindseligen Verhöre überstanden hatte, dem FBI bei weiteren, freundlicheren Befragungen Hinweise gegeben, die zum Aufdecken von neun anderen Fällen sowjetischer Spionage führten.

Der offizielle Standpunkt wurde von dem stellvertretenden CIA-Direktor Rufus Taylor vertreten. Er prüfte den internen Report und kam zu dem Schluß, zwischen Nosenkos und Golizins Informationen bestünden keine entscheidenden Widersprüche. Taylor empfahl dem Direktor, Nosenko als echten Überläufer zu werten. Die Zahl von Nosenkos Anhängern innerhalb der CIA wuchs, und 1975 stellte die Agency ihn als Spionageabwehrberater ein, eine Funktion, deren sich nur wenige Überläufer rühmen konnten oder können – und die er heute, bei Erscheinen dieses Buchs, immer noch ausübt.[18]

Aber das Mißtrauen gegen Nosenko sollte sich nie ganz legen. 1978 beschäftigte sich der Kongreßausschuß für Mordfälle mit dem Hintergrund des Kennedy-Attentäters Lee Harvey Oswald. Er ließ Nosenkos Akte kommen, weil dieser der CIA gegenüber erklärt hatte, der KGB habe während Oswalds Aufenthalt in der UdSSR nie das geringste Interesse für ihn gezeigt. Der Ausschuß lud Nosenko vor, hörte seine Aussage, nahm ihn ins Kreuzverhör und kam zu einem äußerst negativen Ergebnis. Er fand signifikante Widersprüche zwischen den Erklärungen, die er gegenüber dem FBI, der CIA und dem Ausschuß abgegeben hatte: «Nosenko berichtete dem Ausschuß beispielsweise, der KGB habe Oswald gründlich überwachen lassen, nicht allein physisch, sondern auch mit Hilfe von Postzensur und Abhörgeräten. Aber 1964 erklärte er dem FBI und der CIA, eine derartige Überwachung Oswalds habe nicht stattgefunden.» In dem offiziellen Abschlußbericht heißt es weiter: «Nosenko sagte, Oswald sei nach seinem Selbstmordversuch nicht psychiatrisch untersucht worden, während er dem Ausschuß 1978 ausführlich von Berichten über psychiatrische Untersuchungen Oswalds erzählte, die er gelesen habe. Der Ausschuß sah sich am Ende nicht in der Lage, die Angelegenheit Nosenko zu erhellen. Die Art und Weise, wie Nosenko von der Agency behandelt wurde – seine Befragung und Haft – ruinierten ihn praktisch als zuverlässige Informationsquelle über die Ermordung [Kennedys]. Nichtsdestoweniger ist der Ausschuß absolut sicher, daß Nosenko über Oswald log. Die Gründe reichen von der Möglichkeit, daß er lediglich seine eigene Bedeutung übertreiben wollte, bis zu der Desinformationsthese mit ihren bedrohlichen Implikationen.»*[19]

Wir haben bereits gesehen, wie Nosenko und «Fedora», der langjährige sowjetische UN-Beamte, miteinander verbunden waren; «Fedora» hatte Nosenko mit seinen Angaben als echten Überläufer bestätigt. Nosenkos Gegner fühlten sich also in ihrer Meinung bestärkt, als das FBI Zweifel an «Fedora» zu hegen begann. 1980 war das Bureau zu 90 Prozent davon überzeugt, daß «Fedora» in Wahrheit ein sowjetischer Agent sei und in seinen Jahren als Informant des FBI, einschließlich der

---

* Es gibt noch eine weitere Möglichkeit. Als Mitarbeiter der CIA besprach Nosenko natürlich mit der Agency, was er vor dem Ausschuß aussagen würde. Ohne Wissen und Billigung der Agency sagte er vor dem Ausschuß sicher nichts, was in direktem Widerspruch zu der Version stand, die er ursprünglich der CIA aufgetischt hatte. Eine dritte Möglichkeit lautet also, daß die CIA den Ausschuß 1978 aus ganz bestimmten, nur ihr bekannten Gründen glauben machen wollte, der KGB habe sich außerordentlich für Oswald interessiert.

Periode, in der er Nosenkos Geschichte untermauert habe, von Moskau kontrolliert worden sei. (Die 10 Prozent Zweifel schwanden 1981, als «Fedora» nach Ende seiner Dienstzeit bei den Vereinten Nationen nach Moskau zurückkehrte.) Wenn «Fedora» fällt, fällt logischerweise auch Nosenko, und Golizin ist rehabilitiert.

Aber so einfach läuft es in der Welt der Geheimdienste nicht. Ein Spionageabwehrmann der CIA, Clare Edward Petty, ging daran, die Ereignisse seit Golizins Frontwechsel unter dem Gesichtspunkt zu untersuchen, wer eigentlich von ihnen profitiert hatte. Petty machte sich Angletons Prämisse zu eigen, die CIA sei mit dem Ziel unterwandert worden, die Geheimdienstarbeit der USA zu durchkreuzen. Dann entwickelte er die Hypothese, daß Golizin, Nosenko und «Fedora» alle zu einem Komplott gehörten, mit dem der KGB den *wahren* Maulwurf schützen wollte – den Mann, der der Tätigkeit der CIA erheblich geschadet hatte, indem er Mißtrauen und Verdacht säte, den Mann, der einen Beamten gegen den anderen aufgehetzt hatte, der befreundete Geheimdienste in Sorge und Angst versetzt hatte: James Angleton. (Wenigstens ein SIS-Leiter dachte ähnlich. Er sagte mir bei einem ausführlichen Gespräch über das, was er als «Angleton-Krankheit» bezeichnete: «Wenn man bedenkt, wieviel Zwietracht Golizin in der CIA säte, könnte man theoretisch folgern, daß *er* der erfolgreichste KGB-Agent aller Zeiten war.») Aus Pettys Bericht oder seinen Erklärungen geht nicht zweifelsfrei hervor, ob er Angleton allen Ernstes für einen sowjetischen Maulwurf hielt oder ob er das Ganze nur gemacht hatte, um zu demonstrieren, daß der Weg, auf den Angleton die Agency gebracht hatte, nirgendwohin führte. Er sagt einfach, daß das Belastungsmaterial gegen Angleton «eine enorme Anhäufung von Indizien . . . ein langwieriges, unangenehmes und einsames Unterfangen» ist.[20] (Er nahm unmittelbar nach Vorlage seines Berichts den Abschied.)

CIA-Direktor William Colby, der den Report entgegennahm, hatte inzwischen die Nase voll. Er hielt ihn für das krönende Beispiel einer Verschwörungsmentalität in der Agency, sah jedoch ein, daß er lediglich eine Reaktion auf Angletons ebenso konspirativen Ansatz zur Geheimdienstarbeit war. Colby hatte stundenlang zugehört, wie Angleton Golizins Thesen über sowjetische Taktiken, Maulwürfe, falsche Überläufer und diabolische KGB-Komplotte darlegte, und er gibt zu, daß er sie für Mumpitz hielt; entweder konnte er Angletons gewundenen Gedankengängen nicht folgen, oder dieser hatte nicht genug Beweise für seine Schlußfolgerungen vorgebracht. Colby zog Bilanz und befand, daß Angleton mit seiner Weiterverfolgung der Hinweise Golizins mehr

Schaden als Nutzen anrichtete. Er entließ ihn. Er sagte später: «Es war eine dienstliche Meinungsverschiedenheit zwischen Mr. Angleton und mir. Ich fand, wir verbrächten unverhältnismäßig viel Zeit damit, uns über mögliche falsche Überläufer und falsche Agenten den Kopf zu zerbrechen. Ich finde mich durchaus damit ab, daß man, wenn man losgeht und zehn Agenten anwirbt, vielleicht einen oder zwei erwischt, die faul sind. Man sollte ihre Informationen so gründlich prüfen können, daß einen dieses Problem nicht zu sehr von der eigentlichen Arbeit abbringt. Und man hat auf diese Weise zumindest acht gute Agenten. Aber wenn man sich die ganze Zeit vor der Möglichkeit schützt, einen schlechten an Land zu ziehen, sitzt man womöglich da und hat gar keinen.»[21]

Die Anhänger Golizins und Angletons argumentieren, die CIA sei einfach zu dem Schluß gekommen, das Eingeständnis, Nosenko irre sich und Golizin habe recht, wäre zu peinlich, und sie habe sich praktisch mit der Möglichkeit abgefunden, daß sie einen KGB-Maulwurf (oder sogar mehr als einen) in ihren Reihen habe.

Golizins und Angletons Gegner argumentieren, daß die CIA Angleton gerade noch rechtzeitig losgeworden sei; wenn er länger geblieben wäre, hätte er die Agency vollständig lahmgelegt. Zu Golizin bringen sie vor, er habe es, so wertvoll seine ersten Hinweise gewesen sein mögen, meisterhaft verstanden, sich unentbehrlich zu machen, um nicht wie andere Überläufer zum alten Eisen zu wandern. «Golizin hat im Grunde behauptet, nur *er* könne die Aktionen der Sowjets interpretieren, nur *er* verstehe die sowjetische Verschwörung, und nur *er* könne sagen, welche Überläufer echt sind», meint Harry Rositzke.[22] Andere Mitglieder dieser Gruppe bieten eine interessante Erklärung für Golizins augenscheinliche Fähigkeit, immer wieder neue Hinweise auf eine sowjetische Unterwanderung zu geben. Sie sagen, kein einziger KGB-Offizier könne jemals Zugang zu so vielen KGB-Fällen gehabt haben, und folgern, daß Golizin *tatsächlich* Einsicht in CIA-Akten bekam, daß Angleton sie ihm zeigte und daß er die so erhaltenen Informationen dann benutzte, um sich Thesen über eine sowjetische Unterwanderung der CIA und Hinweise auf Leute zurechtzulegen, die womöglich als Maulwürfe in Frage kämen. Die CIA gehe, kurz gesagt, Hinweisen auf Maulwürfe nach, die aus ihren eigenen Unterlagen stammten.

Wie dem auch sei, die CIA wurde jedenfalls in den sechziger und Anfang der siebziger Jahre von einem Maulwurffieber heimgesucht, wie man es in diesem Ausmaß und mit dieser Intensität noch nie gesehen hatte. Es ruinierte Karriere und Ruf mehrerer ausgezeichneter Beamter, verschlechterte die Beziehungen zu anderen westlichen Nachrichtendiensten und brachte um ein Haar die offensiven Geheimoperationen der CIA gegen die Sowjetunion zum Stillstand. Ein Maulwurf wurde jedoch nie gefunden. Es ist zwar leicht, Golizin für diese vergeudeten Jahre verantwortlich zu machen (was viele getan haben), aber man sollte nicht vergessen, daß er seinen Einfluß nur deshalb geltend machen konnte, weil die CIA dazu prädestiniert war, auf ihn zu hören. Daran ist zweifellos Philby schuld. Nachdem man entdeckt hatte, daß er jahrelang als sowjetischer Agent im Herzen der westlichen Geheimdienstwelt gearbeitet hatte – ein Coup, der in der Geschichte der Spionage ohnegleichen ist –, entstand ein Klima des Mißtrauens, das Golizins Verschwörungstheorien den Weg bahnte. Das war Philbys wahres Vermächtnis an die CIA.

Der Fall Penkowski erlaubt einen weiteren Einblick in Angletons «Wildnis von Spiegeln», in der nichts so sein muß, wie es scheint. Es gibt viele Versionen (und Variationen) der Begebenheit, die man als wichtigsten Frontwechsel in der Nachkriegsgeschichte der westlichen Geheimdienste bezeichnet hat. Die Version, die sich allgemein durchgesetzt hat, lautet so:

1955 fiel westlichen Militärs in Ankara auf, daß Oberst Oleg Wladimirowitsch Penkowski, der Stellvertreter des Militärattachés der sowjetischen Botschaft, des öfteren allein in schäbigen Cafés herumsaß und vor sich hin starrte. Den Briten genügte dieses magere Indiz, um Penkowski als potentiellen Überläufer einzuordnen. Ungefähr gleichzeitig wurde Greville Maynard Wynne, einem britischen Geschäftsmann, der im Krieg bei MI5 gedient hatte, in London von einem ehemaligen, inzwischen beim SIS arbeitenden Kameraden namens «James» der Vorschlag unterbreitet, seine geschäftliche Tätigkeit in Osteuropa und der Sowjetunion mit ein bißchen Spionage zu verbinden. Wynne war sofort einverstanden.

Im November 1960 setzte Wynne sich in Moskau auf Weisung des SIS mit der Auslandsabteilung des Sowjetischen Staatskomitees für Naturwissenschaft und Technologie in Verbindung, die Besuche ausländischer Technologieexperten und Ingenieure in der UdSSR arrangierte und Auslandsreisen ihrer sowjetischen Kollegen kontrollierte. Vorsitzender der Auslandsabteilung war Dscherman Michailowitsch Gwischjani, Sohn eines KGB-Generals und Ehemann Ludmilla Kossygins, der Tochter des damaligen Politbüromitglieds und späteren Ministerpräsidenten. Gwischjanis Stellvertreter war Jewgeni Iljitsch Lewin, ein KGB-Oberst, der in der Abteilung den sowjetischen Geheimdienst vertrat.

Zu den Funktionären, die Wynne bei seinen Gesprächen mit dem Komitee kennenlernte, gehörte auch Penkowski, der in der Abteilung den Militärgeheimdienst GRU vertrat. Als Wynne «James» von Penkowski erzählte, erwachte dessen Interesse, und er forderte Wynne auf, die Beziehung zu pflegen. Wynne tat es bei seinem nächsten Aufenthalt in Moskau, und die beiden redeten einander bald mit Grev und Alex (was Penkowski lieber war als Oleg) an. «James» war erfreut, als Wynne davon berichtete, und sagte ihm, Penkowski habe bereits versucht, Kontakt zum Westen aufzunehmen. Er instruierte Wynne, Penkowskis Vertrauen zu gewinnen und dann einfach abzuwarten, was geschehen würde.

Im April 1960, an seinem letzten Abend in Moskau, schlenderte Wynne mit Penkowski über den Roten Platz, und Penkowski sagte unvermittelt, er sei im Besitz gewisser Informationen, die er um jeden Preis den dafür zuständigen Behörden im Westen mitteilen müsse. In Wynnes Hotel, dem National, gab er dem Briten einen großen, zweifach verschlossenen Umschlag, der einen ausführlichen Bericht seines beruflichen Werdegangs und genügend Geheiminformationen enthielt, um den SIS von seiner Aufrichtigkeit zu überzeugen.[23]

Zwei Wochen später traf Penkowski als Mitglied einer sowjetischen Handelsdelegation in London ein. Er stahl sich jeden Abend, wenn seine offiziellen Pflichten beendet waren, aus dem Mount Royal Hotel am Marble Arch, wo er wohnte, zu einem konspirativen Haus, wo er bis in die frühen Morgenstunden von SIS- und CIA-Beamten befragt wurde.[24] Um ihn zu ermutigen, «durchzuhalten» und weiteres Geheimmaterial zu sammeln, wurde er bei einem der Treffs mit 20 hochkarätigen sowjetischen Überläufern bekannt gemacht, die man aus den Vereinigten Staaten und Großbritannien nach London gebracht hatte: «Oberst Penkowski, wir haben sie hierher gebracht, damit Sie wissen, daß Sie unter Freunden sind, daß Sie willkommen sind.» Als Penkowski nach Moskau zurückflog, hatte er das Werkzeug des Spionagehandwerks – Kamera, Funkgerät, Filme, Geheimschriftpapier, Vereinbarungen für tote Briefkästen – im Gepäck und konnte fortan, wenn er etwas brauchte, über eine kleine Truppe von SIS-Leuten verfügen.

Bei zwei späteren Treffs in London bzw. Paris fuhren SIS und CIA fort, alle Informationen aus Penkowski herauszuquetschen, die er im Verlauf seiner Karriere gesammelt hatte, und konzentrierten sich dabei insbesondere auf die neun Monate, in denen er an einem Raketenseminar der Dserschinski-Akademie für Artillerietechnik teilgenommen hatte. Außerdem lieferte er dem SIS in einem Zeitraum von 16 Monaten rund 5000 sowjetische Dokumente über Raketen, politische Maßnahmen, KGB-Operationen und Militärstrategie. Er sagte auch, wie er die sowjetischen Führer einschätzte, und kolportierte Klatsch und Skandale aus den höchsten Kreisen Moskaus.

Am 22. Oktober 1962 wurde Penkowski plötzlich festgenommen und wegen Hochverrats angeklagt, und am 2. November wurde Wynne auf einer Budapester Straße ergriffen und nach Moskau gebracht, um zusammen mit Penkowski vor Gericht gestellt zu werden. Am 11. Mai 1963 sprach ein Militärtribunal des Obersten Sowjetischen Gerichtshofs beide Männer der Spionage schuldig. Penkowski wurde zum Tode durch Erschießen verurteilt, und Wynne bekam acht Jahre Gefängnis. Die sowjetischen Behörden gaben später bekannt, Penkowski sei fünf Tage nach der Urteilsverkündung hingerichtet worden. Wynne saß ein Jahr seiner Strafe ab und wurde dann gegen den sowjetischen Geheimagenten Conon Molody ausgetauscht, der im Januar 1961 unter dem Namen Gordon Lonsdale in Großbritannien verhaftet worden war.

Die Aufmerksamkeit des Westens richtete sich auf den Prozeß gegen Wynne, und Penkowskis Rolle wurde erst im Verlauf der beiden nächsten Jahre publik. Nach der Veröffentlichung der «Penkowski-Papiere» sah man ihn dann in einem neuen Licht. Es handelte sich dabei um tagebuchähnliche Aufzeichnungen, die Penkowski angeblich in seiner Zeit als Spion gemacht und in seiner Moskauer Wohnung in einer Schreibtischschublade versteckt hatte. Dort seien sie von CIA-Agenten entdeckt und anschließend außer Landes geschmuggelt worden.[25] Nun feierte man Penkowski als den hochkarätigsten westlichen Agenten, der je den Kreml penetriert hatte, als wichtigsten Spion des Kalten Krieges, als den Mann, ohne den Präsident Kennedys Triumph über Chruschtschow bei der kubanischen Raketenkrise kaum möglich gewesen wäre, als einen «Traumspion von der Sorte, die es in Wirklichkeit wohl nie gibt», als einen tapferen und ehrenwerten Mann, dessen Vision einen wichtigen Beitrag zur Verhütung eines Atomkriegs gespielt habe.

Dieser Bericht ist problematisch, weil er weitgehend auf folgenden Quellen beruht: auf Beweismaterial, das beim Prozeß in Moskau vorgelegt wurde und deshalb suspekt sein muß; auf die «Penkowski-Papiere» selbst, und auf den Erinnerungen und Behauptungen Wynnes, die hauptsächlich in seinem Buch *The Man from Moscow* enthalten sind. Wie sich jedoch herausstellte, waren die «Penkowski-Papiere» auf Ersuchen der CIA von dem ehemaligen *Life*-Autor Frank Gibney und dem sowjetischen Überläufer Peter Derjabin geschrieben worden. Sie hatten sich auf die SIS-Tonbandprotokolle der Befragungen Penkowskis gestützt, und da die CIA von der Veröffentlichung des Buches profitieren wollte, müssen die darin enthaltenen Informationen ebenfalls als suspekt gelten.[26]

Wynnes Buch entlockte dem britischen Außenministerium einen seltenen Kommentar: «Gewisse Passagen, in denen es um angebliche Tätigkeiten der britischen Behörden und um Mr. Wynnes Beziehungen zu diesen Behörden geht, wären höchstwahrscheinlich aus Sicherheitsgründen unannehmbar gewesen, wenn sie gestimmt hätten.»*[27]

Neues, erst seit kurzer Zeit verfügbares Material – vor allem die Erinnerungen von SIS- und CIA-Beamten, die mit dem Fall Penkowski befaßt waren – macht es möglich, eine Version zu rekonstruieren, die sich in vielen wesentlichen Punkten von der allgemein akzeptierten Geschichte unterscheidet, und drei verblüffende Schlußfolgerungen über Penkowskis Rolle zu betrachten, die gegenwärtig in Geheimdienstkreisen geprüft werden.

Sie lauten wie folgt. Erstens: Die Sowjets brauchten einen westlichen Agenten, um Conon Molody (Gordon Lonsdale) freizubekommen, und der Fall Penkowski war ein Komplott, mit dem die KGB den SIS oder die CIA dazu veranlassen wollte, ihnen einen zu beschaffen. Als die CIA zu vorsichtig war, sprang der SIS ein und opferte Wynne. Zweitens: Penkowski war ein Desinformant, der dem westlichen Geheimdienst auf dem Tablett serviert wurde, um ihn als Teil einer langfristig angelegten Desinformationskampagne, die westliche Länder in falscher Sicherheit wiegen sollte, mit irreführenden und verlockenden Geschichten zu füttern. Da es sich um ein wichtiges strategisches Vorhaben handelte, waren die Sowjets bereit, einige taktische Perlen zu opfern, die Penkowski die Glaubwürdigkeit verliehen, die er brauchte, um seine Mission zu erfüllen. Drittens: Penkowski war eine Schachfigur in einem bizarren Moskauer Machtkampf, der auf dem internationalen Geheimdienstschauplatz ausgetragen wurde. Er wurde wahrscheinlich ohne sein Wissen dazu benutzt, um westlichen Führern bedeutsame Informationen über diesen Machtkampf zukommen zu lassen und dadurch eine auf Mißverständnissen beruhende atomare Konfrontation zu verhin-

---

* Der SIS protestierte gegen Wynnes Enthüllungen, und dieser verließ Großbritannien schließlich und zog nach Mallorca. Dort machte er Schlagzeilen, als er festgenommen worden war, weil er angeblich eine Bierkiste und einen Blumentopf aus seiner Wohnung im zehnten Stock auf eine Uferpromenade geworfen hatte. Wynne erklärte, in Wahrheit hätten es kommunistische Agenten getan, die ihn aus seiner Wohnung vertreiben wollten, um diese in Ruhe durchsuchen zu können.

dern. Die sowjetischen Führer entschieden sich für diesen Kommunikationsweg, weil sie wußten, daß ihre westlichen Amtskollegen dem Zauber ihrer Geheimdienste gründlich verfallen waren und Informationen, die sie von Spionen erhalten hatten, eher glauben würden als Informationen, die man ihnen auf normalem Weg oder durch übliche diplomatische Kanäle zukommen ließ.

Betrachten wir nun den Fall Penkowski im Licht der neuen Erkenntnisse und vor allem im Rahmen der internationalen Ereignisse jener Zeit, insbesondere der amerikanischen Schwierigkeiten mit Kuba, die in der Raketenkrise gipfelten.

Jeder Präsident der Vereinigten Staaten steht zu Beginn seiner Amtszeit vor einer bohrenden Frage: Kontrolliert er die CIA, oder kontrolliert die CIA ihn? Unter Eisenhower konnten Allen Dulles und seine Spezialisten für verdeckte Aktionen praktisch alles tun, was sie wollten. Als 1955 die erste U-2 einsatzbereit war und Aufklärungsflüge über der Sowjetunion Routinesache wurden – in vier Jahren fanden wenigstens 50 statt –, informierte Dulles den Präsidenten anfangs nur lückenhaft und weigerte sich, einem Senatsausschuß Zahlen zu nennen.[28] Das State Department konnte die Agency nicht mehr im Zaum halten, weil die Genehmigung verdeckter Operationen und «normaler» Geheimoperationen zwei verschiedenen Abteilungen oblag, die sich untereinander nicht absprachen.[29] Der gesamte Geheimdienst war reformreif, und viele der aufgeweckten jungen Männer, die im Januar 1961 zusammen mit Präsident John F. Kennedy an die Macht kamen, rechneten fest damit, daß der Präsident entsprechende Schritte veranlassen würde.

Sie wurden enttäuscht. Sie hatten Dulles unterschätzt, und sie hatten nicht die enorme Anziehungskraft der Geheimdienstwelt einkalkuliert. Wie der Historiker Arthur Schlesinger jr. bemerkte, gibt es in jedem Präsidenten «einen James Bond, der freigesetzt werden möchte». Kennedy war keine Ausnahme. Außerdem wußte Dulles ganz genau, wie man den Präsidenten behandeln mußte. Es gab eine CIA-Akte mit einem psychologischen Profil Kennedys, das bis auf seine Londoner Kriegstage zurückging, in denen sein Vater Joseph US-Botschafter in London gewesen war. Wie wir gesehen haben, fand MI5 Joseph Kennedys Sympathien für Hitler-Deutschland so gefährlich, daß er ein Dossier über ihn und seinen Sohn anlegte. Es war 1942 an das OSS weitergegeben worden und kam dann in das CIA-Archiv, wo es als Quelle für ein Profil John F. Kennedys diente und den Experten der Agency half, eine «Streichelmethode» für ihn zu entwickeln.[30]

Es schien ganz leicht zu sein. Kennedy interessierte sich nur für das Gesamtbild, nicht für Einzelheiten. Die CIA benutzte das als Vorwand, um ihm so wenig wie möglich zu berichten, und arbeitete weiter nach Dulles' Prinzipien. Dulles und seine Freunde nahmen sich auch den Bruder des Präsidenten, Justizminister Robert Kennedy, vor und überzeugten ihn davon, daß die CIA ein Refugium radikal und liberal eingestellter Flüchtlinge vor der Hexenjagd McCarthys und seiner Gesinnungsgenossen sei. Wie ein Historiker der CIA gesagt hat, «streichelten» die Verantwortlichen der Agency den Präsidenten so erfolgreich, daß er sich rasch ihrem Standpunkt anschloß, demzufolge vergleichsweise risikolose verdeckte Operationen das beste Mittel waren, um den Kommunisten die unnachgiebige Haltung des neuen Präsidenten gegenüber dem Ostblock zu demonstrieren. Die Invasion Kubas von der Schweinebucht aus sollte eines dieser «vergleichsweise risikolosen» Unternehmen sein.[31]

Am 25. Januar 1961 unterrichtete die CIA den Präsidenten von der bevorstehenden Operation. Kennedy erfuhr allerdings nichts von den Vorbehalten außerhalb der Agency – vor allem beim Militär – und in der CIA selbst, wo man die Pläne vor mehreren hohen Beamten geheimgehalten hatte. Lyman Kirkpatrick erinnert sich: «James Angleton, Richard Helms, Robert Amory und ich waren nicht in die Operation eingeweiht. Aber in einer leitenden Stellung bekommt man unweigerlich etwas von den Dingen mit, die geschehen. Ich war der Meinung, der Plan könne einfach nicht klappen, da er auf unzutreffenden Informationen von kubanischen Flüchtlingen beruhe, die insbesondere besagten, eine Invasionstruppe könne auf die Hilfe der Bevölkerung zählen, es werde einen allgemeinen Aufstand geben. Ich hatte jedoch gehört, was mit einem Team von rund zehn Männern geschehen war, die mit dem Fallschirm über den Bergen Kubas abgesprungen waren. Zweitausend kubanische Milizionäre waren hinter den Jungs her, und sie bekamen von den Einheimischen nicht mal Nahrung. Schließlich bat ich Dulles schriftlich um die Erlaubnis, als normale Routinemaßnahme zwei Inspektoren für die Operation Schweinebucht abzustellen. Dulles antwortete binnen vierundzwanzig Stunden: ‹Nicht genehmigt.› »[32]

Die Operation schlug fehl, und Dulles zahlte den Preis dafür. Der Präsident sagte, er würde die CIA am liebsten «in tausend Stücke schlagen und in alle vier Winde zerstreuen».[33] Er erwog, Dulles durch Robert Kennedy zu ersetzen, entschied sich dann aber für John McCone, der sich als ebenso harte Nuß erwies. Es stand jedoch fest, daß die Vereinigten Staaten eine Runde gegen die Sowjetunion verloren hatten. Kennedy und Chruschtschow trafen sich in Wien, und Kennedy sagte: «Die Schweinebucht war ein Fehler.» Chruschtschow erwiderte: «Ja. Castro ist kein Kommunist, aber Sie werden ihn dazu machen.» Dann erklärte der Generalsekretär, Moskau werde seine Unterstützung nunmehr auf «alle zum Zurückschlagen eines bewaffneten Angriffs erforderlichen Maßnahmen» ausdehnen. Paul Nitze bezeichnete das Gipfeltreffen als «stundenlange Schimpfkanonaden Chruschtschows, der immer wieder betonte, daß er, der stahlharte Arbeiter, wisse, wie man eine Supermacht führe, und Kennedy, der nette Junge, nicht in der Lage sei, irgend etwas zu führen».[34]

Kein Wunder, daß Kennedy nach Wien förmlich von Chruschtschow besessen war. Was wollte der Sowjetführer? Was würde er als nächstes tun? Die Antworten waren nicht ermutigend. In den folgenden Monaten nahm die UdSSR ihre oberirdischen Atomversuche wieder auf und machte Kennedys Hoffnung auf eine Beendigung solcher Tests zunichte; die Berliner Mauer wurde gebaut, und hohe sowjetische Militärs begannen, mit der Zielgenauigkeit ihrer Interkontinentalraketen zu prahlen.

Die Vereinigten Staaten mußten unbedingt in Erfahrung bringen, ob Chruschtschow wirklich von einer derartigen Position der Stärke aus handelte. Kennedy hatte seinen Wahlkampf mit dem Versprechen geführt, «die Raketenlücke zu schließen», das heißt, Mittel bereitzustellen, die es den USA ermöglichten, mit der Sowjetunion militärisch gleichzuziehen. Nach seiner Wahl eröffnete die CIA ihm, ihrer Einschätzung nach existiere die Raketenlücke gar nicht. Aber das Schweinebuchtfiasko machte Kennedy mißtrauisch gegen alles, was die CIA äußerte, so daß er Dulles' Nachfolger McCone und Verteidigungsminister Robert MacNamara auftrug, die Wahrheit herauszufinden.

Sofort tauchten Schwierigkeiten auf. Wie *mißt* man eine Lücke? Die CIA hatte Raketensilos zu zählen versucht. Doch enthielt jeder Silo wirklich eine Rakete? Sie versuchte, Raketen zu zählen. Die U-2-Aufnahmen lieferten Anhaltspunkte, aber bei der Auswertung gab es Streit. «Für die Air Force war jeder Lichtpunkt auf einem Film eine Rakete. Man identifizierte nacheinander Munitionslager im Ural, ein Kriegsdenkmal auf der Krim und einen mittelalterlichen Turm als die ersten sowjetischen Raketen.»[35] Und selbst *wenn* man die sowjetische *Kapazität* für einen Krieg mit Atomraketen akkurat einzuschätzen vermochte, waren die *Absichten* Moskaus nicht wichtiger? Was beabsichtigte Chruschtschow, und vertrat er wirklich die Meinung der übrigen Sowjetführung? Der britische Premierminister Harold Macmillan war überzeugt, daß Chruschtschow ein Angeber und Bangemacher, aber keine wirkliche Gefahr sei und daß die konservativen Sowjetführer befürchteten, er könne den Westen mit seinem Bramarbasieren zu einer gefährlichen Reaktion verleiten. Die CIA konnte nicht weiterhelfen: Da sie sich so lange auf verdeckte Operationen konzentriert hatte, fehlte ihr das Instrumentarium zur Beschaffung zuverlässiger politischer Informationen über den Generalsekretär, seine Beziehung zu den anderen führenden Kremlpolitikern und Moskaus wahre Meinung über die sowjetischen Beziehungen zum Westen.

In ebendiesem Augenblick betrat zufällig der «Traumspion» die Bühne, der Mann, der in der Lage war, alles zu beantworten, was Präsident Kennedy wissen wollte – Oberst Oleg Penkowski. Die CIA hatte ihm die kalte Schulter gezeigt, und die Briten hatten ihn seit April 1961 geführt. Entgegen der allgemein akzeptierten Version war er den westlichen Diensten nicht etwa deshalb aufgefallen, weil er seine Abende so oft allein in den Cafés von Ankara verbrachte, sondern weil er nicht aufhörte, ihnen seine Dienste anzubieten. Er besuchte viele Diplomatenempfänge, wandte sich dort an Offiziere und Beamte der CIA und des SIS und sagte ihnen unverblümt, er sei bereit, sein Wissen über sowjetische Nahostpläne mit ihnen zu teilen. Die Betreffenden erstatteten Meldung über die Angebote und wurden natürlich angewiesen, Penkowski als heiße Kartoffel zu behandeln. Sein Hintergrund, sein Kriegsregister, seine Ehe mit einer Generalstochter und sein steter Aufstieg auf der sowjetischen Beförderungsleiter paßten nicht in das Bild eines potentiellen Überläufers. Angleton warnte nachdrücklich, daß Penkowskis Avancen alle Merkmale einer KGB-Verschwörung hätten. Die CIA-Führung schloß sich seiner Meinung an, und den Botschaften der Nato-Länder in Ankara wurde dringend nahegelegt, den hartnäckigen Oberst abzuweisen.

Fünf Jahre vergingen. Chruschtschow übernahm das Ruder im Kreml. Nach Moskau zurückgekehrt, zog Penkowski wieder seine türkische Nummer ab, besuchte Empfänge und erklärte peinlich berührten westlichen Diplomaten, er wolle wichtige sowjetische Geheimnisse preisgeben – «Hier ist ein Päckchen für Ihre Regierung.» Schließlich fand er jemanden, der bereit war, ihm zuzuhören. Es war übrigens nicht Wynne, sondern ein kanadischer Diplomat. Penkowski drückte ihm bei einer Gesellschaft einen Umschlag mit Dokumenten in die Hand und ging. Der Diplomat gab sie seinem Nachrichtenoffizier, der sie an den Leiter des SIS-Büros weiterreichte. Dieser schickte sie zur Bewertung nach London.[36]

Die SIS-Experten vom Verteidigungsministerium studierten Penkowskis Material, befanden es für authentisch und baten um mehr. Dick White kam zu dem Schluß, die CIA habe sich in Penkowski getäuscht, und gab dem Leiter des Moskauer Büros das Plazet, sich mit Penkowski in Verbindung zu setzten und auf seine Bedingungen für weiteres Material einzugehen. Nun kam Wynne als Mittelsmann ins Spiel, da er bereits in Moskau war, da er als Geschäftsmann eingeführt war und da er als mutig und zuverlässig galt. Die CIA bekam ein Resümee von Penkowskis ersten Lieferungen, und man vereinbarte, daß sie an Penkowskis Befragungen bei seinen Besuchen im Westen teilnehmen würde. (Zuletzt stellte die CIA drei zweisprachige Falloffiziere und 18 Feldbeamte für die Operation Penkowski ab!)[37]

SIS und CIA wollten ihrem Glück zunächst nicht trauen. Penkowskis Wissen schien zu breitgefächert, sein Zugang zu offiziellen Dokumenten zu leicht, sein Gedächtnis zu gut. Doch zum einen kamen ihm aufgrund seiner Ehe und seiner beruflichen Kontakte alle möglichen Dinge zu Ohren, und zum anderen mußte er als Offizier des Militärgeheimdienstes (GRU) regelmäßig in der GRU-Zentralregistratur Dienst tun. Indem er den guten Kameraden spielte und sich oft freiwillig für Wochenenddienst melde, erklärte Penkowski seinen Falloffizieren, könne er viel Zeit im GRU-Archiv verbringen und sei dort häufig allein. Viele der Zweifel – aber nicht alle – wurden von einer wichtigen Geheimdienstmaxime vertrieben. Wenn das Ganze eine Verschwörung war, um den Westen zu desinformieren oder einen Maulwurf in einen der wichtigen westlichen Geheimdienste einzuschleusen, hatten die Sowjets entschieden zu viele Informationen preisgegeben, um Penkowski als glaubwürdig hinzustellen – er brachte, anders ausgedrückt, so viel authentisches und wertvolles Material, daß er einfach echt sein *mußte*.

Die CIA steckte in einer Zwickmühle. Sie konnte es sich nicht leisten, in der Sache zu irren. Noch ein Fiasko, und Kennedy könnte die Agency tatsächlich in alle vier Winde zerstreuen. John Maury, der Leiter der Abteilung für Operationen gegen die Sowjets, ließ Penkowskis Material von einem Mitarbeiter prüfen, der das Russische beherrschte. Es bestand fast ausschließlich aus technischen Daten über das sowjetische Raketenprogramm, insbesondere die Leitsysteme von Interkontinentalraketen. (Die Bedeutung dieses Punkts werden wir später behandeln.) Der Beamte brauchte bis Ende 1961, um die Unterlagen zu prüfen und seinen Bericht zu schreiben. Er kam zu dem Ergebnis, die Informationen seien authentisch und ließen erkennen, daß die UdSSR in ihrem Raketenentwicklungsprogramm hinter den USA zurückliege, und aus diesem Grund bestehe die Lücke – so es sie überhaupt gebe – nicht etwa zuungunsten der USA, sondern zuungunsten Moskaus.[38]

Diese verblüffende Nachricht erreichte den Präsidenten nicht gleich. Erstens blieben einige leitende CIA-Beamte skeptisch: Angleton beharrte weiterhin darauf, daß Penkowski seine Echtheit nicht bewiesen habe. Andere sorgten sich um die Wirkung, die eine solche Neuigkeit auf die Falken im Pentagon haben könnte – die Versuchung, einen Erstschlag gegen eine schwache Sowjetunion zu führen, könnte sich als unwiderstehlich erweisen. Maury war vorsichtig und beriet mit McCone, wie und vor allem wem sie das Penkowski-Material am besten vorlegen sollten. Es gab offenbar keinen Grund zur Eile. Penkowski war noch in Moskau und könnte durchaus weitere Informationen liefern, die selbst die Zweifler überzeugen würden.

Im Juli beschloß Chruschtschow dann, Raketen in Kuba zu stationieren, um die USA von der Invasion abzuschrecken, die sie offensichtlich vorbereiteten. Chruschtschow mußte den heftigen Widerstand anderer Sowjetführer überwinden. Einige betrachteten seine Entscheidung als gefährliches Abenteurertum, und andere sorgten sich, der Schritt könne den Verteidigungsgürtel der UdSSR selbst ernstlich schwächen. Der Widerstand war so groß, daß Chruschtschow zwei Generäle entlassen mußte, um seinen Willen durchzusetzen.

Wie die Amerikaner auf die Aussicht reagierten, sowjetische Raketen vor der eigenen Tür zu haben, ist inzwischen Geschichte. Kennedy und Chruschtschow brachten die Welt in den zwölf Tagen zwischen dem 16. und dem 27. Oktober an den Rand eines Atomkriegs. (Der Krieg stand so dicht bevor, daß im Weißen Haus schon über die Liste derjenigen diskutiert wurde, die in den Atombunker der Regierung mitkommen könnten.)

Man ist allgemein der Ansicht, Penkowski habe eine wichtige Rolle bei der Verhütung dieses Kriegs gespielt. Seine Informationen über die Methoden, mit denen die Sowjets einen Raketensilo bauten und armierten, erlaubten der CIA zum einen zu berechnen, daß es 16 bis 18 Monate dauern werde, ehe die kubanischen Raketen eine reale Bedrohung darstellten. (Die Silos wurden dann nie fertig gebaut, und keine einzige Rakete kam nach Kuba.)[39] Zum anderen konnten die Amerikaner aufgrund der von Penkowski gelieferten Kopien sowjetischer Raketen-Diensthandbücher feststellen, welcher Raketentyp für die einzelnen Silos bestimmt war. Schließlich und vor allem half Penkowskis Information, derzufolge die Raketenlücke zugunsten der

USA bestand, Präsident Kennedy bei der Schlußfolgerung, Chruschtschow bluffe nur und würde, wenn es hart auf hart ginge, einen Rückzieher machen.

Was den letzten Punkt betrifft, bestand Penkowskis wertvollster Dienst anscheinend darin, daß er sich verhaften ließ. Das geschah nicht allein in einem entscheidenden Augenblick, nämlich am 22. Oktober, sondern auch so, daß der SIS binnen Stunden davon erfuhr. Nun war die CIA (und der Präsident) restlos überzeugt, daß Penkowski echt war, und wußte, daß Kennedy einen zusätzlichen Trumpf in der Hand hatte. Erstens wußte er mit Sicherheit, daß die USA mehr Raketen hatten als die UdSSR, und zweitens *wußte Chruschtschow, daß Kennedy es wußte*. Kein Mensch kann fortfahren zu bluffen, wenn er weiß, daß der Gegner sein Blatt kennt, und binnen 24 Stunden, nachdem Chruschtschow von Penkowskis Beziehungen zum SIS und zur CIA erfahren hatte, schrieb er seinen berühmt gewordenen Brief: «Nur Geisteskranke oder Selbstmörder, die selbst untergehen wollen, würden Ihr Land zu zerstören versuchen.»[40] Kennedy bot einen Kompromiß an: Demontiert eure Abschußrampen, und wir lassen Kuba in Ruhe. Chruschtschow willigte ein, und die Krise war vorbei.

Penkowski wurde nun eine Person der Geheimdienstgeschichte. Dick White sprach noch im selben Jahr vor SIS-Beamten davon, wie dankbar die CIA für das Penkowski-Material sei, das der SIS an seine «Vettern» weitergeleitet habe. «Man hat mir zu verstehen gegeben, daß diese Informationen weitgehend zu der Entscheidung beitrugen, entgegen der Absicht einflußreicher Leute in den Staaten keinen präventiven atomaren Erstschlag gegen die Sowjetunion zu führen», sagte er. «Ich möchte Ihnen allen mit allem Nachdruck sagen, daß diese Operation, sofern es überhaupt eines Beweises bedurft hätte, ohne den Schatten eines Zweifels demonstriert hat, wie außerordentlich wichtig der Mensch als Quelle von Geheiminformationen ist, sofern man ihn mit dem gebotenen professionellen Geschick behandelt.»[41]

Bis zu diesem Punkt scheinen die Unterschiede zwischen der allgemein akzeptierten und der nach dem neuen Wissensstand erarbeiteten Version recht minimal zu sein. Wynnes Rolle ist anders; es gibt mehr Einzelheiten über Penkowskis Enthüllungen und ihren Einfluß auf die Politik und das Vorgehen der Vereinigten Staaten. Doch es gibt in beiden Versionen Merkwürdigkeiten, die einer Erklärung bedürfen.

Bisher ist es noch keinem Menschen gelungen, Penkowskis Motive zu erhellen. Alle Deutungen klingen banal oder schlicht unglaubwürdig. Penkowski soll Chruschtschow gehaßt haben, aber seine Frau sagt, daß er den Generalsekretär in Wahrheit bewunderte.[42] Außerdem heißt es, als er vom Tod seines Vaters, eines Offiziers der Weißen Armee, im Kampf gegen die Kommunisten erfuhr, habe er geschworen, ihn zu rächen. Aber sein Vater war wahrscheinlich von den Weißen zu den Waffen gezwungen worden, hatte also nicht freiwillig gedient, und er fiel, als Penkowski erst vier Monate alt war. Angeblich haßte Penkowski das kommunistische System. Aber er gehörte zur sowjetischen Elite, die nicht unter dem Kommunismus gelitten, sondern im Gegenteil von ihm profitiert hatte. In seinem Buch ist immer wieder von seinen religiösen Beweggründen und seiner (ziemlich späten) Entdeckung die Rede, daß der Kommunismus nichts weiter als ein Schwindel sei. Beides riecht nach CIA-Propaganda. Man hat noch andere Dinge als Erklärung vorgebracht, Eitelkeit, Freude am Verrat, Zorn über zu langsame Beförderung, die Zwanghaftigkeit eines Manisch-Depressiven, aber all das ist nicht überzeugend. Wir stehen nach wie vor vor der entscheidenden Frage: Warum tat Penkowski es?

Als nächstes erzählt man uns, daß Penkowski nicht allein deshalb so wichtig gewesen sei, weil er in der GRU-Zentralregistratur für Kameraden Wochenenddienst machte (hat sich eigentlich nie jemand gefragt, warum Genosse Penkowski so bereitwillig über das Wochenende arbeitete?) und ungestört Materialien kopieren oder mitgehen lassen konnte, sondern auch deshalb, weil er die sowjetischen Führer und die Politik des Kreml so zutreffend einschätzte und ein so gutes Gedächtnis für komplizierte technische Fakten hatte. Geheimdienstler mit naturwissenschaftlicher Vorbildung, die an seinen Befragungen teilnahmen, bezeichnen Penkowskis Wissen über die Raketentechnologie jedoch als rudimentär und nennen ihn «einen kleinen Schützen, der seine Kurse absolviert und mit knapper Not bestanden hat». Das Material, das die CIA so gründlich untersuchte, hatte nichts mit der Persönlichkeit oder den Absichten sowjetischer Führer zu tun, sondern behandelte einzig und allein die Raketenkapazität Moskaus. Penkowskis Informationen über die Sowjetführer und insbesondere Chruschtschow galten als unzuverlässig und unglaubwürdig.[43]

Das geheimdienstliche Brimborium, mit dem die allgemein akzeptierte Version des Falls Penkowski versetzt ist, wirkt oft lächerlich: Treffen in Moskauer Hotelzimmern bei laufenden Wasserhähnen, weil es Wanzen gibt (statt ein Spaziergang in einer ruhigen Straße oder einem Park); die Verwendung von «Alex» als Codename Penkowskis (obgleich alle wissen, daß Alex sein Spitzname ist); und vor allem der Aufmarsch von 20 sowjetischen Überläufern, mit dem man Penkowski motivieren will, kurz bevor er als westlicher Superagent nach Moskau zurückkehrt (ein eklatanter Verstoß gegen die Sicherheisregeln, wie John Le Carré betont hat – «Jungs, haltet um Gottes willen dicht», sagte Penkowski seiner [ironischen] Meinung nach zu ihnen).[44]

Um eine plausible Schlußfolgerung zu ziehen, brauchen wir einen objektiven Betrachter, jemanden, der weder von den westlichen Geheimdiensten kommt, die offensichtliche Interessen vertreten müssen, noch von den Sowjets, die bei dem Prozeß gegen Penkowski – ebenfalls aus offensichtlichen Gründen – das Bild eines degenerierten Vaterlandsverräters zeichneten. Zum Glück gibt es einen solchen Experten. Ein britischer Karrierediplomat mit langjähriger Erfahrung in sowjetischen Angelegenheiten, der das Russische beherrscht und gute Kontakte zu offiziellen Moskauer Kreisen hatte, war während der betreffenden Zeit in Moskau. Er hatte gute Arbeitsbeziehungen zur Auslandsabteilung des Staatskomitees für Naturwissenschaft und Technologie, insbesondere zu Gwischjani, dem Leiter der Abteilung, und mehreren anderen Personen, darunter auch Penkowski. Er war überdies mit Wynne bekannt.

Wynne machte sich damals bei der britischen Botschaft unbeliebt, weil er um alle möglichen Dienste bat, die britische Geschäftsleute normalerweise nicht verlangten. Einige der Beamten, die natürlich nichts von seiner SIS-Rolle wußten, wunderten sich darüber, daß die Sowjets ihn so ernst nahmen. Schließlich sprach einer von ihnen privat mit einem hohen Funktionär der Auslandsabteilung des Komitees darüber, und dieser erklärte, er finde die Angelegenheit sehr interessant.

Aber das Ergebnis war überraschend. Statt sich *weniger* für Wynne zu interessieren, umbuhlten die Sowjets ihn fortan noch mehr, und der Mann, der zu diesem Zweck ausgewählt wurde, war der kleine Protokollbeamte Penkowski. Das erlaubt mehrere Rückschlüsse. Zum einen war die Auslandsabteilung des Staatskomitees für Naturwissenschaft und Technologie eindeutig mehr, als ihr Name vorgab. Sie hatte zweifellos eine verdeckte Funktion – höchstwahrscheinlich sammelte sie neueste Daten über westliche Entwicklungen auf elektronischem Gebiet. Das würde erklären, warum so viele Männer von KGB und GRU zu ihr gehörten.

Diese Nachrichtenoffiziere gaben sich keine Mühe, das Interesse zu verbergen, das sie von dem Moment an für Greville Wynne zeigten, als er sowjetischen Boden betrat. Der Grund war wahrscheinlich, daß sie seine wahre Rolle als SIS-Agent vermuteten. Als britische Botschaftsangehörige, die nicht in Wynnes Arbeit für den SIS eingeweiht waren, die

Sowjets darauf aufmerksam machten, daß viele andere Geschäftsleute sicherlich mehr zum britisch-sowjetischen Handel beitragen könnten, nahm das sowjetische Interesse für Wynne noch zu. Warum?

Der Diplomat, der damals keine Ahnung von der geheimdienstlichen Tätigkeit Penkowskis oder Wynnes hatte, hat sich im Licht dessen, was er in Moskau sah und hörte und was er seitdem erfahren hat, jahrelang Gedanken über den Fall Penkowski gemacht. Seine Schlußfolgerungen können natürlich nicht endgültig sein, sind aber durchaus plausibel.

«All die Ereignisse und die lebhaften Eindrücke, an die ich mich erinnere, sind in der Tat sehr schwer mit der allgemein verbreiteten Version von der Affäre zu vereinbaren, sondern riechen von Anfang an nach einer KGB-Verschwörung. Ich meine, daß Penkowski entweder auf den niedrigen Posten beim Staatskomitee abgeschoben wurde, wo er nur wenige wirklich wichtige Geheimnisse erfuhr und gut kontrolliert werden konnte, ohne viel Schaden anrichten zu können, oder daß er tatsächlich als Geheimdienstler und Raketenexperte beim Komitee arbeitete und die westlichen Entwicklungen auf diesem Gebiet beobachtete, zugleich jedoch die Aufgabe hatte, Wynne mit ‹Geheimnissen› zu ködern, die nur zu überzeugend wirkten.

Wenn die erste Möglichkeit zutrifft (was ich für weniger wahrscheinlich halte), hätte er als enttäuschter, leichtlebiger Offizier, der es nicht geschafft hatte weiterzukommen, durchaus geneigt gewesen sein können, sein Land zu verraten. In diesem Fall hätte er einiges militärtechnisches Material zu bieten gehabt, besonders über Raketen. Wenn er jedoch über authentische und brisante politische oder strategische Informationen verfügt hätte, hätte der KGB ihn ganz sicher in einem früheren Stadium aus dem Verkehr gezogen.»[45]

Es gibt jedoch eine dritte Möglichkeit, die sich ebenfalls mit den Eindrücken des Diplomaten vereinbaren läßt: Penkowski wurde von einer Gruppe von Kreml-Politikern benutzt, um eine wichtige Botschaft an den Westen weiterzuleiten. Während der Zeit, in der er tätig war, verschlechterten sich die Ost-West-Beziehungen auf besorgniserregende Weise – es kam zu dem U-2-Zwischenfall; Eisenhower erklärte, die USA hätten das Recht, Flugzeuge über sowjetisches Territorium zu schicken, was Chruschtschow zur Weißglut brachte; das Scheitern der Pariser Gipfelkonferenz; die Berliner Mauer; die Krise wegen der DDR; in Berlin standen sich amerikanische und sowjetische Panzer gegenüber; die Wiederaufnahme der oberirdischen Atomversuche durch die Sowjets; und auf beiden Seiten plädierten die Falken für einen präventiven atomaren Erstschlag.

Die Tauben in Moskau machten sich größte Sorgen über die zunehmende Verhärtung von Chruschtschows Amerikapolitik, über sein «Abenteurertum», wie sie es nannten, die schrillen Töne, die er gegenüber dem soeben gewählten Kennedy anschlug, sein Beharren, dem Militär die von ihm konzipierte Verteidigungspolitik aufzuzwingen, und insbesondere über seine Entscheidung, das nukleare Risiko durch die Stationierung von Raketen in Kuba zu vergrößern. Ein Atomkrieg zur Verteidigung der Sowjetunion war eine Sache, aber ein Atomkrieg, der durch Chruschtschows Bluffen heraufbeschworen wurde, war eine unannehmbare, doch immer wahrscheinlichere Möglichkeit. In Anbetracht der Machtstruktur des Kreml konnte der Anti-Chruschtschow-Flügel, zu dem mehrere ranghohe Militärs gehörten, den Westen auf keinen Fall darüber unterrichten, daß der Kreml nicht geschlossen hinter der Politik des Generalsekretärs stand. Er brauchte einen Kanal, durch den er dem Westen mitteilte, daß Chruschtschow nicht die *Fähigkeit* hatte, seine etwaigen Drohungen in die Tat umzusetzen. Ich meine, daß Penkowski dieser Kanal war.*

Es kann sein, daß Penkowskis frühe Versuche, Kontakt zu westlichen Geheimdiensten aufzunehmen, ein Komplott des KGB waren und daß das Komplott zu Beginn der Krisen von 1961 und 1962 wiederaufgenommen wurde (in diesem Fall ist Penkowski nicht tot, sondern führt in Moskau oder irgendwo in der UdSSR ein sorgenfreies Leben). Oder Penkowski war zunächst «echt», aber dann kam der KGB ihm auf die Schliche (was nicht schwer gewesen sein dürfte) und ließ ihn bis zu dem Augenblick an der langen Leine, in dem er ihn benutzen konnte (in diesem Fall wäre er tatsächlich hingerichtet worden).

Die überzeugendste Erklärung für das, was anschließend geschah, ist jedoch die weiter oben skizzierte Möglichkeit. Sie läßt sich damit vereinbaren, daß Penkowski rechtzeitig mit eben den Informationen auf den Schauplatz trat, die die CIA verzweifelt benötigte; daß Penkowskis Vorgesetzte Wynne (den für einen britischen Agenten zu halten sie allen Grund hatten) gezielt hofierten; daß sie Penkowski und Wynne zusammenbrachten; und daß Penkowski ausgerechnet am 22. Oktober 1962

* Penkowski war nicht der einzige Kanal. Gleichzeitig versuchte Jewgeni M. Iwanow, bezeichnenderweise ebenfalls ein Offizier der GRU, der als stellvertretender Marineattaché der sowjetischen Botschaft in London getarnt war, der britischen Regierung über MI5, Unterhausabgeordnete und einflußreiche Bürger Friedensbotschaften zukommen zu lassen. Bezeichnend ist auch, daß Penkowski und Iwanow einander kannten und daß Iwanow gute Beziehungen zu Moskauer Führungskreisen hatte.

verhaftet wurde. Warum an diesem Tag? Warum ließ man ihn nicht länger gewähren, um zu sehen, wen er sonst noch inkriminieren würde? Warum wurde er nicht mit Desinformationen gefüttert, um den Westen irrezuführen? Und, vor allem, warum versuchte der KGB nicht, ihn umzudrehen, um ihn dann überlaufen zu lassen und als Maulwurf beim SIS oder bei der CIA einzusetzen? All das ist KGB-Routine, aber in Penkowskis Fall tat man nichts dergleichen.

Statt dessen wurde Penkowski verhaftet, als die Kubakrise sich ihrem Höhepunkt näherte, und man machte die Verhaftung publik – weil die Sowjets nur mit ihr den abschließenden Beweis dafür liefern konnten, daß die Informationen, die er dem Westen geliefert hatte, authentisch waren. Penkowskis Verhaftung überzeugte die CIA und den US-Präsidenten und – ein zusätzlicher Bonus – zeigte Chruschtschow, daß der Gegner sein Blatt kannte. Das gefährliche Herumrätseln auf beiden Seiten war vorbei. Die Sowjetunion hatte nicht die Fähigkeit, die Vereinigten Staaten mit Interkontinentalraketen anzugreifen; der Kreml sprach nicht mit einer Stimme; die sowjetischen Tauben hatten sich Gehör verschafft und dabei das Blatt derjenigen Amerikaner verbessert, die ihrerseits keinen Krieg wollten. Chruschtschows Sturz hatte begonnen, den Führern beider Länder waren die Augen für die Realitäten des Atomzeitalters geöffnet worden, und all das leitete die besseren Ost-West-Beziehungen ein, in deren Zeichen die nächsten zehn bis 15 Jahre stehen sollten.

Die CIA und der SIS müssen die ganze Zeit die Möglichkeit einkalkuliert haben, daß Penkowski, obgleich seine Informationen echt waren, unter Umständen mit Wissen irgendeines Flügels der sowjetischen Geheimdienste – der GRU, des KGB oder eines anderen Dienstes – handelte. Und sie müssen zu dem Schluß gekommen sein, daß seine Botschaft wichtiger war als all das, was dieses Zusammenspiel bedeutete. 1971 entschlüpfte dem CIA-Direktor Richard Helms nämlich eine Bemerkung, die die obige Analyse stützt. Er sagte bei seiner ersten öffentlichen Rede seit seinem Amtsantritt im Jahre 1966, daß «eine *Reihe* hochgestellter und mutiger Russen den Vereinigten Staaten während der kubanischen Raketenkrise geholfen hat» (Hervorhebung des Autors).[46] Von Reportern bedrängt, gab er zu, daß Penkowski einer davon gewesen war, lehnte es jedoch ab, andere zu nennen. Sein Widerstreben – und das der Sowjets – ist leicht zu erklären. Die Kubakrise war ein wichtiger Wendepunkt der Ost-West-Beziehungen. Die staatsmännische Verantwortung triumphierte – so glaubt die Welt jedenfalls. Wenn aber die beiden Geheimdienste, der sowjetische und der amerikanische, zusammenarbeiteten, damit Kennedy und auch Chruschtschow bedeutsame Imformationen bekamen und vor den Folgen ihrer falschen Sicht bewahrt wurden, wird verständlich, daß es allen Beteiligten lieber wäre, die Kollaboration geheimzuhalten.

Eine Frage bleibt unbeantwortet: Wären die Sowjets bereit gewesen, wertvolle militärische Einzelheiten bei einem Komplott preiszugeben, das möglicherweise keinen Erfolg gehabt hätte? Der Fall Penkowski hat ein sonderbares Postskriptum. Obgleich die westlichen Geheimdienstler damals begierig nach jedem noch so kleinen Brocken schnappten, den Penkowski ihnen hinwarf, fällt es ihnen heute, im Rückblick, überraschend schwer, unter den von Penkowski gelieferten Informationen auch nur eine einzige zu identifizieren, die wirklich von militärischem Wert ist.[47] Penkowski schrieb seine Botschaft mit groben Pinselstrichen. Sie handelte von Absichten und Fähigkeiten. Kennedy las sie und verstand.

Mythen, Maulwürfe und Verschwörungen

Die Reformwelle, die in den siebziger Jahren über die CIA hinwegging, spülte viel von ihrer Geheimhaltung fort. Noch nie war ein Geheimdienst einer so gründlichen Überprüfung durch die Öffentlichkeit unterzogen worden. «Es ist in der Tat einzigartig», schrieb das Nachrichtenmagazin *Time*, «daß ein moderner Staat eine seiner wichtigsten Verteidigungswaffen für alle Welt – auch für seine Gegner – sichtbar umfassend untersucht.»[1] Verdeckte Aktionen wurden drastisch eingeschränkt. Der Hughes/Ryan-Zusatz zum Auslandshilfegesetz von 1974 verpflichtete den Direktor der CIA, vier Kongreßausschüssen und vier Senatsausschüssen Rechenschaft über alles abzulegen, was sie an verdeckten Aktionen durchführte. Die Agency war entsetzt. «Das ist praktisch das Ende der verdeckten Aktionen», bemerkte CIA-Direktor Richard Helms. «Man kann einfach nicht davon ausgehen, daß buchstäblich Dutzende von Kongreßabgeordneten und Senatoren und ihre Mitarbeiter all die Geheimnisse wahren werden.»[2]

Jimmy Carter versprach bei seinem Präsidentschaftswahlkampf 1975/76 weitere Reformen der CIA, und der für das Amt des Vizepräsidenten kandidierende Senator Walter Mondale, ein Mitglied des Church-Ausschusses, der die Exzesse der CIA durchleuchtet hatte, unterstützte ihn dabei uneingeschränkt. Nach seiner Wahl unterstellte Carter alle amerikanischen Geheimdienste der unmittelbaren finanziellen und administrativen Kontrolle Admiral Stansfield Turners, den er inzwischen zum Direktor der CIA ernannt hatte. (Davor hatten die Direktoren, da sie keine festgelegte Amtszeit hatten, nicht mit einem neuen Präsidenten gewechselt.) Turner strich 212 Stellen in der Abteilung für verdeckte Operationen und sparte in anderen Abteilungen 600 durch natürliche Fluktuation freigewordene Arbeitsplätze ein, was einen Proteststurm auslöste. «Was wollen Sie?» entgegnete er. «Glückliche Spione oder effektive und gut kontrollierte Spione?»[3]

Turner, der die Agency und die Sorte von Leuten, die für sie arbeitete, im Grunde nicht leiden konnte, bemühte sich auch, die Einstellung der CIA zu ändern. Seiner Meinung nach hatte sie verdeckte Aktionen und die sowjetische Bedrohung viel zu stark betont. «Das sowjetische Militär ist das Geheimdienstproblem Nummer eins und muß es bleiben», sagte er. «Aber wir müssen auch ohne Vernachlässigung der Hauptverteidigungsfront in der Lage sein, eine viel breitere Skala von Problemen in Angriff zu nehmen. Wir müssen uns heute um ungefähr 150 Länder in allen Teilen der Welt kümmern.»[4] Am 24. Januar 1978 gab Carter seinen Präsidentenerlaß über die Geheimdienste heraus, in dem bis zur Verabschiedung einer neuen CIA-Satzung die meisten Empfehlungen des Church-Ausschusses berücksichtigt waren. Es sah allmählich ganz so aus, als sei die Agency endlich wieder auf dem Weg, den sie ursprünglich hatte einschlagen sollen – zum Sammeln und Auswerten von Geheiminformationen.

Aber es gab bei der CIA wie bei allen Geheimdiensten ein grundlegendes Problem, das kein Gesetz und kein Direktor ausmerzen konnte. Die Maulwurfsjagden, die die Agency in den sechziger Jahren zerrissen hatten, waren ein Symptom dieses Problems und wurden von den einsichtigeren Geheimdiensten als solches erkannt. Es hat viele Namen: Verschwörungsneurose, Verfolgungswahn, Geheimdienstmentalität, Agentenmanie oder schlicht «krankhaftes Denken». Der springende Punkt ist, daß Leute, die beim Geheimdienst arbeiten, immer Gefahr laufen, ein Opfer destruktiver Phantasien zu werden und überall Verschwörungen zu wittern.

Das Wesen der Geheimdienstarbeit begünstigt eine elitäre Haltung und ein Gefühl der Überlegenheit. Die Zugehörigkeit zu dieser Elite wird als Privileg betrachtet. Der neue Mitarbeiter lernt, keinem Außenseiter zu trauen, und stellt bald fest, daß er sich nur unter seinesgleichen gehen lassen kann. Geheimdienstler neigen dazu, mit ihresgleichen zu essen und mit ihresgleichen zu trinken, und verkehren ausschließlich mit ihresgleichen. Bald wird der Club, ob er nun CIA, SIS oder KGB heißt, eine geschlossene, autarke Gesellschaft. Die Außenwelt wird immer ferner, ihre Realitäten immer unwichtiger. Lyman Kirkpatrick sagt in diesem Zusammenhang: «Als ich die Agency nach dreiundzwanzig Jahren Geheimdienstarbeit verließ und zur Brown University ging, staunte ich über die anderen Einstellungen, die in der Außenwelt herrschten.»[5]

Gleichzeitig unterliegt die Persönlichkeit des Geheimdienstlers erheblichen Belastungen. Da er keinem Außenseiter sagen kann, was er in Wirklichkeit tut, muß er Tarngeschichten erfinden. Womöglich braucht er unterschiedliche Tarnungen für verschiedene Leute oder Situationen. «Wenn man morgens aufwacht, macht es im Kopf *klick*, also wer bist du heute?» sagte Philip Agee. «Es ist den ganzen Tag lang dasselbe Problem. Jemand fragt einen etwas ganz Alltägliches: ‹Was haben Sie übers Wochenende gemacht?› *Klick.* Für wen hält er mich? Was würde der Bursche, für den er einen hält, wohl übers Wochenende tun? Man gewöhnt sich so sehr daran zu lügen, daß man nach einer Weile kaum noch selbst weiß, wann man die Wahrheit sagt.»[6]

Mit der Trennung von der Alltagswirklichkeit geht die, um den Ausdruck der Geheimdienstler zu benutzen, «obligatorische Paranoia» einher. Die CIA glaubt, sie sei gut für die Arbeit und werde einem Beamten helfen, in einer feindseligen Umwelt zu überleben. Einmal vorhanden, ist sie jedoch schwer abzubauen und trennt den Beamten noch mehr von der Realität. Er beginnt, mißtrauisch gegen die Außenwelt zu werden: Intrigiert sie gegen ihn, wie er gegen sie intrigiert hat? In diesem Stadium führt eine Verschwörungsneurose häufig zu Alkoholismus und Scheidung. (Die Scheidungsquote der CIA-Beamten war in den fünfziger Jahren schon deshalb sehr hoch, weil sie nicht einmal ihren Frauen sagen durften, was sie arbeiteten. Die Quote sank, als sie ihre Frauen bis zu einem gewissen Grad einweihen durften, doch eheliche Schwierigkeiten sind nach wie vor ein großes Problem.) Die fortschreitende Neurose führt zu anderen Symptomen, vor allem zu einem allgegenwärtigen Mißtrauen und dem Glauben, Außenseiter wollten die glückliche Familie unterwandern, um sie von innen her zu zerstören. Das letzte Stadium ist Verfolgungswahn: Der Beamte ist überzeugt, das Opfer eines teuflischen Komplotts zu sein, in das unter Umständen sogar seine Kollegen verwickelt sind. Er kann niemandem trauen; der Feind ist überall.

Als Turner 1977 CIA-Direktor wurde, diskutierte er mit hohen Beamten und ehemaligen CIA-Leuten lange über dieses Problem und wie man ihm am besten zu Leibe rücken könnte. Seine Gesprächspartner waren wenig optimistisch. Sie sagten ihm, man habe während der Umwälzungen in der Golizin/Nosenko/«Fedora»/Angleton-Zeit mehrere Methoden ausprobiert, um die Ausbreitung der Geheimdienstmentalität zu verhindern. Eine Methode bestand darin, die Beamten, die mit verdeckten Operationen befaßt waren, regelmäßig für einen bestimmten Zeitraum in andere Abteilungen zu versetzen. Aber sie wehrten sich dagegen und argumentierten, dann würde ihre Identität bei den Beamten jener Abteilungen «auffliegen», so daß sie nicht mehr für wirklich geheime Aktionen in Frage kämen. Die Männer, die sich mit einer zeitweiligen Versetzung einverstanden erklärten, stellten später fest, daß ihre ehemaligen Kollegen sie nicht wiederhaben wollten.

Eine andere Methode war, CIA-Leute für begrenzte Zeit in anderen Regierungsbehörden arbeiten zu lassen. Aber das funktionierte auch nicht, denn wenn ein Beamter seine Arbeit dort gut machte, wollte die Behörde ihn unbedingt behalten.

Man experimentierte auch damit, Beamte für ein Jahr freizustellen, damit sie vorübergehend in der Industrie, im Handel oder an einer Universität arbeiteten, ihre Kollegen vom Geheimdienst weitgehend mieden und statt dessen mit «Normalbürgern» verkehrten. Aber all diese Methoden erwiesen sich als unwirksam oder aber undurchführbar. Offenbar gibt es auch keinen anderen Geheimdienst, der das Problem in den Griff bekommen hat.[7]

Der SIS bemühte sich ebenfalls um eine Lösung. Das «krankhafte Denken» hatte nämlich in den sechziger Jahren den Atlantik überquert – was selten zugegeben und noch seltener diskutiert wird – und sowohl beim SIS als auch bei MI5 um sich gegriffen. Es grassierte dort zwar nie so heftig wie in den Vereinigten Staaten, entwickelte jedoch eine spezifisch britische Spielart, die viel hartnäckiger war. Die Geheimhaltungsmanie der CIA hatte ihre Ursprünge beim SIS, der, wie wir sahen, in vieler Hinsicht als Modell für die Agency gedient hatte. Aber die Amerikaner griffen nie zu so extremen Maßnahmen wie die Briten, um die Anonymität ihrer Geheimdienste zu schützen.

Obgleich es offiziell gar keine Ämter wie SIS oder MI5 gab, waren sich die meisten Leute ihrer Existenz vage bewußt, zumal viele Bücher ihre Kriegsleistungen gepriesen hatten. Aber kaum jemand wußte, welche Funktionen sie eigentlich hatten, welchen Platz sie in der Regierungsbürokratie einnahmen und inwiefern sie der Regierung rechenschaftspflichtig waren, und dieses Unwissen erstreckte sich sogar auf führende Politiker und Regierungsmitglieder. So erfuhr die Öffentlichkeit erst 1963 bei der Veröffentlichung von Lord Dennings Bericht über den Profumo-Skandal,* daß der SIS dem Außenminister und MI5 dem Innenminister unterstand.

Der damalige Vorsitzende der in der Opposition stehenden Labour

---

* Der britische Kriegsminister John Profumo trat 1963 wegen eines Sex-Skandals zurück, in den außer ihm das Callgirl Christine Keeler und der sowjetische Marineattaché Jewgeni Iwanow verwickelt waren.

Party stellte fest, das sei für seine Partei und die meisten Regierungsmitglieder eine komplette Überraschung gewesen. «Mir ist ganz klar, daß außer den Sicherheitsdiensten selbst kein Mensch etwas von der Existenz dieser Anweisung wußte. Das Innenministerium wußte offenbar nichts davon, der Innenminister scheint sich nicht sonderlich klar darüber gewesen zu sein, und ich bin sicher, daß auch der Premierminister nicht sehr viel darüber wußte.»[8] All das entsprach der ursprünglichen Absicht, den SIS von der Regierung zu trennen, damit diese, wenn eine Geheimoperation schiefging, überzeugend bestreiten konnte, etwas von einem solchen Dienst und einer solchen Operation zu wissen. Es gab den Diensten aber auch eine weitgehende Unabhängigkeit und eine Macht, die leicht außer Kontrolle geraten konnte, besonders wenn ein Flügel innerhalb der Dienste Verschwörungsneurosen entwickelte. Eben dies geschah. Es begann, als der KGB offenbar in einem Anfall geistiger Umnachtung zwei Spionen denselben Codenamen gab: «Elli».

Im September 1945 lief Igor Gusenko, der seit 1943 als Chiffrierbeamter an der sowjetischen Botschaft in Ottawa gedient hatte, unter dramatischen Begleitumständen über. (Die Kanadier wollten zunächst nichts von ihm wissen, und seine Botschaftskollegen hätten ihn um ein Haar geschnappt.) Die kanadische Polizei versteckte Gusenko in einer im Krieg gegründeten Schule für Sonderlehrgänge am nördlichen Ufer des Ontariosees. Gusenko wurde zuerst von ihr, dann von dem SIS-Offizier Peter Dwyer und dann von Roger Hollis befragt, der damals die MI 5-Abteilung für politische Parteien im allgemeinen und die britische KP im besonderen leitete.[9] Gusenkos Wert lag darin, daß er Hinweise auf KGB-Spione mitgebracht hatte, die im Westen tätig waren. Einige davon hatte er während seiner Dienstzeit in Ottawa gesammelt, andere während seines Heimatdienstes in Moskau.

Anhand dieser Hinweise stellten die Kanadier Indizienmaterial zusammen, das zur Einsetzung einer Königlichen Spionagekommission und zur strafrechtlichen Verfolgung von 18 Leuten führte, von denen neun verurteilt wurden. Eine dieser Personen war Kathleen Willsher, die in der Registratur der britischen Hohen Kommission gearbeitet hatte. Sie war am 15. Februar 1946 festgenommen worden, hatte gestanden, Geheimnisse an die Russen geliefert zu haben, und war, da es sich um nebensächliche Dinge handelte, mit drei Jahren Gefängnis davongekommen. Zu den Hinweisen, die zu Willsher führten, gehört auch Gusenkos Information, ein KGB-Agent arbeite in der «Verwaltung» und habe den Codenamen «Elli».

Später behauptete Gusenko jedoch, er wisse von einem weiteren KGB-Spion mit dem Codenamen «Elli». Er sagte, er habe von dieser oder vielmehr diesem zweiten «Elli» erfahren, als er in Moskau Nachtdienst getan habe und ein Kollege ihm ein Telegramm von einer KGB-Quelle in Großbritannien gegeben habe. Auch zur Indentität dieser Person lieferte er verschiedene Hinweise: Es sei trotz des Frauennamens ein Mann; er arbeite bei der britischen Spionageabwehr; er sei so wichtig, daß man nur durch Mitteilungen in toten Briefkästen Verbindung mit ihm aufnehmen könne; in seinem Hintergrund gebe es «irgend etwas Russisches». Wie Gusenko erläuterte, bedeutete das unter Umständen lediglich, daß er einmal in der Sowjetunion gewesen sei, daß seine Frau einen russischen Verwandten habe oder daß er beruflich etwas mit der UdSSR zu tun habe.

Wenn Gusenko recht hatte, verfügten die Sowjets über einen Spion im Herzen des westlichen Geheimdienstes (die CIA war damals noch nicht gegründet), und so begann eine intensive Jagd, um den zweiten «Elli» zu identifizieren. Sie blieb bis 1948 ergebnislos. In jenem Jahr bekam das FBI die ersten Ergebnisse von den Entschlüsselungsexperten, die an den Funksprüchen des sowjetischen Konsulats in New York aus den Jahren 1944–45 arbeiteten. Wie wir gesehen haben, führte einer davon die Behörden auf die Spur Donald Macleans. Ein anderer – an die Sowjetbotschaft in London – lieferte einen neuen Anhaltspunkt für die Identität des zweiten «Elli». In der Nachricht wurde von Gusenkos Frontwechsel berichtet, und man bat, einen gewissen «Stanley» darüber zu informieren, «sobald er nach London zurückgekehrt sei».[10]

MI5 interpretierte den Funkspruch so: Ein KGB-Offizier, der in einer hohen Position in London arbeite, laufe Gefahr, von Gusenko enttarnt zu werden, und könne im Augenblick nicht gewarnt werden, da er im Ausland sei, wo man sich nicht mit ihm in Verbindung setzen könne. Der Hinweis wurde in der Hoffnung zu den Akten genommen, neue Entwicklungen würden das Rätsel irgendwann lösen. Im Lauf der Jahre schied eine Möglichkeit nach der anderen aus. Als Maclean 1951 enttarnt wurde, folgerte man, daß er weder «Elli» noch «Stanley» sein könne. Er war im betreffenden Zeitraum in Washington gewesen und hatte regelmäßigen Kontakt zu seinem sowjetischen Führungsoffizier gehabt. Burgess konnte es nicht sein, weil er damals in London gewesen war.

«Stanley» war übrigens mit fast hundertprozentiger Sicherheit Kim Philby. Er war zu der fraglichen Zeit im Ausland gewesen, um den verzweifelten Versuch zu machen, sich vor den Enthüllungen des sowjeti-

328

schen Geheimdienstoffiziers Konstantin Wolkow zu retten, der der britischen Botschaft in Ankara angeboten hatte, Hinweise auf einen sowjetischen Agenten in Großbritannien zu liefern, welcher «der Leiter einer Spionageabwehrorganisation in London» sei. Philby, der entsandt wurde, um Wolkow für den SIS zu bewerten, unterrichtete natürlich seinen sowjetischen Falloffizier, und als er in Istanbul eintraf, war Wolkow bereits an Bord eines sowjetischen Flugzeugs geschleppt worden und wurde nie wieder gesehen.

Doch war Philby auch «Elli», wenn der zweite «Elli» wirklich existierte? Die Identifizierung des zweiten «Elli» bekam bei MI5 hohe Priorität, nachdem Philbys Flucht im Jahr 1963 und Blunts Geständnis im darauffolgenden Jahr den Experten das Ausmaß der sowjetischen Unterwanderung der britischen Geheimdienste vor Augen geführt hatte. Nun nahmen die Dinge eine bizarre Wendung, die der labyrinthischen Spionagewelt und der komplizierten Denkweise ihrer Bewohner würdig war. Der damalige MI5-Leiter Roger Hollis ließ ermitteln, ob es womöglich andere sowjetische Maulwürfe gab, die bislang unentdeckt geblieben waren. Niemand, nicht einmal er selbst, sollte von den Nachforschungen ausgenommen bleiben. Dies war der Beginn von Ereignissen, die in der Geschichte von MI5 ohnegleichen waren und ein Trauma auslösten, das ihn zwei Jahrzehnte lang spaltete und dessen Nachwirkungen sein Verhalten noch heute beeinflussen.[11]

Man setzte einen gemeinsamen Ausschuß von SIS und MI5 ein, der die Ermittlungen durchführen sollte. Er wurde großenteils mit Leuten besetzt, die später die Bezeichnung «Jungtürken» erhielten; es waren junge Beamte, deren politische Ansichten vom kalten Krieg gefärbt waren und die die Sowjetunion anders als ihre Vorgesetzten nicht als unveränderliche Tatsache betrachteten, so ungefähr wie das Wetter, sondern als ein gräßliches Ungeheuer, zu den teuflischsten Verschwörungen imstande. Sie meinten, jeder, der irgendwann einmal auch nur mit dem Ungeheuer geflirtet habe, solle unbarmherzig gejagt und vernichtet werden. Deshalb plädierten die Jungtürken ausnahmslos dafür, alle diese «Schuldigen» an den Pranger zu stellen und zu bestrafen, egal wie lange die Tat zurücklag und welche Position sie jetzt innehatten.

Die Leiter der Dienste, insbesondere Dick White, argumentierten jedoch, daß die Wahrheit in der verqueren Geheimdienstwelt nicht so einfach ist wie anderswo. Viele Faktoren müßten berücksichtigt werden. Bei der Nachrichtenarbeit sei es sehr leicht, aus ein und derselben Reihe von Fakten zwei entgegengesetzte Schlußfolgerungen zu ziehen. Ohne ein Geständnis könne man bei Spionagefällen fast nie die Schuld des

Verdächtigen beweisen. Und wenn ein Geständnis vorliege und man ihm den Prozeß mache, zeige man dem Gegner damit seine Schwächen und erschüttere das Vertrauen der Öffentlichkeit in die Leistungsfähigkeit des Geheimdienstes. Das Risiko sei also, vor allem bei geringfügigen Vergehen, größer als der voraussichtliche Nutzen. Wenn man einen Verdächtigen an den Pranger stelle, habe man auch nicht mehr die Möglichkeit, ihn für die eigenen Zwecke einzuspannen, indem man ihn zum Beispiel überrede, als Doppelagent zu arbeiten. Das war die normale Praxis im Zweiten Weltkrieg, als Spione auf Whites Anregung nicht automatisch als Exekutionskandidaten behandelt wurden wie 1914–18, sondern die Chance bekamen, für ihre Häscher zu arbeiten.

Die Jungtürken ließen sich nicht von diesen Argumenten überzeugen und betrachteten sie nicht als realistischen Spionageansatz, sondern als subversives Ablenkungsmanöver. Es seien eben die Argumente, behaupteten sie, die ein KGB-Maulwurf vorbringen würde, um seine Enttarnung zu verhindern. Gab es also einen KGB-Maulwurf unter den Leitern der Geheimdienste? Sie schlugen vor, diesbezügliche Ermittlungen durchzuführen. Im wesentlichen sollten dabei alle MI5-Operationen aufgelistet werden, die seit den fünfziger Jahren fehlgeschlagen waren, und man wollte jede einzelne unter der Prämisse durchleuchten, sie sei nur deshalb gescheitert, weil irgend jemand sie verraten habe. Hollis lehnte den Vorschlag ab. Er entgegnete, eine Operation könne aus den verschiedensten Gründen scheitern, und einer davon sei menschliches Versagen. Interne Ermittlungen, die von der Annahme ausgingen, daß Scheitern auf schuldhaftes Verhalten hinweise, würden die Moral des Dienstes untergraben. Kein Beamter könnte seine Arbeit erfolgversprechend fortsetzen, wenn er das Gefühl hätte, daß man jeden seiner Schritte beobachte, weil seine Rolle bei einem früheren Mißerfolg einen Schatten auf seine Loyalität werfe. «Ich werde hier keine Gestapo dulden», erklärte Hollis angeblich.[12]

Hollis wies die Jungtürken so entschieden in die Schranken, daß ihre Abneigung gegen ihn – er war ein kühler, reservierter Mann, der nichts von Verbrüderung im Büro hielt – rasch in Mißtrauen umschlug. Konnte er selbst der KGB-Maulwurf sein, den sie suchten? Konnte Hollis der zweite «Elli» sein? Sie begannen, eine Geheimakte über ihn zusammenzustellen, die bedeutend an Umfang zunahm, als Golizins Ansichten über die sowjetische Unterwanderung des Westens in Großbritannien bekannt wurden. Golizin machte viel Aufhebens von einem «Ring der Fünf» sowjetischen Penetrationsagenten, die hohe Positionen in Großbritannien bekleideten.* Philby, Burgess, Maclean und Blunt machten vier. Wer war der fünfte? Sie setzten all ihre Energie daran, ihn aufzuspüren.

An diesem Punkt muß man fragen, wie eine Gruppe von Nachrichten- und Sicherheitsleuten eine Ermittlung durchführen konnte, die ihren Vorgesetzten nicht paßte, die deren ausdrücklichen Weisungen zuwiderlief und die schließlich zu einer Hexenjagd auf den Generaldirektor von MI5 durch rangniedrige Angehörige ebendieses Dienstes eskalierte. Eine mögliche Antwort lautet, daß sich die Chefs der Jungtürken stillschweigend mit der Ermittlung abfanden, weil sie nicht auf ihre Mitarbeit verzichten wollten und glaubten, man könne die Nachforschungen unter Kontrolle halten. Operationen von Geheimdiensten neigen jedoch dazu, eine Eigendynamik zu entwickeln, die nicht mehr zu kontrollieren ist. Ebendies geschah im sogenannten Fall Hollis, dem Beispiel einer Verschwörungsneurose, die zwar nicht so verheerend war wie die von Angleton und Golizin ausgelösten Geschehnisse bei der CIA, aber viel länger anhielt und die aktiven und pensionierten Geheimdienstler bis zum heutigen Tag in einen Flügel für und einen Flügel gegen Hollis spaltete, obgleich dieser schon 1973 starb. Wenn der Generaldirektor von MI5 wirklich ein langjähriger Sowjetagent war, ist der von ihm angerichtete Schaden nicht zu ermessen. Es wäre ungefähr so, als hätte J. Edgar Hoover viele Jahre lang für den KGB gearbeitet.

Die Jungtürken ignorierten die Tatsache, daß MI5 während Hollis' Dienstzeit wenigstens acht wichtige sowjetische Spione enttarnt hatte, und begannen Informationen zu sammeln, die ihre Schuldthese stützten. Sie häuften zahlreiche Indizien an, die teilweise so belanglos sind, daß sie keine nähere Betrachtung lohnen. Ihre «Beweisführung» las sich dann (mit meinen möglichen Erklärungen in Klammern) etwa so:

Hollis arbeitete Ende der zwanziger und in den dreißiger Jahren neun Jahre lang in China und lernte dort die amerikanische Kommunistin Agnes Smedley kennen. Wahrscheinlich traf er in China und später in Caux in der Schweiz auch die wichtige sowjetische Geheimagentin Ruth Kuczynski. (Damals kannten alle in Schanghai lebenden

---

* Der Ausdruck «Ring der Fünf» geht auf die Kominternpraxis zurück, selbständige Zellen von jeweils fünf Kommunisten zu schaffen. Da Maclean, Burgess und wahrscheinlich auch Philby und Blunt ursprünglich für die Komintern arbeiteten, hat man angenommen, ihre Zelle müsse ein weiteres Mitglied gehabt haben.

Europäer Agnes Smedley. Wenn Hollis wirklich Ruth Kuczynski kennenlernte, wußte er dann, daß sie für die Sowjets arbeitete?)

Hollis konnte keinen Grund dafür angeben, warum er sich 1938 so hartnäckig bemüht hatte, bei MI5 eingestellt zu werden. (Hollis brauchte die Stelle. Damals gab es in Großbritannien drei Millionen Arbeitslose. Der Geheimdienst brauchte Hollis, weil er seine Tätigkeit in Fernost intensivieren wollte und Leute mit Chinaerfahrung suchte.) Als Hollis dann Leiter von MI5 war, blieb er oft bis spätabends im Büro; er ging zu Fuß nach Hause, statt den Dienstwagen zu benutzen, so daß er genug Möglichkeiten hatte, einen sowjetischen Kontaktmann zu treffen; er kannte die Autoren Claude Cockburn und Maurice Richardson, die beide früher einmal Kommunisten gewesen waren, und Tom Driberg, der mit seinen sozialistischen Ansichten viel Einfluß in Oxford gehabt hatte und später Unterhausmitglied der Labour Party wurde. (Erstens war Hollis ein fleißiger Mann, der gern nach Feierabend arbeitete. Zweitens ging er zu Fuß, weil er meinte, die körperliche Bewegung werde ihm guttun. Drittens waren viele andere Leute, auch solche, die noch heute sicherheitsrelevante Positionen einnehmen und an deren Loyalität nie gezweifelt wurde, ebenfalls mit den drei Genannten bekannt.)

Der KGB drängte Blunt nach dem Krieg nicht, bei MI5 zu bleiben. Das konnte nur bedeuten, daß er dort bereits jemanden hatte – nämlich Hollis. (Blunt hatte nach dem Krieg eine glänzende und lukrative Karriere in der Kunstwelt vor sich. Wenn er aufgrund des Beharrens seines sowjetischen Führungsoffiziers darum gebeten hätte, bei MI5 zu bleiben, wo er ein lächerlich geringes Gehalt bezog, hätte er sich sehr verdächtig gemacht.)

Hollis stellte Gusenko sehr wenige Fragen, berichtete auffallend wenig über Gusenkos Befragung in seinem Büro und versuchte, Gusenkos Glaubwürdigkeit zu erschüttern. (Die kanadische Regierung stellte London ein umfassendes Protokoll der offiziellen Befragung Gusenkos zur Verfügung. Hollis wußte, daß es bald eintreffen würde, und mag es als Zeitverschwendung betrachtet haben, noch einmal denselben Boden zu beackern. Es gehörte zu Hollis' Aufgaben, die Glaubwürdigkeit des Überläufers zu bewerten, und eine negative Bewertung konnte ebensogut auf ein Fehlurteil wie auf sowjetische Einflußnahme oder Selbstschutz zurückgehen.)

Es gibt keine Unterlagen über Anreize wie strafrechtliche Immunität, die man Spionen vor 1964 bot, um sie zu einem Geständnis zu veranlassen, und die Tonbandprotokolle von rund 200 Verhörstunden Blunts –

zwischen 1964 und 1972 – sind nicht mehr vorhanden. Hollis muß die Unterlagen und Tonbänder auf Anweisung seines sowjetischen Führungsoffiziers vernichtet haben, ehe er 1965 in den Ruhestand ging. (Es gibt eine einfache und harmlose Erklärung dafür, daß derartige Unterlagen erst beginnend mit 1964 existieren: Der Generaldirektor von MI5 und Angehörige der Staatsanwaltschaft hatten sich vor 1964 zu inoffiziellen Gesprächen über jeden einzelnen Spionagefall getroffen. Bei diesen Begegnungen wurden die Chancen einer erfolgreichen strafrechtlichen Verfolgung gegen die Möglichkeit abgewogen, den Verdächtigen durch Anreize wie Immunität zur Preisgabe von Informationen zu veranlassen. Da die Gespräche inoffiziell waren, wurden keine Unterlagen über sie geführt. Der Fall Blunt galt 1964 jedoch wegen der gesellschaftlichen Stellung des Verdächtigen als zu brisant, um ohne Protokoll diskutiert zu werden. Die Tonbandaufnahmen von Blunts Vernehmungen sind sehr wohl vorhanden.)[13]

Anschuldigungen wie diese ließen sich schon deshalb schwer widerlegen, weil Hollis' Gegner niemals den alten Rechtsgrundsatz «Im Zweifel für den Angeklagten» gelten ließen, kein einzigesmal die Möglichkeit einer harmlosen Erklärung einräumten und nie die Möglichkeit eines normalen menschlichen Irrtums berücksichtigten. Die Masse der von ihnen angehäuften zufälligen Zusammentreffen, Verallgemeinerungen und Wahrscheinlichkeiten las sich so eindrucksvoll, daß uninformierte Betrachter meinten, *irgend etwas* müsse an der Sache dran sein.

Die Jungtürken folgerten jedenfalls, daß ihr eigener Generaldirektor seit Jahren ein Offizier des KGB gewesen sei; daß er der von Gusenko erwähnte zweite «Elli» sei; daß die sowjetische Agentin Sonja, die Funkerin, die nach Oxford gezogen sei, um in seiner Nähe zu sein, ihn geführt habe; und daß er die antisowjetischen Operationen von MI5 seit fast 30 Jahren systematisch untergraben habe. Hollis war inzwischen pensioniert, blieb für die Jungtürken aber aus prinzipiellen Gründen wichtig genug, um weiter behelligt zu werden. Sie gingen mit ihrem Material zu dem neuen Generaldirektor Martin Furnival Jones und baten um die Erlaubnis, Hollis zu regelrechten Vernehmungen zu laden.

Furnival Jones steckte in der Klemme. Zu den Jungtürken gehörten einige der gescheitesten Beamten, die beide Dienste seit Jahren gehabt hatten – Stephen de Mowbray (SIS) und Peter Wright, Arthur Martin und Anthony Motion (MI5) –, und niemand wollte sie verlieren. Die Entscheidung, ihnen einen ehemaligen Generaldirektor auszuliefern, der eine glänzende Karriere hinter sich hatte, aus einer angesehenen Familie stammte und seiner Klasse und seinem Land allem Anschein nach treu gedient hatte, war jedoch alles andere als leicht. Furnival Jones konsultierte Dick White und andere ehemalige hohe Geheimdienstbeamte. Dick White las das Material, das die Jungtürken gegen Hollis zusammengestellt hatten, und reagierte in Anbetracht seines kühlen analytischen Verstands bemerkenswert: Er riß das Schriftstück in Fetzen und bezeichnete es als belanglos und nicht überzeugend; es beruhe ganz offensichtlich «nicht auf einer Analyse von Fakten, sondern auf einer vorgefaßten Verschwörungstheorie».

Dennoch stimmten White und seine Kollegen mit Furnival Jones überein, man könne die Jungtürken nur dann zufriedenstellen und dafür sorgen, daß bei MI5 wieder etwas Ruhe einkehre, wenn man die Vernehmung erlaube und die gegen Hollis erhobenen Vorwürfe untersuche. Hollis leistete der Ladung peinlich berührt Folge, beantwortete die Fragen der Jungtürken und kehrte auf seinen Alterssitz zurück. Das ganze Unternehmen ging damit aus, daß man nichts fand, was Hollis als «Elli» identifizierte oder, wie es im offiziellen Bericht hieß, «speziell oder ausschließlich in seine Richtung zeigte». Das offizielle Ergebnis lautete deshalb, daß Hollis nicht für die Sowjets gearbeitet hatte. Das Ermittlungsteam wurde aufgelöst.

Die Jungtürken waren aber nicht damit zufrieden. Sie glaubten, MI5 wolle die Sache wegen des drohenden Skandals vertuschen, und einige meinten gar, es gebe beim Dienst noch weitere sowjetische Maulwürfe, die ihre Untersuchungen sabotierten. Sie drängten auf eine unabhängige Prüfung des Falls, und Stephen de Mowbray tat den unerhörten Schritt, sich an Downing Street 10 zu wenden und um eine Unterredung mit Harold Wilson zu ersuchen, der in Kürze das Amt des Premierministers antreten würde.[14] Die Jungtürken hatten Erfolg. Obgleich Hollis im Vorjahr gestorben war, prüfte der ehemalige Kabinettsminister Lord Trend die Akten noch einmal und kam zu dem Schluß, daß der gemeinsame SID- und MI5-Ausschuß umfassend und objektiv ermittelt hatte, daß von einer Vertuschung nicht die Rede sein konnte und daß es keinen Beweis für eine Agententätigkeit des letzten Generaldirektors gab.

Solche Nachforschungen konnten nicht im luftleeren Raum stattfinden. Obgleich sie damals nicht publik wurden, hatten sie enorme politische Auswirkungen. Premierminister Wilson war erschüttert, als er von den Ermittlungen gegen Hollis hörte. Lady Falkender, seine politische Sekretärin, erinnert sich: «Harold sagte zu mir: ‹Ich habe jetzt alles gehört. Man hat mir soeben eröffnet, daß der Leiter von MI5 womöglich zu den Russen übergelaufen ist.›»[15] Als Trend Bericht erstattet hatte, begann Wilson sich zu fragen, ob Hollis das Opfer eines rechten Flügels im Geheimdienst gewesen sein könne, und als in Whitehall üble Gerüchte über das Kabinett Wilson umliefen – es hieß beispielsweise, er und Lady Falkender hätten Verbindung zu Kommunisten, und es gebe eine «kommunistische Zelle» in Downing Street 10 –, war er kurze Zeit überzeugt, daß die Jungtürken es auch auf ihn abgesehen hätten.

Das war nicht ganz an den Haaren herbeigezogen. Golizin glaubte zweifellos, daß Wilson, wenn schon kein Agent des KGB, dann zumindest ein sowjetischer Aktivposten sei (und daß der KGB den früheren Labour-Vorsitzenden Hugh Gaitskell vergiftet habe, damit Wilson seinen Posten bekäme!). Dieser Verdacht war zusammen mit Golizins Ansichten über eine sowjetische Infiltration auf höchster Ebene über den Atlantik gelangt. Ob die Jungtürken all das nur wiederholten, worauf es in Whitehall die Runde machte, oder ob sie selbst Schritte unternahmen, um Material gegen Wilson zu sammeln, läßt sich heute nicht mehr beantworten. Wilson gelangte jedenfalls zu dem Schluß, daß er überwacht wurde, und sein Lordkanzler, Lord Gardiner, der höchste beamtete Jurist des Landes, war der Meinung, daß seine Bürotelefone abgehört wurden. «Ich hielt es für wahrscheinlich, daß MI5 die Telefone in meinem Büro anzapfte», sagte Lord Gardiner später. «Als ich wirklich vertrauliche Gespräche [mit dem Generalstaatsanwalt] führen mußte, holte ich ihn bei einer oder mehreren Gelegenheiten mit dem Wagen ab, weil ich den Fahrer kannte und wußte, daß er den Wagen nie ohne mein Wissen hätte verwanzen lassen.»[16]

Im August 1975 bestellte Wilson den damaligen SIS-Direktor Maurice Oldfield und den MI5-Leiter Michael Hanley zu sich. Wie er später sagte, erfuhr er von ihnen, daß es bei beiden Diensten tatsächlich Beamte gab, die die Labour Party für ein nationales Unglück hielten. (In Anbetracht der Natur ihrer Arbeit ist das nicht weiter überraschend.) Beide versicherten ihm jedoch, die Dienste würden ungeachtet dessen, welche politische Partei an der Macht sei, unter ministerieller Kontrolle bleiben. Wilson glaubte ihnen nicht ganz. Am 10. Februar 1976 bat er seinen Verleger Lord Weidenfeld, ihn im Unterhaus aufzusuchen. Dort richtete er ein erstaunliches Verlangen an ihn.

Der britische Premierminister hatte beschlossen, sich über den Kopf seiner beiden Geheimdienstchefs hinweg heimlich an die CIA zu wenden. Er bat Weidenfeld, einen Brief an einen gemeinsamen Freund, nämlich Senator Hubert Humphrey, nach Washington zu bringen. Der Brief enthielt die Namen verschiedener SIS- und MI5-Beamter, die Wilson in Verdacht hatte. Senator Humphrey sollte CIA-Direktor Bush fragen, ob die Agency irgend etwas über diese Männer wisse. Sei es zum Beispiel möglich, daß sie in Wahrheit für die CIA arbeiteten und daß es dort, vielleicht ohne Bushs Wissen, eine Gruppe gebe, die den britischen Premierminister überwachen lasse? (Man bedenke, daß die CIA in jener Zeit fortwährend neue Enthüllungen über ihre früheren Exzesse befürchtete.) Bush nahm Wilsons Brief so ernst, daß er nach London flog und ihm persönlich versicherte, falls er überwacht worden sei, dann nicht auf Veranlassung der Agency.[17]

Wilson war zurückgetreten, ehe Bush ihn aufsuchte, und setzte sich nun für die Bildung einer Königlichen Kommission ein, die die Aktivitäten von MI5 und seine Rolle während der Labour-Regierung untersuchen sollte. Er streckte die Fühler zu verschiedenen Chefredakteuren aus, um zu sehen, ob und wie sie ihn unterstützen würden, wollte ihnen aber erst dann sagen, warum er sich um die Einsetzung der Kommission bemühte, wenn sie ihm ihre Hilfe versprochen hatten. Sie schreckten davor zurück, einen so schwerwiegenden Schritt zu tun, ohne etwas in der Hand zu haben, das ihn rechtfertigte. Dann wandte Wilson sich an die BBC und gab zwei ihrer Reporter, Barrie Penrose und Roger Courtiour, eine außergewöhnliche Reihe von Interviews. Später erläuterte Lady Falkender Wilsons allgemeiner gehaltene Vorwürfe im einzelnen. Alle diese Interviews, die sich über mehrere Monate erstreckten, wurden mitgeschnitten.[18]

Die Anschuldigungen reichten von dem, was Wilson über das Belastungsmaterial der Jungtürken gegen Hollis gehört hatte, bis zu Geschichten von Leuten, die der KGB kompromittiert hatte, und zu Plänen für einen Militärputsch, die Lord Mountbatten und andere 1968 diskutiert hätten, um die Labour-Regierung zu stürzen. Die Reporter hatten Mühe herauszubekommen, gegen wen sich die Vorwürfe des Ex-Premiers in erster Linie richteten. Einerseits schien er sich die These der Jungtürken zu eigen zu machen, derzufolge es mehr sowjetische Infiltrationsagenten in britischen Behörden gab, als man zugegeben hatte. (Blunts Geständnis aus dem Jahr 1964 wurde erst 1979 veröffentlicht.) Andererseits glaubte er, MI5 habe von den Plänen zum Sturz seiner Regierung gewußt und es unterlassen, ihn zu warnen. (MI5 hatte den damaligen Innenminister James Callaghan unterrichtet, doch Callaghan hatte offenbar beschlossen, weder Wilson noch das Kabinett zu informieren.)[19] All das war faszinierend, aber Wilson machte die Angelegenheit verworren, indem er Südafrika ins Spiel brachte. Er behauptete, daß Beamte des südafrikanischen Geheimdienstes BOSS auf irgendeine Weise daran beteiligt gewesen seien, Lügen über seine Regierung zu verbreiten.

Die BBC konnte Wilsons Beschuldigungen – und die von Lady Falkender beigesteuerten Einzelheiten – aus juristischen und journalistischen Gründen nicht senden. Penrose und Courtiour benutzten die Tonbandinterviews als Grundlage für ein Buch, das unter dem Titel *The Pencourt File* erschien, durften aber wegen der Gefahr von Verleumdungsklagen und aus Mangel an zulässigem Material längst nicht alles veröffentlichen, was Wilson gesagt hatte. Dann, 1979, tat Lady Falkender sich mit dem bekannten Londoner Militärjournalisten Chapman Pincher zusammen, um ein Buch über die Unterwanderung der Labour-Regierung zu schreiben, das unter dem Titel *The Infiltrators* veröffentlicht wurde. 1980 sagte Pincher den Verlegern, er würde nun gern ein Buch schreiben, das Hollis als Agenten des KGB enthüllte. Lord Longford, der Leiter des Verlags Sidgwick & Jackson, legte seinen eigenen Kontakten in Whitehall das Treatment vor und erklärte sich bereit, das Buch zu bringen. Es erschien 1981 unter dem Titel *Their Trade is Treachery* («Ihr Handwerk ist Verrat») und rief ungeheures Aufsehen hervor. Die *Daily Mail* machte mit der Schlagzeile «MI5-Chef der Spionage für die Sowjets verdächtigt» auf.[20]

Premierministerin Margaret Thatcher gab jedoch im Unterhaus eine anderslautende Erklärung ab: «Lord Trend, mit dem ich über die Angelegenheit beraten habe, stimmte mit all denen überein, die zu dem Ergebnis kamen, daß Sir Roger Hollis kein Agent des sowjetischen Geheimdienstes gewesen ist, obgleich es unmöglich war, das Gegenteil zu beweisen.» Die Premierministerin stellte jedoch eine Untersuchung über Sicherheitsprozeduren und eine Prüfung der Quellen von Pinchers Buch in Aussicht. Dabei handelte es sich wahrscheinlich um Lady Falkender, die wiederholt hatte, was sie von Wilson gehört hatte – der sich wiederum auf das Material der Jungtürken gestützt hatte. Pincher sagt nur, seine Quellen seien «seine [Hollis'] eigenen Kollegen bei MI5 und beim Secret Service» gewesen.

Was die Jungtürken (inzwischen waren viele von ihnen nicht mehr so jung und einige bereits pensioniert oder hatten den Abschied genommen) entdeckt hatten, war die Macht der Medien. Sie hatten zunächst die offiziellen Kanäle benutzt, die ihnen offenstanden, und es nicht geschafft. Nachrichtenleute, die in Geheimhaltung trainiert werden und lernen, der Presse zu mißtrauen (es sei denn, sie manipulieren sie), haben einen instinktiven Widerwillen dagegen, mit ihren Problemen an die Öffentlichkeit zu gehen. Diesmal war es jedoch anders. Peter Wright, der hohe MI5-Beamte, der wohl am meisten vom Verschwörungsdämon besessen war, lebte inzwischen in Australien, wo er nicht unter die britische Gerichtsbarkeit fiel und deshalb auch nicht nach dem Official Secrets Act belangt werden konnte.

Wright begann im losen Zusammenspiel mit seinen ehemaligen Kollegen, Informationen über die Ermittlungen gegen Hollis, über andere Fälle von MI5-Unterwanderung durch die Sowjets und über sowjetische Einflußagenten durchsickern zu lassen, von denen die Öffentlichkeit nie erfahren hatte, weil die Staatsanwaltschaft beschlossen hatte, keine Anklage zu erheben. In den frühen achtziger Jahren folgte eine Enthüllung auf die andere und jagte ein Geständnis das nächste: Ein hoher Beamter hatte Guy Burgess Informationen geliefert; ein früherer britischer Botschafter in Moskau hatte mit einem russischen Zimmermädchen geschlafen, das sich (welche Überraschung) als Offizierin des KGB herausstellte; ein Offizier des Militärnachrichtendienstes hatte nach dem Krieg in Deutschland für den Kreml spioniert; eine anscheinend endlose Reihe von oft unbedeutenden Leuten hatte der UdSSR Jahrzehnte vorher alle möglichen Dienste geleistet.

Die britische Presse gab sich bereitwillig für die Manipulierung her, weil sie mit Recht annahm, daß die Öffentlichkeit des Landes sich brennend – vielleicht noch mehr als die Bürger anderer Staaten – für Spionage und Verrat interessierte. Die Jungtürken frohlockten, als auf den ersten Seiten immer wieder Schlagzeilen wie «Spion gesteht» und «Spion endlich enttarnt» zu lesen waren. Jedesmal, wenn ein neuer Verdächtiger genannt wurde, und vor allem dann, wenn er gestand, glaubten die Jungtürken, in ihrem Rachefeldzug einen Schritt weiter gekommen zu sein.

Als besondere Genugtuung empfanden sie es, den Fall Blunt in die Öffentlichkeit tragen zu können. Sie waren empört, daß Blunt nicht für seinen Verrat büßte, sondern nach seinem Geständnis im Jahr 1964 offenbar straflos davongekommen war. Der Amerikaner Michael Straight, einer der Männer, die Blunt erfolglos anzuwerben versucht hatte, hatte den Behörden mitgeteilt, daß Blunt vor dem Krieg, während des Kriegs und gelegentlich auch später für die Sowjets gearbeitet hatte. Blunt hatte dann eine Abmachung mit der britischen Justiz getroffen. Er würde nicht strafrechtlich verfolgt werden, und sein Verrat sowie die Abmachung sollten geheim bleiben. Dafür würde er alles tun, um den Behörden zu helfen, indem er ihre Fragen aufrichtig beantwortete.

Die Jungtürken sahen darin eine schmähliche Rücksichtnahme auf Blunts gesellschaftliche und berufliche Stellung. Es gab jedoch gute Gründe für den Deal. Der zuständige Beamte der Staatsanwaltschaft, Maurice Crump, sagt dazu, daß es trotz Straights Aussage unmöglich gewesen wäre, Blunt zu verurteilen, weil es keinen Beweis gegen ihn gab. Andererseits verfügte er über wertvolle Informationen. Er war bereit, sie als Gegenleistung dafür preiszugeben, daß man «nicht versuchte, das Unmögliche zu tun» – ihm also nicht den Prozeß machte.[21]

Die Behörden holten demnach das Beste aus dem Fall heraus, und wenn Blunt den Mund gehalten hätte, wäre er vielleicht unbeschadet davongekommen. Die Jungtürken sahen jedoch nicht ein, warum er seine Stellung, seine Ehrungen und seinen beruflichen und sozialen Rang – er war Kurator der Gemäldesammlung der Königin – weiterhin genießen sollte. Sie wollten ihn bloßstellen und arbeiteten innerhalb und außerhalb von MI5 daran, dieses Ziel zu erreichen. In Fleet Street munkelte man jahrelang, daß Blunt der vierte Mann im «Ring der Fünf» sei, von dem bis dato nur Philby, Burgess und Maclean aufgeflogen waren. Meine Koautoren und ich hörten das Gerücht 1968, als wir *The Philby Conspiracy* schrieben, und versuchten, Blunt darüber zu befragen. Er lehnte es klugerweise ab, uns zu empfangen, und wir beharrten nicht; wir interessierten uns für einen größeren Maulwurf, für Kim Philby.

Dann, 1977, behauptete die *Times*, der «vierte Mann» sei möglicherweise niemand anders als Donald Beves gewesen, ein wohlhabender und hochangesehener Lehrer an der Universität Cambridge, der 1961 gestorben war. Irgend jemand hatte der Zeitung die Geschichte zugespielt, und nach einem Aufschrei der Entrüstung von Beves' ehemaligen Kollegen und Studenten und einer Flut empörter Leserbriefe an Chefredakteur Sir William Rees-Mogg entschuldigte sich die *Times* und sagte, ihr Verdacht gegen Beves sei unbegründet gewesen, und sie bedaure, ihn veröffentlicht zu haben. (Insgeheim blieb Rees-Mogg überzeugt, daß Beves, vielleicht als Anwerber für den SIS, eine Rolle in der Geheimdienstwelt gespielt hatte und daß die Sowjets ihre Agenten Philby, Burgess und Maclean in seine Richtung gesteuert hatten, weil sie hofften, er würde sie für den SIS anwerben.)[22]

Die Sache Beves hatte jedoch zur Folge, daß man von neuem begann, sich für die Identität des vierten Manns zu interessieren, und bald schrieben zwei Autoren Bücher, die auf Blunt wiesen. Das erste stammte von Donald McCormick, einem erfahrenen Spionageschriftsteller, der im Krieg beim Geheimdienst gewesen war; es wurde aber bald wegen eventuell drohender Verleumdungsklagen zurückgezogen, die nichts mit Blunt zu tun hatten. Das zweite, *The Climate of Treason*, das der Biograph Andrew Boyle 1979 veröffentlichte, benutzte einen Trick, um Blunt nicht namentlich zu nennen, stellte aber gleichzeitig klar, daß er der vierte Mann sei. Boyle gab dem vierten Mann den Decknamen

«Maurice», vermutlich nach dem homosexuellen Helden von E. M. Forsters letztem veröffentlichten Roman. Außerdem erwähnte Boyle den Namen Blunt möglichst oft in einem an den Haaren herbeigezogenen Zusammenhang und in möglichst großer Textnähe zu den einzelnen Erwähnungen von Maurice. Gleichzeitig steckte irgend jemand dem Klatschmagazin *Private Eye*, daß Blunt für den Fall, daß Boyle sein Manuskript veröffentliche, mit einer Klage drohe. Als das Buch erschien und Blunt nicht klagte, erklärte Boyle öffentlich, er sei nötigenfalls in der Lage, den vierten Mann zu nennen. Zehn Tage später, am 15. November, offenbarte die Premierministerin im Unterhaus in einer schriftlichen Antwort auf eine Anfrage des Abgeordneten Ted Leadlitter, welche Abmachung man 1964 mit Blunt getroffen hatte. In dem nun folgenden Sturm der Entrüstung wurde Blunt seinen Adelstitel los und trat von den meisten seiner öffentlichen Ämter zurück. Er starb 1983 im Alter von 75 Jahren.

Obgleich Blunts Verrat nun publik war, schienen die Jungtürken ihrem Ziel, Hollis postum als «Obermaulwurf» zu enttarnen, nicht näher gekommen zu sein. Es gab jedoch immer noch eine Reihe kleiner Spione, deren Geständnis sich als Beweis für das Ausmaß der sowjetischen Unterwanderung heranziehen ließ. Ein neuer Spionageautor namens Rupert Allason half den Jungtürken unwissentlich dabei, den Namen dieser Agenten ans Licht zu bringen, und eine zweite Spaltung in der Geheimdienstwelt – diesmal ging sie auf persönliche Eitelkeiten zurück – kam ihnen ebenfalls zustatten.

Allason, der unter dem Pseudonym Nigel West schreibt, ist der Sohn eines ehemaligen Unterhausabgeordneten der Konservativen, Oberstleutnant James Allason. Er studierte, arbeitete als Sonderagent bei der Londoner Polizei und ist derzeit Abgeordneter der Konservativen. Er begann sich für die Welt der Geheimdienste zu interessieren, als er als Dokumentator für Ronald Seth arbeitete, den Autor einer Spionage-Enzyklopädie, der auf eine recht ungewöhnliche Kriegslaufbahn zurückblickte. Zusammen mit Donald McCormick recherchierte Allason für das Manuskript der 1980 gesendeten BBC-Dokumentarserie *Spy* und half dann auch am Skript mit. Dann schrieb er vier wichtige Werke über Spionage und Geheimdienste.[23]

Bemerkenswert an diesen Büchern ist ihre Fülle von Einzelheiten. Das erste – über MI5 in den Jahren 1909–1945 – enthält zum Beispiel elf Tabellen, in denen nicht nur alle wichtigen Positionen bei MI5 verzeichnet sind, sondern auch die Beamten, die sie innehatten. Das Buch über

MI6 ist ebensogut dokumentiert. Beide Werke sind voller Namen von Geheimdienstlern und beschreiben deren Leistungen sehr ausführlich. Wenigstens zehn Doppelagenten – Männer von der Abwehr, die umgedreht wurden und dann für die Briten arbeiteten – gewährten Allason ein Interview, obgleich sie seit Kriegsende aus Furcht vor Racheakten äußerst zurückgezogen gelebt hatten. Vier ehemalige MI5-Beamte prüften Allasons Manuskript auf fehlerhafte Darstellungen, und Konteradmiral W. N. Ash, der beim britischen Verteidigungsministerium damit beschäftigt ist, die Medien in sicherheitsrelevanten Fragen zu «beraten», heimste den ausdrücklichen Dank des Autors für seine «Anleitung» ein. Ein hoher Beamter des Schatzamts sagte über das Buch: «Es ist ziemlich klar, daß einige von diesen Dingen nicht der Phantasie des Verfassers entsprungen sind. Es sieht, um es flapsig zu sagen, ganz so aus wie ein Inside-Job.»[24]

Wer half Allason also – und warum? Allason selbst sagt: «Bei meiner Arbeit für die BBC-Serie lernte ich 1978 einen ehemaligen Beamten von MI5 kennen, und er reichte mich an andere Beamte und zuletzt auch an hohe ehemalige Angehörige von MI5 weiter. Sie waren daran interessiert, die Dinge zurechtzurücken.»[25] Das kann aber nicht alles gewesen sein, und um den Rest zu durchschauen, müssen wir einen Blick auf frühere Veröffentlichungen über die Geheimdienstwelt werfen. 1966 genehmigte der damalige Premierminister Harold Macmillan die Veröffentlichung der offiziellen Darstellung der SOE-Tätigkeit im besetzten Frankreich *(SOE in France. An Account of the Work of the British Special Operations Executive in France 1940–1944)* von M. R. D. Foot. Der erste Autor, der sich diesen Präzedenzfall zunutze machte, war Sir John Masterman, der Oxford-Lehrer, der dem Doppeltäuschungsausschuß von MI5 vorgesessen hatte. Er war nach dem Krieg aufgefordert worden, eine Geschichte des Ausschusses zu schreiben, die in den amtlichen Archiven verwahrt werden sollte. Nun sah Masterman keinen Grund mehr, sie nicht zu veröffentlichen, zumal da sie, wie er argumentierte, den von den Schlappen der fünfziger Jahre schwer angeschlagenen Ruf der Geheimdienste verbessern würde. Als MI5 ihn aufzuhalten versuchte, ließ er das Buch in den USA erscheinen, wo kein britisches Gericht es verbieten konnte. Als das Buch – *The Double Cross System in the War of 1939 to 1945* – 1972 auf den amerikanischen Markt gekommen war, wurde lange verhandelt, ehe London endlich eine britische Ausgabe erlaubte.

Sie rief dann große Empörung hervor. Viele MI5-Beamte fanden, daß Masterman allen Kredit für sich in Anspruch genommen und ihren

Beitrag, insbesondere die Rolle der Falloffiziere, die die deutschen Agenten geführt hatten, ignoriert hatte. Die Regierung war sich dieser Ressentiments bewußt, und da sie sich nicht noch einmal mit Masterman anlegen wollte, beschloß sie, das Problem mit der Veröffentlichung einer offiziellen Geschichte der Kriegstätigkeit aller britischen Geheimdienste zu lösen. Eine Gruppe von Historikern der Universität Cambridge unter Leitung von Professor F. H. Hinsley, der im Krieg selbst für den Geheimdienst gearbeitet hatte, ging ans Werk, und 1979 erschien der erste Band von *British Intelligence in the Second World War*.

Er vertrieb den Unmut nicht etwa, sondern verschärfte ihn. Sicherheitsbeamte stellten zu ihrem Ärger fest, daß ihr Dienst auf den 601 Seiten des Buchs nur zehnmal erwähnt wurde, und diese Hinweise bezogen sich weitgehend auf die Zusammenarbeit mit anderen Dienststellen oder Militäreinheiten. Das Werk handelte zwar von Geheimoperationen, aber nur wenige SIS-Offiziere wurden namentlich erwähnt. Maurice Oldfield, der schon im Krieg beim Geheimdienst gewesen war und den SIS von 1973 bis 1979 geleitet hatte, sagte mir (s. auch S. 108): «Man gewinnt den Eindruck, daß der Nachrichtenkrieg nicht von Menschen, sondern von Ausschüssen in Whitehall gewonnen wurde. Ich erwäge, das Buch zu rezensieren, und der erste Satz meiner Besprechung wird lauten: ‹Dies ist ein Buch, das von einem Ausschuß für Ausschüsse über Ausschüsse geschrieben wurde.›»[26] Während der SIS jedoch nur schmollte, beschlossen Beamte von MI5, etwas zu unternehmen.

SIS und MI5 hatten sich gegen Kriegsende Sorgen gemacht, daß man ihr Budget im Frieden drastisch kürzen würde, so wie es 1918 geschehen war. (Das rasche Ende der SOE schien ebenso für diese Möglichkeit zu sprechen wie die Sparmaßnahmen der Labour-Regierung.) Deshalb bereiteten beide Dienste unabhängig voneinander eine umfassende Dokumentation ihrer Kriegsleistungen vor. Es waren «interne Dokumentationen», nie zur Veröffentlichung bestimmt, die bei den Diskussionen, die jedem Bemühen um Kürzung der Geheimdienstbudgets vorausgehen würden, in Whitehall kursieren sollten. Die Leiter der einzelnen Abteilungen wurden aufgefordert, einen ausführlichen Bericht über die Leistungen ihrer Leute zu verfassen, und diese Berichte wurden dann zu einem Dokument zusammengefaßt.

Da Professor Hinsleys offizielle Geschichte viele MI5-Beamte so sehr enttäuscht hatte, forderte man eine gesonderte Darstellung der Leistungen des Geheimdienstes. Das Problem war, daß Premierministerin Thatcher Geheimdienstangelegenheiten sehr ernst nahm und fand, die

Geheimdiense sollten geheim bleiben. Ihr wäre es sogar lieber gewesen, wenn Hinsleys Werk nicht erschienen wäre. Es war Anfang der siebziger Jahre unter der Regierung Heath in Auftrag gegeben worden, zur gleichen Zeit wie eine offizielle Geschichte der strategischen Täuschung im Zweiten Weltkrieg, die von Professor Michael Howard von der Universität Oxford verfaßt werden sollte.[27]

Der erste Band von Hinsleys Werk bekam 1978, im letzten Jahr von James Callaghans Amtszeit als Premierminister, das offizielle Imprimatur. Mrs. Thatcher mißbilligte das ganze Projekt, sah sich aber nicht in der Lage, es auf halbem Weg zu stoppen. Als Professor Howard dann aber sein Buch fertiggestellt hatte und es 1980 dem Kabinettsbüro vorlegte, sprach Thatcher sich persönlich gegen eine Veröffentlichung aus. «Bei meiner Zulassung als Anwältin lautete der erste und beste Rat, den ich bekam, niemals mehr als unbedingt nötig zuzugeben», sagte sie angeblich, um ihre Entscheidung zu rechtfertigen.[28]

Dann trat Allason, der unbedingt über die Geheimdienstarbeit schreiben wollte, auf den Plan. Er versichert nachdrücklich, er habe «nie Zugang zu *Akten* der berühmten MI5-Registratur» (Hervorhebung des Autors) gehabt. Allason sagt, der erste Anstoß, ihm bei seinem Unternehmen zu helfen, sei von Männern gekommen, die das Gefühl hatten, ihre Arbeit – vor allem ihre Tätigkeit im Krieg – sei nie angemessen gewürdigt worden. Es habe aber noch andere Faktoren gegeben, so den Wunsch einiger früherer Geheimdienstler, die Beschuldigungen gegen Hollis publik zu machen. Allason betont, er sei unparteiisch geblieben. «Ich fragte nicht groß nach den Motiven dieser Leute», sagte er. «Einem geschenkten Gaul schaut man nicht ins Maul.» Mit den geeigneten Empfehlungen versehen, befragte er dann viele ehemalige Geheimdienstler, die im Krieg bei MI5 gedient hatten, und verfaßte eine Geschichte der frühen Tage des Dienstes. Sie begeisterte die meisten Männer von MI5. Fast alle Kriegsmitarbeiter wurden erwähnt, und sei es auch sehr beiläufig, und die Regierungsausschüsse wurden praktisch ignoriert.

Schon im Jahr darauf veröffentlichte Allason ein zweites Buch über MI5. Es war nicht so sehr eine interne Geschichte wie das erste, sondern handelte weitgehend vom Niedergang des Dienstes in der Zeit nach dem Krieg und von den Auseinandersetzungen über den Fall Hollis. Der Titel – «Eine Vertrauenssache. MI5 1945–1972» – ist vielleicht ein Hinweis auf die Hauptquelle des Buchs. Warum, so könnte man fragen, endet es abrupt mit dem Jahr 1972, schon zehn Jahre vor der Veröffentlichung? Wie es der Zufall will, trat Anthony Simkins Ende 1971 als stellvertretender Generaldirektor in den Ruhestand und bekam ab 1972 nicht mehr direkt mit, was bei MI5 lief.

In nur zwei Jahren waren also zwei Bücher über MI5 erschienen, die beide hohe Auflagen hatten und ein breites Echo in den Medien fanden. Damit war der SIS weit abgeschlagen – aber nicht für lange. Ein Jahr später erschien Allasons drittes Buch, *MI6. British Secret Ingelligence Service Operations 1909–1945*. Es war wie das erste Werk über MI5 eine interne Geschichte des Dienstes, das sich vielen Anhaltspunkten zufolge weitgehend auf die Kompilation stützte, die der SIS selbst zusammengestellt hatte.

Bei seinen Gesprächen mit ehemaligen MI5- und SIS-Angehörigen, besonders den Jungtürken, hatte Allason auch Geheimnisse erfahren, über die er in seinen Büchern nicht redete. Er war jedoch bereit, bestimmten Zeitungen Hinweise auf Personen zu geben, die MI5 wegen ihrer prokommunistischen Tätigkeit unter die Lupe genommen hatte, die unmittelbar für den sowjetischen Geheimdienst gearbeitet hatten, die sowjetischen Agenten geholfen hatten oder bei ihren Beziehungen zu den Sowjets unbesonnen gewesen waren.

Die Zeitungen gingen den Tips nach, machten die betreffenden Leute ausfindig und überredeten sie in vielen Fällen zu Geständnissen. Wenn sie tot waren und nicht vor Gericht gehen konnten, war es kein Risiko, sie namentlich zu nennen. Auf diese Weise kamen die Jungtürken ihrem Ziel wieder einen Schritt näher. Verdächtige, die man bis dato nicht unter Anklage stellen konnte, weil es keine oder nicht genug Beweise gegen sie gab, wurden öffentlich bloßgestellt, was oft Strafe genug war, und das Land erfuhr mehr über das Ausmaß der sowjetischen Unterwanderung.

Der führende Jungtürke, Peter Wright, fühlte sich durch diese Entwicklung ermutigt und begann von seinem fernen Wohnsitz Australien aus, den Medien Teile eines Dokuments zuzuspielen, das dann die Bibel der Jungtürken wurde. Es hatte den Titel «Die Sicherheit des Vereinigten Königreichs vor dem Angriff des sowjetischen Geheimdienstes», war 160 Seiten stark und befaßte sich weitgehend damit, daß ein hoher sowjetischer Penetrationsoffizier nach dem Krieg eine wichtige Position bei MI5 bekleidet hatte und daß die Indizien auf Sir Roger Hollis hinwiesen.[29]

Diese Enthüllungen erregten die Aufmerksamkeit von zwei Reportern der Nachrichtenredaktion der Fernsehgesellschaft Granada Television, und sie drehten einen Dokumentarfilm über Wright. Der Journalist, der sich am meisten für Wrights Beschuldigungen interessierte, war jedoch Chapman Pincher, der den Fall Hollis seit Erscheinen seines Buchs *Their Trade is Treachery* verfolgt hatte. Er verfaßte nun in aller Eile *Too Secret Too Long*, eine Kombination des Belastungsmaterials der Jungtürken gegen Hollis und seiner eigenen Theorien und Nachforschungen.

Die ganze Affäre geriet nun völlig außer Kontrolle. Man holte den australischen SIS-Offizier Dick Ellis, der den Deutschen vor dem Krieg die Gefechtsgliederung des Dienstes verraten hatte, aus der Versenkung, um das Ausmaß der sowjetischen Unterwanderung Großbritanniens zu zeigen. Die Jungtürken behaupteten, der 1975 gestorbene Ellis, der zeit seines Lebens ein Antikommunist gewesen war, sei von dem KGB zur Mitarbeit erpreßt worden, weil Moskau von seinen Vorkriegsbeziehungen zu den Deutschen gewußt habe. Ihr Argument lautete ungefähr so: Wenn Ellis, Instrukteur des OSS, zweiter Mann in Stephensons Büro für Sicherheitskoordinierung in New York und nach dem Krieg praktisch der dritte Mann beim SIS, ein sowjetischer Maulwurf gewesen sein konnte, ist es da zu weit hergeholt, daß auch Hollis einer gewesen sein konnte? Und wie viele andere außer den beiden? Keiner war über Verdacht erhaben. Sir Dick White und andere frühere SIS-Leiter verteidigten Hollis und erklärten, die Vorwürfe der Jungtürken seien absurd. War es also möglich, daß White und die anderen wenn schon keine sowjetischen Agenten, so doch zumindest sowjetische Aktivposten gewesen waren? Allason sagt, er sei zu dem 1963 pensionierten stellvertretenden Direktor Graham Mitchell geschickt worden, der im Sterben gelegen habe, um ihn zu dem Geständnis zu bewegen, *er* und nicht Hollis sei der Maulwurf der Sowjets gewesen.[30] Mitchell weigerte sich, und nach seinem Tod schrieb Dick White Anfang Januar 1985 seinen Nachruf in der *Times*. White sagte darin, Mitchell sei «grundlos verdächtigt» worden und habe die negative Publizität durch die Jungtürken «mit Würde, ja Großmut» ertragen.[31]

Die Affäre Hollis wird erst dann ein Ende finden, wenn alle Ankläger tot sind und eine neue Generation von Geheimdienstlern die Unterlagen vernichtet. In der Welt der Geheimdienste tut man einem Menschen nämlich nicht unbedingt einen Gefallen, wenn man ihn gegen unbewiesene Vorwürfe verteidigt. So auch bei Hollis. Die Unterstützung wird fragwürdig oder sogar verdächtig. Es gibt keinen Beweis dafür, daß Hollis ein Spion der Sowjets war; um auch nicht die geringste Spur eines Verrats zu hinterlassen, hätte er der gerissenste aller Spione gewesen sein müssen. Aber die offensichtlichste Antwort ist wahrscheinlich die richtige: Der sowjetische Maulwurf bei der britischen Spionageabwehr war Philby. Alle wichtigen Anhaltspunkte passen ebensogut auf ihn wie auf Hollis.

Das Monster besiegen

Die achtziger Jahre waren eine Blütezeit der Geheimdienste, besonders der CIA. Obgleich Jimmy Carter eine Geheimdienstreform in sein Wahlprogramm aufgenommen hatte, obgleich 1978 eine von beiden Parteien getragene, umfassende neue Satzung für die CIA im Senat eingebracht wurde, hatte sich das öffentliche Klima Ende der siebziger Jahre grundlegend geändert.

Carter, der Mann, der versprochen hatte, die CIA an die kurze Leine zu nehmen, spürte den Umschwung. Noch im Januar 1980 sagte er in seiner Rede über die Lage der Nation, daß es keinen weiteren Machtmißbrauch der CIA geben dürfe, doch er erfreute die Geheimdienstwelt gleichzeitig mit der Feststellung, daß «eine effektive Geheimdiensttätigkeit für die Sicherheit unseres Landes unerläßlich ist», sowie mit der Zusage, «unvertretbare Einschränkungen unserer Möglichkeiten der Nachrichtenbeschaffung» zu beseitigen.[1] Die Gesetzesvorlage mit der neuen CIA-Satzung starb, und eine weniger umfassende Vorlage wurde abgelehnt. Dafür beschränkte man die Zahl der Ausschüsse, denen die CIA rechenschaftspflichtig war, per Gesetz von acht auf zwei und gab der Agency das Recht, unter besonderen Umständen verdeckte Operationen durchzuführen, ohne die Ausschüsse vorab zu informieren.* Was hatte diese Kehrtwendung bewirkt?

Der Hauptfaktor war eine neue Sicht der sowjetischen Bedrohung, die weitgehend auf der Invasion der Sowjets in Afghanistan beruhte.

---

* Barry Goldwater beispielsweise beschwerte sich 1984 in seiner Eigenschaft als Vorsitzender des Geheimdienst-Sonderausschusses des Senats, daß er nicht über die Rolle der CIA bei der Verminung nikaraguanischer Gewässer unterrichtet worden war.

Aber die CIA hatte schon vorher Schritte unternommen, um der amerikanischen Öffentlichkeit weiszumachen, der Kommunismus sei auf dem Vormarsch gegen die immer schlechter informierten und zunehmend schutzlosen Vereinigten Staaten. In Angola zum Beispiel war eine Gruppe von CIA-Propagandaexperten damit beschäftigt, Geschichten über sowjetische und kubanische Aggression in die westliche Presse zu lancieren. Gelegentlich schossen sie über das Ziel hinaus. Einer erfand die Meldung, Streitkräfte der Unità hätten 42 sowjetische Berater gefangengenommen. Als Journalisten aus aller Welt nach Angola geeilt kamen, um zu sehen, was mit den Russen passieren würde, sagte Unità-Führer Jonas Savimbi zu ihnen: «Welche Russen? In diesem Land gibt es keine Russen.»[2] Meist hatten sie jedoch Erfolg. Eine Geschichte über kubanische Soldaten, die einige angolanische Mädchen vergewaltigt hatten und dann erwischt, verurteilt und hingerichtet wurden, erschien zusammen mit einem Bild des «Hinrichtungskommandos» in vielen Zeitungen des Westens. 1985 gestand John Stockwell, einer der für die Propagandameldung verantwortlichen CIA-Männer, daß die Geschichte erfunden und das Foto getürkt war.[3]

Sogar das Iran-Debakel – der Schah war Anfang 1979 gestürzt worden, obgleich ein CIA-Report nur fünf Monate vorher erklärt hatte, es gebe kein Anzeichen für irgendeine Revolution – wurde zugunsten der Agency benutzt. Ende der siebziger Jahre waren der Geheimdiensthaushalt um 40 Prozent und das Geheimdienstpersonal um 50 Prozent gekürzt worden.[4] Wenn ihr uns kastriert, argumentierte die CIA, könnt ihr uns auch keinen Vorwurf daraus machen, daß wir von Ereignissen überrascht werden. Wenn wir uns im Iran irrten, dann nur, weil wir nicht genug Geld und nicht genug Leute hatten, um gute Arbeit zu leisten. Das Heilmittel liegt auf der Hand: Gebt uns mehr Geld; laßt uns von der Leine. Eben das machte Ronald Reagan 1980 zu einem wichtigen Punkt seines Wahlprogramms: «Wir werden das Geheimdienstsystem des Landes wiederbeleben.»

Reagan hielt Wort. Während seine Regierung den Entspannungskurs verließ und auf Konfrontation mit der Sowjetunion ging, wurde die Rolle der Agency erweitert und untermauert. Ihr Budget nahm zu: 1982 um 15 Prozent und 1983 um 25 Prozent, nicht inflationsbereinigt; relativ gesehen bekam nicht einmal das Verteidigungsministerium soviel zusätzliche Mittel. 1985 gab die CIA mindestens 1,5 Milliarden Dollar aus, mehr als den gesamten Jahreshaushalt mancher Entwicklungsländer. Und sie war von allen größeren US-Bundesbehören diejenige, die am schnellsten wuchs.[5]

Der Mann, der diese Expansion steuerte, war der Millionär William J. Casey, ehemals Steueranwalt, Geschäftsmann und – vor allem – OSS-Offizier, der in den letzten Tagen des Zweiten Weltkriegs zusammen mit Donovan verdeckte Operationen hinter den deutschen Linien ausgeheckt hatte. Es überrascht deshalb nicht weiter, daß die CIA-Abteilung für verdeckte Operationen am stärksten wuchs. Donovans Jungs waren wieder da; die mageren Jahre waren vorbei; die vom Vietnamkrieg schwer angeschlagene Moral der Experten für Geheimoperationen war rasch wiederhergestellt. Unter Casey, dem ersten CIA-Direktor mit Kabinettsrang, vermehrten sich die weltweiten Operationen der Agency in drei Jahren um das Fünffache. Während die CIA wieder mit großem Eifer ans Werk ging und dabei eine Begeisterung an den Tag legte, wie man sie seit den sorglosen sechziger Jahren nicht mehr gekannt hatte, führte sie allein in Afrika einmal 20 verschiedene verdeckte Operationen durch.[6]

Wirtschaftspsychologen vertreten seit langem die Theorie, daß ein Unternehmen eine oft kritisierte kommerzielle Praxis nicht zu ändern braucht, wenn es die öffentliche Meinung über diese Praxis ändern kann. Manchmal genüge bereits eine Änderung der Terminologie. In diesem Zusammenhang ist es interessant, daß die CIA, während die verdeckten Krieger ihre falschen Schnurrbärte aus der Schublade holten, den Ausdruck «verdeckte Aktionen» durch «besondere Aktivitäten» ersetzte. Sie gab rund 800 Fachleuten für «besondere Aktivitäten», die sie zwischen 1977 und 1980 hatte gehen lassen, neue Kurzzeitverträge und begann mit einem Anwerbe- und Ausbildungsprogramm, das Caseys Expansionswünschen entsprach. Allein in einem Jahr, nämlich 1982, setzte sich über eine Viertelmillion junger Amerikaner, von denen viele durch die Glamour-Anzeigen der CIA angelockt worden waren, wegen einer Stelle mit der Agency in Verbindung; 10 000 schickten Bewerbungen, und 1500 wurden eingestellt, so daß die CIA nun mehr als 16 000 Leute beschäftigte.[7]

Die Expansion von Geheimdiensten scheint unweigerlich mit einer Beschneidung der bürgerlichen Freiheiten einherzugehen, und dieser Wachstumsschub bei der CIA – und anderen US-Nachrichtendiensten – war keine Ausnahme. Was 1975–1976 noch als unerträglicher Mißbrauch gegolten hatte, wurde nun, unter Reagan, schnell legalisiert. Die CIA wurde ermächtigt, vom Ausland finanzierte Aktivitäten in den USA zu untersuchen, eine Rolle, die 1947 kein Mensch für sie vorgesehen hatte und angesichts deren J. Edgar Hoover sich im Grab umgedreht haben dürfte. Die Agency bekam das Recht, verdeckte Aktionen oder vielmehr «besondere Aktivitäten» in den Vereinigten Staaten selbst durchzuführen, Postsendungen im Land zu öffnen, mit lokalen Polizeiorganen zusammenzuarbeiten und US-Bürger im Ausland zu überwachen.[8] (Der frühere CIA-Direktor Richard Helms charakterisierte den Hauptunterschied zwischen der CIA und dem KGB einmal so: Der KGB betätige sich im Ausland als Nachrichtendienst und daheim als Sicherheitsdienst, die CIA nicht. Aber jetzt habe die neue inneramerikanische Rolle der CIA begonnen, diesen Unterschied zu verwischen.)

Um eine Wiederholung der Schwierigkeiten zu verhindern, zu denen es gekommen war, als Philip Agee den Namen jedes aktiven CIA-Beamten veröffentlicht hatte, an den er sich erinnern konnte, und als Richard Welch, der Leiter des CIA-Büros in Athen, ermordet worden war, nachdem eine Zeitschrift namens *Counterspy* seine Identität preisgegeben hatte, sorgte die CIA für die Verabschiedung eines Gesetzes, das es unter Strafe stellte, die Namen von CIA-Agenten zu drucken. Amerikanische Bürgerrechtsgruppen klagten darüber, daß das Gesetz unverhältnismäßig hart sei (es konnte sogar angewendet werden, wenn die Namen aus öffentlichen Quellen stammten und schon einmal gedruckt worden waren); daß die vorgesehenen Strafen drakonisch seien (zehn Jahre Gefängnis und 50 000 Dollar Geldstrafe für ehemalige CIA-Angehörige und drei Jahre Gefängnis und 15 000 Dollar Geldstrafe für andere); und daß das Gesetz auf eine Zensur in Friedenszeiten hinauslaufe.[9]

Die neue Supergeheimhaltung galt für alles und jeden. Die CIA sorgte sich neuerdings nicht allein um Beamte wie Frank Snepp, der seine Erlebnisse beim Dienst ohne Zustimmung seiner früheren Oberen veröffentlicht hatte, sondern bemühte sich auch, dem Brauch, daß ehemalige Direktoren ihre Memoiren veröffentlichten, einen Riegel vorzuschieben. Admiral Stansfield Turner, der die Agency unter Präsident Carter geleitet hatte, entschärfte sein Manuskript im Lauf mehrerer Jahre so lange, bis es die neue CIA zufriedenstellte. Die Agency bestand auf der Streichung allgemeiner Erwähnungen von verdeckten Aktionen in Nikaragua – während amerikanische Zeitungen auf der ersten Seite ausführlich darüber berichteten – und verbot Turner, aus seinen eigenen öffentlichen Reden zu zitieren.[10] Das Ziel war eindeutig Geheimhaltung um der Geheimhaltung willen.

Der KGB dagegen versuchte, seinen Ruf in der sowjetischen Öffentlichkeit aufzupolieren, indem er seine Geheimhaltung im Lauf der achtziger Jahre zunehmend lockerte. Der Prozeß begann unter Juri Andropow, der den KGB 15 Jahre lang geleitet hatte, ehe er Generalsekretär der KPdSU wurde. Um das fast universelle Zerrbild des KGB-Agenten – ein Strolch in einem schlecht sitzenden Anzug – auszumerzen, änderte er die Einstellungspolitik und die Ausbildungsmethoden des Geheimdienstes und setzte dann eine PR-Kampagne in Gang, die jeder westlichen Werbeagentur würdig gewesen wäre.

Man warb an sowjetischen Universitäten eine neue Generation von künftigen Geheimdienstlern an. Die Anwerber bemühten sich zudem um die besten Diplomaten und Graduierten, nach Möglichkeit um solche, die wenigstens eine fremde Sprache beherrschten, und lockten mit patriotischen Argumenten, guter Bezahlung, großen Wohnungen und Auslandsreisen. Diejenigen, die zur 10 000 Mann starken Ersten Hauptverwaltung kamen, die mit ausländischen Angelegenheiten befaßt ist und nicht in dem berüchtigten alten KGB-Hauptquartier am Dserschinski-Platz, sondern in einem neuen Gebäude in einem Moskauer Vorort sitzt, wurden zu tadellos gekleideten, weltgewandten und ungewöhnlich gut informierten Offizieren gemacht. Ein afrikanischer Politiker klagte einmal, es werde immer schwieriger, den lokalen CIA-Residenten vom lokalen KGB-Residenten zu unterscheiden: «Sie sehen beide gleich aus, sie reden gleich, sie wollen dieselben Informationen, und sie benutzen dieselben Anreize, um sie zu bekommen – Geld.»

1979 verwendete Andropow einen Teil seines enorm gewachsenen Budgets – der KGB erhält gewöhnlich 10 Prozent mehr als die CIA – für einen einstündigen Dokumentarfilm über den KGB. Er scheute keine Kosten. Offiziere, die er persönlich protegierte, wurden von ihren Auslandsposten nach Moskau zurückbeordert, um bei der Arbeit zu helfen. Etwa gleichzeitig begann man, Bücher, Filme und Fernsehspiele zu produzieren, die idealisierte KGB-Offiziere als Hauptfiguren zeigten. Der Held einer Fernsehserie mit dem Titel «Siebzehn Augenblicke im Frühling» war ein KGB-Offizier namens Maxim Isajew, Codename «Stirlitz», der im Krieg das Nazi-Hauptquartier infiltriert. Die Programmlücke, die der sowjetische Boykott der Olympischen Spiele in Los Angeles hinterließ, füllte man mit dem Spionagethriller «Tass verlautbart», in dem eine Auseinandersetzung zwischen KGB und CIA in dem imaginären afrikanischen Staat Nagonia geschildert wird, der nach der Destabilisierung durch verdeckte Aktionen der CIA um sowjetische Hilfe ersucht hat. Die Serie beruhte auf einem Roman von Julian Semjonow, der 1979 erschien und rasch ein Bestseller wurde. Schließlich stiftete der KGB einen jährlichen Literaturpreis für das Werk, das KGB-Offiziere am besten als gesetzestreue und anständige Leute zeigte, die

die Sowjetunion mit all ihren Kräften gegen innere und äußere Gegner verteidigten.[11]

Der Einfluß des Geheimdienstes auf die politischen Führer des Landes nahm ähnlich zu wie in den Vereinigten Staaten. Dort wurde Casey der erste CIA-Direktor mit Kabinettsrang, und in der UdSSR verzeichnete der Geheimdienst in zwei Jahren zwei politische Erstleistungen. 1982 wurde Andropow als erster KGB-Chef in der Geschichte des Sowjetstaats Generalsekretär der Kommunistischen Partei – bisher hatte man geglaubt, ein KGB-Leiter könne niemals Parteiführer werden. Und 1984, unter dem neuen KGB-Chef Marschall Wiktor Tschebrikow, wurde dann bekanntgegeben, daß der Oberste Sowjet einen neuen KGB-Rang, den des «Generalissimus», eingeführt hatte; diese Würde war vorher ausschließlich den bewaffneten Streitkräften vorbehalten gewesen und einzig und allein Stalin verliehen worden.[12]

Großbritannien blieb nicht von der bürokratischen Explosion verschont, die in den achtziger Jahren auf der Geheimdienstbühne stattfand. Die britischen Dienste fielen vielleicht in eine andere finanzielle Kategorie, aber ihre Organisation war ungleich komplizierter als alles, was die Sowjetunion oder die Vereinigten Staaten erfinden konnten. Das offizielle Jahresbudget für SIS und MI5 betrug 92 Millionen Pfund, doch inoffizielle, auf der Größe des von den Diensten beanspruchten Büroraums – allein in London acht große Gebäude – basierende Untersuchungen kamen auf eine Summe von etwa 300 Millionen Pfund. Das Kommunikationshauptquartier der Regierung (GCHQ) gibt wahrscheinlich 200 Millionen Pfund im Jahr aus. Wegen der Mauer der Geheimhaltung um beide Dienste ist es natürlich möglich, daß kein Mensch sagen *kann*, was sie wirklich kosten. Dr. Christopher Andrew erklärt dazu: «Selbstverständlich verschleiern alle Regierungen die Summen, die sie für ihre Geheimdienste zahlen, indem sie Buchhaltungsmethoden benutzen, für die ein Privatunternehmer vor den Kadi käme.»[13]

Andere Aspekte der britischen Dienste traten mehr ans Licht, aber nicht etwa, weil die Regierung oder die Dienste selbst es wollten, sondern weil immer wieder Geheimdienstler enttarnt und vor Gericht gestellt wurden, die für Moskau gearbeitet hatten, und weil beim GCHQ ein Streit mit den Gewerkschaften ausbrach.* Als die Dienste dann ge-

---

* 1983 verbot die britische Regierung die Tätigkeit von Gewerkschaften beim GCHQ und forderte das GCHQ-Personal auf, gegen eine einmalige Zahlung von 1000 Pfund auf ihr Recht zum Gewerkschaftsbeitritt zu verzichten. Die Mehrheit tat es.

zwungen wurden, Rechenschaft abzulegen, kam es zu Enthüllungen über die verwirrende Struktur der Geheimdienste und das Ausmaß, in dem sie den Behörden- und Regierungsapparat unterwandert hatten.

Die Vergrößerung der traditionellen Dienste, die ihre Informationen von Menschen beschaffen lassen – und sie als HUMIT (von *human intelligence* oder «Informationen durch Menschen») bezeichnen –, war beinahe unbedeutend im Vergleich zum Anwachsen des Apparats, der mit High-Tech-Mitteln wie Satelliten, Horcheinrichtungen und Computern Informationen beschafft – und sie als SIGINT (von *signals intelligence* oder «Funkinformationen») bezeichnet. Er expandierte, angeführt von der Nationalen Sicherheitsbehörde (NSA) der Vereinigten Staaten, auf schier unfaßliche Weise. Die NSA und ihr wichtigster Partner, das britische GCHQ, überwachen heute mit Hilfe von ähnlichen, aber kleineren Diensten in Australien, Kanada, Neuseeland und einigen Nato-Ländern den gesamten Globus.

NSA und GCHQ lesen und hören militärische, diplomatische und kommerzielle Nachrichten mit, die per Funk, Telex, Telefax und auf Mikrowellen gesendet werden. Sie belauschen Satellitenkommunikation und private Telefongespräche. Sie haben eine Liste von Einzelpersonen und Organisationen, deren schriftliche und mündliche Kommunikation automatisch abgefangen bzw. mitgehört wird. Dazu gehören bestimmte Ölgesellschaften, Banken, Zeitungen, Rohstoffhändler, Bürgerrechtsführer, radikale politische Gruppen, Botschaften, Handelsmissionen, Terroristen und deren Sympathisanten. Die Computer der NSA, die im Hauptquartier der Behörde in Fort Meade, Maryland, eine Fläche von insgesamt 44 000 Quadratmetern einnehmen, können auf das Abhören einer Telex- oder Funkmitteilung programmiert werden, indem man ihnen ein «Schlüsselwort» eingibt, das die Adressaten der Informationen wichtig finden. Die Computer «suchen» die Schlüsselwörter mit einer Geschwindigkeit von 4 Millionen Buchstaben in der Minute, das heißt, sie sind in der Lage, eine Tageszeitung von durchschnittlichem Umfang zu lesen, ehe der normale Sterbliche ihren Namen aussprechen könnte.

NSA und GCHQ hören und transkribieren die Funktelefongespräche sowjetischer Funkgeräte in ihren Limousinen in Moskau und belauschen den Funkverkehr sowjetischer Schiffe im Atlantik. Sie können Sendungen sowjetischer Satelliten aus dem Weltraum abfangen und den Bauleiter einer sibirischen Raketen-Abschußrampe belauschen, der seinen Vorgesetzten in Moskau in einem Ferngespräch Bericht erstattet.

NSA und GCHQ weisen nur sehr selten öffentlich auf ihre Fähigkeit hin, den globalen Funkverkehr abzuhören, aber 1980 sagte ein NSA-Beamter: «Über dem Atlantik sind drei Satelliten stationiert, von denen jeder auf rund 20 000 Stromkreisen senden kann. Es gibt acht Transatlantikkabel mit rund 5000 Stromkreisen. Wir belauschen sie alle.»[14]

Das Ausmaß der NSA/GCHQ-Operationen ist erst kürzlich an den Tag gekommen, doch ihre Zusammenarbeit geht auf das Jahr 1947 zurück, in dem der damalige Seniorpartner GCHQ durch einen Geheimvertrag mit der Kurzbezeichnung UKUSA (von *United Kingdom* – Vereinigtes Königreich – und USA) mit der soeben gegründeten NSA verbunden wurde. Inzwischen ist die NSA der unangefochtene Herr geworden, doch abgesehen von gelegentlichen Unstimmigkeiten ist die Beziehung immer noch so herzlich, wie ein Direktor des GCHQ in einer Bemerkung gegenüber seinem amerikanischen Amtskollegen durchblicken ließ: «Wir haben dafür gesorgt, daß die Decken und Laken des Betts, das unsere Leute teilen, noch fester zwischen Rahmen und Matratze geschoben sind, und ich mag das ebenso wie Sie.»

Bis zu den achtziger Jahren konzentrierten sich NSA und GCHQ vor allem darauf, Einzelpersonen zu belauschen, die miteinander sprachen oder einander schriftliche Nachrichten und Funkbotschaften schickten, aber der schnelle technologische Fortschritt veranlaßte sie bald, von einer «Abdeckung des gesamten elektromagnetischen Spektrums» zu reden – das heißt, *alle* Geräusche zu belauschen und *alle* Bilder zu betrachten. So überwachen sie jetzt nicht allein COMINT (Menschen an Menschen), sondern auch ELINT (elektronische Emissionen aller Art), zu denen auch FISINT (von *Foreign Instrumentation Signals Intelligence* oder «ausländische Funkinstrument-Information») gehören, beispielsweise Maschinen, die mit ihrem Herrn sprechen, oder umgekehrt. Und bei der «Bildspionage» macht die NSA normale Satellitenaufnahmen, Aufnahmen mit speziellen Bildintensivierungskameras, Infrarotaufnahmen (auf denen sich die Ziele durch die von ihnen abgestrahlte Wärme abzeichnen) und Radaraufnahmen (allerdings keine sehr guten). Sie überwacht außerdem mit Spähflugzeugen wie dem EC 121, in dem eine Crew von 30 Mann eine sechs Tonnen schwere elektronische Ausrüstung bedient.

Die enorm kostspieligen Geräte und Maschinen, die für all das notwendig sind, erfordern natürlich ein ganzes Heer von Technikern und anderen Spezialisten zu ihrer Wartung und Bedienung und eine gewaltige Bürokratie, um die Techniker zu kontrollieren, die Geldmittel zu verteilen und dafür zu sorgen, daß alles reibungslos läuft. In der labyrinthischen Welt, deren Bewohner damit beschäftigt sind, die Geheimnisse anderer Leute auszuspähen und die eigenen zu schützen, führt das Bemühen um Effizienz jedoch zu immer mehr Expansion.

Jeffrey Richelson, der an einer umfassenden Studie der US-Geheimdienste arbeitet, hat ein neueres Beispiel dafür genannt. Das Nationale Luftaufklärungsamt (NRO), das für alle Fotosatelliten der USA zuständig ist, mußte im voraus wissen, wann potentiell interessante Gebiete der Sowjetunion nicht unter einer Wolkendecke liegen würden. Also kurbelte das Erste Weltraumgeschwader des Weltraumkommandos der Air Force sein Wettersatellitenprogramm an, um dem NRO die meteorologischen Informationen zu geben, die es brauchte. Wenn die Vereinigten Staaten die Sowjetunion aber lückenlos fotografieren, muß man annehmen, daß die Sowjetunion bei den Vereinigten Staaten das gleiche tut. Also begann die Einsatzzentrale des Ersten Weltraumgeschwaders (SPADOC), die sowjetischen Satelliten zu überwachen und amerikanische Verteidigungseinrichtungen mit «Vorabmitteilungen der Satellitenaufklärung» (SATRANS) zu versorgen. Sie warnte beispielsweise, daß diese oder jene Militäreinrichtung bald von einem Sowjetsatelliten überflogen werden würde und ihre Geheimnisse tarnen oder kaschieren solle, wenn sie nicht wolle, daß die Sowjets sie fotografierten.

Die Wasserwege der Erde genossen während dieser Ausspähexplosion dieselbe Aufmerksamkeit wie der Himmel. Wenn die Air Force jederzeit feststellen konnte, an welchem Punkt seiner Flugbahn sich ein bestimmter sowjetischer Satellit befand oder welchen Punkt er dann und dann erreichen würde, wollte die US-Navy nicht zurückstehen. Sie richtete das Informationszentrum für Meeresaufklärung (FOSICS) ein, das Informationen von Unterwassersensoren, Schiffen, Satelliten und Flugzeugen korreliert, um «Positionsmeldungen für Kontaktgebiete» (ASPERS) zu erarbeiten, die alle Schiffsgruppen auf allen Weltmeeren erfassen. Und da Schiffe gewöhnlich in Bewegung sind und nicht immer in die ursprünglich geplante Richtung fahren, liefert FOSICS auch eine «Tägliche geschätzte Position» (DEPLOC) für Schiffe auf See und solche, die ihren Hafen stündlich verlassen können.[15]

Wie man sich leicht vorstellen kann, ist nichts von all dem billig. Die NSA beschäftigt in ihrem riesigen Hauptquartier am Rand von Fort Meade, das von einem doppelten, mit einer Kombination von Stacheldraht und Elektrodraht gekrönten Maschendrahtzaun umgeben ist, wenigstens 20 000 Menschen (und Dutzende von Reißwölfen, um die 40 Tonnen unerwünschtes Papier loszuwerden, die das Heer der Angestellten täglich produziert). Außerdem kontrolliert sie im Ausland rund

100 000 Soldaten und Zivilisten, die im Dienst der Army, der Navy und der Air Force stehen.[16] Deshalb war schwer in Erfahrung zu bringen, was die NSA alles in allem wirklich kostet, und wenn die Regierung eine Zahl nannte, war es höchstwahrscheinlich nur eine geschätzte Summe. David Kahn, der Autor, der sich auf Funkaufklärung und ihre Geschichte spezialisiert hat, veranschlagt die Summe, die die NSA 1976 verbraucht hat, auf 1,5 Milliarden Dollar. Wenn man für den Zeitraum danach aufgrund von Inflation und Expansion einen jährlichen Zuwachs von 10 Prozent ansetzt, kostete die NSA· Mitte der achtziger Jahre über 3,5 Milliarden Dollar jährlich.[17]

Vieles von dem, was für die NSA galt, galt auch für das GCHQ. Sein Budget war geheim, und bis 1983, als einer seiner Mitarbeiter, Geoffrey Prime, wegen Spionage für die Sowjets vor Gericht kam, hatte die Regierung sich sogar geweigert, die wahre Rolle des GCHQ publik zu machen – ohne Zweifel deshalb, weil seine Operationen in Friedenszeiten keine gesetzliche Grundlage hatten. Man hatte die Geheimhaltung mittels umfangreicher und möglichst einschüchternder Sicherheitsmaßnahmen durchgesetzt. Der Presse wurde nachdrücklich empfohlen, es nicht zu erwähnen; ein Buch des GCHQ-Angestellten Jock Kane wurde 1984 von Beamten der Special Branch aus dem Verkehr gezogen; und 1973 verbot die Unabhängige Rundfunkbehörde die Sendung eines Fotos des GCHQ-Hauptquartiers in Cheltenham, Gloucestershire, so daß während der Fernsehnachrichtensendung «World in Action» plötzlich ein weißgraues Nichts über die Bildschirme flimmerte.[18]

Das GCHQ entspricht der NSA auch insofern, als die Zahl seiner Mitarbeiter keine Rückschlüsse auf seine wahre Stärke erlaubt. Es betreibt große Lauscheinrichtungen in Zypern, der Bundesrepublik, West-Berlin, Australien und Hongkong und kleinere anderswo auf der Welt. Wie bei der NSA wird ein großer Teil seiner Auslandstätigkeit von Angehörigen der Streitkräfte ausgeführt. Das vergrößert sein Personal um wenigstens 4000 Personen. Das Gesamtbudget des GCHQ beträgt demnach ungefähr 300 Millionen Pfund im Jahr, aber ein erheblicher Teil dieser Summe wird von den Vereinigten Staaten gezahlt, die dafür das Recht haben, NSA-Einrichtungen in Großbritannien (wo sie wenigstens vier große unabhängige Stationen hat: in Chicksands, Bedfordshire; Edzell, Schottland; Menwith Hill bei Harrogate; und Brawdy, Wales) und auf britischem Überseeterritorium zu betreiben.[19]

Die Zusammenarbeit der beiden Dienste bietet viele Vorteile. Sie erleichtert nicht nur die Überwachung des Globus durch Aufteilung der Zuständigkeiten – das GCHQ übernahm zum Beispiel Afrika und Europa östlich des Ural –, sondern löst auch Probleme, die sonst vielleicht juristische Konsequenzen hätten. Wenn das GCHQ Telefongespräche amerikanischer Bürger belauscht und die NSA Gespräche britischer Bürger, kann jede der beiden Regierungen wahrheitsgetreu bestreiten, daß sie die Telefonate ihrer eigenen Bürger mithört – was beide übrigens schon getan haben. Aber die NSA-Station in Menwith Hill in Yorkshire hört alle Auslandsgespräche mit, die von Großbritannien aus geführt werden, und das GCHQ führt eine Liste amerikanischer Bürger, deren Telefonate die NSA interessieren.[20]

Ungeachtet – oder vielleicht wegen – der Geheimnistuerei um die NSA und das GCHQ hatte SIGINT eine großartige Presse. Was man über seine Tüchtigkeit und Effizienz behauptete, wurde zum größten Teil kritiklos hingenommen. Angeblich hört und sieht es alles, kann es sogar die Kennzeichen der Autos auf einem KGB-Parkplatz in Moskau lesen. «Ihm entgeht nicht, was auf der Welt von militärischer Bedeutung ist», schrieb der *Indian Express* warnend. «Wir lesen nicht nur die Gedanken der Argentinier», erklärte der frühere Labour-Minister Ted Rowlands, «sondern auch ihre Telegramme.» Eine britische Zeitung charakterisierte den Aufstieg von NSA und GCHQ mit «Abgang Smiley, Auftritt IBM.»

Als Caspar Weinberger Anfang 1981 amerikanischer Verteidigungsminister wurde, informierte ihn der Geheimdienst-Fotoauswerter John Hughes über die sowjetische Bedrohung. Hughes' für hohe Regierungsmitglieder bestimmter Standardvortrag, der noch eine Stufe höher als «Streng geheim» klassifiziert ist, dauert bis zu vier Stunden und behandelt Hunderte von Satelliten- und Spähflugzeugaufnahmen von Waffensystemen und Militäreinrichtungen der UdSSR. Wer ihn gehört hat, sagt unweigerlich, die anschaulichen Schilderungen des sowjetischen Militärapparates habe ihn in Angst und Schrecken versetzt. Weinberger ließ sich ebenfalls beeindrucken; kurz danach erklärte er Freunden, die Sowjets strebten seiner Ansicht nach ebenso die Weltherrschaft an wie seinerzeit die Nazis.[21]

Es trifft zwar zu, daß NSA und GCHQ wahrscheinlich die technologischen Möglichkeiten haben, all die Dinge zu tun, die sie angeblich tun können, aber wir sollten dennoch untersuchen, ob sie in der Lage waren, es durchgehend zu tun, ob die von ihnen gesammelten Informationen irgendeinen Wert haben, ob sie sie dann liefern können, wenn ihre «Kunden» sie benötigen, und ob sie von jenem Verdacht frei sind, der die Meldungen eines Spions so oft in Frage stellt (weil man nie die Befürchtung los wird, er könne ein Doppelagent sein). Oder führen NSA und GCHQ Operationen um ihrer selbst willen durch und wollen in erster Linie ihr eigenes Überleben gewährleisten?

Als erstes geht es um den Mythos, demzufolge NSA und GCHQ die Entschlüsselungserfolge der Alliierten im Zweiten Weltkrieg fortgesetzt hätten. In Wahrheit waren die beiden Dienste nicht imstande, die Nachrichten der Sowjets oder Chinesen oder irgendeiner anderen größeren Macht aus dem Äther zu holen, zu entschlüsseln, zu übersetzen und so rechtzeitig auf die richtigen Schreibtische zu bringen, daß sie einen großen Sieg der Diplomatie oder des Geheimdienstes ermöglichten. Die Vereinigten Staaten und Großbritannien haben übrigens seit 1940 keinen einzigen wichtigen sowjetischen Code mehr geknackt, weil moderne Computer in der Lage sind, randomisierte Schlüssel zu erzeugen, die praktisch kein anderer Computer lösen kann. Immerhin bekam die NSA bei den Gesprächen über strategische Abrüstung 1972 die exakte Verhandlungsposition der Sowjets heraus, aber das beruhte auf einem sowjetischen Chiffrierfehler, und Moskau wird zweifellos dafür sorgen, daß so etwas nicht wieder vorkommt. NSA und GCHQ konnten bestenfalls 25 Prozent der chiffrierten Kommunikationen der Sowjets entschlüsseln, aber dabei handelte es sich um vergleichsweise unwichtige Nachrichten, die sonderlich zu schützen die Sowjets sich gar nicht erst bemüht hatten. Geoffrey Prime, der Russischexperte des GCHQ, der wegen Geheimnisverrats an die Sowjetunion ins Gefängnis kam, war zuletzt Sektionsleiter einer Gruppe, die sich mit der Auswertung der wenigen sowjetischen Funksprüche beschäftigte, die das GCHQ entschlüsseln konnte. Die meisten Beamten der GCHQ-Ostblockabteilung wurden dafür eingesetzt, sowjetische Telefongespräche zu belauschen. Wie wichtig diese waren, läßt sich an der Beschwerde eines NSA-Technikers ermessen, der das Russische beherrschte und in einer Lauscheinrichtung in der Bundesrepublik arbeitete. Er sagte, er habe so wenige russische Gespräche mitgehört, daß er zuletzt die Sprache beinahe verlernt habe.[22]

Beim Entschlüsseln nahm die Erfolgsquote von NSA und GCHQ übrigens in dem Maße ab, in dem die Computer weiterentwickelt wurden. In den fünfziger, sechziger und frühen siebziger Jahren waren die Sowjetunion und China vielleicht noch geschlossene Territorien, aber NSA und GCHQ konnten in der Dritten Welt nützliche Informationen sammeln. Während bessere und billigere Computer auf den Markt kamen, trocknete auch diese Quelle langsam aus. David Kahn sagt: «Für dieselbe Summe, die ein Land vor fünf Jahren für eine Chiffriermaschine ausgegeben hat, kann es heute eine Maschine mit der doppelten

Chiffrierkapazität kaufen. Eine doppelte Chiffrierkapazität bedeutet jedoch eine Vervierfachung der Entschlüsselungsversuche, die der Chiffrierexperte machen muß. Diese Arbeit ist bald nicht mehr zu bewältigen ... Deshalb nimmt die Zahl der Länder, deren Codes noch geknackt werden können, stetig ab. Das Fenster, durch das NSA, GCHQ und andere Entschlüsselungsdienste sehen können, schließt sich gleichsam immer mehr.»[23]

Wenn sich in der Geheimdienstwelt ein Fenster schließt, kann man jedoch meist ein neues öffnen. NSA und GCHQ sagten ihren Abnehmern nicht etwa, daß sie wegen ihrer verringerten Entschlüsselungskapazität weniger Geld und Personal brauchten. Sie sagten einfach, sie würden die Entschlüsselung als Mittel der Informationsbeschaffung mehr und mehr durch die Analyse der Kommunikations*wege* und der Kommunikations*menge* ersetzen. Das bedeutete, daß mehr Leute für diese Aufgaben eingesetzt werden mußten. Kahn erklärt: «Sie [mußten] ihr Imperium und ihr Personal vergrößern, um dieselbe Menge von Informationen zu beschaffen, die sie vorher mit weniger Leuten beschaffen konnten.»[24]

Sind die Informationen aber auch so akkurat wie früher? Selbst bei entschlüsselten Nachrichten kann man nie sicher sein, daß es sich nicht um ein Täuschungsmanöver handelt. Wenn der Gegner erfährt oder auch nur vermutet, daß man seine Botschaften liest, kann er beschließen, einen über seine wahren Absichten zu täuschen, indem er falsche Informationen sendet. Bei Informationen, die durch Auswertung der Wege und der Menge der Kommunikation beschafft wurden, ist die Fehlermöglichkeit viel größer – der Gegner braucht gar keine plausibel klingenden Falschinformationen zu erfinden, sondern nur die Zahl seiner Funksprüche zu vergrößern und ihre Quelle zu variieren. Wenn man sich zu sehr auf diese Methode verläßt, kann es zu verhängnisvollen Irrtümern kommen.

Der Gegner weiß auch, daß jedes System zur Überwachung und Verarbeitung von Informationen leicht bis zu dem Punkt überlastet werden kann, an dem es zusammenbricht. Ein potentieller Angreifer könnte also große Mengen von Informationen ausspucken, um das gegnerische System zu überlasten und den Entscheidungsprozeß dadurch zu stören und zu verlängern.

Manchmal gibt es indes auch gar keine Funksprüche, aus denen man Rückschlüsse ziehen kann. Die Iraner legten die Milliardendollar-Technologie von NSA und GCHQ einfach dadurch lahm, daß sie wichtige Militärmitteilungen von Männern auf Motorrädern befördern ließen. Lyman Kirkpatrick bemerkt in diesem Zusammenhang: «Wenn die Sowjets jemals beschließen sollten, aufs Ganze zu gehen, würden sie nicht elektronisch kommunizieren und nichts tun, was von den Satelliten gesehen werden könnte. Alle Befehle würden von Kurieren befördert werden, womit Hitler uns schon bei der Gegenoffensive von Dezember 1944 bis Januar 1945 vollkommen überraschte. Wir verließen uns zu sehr auf Funkaufklärung.»[25]

Die Technokraten lächeln über die Vorstellung, daß es heutzutage noch irgendwo ein Land geben könnte, das imstande sei, seine Absichten erfolgreich zu kaschieren oder verfälscht darzustellen. «Wir überwachen das gesamte elektromagnetische Spektrum», erklärte einer von ihnen im Juni 1984 bei einem Symposium der Akademie der US-Air Force in Colorado Springs. «Niemand wird sein gesamtes elektromagnetisches Spektrum verfälschen können.» Gewisse Vorkommnisse zeigen jedoch, daß man einige wichtige Teile dieses Spektrums auf eine Weise verfälschen kann, die jedes noch so raffinierte Täuschungsmanöver traditioneller Geheimdienste wie ein Kindergartenspiel erscheinen läßt.

Die NSA sammelte jahrelang Daten über sowjetische Raketentests. Das ermöglichte ihr, ihren Abnehmern Informationen über die Reichweite und Zielgenauigkeit der sowjetischen Ferngeschosse zu liefern, aufgrund deren man Ende der sechziger und Anfang der siebziger Jahre wichtige Entscheidungen über die Zahl, den Stationierungsort und den Schutz amerikanischer Raketen traf. Später stellte sich jedoch heraus, daß die Rohinformationen, die bei der unaufhörlichen Überwachung der sowjetischen Raketentests gewonnenen Erkenntnisse, unzutreffend gewesen waren.

Erst als es Mitte der siebziger Jahre bessere Methoden zur Auswertung dieser Raketendaten gab, bekam man den Grund für die Fehler heraus: Die Sowjets hatten ihre Tests verfälscht. Sie hatten die amerikanischen Satelliten und Funkantennen irregeführt. Da sie wußten, daß die Amerikaner die Tests überwachten, hatten sie eine Methode ersonnen, um die US-Geräte zu täuschen und melden zu lassen, die Raketen seien weniger zielgenau, als sie in Wahrheit waren. Gleichzeitig unternahmen sowjetische Agenten in den USA so plumpe Versuche, sich die entsprechende amerikanische Technologie zu beschaffen, die diese Ungenauigkeit korrigieren konnte, daß sie dem FBI auffielen. Als das FBI die zuständigen Stellen unterrichtete, schien es die Informationen zu bestätigen, die die NSA ihren Satelliten und Antennen verdankte. Das sowjetische Täuschungsmanöver war in sich abgerundet.

Doch wie wir gesehen haben, kann man eine Niederlage in der Welt der Geheimdienste allemal als Rechtfertigung für Expansion benutzen. Einflußreiche Geheimdienstler argumentierten, um eine Wiederholung solcher Vorkommnisse zu verhüten, sei eine «Rundum-Spionageabwehr» nötig, die menschliche Spione und auch Spionagemaschinen auf Anzeichen für eine sowjetische Kontrolle untersuchen solle. Die Befürworter des Plans sagten, sowjetische Täuschungen mit Hilfe von «umgedrehten» Satelliten, falschen elektronischen Signalen, KGB-Offizieren und falschen Überläufern könnten nur von einer Spionageabwehr aufgedeckt werden, die Zugang zu all diesen Quellen habe und einen gemeinsamen Nenner suche.

Gegen das Vorhaben wehrten sich vor allem NSA-Beamte, die nicht einmal wahrhaben wollten, daß man ihre teuren Überwachungsgeräte ausgetrickst hatte. Andere Leute fanden sich zwar damit ab, von den Sowjets hereingelegt worden zu sein, vertraten aber den Standpunkt, ein «Rundum-Dienst» werde die Moral der anderen Dienste untergraben und eine Zielscheibe für destruktive Witze sein, zum Beispiel: «Als nächstes werden sie einen sowjetischen Maulwurf unter unseren Satelliten suchen!» Es kam zu heftigen Auseinandersetzungen innerhalb der bestehenden Dienste sowie zu einem unerwarteten Rücktritt – der stellvertretende CIA-Direktor Admiral Bobby Inman, der gegen den Plan war, nahm seinen Abschied –, und der Nationale Sicherheitsrat ließ das Projekt vorerst unter den Tisch fallen.

Die NSA und das GCHQ könnten argumentieren, daß die Fülle von Informationen, die sie täglich beschaffen, das Risiko einer gelegentlichen Täuschung mehr als aufwiegt. Es gibt aber noch andere immanente Schwächen der technologischen Nachrichtenbeschaffung. Wie wir gesehen haben, können gewöhnliche Satellitenkameras nicht bei jedem Wetter Aufnahmen machen. Als amerikanische Satellitenfotos der sowjetischen Hafenstadt Nikolajew zeigten, daß der Kai mit Kisten vollgestapelt war, in denen normalerweise MiG-Jagdflugzeuge verpackt sind, interessierten sich die zuständigen Geheimdienstler dafür, was mit den Kisten passieren würde. Würde man sie auf das Schiff verladen, das ganz in der Nähe vertäut war? Und welchen Zielhafen hatte das Schiff? Leider kam buchstäblich eine Wolkendecke dazwischen, die weitere Aufnahmen unmöglich machte. Als die Satelliten dann wieder fotografieren konnten, waren Kisten samt Schiff fort. Als das Schiff später vor der nikaraguanischen Küste fotografiert wurde, machte irgend jemand einen logischen Sprung: Sowjetische MiGs seien auf dem Weg zu den Sandinisten.[26] Als sich das als unzutreffend erwies, lag die Schwäche der Satellitenspionage auf der Hand. Sicher, amerikanische Satelliten können auch Infrarotaufnahmen machen, aber bei dichter Bewölkung, wie sie besonders auf der nördlichen Halbkugel oft auftritt, bringen solche Fotos nichts. Selbst Radaraufnahmen, die durch Wolken hindurch gemacht werden, sind oft zu verschwommen, als daß Einzelheiten zu erkennen wären.[27]

Da die Sowjets wissen, daß die Amerikaner sie fotografieren – und umgekehrt –, gehen beide Seiten davon aus, daß die andere ihr Bestes tut, um ihre Geheimnisse zu verbergen oder zu tarnen. Inzwischen ist die Kunst der Bildauswertung zweifellos so weit fortgeschritten, daß kein Mensch bei der NSA oder dem GCHQ auf das hereinfallen würde, was 1962 in Moskau passierte, aber die Geschichte sollte dennoch erzählt werden, weil sie die *Art* zeigt, mit der eine der beiden Seiten versuchen könnte, die Kamera am Himmel (oder auf der Erde) zu täuschen. Ein der Landessprache kundiger britischer Diplomat beschloß, zur Abwechslung einmal *zu Fuß* zu einer Parade auf dem Roten Platz zu gehen.

«Wir wollten uns einen Eindruck von der Atmosphäre in den Nebenstraßen verschaffen, wo die Menschen sich sammelten, und nicht auf dem Roten Platz selbst. In einer entlegenen Gasse entdeckten wir eine Einheit Raketenartillerie, die neben ihren mit drohend wirkenden, silbrig glänzenden Raketen beladenen Lastern herumstand. Als wir höchstens noch einen halben Meter von den Raketen entfernt waren, stellten wir fest, daß es sich um hölzerne, alufarben gestrichene Attrappen handelte. Um ganz sicher zu sein, gingen wir näher heran – die Soldaten schienen kaum Notiz von uns zu nehmen – und betrachteten sie aus 15 Zentimetern Entfernung und klopften sogar dagegen; nicht der Schatten eines Zweifels.»

Am nächsten Tag wandte der Diplomat sich an den Militärattaché der Botschaft, der bei der Parade zweifellos damit beschäftigt gewesen war, mit seiner Superminiaturkamera Fotos zu schießen, und berichtete ihm, was er gesehen hatte. Der Attaché bat ihn sofort in sein Büro, legte ihm Dutzende von Raketenaufnahmen vor und forderte ihn auf, die Attrappen zu identifizieren. Anschließend berichtete er seinen Vorgesetzten in London, daß sein Kollege «die Raketen für hölzerne Attrappen hielt».[28] Zu der Tatsache, daß man bei der Auswertung von Bildern irren kann, kommt also noch hinzu, daß die Auswerter sich auch von Augenzeugen nur schwerlich überzeugen lassen, sie seien aufgrund ihrer Spezialausbildung einem Trugschluß erlegen.*

---

* Das ist nicht der einzige belegte Fall, in dem ein kommunistisches Land Attrappen benutzte. 1986 begann die DDR, auf Wachtürmen längs der befestigten Grenze zur Bundesrepublik lebensgroße Puppen in Soldatenuniform zu placieren.

Auch hier gibt es das Problem der Überlastung. Amerikanische Satelliten und Spähflugzeuge produzieren mehr Bilder, als irgend jemand betrachten, geschweige denn auswerten kann. Abgefangene Funksprüche kommen vor allem in Krisenzeiten in solchen Mengen herein, daß die Analytiker die wichtigen unter ihnen manchmal erst dann lesen können, wenn die Krise schon vorbei ist. Und die Technologie ist so kompliziert geworden, daß die aus Sicherheitsgründen ohnehin beschränkte Zahl der Beamten, die das Gesamtbild verstehen, von Jahr zu Jahr geringer wird. Laut Harry Rositzke steht der amerikanische Geheimdienst-Analytiker der achtziger Jahre vor einer «Schwemme aus allen Quellen: täglich Millionen von Worten aus ausländischen Rundfunksendungen, Tausende von Botschafts- und Attachédepeschen, ein Strom abgefangener Funksprüche, kartonweise Fotografien, Kilometer von aufgezeichneten elektronischen Sendungen – und eine Handvoll Agentenmeldungen».[29]

Manchmal wird der Auswerter so sehr von dieser Flut überwältigt, daß er nur einen winzigen Goldschimmer zu sehen braucht, um sich einzubilden, er sei auf einen reichen Schatz gestoßen. Eine Analyse der Entwicklung der internationalen Rohölpreise, die 1974 großenteils aufgrund von Informationen der NSA und des GCHQ erarbeitet und mit der internen Klassifizierung «Codematerial, Streng geheim, Geheimhaltungsstufe Eins» verteilt wurde, enthielt kaum etwas, das nicht bereits in Wirtschaftszeitungen wie dem *Wall Street Journal* oder der *Financial Times* gestanden hatte, und jeder einigermaßen aufgeweckte Reporter hätte zu denselben Schlußfolgerungen kommen können. Zum Beispiel: «Einige Mitglieder der OPEC versuchen ihre Förderung hochzufahren, woanders werden Ölvorkommen entdeckt, und man entwickelt alternative Energieträger. Wir können jedoch nicht mit Sicherheit angeben, welche Einfuhrbeschränkungen das Kartell brechen werden oder ob und wann dies geschehen wird.»[30]

Das Geheimdienstmaterial über die argentinische Invasion der Falklandinseln (Malvinas) im Jahr 1982 war umfangreich. NSA und GCHQ hörten den militärischen und diplomatischen Funkverkehr der Argentinier ab, zwei US-Spähsatelliten überflogen einmal täglich die argentinische Küste (der Himmel über den Häfen war wolkenlos, so daß man die Massierung der Invasionsflotte fotografieren konnte), Spionagesatelliten der US-Navy fingen die elektronischen Sendungen der Argentinier auf, und ein Spähflugzeug der US-Air Force vom Typ SR 71 überflog das Gebiet.[31] Doch wie James Schlesinger bemerkte, kann man eine Absicht nicht fotografieren, und als beste Quelle für die Absicht der Argentinier erwies sich dann *La Prensa*, die größte Tageszeitung des Landes. Am 24. Januar konnte jedermann auf ihrer ersten Seite lesen, daß «Buenos Aires die Inseln nach allgemein herrschender Ansicht noch dieses Jahr mit Gewalt nehmen wird, wenn auch das nächste argentinische Bemühen um eine Verhandlungseinigung mit London scheitert».*

Was ging also schief? Die Falklandinseln waren ein Waterloo der Auswerter. Der Vereinigte Geheimdienstausschuß glaubte das, was er glauben wollte – daß Argentinien bluffte. Trotz SIS-Meldungen über die Stimmung der führenden argentinischen Politiker, trotz all der Funkaufklärung und trotz der Berichte, die die britische Botschaft über die in *La Prensa* ausgedrückte «allgemein herrschende Ansicht» depeschierte, kam der Vereinigte Geheimdienstausschuß zu dem Ergebnis, daß eine Invasion weder unmittelbar bevorstehe noch wahrscheinlich sei, und als die argentinischen Marineinfanteristen dann ans Ufer wateten, um die Falklandinseln zu besetzen, schliefen die britischen Minister in ihren Betten.

Die Tatsache, daß die ganze elektronische Spionage nicht die Erwartungen erfüllte, die man in sie gesetzt hatte, veranlaßte einige ihrer Auftraggeber, sich nach Verbesserungsmöglichkeiten umzusehen. Bisher war es bei den einzelnen amerikanischen Geheimdiensten Brauch gewesen, dem Nationalen Geheimdienstausschuß zu sagen, welche Informationen sie brauchten. Nach Zustimmung des Ausschusses forderte der Direktor der CIA dann die NSA oder einen anderen Dienst auf, die entsprechende Information zu beschaffen. Das führte jedoch gelegentlich zu Reibereien, weil ein Dienst die Informationen, die er von der NSA bekommen hatte, nur widerstrebend mit einem anderen teilte.

Als Gegenmittel kamen die Leiter der verschiedenen Geheimdienste überein, ihre Anforderungen von Fall zu Fall abzusprechen. So entwickelte sich in den frühen achtziger Jahren die Praxis, ein «Geheimdienstpaket» zu schnüren, das dann der NSA übergeben wurde. Ein solches Paket kann aus der Zuweisung von Satelliten und Antennen für ganz verschiedene Aufgaben bestehen, vom Fotografieren sowjetischer Flugzeuge für die Air Force zur Überwachung verdächtiger Privatflugzeuge für die Drogenbekämpfungsbehörde und zur Bespitzelung lateinamerikanischer Banken für das Finanzministerium, das herausbekommen will, ob die Institute ihre Kredite zurückzahlen werden.

---

* Das soll nicht heißen, daß NSA und GCHQ nach dem Ausbruch der Feindseligkeiten keinen wichtigen Beitrag leisteten. Insbesondere das GCHQ hatte sich seit Ende der siebziger Jahre zunehmend auf *taktische* Informationen konzentriert und die strategischen darüber vernachlässigt, was beim Falkland-Feldzug von großem Nutzen war.

Dies wiederum führte Mitte der achtziger Jahre dazu, daß man das gesamte elektromagnetische Spektrum in der Hoffnung «abgraste», irgendwo werde es schon Abnehmer für all die Dinge geben, die die NSA sammelte. Nun wurde es jedoch ein Problem, wie man die einzelnen Abnehmer beliefern sollte. Viele von ihnen begannen darüber zu klagen, daß sie weniger brauchbare Informationen bekamen als vorher. Dieses Thema wurde 1984 bei der Konferenz der Akademie der US-Air Force in Colorado Springs diskutiert. Die Air Force trug vor, ihr eigener Nachrichtendienst werde langsam zweitrangig, weil er nicht immer die Informationen bekomme, die er von der NSA erwarte. Ein Offizier der Luftstreitkräfte nannte ein Beispiel. An der sowjetisch-chinesischen Grenze sollten angeblich 60 sowjetische Divisionen stehen. Die Air Force hatte die NSA gebeten, diese Zahl durch Luftaufnahmen zu verifizieren, doch ohne Erfolg. Dann erkundigte sie sich nach dem Umfang des Funkverkehrs und bat um eine genaue Analyse. Die NSA konnte ihn nicht feststellen oder aus der Masse ihres Materials herausfischen. Der einzige Hinweis auf die sowjetische Präsenz waren die täglich abgefangenen Funksprüche mit der Gefechtsgliederung der Sowjets, aber es bestand natürlich auch die Möglichkeit, daß sie Desinformationen waren.

Die NSA antwortete, sie habe die betreffenden Informationen gesammelt, aber das Problem sei, sie zu finden und dem Abnehmer zu liefern. Wichtige Erkenntnisse – zum Beispiel Abschußvorbereitungen für sowjetische Raketen – würden rasch signalisiert und verteilt, doch unbedeutende Informationen seien schwer herauszufiltrieren und an den Adressaten zu bringen, für den sie möglicherweise interessant seien. Dem könne nur abgeholfen werden, wenn die Abnehmer Computersysteme installierten, die mit denen der NSA kompatibel seien. Edward J. Epstein, der bei einem Diskussionsforum der Konferenz vorsaß, staunte über die Einstellung der Geheimdienstler: «Sie interessieren sich gar nicht für Spionage als Handwerk. Sie interessieren sich nicht für die Sowjetunion. Sie interessieren sich nicht für den Kommunismus. Sie sind keine kalten Krieger. Sie sind Systemanalytiker. Sie sind Technokraten. Sie sind Bürokraten. Ihre Stärke ist es, zu kompilieren und für eine bürokratisch effiziente Organisation zu arbeiten.»[32]

Irgendwie ist es ermutigend, daß diese «Bürotechnokraten», die mit ihren ausgeklügelten Geräten und Maschinen den ganzen Globus überwachen, es nicht geschafft haben, den Spion zu ersetzen, der bei all seinen Schwächen von menschlichen Motiven getrieben wird. Ohne Diebstahl und Subversion – die traditionellen Fähigkeiten des Spions der alten Schule – steht die ganze Funk- und Bildaufklärung auf tönernen

Füßen. Die Vereinigten Staaten mögen für SIGINT siebenmal soviel Geld ausgeben wie für HUMINT, doch ein Spion, der in eine ausländische Botschaft einbrechen und ihre Codebücher fotografieren kann, ohne sich dabei erwischen zu lassen, ist soviel wert wie drei Supercomputer, und ein Spion, der einen Chiffrierbeamten der Gegenseite umgarnen und anwerben kann, ist zehn Supercomputer wert.

Nein, noch ist James Bonds Ende nicht eingeläutet. Im Gegenteil, er und seine Führungsoffiziere in Washington, London, Moskau oder anderswo sind in den achtziger Jahren so beschäftigt wie eh und je. Außenstehende sehen vielleicht, daß die Flut der Geheimdiensterkenntnisse außer Kontrolle geraten ist, doch die Dienste und ihre Beamten suchen bereits Mittel und Wege, um sie zu kanalisieren. Die neue Offensive findet an der Wirtschaftsfront statt. In einer Welt, wo die wirtschaftlichen Maßnahmen des einen Landes sich unweigerlich auf andere Staaten auswirken, sind Informationen über Handel, Rohstoffpreise, Zolltarife, Finanzierungsabsprachen, Devisenkurse, Rohölpreise, Produzentenkartelle und die Haltung, die die Regierungen zu all dem einnehmen, ebenso wichtig – und nach Ansicht mancher Leute noch wichtiger – geworden wie militärische Informationen. Wenn die CIA heute eine verdeckte Aktion in einem Entwicklungsland durchführt, geht sie ein neuartiges Risiko ein: Die Destabilisierung eines Landes kann das internationale Wirtschaftssystem gefährden, insbesondere die heikle internationale Schuldensituation, und letztlich den Vereinigten Staaten selbst schaden.[33]

Das Interesse für Wirtschaftsinformationen führte dazu, daß die Geheimdienste ihr Tätigkeitsgebiet erweitert haben. Die Sowjetunion genießt nach wie vor höchste Priorität bei den westlichen Diensten, aber es gibt kaum ein Land auf der Welt, und sei es noch so klein, das sie guten Gewissens vernachlässigen können. Außerdem bespitzeln sich die westlichen Verbündeten natürlich auch gegenseitig. Es gibt keine befreundeten Geheimdienste mehr, nur noch Geheimdienste befreundeter Länder. So hat Frankreich in der Bundesrepublik spioniert, weil es befürchtet, die Bewegung der Grünen könne sich über den Rhein ausbreiten und die französischen Atomversuche zu einem Anliegen der Umweltschützer machen. Es hat auch in Großbritannien und den Vereinigten Staaten spioniert, um sich ein Bild von den Greenpeace-Aktivitäten gegen Atomwaffen und Kernkraft zu machen. Als französische Geheimdienstler 1985 in Neuseeland das Greenpeace-Schiff *Rainbow Warrior* in die Luft sprengten, kam ans Licht, daß die sorgsam geplante

Operation auch vorsah, dem britischen SIS die Verantwortung in die Schuhe zu schieben.

Die Bundesrepublik spioniert in einem so großen Umfang und wird in einem so großen Umfang ausspioniert, daß der Austausch von DDR-Agenten, die in der Bundesrepublik erwischt wurden, gegen Agenten der Bundesrepublik, die in der DDR erwischt werden, beinahe alltäglich ist. Nach einer Schätzung der CIA sind nicht weniger als 30000 DDR-Agenten in der Bundesrepublik tätig.

Israel spioniert nicht allein in arabischen Ländern,* sondern ungeachtet seiner besonderen Beziehungen zur CIA auch in den USA. Lyman Kirkpatrick sagt: «Der israelische Geheimdienst ist in den Vereinigten Staaten sehr aktiv, vielleicht weniger, was direkte Infiltration betrifft, aber zweifellos bei Kontaktpflege und Lobbyistentätigkeit.»[34]

Trotz all dieser Beweise für Doppelzüngigkeit fällt es vielen Geheimdienstfans immer noch schwer zu glauben, daß die Vereinigten Staaten in Großbritannien spionieren. Aber die CIA erklärte 1984, sie habe 300 westliche – darunter auch einige britische – Unternehmen identifiziert, die illegal Hochtechnologie-Produkte in Ostblockländer exportierten. Einem Unterhausmitglied zufolge waren die Informationen über die britischen Firmen bei CIA-Operationen in England an den Tag gekommen, was der damalige CIA-Direktor William Casey nicht bestritt.[35]

Der SIS und das GCHQ haben die britischen EG-Partner, vor allem Frankreich, bespitzelt, um deren Verhandlungsposition bei bevorstehenden Gesprächen über Handels- und Finanzfragen des Gemeinsamen Markts herauszubekommen. «Wenn man weiß, bis zu welchem Punkt die andere Seite gehen wird, hat man einen enormen Verhandlungsvorteil», sagte ein hoher britischer EG-Beamter. «Aber man muß seine Informationen vorsichtig benutzen, damit der andere nicht merkt, daß man sein Blatt kennt.» Es gab weitere Probleme, die den Nutzen der Informationen minderten. Einem Beamten zufolge behauptete das britische Schatzamt gewöhnlich, es wisse bereits alles, und da die SIS-Männer, die die Informationen überbrachten, meist einen vergleichsweise niedrigen Rang bekleideten, fiel es den Beamten des Schatzamts leicht, die «Amtshilfe», die sie als Eindringen in ihr ureigenes Revier betrachteten, mit einem Achselzucken abzutun.

---

* In Geheimdienstkreisen gilt Israel als der klassische Fall, wo HUMINT (Informationen von Menschen, also von dem altmodischen Spion) wichtiger ist als High-Tech-Spionage. Israel muß die *Absicht* seiner Gegner in Erfahrung bringen, und das kann man nach Ansicht führender Experten am besten, wenn man den Geheimdienst der anderen Seite unterwandert.

Der KGB interessiert sich ebenfalls zunehmend für wirtschaftliche Angelegenheiten. Laut Roger Hilsman, einem Fachmann für Sowjetspionage, der an der Columbus-Universität unterrichtet, würde der Kreml, vor die Alternative gestellt, den Sicherheitsberater des US-Präsidenten umzudrehen oder aber die *New York Times* zu abonnieren, das Abonnement wählen, weil er eine breite Skala von Informationen wichtiger findet als Einzelinformationen, egal wie brisant sie sein mögen.[36] Harry Rositzke sagt, der typische KGB-Offizier der achtziger Jahre sei ein diplomierter Wirtschafts- oder Naturwissenschaftler, der in New York oder einer europäischen Großstadt «freundliche Beziehungen zu einflußreichen Persönlichkeiten aus allen Bereichen der Privatwirtschaft und Politik knüpft: zu Politikern der Mitte und der Rechten wie der Linken, zu führenden Gewerkschaftern aller Couleur, zu wichtigen Redakteuren und anderen Journalisten jeder politischen Richtung und zu prominenten Angehörigen der Geschäfts- und Bankenwelt».[37] Laut Rositzke interessiert der KGB sich für Leute, die Entscheidungen über Lastwagenfabriken, Darlehensbedingungen oder Investitionsprojekte in Sibirien beeinflussen oder umstoßen können.*

Im Westen sind die meisten Wirtschaftsinformationen aus öffentlichen oder halböffentlichen Quellen erhältlich, so daß sich der KGB 75 bis 90 Prozent der benötigten Dinge auf legale Weise beschaffen kann. KGB-Agenten studieren Zeitungen, Zeitschriften und alle erdenklichen Fachblätter. Sie lesen Regierungspublikationen und Kongreßberichte und nehmen als Zuschauer an öffentlichen Sitzungen von Regierungsausschüssen teil. Sie stellen veröffentlichtes Material mit Agentenmeldungen zusammen und schicken es nach Moskau, wo es ohne vorherige Analyse und ohne Kommentar an den Informations-

---

* Auf diese Weise kommt es zu Mißverständnissen über den Begriff «Einflußagent». Solche Leute können strenggenommen in die Agentenkategorie fallen und auf einer Liste stehen, die ein sowjetischer Überläufer in den Westen mitbringt, aber sie sind deshalb nicht unbedingt Spione und haben oft nicht mehr für die Sowjetunion getan als beispielsweise ein Farmer, der den Russen Weizen verkauft. Sie wären in den meisten Fällen sehr überrascht, wenn sie wüßten, daß der KGB sie für würdig befunden hat, auf einer seiner Listen zu erscheinen. Rositzke sagt, daß der KGB Tausende von einflußreichen New Yorkern und Washingtonern als «Einflußagenten» betrachte, obgleich diese Leute nie etwas getan hätten, was man als Verrat an den USA bezeichnen könnte. Zeitungsartikel über sowjetische Überläufer, die mit Verzeichnissen von Hunderten von Agenten in den Westen kommen, sollten also mit Vorsicht genossen werden.

abnehmer weitergeleitet wird, der seine eigenen Schlüsse über den Wert des «Pakets» ziehen kann.[38]

Aber die Arbeit des Spions der alten Schule geht ungeachtet der neuen Betonung wirtschaftlicher Fragen weiter. In den letzten 30 Jahren hat sich in vieler Hinsicht kaum etwas geändert. Der frühere stellvertretende SIS-Leiter George Young erinnert sich, daß es in den fünfziger Jahren «von allergrößter Bedeutung» war, die Dicke der Armierung sowjetischer Panzer herauszubekommen. «Das konnte man nur herausfinden, wenn man jemanden auf der anderen Seite des Eisernen Vorhangs hatte.» Und in den achtziger Jahren hat die CIA versucht, genau das gleiche in Erfahrung zu bringen. Das CIA-Büro in Delhi bestach vier indische Offiziere und bestürmte sie mit Fragen über Waffen, die Moskau den indischen Streitkräften geliefert hatte. Eine davon lautete: «Können Sie ein Loch in die Armierung eines russischen Panzers vom Typ T-72 bohren, wenn wir Ihnen Spezialwerkzeuge geben?» (Die Inder entgegneten, das wäre zu riskant.)[39]

Die traditionelle Arbeit der Geheimdienste geht ebenfalls weiter. Entgegen dem naiven Glauben der Öffentlichkeit, die dafür bezahlt, besteht sie freilich nicht in der rechtzeitigen Beschaffung von Informationen, die die Regierung für wichtige Entscheidungen braucht, sondern in der Beschaffung von Informationen über andere Geheimdienste. Die CIA und der SIS interessieren sich vor allem dafür, was der KGB im Schilde führt, und umgekehrt. Wie wir gesehen haben, ist das der Grund, warum ein Frontwechsel ein so aufregendes Ereignis in der Geheimdienstwelt ist und warum die Dienste Überläufer für so wichtig halten. Überläufer bringen Kenntnisse über den gegnerischen Dienst mit, die es der CIA, dem SIS oder wem auch immer ermöglichen, ihre umfangreichen Akten über die Gefechtsgliederung des Gegners, seine Beamten, deren Einsatzorte und Beförderungen und Schwächen oder Neigungen, die sie zu Anwerbekandidaten machen könnten, zu vervollständigen.

Die Tatsache, daß die meisten Überläufer offenbar aus den Geheimdiensten selbst und nicht aus anderen Regierungsbehörden kommen, hat manche Beobachter der Geheimdienstszene verwirrt. «Es wirft ein sonderbares Schlaglicht, daß Mitglieder dieser angeblichen Hochsicherheitsorganisationen am anfälligsten für Subversion sind», schrieb Herbert Scoville jr. in der Zeitschrift *Foreign Affairs*.[40] Obgleich nur wenige Geheimdienstler es eingestehen würden, lautet die Antwort, daß die Angehörigen der Dienste oft mehr mit den Angehörigen eines rivalisierenden Dienstes gemeinsam haben als mit ihren Arbeitgebern.

Der frühere CIA-Mann John Stockwell hat beschrieben, daß ein Fall-offizier der CIA auf einem Auslandsposten fortwährend unter bürokratischem Druck steht, um zu demonstrieren, daß er aktiv ist: «Wenn man keine Agenten anwirbt und keine Operationen anleiert, sind die Leistungsberichte bestenfalls nichtssagend, und man wird nicht befördert. Wenn man all das tut, bekommt man den Ruf, ein ‹Operateur› zu sein, wie sie es nennen, und dann widerfahren einem lauter angenehme Dinge und man wird in die begehrten Städte versetzt.» Genau der gleiche Druck wird auf den KGB-Falloffizier ausgeübt, so daß rivalisierende Geheimdienstler dazu neigen, eine gewisse Sympathie für den anderen und seine beruflichen Probleme zu entwickeln, und sich oft stillschweigend über gewisse Spielregeln einigen. Stockwell: «Es ist ganz wie beim Profi-Football. Sonntags drischt man aufeinander ein, und am Montag betrinkt man sich gemeinsam. Ich habe auf mehreren Auslandsposten mit KGB-Offizieren gespielt und anschließend mit ihnen zu Mittag gegessen. Es ist wie ein Spiel von Fünfjährigen, aber von Fünfjährigen mit einem Dachschaden.»[41]

Kein einziger Geheimdienst kann von dem Vorwurf freigesprochen werden, daß er Menschen rücksichtslos benutzt und manipuliert. Die tragische Geschichte von Jeremy Wolfenden ist ein anschauliches Beispiel. Wolfenden, der Sohn von Sir John Wolfenden, dem Direktor und leitenden Bibliothekar des British Museum, ein angesehener Pädagoge, der für seine Leistungen im Staatsdienst bekannt war, ging 1962 als Korrespondent des *Daily Telegraph* nach Moskau. Er hatte als Angehöriger des Marinenachrichtendienstes Russisch gelernt, was der KGB wahrscheinlich wußte. Die Sowjets beschafften sich auf heimtückische Weise ein Druckmittel gegen Wolfenden, der homosexuell veranlagt war. Als er gerade in seinem Zimmer im Hotel Ukraine mit dem Friseur des Ministeriums für Außenhandel schlief, sprang plötzlich ein Mann aus dem Schrank und fotografierte die beiden. Dann erpreßte der KGB Wolfenden. Er wollte Informationen über die Bürger westlicher Staaten, die in Moskau lebten. Wolfenden weigerte sich, fürchtete aber, der KGB würde ihn beim *Daily Telegraph* anschwärzen, so daß er seine Stellung verlieren würde. Er wußte nicht, wie lange er widerstehen konnte, und warnte seine Kollegen, ihm keine wichtigen Dinge anzuvertrauen, um dann zur britischen Botschaft zu gehen und die Sache zu melden. Die Botschaft muß London darüber unterrichtet haben, denn bei seinem nächsten Heimatbesuch bat ein SIS-Beamter ihn um einen Gesprächstermin und forderte ihn auf, «mit den Russen zu kooperieren», dem SIS aber jedesmal, wenn er wieder in London sei, Bericht zu erstatten.

Nunmehr beiden Geheimdiensten ausgeliefert, wurde Wolfenden, der schon immer gern getrunken hatte, zum Quartalssäufer. (Die anderen Korrespondenten gaben ihm wegen seiner grünlichen Gesichtsfarbe den Spitznamen «Green».) Er «kooperierte» mit dem KGB. 1964 schrieb er in einem Artikel für den *Daily Telegraph*, daß britische Unternehmen, die mit Greville Wynne – dem britischen Spion im Fall Penkowski – in Verbindung gestanden hatten, auf eine schwarze Liste des sowjetischen Ministeriums für Außenhandel kommen sollten. Später beichtete er Kollegen, er habe diese Falschmeldung wider sein besseres Wissen verbreitet, weil die Russen ihn dazu gezwungen hätten. Er «kooperierte» aber auch mit dem SIS. Martin Page, ein Korrespondent des *Daily Express*, der zur selben Zeit wie Wolfenden in Moskau gewesen war, wurde vom SIS über den Sowjetdiplomaten Juri Winogradow ausgefragt, der seinen Posten bei den Vereinten Nationen von einem Tag auf den anderen verlassen hatte und nach Moskau zurückgekehrt war. Page weigerte sich, die Fragen über Winogradow zu beantworten, weil die Dinge, die er über ihn wisse, keinen Wert für die Spionageabwehr haben könnten. Als er Wolfenden später davon erzählte, gestand dieser, dem SIS gesagt zu haben, daß er, Page, in Moskau engen Kontakt zu Winogradow gehabt habe.

Inzwischen unternahm Wolfenden verzweifelte Bemühungen, sich von beiden Geheimdiensten zu lösen. Er hatte die Engländerin Martina Brown geheiratet, die er kennengelernt hatte, als sie in Moskau als Kindermädchen bei Roderick Chisholm, einem Beamten der Visa-Abteilung der britischen Botschaft, arbeitete. (Chisholm wurde später beim Prozeß gegen Wynne und Penkowski als SIS-Kontaktmann der beiden Spione bezeichnet.) Bei einem kurzen Dienstaufenthalt in Washington hatte Wolfenden die Freundschaft mit Martina erneuert, doch als er nach der Heirat nach Moskau zurückgehen sollte, warnte sein britischer Führungsoffizier ihn davor, seine Frau mitzunehmen. (Eine mögliche Erklärung für diesen Rat wird sich gleich zeigen.) Wolfenden löste das Problem schließlich, indem er sich auf Dauer in das Washingtoner Büro des *Daily Telegraph* versetzen ließ, und erklärte seinem Freund, er hoffe, daß er seine Spionagetätigkeit nun für immer vergessen könne. Doch bei einem Empfang der britischen Botschaft in Washington aus Anlaß des Geburtstags der Queen trat sein SIS-Führungsoffizier zu ihm, begrüßte ihn ausnehmend herzlich, stellte sich unter einem neuen Namen vor und erinnerte ihn an das «Dienstverhältnis».

Wolfenden rutschte ab. Seine Ehe ging nicht gut. Er betrank sich häufiger. Er aß kaum noch etwas: Am 28. Dezember 1965 wurde mitgeteilt, daß er gestorben war. Er war 31 Jahre alt geworden. Es hieß, er habe im Badezimmer das Bewußtsein verloren, sei mit dem Kopf ans Waschbecken geprallt und habe dabei eine Gehirnblutung erlitten. Seine Frau kehrte zunächst nach London zurück und beschloß dann, in die Vereinigten Staaten überzusiedeln. Einer von Wolfendens Freunden traf sie auf einen Abschiedsdrink und fragte, was sie dort zu tun gedenke. «Ich weiß es nicht», sagte sie. «Ich kann meinen alten Beruf nicht wiederaufnehmen. Ich bin ein bißchen zu alt, um durch Schlüssellöcher zu gucken. Außerdem habe ich sowieso alle meine russischen Kontakte verloren.»

Ob Wolfenden wußte, was der SIS alles getan hatte, um ihn in sein Netz zu locken, kann man im Augenblick nur vermuten. Einige seiner Freunde sind jedoch überzeugt, daß der KGB und der SIS ihn so sehr in die Enge getrieben hatten, daß er schließlich jeden Lebenswillen verlor – die eigentliche Todesursache sei dabei zweitrangig. Sie bezweifeln auch, daß er, abgesehen davon, den beiden Diensten bei ihrem Spiel untereinander helfen zu können, von irgendeinem konkreten Nutzen für die Nachrichtenleute gewesen war, denn vom SIS ebenso unter Druck gesetzt wie vom KGB, hatte er jeder der beiden Seiten erzählt, was er über die andere wußte.[42]

Wolfendens Geschichte ist besonders tragisch, aber in der Welt der Geheimdienste gibt es zahlreiche andere Fälle, in denen das Leben, die Karriere oder die Ehe eines Menschen ruiniert wurde. Greville Wynne, ein britischer Patriot, der seinem Land im kalten Krieg zu helfen glaubte, kann es heute nicht mehr ertragen, in Großbritannien zu leben, und sagt, seine Tätigkeit für den SIS habe sein Leben verändert. «Als ich [aus einem sowjetischen Gefängnis] zurückkam, wurde ich von meiner Frau, meinen Verwandten und meinen Geschäftspartnern abgelehnt . . . Meine erste Frau hatte mich als Geschäftsmann gekannt und verzieh mir nie, daß ich die andere Seite meines Lebens vor ihr geheimgehalten hatte . . . Meine Beziehung zu meinem Sohn Andrew endete mit meiner Ehe. Ich weiß nicht einmal, ob ich Enkelkinder habe . . . Das, worauf ich mich eingelassen hatte, veränderte mein Leben von Grund auf.»[43]

Nikolaj Chochlow, ein KGB-Offizier, der 1953 den Auftrag erhielt, den Führer der russischen Exilbewegung NTS in der Bundesrepublik zu ermorden, bekam Gewissensbisse und warnte sein Opfer. Dann wollte er einfach nach Moskau zurückkehren und behaupten, die Mission sei fehlgeschlagen. Das Opfer meldete die Angelegenheit jedoch beim amerikanischen Militärnachrichtendienst, und dort beschloß man, Chochlow zum Überlaufen zu zwingen. Er erinnerte sich später: «Ohne daß ich eine Ahnung von den Geschehnissen hatte, beriefen die Amerikaner eine Pressekonferenz ein und gaben bekannt, daß ich übergelaufen sei. Sie forderten öffentlich, die Sowjets sollten meiner Frau und meinem Kind erlauben, mir in den Westen nachzukommen ... Meine Familie verschwand sofort. Ich habe nie wieder etwas von ihr gehört.»[44]

Die Tatsache, daß diese und viele andere Tragödien von Leuten mit hehren Zielen ausgelöst wurden, die oft zutiefst religiös waren und Gutes tun wollten, zeugt von den Abgründen des menschlichen Charakters. Es gibt natürlich ein Element der Selbsttäuschung. Normalerweise entwickelt sich der Mensch weiter, ändert seine Ansichten im Licht neuer Erkenntnisse, paßt sich veränderten Umständen an. Ein Geheimdienstler muß jedoch in der Einstellung verharren, die ihn bewogen hat, diese und keine andere Laufbahn einzuschlagen. Der kleinste Sprung in seiner ideologischen Motivation, und er riskiert einen psychischen Zusammenbruch.

Ihm wird jedoch Hilfe zuteil. Bei der CIA und beim SIS diskutiert man immer wieder darüber, welche wichtige Rolle die Geheimdienste bei der Rettung der Welt vor dem Kommunismus spielen; und beim KGB betont man die Rolle des Geheimdienstoffiziers als Schwert und Schild im Kampf gegen die Einkreisung durch die Kapitalisten. Geheimdienstler zahlen aber unweigerlich einen hohen Preis. «Egal, welche Gründe man sich zurechtlegt, man kann nicht sein Leben damit zubringen, Menschen zu bestechen, Menschen zum Verrat an sich selbst, an ihrem Land und manchmal sogar an ihrer Familie zu bewegen – und das ist nur die ‹saubere› Agentenarbeit –, und bei alledem psychisch gesund und intakt bleiben», hat John Stockwell gesagt. «Man kann sein Gewissen nicht während seiner gesamten Berufstätigkeit betrügen.»[45]

Manche Geheimdienstler reden sich ein, ihre Arbeit sei moralisch gerechtfertigt. Donald Maclean sagte, Spionieren sei ebenso notwendig und unangenehm wie Toilettenputzen. Andere argumentieren, in einer unvollkommenen Welt habe jede Nation die Pflicht zu überleben, und dieser Zweck rechtfertige alle Mittel. Michael J. Barrett von der CIA meint, womöglich hätten Spione *beider* Seiten ein moralisches Recht, das zu machen, was sie machen, und der Spion des Ostens könne ebenso ehrenhaft handeln wie der des Westens, indem er die Interessen seines Landes schütze.[46] Der frühere SIS-Leiter Dick White erklärte warnend, daß Spione nur in dem jeweils herrschenden moralischen Klima arbeiten können und daß Geheimdienste, die diesem Klima zuwider handeln, nicht lange von der Gesellschaft geduldet werden. Die Amerikaner haben sich auch mit den Gefahren beschäftigt, die durch Exzesse im Spionagekrieg entstehen. Roger Hilsman von der Columbia-Universität sagt: «Zuletzt erhebt sich die große moralische und ethische Frage, ob die von uns benutzten Mittel unsere Werte irgendwann so sehr korrumpieren, daß sich das Wesen unserer Gesellschaft ebenso grundlegend ändert, als wären wir von einem anderen Land erobert worden.»[47]

Die ganze Diskussion über die moralische Berechtigung der Spionage wäre überflüssig, wenn man beweisen könnte, daß Spione gar nicht notwendig sind. Es gibt Anhaltspunkte dafür, daß sie in Kriegszeiten nützlich sein können, aber wie wir gesehen haben, ist selbst ihr diesbezügliches Leistungsregister dürftig. Wie David Kahn feststellt, kam Creasy in seiner Untersuchung über die 15 entscheidenden Schlachten der Weltgeschichte – *Fifteen Decisive Battles of the World: From Marathon to Waterloo* – nur in einem einzigen Fall zu dem Ergebnis, daß der Sieg auf einem Nachrichtencoup beruhte, und die zahlreichen entscheidenden Schlachten, die seit Erscheinen des Buchs im Jahr 1851 ausgetragen worden sind, liefern nur wenige zusätzliche Beispiele. Gibt es jedoch eine Rechtfertigung für kostspielige, praktisch unkontrollierbare Geheimdienste in Friedenszeiten?

Wir haben gesehen, auf welche Weise die Dienste dafür sorgen, daß es in ihrer Welt nur selten Fehlschläge gibt. Sie lehnen es sogar ab, über Erfolg und Mißerfolg zu diskutieren, weil das eine in vielen Situationen angeblich nicht vom anderen zu unterscheiden sei. Wenn es Geheiminformationen über einen bevorstehenden Überraschungsangriff gibt und das ausersehene Opfer seine Truppen rechtzeitig mobilisiert, kann der Aggressor das Vorhaben abblasen, weil er sieht, daß er nicht mehr auf das Element der Überraschung bauen kann. Dann scheint die erfolgreiche Voraussage falsch gewesen zu sein.

Andere Argumente hört man immer wieder. «Wir haben große Erfolge gehabt, aber wir können sie nicht publik machen; wir arbeiten schließlich in der Welt der Geheimdienste.» Oder: «Wir hätten die wichtigen Informationen beschaffen können, wenn wir genug Mittel gehabt hätten. Der Fehler lag also nicht bei uns, sondern bei der Regierung, die zu kurzsichtig war.» Und: «Es hat vielleicht den Anschein, daß wir uns geirrt haben, aber es war ein Interpretationsfehler und kein Irrtum der Nachrichtenbeschaffer. Sehen Sie, hier in unseren Akten steht die korrekte Information.» Die CIA ist gewöhnlich gut für die letzte Ausrede gerüstet: Seit dem Irandebakel läßt sie nun immer eine abweichende Analyse verfassen, die sie aus dem Archiv hervorzaubern kann, wenn die Hauptanalyse sich als unzutreffend erwiesen hat.

Indem sie sich den Kontrollmechanismen entzogen, die bei anderen

Exekutivorganen angewendet werden, um ihre Effektivität zu gewährleisten, waren die Geheimdienste in der Lage, jahrzehntelang ungehindert zu wuchern. Die Regierungen wissen gar nicht mehr genau, was ihre Geheimdienste in Wahrheit kosten oder wie viele Leute sie tatsächlich beschäftigen. Die Dienste trotzen der Regierungskontrolle. Der frühere stellvertretende SIS-Generaldirektor George Young sagte einmal, während seiner Amtszeit hätten einige Politiker ihren Job nicht ausreichend beherrscht, und deshalb «war ich ganz sicher, daß es richtig war, die Operation aus eigenem Ermessen durchzuführen und sie hinterher vor vollendete Tatsachen zu stellen».[48] Die CIA zeigte in Nikaragua, daß sie durchaus bereit war, zuerst zu handeln und ihre Kontrollausschüsse erst später zu unterrichten.

Der KGB, ursprünglich ein kleiner Dienst, der im Chaos nach der kommunistischen Revolution ausländische Sabotage und Subversion verhindern sollte, wurde zu einer wichtigen Behörde der Sowjetregierung, und aus seinen Reihen kamen führende Politiker, darunter ein Regierungschef.

Alle Bemühungen, dieses Wachstum einzudämmen, die Geheimdienste transparent zu machen und ihre Aufgaben festzulegen, scheinen bislang nur zu ihrem weiteren Anwachsen geführt zu haben. 1961 gründete man den US-Verteidigungsnachrichtendienst (Defence Intelligence Agency – DIA), um die militärischen Nachrichtendienste zu vereinigen und zu verhindern, daß die Dienste der drei Teilstreitkräfte dieselbe Arbeit doppelt und dreifach taten. Logischerweise hätte das zu einer Verkleinerung der drei Dienste führen müssen, und zuerst tat es das auch. Aber sie regenerierten sich und waren in weniger als zehn Jahren größer als vor der Gründung der DIA.[49] Wahrhaft explosiv wuchsen die Geheimdienste vergleichsweise unbedeutender Länder, die dem Beispiel der Großmächte folgen zu müssen glaubten. Das Budget der australischen Nachrichtendienste schwoll in sechs Jahren, von 1978 bis 1984, um sage und schreibe 270 Prozent an.[50]

Wie schafften sie das? Wie die Geschichte gezeigt hat, rechtfertigen die Geheimdienste ihre Existenz mit dem Versprechen, rechtzeitig vor einer Bedrohung zu warnen. Wir im Westen haben uns so sehr daran gewöhnt, daß diese Bedrohung von der Sowjetunion – und ihrem Geheimdienstarm, dem KGB – kommt, daß wir ganz vergessen zu fragen, was die Geheimdienste eigentlich taten, bevor es die rote Gefahr gab. Wie wir gesehen haben, lebten Schriftsteller wie William Le Queux, Erskine Childers und John Buchan ihre Phantasien vor dem Ersten Weltkrieg in Spionageromanen aus, die eines der ältesten literarischen Motive überhaupt benutzten, den Sieg über das Monster. Aber sie und andere frühe Spionageautoren projizierten ihre Phantasien auf die reale Welt. Le Queux ist mit für die Gründung des britischen Geheimdienstes SIS verantwortlich, der zum Vorbild für viele andere wurde; Buchan warb für den SIS Spione an. Beide kamen zu dem Schluß, das Monster, das Großbritannien bedrohe, sei das Deutsche Reich, eine Theorie, die sich die Geheimdienste begeistert zu eigen machten, weil ihnen bewußt war, daß sie ohne Bedrohung rasch aus dem Geschäft wären.

Als das Monster 1918 geköpft wurde, war es um die Zukunft des SIS schlecht bestellt. In Friedenszeiten brauchte man keine wagemutigen Spione. Zum Glück wartete ein noch überzeugenderes Monster darauf, entdeckt zu werden. Dem Deutschen Reich hatte eine wichtige Voraussetzung für die Rolle des abgefeimten Schurken gefehlt: Es war ein christliches Land, dem Helden zu ähnlich, um Schwarz in Schwarz gemalt zu werden. Aber das bolschewistische Rußland war nach seinem eigenen Eingeständnis gottlos, auf Weltherrschaft erpicht. Buchan erkannte den Trend schnell. Sein 1922 erschienener Roman *Huntingtower* war der erste antikommunistische Thriller, und seitdem sind fiktive KGB-Agenten wieder und wieder dem SIS oder der CIA ins Garn gegangen – außer natürlich in der sowjetischen Unterhaltungsliteratur, wo es umgekehrt ist.

Der Bolschewismus erwies sich als Geschenk des Himmels für die Geheimdienste. Er war nicht allein im Krieg eine Bedrohung, sondern auch im Frieden. Deshalb mußte man nicht nur die Geheimnisse des Monsters aufdecken, sondern auch seine eigenen Geheimnisse vor den Anhängern des Monsters schützen, die jederzeit neben einem stehen konnten, wie der fünfte Mann. Auf diese Weise konnten die Geheimdienste die Politik infiltrieren und Verwendungszwecke für sich vorschlagen oder erfinden, bis sie in den Regierungsapparat aufgenommen wurden und – in fast jedem modernen Staat – ein institutionalisierter Arm der Exekutive wurden. Sie wurden ein Machtzentrum in unserer Gesellschaft, ein Geheimclub für die Elite und die Privilegierten, die das Recht beanspruchen, die Realität für ihre Mitbürger zu definieren.

Diese Clubs haben wie die Spione, die für sie arbeiten, vieles gemeinsam. Jeder von ihnen verdankt sein Überleben der Existenz der anderen. Was würden CIA und SIS ohne den KGB tun und umgekehrt? Jeder von ihnen trägt dazu bei, die gespannte Lage zu schaffen, in der sie alle gedeihen. Alle fühlen sich von Entspannung bedroht. Alle haben ein unmittelbares Interesse am Fortgang des kalten Kriegs. «Die Russen kommen» ist für die westlichen Geheimagenten der achtziger Jahre ebenso ein Zauberwort wie «Die Deutschen kommen» für die Geheimdienstbefürworter von 1909. «Die Kapitalisten umzingeln uns» gibt dem heutigen KGB so viel Macht wie vor über 60 Jahren seinem Vorläufer, der Tscheka.

Das ist eine mögliche Erklärung für die Flut der Medienberichte über Doppelagenten, Geheimdienstcoups, Maulwurfsjagden und Überläufer, die jedesmal dann auftritt, wenn politisches Tauwetter in Sicht ist. Dann tun die Dienste etwas, was ihnen zu anderen Zeiten nicht im Traum einfallen würde – sie gestatten einen Blick über die Mauer der Geheimhaltung. Alle diese Geschichten werden nämlich von den Diensten selbst lanciert: Wenn sie die Informationen nicht lieferten, würde kein Mensch in der Außenwelt etwas erfahren.

Um diese Theorie zu untermauern, habe ich einen statistischen Zusammenhang zwischen der Zahl der veröffentlichten Spionageberichte und dem Stand der Ostwestbeziehungen gesucht. Von 1977 bis 1985 brachte die *Washington Post* 2258 Berichte über Agenten und Spione.[51] Betrachtet man die Entwicklung in den einzelnen Monaten, zeigt sich, daß die Zahl der Berichte immer dann zunahm, wenn internationale Ereignisse auf eine *Verbesserung* der Beziehungen zur Sowjetunion hinwiesen.

Es gab zum Beispiel einen auffallenden Anstieg der Spionageberichte, als die Genfer Gipfelgespräche von November 1985 näherrückten. Es wäre natürlich falsch oder zumindest voreilig, eine unwissenschaftliche Untersuchung wie diese hochzuspielen. Wir haben jedoch gesehen, wie geschickt die Geheimdienste die Medien benutzen, um ihre Anliegen zu fördern, sobald ein «Friedensausbruch» ihre Finanzen oder, wie 1945 im Fall des OSS, sogar ihre Existenz bedroht. Deshalb liegt auf der Hand, daß die Nachrichten- und Sicherheitsdienste beider Seiten sich bei Anzeichen von Entspannung genötigt sehen, ihre bürokratische Existenz zu rechtfertigen, indem sie die Aufmerksamkeit der Öffentlichkeit auf das Monster lenken.

Heute, Ende der achtziger Jahre, haben die Geheimdienste eine noch nie dagewesene Größe und Macht erreicht. Sie sind so groß und so teuer, daß man ihren Umfang und ihre Kosten nur noch raten kann. An ihrer Macht ist jedoch nicht zu zweifeln. In der Sowjetunion kommen hohe Regierungsmitglieder aus ihren Reihen. In den Vereinigten Staaten ist ihr Einfluß auf die Entscheidung des Präsidenten so erheblich, daß man manchmal kaum entscheiden kann, ob der Präsident die CIA kontrolliert oder die CIA den Präsidenten.

Die Geheimdienste hassen ihre jeweilige Regierung, egal von welcher

Partei sie gestellt wird. Unter dem Vorwand, uns zu beschützen, jonglieren sie mit unser aller Schicksal. Sie können all das tun, weil sie sich mit einer Geheimhaltung umgeben, die eine demokratische Gesellschaft unterminiert. Es ist kein Zufall, daß unsere bürgerlichen Freiheiten mit dem Anwachsen der Geheimdienste geschrumpft sind.

Die Geheimdienste könnten vielleicht – nur vielleicht – eine gewisse Existenzberechtigung haben, wenn sie wirklich das täten, was sie zu tun behaupten: rechtzeitig vor Bedrohungen der Nation warnen. Doch wie wir gesehen haben, erfüllen sie dieses Versprechen selbst in Kriegszeiten nur teilweise und scheinen in Friedenszeiten weniger darum bemüht, Informationen zu beschaffen, als darum, dem rivalisierenden Dienst eins auszuwischen, ihr Budget und ihre Organisation zu schützen und neue Rechtfertigungen für ihre Existenz zu ersinnen.

Der Grund lautet vielleicht folgendermaßen: Wenn die Dienste nicht gerade mit ihrer Phantasiewelt befaßt sind, geht ihnen die unangenehme Wahrheit auf, daß Publikation aller Art, traditionelle diplomatische Beziehungen und andere offene Kontakte in diesem Jahrhundert die mit Abstand nützlichsten Quellen für militärische, politische und wirtschaftliche Informationen sind. «Welche Rolle spielt der Spion?» sagte Harry Rositzke, der selbst mal einer war. «Die eines ganz, ganz kleinen Statisten.»[52]

Anhang

Abkürzungen

BND	Bundesnachrichtendienst (BRD)
BSC	British Security Coordination
CIA	Central Intelligence Agency (Vereinigte Staaten)
CIG	Central Intelligence Group (Vereinigte Staaten)
COI	The Coordinator of Information (Vereinigte Staaten)
DIA	Defense Intelligence Agency (Verteidigungsnachrichten-dienst, Vereinigte Staaten)
FBI	Federal Bureau of Investigation (Vereinigte Staaten)
GC und CS	Government Code and Cypher School (Code-Abteilung des britischen Geheimdienstes)
GCHQ	Government Communication Headquarters (Großbritannien)
GRU	Militärischer Geheimdienst (Sowjetunion)
IB	Indian Intelligence Bureau
IIC	Industrial Intelligence Centre (britischer Industriespiona-gedienst)
JIC	Joint Intelligence Committee (Vereinigter Geheimdienst-ausschuß, Großbritannien)
KGB	Geheim- und Sicherheitsdienst (Sowjetunion)
MI5	Sicherheitsdienst (Großbritannien)
MI6	siehe SIS
NIA	National Intelligence Authority (Nationaler Geheim-dienstausschuß, Vereinigte Staaten)
NSA	National Security Agency (Nationale Sicherheitsbehörde, Vereinigte Staaten)
NSC	National Security Council (Nationaler Sicherheitsrat, Vereinigte Staaten)

OPC	Office of Policy Co-ordination (Büro für Politik-Koordinierung, Vereinigte Staaten)
OSS	Office of Strategic Services (Vereinigte Staaten)
RSHA	Reichssicherheitshauptamt (Deutschland)
RSS	Radio Security Service (Großbritannien)
SD	Sicherheitsdienst (Deutschland)
SIS	Secret Intelligence Service (MI6; Großbritannien)
SLO	Special Liaison Officer (Besonderer Verbindungsoffizier zwischen Großbritannien und den Vereinigten Staaten)
SLU	Special Liaison Unit (Besondere Verbindungseinheit zwischen Großbritannien und den Vereinigten Staaten)
SOE	Special Operations Executive (Großbritannien)

Quellen

Das urheberrechtlich geschützte Material der britischen Krone wurde mit Erlaubnis der zuständigen Regierungsbehörde abgedruckt. Im Quellenverzeichnis ist dieses Material mit dem Hinweis PRO (Public Record Office), CAB (Cabinet Papers) oder FO (Foreign Office) versehen.

Einführung

1 Thomas W. Braden: «Kim Philby of Her Majesty's Secret Intelligence Service», in *Washington Post*, 12. 5. 1968.

1. Kapitel

1 PRO, CAB/16/8/ERE 9077.
2 PRO, WO/32/8873/ERE 9077.
3 William Le Queux: *Things I Know about Kings, Celebrities and Crooks*, London 1923, S. 251.
4 PRO, CAB/16/8/ERE 9077, Anhang I.
5 Ebd., S. 10. Sofern nicht anders angegeben, stammen auch die weiteren Zitate in diesem Kapitel aus diesem Dokument.
6 Ebd., Geheimreport und Protokoll.
7 Slade-Papiere III, Mikrofilm MRF 39/3, National Maritime Museum, Greenwich.
8 Berichtet von Nicholas P. Hiley in «The Failure of the British Espionage against Germany, 1907–1914», in *Historical Journal*, Bd. 26, Nr. 4 (1976), S. 867–889.
9 *The Times*, 4. 11. 1911.
10 Ebd., 29. 10. 1914.
11 Hiley: «Failure of British Espionage», S. 887.
12 Walther Nicolai: *The German Secret Service*, London 1924, S. 52 f.
13 Die Verlautbarung wurde in *The Times*, 9. 10. 1914, abgedruckt.
14 Hiley: «Failure of British Espionage», S. 888.

2. Kapitel

1 Skardon in einem Gespräch mit dem Autor, 1967.
2 Alley in einem Gespräch mit Page, Leitch und Knightley, 1967.
3 «The Profession of Intelligence», 1. Teil, Rundfunksendung des 4. Programms der BBC, 5. 3. 1980.
4 Walther Nicolai: *The German Secret Service*, London 1924, S. 18.
5 Siehe z. B. Henry Landau: *The Enemy Within*, New York 1937.
6 Nicolai: *The German Secret Service*, S. 109.
7 William R. Corson: *The Armies of Ignorance*, New York 1977, S. 65.
8 S. T. Felstead: *German Spies at Bay*, London 1920, S. 20.
9 PRO, WO/32/4898/ERE 9077.
10 Ebd., Protokollblatt 12D, 8. 11. 1920.
11 W. H. H. Waters: *Secret and Confidential*, London 1926, S. 36.
12 Ulrich Trumpener: «War Premeditated?» in *Central European History*, Bd. 9, Nr. 1 (März 1976), S. 67.
13 Siehe Maurice Paléologue: «Un prélude à l'invasion de Belgique», in *Revue des deux mondes*, Bd. 11 (Oktober 1932).
14 *Army Quarterly*, Bd. 18, Nr. 2 (Juli 1929), S. 287.
15 Nicolai: *The German Secret Service*, S. 186.
16 Siehe Patrick Beesly: *Very Special Intelligence*, London 1978, S. 21–26.
17 Sam Waagenaar: *The Murder of Mata Hari*, London 1964, S. 251 f.
18 Ebd., S. 250.
19 Brief von Major von Röpell an Generalmajor Gempp, 24. 11. 1941, in ND-Akten, Militärarchiv, Freiburg/Brsg.
20 *World's Pictorial News*, 25. 4. 1926, S. 3.
21 Nicolai: *The German Secret Service*, S. 287 f.
22 A. Swetschin: «The Strategy», in Max Ronge (Hrsg.): *Kriegs- und Industriespionage*, Wien 1930, S. 86.

3. Kapitel

1 «The Profession of Intelligence«, 1. Teil, Rundfunksendung des 4. Programms der BBC, 5. 3. 1980.
2 Oberhaus-Archiv, Lloyd George MSS, F/9/2/16, «Reduction of Estimates for Secret Services», 19. 3. 1920.
3 Kerby in einem Gespräch mit Page, Leitch und Knightley, 1967.
4 Lloyd George MSS, F/9/2/16, Churchill an Lloyd George, Bonar Law, Erster Lord der Admiralität, Lord Curzon und Schatzkanzler, 19. 3. 1920.
5 Lloyd George MSS, F/9/2/16, «Reduction of Estimates for Secret Services», S. 2 (VII).
6 «The Profession of Intelligence», 2. Teil, Rundfunksendung des 4. Programms der BBC, 12. 3. 1980.
7 Lloyd George MSS, F/33/2/3, Long an Lloyd George, 9. 1. 1919.
8 Sidney Reilly: *The Adventures of Sidney Reilly*, London 1931, S. 28, 44.

9 Ebd., S. 43.
10 Über Maughams kurzes Zwischenspiel in Rußland informiert man sich am besten in R. J. Jeffreys-Jones: *American Espionage*, New York 1977, 7. Kapitel.
11 Paul Dukes: *The Story of ST-25*, London 1938, S. 32 f.
12 R. H. Bruce Lockhart: *Memoirs of a British Agent*, New York 1932, S. 288.
13 Kenneth Young (Hrsg.): *The Diaries of Sir Robert Bruce Lockhart*, Bd 1: *1915–1938*, London 1973.
14 Christopher Andrew: «The British Secret Service and Anglo-Soviet Relations in the 1920's», in *Historical Journal*, Bd. 20, Nr. 3 (1977), S. 690 f.
15 Lloyd George MSS, F/203/3/6, Mappe 5, «Memorandum on the Situation in Russia».
16 Bruce Page, David Leitch und Phillip Knightley: *The Philby Conspiracy* («Die Philby-Verschwörung»), New York 1968, S. 117. Andrews Argumente stehen in dem unter Anmerkung 14 aufgeführten Aufsatz.
17 Lockhart: *Memoirs*, S. 341.
18 Kim Philby: *My Silent War*, London 1968, S. XV.

4. Kapitel

1 Sir David Petrie: *Communism in India, 1924–1927*, Kalkutta 1972, S. 174 f.
2 Nicholson in einem Gespräch mit dem Autor, 1967.
3 Es gibt viele Versionen der Affäre Ellis. Diese stammt aus einem Gespräch mit einem von Ellis' Vorgesetzten. Der Autor wird etwaige Briefe an ihn weiterleiten.
4 «The Profession of Intelligence», 2. Teil, Rundfunksendung des 4. Programms der BBC, 12. 3. 1980.
5 Bruce Page, David Leitch und Phillip Knightley: *The Philby Conspiracy*, New York 1968, S. 10.
6 Nicholson in einem Gespräch mit dem Autor, 1967.
7 Ebd.
8 John Whitwell: *British Agent*, London 1966, S. 70 f.
9 Christopher Andrew: «How Baldwin's Secret Service Lost the Soviet Code», in *Observer*, 13. 8. 1978.
10 Ders.: «Governments and Secret Services: a Historical Perspective», in *International Journal*, Bd. 34, Nr. 2 (1979), S. 180.
11 F. H. Hinsley u. a.: *British Intelligence in the Second World War*, Bd. 1, London 1979, S. 56.
12 Ebd., S. 57 f.
13 Ebd., S. 83.
14 Wesley K. Wark: «British Intelligence on the German Air Force and Aircraft Industry, 1933–1939», in *Historical Journal*, Bd. 25, Nr. 3 (1982), S. 640.
15 Ebd., S. 636 ff. Christies Informant wird in C. Andrew und D. Dilks (Hrsg.): *The Missing Dimension*, London 1984, S. 123, als ein gewisser Ritter identifiziert.
16 Barton Whaley: «Covert Rearmament in Germany 1919–1939: Deception and Misperception», in *Journal of Strategic Studies*, 5. Teil (März 1982), S. 9–39.

17 Hinsley: *British Intelligence*, Bd. 1, S. 49, 80.

18 Ebd., S. 47, 77 f.

5. Kapitel

1 Heinz Höhne: *Canaris. – Patriot im Zwielicht*, München 1978.

2 Gert Buchheit: *Der deutsche Geheimdienst. Geschichte der militärischen Abwehr*, München 1966, S. 175.

3 Nigel West: *MI5. British Security Service Operations 1909–1945*, London 1981, S. 92–104.

4 Winterbotham beschreibt die Beziehung zwischen ihm und De Rop in *Secret and Personal*, London 1969.

5 Ladislas Farago: *The Game of the Foxes*, London 1972, S. 86.

6 David Kahn: *Hitler's Spies*, New York 1978, S. 63.

7 Farago: *Foxes*, S. 36.

8 Thomas H. Etzold: «The F(utility) Factor: German Information Gathering in the United States, 1933–1941», in *Military Affairs*, Bd. 39, Nr. 2 (1975), S. 78.

9 Ebd., S. 79.

10 Ebd.

11 Ebd.

12 Ebd., S. 80.

13 Manfred Jonas: «Prophet without Honour: Hans Heinrich Dieckhoff's Reports from Washington», in *Mid-America*, Bd. 47 (Juli 1965), S. 222–233.

14 Bruce Page, David Leitch und Phillip Knightley: *The Philby Conspiracy*, New York 1968, S. 46.

15 Ebd., S. 61.

6. Kapitel

1 R. J. Jeffreys-Jones: «History on Trial: a Critique of the CIA and its Critics», S. 6. Manuskript eines Referats bei der 9. Jahresversammlung der Society for Historians of American Foreign Relations, Catholic University of America, Washington, 4.–6. 8. 1983.

2 Christopher Andrew: «Governments and Secret Services: a Historical Perspective», in *International Journal*, Bd. 34, Nr. 2 (1979), S. 181.

3 Ladislas Farago: *The Game of the Foxes*, London 1972, Klappentext.

4 Corey Ford: *Donovan of OSS*, Boston 1970, S. 112.

5 Oldfield in einem Gespräch mit dem Autor, 13. 7. 1979.

6 Malcolm Muggeridge: *Chronicles of Wasted Time. II: The Infernal Grove*, London 1973, S. 149.

7 F. H. Hinsley u. a.: *British Intelligence in the Second World War*, Bd. 1, London 1979, S. 91.

8 «The Profession of Intelligence», 2. Teil, Rundfunksendung des 4. Programms der BBC, 12. 3. 1980.

9 Nigel West: *MI6. British Security Service Operations 1909–1945*, London 1981, S. 109.

10 De Courcey in einem Brief an den Autor, 16. 5. 1981.

11 West: *MI6*, S. 137.

12 Gespräch mit Peter Gilman, 23. 3. 1978 (unveröffentlicht).

13 PRO, CAB/66/9/WP(40)244, 4. 7. 1940: «Imminence of a German Invasion of Great Britain».

14 JIC(40)376, 12. 11. 1940, zitiert in Hinsley: *British Intelligence*, Bd. 1, S. 295.

15 West: *MI6*, S. 109.

16 Kim Philby: *My Silent War*, London 1968, S. 4.

17 Hinsley: *British Intelligence*, Bd. 1, S. 278.

18 Michael Elliot-Bateman (Hrsg.): *The Fourth Dimension of Warfare*, Bd. 1: *Intelligence/Subversion/Resistance*, Manchester 1970, S. 53.

19 David Stafford: *Britain and European Resistance, 1940–1945*, London 1980, S. 209.

20 Kerby in einem Gespräch mit Page, Leitch und Knightley, 1967.

21 M.R.D. Foot: «Was SOE any Good?», in W. Laqueur (Hrsg.): *The Second World War*, London und Beverly Hills 1982, S. 251.

22 Diese und weitere Belege in Werner Rings: *Life with the Enemy: Collaboration and Resistance in Hitler's Germany 1939–1945*, London 1982.

23 David Stafford: «The Detonator Concept: British Strategy, SOE and European Resistance after the Fall of France», in *Journal of Contemporary History*, Bd. 10 (1975), S. 215 bzw. 196.

24 Siehe zum Beispiel R. Crossman und K. Martin: *100 000 000 Allies If We Choose*, Flugblatt, Juli 1940.

25 Gespräch mit Page, Leitch und Knightley, 1967, bzw. Anthony Verrier: *Through the Looking Glass*, London 1983, S. 350.

26 Das Internationale Friedensforschungsinstitut in Stockholm hat diese Version ohne schlüssiges Ergebnis geprüft.

27 Jean Overton Fuller: *The German Penetration of SOE*, London 1975, S. 175 f.

28 William Stevenson: *A Man Called Intrepid: the Secret War 1939–1945*, London 1976, S. 457.

29 Foot: «Was SOE any Good?», S. 248 f.

30 Louis De Jong: «The ‹Great Game› of Secret Agents», in *Encounter*, Januar 1980, S. 12–21, und West: *MI6*, S. 180.

31 Stafford: *Britain and European Resistance*, S. 137.

32 Ebd., S. 142.

33 Bickham Sweet-Escott: *Baker Street Irregular*, London 1965, S. 75.

34 Basil Davidson: «Scenes from the Anti-Nazi War», in *New Statesman*, 4. 7. 1980, S. 11.

35 Privatbrief an Peter Calvocoressi.

36 Stafford: *Britain and European Resistance*, S. 180.

37 Verrier: *Looking Glass*, S. 24.

7. Kapitel

1 Es gibt viele Versionen über diesen Zwischenfall. Die beste ist Callum A. MacDonald: «The Venlo Affair», in *European Studies Review*, Bd. 8, Nr. 4 (Oktober 1978), S. 443–464.

2 David Astor: «Why the Revolt against Hitler was Ignored», in *Encounter*, Juni 1969, S. 7.

3 Telegramm von D. G. Osborne (Vatikan) nach London, 1. 12. 1939, abgedruckt in «Papst Pius XII., die britische Regierung und die deutsche Opposition im Winter 1939/40», in *Vierteljahreshefte für Zeitgeschichte*, Bd. 22, Nr. 3 (1974).

4 Astor: «Revolt against Hitler», S. 8.

5 MacDonald: «Venlo Affair», S. 445.

6 Nigel West: *MI6. British Security Service Operations 1909–1945*, London 1981, S. 71.

7 MacDonald: «Venlo Affair», S. 448.

8 Nachlaß Malcolm Christie, CHRS 1/27–8, Churchill College, Cambridge.

9 W. Schellenberg: *Aufzeichnungen. Die Memoiren des letzten Geheimdienstchefs unter Hitler*, Wiesbaden und München 1979.

10 S. Payne Best: *The Venlo Incident*, London 1950, S. 7.

11 MacDonald: «Venlo Affair», S. 459.

12 PRO, FO/371/C/7324/89/15, Direktive Churchills, 28. 6. 1940.

13 Churchills Sekretär Sir John Colville in einem Gespräch mit Colin Simpson und dem Autor, November 1982.

14 F. H. Hinsley u. a.: *British Intelligence in the Second World War*, Bd. 1, London 1979, S. 367.

15 West: *MI6*, S. 112.

16 Ebd., S. 186 f.

17 Ebd., S. 110.

18 Ebd., S. 152 f.

19 Siehe Hans L. Trefousse: «The Failure of German Intelligence in the United States, 1939–1945», in *Mississippi Valley Historical Review*, Bd. 42, Nr. 1 (Juni 1955).

20 «Joint Weekly Intelligence Summary» der britischen Truppen in Österreich, Liddell Hart Collection, 9/24/229, University of London, King's College Centre for Military Archives.

21 West: *MI6*, S. 173, 184.

22 Ebd., S. 200 f.

23 Trefousse: «Failure of German Intelligence», S. 100.

24 «The Profession of Intelligence», 2. Teil, Rundfunksendung des 4. Programms der BBC, 12. 3. 1980.

25 Die Korrespondenz zwischen Liddell und Johnson und die zwischen Johnson und dem US-Außenministerium befinden sich in den National Archives, Washington, unter: US Embassy, London, 1940–1941, RG 84, Box 4/820/02/C/1940.

26 Ladislas Farago: *The Game of the Foxes*, London 1972, S. 472 f.

27 *The Times*, 6. 9. 1944.

28 William R. Corson: *Armies of Ignorance*, New York 1977, S. 30 f.
29 David Mure: *Master of Deception: Tangled Webs in London and the Middle East*, London 1980, S. 190.
30 Hinsley: *British Intelligence*, Bd. 1, S. 58.
31 Mure: *Master of Deception*, S. 165.
32 Ebd., S. 37.
33 Philby in einem Brief an den Autor, 27. 3. 1978.
34 Dusko Popov: *Spy/Counter Spy*, London 1976, S. 223.
35 «German Naval Intelligence, Part B: Naval Intelligence and the Normandy Invasion», 15. 10. 1946, S. 44, National Archives, Washington.
36 Siehe Gert Buchheit: *Spionage in zwei Weltkriegen*, Landshut 1975, S. 326, und O. Reile: «Wer täuschte die deutsche militärische Führung über die Stärke der in England für die Invasion bereitgestellten Streitkräfte?», in *Wehrwissenschaftliche Rundschau*, Nr. 3 (1979), S. 83.
37 Buchheit: *Spionage*, S. 326.
38 «German Naval Intelligence», zitiert in Anmerkung 35, S. 68.
39 Reile: «Wer täuschte?», S. 83.
40 Mure: *Master of Deception*, S. 176.
41 Hinsley: *British Intelligence*, Bd. 1, S. 137, 187.

8. Kapitel

1 Ronald Lewin: «A Signal-Intelligence War», in Walter Laqueur (Hrsg.): *The Second World War*, London und Beverly Hills 1982, S. 185, bzw. Roger J. Spiller: «Assessing Ultra», in *Military Review*, Bd. 59, Nr. 8 (August 1979), S. 14.
2 Harold Deutsch: «The Influence of Ultra on World War II», in *Parameters: Journal of the U. S. Army War College*, Bd. 8 (Dezember 1978), S. 6.
3 David Kahn: «The International Conference on Ultra», in *Military Affairs*, Bd. 43, Nr. 2 (April 1979), S. 98.
4 Peter Calvocoressi: *Top Secret Ultra*, London 1979, S. 36.
5 Ralph Bennett: *Ultra in the West*, London 1979, S. 36.
6 Agawa Hiroyuki: *The Reluctant Admiral*, Tokio 1979, S. 347.
7 «The Profession of Intelligence», 2. Teil, Rundfunksendung des 4. Programms der BBC, 12. 3. 1980.
8 «The Profession of Intelligence», 3. Teil, Rundfunksendung des 4. Programms der BBC, 27. 1. 1982.
9 Spiller: «Assessing Ultra», S. 19.
10 D. Horner: «Special Intelligence in the South-West Pacific Area in World War II», in *Australian Outlook*, Bd. 32, Nr. 3 (1978), S. 316.
11 Spiller: «Assessing Ultra», S. 22, und Ralph Bennett: «Ultra and Some Command Decisions», in Laqueur: *Second World War*, S. 223 f.
12 Stephen A. Ambrose: «Eisenhower and the Intelligence Community in World War II», in *Journal of Contemporary History*, Bd. 16 (1981), S. 158.

13 «Der Einfluß der alliierten Funkaufklärung auf den Verlauf des Zweiten Welt-krieges», in *Vierteljahreshefte für Zeitgeschichte*, Bd. 27, Nr. 3 (1979), S. 362 f.

14 Ambrose: «Eisenhower», S. 158 f.

15 Calvocoressi: *Top Secret Ultra*, S. 108.

16 «Interim», in *British Army on the Rhine Intelligence Review*, Nr. 19 (4. 3. 1946), im Nachlaß Liddell Hart unter dem Stichwort «German Intelligence in the West, 1944–1945», Akte über Oberst M., Centre for Military Archives, King's College, University of London.

17 Gunther Blumentritt, 14. 8. 1942, Nachlaß Liddell Hart, 9/24/229, «Intelligence».

18 J. Rohwer und E. Jäckel (Hrsg.): *Die Funkaufklärung und ihre Rolle im Zweiten Weltkrieg*, Stuttgart 1979, S. 111.

19 Spiller: «Assessing Ultra», S. 18.

20 Andrew Hodges: *Alan Turing: the Enigma of Intelligence*, London 1985, S. 244.

21 Aileen Clayton: *The Enemy Is Listening*, London 1980, S. 79–85.

22 Kim Philby: *My Silent War*, London 1968, S. 38.

23 F. H. Hinsley u. a.: *British Intelligence in the Second World War*, Bd. 1, London 1979, S. 178.

24 Calvocoressi: *Top Secret Ultra*, S. 58.

25 Bennett: «Ultra and some Command Decisions», S. 232.

26 Peter Calvocoressi: «Ne Plus Ultra World War», in *The Times*, 3. 5. 1984.

27 Bennett: «Ultra and some Command Decisions», S. 231.

28 Spiller: «Assessing Ultra», S. 20.

29 Kahn: «International Conference on Ultra», S. 98.

30 James Rusbridger: «Secrets of Enigma», in *The Times*, 17. 5. 1985.

31 F. D. Shirreff: «Some Experience with Special Signals», in *Mercury. The Magazine of the Royal Signals Amateur Radio Society*, 1981–1982.

32 David Kahn: «Codebreaking in World Wars I and II», in *Historical Journal*, Bd. 23, Nr. 3 (1980), S. 624.

33 Hodges: *Alan Turing*, S. 261.

34 Calvocoressi: *Top Secret Ultra*, S. 85.

35 Kahn: «Codebreaking», S. 624.

36 Siehe Godfreys Nachruf in *The Times*, 31. 8. 1971.

37 Siehe James Rusbridger: «The Sinking of the *Automedon*, the Capture of the *Nankin*», in *Encounter*, Mai 1985.

38 Calvocoressi: *Top Secret Ultra*, S. 94.

39 Waldemar Werther, zitiert in Rohwer und Jäckel: *Funkaufklärung*, S. 65.

40 «The Profession of Intelligence», 3. Teil, Rundfunksendung des 4. Programms der BBC, 27. 1. 1982.

9. Kapitel

1 John Erickson: *The Road to Stalingrad*, London 1975, S. 89.

2 Ebd.

3 Siehe M. Toscano: *Designs in Diplomacy*, Baltimore 1979, S. 406–410.

4 Skardon in einem Gespräch mit Leitch, 1980.

5 Robert Cecil: «The Cambridge Comintern», in C. Andrew und D. Dilks (Hrsg.): *The Missing Dimension*, London 1984, S. 181.

6 Ebd., S. 181.

7 Gordon Brook-Shepherd: *The Storm Petrels*, London 1977, S. 172–175.

8 Cecil: «Cambridge Comintern», S. 181 f.

9 In einem Brief an Page, Leitch und Knightley, 3. 8. 1967.

10 Bruce Page: «The Endless Quest for Supermole», in *New Statesman*, 21. 9. 1979, S. 414.

11 M. Sayle: «Conversations with Philby», in *Sunday Times*, 17. 12. 1967.

12 Bruce Page, David Leitch und Phillip Knightley: *The Philby Conspiracy*, New York 1968, S. 51.

13 Kim Philby: *My Silent War*, London 1968, S. XVIII.

14 Brief an Harold Nicholson, undatiert.

15 Nigel Wade: «Soviet Press Praises Philby», in *Sunday Telegraph*, 10. 8. 1980.

16 Sayle: «Conversations with Philby», siehe Anmerkung 11.

17 Cecil: «Cambridge Comintern», S. 19.

18 Toscano: *Designs in Diplomacy*, S. 409.

19 Brief Philbys an den Autor, 18. 2. 1974.

20 Cecil: «Cambridge Comintern», S. 175.

21 Siehe Chalmers Johnson: *An Instance of Treason*, Tokio 1977.

22 Ebd., S. 154.

23 Ebd.

24 Erickson: *Road to Stalingrad*, S. 239.

25 Heinrich Haape, zitiert in Desmond Flower und James Reeves (Hrsg.): *The War 1939–1945*, Bd. 1, London 1967, S. 339.

26 C. Johnson: *Treason*, S. 18.

27 Ebd., S. 159.

28 Ebd., S. 172.

29 Associated Press-Meldung in der *Japan Times*, 17. 3. 1975.

30 Alexander Foote: *Handbook for Spies*, London 1949, S. 81.

31 Siehe zum Beispiel Anthony Read und David Fisher: *Operation Lucy*, London 1980, Chapman Pincher: *Their Trade is Treachery*, London 1981, Richard Deacon: *A History of the British Secret Service*, New York 1970, und Constantine Fitzgibbon: *Secret Intelligence in the 20th Century*, London 1978.

32 Brief Hinsleys an den Autor, 25. 4. 1984.

33 F. H. Hinsley u. a.: *British Intelligence in the Second World War*, Bd. 2, London 1979–1984, S. 69 f.

34 Deacon: *British Secret Service*, S. 366, Read und Fisher: *Operation Lucy*, Klappentext, bzw. Foote: *Handbook for Spies*, S. 82.

35 Hinsley: *British Intelligence*, Bd. 2, S. 69 f.

36 Siehe Ruth Werner (eigentlich: Kuczynski): *Sonjas Rapport*, Berlin/DDR 1977, und A. Terry: «The Housewife who Spied for Russia», in *Sunday Times*, 27. 1. 1980.

37 Depesche des Foreign Office an den britischen Botschafter in Algier, 6. 4. 1944,
Eden-Nachlaß, SOE/44/17/192, Birmingham University.

38 Cecil: «Cambridge Comintern», S. 179.

39 Kuczynski in einem Gespräch, das Anthony Terry für den Autor führte, 17. 1.
1980.

40 Ebd.

41 Oldfield in einem Gespräch mit dem Autor, 13. 7. 1979.

42 Hinsley: *British Intelligence*, Bd. 1, S. 441.

10. Kapitel

1 R. J. Jeffreys-Jones: *Eagle against Empire. United States Opposition to European
Imperialism 1898–1981*, Aix-en-Provence 1983, S. 61.

2 Jeffrey M. Dorwart: «The Roosevelt-Astor Espionage Ring», in *New York History*, Juli 1981, S. 309.

3 Ebd., S. 317.

4 Ebd.

5 Bradley F. Smith: *The Shadow Warriors: O.S.S. and the Origins of the C.I.A*,
London und New York 1983, S. 63, und Dorwart: «Roosevelt-Astor Espionage»,
S. 321.

6 R. J. Jeffreys-Jones: «History on Trial: a Critique of the CIA and its Critics», Referat bei der 9. Jahresversammlung der Society for Historians of American Foreign Relations, Catholic University of America, Washington, 4.–6. 8. 1983, S. 3.

7 *New York Times*, 1. 12. 1938.

8 Nigel West: *MI6. British Secret Intelligence Service Operations 1909–1945*, London 1981, S. 202 f.

9 William R. Corson: *The Armies of Ignorance*, New York 1977, S. 114, und Anthony Cave Brown: *The Last Hero: Wild Bill Donovan*, New York 1982, S. 153.

10 Phillip Knightley: *The First Casualty*, New York, S. 237.

11 West: *MI6*, S. 204.

12 Cave Brown: *Last Hero*, S. 156.

13 Ebd., S. 168.

14 Ebd., S. 169, und B. Smith: *Shadow Warriors*, S. 68 f.

15 Cave Brown: *Last Hero*, S. 170.

16 B. Smith: *Shadow Warriors*, S. 21.

17 Ebd., S. 38 f.

18 Peter und Leni Gillman: *Collar the Lot!*, London 1980, S. 77.

19 B. Smith: *Shadow Warriors*, S. 22.

20 Professor Margaret Gowing, offizielle Historikerin der britischen Atomenergiebehörde, in einem Gespräch mit dem Autor, 1984.

21 B. Smith: *Shadow Warriors*, S. 100–105.

22 Cave Brown: *Last Hero*, S. 182.

23 Ebd., S. 226, 233 f., und B. Smith: *Shadow Warriors*, S. 117.

24 Cave Brown: *Last Hero*, S. 306 f.

25 Siehe Timothy P. Mulligan: «According to Colonel Donovan: a Document from the Records of German Military Intelligence», in *The Historian*, November 1983, S. 78–86.

26 Cave Brown: *Last Hero*, S. 306 ff.

27 Ebd., S. 315 f.

28 Ebd., S. 593.

29 Edmond Taylor: *Awakening from History*, Boston 1969, S. 350 f.

30 F. H. Hinsley u. a.: *British Intelligence in the Second World War*, Bd. 2, London 1979–1984, S. 53.

31 David Stafford: *Britain and European Resistance, 1940–1945*, London 1980, S. 90.

32 Gespräch mit Leitch, September 1979, bzw. R. Harris Smith: *OSS*, Los Angeles 1972, S. 34.

33 Edmond Taylor: *Richer by Asia*, Boston 1947, S. 233.

34 R. Smith: *OSS*, S. 289 f.

35 Ebd., S. 286, Cave Brown: *Last Hero*, S. 625 und 644, bzw. Kerby in einem Gespräch mit Page, Leitch und Knightley, 1967.

36 Cave Brown: *Last Hero*, S. 609.

37 R. Smith: *OSS*, S. 27.

38 Brief Philbys an den Autor, 1978.

39 Michael Howard: «The Black Record of the Anglo-Saxons», in *Sunday Times*, 26. 1. 1978, bzw. R. Smith: *OSS*, S. 354.

40 Cave Brown: *Last Hero*, S. 645–648.

41 B. Smith: *Shadow Warriors*, S. 339–348, und Cave Brown: *Last Hero*, S. 423–426.

42 John Whitwell: *British Agent*, London 1966, S. 202–297, bzw. R. Smith: *OSS*, S. 229.

43 Weitz in einem Gespräch mit dem Autor, 14. 9. 1984.

44 Corson: *Armies of Ignorance*, S. 87 f.

45 Cave Brown: *Last Hero*, S. 641 f.

46 Cave Brown (Hrsg.): *The Secret War Report of the OSS*, New York 1976, S. 7.

47 B. Smith: *Shadow Warriors*, S. 410.

48 Thomas Inglis, Leiter der Nachrichtenabteilung der US-Navy, in einer Aussage beim Kongreß-Hearing zum Nationalen Sicherheitsgesetz am 27. 6. 1947, Washington (US Government Printing Office) 1982, S. 68.

49 Cave Brown: *Last Hero*, S. 757.

50 B. Smith: *Shadow Warriors*, S. 381 f.

51 Larry Collins und Dominique Lapierre: «Brennt Paris?», Bern und München 1964, S. 279.

11. Kapitel

1 Kongreß-Hearing zum Nationalen Sicherheitsgesetz, Washington (US Government Printing Office) 1982, S. 41.

2 David C. Martin: *Wilderness of Mirrors*, New York 1981, S. 39.

3 Kongreß-Hearing zum Nationalen Sicherheitsgesetz, S. 38 und 55, Fletcher Pratt: «How Not to Run a Spy System», in *Harper's*, September 1947, S. 242, bzw. Trevor Barnes: «The Secret Cold War. The CIA and American Foreign Policy in Europe, 1946–1956», 1. Teil, in *Historical Journal*, Bd. 24, Nr. 2 (1981), S. 400–404.

4 Harry Howe Ransom: «Secret Intelligence in the United States, 1947–1982: The CIA's Search for Legitimacy», in C. Andrew und D. Dilks (Hrsg.): *The Missing Dimension*, London 1984, S. 206.

5 Kongreß-Hearing zum Nationalen Sicherheitsgesetz, S. 35.

6 Memorandum im Nachlaß Leahy, 25. 2. 1947, Box 20/132, US National Archives, Washington.

7 Kongreß-Hearing zum Nationalen Sicherheitsgesetz, S. 28 f.

8 Ebd., S. 22, 27, 29.

9 Ebd., S. VI, 1.

10 Barnes: «Secret Cold War», 2. Teil, in *Historical Journal*, Bd. 25, Nr. 3 (1982), S. 656, bzw. Ransom: «Secret Intelligence», S. 203.

11 Anthony Cave Brown: *The Last Hero: Wild Bill Donovan*, New York 1982, S. 785.

12 Barnes: «Secret Cold War», 2. Teil, S. 651.

13 Barnes: «Secret Cold War», 1. Teil, S. 412 f.

14 Michael J. Barrett: «Honorable Espionage», in *Journal of Defence and Diplomacy*, Februar 1984, S. 14.

15 Barnes: «Secret Cold War», 2. Teil, S. 660, 663.

16 Enver Hodscha: *The Anglo-American Threat to Albania*, Tirana 1982, S. 430.

17 Barnes: «Secret Cold War», 2. Teil, S. 664.

18 Harry Rositzke: *The CIA's Secret Operations*, New York 1977, S. 188.

19 Siehe David Atlee Phillips: *The Night Watch*, New York 1977.

20 In einer Rede an der Universität Yale, zitiert in R. Hilsman: «On Intelligence», in *Armed Forces and Society*, Bd. 8, Nr. 1 (Herbst 1981), S. 136.

21 Kirkpatrick in einem Gespräch, das David Leitch für den Autor mit ihm führte, 1979.

22 Brief Philbys an den Autor, 27. 3. 1979.

23 R. W. Johnson: «Making Things Happen», in *London Review of Books*, 6.–19. 9. 1984, S. 12.

24 Ted Szulc: «When the Russians Rocked the World», in *The Times*, 29. 8. 1984.

25 David Holloway in einem Brief an den Autor, 2. 8. 1985.

26 *New York Times*, 7. 5. 1950.

27 Zitiert in Robert Kimball: «Criminals of the Century?», in *Unsolved*, Bd. 2, Nr. 21 (1984).

28 David Holloway: «Entering the Nuclear Arms Race: the Soviet Decision to Build the Atomic Bomb, 1939–1945», in *Social Studies of Science*, Bd. 11 (1981), S. 169.

29 Ebd., S. 175.

30 Ebd., S. 179.

31 Ebd., S. 183.

32 Ebd., S. 186.

33 Holloway in einem Brief an den Autor, 2. 8. 1985.

34 Davidson in einem Brief an den Autor, 16. 10. 1967.

35 Fuchs' Geständnis gegenüber dem Atomphysiker Dr. Michael W. Perrin, Britisches Beschaffungsministerium, ist zitiert in einem Brief Hoovers an Souers, 2. 3. 1950. Harry S. Truman Library, Akten des Referenten des Präsidenten.

36 Holloway: «Entering the Nuclear Arms Race», S. 194.

37 Holloway in einem Brief an den Autor, 2. 8. 1985.

38 Fuchs' Geständnis gegenüber Dr. Perrin, siehe Anmerkung 35.

39 Bradley F. Smith: *The Shadow Warriors: O.S.S. and the Origins of the C.I.A.*, London und New York 1983, S. 389.

40 Kongreß-Hearing zum Nationalen Sicherheitsgesetz, S. 29.

41 Margaret Gowing: «Niels Bohr and Nuclear Weapons», Manuskript für das Massachusetts Institute of Technology, S. 10.

42 Barnes: «Secret Cold War», 2. Teil, S. 654.

43 H. A. DeWeerd: «Strategic Surprise in the Korean War», in *Orbis* (Herbst 1962), S. 439 f.

44 Ebd., S. 438.

45 Louis Heren: «Korea: the Blame that Rests on MacArthur», in *The Times*, 3. 1. 1981.

46 DeWeerd: «Strategic Surprise», S. 449.

47 Barnes: «Secret Cold War», 2. Teil, S. 652.

48 Ebd., S. 655.

49 «Should the U.S. Fight Secret Wars», Diskussionsforum, in *Harper's*, September 1984, S. 44.

50 Ransom: «Secret Intelligence», S. 209.

51 R. W. Johnson: «Making Things Happen», S. 14.

12. Kapitel

1 Anthony Verrier: *Through the Looking Glass*, London 1983, S. 98.

2 P. Hennessy und G. Brownfeld: «Britain's Cold War Security Purge: the Origins of Positive Vetting», in *Historical Journal*, Bd. 25, Nr. 4 (1982), S. 971 f.

3 Robert Cecil: «The Cambridge Comintern», in S. Andrew und D. Dilks (Hrsg.): *The Missing Dimension*, London 1984, S. 180, und Cecil in einem Gespräch mit dem Autor, 31. 1. 1984.

4 Bruce Page, David Leitch und Phillip Knightley: *The Philby Conspiracy*, New York 1968, S. 172.

5 Kirkpatrick in einem Gespräch mit dem Autor, 1967.

6 Robert Amory in einem Gespräch mit Page, Leitch und Knightley, 1967.

7 Cecil: «Cambridge Comintern», S. 186.

8 Ebd., S. 188.

9 Kim Philby: *My Silent War*, London 1968, S. 129.

10 «The Profession of Intelligence», 3. Teil, Rundfunksendung des 4. Programms der BBC, 27. 1. 1982.

11 Cecil: «Cambridge Comintern», S. 193.

12 Michael Straight: *After Long Silence*, London 1983, S. 251.

13 Cecil: «Cambridge Comintern», S. 195.

14 Page, Leitch und Knightley: *Philby*, S. 291.

15 Philby: *My Silent War*, S. 137.

16 29. 9. 1955, Archiv des Federal Bureau of Investigation, Washington.

17 Archiv des Federal Bureau of Investigation, Washington.

18 Rosamond Lehman in einem Gespräch mit Page, Leitch und Knightley, 1967.

19 Lord Egremont in einem Gespräch mit Page, Leitch und Knightley, 1967.

20 Ebd.

21 Honoré Catudal: *Kennedy and the Berlin Wall Crisis*, Berlin 1980, S. 246.

22 Edward J. Epstein: «The Spy War», in *New York Times Magazine*, 28. 9. 1980.

23 Leo Abse: «How to Recognise Tomorrow's Spy», in *The Times*, 26. 10. 1981.

24 John Vassall: *Vassall: the Autobiography of a Spy*, London 1975, S. 158, bzw. Christopher Dobson und Ronald Payne: *The Dictionary of Espionage*, London 1984, S. 16.

25 Epstein: «Spy War», bzw. Sean Bourke: *The Springing of George Blake*, London 1970, S. 242.

26 Philby in einem Gespräch mit Sayle, 17. 12. 1967.

27 *Observer*, 30. 10. 1966.

28 Atticus, *Sunday Times*, 27. 1. 1982.

29 «Spy Blake's Jail-break Helper Dies», *Daily Mail*, 27. 1. 1982.

30 Amory in einem Gespräch mit Page, Leitch und Knightley, 1967.

31 Miles Copeland: *Real Spy World*, London 1978, S. 94.

13. Kapitel

1 Ralph W. McGehee: *Deadly Deceits*, New York 1983, S. 119.

2 C. Sweeney: «The Price of Freedom», in *Sunday Times Magazine*, 1. 12. 1974.

3 «Has the KGB Fooled the West?», *Sunday Times*, 4. 3. 1984.

4 David C. Martin: *Wilderness of Mirrors*, New York 1981, S. 109.

5 Edward J. Epstein: «When the CIA Was almost Wrecked», in *Parade Magazine*, 14. 10. 1984.

6 Siehe Anatoli Golizin: *New Lies for Old*, London 1984.

7 Rositzke in einem Gespräch, das Cherry Hughes für den Autor führte, 1984.

8 Stephen de Mowbray, ehemaliger SIS-Beamter, in einem unveröffentlichten Brief an die *Sunday Times*, und Epstein: «When the CIA Was almost Wrecked».

9 Martin: *Wilderness of Mirrors*, S. 148 f.

10 Ebd., S. 112.

11 R. W. Johnson: «Making Things Happen», in *London Review of Books*, 6.–19. 9. 1984, S. 14.

12 Kirkpatrick in einem Gespräch mit Leitch, 1979.

13 Epstein: «When the CIA Was almost Wrecked».

14 Kirkpatrick in einem Gespräch mit Leitch, 1979.

15 Joseph C. Goulden: *Korea: the Untold Story*, New York 1982, S. 245.

16 Angleton in einer undatierten, erstmalig bei Erscheinen von Martin: *Wilderness of Mirrors* veröffentlichten Erklärung.

17 Martin: *Wilderness of Mirrors*, S. 155–157.

18 Henry J. Hurt: «Is this American a Soviet Spy?», in *Reader's Digest*, Oktober 1981.

19 Ebd.

20 Martin: *Wilderness of Mirrors*, S. 210.

21 «The Profession of Intelligence», 5. Teil, Rundfunksendung des 4. Programms der BBC, 10. 2. 1982.

22 Rositzke in einem Gespräch mit Cherry Hughes, 1984.

23 Fitzroy Maclean: *Take Nine Spies*, London 1978, S. 305 f.

24 Ebd., S. 306.

25 Chapman Pincher: «U.S. Intelligence Agents Find Shot Russian's Story Hidden in Drawer», in *Daily Express*, 29. 4. 1965.

26 Honoré Catudal: *Kennedy and the Berlin Wall Crisis*, Berlin 1980, S. 242 f.

27 John le Carré: «Wardrobe of Disguises», in *Sunday Times*, 10. 9. 1967.

28 Anthony Verrier: *Through the Looking Glass*, London 1983, S. 197. Siehe auch Executive Sessions of the Senate Foreign Relations Committee (Historical Series), Bd. 12, Aussage Hugh L. Drydens von der NSA, 1. 6. 1960.

29 R. Hilsman: «On Intelligence», in *Armed Forces and Society*, Bd. 8, Nr. 1 (Herbst 1981), S. 142.

30 William R. Corson: *The Armies of Ignorance*, New York 1977, S. 30 f.

31 Ebd., S. 26–29.

32 Kirkpatrick in einem Gespräch mit Leitch, 1979.

33 Corson: *Armies of Ignorance*, S. 30.

34 Verrier: *Looking Glass*, S. 206.

35 Lawrence Freedman: *U.S. Intelligence and the Soviet Strategic Threat*, London 1979, S. 71.

36 Verrier: *Looking Glass*, S. 210 f.

37 Kirkpatrick in einem Gespräch mit Leitch, September 1979.

38 Verrier: *Looking Glass*, S. 217 f.

39 Ebd., S. 229.

40 Robert Kennedy: *13 Days: the Cuban Missile Crisis*, London 1968, S. 87.

41 Sir Dick White, damals Leiter des SIS, zitiert in Verrier: *Looking Glass*, S. 193.

42 Robin Stafford: «False, False, that Book about my Husband», in *Daily Express*, 23. 11. 1965.

43 Edward Crankshaw: «The Dispute about Penkovsky», in *Observer*, 21. 11. 1965.

44 Le Carré: «Wardrobe of Disguises», siehe Anmerkung 27.

45 Der Diplomat in einem Briefwechsel mit dem Autor. Der Diplomat wünscht aus beruflichen und privaten Gründen anonym zu bleiben. Er hat mir jedoch erlaubt, ernsthafte Anfragen an ihn weiterzuleiten.

46 «Russians Helped CIA during Cuba Crisis», *The Times*, 15. 4. 1971.

47 Herbert Scoville: «Is Espionage Necessary for Our Society?», in *Foreign Affairs*, Bd. 54, Nr. 3 (April 1976), S. 488.

14. Kapitel

1 «Shaping Tomorrow's CIA, *Time*, 6. 2. 1978, S. 24.
2 Kenneth Harris: «Did the CIA Fail America?», in *Observer*, 9. 12. 1979.
3 «Shaping Tomorrow's CIA», S. 29.
4 Ebd., S. 31.
5 Kirkpatrick in einem Gespräch mit Leitch, 1979.
6 Philip Agee, in *Playboy*, August 1975, S. 60 ff.
7 Kirkpatrick in einem Gespräch mit Leitch, 1979.
8 «The Profession of Intelligence», 5. Teil, Rundfunksendung des 4. Programms der BBC, 10. 2. 1982.
9 Nigel West: «The Hollis Affair and that Spy Called Elli», in *The Times*, 23. 10. 1981.
10 Ebd.
11 Nachruf von G. R. Mitchell, in *The Times*, 3. 1. 1985.
12 Siehe «The Hollis Affair», *Sunday Times*, 29. 3. 1981.
13 Ein ehemaliger SIS-Leiter in einem Gespräch mit dem Autor, 3. 12. 1981.
14 Nigel West: *A Matter of Trust, MI5 1945–1972*, London 1982, S. 178.
15 «Hollis Affair», siehe Anmerkung 12.
16 «The Profession of Intelligence», 5. Teil, Rundfunksendung des 4. Programms der BBC, 10. 2. 1982.
17 Ebd. und «Hollis Affair», siehe Anmerkung 12.
18 «Hollis Affair», siehe Anmerkung 12.
19 S. Freeman, B. Penrose und C. Simpson: «Military Coup Was Aimed at Wilson», in *Sunday Times*, 29. 3. 1981.
20 «Hollis Affair», siehe Anmerkung 12.
21 Maurice Crump in einem Brief an *The Times*, 19. 4. 1984.
22 Sir William Rees-Mogg in einem Gespräch mit dem Autor, März 1979.
23 West: *MI5. British Security Service Operation 1909–1945, A Matter of Trust. MI5 1945–72, MI6. British Secret Intelligence Service Operations 1909–45* und *The Branch – a History of the Metropolitan Police Special Branch, 1883–1983* (London 1983).
24 Der stellvertretende Justitiar des Schatzamts, in *Sunday Times*, 17. 10. 1984.
25 Allason in einem Gespräch mit dem Autor, 1981.
26 Oldfield in einem Gespräch mit dem Autor, 13. 7. 1979.
27 Ian Black: «Thatcher Bans Publication of War History», in *Guardian*, 23. 11. 1983.
28 Ebd.
29 «Sons of Stalin's Englishmen?», *The Times*, 2. 8. 1984.
30 Allason in einem Gespräch mit dem Autor, 1984.
31 Mitchells Nachruf in *The Times*, 3. 1. 1985.

15. Kapitel

1 M. R. D. Foot: «Britain. Intelligence Services», in *The Economist*, 15. 3. 1980.

2 John Stockwell, früher als CIA-Agent in Angola tätig, in Gesprächen mit Christopher Hird von der britischen Fernsehgesellschaft Channel 4, London, September 1985.

3 Ebd.

4 Philip Taubman: «Bolstered by Budget Increases Casey's CIA Comes Back», in *International Herald Tribune*, (Paris), 26. 1. 1983.

5 John Stockwell: «The Heart of the Matter», Fernsehsendung von BBC 1, 22. 9. 1985, und Taubman, siehe Anmerkung 4.

6 David M. Alpern: «America's Secret Warriors», in *Newsweek*, 10. 9. 1983, und *Guardian*, 12. 6. 1984.

7 Taubman, siehe Anmerkung 4.

8 Harry Howe Ransom: «Secret Intelligence in the United States, 1947–1982: the CIA's Search for Legitimacy», in C. Andrew und D. Dilks (Hrsg.): *The Missing Dimension*, London 1984, S. 224.

9 Jeff Stein: «Spooking the Spook-namers», in *Village Voice*, 12.–18. 11. 1984, und Peter Hennessy: «Intelligence Chiefs Draft Secrets Law», in *The Times*, 9. 4. 1984.

10 Jeremy Campbell: «A Silly Season for Secrecy», in *Standard*, 4. 7. 1984.

11 «KGB Spy Thriller Fills TV Cap», *The Times*, 9. 8. 1984, bzw. J. Kohan: «The Eyes of the Kremlin», in *Time*, 14. 2. 1983.

12 Richard Owen: «Generalissimo Rank Confirms Political Rise of KGB», in *The Times*, 28. 5. 1984.

13 Siehe A. Bevins: «A Record £ 1lm Rise for Secret Services», in *The Times*, 20. 3. 1986 (Zahlen); Christopher Andrew: «Whitehall, Washington and the Intelligence Services», in *International Affairs*, Juli 1977, S. 391 (Zitat).

14 Linda Melvern: «Exit Smiley, Enter IBM», in *Sunday Times*, 31. 10. 1982.

15 Andrew Cockburn: «Tinker with Gadgets, Tailor the Facts», in *Harper's*, April 1985, S. 66.

16 Duncan Campbell: «Threat of Electronic Spies», in *New Statesman*, 2. 2. 1979.

17 David Kahn: «Big Ear or Big Brother?», in *New York Times Magazine*, 16. 5. 1976.

18 Duncan Campbell: «The Spies Who Spend What They Like», in *New Statesman*, 16. 5. 1980.

19 Schätzungen der Kosten des GCHQ reichen von 80 Millionen Pfund jährlich (*The Times*, 10. 4. 1984) über 200 Millionen Pfund im Jahr (*New Statesman*, 2. 2. 1979) bis zu 300 Millionen Pfund jährlich (*The Times*, 20. 3. 1986). 300 Millionen Pfund ist wahrscheinlich recht vorsichtig geschätzt.

20 Siehe David Leigh: «US Agency ‹Bugged› Labour MPs», in *Guardian*, 7. 2. 1981, John Peacock: «Spy Centre on the Moors», in *Daily Mirror*, 17. 7. 1980, und Will Bennett: «US Taking Control of British Spy Base», in *Daily Mail*, 27. 1. 1985.

21 John Connell: «Cap the Knife Faces the Flak», in *Sunday Times*, 10. 2. 1985.

22 Siehe David Martin: «Unveiling the Secret NSA», in *Newsweek*, 6. 9. 1982, und Kahn, siehe Anmerkung 18, S. 64.

23 Kahn, siehe Anmerkung 18, S. 67, und Kahn in «The Profession of Intelligence», 4. Teil, Rundfunksendung des 4. Programms der BBC, 3. 2. 1982.

24 «The Profession of Intelligence», 4. Teil, Rundfunksendung des 4. Programms der BBC, 3. 2. 1982.

25 Kirkpatrick in einem Gespräch mit Leitch, 1979.

26 Cockburn, siehe Anmerkung 16, S. 65.

27 Ebd.

28 Der britische Diplomat. Siehe 13. Kapitel, Anmerkung 45.

29 Harry Rositzke: «America's Secret Operations: a Perspective», in *Foreign Affairs*, Bd. 53 (Januar 1975), S. 338.

30 Richard Hall: *The Secret State: Australia's Spy Industry*, Melbourne 1978, S. 241.

31 Robert Harris: «The Falklands Inquest», in *Listener*, 24. 6. 1982, bzw. Jeremy Campbell: «Spy Plane Denied», in *Standard*, 7. 4. 1982.

32 Edward J. Epstein in einem Gespräch mit dem Autor, London, 29. 6. 1984.

33 R. J. Jeffreys-Jones: «The Historiography of the CIA», in *Historical Journal*, Bd. 23, Nr. 2 (1980), S. 495.

34 Kirkpatrick in einem Gespräch mit Leitch, 1979.

35 Kevin Cahill: «Sh. . . the Following May Be a US-Secret», in *The Times*, 17. 4. 1984.

36 R. Hilsman: «On Intelligence», in *Armed Forces and Society*, Bd. 8, Nr. 1 (Herbst 1981).

37 Rositzke: «America's Secret Operations», S. 340.

38 Richard Helms: «The Secrets of Russian Espionage», in *Observer*, 16. 12. 1979.

39 John Stockwell: «The Heart of the Matter», und «Can You Bore a Hole in the T-72?», *Sunday Observer* (Bombay), 4. 3. 1984.

40 Herbert Scoville: «Is Espionage Necessary for Our Security», in *Foreign Affairs*, Bd. 54, Nr. 3 (April 1976), S. 494.

41 Stockwell in Gesprächen mit Hird und in «Heart of the Matter», siehe Anmerkung 2 und 5.

42 Martin Page in Gesprächen mit dem Autor, 1967 und 1986.

43 Hilary Bonner: «The Spy Who Stayed Out in the Cold», in *Mail on Sunday*, 30. 12. 1984.

44 David Jones: «The Price of Freedom», in *Sunday Times Magazine*, 1. 12. 1947.

45 Stockwell in «Heart of the Matter» und in Gesprächen mit Hird, siehe Anmerkungen 5 und 2.

46 Michael J. Barrett: «Honorable Espionage», in *Journal of Defence and Diplomacy*, Februar 1984, S. 13.

47 Hilsman: «On Intelligence».

48 Young in «Heart of the Matter», siehe Anmerkung 5.

49 Richard K. Betts: «Analysis, War and Decision: Why Intelligence Failures Are Inevitable», in *World Politics*, Bd. 31 (Oktober 1978), S. 79.

50 Richard Hall: *National Security and the Agent of Influence Myth*, Sydney 1983, S. 19.

51 Diese Informationen stammen von NEXIS, einem Artikel-Suchsystem von Mead Data Central.

52 Henry Allen: «The Spy Game», in *International Herald Tribune* (Paris), 23. 9. 1981.

Ausgewählte Bibliographie

Adams, Ian: *Portrait of a Spy*, New York 1982.

Agee, Philip: *Inside the Company: the C.I.A. Diary*, Harmondsworth (Middlesex) 1975.

Ainsztein, Reuben: *Jewish Resistance in Nazi-occupied Eastern Europe*, London 1974.

Achmedow, Ismail: *In and out of Stalin's G.R.U.*, London 1984.

Allen, W. E. D., und Muratoff, Paul: *The Russian Campaigns of 1944–45*, London 1946.

Ambrose, Stephen E.: «Eisenhower and the Intelligence Community in World War II», in *Journal of Contemporary History*, Bd. 16 (1981).

Andrew, Christopher: «The British Secret Service and Anglo-Soviet Relations in the 1920's», in *Historical Journal*, Bd. 20, Nr. 3 (1981).

Ders.: «How Baldwin's Secret Service Lost the Soviet Code», in *Observer*, 13. 8. 1978.

Ders.: «Governments and Secret Services: a Historical Perspective», in *International Journal*, Bd. 34, Nr. 2 (1979).

Andrew, C., und Dilks, D. (Hrsg.): *The Missing Dimension*, London 1984.

Astor, David: «Why the Revolt against Hitler Was Ignored», in *Encounter*, Juni 1969.

Bamford, James: *The Puzzle Palace: a Report on N.S.A., America's Most Secret Agency*, Boston 1976.

Barnes, Trevor: «The Secret Cold War. The C.I.A. and American Foreign Policy in Europe, 1946–1956», 1. Teil, in *Historical Journal*, Bd. 24, Nr. 2 (1981), 2. Teil, ebd., Bd. 25, Nr. 3 (1982).

Barrett, Michael J.: «Honorable Espionage», in *Journal of Defence and Diplomacy*, Februar 1984.

Barron, John: *KGB. Arbeit und Organisation des sowjetischen Geheimdienstes in Ost und West*, Bern und München 1977.

Ders.: *KGB heute. Moskaus Spionagezentrale von innen*, Bern und München 1984.

Beesly, Patrick: *Very Special Intelligence*, London 1978.

Bennett, Ralph: *Ultra in the West*, London 1979.

Ders.: «Ultra and Some Command Decisions», in Walter Laqueur (Hrsg.): *The Second World War*, London und Beverly Hills 1982.

Best, S. Payne: *The Venlo Indident*, London 1950.

Bethell, Nicholas: *The Great Betrayal*, London 1984.

Betts, Richard K.: «Analysis, War and Decision: Why Intelligence Failures Are Inevitable, in *World Politics*, Bd. 31 (Oktober 1978).

Bickel, Lennard: *The Deadly Experiment*, London 1980.

Bittman, Ladislav: *The Deception Game*, New York 1981.

Bloch, Jonathan, und Fitzgerald, Patrick: *British Intelligence and Covert Action*, Dublin 1983.

Bourke, Sean: *The Springing of John Blake*, London 1970.

Boyle, Andrew: *The Climate of Treason*, London 1979.

Brandon, Henry: *The Retreat of American Power*, New York 1973.

Brook-Shepherd, Gordon: *The Storm Petrels*, London 1977.

Buchan, John: *Greenmantle*, London 1917.

Buchheit, Gert: *Der deutsche Geheimdienst – Geschichte der militärischen Abwehr*, München 1966.

Ders.: *Spionage in zwei Weltkriegen*, Landshut 1975.

Burke, Michael: *Outrageous Good Fortune*, Boston 1984.

Calvocoressi, Peter: *Top Secret Ultra*, London 1979.

Catudal, Honoré: *Kennedy and the Berlin Wall Crisis*, Berlin 1980.

Cave Brown, Anthony (Hrsg.): *The Secret War Report of the OSS*, New York 1976.

Ders.: *Bodyguard of Lies*, London 1977.

Ders.: The Last Hero: Wild Bill Donovan, New York 1982.

Cecil, Robert: «The Cambridge Comintern», in C. Andrew und D. Dilks (Hrsg.): *The Missing Dimension*, London 1984.

Chester, Lewis, Fay, Stephen, und Young, Hugo: *The Zinoviev Letter*, London 1967.

Clayton, Aileen: *The Enemy Is Listening*, London 1980.

Cline, M. W., Christiansen, C. E., und Fontaine, J. M. (Hrsg.): *Scholar's Guide to Intelligence Literature*, Baltimore 1983.

Cline, Ray, und Alexander, Yonah: *Terrorism: the Soviet Connection*, New York 1984.

Colby, William, und Forbath, Peter: *Honorable Men: My Life in the C.I.A.*, New York 1978.

Collins, Larry, und Lapierre, Dominique: *Is Paris Burning?*, New York 1965 (dtsch. «Brennt Paris?», Bern und München 1964).

Cooper, Chester L.: «The C.I.A. and Decision Making», in *Foreign Affairs*, Bd. 50 (Januar 1972).

Copeland, Miles: *Real Spy World*, London 1978.

Corson, William R.: *The Armies of Ignorance*, New York 1977.

Davidson, Basil: «Scenes from the Anti-Nazi War», in *New Statesman*, 4. 7. 1980.

Deacon, Richard: *A History of the British Secret Service*, New York 1970.

Ders.: *The Israeli Secret Service*, London 1977.

Ders.: *The British Connection*, London 1979.

Ders. und Nigel West: *Spy*, London 1980.

Ders.: *A Biography of Sir Maurice Oldfield*, London 1985.

Debo, Richard K.: «Lockhart Plot or Dzerzhinski Plot?», in *Journal of Modern History*, Bd. 43, Nr. 3 (1971).

Deutsch, Harold: «The Influence of Ultra on World War II», in *Parameters: Journal of the U.S. Army War College*, Bd. 8 (Dezember 1978).

DeWeerd, H. A.: «Strategic Surprise in the Korean War», in *Orbis* (Herbst 1962).

Dobson, Christopher, und Payne, Ronald: *The Dictionary of Espionage*, London 1974.

Dorwart, Jeffrey M.: «The Roosevelt-Astor Espionage Ring», in *New York History*, Juli 1981.

Dukes, Paul: *The Story of ST-25*, London 1938.

Dulles, Allan: *Great True Spy Stories*, London 1984.

Bateman, Michael Elliot (Hrsg.): *The Fourth Dimension of Warface*, Bd. 1: *Intelligence/Subversion/Resistance*, Manchester 1970.

Erickson, John: *The Road to Stalingrad*, London 1975.

Etzold, Thomas H.: «The F(utility) Factor: German Information Gathering in the United States, 1933–1941» in *Military Affairs*, Bd. 39, Nr. 2 (1975).

Farago, Ladislas: *The Game of the Foxes*, London 1972 (dtsch. «Das Spiel der Füchse», Berlin 1972).

Felstead, S. T.: *German Spies at Bay*, London 1920.

Fitzgibbon, Constantine: *Secret Intelligence in the 20th Century*, London 1978.

Foot, M. R. D.: *SOE in France. An Account of the Work of the British Special Operations Executive in France 1940–1944*, London 1966.

Ders.: «Britain. Intelligence Services», in *The Economist*, 15. 3. 1980.

Ders.: «Was SOE any Good?», in W. Laqueur (Hrsg.): *The Second World War*, London und Beverly Hills, 1982.

Foote, Alexander: *Handbook for Spies*, London 1949.

Ford, Corey: *Donovan of OSS*, Boston 1970.

Freedman, Lawrence: *U.S. Intelligence and the Soviet Strategic Threat*, London 1979.

French, David: «Spy Fever in Britain, 1909–1915», in *Historical Journal*, Bd. 21, Nr. 2 (1978).

Frolik, Josef: *The Frolik Defection*, London 1975.

Fuller, Jean Overton: *The German Penetration of SOE*, London 1975.

Gillman, Peter und Leni: *Collar the Lot!*, London 1980.

Golitsin, Anatoli: *New Lies for Old*, London 1984.

Goulden, Joseph C.: *Korea: the Untold Story*, New York 1982.

Hall, Richard: *The Secret State: Australia's Spy Industry*, Melbourne 1978.

Ders.: *National Security and the Agent of Influence Myth*, Sydney 1983.

Hallin, Daniel C.: *The Uncensored War*, New York 1986.

Heaps, Leo: *Thirty Years with the K.G.B.*, London 1984.

Hennessy, P., und Brownfeld, G.: «Britain's Cold War Security Purge: the Origins of Positive Vetting», in *Historical Journal*, Bd. 25, Nr. 4 (1982).

Hiley, Nicholas P.: «The Failure of British Espionage against Germany, 1907–1914, in *Historical Journal*, Bd. 26, Nr. 4 (1976).

Hill, George A.: *Go Spy the Land*, London 1932.

Ders.: *The Dreaded Hour*, London 1936.

Hilsman, R.: «On Intelligence», in *Armed Forces and Society*, Bd. 8, Nr. 1 (Herbst 1981).

Hinsley, F. H., Thomas, E. E., Ransom, C. F. G., und Knight, R. C.: *British Intelligence in the Second World War*, London 1979–1984.

Hirojuki, Agawa: *The Reluctant Admiral*, Tokio 1979.

Hodges, Andrew: *Alan Turing: the Enigma of Intelligence*, London 1985.

Hodscha, Enver: *The Anglo-American Threat to Albania*, Tirana 1982.

Höhne, Heinz: *Canaris. Patriot im Zwielicht*, München 1978.

Holloway, David: «Entering the Nuclear Arms Race: the Soviet Decision to Build the Atomic Bomb, 1939–1945», in *Social Studies of Science*, Bd. 11, (1981).

Hood, William: *Mole*, New York 1982.

Hopkirk, Peter: *Setting the East Ablaze*, London 1984.

Horner, D.: «Special Intelligence in the South-West Pacific Area in World War II», in *Australian Outlook*, Bd. 32, Nr. 3 (1978).

Hunter, David H.: «The Evolution of Literature on United States Intelligence», in *Armed Forces and Society*, Bd. 5, Nr. 1 (November 1978).

Hyde, H. Montgomery: *Room 3603*, New York 1977.

Ders.: *The Atom Bomb Spies*, London 1982.

Jeffreys-Jones, R. J.: *American Espionage*, New York 1977.

Ders.: «The Historiography of the CIA», in *Historical Journal*, Bd. 23, Nr. 2 (1980).

Ders.: *Eagle against Empire. United States Opposition to European Imperialism 1898–1981*, Aix-en-Provence 1983.

Johns, Philip: *Within Two Cloaks*, London 1979.

Johnson, Chalmers: *An Instance of Treason*, Tokio 1977.

Johnson, R. W.: «Making Things Happen», in *London Review of Books*, 6.–19. 9. 1984.

Jonas, Manfred: «Prophet without Honour: Hans Heinrich Dieckhoff's Reports from Washington», in *Mid-America*, Bd. 47 (Juli 1965).

Jong, Louis de: «The ‹Great Game› of Secret Agents», in *Encounter*, Januar 1980.

Ders.: «Britain and Dutch Resistance, 1940–1945», Notities voor het Geschied werk, Nr. 109 (undatiert), Staatliches Niederländisches Institut für Kriegsdokumentation.

Kahn, David: *Hitler's Spies*, New York 1978.

Ders.: «The International Conference on Ultra», in *Military Affairs*, Bd. 43, Nr. 2 (April 1979).

Ders.: «Codebreaking in World Wars I and II», in *Historical Journal*, Bd. 23, Nr. 3 (1980).

Kennedy, Robert: *Dreizehn Tage*, Bern und München 1969.

Kettle, Michael: *The Allies and the Russian Collapse: March 1917–March 1918*, London 1979.

Kirkpatrick, Lyman: *The Real C.I.A.*, New York 1968.

Knightley, Phillip: *The First Casualty*, New York 1975.

Landau, Henry: *The Enemy Within*, New York 1937.

Laqueur, Walter (Hrsg.): *The Second World War*, London und Beverly Hills 1982.

Leigh, David: *The Frontiers of Secrecy*, London 1980.

Le Queux, William: *Spies of the Kaiser: Plotting the Downfall of England*, London 1909.

Ders.: *Britain's Deadly Peril: Are We Told the Truth?*, London 1915.

Ders.: *Things I Know about Kings, Celebrities and Crooks*, London 1923.

Lernoux, Penny: *In Banks We Trust*, New York 1984.

Lettow-Vorbeck, P. E. von: *Die Weltkriegspionage*, München 1931.

Lewin, Ronald: *Ultra Goes to War: the Secret Story*, London 1978.

Ders.: «A Signal-Intelligence War», in Walter Laqueur (Hrsg.): *The Second World War*, London und Beverly Hills 1982.

Lockhart, R. H. Bruce: *Memoirs of a British Agent*, New York 1932.

Lotz, Wolfgang: *The Champagne Spy*, London 1972.

MacDonald, Callum A.: «The Venlo Affair», in *European Studies Review*, Bd. 8, Nr. 4 (Oktober 1978).

Mackenzie, Compton: *Gallipoli Memories*, London 1929.

Ders.: *First Athenian Memories*, London 1931.

Ders.: *Aegean Memories*, London 1940.

Maclean, Fitzroy: *Take Nine Spies*, London 1978.

Manchester, William: *American Caesar*, Boston 1978.

Martin, David C.: *Wilderness of Mirrors*, New York 1981.

Masterman, J. C.: *The Double Cross System in the War of 1939 to 1945*, New Haven (Connecticut) 1973.

Mathams, R. H.: *Sub-Rosa: Memoirs of an Australian Intelligence Analyst*, Sydney 1982.

McGehee, Ralph W.: *Deadly Deceits*, New York 1983.

Meissner, Hans-Otto: *Der Fall Sorge*, überarbeitete Neuauflage, München 1979.

Mosley, Leonard: *Dulles*, London 1978.

Muggeridge, Malcolm: *Chronicles of Wasted Time II: The Infernal Grove*, London 1973.

Mulligan, Timothy P.: «According to Colonel Donovan: a Document from the Records of German Military Intelligence», in *The Historian*, November 1983.

Mure, David: *Practice to Deceive*, London 1977.

Ders.: *Master of Deception: Tangled Webs in London and the East*, London 1980.

Nicolai, Walther: *Nachrichtendienst, Presse und Volksstimmung im Weltkrieg*, Berlin 1920.

Ders.: *Geheime Mächte. Internationale Spionage und ihre Bekämpfung im Weltkrieg und heute*, Leipzig 1923.

Ders.: *The German Secret Service*, London 1924.

Page, Bruce: «The Endless Quest for Supermole», in *New Statesman*, 21. 9. 1979.

Ders., David Leitch und Phillip Knightley: *The Philby Conspiracy*, New York 1968.

Paléologue, Maurice: «Un prélude à l'invasion de Belgique», in *Revue des deux mondes*, Bd. 11 (Oktober 1932).

Petrie, David: *Communism in India, 1924–1927*, Kalkutta 1972.

Philby, Kim: *Mein Doppelspiel*, Gütersloh 1968.

Phillips, David Atlee: *The Night Watch*, New York 1977.

Pincher, Chapman: *Their Trade Is Treachery*, London 1981.

Popov, Dusko: *Spy/Counter Spy*, London 1976.

Pratt, Fletcher: «How Not to Run a Spy System», in *Harper's*, September 1947.

Pringle, Peter, und Spiegelman, James: *The Nuclear Barons*, London 1982.

Raina, Asoka: *Inside R.A.W. – The Story of India's Secret Service*, Delhi 1981.

Ransom, Harry Howe: «Secret Intelligence in the United States, 1947–1982: the CIA's Search for Legitimacy», in C. Andrew und D. Dilks (Hrsg.): *The Missing Dimension*, London 1984.

Read, Anthony, und Fisher, David: *Operation Lucy*, London 1980.

Rees, Goronwy: *A Chapter of Accidents*, London 1972.

Reile, O.: «Wer täuschte die deutsche militärische Führung über die Stärke der in England für die Invasion bereitgestellten Streitkräfte?», in *Wehrwissenschaftliche Rundschau*, Nr. 3 (1979).

Reilly, Sidney: *The Adventures of Sidney Reilly*, London 1931.

Rings, Werner: *Leben mit dem Feind. Anpassung und Widerstand in Hitlers Europa 1939–1945*, München 1979.

Rohwer, J., und Jäckel, E. (Hrsg.): *Die Funkaufklärung und ihre Rolle im Zweiten Weltkrieg*, Stuttgart 1979.

Romanov, A. I.: *Nights Are Longest There*, London 1972.

Ronge, Max (Hrsg.): *Kriegs- und Industriespionage*, Wien 1930.

Rositzke, Harry: «America's Secret Operations: a Perspective», in *Foreign Affairs*, Bd. 53 (Januar 1975).

Ders.: *The CIA's Secret Operations*, New York 1977.

Ders.: *The K.G.B. The Eyes of Russia*, London 1982.

Rowan, Richard Wilmer, und Deindorfer, Robert G.: *Secret Service*, London 1969.

Rusbridger, James: «The Sinking of the Automedon and the Capture of the *Nankin*», in *Encounter*, Mai 1985.

Sacharow, Wladimir, und Tosi, Umberto: *High Treason*, New York 1981.

Salisbury, Harrison: *Vietnam Reconsidered*, New York 1984.

Schellenberg, Walter: *Aufzeichnungen. Die Memoiren des letzten Geheimdienstchefs unter Hitler*, Wiesbaden und München 1979.

Scoville, Herbert: «Is Espionage Necessary for Our Security?», in *Foreign Affairs*, Bd. 54, Nr. 3 (April 1976).

Shirreff, F. D.: «Some Experience with Special Signals», in *Mercury. The Magazine of the Royal Signals Amateur Radio Society*, 1981–1982.

Smiley, David: *Albanian Assignment*, London 1984.

Smith, Bradley F.: *The Shadow Warriors: O.S.S. and the Origins of the C.I.A.*, London und New York 1983.

Smith, R. Harris: *OSS*, Los Angeles 1972.

Snepp, Frank: *Decent Interval*, Harmondsworth (Middlesex) 1980.

Ders.: «The Intelligence of the Central Intelligence Agency in Vietnam», 2. Teil, in Harrison Salisbury (Hrsg.): *Vietnam Reconsidered*, New York 1984.

Spiller, Roger J.: «Assessing Ultra», in Military Review, Bd. 59, Nr. 8 (August 1979).

Stafford, David: «The Detonator Concept: British Strategy, SOE and European Resistance after the Fall of France», in *Journal of Contemporary History*, Bd. 10 (1975).

Ders.: *Britain and European Resistance, 1940–1945*, London 1980.

Steven, Stewart: *The Spymasters of Israel*, New York 1980.

Stevenson, William: *A Man Called Intrepid: the Secret War 1939–1945*, London 1976.

Stockwell, John: «The Intelligence of the Central Intelligence Agency in Vietnam», 3. Teil, in Harrison Salisbury (Hrsg.): *Vietnam Reconsidered*, New York 1984.

Straight, Michael: *After Long Silence*, London 1983.

Sweet-Escott, Bickham: *Baker Street Irregular*, London 1965.

Suworow, Viktor: *GRU. Die Speerspitze*, Bern und München 1985.

Swetschin, A.: «The Strategy», in Max Ronge (Hrsg.): *Kriegs- und Industriespionage*, Wien 1930.

Taylor, Edmond: *Richer by Asia*, Boston 1947.

Ders.: *Awakening from History*, Boston 1969.

Toscano, M.: *Designs in Diplomacy*, Baltimore 1970.

Trefousse, Hans L.: «The Failure of German Intelligence in the United States, 1939–1945», in *Mississippi Valley Historical Review*, Bd. 42, Nr. 1 (Juni 1955).

Trumpener, Ulrich: «War Premeditated? German Intelligence Operations in July 1914», in *Central European History*, Bd. 9, Nr. 1 (März 1976).

van der Rhoer, Edward: *Master Spy*, New York 1981.

Vassall, John: *Vassall: the Autobiography of a Spy*, London 1975.

Verrier, Anthony: *Through the Looking Glass*, London 1983.

Waagenaar, Sam: *The Murder of Mata Hari*, London 1964.

Wark, Wesley K.: «British Intelligence on the German Air Force and Aircraft Industry, 1933–1939», in *Historical Journal*, Bd. 25, Nr. 3 (1982).

Waters, W. H. H.: *Secret and Confidential*, London 1926.

Watt, George: *China Spy*, London 1972.

Werner, Ruth (eigentlich: Kuczynski): *Sonjas Rapport*, Berlin/DDR 1977.

West, Nigel: *MI5. British Security Service Operations 1909–1945*, London 1981.

Ders.: *A Matter of Trust. MI5 1945–1972*, London 1982.

Ders.: *MI6. British Secret Intelligence Service Operations 1909–1945*, London 1983.

Ders.: *The Branch – a History of the Metropolitan Police Special Branch, 1883–1983*, London 1983.

Ders.: *Unreliable Witness, Espionage Myths of the Second World War*, London 1984.

Whaley, Barton: «Covert Rearmament in Germany 1919–1939: Deception and Misperception», in *Journal of Strategic Studies*, 5. Teil, März 1982.

Wheeler, Mark: «The SOE Phenomenon», in Walter Laqueur (Hrsg.): *The Second World War*, London und Beverly Hills 1982.

Whitwell, John: *British Agent*, London 1966.

Winterbotham, F. W.: *Secret and Personal*, London 1969.

Wise, David, und Ross, Thomas B.: *The Invisible Government*, London 1965.

Dies.: *The Espionage Establishment*, New York 1967.

Yardley, Herbert O.: *The American Black Chamber*, New York 1981.

Yergin, Daniel: *Shattered Peace*, London 1978.

Young, Kenneth (Hrsg.): *The Diaries of Sir Robert Bruce Lockhart*, Bd. 1: *1915–1938*, London 1973.

Personenregister